HISTOIRE
DE LA
MONARCHIE DE JUILLET

PAR

PAUL THUREAU-DANGIN

OUVRAGE COURONNÉ DEUX FOIS PAR L'ACADÉMIE FRANÇAISE
GRAND PRIX GOBERT, 1885 ET 1886

TOME SEPTIÈME

PARIS
LIBRAIRIE PLON
E. PLON, NOURRIT ET Cie, IMPRIMEURS-ÉDITEURS
RUE GARANCIÈRE, 10

1892
Tous droits réservés

HISTOIRE

DE LA

MONARCHIE DE JUILLET

L'auteur et les éditeurs déclarent réserver leurs droits de traduction et de reproduction à l'étranger.

Ce volume a été déposé au ministère de l'intérieur (section de la librairie) en avril 1892.

DU MÊME AUTEUR :

Royalistes et Républicains, Essais historiques sur des questions de politique contemporaine : I. *La Question de Monarchie ou de République du 9 thermidor au 18 brumaire;* II. *L'Extrême Droite et les Royalistes sous la Restauration;* III. *Paris capitale sous la Révolution française.* 2ᵉ édition. Un volume in-18. Prix...... 4 fr. »

Le Parti libéral sous la Restauration. 2ᵉ *édition.* Un vol. in-18.
Prix.. 4 fr. »

L'Église et l'État sous la Monarchie de Juillet. Un vol. in-18.
Prix.. 4 fr. »

Histoire de la Monarchie de Juillet. Sept volumes in-8º. Prix de chaque volume.. 8 fr. »

(*Couronné deux fois par l'Académie française, GRAND PRIX GOBERT,* 1885 *et* 1886.)

HISTOIRE

DE LA

MONARCHIE DE JUILLET

PAR

PAUL THUREAU-DANGIN

OUVRAGE COURONNÉ DEUX FOIS PAR L'ACADÉMIE FRANÇAISE

GRAND PRIX GOBERT, 1885 ET 1886

TOME SEPTIÈME

PARIS

LIBRAIRIE PLON

E. PLON, NOURRIT ET Cie, IMPRIMEURS-ÉDITEURS

RUE GARANCIÈRE, 10

1892

Tous droits réservés

HISTOIRE

DE LA

MONARCHIE DE JUILLET

LIVRE VII

LA CHUTE DE LA MONARCHIE

(1847-1848)

CHAPITRE PREMIER

UNE SESSION MALHEUREUSE.

(Mars-août 1847.)

I. Ébranlement de la majorité. Les conservateurs progressistes. M. Duvergier de Hauranne et sa proposition de réforme électorale. Elle est repoussée à une grande majorité. La réforme parlementaire est écartée à une majorité moins forte. — II. Le gouvernement avait-il raison de se refuser absolument à toute réforme? Il est accusé d'un parti pris d'immobilité. Le Roi est pour beaucoup dans cette immobilité. Lassitude de M. Duchâtel. Il désire que le ministère cède la place à d'autres. — III. Échecs infligés par la Chambre à plusieurs ministres. On reconnaît la nécessité de remplacer trois d'entre eux. Affaiblissement résultant de cette crise partielle. — IV. La mauvaise récolte. Désordres amenés par la crainte de la disette. Embarras monétaires. Trouble jeté dans les affaires de chemins de fer. Contre-coup sur les finances de l'État. Conséquences politiques de ce malaise économique. — V. Projet de M. de Salvandy sur l'enseignement secondaire. Son avortement. M. de Montalembert et M. Guizot à la Chambre des pairs. — VI. L'apologétique révolutionnaire. Les histoires de MM. Louis Blanc et Michelet. Les *Girondins* de Lamartine. État d'esprit de l'auteur. Caractère du livre. Effet produit par sa publication. — VII. La campagne de corruption. Premières révélations sur l'affaire Cubières. Dénonciations de M. de Girardin et débats qui en résultent. Vote des « satisfaits ». — VIII. Mise en accusation de MM. Teste, Cubières, Pellapra et Parmentier. Le procès. M. Teste convaincu de son crime. Condamnation. — IX. Effet produit dans le public par le procès Teste. M. Guizot s'explique, à la Chambre des pairs, sur l'accusation de corruption. — X. La session finit tristement. Gémissement des amis du cabinet. Cause et caractère du mal.

I

La discussion de l'adresse, au début de la session de 1847, avait été, pour le ministère, l'occasion d'un éclatant succès. Non seulement il était sorti pleinement vainqueur du débat sur les mariages espagnols, mais un amendement blâmant sa politique intérieure avait été repoussé par 243 voix contre 130, et l'ensemble de l'adresse adopté par 248 voix contre 84. Depuis 1830, aucun ministère ne s'était vu à la tête d'une majorité aussi forte. M. Guizot, qui, pendant tant d'années et à travers tant de vicissitudes, avait travaillé à constituer cette majorité, se flattait d'avoir enfin atteint son but. Au lendemain même de l'adresse, il écrivait à l'un de ses ambassadeurs : « Le parti conservateur existe réellement dans les Chambres, dans les collèges électoraux, dans le pays. Il repose sur des intérêts puissants, sur les intérêts des positions faites dans notre société actuelle et qui n'aspirent qu'à se consolider; sur des convictions réfléchies, car ces intérêts ont compris que notre politique seule peut les consolider; sur des passions vives et publiques, suscitées par les luttes que cette politique soutient depuis seize ans. Le parti conservateur est donc et devient chaque jour davantage un parti d'action et de gouvernement qui fait ses propres affaires et soutient sa propre politique, attaché à cette politique par amour-propre comme par intérêt[1]. »

A peine M. Guizot avait-il eu le temps de se féliciter de ces résultats qu'un incident se produisait, bien de nature à faire

---

[1] Lettre à M. de Flahault, du 24 février 1847. (*Documents inédits.*)

douter de l'existence ou tout au moins de la solidité de sa majorité. Le 22 mars 1847, la Chambre avait à élire un vice-président : il s'agissait de remplacer M. Hébert qui venait d'être appelé aux fonctions de garde des sceaux, vacantes par la mort de M. Martin du Nord. Le candidat du ministère était M. Duprat. Après deux tours de scrutin dans lesquels une partie des voix conservatrices se détournèrent sur M. de Belleyme, M. Léon de Malleville, candidat de l'opposition, l'emporta par 179 voix contre 178. Adversaire acharné du cabinet, il s'était fait, à la tribune, une sorte de spécialité des accusations de corruption; plusieurs fois déjà, il avait eu à ce propos des prises avec M. Duchâtel; naguère, dans la discussion de l'adresse, il avait été l'un des trois signataires de l'amendement sur la politique intérieure, amendement repoussé à une forte majorité.

Cette nomination inattendue souleva un cri de triomphe dans la gauche, tandis que les partisans du cabinet étaient dans une sorte de stupeur. Le dépit des amis personnels de M. de Belleyme était pour quelque chose dans ce soudain revirement; il ne suffisait pas à l'expliquer. Dans la majorité conservatrice, issue des élections de 1846, la proportion des députés nouveaux était beaucoup plus grande que de coutume; plusieurs, parmi eux, jeunes, ambitieux, n'avaient nul goût à venir prendre rang à la queue des anciens, comme des conscrits incorporés dans une armée déjà organisée; loin de se faire solidaires de tous les partis pris, de tous les ressentiments, de toutes les responsabilités de l'ancienne politique conservatrice, ils rêvaient de la modifier, de lui imprimer leur marque, de lui donner quelque chose de plus entreprenant, de plus novateur. Ils s'appelaient eux-mêmes des « conservateurs progressistes ». L'un d'eux, le marquis de Castellane, avait annoncé, dès la discussion de l'adresse, l'entrée en scène de « la fraction plus jeune du parti conservateur », qui, disait-il, « apportait la fidélité des anciens combattants, sans la passion des anciennes luttes », et il la montrait, se faisant un « devoir » de réclamer des « réformes ». Ce que seraient ces réformes, les

« progressistes » ne le savaient pas bien encore; pour le moment, ils voulaient surtout faire comprendre au gouvernement la nécessité de compter avec eux. Une élection de vice-président, qui n'engageait qu'une question de personne, leur avait paru une occasion favorable pour donner un avertissement de ce genre. Aussi bien l'entrée dans le cabinet de M. Hébert, qui, comme député et procureur général, personnifiait l'ancienne politique en ce qu'elle avait de plus résistant[1], n'était pas plus pour satisfaire leurs velléités novatrices, que le mot d'ordre donné par le ministère, dans une élection de vice-président, ne convenait à leurs prétentions d'indépendance.

Cette attitude d'une partie de la majorité était d'autant plus remarquée, que la même dissidence se manifestait, beaucoup plus tranchée, hors du Parlement. La *Presse* était depuis longtemps l'un des organes, sinon les plus considérés, du moins les plus répandus et les plus bruyants du parti conservateur; avec le *Journal des Débats*, qu'elle jalousait, elle faisait émulation de zèle ministériel, d'ardeur agressive contre l'opposition. Au commencement de 1847, le propriétaire de ce journal, M. Émile de Girardin, s'étant vu refuser par le gouvernement certaines faveurs, notamment un titre de pair pour le général de Girardin dont il passait pour être le fils naturel, la *Presse* devint peu à peu maussade, menaçante, ouvertement hostile. Son grief apparent était la résistance du cabinet aux réformes, principalement aux réformes économiques. Dès qu'elle entrevit dans la majorité des ferments de scission, elle s'appliqua à les développer, à les envenimer, se faisant le champion des dissidents, dépassant souvent de beaucoup leur pensée, mais, par ce moyen, se flattant de les compromettre et de les entraîner. Sans doute, le rédacteur en chef de la *Presse* n'avait pas grande autorité morale; chacun devinait les dessous de son évolution, et quand le *Journal des Débats* voulait mortifier et intimider les conservateurs en velléité d'indépendance, il affectait de croire que M. de Girardin était leur chef. Mais ce

---

[1] Sur les circonstances dans lesquelles M. Hébert avait été nommé procureur général, voir plus haut, t. V, p. 12.

n'en était pas moins un polémiste actif, plein de ressources, en possession d'un instrument puissant de publicité, ayant l'oreille d'une partie de la bourgeoisie et, à tous ces titres, capable de faire beaucoup de mal à ceux qu'il attaquait. Le cabinet avait déjà assez peu de défenseurs parmi les journaux, pour qu'il ne fût pas indifférent d'en voir passer un au camp adverse. Contre toutes les feuilles de centre gauche, de gauche, de droite royaliste, il n'avait plus guère à son service que le *Journal des Débats*, qui, malgré sa rédaction et sa clientèle d'élite, ne pouvait faire tête, seul, à toute une armée. Les statisticiens évaluaient à vingt mille le chiffre des abonnés de la presse ministérielle, contre cent cinquante mille qu'ils attribuaient à la presse opposante [1]. Une telle inégalité était un danger grave, surtout dans une société où les révolutions avaient détruit ou amoindri plusieurs des forces traditionnelles qui servent d'ordinaire de point d'appui aux gouvernements. L'existence d'une majorité parlementaire, issue d'un suffrage restreint, n'était pas une compensation suffisante, et d'ailleurs qu'arriverait-il, si, comme l'élection de M. de Malleville pouvait le faire craindre, cette majorité venait à être ébranlée?

Le gouvernement devait être impatient de savoir exactement quelle était l'étendue de cet ébranlement. Y avait-il dislocation définitive, formation d'un nouveau tiers parti, ou n'était-ce qu'un accident passager et réparable? Une occasion s'offrait à lui de mettre les conservateurs à l'épreuve : immédiatement après l'élection de son vice-président, la Chambre avait à discuter un projet de réforme électorale.

Trop de bruit devait se faire, avant peu, autour de cette réforme, pour qu'il n'importe pas d'en rappeler les antécédents et d'indiquer ce qui la mettait dès lors plus en vue. On n'a pas oublié comment, en 1840, sous le ministère de M. Thiers, les radicaux avaient tenté, sans grand succès, il est vrai, de faire de l'agitation autour de la réforme électorale [2]. Sous le ministère du 29 octobre, à la veille des élections géné-

[1] C'est le chiffre que répétera M. de Forcade en 1849.
[2] Voir plus haut, t. IV, ch. II, § IX.

rales de 1842, la question fut reprise, cette fois non plus seulement par les radicaux, mais au nom de tous les groupes de gauche; une proposition déposée par M. Ducos, appuyée par MM. Dufaure et de Lamartine, combattue par M. Guizot, fut écartée à 41 voix de majorité [1]. Pendant la législature suivante, de 1842 à 1846, à peine trouve-t-on à signaler, en 1845, la proposition faite par un député d'autorité fort médiocre, M. Crémieux; elle fut rejetée après un débat sans importance. Dans la session de 1846, aux approches de nouvelles élections générales, c'eût été le moment de poursuivre une telle réforme, si on l'avait crue mûre; mais l'opposition était alors absorbée par d'autres questions, notamment par la politique étrangère; se croyant, chaque jour, sur le point de détacher une partie de la majorité ministérielle, elle ne songeait pas à se plaindre du mode de suffrage qui lui laissait de telles espérances. Tout changea avec les élections de 1846. En face d'une majorité ministérielle de plus de cent voix, ne croyant plus avoir rien à attendre de la Chambre, les adversaires du cabinet s'en prirent au système électoral qui venait de leur être si défavorable. A les entendre, s'ils avaient été battus, ce n'était pas que l'opinion leur fût contraire, c'était que le mode de scrutin ne permettait pas à l'opinion de se manifester librement et sincèrement. Ainsi se trouvèrent-ils conduits, moins par une impulsion venue du pays, que par le dépit de leur impuissance parlementaire, à attribuer à la question de la réforme électorale une importance qu'elle n'avait pas encore eue.

Dès le mois d'août 1846, dans une réunion du centre gauche, M. Thiers, jusqu'alors mal disposé pour cette réforme, et qui plus d'une fois avait laissé voir qu'elle était, à ses yeux, une niaiserie, et une niaiserie dangereuse, se prononça ouvertement pour que la question fût soulevée; il offrit même, aux acclamations des assistants, agréablement surpris, d'en prendre l'initiative. M. Duvergier de Hauranne, chargé de l'aider

---

[1] Voir plus haut, t. V, ch. I, § IX.

dans l'élaboration du projet, y travailla activement pendant les vacances parlementaires; aux approches de la session de 1847, il était en mesure de communiquer aux chefs de la gauche et du centre gauche les résultats de cette étude préliminaire. Mais, pendant ce temps, M. Thiers, ayant cru trouver dans les mariages espagnols un terrain d'attaque qu'il jugeait plus favorable et qui convenait mieux à ses habitudes, avait été repris de ses répugnances contre la réforme électorale. Il trouva à redire à tout ce qui était proposé ; à peine admettait-il l'augmentation du nombre des députés; d'accroître le nombre des électeurs, il ne voulait pas entendre parler. On lui répondit de la gauche et du centre gauche que la proposition était annoncée, attendue, et que l'abandonner serait abdiquer aux mains du cabinet. Plusieurs des opposants, d'ailleurs, ne jugeaient pas que les mariages espagnols offrissent un moyen d'attaque bien avantageux, et ils tenaient beaucoup à ne pas mettre tout leur enjeu sur cette unique carte. Demeuré seul de son avis, M. Thiers ne put le faire prévaloir; il en conçut une vive humeur contre ses alliés, qu'il ne ménagea pas dans ses propos. Naturellement, il ne fallait plus compter sur lui pour présenter le projet. M. Duvergier de Hauranne s'en chargea à sa place et se donna à cette tâche, avec son ardeur accoutumée. Dès le milieu de janvier 1847, il publiait une longue brochure, presque un livre, sous ce titre : *De la Réforme parlementaire et de la Réforme électorale*. Il ne se bornait pas à y traiter la question spéciale, dans tous ses détails, avec une netteté incisive. Craignant qu'elle ne suffît pas à échauffer le public, il avait soin de la rattacher à un grief plus général, celui qui avait servi à faire la révolution de 1830 et la coalition de 1839 : il dénonçait les entreprises du « pouvoir personnel ». « Le gouvernement représentatif est en péril, s'écriait-il au commencement de sa brochure; ce n'est point, comme en 1830, la violence qui le menace, c'est la corruption qui le mine. » Dans toute la suite de son écrit, il en revenait toujours à accuser le pouvoir royal de détruire le pouvoir parlementaire et de faire prévaloir

« toutes les idées, toutes les habitudes des gouvernements despotiques ». « Reste à savoir, ajoutait-il, s'il convient à la France de se prosterner, en 1847, devant le principe qu'elle a vaincu en 1830. » Sans doute il reconnaissait qu'on ne pouvait toucher à ces redoutables questions, sans provoquer des « frémissements et des colères » ; mais, à son avis, « il eût été lâche de s'en laisser effrayer ou troubler ». La brochure de M. Duvergier de Hauranne fut un signal pour la presse opposante, qui, ainsi munie d'arguments, commença sur ce sujet une polémique assez vive. Enfin, le 6 mars, quand on crut l'opinion suffisamment préparée, le projet fut déposé : il comportait l'abaissement du cens à 100 francs et l'adjonction des « capacités », c'est-à-dire environ deux cent mille électeurs de plus; en outre, le nombre des députés était porté de quatre cent cinquante-neuf à cinq cent trente-huit. Le changement ainsi proposé était vraiment peu de chose, et il y avait une sorte de disproportion entre les arguments employés et les conclusions auxquelles on aboutissait. C'est qu'au fond, le centre gauche et même la gauche ne redoutaient pas moins que la majorité conservatrice une extension considérable du droit de suffrage. Quelques mois auparavant, M. Odilon Barrot, causant avec M. Cobden qui s'étonnait qu'on s'agitât tant pour demander si peu, déclarait que l'adjonction de deux cent mille électeurs lui suffirait largement : il ne jugeait pas la masse du peuple mûre pour exercer un droit de vote, et ne voyait de sécurité, pour le gouvernement constitutionnel, que dans un suffrage très restreint [1]. Le gouvernement n'hésita pas à combattre le projet de M. Duvergier de Hauranne, comme il avait combattu les projets présentés précédemment sur le même sujet. Il essaya même d'écarter tout débat, en obtenant des bureaux qu'ils n'autorisassent pas « la lecture » de la proposition [2]. Il allait trop loin. Sur

---

[1] John Morley, *The Life of Richard Cobden*, t. I, p. 417.

[2] Le *Journal des Débats* fit vivement campagne dans ce sens. « La proposition n'est pas sérieuse, déclarait-il. Toute la question est de savoir si la majorité se prêtera chrétiennement à entendre les injures qu'on veut lui dire. Nous ne croyons pas, quant à nous, qu'il soit nécessaire de pousser la mansuétude jusque-là. »

neuf bureaux, trois refusèrent de le suivre jusque-là : il n'en fallait pas plus pour que la question de prise en considération fût portée devant la Chambre.

C'était cette discussion qui se trouvait à l'ordre du jour, le 23 mars 1847, au lendemain de l'élection du vice-président. Le public l'attendait avec une curiosité anxieuse, non à cause du fond de la question, auquel, en dépit des efforts de l'opposition, il demeurait toujours assez indifférent, mais à raison du doute que la nomination de M. Léon de Malleville avait fait naître sur les dispositions de la majorité. A défaut de M. Thiers, dont le silence fut remarqué, de nombreux orateurs soutinrent la proposition, entre autres MM. Duvergier de Hauranne, Billault, de Beaumont, Odilon Barrot. Ils alléguèrent les vices du système électoral, l'étroitesse de sa base, ses injustes exclusions, ses inégalités déraisonnables, la facilité qu'il offrait à la corruption ; ils montrèrent cette corruption devenue générale et annulant de fait le gouvernement représentatif ; enfin, ils reprochèrent au gouvernement sa stérilité, son inertie, et le mirent en demeure d'accomplir les progrès annoncés naguère par M. Guizot dans le discours de Lisieux. Suivant sa coutume, M. Duchâtel, dans sa réponse, développa de préférence les raisons pratiques : il insista sur ce que rien n'indiquait, dans le pays, un désir de cette réforme, et sur ce qu'une loi de ce genre ne pouvait être adoptée qu'à la veille d'élections générales. M. Guizot prit les choses de plus haut. Il exposa doctrinalement les avantages du système qui, au lieu de « placer le droit électoral dans le nombre », le plaçait dans la « capacité politique ». Rencontrait-il, au cours de ses développements, le suffrage universel, il l'écartait avec un dédain superbe ; à M. Garnier-Pagès, qui lui criait : « Son jour viendra », il répondait : « Il n'y a pas de jour pour le suffrage universel ;... la question ne mérite pas que je me détourne, en ce moment, de celle qui nous occupe. » Plus loin, s'adressant à ceux qui l'accusaient de ne vouloir d'aucun progrès, il dissertait éloquemment sur les conditions du « vrai progrès, qui n'était pas seulement un changement » ;

il rappelait que, dans un régime de liberté « où toutes les idées, toutes les ambitions sont en mouvement, où l'on demande trop, où l'on veut avoir trop vite, où l'on pousse trop fort, la mission du gouvernement était de marcher lentement, mûrement, de maintenir, de contenir ». Cet ordre d'idées le conduisait naturellement à s'occuper de ceux des conservateurs qui se disaient « progressistes ». La grosse question du débat n'était-elle pas de savoir comment ils voteraient? De la gauche, on leur avait fait plus d'une invite. Les paroles que leur adressa M. Guizot furent moins une prière qu'une leçon, moins une caresse qu'une réprimande. Il railla ces députés qui « voulaient agir tout de suite, à l'entrée de cette législature, avant de la bien connaître, avant de bien connaître leurs collègues, avant de bien connaître le gouvernement près duquel ils agissaient, avant de se bien connaître peut-être eux-mêmes »; il leur rappela que, d'ordinaire, « les tiers partis ne tournaient pas à l'utilité du pays, à la considération et à la force de ceux qui les composaient »; puis il les mit en demeure, ou de « rester avec le gouvernement et de marcher avec lui », ou de « passer dans les rangs de l'opposition ». Il professait, quant à lui, « qu'il valait mieux, pour le pays et pour le cabinet, maintenir fermement cette politique avec une majorité moins forte, que l'affaiblir pour conserver une majorité plus nombreuse ». Ce langage était, par plus d'un côté, mortifiant pour ceux auxquels il était adressé, mais il leur en imposa. M. de Castellane, tout en se plaignant avec amertume de « l'espèce de défi » que le ministre avait porté à « certains membres », déclara que ses amis repousseraient la prise en considération. La réforme électorale fut écartée par 252 voix contre 154. Jamais elle n'avait eu contre elle une aussi forte majorité.

Le jour même où la Chambre se prononçait ainsi contre la réforme électorale, le 26 mars 1847, M. de Rémusat déposait une proposition de réforme parlementaire. C'était, pour le ministère, un second défilé à franchir, plus difficile que le précédent. La réforme parlementaire, qui tendait à exclure de la Chambre la plupart des fonctionnaires, n'avait pas été proposée moins de dix-sept fois depuis 1830 ; elle répondait à un mouvement d'opinion plus sérieux et à un besoin plus réel que la réforme électorale ; on ne pouvait nier qu'il n'y eût là des abus qui, chaque jour, fournissaient davantage matière aux critiques de l'opposition [1]. La discussion sur la prise en considération s'ouvrit le 19 avril. M. de Rémusat défendit son projet avec habileté. A défaut de M. Guizot, qui garda le silence, M. Duchâtel et M. Hébert insistèrent, au nom du cabinet, sur l'impossibilité de voter, dès le début d'une législature, une proposition qui obligerait à de nouvelles élections, ou mettrait en suspicion une Chambre appelée à siéger encore pendant cinq ans. Les conservateurs progressistes allaient-ils être, dans ce débat, aussi dociles et aussi timides que dans l'autre? M. Billault s'efforça de piquer leur amour-propre par un mélange assez adroit de caresses et d'épigrammes. Sur cet appel direct, M. de Castellane, toujours disposé à se mettre en avant, prit la parole. « Tout le monde reconnaît, dit-il, qu'il y a quelque chose à faire, même M. le ministre de l'intérieur qui regarde la question comme une simple question de limites. Si c'est une question de limites, qu'on nous dise donc, à nous qui voulons sérieusement faire quelque chose, ce qu'on veut faire, quand et comment on le voudra!... Y a-t-il une époque précise de la législature actuelle où le ministère voudra faire quelque chose? Encore une fois, qu'il nous le dise! » Tous les yeux se tournèrent vers le banc des ministres : M. Guizot fit un geste négatif. « Le ministère me dit non, reprit M. de Castellane ; je le savais d'avance, mais j'ai dû lui en faire la demande une dernière fois. Eh bien donc, le ministère repoussant toute réforme au fond, en principe, nous croyons, nous, qu'il y a opportunité à voter tout à l'heure la prise en considération de la proposition de M. de Rémusat. » Cette fois, la scission était ouverte. Au vote, le ministère n'en conserva pas moins la majorité ; mais cette majorité fut assez notablement

---

[1] Voir ce qui a été déjà dit des arguments invoqués pour ou contre cette réforme, t. IV, ch. II, § VI.

réduite : elle avait été de 98 voix sur la réforme électorale ; elle ne fut plus que de 49.

Du côté du gouvernement, on affecta de ne pas s'émouvoir de cette diminution, et de voir là, pour la majorité, moins un affaiblissement qu'un débarras. Le *Journal des Débats* disait, avec une ironie plus hautaine que prudente : « Les prétendus Christophe Colomb du parti conservateur, qui sont las de ce vieux monde et vont à la recherche du nouveau, ont librement donné cours à leur fantaisie ; mais ils ont pu voir que le ministère et cette pauvre majorité arriérée étaient parfaitement en état de se passer d'eux... Puisqu'ils veulent courir les aventures, il faut espérer qu'ils en rapporteront quelque expérience. Il n'y a rien de tel que les voyages pour former la jeunesse. » Il ajoutait, quelques jours plus tard : « Qu'ils aillent dans l'opposition !... Nous ne leur reprocherons qu'une chose, c'est d'y aller trop tard. Ils auraient dû s'apercevoir plus tôt qu'il y a et qu'il y aura toujours un abîme entre le parti faiseur et le parti conservateur. » Ces derniers mots s'adressaient plus particulièrement à M. de Girardin, qui demandait, dans la *Presse,* que le pouvoir passât des *parleurs* aux *hommes d'affaires.*

II

Les considérations par lesquelles les ministres avaient combattu la double réforme électorale et parlementaire, semblaient, par beaucoup de côtés, parfaitement raisonnables. Néanmoins, à voir comment les choses devaient tourner, on se prend à douter de l'opportunité de la résistance, si justifiée que celle-ci parût sur le moment. En ce qui touche notamment la présence des fonctionnaires dans la Chambre, qu'eût-on compromis en s'engageant à résoudre cette question avant la fin de la législature ? C'eût été répondre au sentiment de la majorité elle-même ; car, parmi les députés qui avaient repoussé par discipline la proposition de M. de Rémusat, la plupart n'hésitaient pas à reconnaitre que, sur ce point, « il y avait quelque chose à faire [1] ». Sans doute, il n'en était pas de même de l'extension du droit de suffrage, qui soulevait beaucoup plus d'objections, ne fût-ce que celle qui était tirée de l'indifférence manifeste du public. Toutefois, que penser de la valeur de cette dernière objection, quand on voit, dix mois après, l'état des esprits devenir tel que, de l'aveu du même M. Guizot, cette réforme ne pourra plus être évitée? Au lieu de s'exposer ainsi à la subir plus tard en vaincu, n'eût-il pas été plus habile de s'en saisir tout de suite, avant que les partis y eussent donné une importance factice, et de tenter de l'accomplir quand on pouvait encore la limiter, en rester le maître et en recueillir l'avantage? Dans ces conditions, le corps électoral n'aurait pas été gravement modifié, et puis, quels qu'eussent été les inconvénients d'une concession, ils auraient été difficilement comparables aux dangers que la résistance devait si rapidement faire naître.

Cependant, si le gouvernement se refusait absolument à entendre parler d'aucune des deux réformes, il aurait peut-être eu un moyen de les repousser sans trop de péril : c'eût été de mettre en avant quelque autre projet qui fît diversion aux manœuvres des partis hostiles, occupât l'opinion, et amusât cette imagination populaire que le pouvoir, en France surtout, ne laisse jamais impunément sans aliment. La chose, il est vrai, était malaisée. On se butait au dilemme que j'ai déjà plusieurs fois indiqué : d'une part, il semblait nécessaire d'avoir égard à ce goût maladif du changement que nos révolutions avaient éveillé dans l'esprit public; d'autre part, ces mêmes révolutions avaient tant ébranlé la société, qu'on avait peine à imaginer un changement qui fût sans péril. Quelque

---

[1] M. de Viel-Castel écrivait sur son journal intime, à la date du 25 avril 1847 : « Lorsqu'on s'entretient en particulier avec les conservateurs les plus prononcés, à peine en trouve-t-on qui ne conviennent qu'il est urgent d'apporter une barrière à l'envahissement progressif des fonctions publiques par les députés. Seulement ils varient sur les mesures à prendre. » (*Documents inédits*.)

difficile que fût ce problème, c'était la tâche du gouvernement de tenter de le résoudre. En 1847, moins qu'à toute autre époque, il pouvait s'y dérober : il se trouvait en face d'une Chambre nouvelle, et qui, comme telle, devait être particulièrement désireuse de faire du nouveau; il avait à contenter une majorité qui, se sentant assurée de sa prépondérance numérique, cessant d'avoir à combattre journellement pour son existence, n'était plus disposée à considérer sa besogne comme accomplie, quand elle avait repoussé les attaques et maintenu le *statu quo*. Ce que pourrait être l'œuvre à laquelle elle rêvait d'attacher son nom, elle eût été fort embarrassée de le préciser; mais elle était toute prête à s'en prendre au ministère, s'il ne la lui faisait pas accomplir. *A priori* même et par le seul fait de son grand âge, ce ministère vieux de plus de six ans était suspect, aux yeux de cette Chambre née d'hier, d'avoir trop le goût de l'immobilité et le besoin du repos. Un moment, au lendemain des élections du 1er août 1846, on avait pu croire que M. Guizot se rendait compte de ce que l'opinion attendait de lui; il avait paru comprendre que, si sa grande victoire électorale pouvait être interprétée comme une approbation du passé, elle lui créait pour l'avenir des devoirs nouveaux; que le programme de résistance un peu négative qui, depuis Casimir Périer, avait suffi aux jours de péril, ne suffisait plus dans la sécurité du succès; qu'il fallait rajeunir la vieille politique conservatrice. C'est alors que, le 2 août 1846, en s'adressant à ses électeurs de Lisieux, il avait annoncé solennellement que, désormais, rassuré sur la paix extérieure et l'ordre intérieur, il serait en mesure de donner satisfaction au désir de mouvement et de réforme. « Toutes les politiques vous promettent le progrès, avait-il dit dans une phrase devenue aussitôt célèbre; la politique conservatrice seule vous le donnera[1]. » Mais quelques semaines ne s'étaient pas écoulées que les mariages espagnols venaient donner une tout autre direction

---

[1] Voir plus haut, t. V, p. 29 et 30.

à sa pensée. L'affaire avait été tout de suite assez compliquée, avait exigé assez d'efforts pour absorber toute son attention. Convaincu que ce qui suffisait à l'occuper et à le satisfaire suffisait également à occuper et à satisfaire l'opinion, il n'avait plus jugé nécessaire de préparer d'autre objet à l'activité parlementaire de la nouvelle Chambre. C'est ainsi qu'au début de la session de 1847, en dehors des questions étrangères, aucun projet considérable et de nature à intéresser l'opinion ne s'était trouvé prêt à être déposé par le gouvernement.

Cette abstention, à laquelle s'était ajouté bientôt le *veto* opposé par le ministère aux deux propositions de réforme, avait été interprétée comme un parti pris d'inaction. De là, dans la majorité, une surprise, une déception et bientôt un mécontentement, qui ne se manifestaient pas seulement par quelques défections, mais aussi par l'état d'esprit de ceux dont le vote n'avait pas failli. Au cœur même du parti conservateur, divers symptômes trahissaient le doute, l'esprit de critique, les tentations d'indiscipline, la lassitude des vieilles luttes, le désir vague de quelque chose de nouveau. Ces sentiments, qui éclataient sans ménagement dans les conversations de couloirs, arrivaient parfois jusqu'à la tribune. Tel fut un incident qui se produisit, le 27 avril 1847, au cours de la discussion des fonds secrets. L'auteur en fut un député, naguère ardent ministériel, M. Desmousseaux de Givré. Amené à se demander pourquoi la majorité de cent voix, issue des élections de 1846, paraissait sur le point de se diviser, il proclama que le mal venait de « l'inertie du gouvernement », et il montra les ministres répondant sur toutes les questions : « Rien, rien, rien ! » Aussitôt répercutés, grossis par les journaux opposants, ces mots : *Rien, rien, rien!* eurent un retentissement énorme. On affectait d'y voir le résumé exact de la situation. Jamais, quand il défendait le ministère, M. Desmousseaux de Givré n'avait ainsi occupé le public. La *Presse* inscrivit les trois mots en tête de ses colonnes, à la place où naguère elle avait mis, comme épigraphe, la promesse de progrès faite par M. Guizot dans son discours de Lisieux. Le *Journal des Débats* ne contribuait pas à calmer la polémique, quand il répliquait sur le même ton : « Le parti conservateur, à son tour, n'a que trois mots à répondre aux faiseurs utopistes : Rien, rien, rien! vous n'obtiendrez rien. »

L'immobilité qu'on reprochait à la politique du gouvernement n'était pas imputable seulement au cabinet. Le Roi y avait plus de part encore, et souvent c'était lui qui l'imposait à ses ministres. Il avait alors soixante-quatorze ans. Son intelligence, bien que toujours supérieure, se ressentait du poids de l'âge. Cette charge, venant s'ajouter à celle d'un règne déjà long et toujours laborieux et difficile, avait amené chez lui quelque fatigue et quelque affaiblissement : de là, sa crainte du mouvement et du changement. Il tâchait de se persuader que la France, ayant, elle aussi, traversé beaucoup de vicissitudes, devait avoir le même goût. Il oubliait que le pays n'avait pas vieilli avec lui, qu'il se rajeunissait incessamment par l'avènement de générations nouvelles, oublieuses des déceptions passées, ouvertes aux espérances, aux illusions, impatientes d'agir à leur tour. Des malentendus de ce genre se produisent quelquefois entre vieillards et jeunes gens. En outre, Louis-Philippe était d'autant plus porté à écarter ou à ajourner les problèmes sociaux et politiques soulevés autour de lui, que moins que jamais il croyait possible d'y trouver une heureuse solution. Son expérience, en s'allongeant, avait encore accru la part de scepticisme et de désenchantement qui de tout temps s'était mêlée à sa sagesse. Ses propos, qu'il n'avait pas, on le sait, l'habitude de beaucoup mesurer, semblaient parfois d'un homme découragé qui se sentait lié à une tâche impossible. « Tenez, disait-il un jour à M. Guizot qui lui témoignait son habituel optimisme, je souhaite de tout mon cœur que vous ayez raison ; mais ne vous y trompez pas : un gouvernement libéral en face des traditions absolutistes et de l'esprit révolutionnaire, c'est bien difficile ; il y faut des conservateurs libéraux, et il ne s'en fait pas assez. Vous êtes les derniers des Romains. » Un autre jour, il s'écriait, en se prenant la tête dans les mains : « Quelle confusion! quel gâchis! Une machine toujours près de se détraquer! Dans quel triste temps nous avons été destinés à vivre[1]! » L'âge avait eu sur Louis-Philippe un autre effet : il augmentait chez lui, en même temps que la défiance des choses, la confiance en soi. Cette confiance, que lui avaient justement donnée tant de difficultés surmontées, menaçait de tourner en une obstination irritable et impérieuse qui tenait de la sénilité. Admettait-il quelqu'un à lui parler, il n'écoutait guère que ce qui rentrait dans ses idées; la contradiction l'impatientait sans l'avertir. Il oubliait que le premier avantage de l'irresponsabilité royale dans le régime constitutionnel est que le souverain peut, sans se diminuer, se prêter à des politiques diverses, gouverner avec des ministres de nuances opposées, et il menaçait, pour le cas où l'on prétendrait modifier ce que, depuis longtemps, il appelait assez imprudemment « son système », de se retirer au château d'Eu et de remettre le gouvernement à la régence. Ceux qui approchaient le Roi étaient péniblement surpris de voir qu'à la fin de 1846 et au commencement de 1847, il faisait souvent allusion à cette abdication possible. Le plus fâcheux était que ces boutades ne restaient pas renfermées dans les Tuileries, et qu'il en arrivait quelque écho dans les couloirs du palais Bourbon. Commentées sans bienveillance, elles n'augmentaient pas le crédit parlementaire du cabinet, qu'on semblait dès lors fondé à accuser d'être l'instrument trop docile du « pouvoir personnel ». Et surtout elles compromettaient le souverain, le rendaient responsable d'une politique peu populaire, et, par l'éventualité même qu'elles faisaient entrevoir, accoutumaient les esprits à rêver d'autre chose que d'une simple crise ministérielle.

L'espèce d'inertie dont le gouvernement semblait alors si étrangement affecté avait encore une autre forme. Ce qui manquait à la majorité, ce n'était pas seulement la grande impulsion politique qu'il eût appartenu au Roi et à M. Guizot

---

[1] *Mémoires de M. Guizot*, t. VIII, p. 91.

de donner, c'étaient aussi les soins de tous les jours. Cette partie de l'œuvre ministérielle, la plus modeste, mais non la moins utile sous un régime parlementaire, avait été jusqu'alors accomplie avec beaucoup d'habileté par M. Duchâtel. Sans cesse attentif aux dispositions générales de la Chambre et aux dispositions particulières de chaque député, soigneux des hommes autant que des choses, le ministre de l'intérieur avait su faire, avec adresse et tact, sans dédain des petites précautions et des petits moyens, ce qui était nécessaire pour raffermir les fidélités douteuses, calmer les susceptibilités, désintéresser les ambitions, prévenir les caprices, maintenir l'harmonie et la discipline. Le tour pratique et la netteté judicieuse de son esprit, la sûreté de son commerce, la facilité de son abord, la distinction de ses manières, et jusqu'au prestige de sa grande fortune, tout chez lui convenait à ce rôle. Telle avait été son action qu'aux yeux de plusieurs, l'armée ministérielle lui appartenait plus qu'à M. Guizot. Après les élections de 1846, en face d'une majorité accrue d'éléments si divers, il était plus nécessaire encore que M. Duchâtel continuât son travail : on l'avait entendu dire alors : « Nous avons cent conservateurs nouveaux ; il nous faudra trois mois pour les former. » Et cependant, quand arriva la session de 1847, il ne se montra pas pressé de s'occuper de cette « formation ». Une sorte d'indolence, qui était du reste le fond de sa nature, semblait avoir remplacé sa vigilance et son activité d'autrefois. A peine le voyait-on à la Chambre, et, coup sur coup, il prit des congés pour cause de maladie.

Sa maladie était réelle et se manifestait par des accès de fièvre répétés. Mais n'y avait-il pas là aussi une fatigue plus politique encore que physique, et comme une velléité de distinguer sa fortune personnelle de celle du cabinet? On l'a beaucoup dit alors. On prétendait que M. Duchâtel, gêné de l'impopularité et jaloux de la prépondérance de M. Guizot, méditait de le supplanter et de former, sans lui, un autre ministère conservateur, moins provocant dans l'ordre des doctrines, quoique aussi rassurant pour les intérêts ; plus terne, mais plus

solide, faisant en même temps moins de bruit oratoire et plus
d'affaires. Qu'autour du ministre de l'intérieur on ait caressé
quelque rêve de ce genre, c'est possible et même probable;
que le ministre personnellement se soit arrêté à un semblable
projet, rien ne le prouve. Il est à remarquer, au contraire, que
le principal intéressé, M. Guizot, a rendu après coup un hommage éclatant à la fidélité de son collègue[1]. Seulement, ce
qui est incontestable, c'est que, depuis quelque temps, M. Duchâtel estimait que le ministère, usé par sa durée même, ferait
bien de céder la place à des hommes nouveaux. Déjà, à la
veille de la session de 1845, on avait vu poindre chez lui
cette idée[2]. Il y était revenu depuis, notamment à la fin
de 1846, sous le coup d'un vif mécontentement personnel :
pour cause ou sous prétexte d'urgence, la décision relative
au mariage du duc de Montpensier avait été prise entre le Roi,
la Reine et M. Guizot, sans consulter les autres membres du
cabinet; fort blessé du procédé, M. Duchâtel en fut d'autant
plus porté à voir d'un œil peu favorable la décision ainsi prise[3];
pendant quelques jours, il fut à peu près résolu à porter au Roi
sa démission, qui eût forcément entraîné la dislocation du cabinet tout entier; il y était poussé par des hommes considérables
dont il suivait volontiers les avis, entre autres par le chancelier
Pasquier, peu favorable, il est vrai, à M. Guizot; la réflexion le
fit reculer : il ne voulut ni causer une telle joie à l'opposition,
ni se faire soupçonner par les conservateurs d'obéir à une sus-

---

[1] M. Guizot s'est exprimé en ces termes, sur la tombe de M. Duchâtel : « ...En
même temps qu'il faisait preuve de ces rares qualités de l'esprit, il déployait la
grande qualité du caractère; il était un parfait homme d'honneur, dans l'acception
la plus stricte et la plus élevée du mot, constamment fidèle à ses opinions, à sa
cause, à ses amis, malgré les dissentiments particuliers qui naissent quelquefois,
entre amis, dans la vie politique. »

[2] Voir plus haut, t. V, p. 433, 434.

[3] « C'est jouer gros jeu pour peu de chose, disait M. Duchâtel dans son intimité;
c'est sacrifier à des satisfactions de famille et à un éclat apparent les sérieux intérêts du pays... Se brouiller avec l'Angleterre, à moins que l'honneur de la France
ne le commande impérieusement, jamais il n'y faut consentir, et aujourd'hui moins
que jamais. N'avons-nous pas assez de nos révolutionnaires, sans nous mettre
encore sur les bras tous ceux qu'elle peut lancer dans toutes les parties du monde? »
(Notice sur M. Duchâtel par M. Vitet.)

ceptibilité mesquine. Un peu plus tard, lors de l'élection de M. de Malleville comme vice-président, il laissa voir encore quelque velléité de retraite, sans y insister beaucoup. En somme, il restait à son poste, toujours correct et loyal, mais triste, inquiet, un peu boudeur, ayant peu de cœur à sa besogne, et guettant l'occasion d'une retraite toujours désirée.

III

La Chambre faillit faire payer cher au ministère la négligence dont il usait à son égard. Le cheval auquel on laisse la bride sur le cou a bien vite fait quelque sottise, même quand il n'est pas, de son naturel, rétif ou violent. Coup sur coup, plusieurs des ministres se trouvèrent mis en minorité dans les affaires de leur ressort particulier, et parfois d'une façon assez mortifiante. Visiblement, la majorité croyait pouvoir ne pas se gêner avec eux. Il lui était d'autant moins difficile de leur faire sentir sa mauvaise humeur, que, par l'effet d'une sorte d'indolence égoïste, les membres du cabinet semblaient déshabitués de se prêter mutuellement appui. Chacun d'eux se présentait séparément devant l'opposition, sans être secondé par ses pairs, ni couvert par son chef. Situation pleine de risques pour ceux qui manquaient d'adresse ou de prestige. M. Guizot ne vit d'abord, dans les mésaventures de ses collègues, que des accidents sans gravité : il lui semblait que les votes hostiles ne portaient que sur des questions spéciales, et que, dût-on regarder tel ou tel ministre comme assez grièvement atteint, il serait bien temps, après la session, d'examiner s'il convenait de le remplacer [1]. Mais cette

---

[1] M. Génie, chef de cabinet de M. Guizot, écrivait, quelques jours plus tard, à M. de Jarnac : « On savait bien qu'il y avait eu quelques échecs personnels; que tout le monde ne s'en était pas relevé; que deux, ou trois, ou quatre membres du cabinet étaient blessés; mais on se faisait illusion sur la gravité des atteintes, et l'on croyait qu'il serait possible de traverser la session sans le modifier. » (Lettre du 13 mai 1847, *Documents inédits*.)

sécurité ne dura pas. Vers la fin d'avril et dans les premiers jours de mai, divers symptômes révélèrent, tout d'un coup, que le cabinet entier avait été blessé et dangereusement blessé par les coups frappés sur plusieurs de ses membres.

M. Guizot, sentant un peu tardivement que le mal était dû en grande partie à ce qu'il s'était tenu personnellement en dehors des débats, saisit, le 6 mai, une occasion de se montrer à la tribune. M. Billault venait, à propos des crédits supplémentaires, d'attaquer l'ensemble de la politique extérieure. Avec une maîtrise supérieure et un succès incontesté, M. Guizot passa en revue toutes les affaires où notre diplomatie avait alors à agir. Il ne voulut pas terminer son discours sans faire allusion aux difficultés parlementaires du moment. Il reconnaissait que, « dans une Chambre nouvelle, il pouvait y avoir, entre une majorité et un cabinet au fond d'accord, des malentendus, des méprises et des embarras » ; mais il se refusait à voir là rien de grave et de profond. « Je pense, ajouta-t-il, que ce n'est pas sur des embarras momentanés, sur des tentatives plus ou moins habilement concertées ou voilées, qu'une scission se fait entre une majorité et un gouvernement. Pour le compte du cabinet, je n'hésite pas à dire qu'il ne voit, dans les convictions de la majorité, rien qui contrarie les siennes. Si la majorité pensait autrement à l'égard du cabinet, elle est parfaitement la maîtresse de le lui témoigner, et il s'en apercevra sur-le-champ. » La majorité applaudit. Le lendemain, l'un des collaborateurs de M. Guizot au ministère des affaires étrangères, M. Désages, écrivait à M. de Jarnac, notre chargé d'affaires à Londres. « Le ministre a eu hier, à la Chambre, un immense succès. Ce succès a raffermi bon nombre d'esprits un peu ébranlés. On a reconnu bien vite que la situation, toute la situation appartenait encore à M. Guizot et n'appartenait qu'à lui [1]. »

M. Désages se faisait illusion sur l'effet du discours. Si grand qu'eût été le succès oratoire de M. Guizot, il ne suffisait

---

[1] Lettre du 6 mai 1847. (*Documents inédits.*)

pas à raffermir le cabinet tout entier. Bien au contraire, les lézardes inquiétantes qui s'étaient produites dans l'édifice ministériel s'élargissaient avec une telle rapidité que c'était à se demander si un effondrement n'était pas imminent. Il n'y avait plus une minute à perdre pour aviser. Les conservateurs éclairés se rendaient compte que, pour échapper à une crise totale, force était de prendre les devants et d'opérer spontanément un remaniement partiel. Deux jours après le discours de M. Guizot, le 7 mai, le duc de Broglie, écrivant à son fils, lui exposait comment l' « imprévoyance », le « discrédit moral », la « nullité » de tel ou tel ministre rendaient « une recomposition du ministère inévitable ». « Ce qui l'a rendu plus inévitable encore, ajoutait-il, c'est l'indolence du ministère en général, quand il s'est vu à la tête d'une majorité de cent voix, et la fantaisie de cette majorité qui, pour se divertir, s'est amusée à déchiqueter, pièce à pièce, le ministère dans ses conversations, et à procurer à trois ou quatre de ses membres des échecs consécutifs sur quelques points de détail. Quoi qu'il en soit des causes, la majorité est, en ce moment, en pleine dissolution, et le ministère, par contre-coup, sans qu'il y ait, pour cela, la moindre raison, je ne dis pas suffisante, mais le moindre prétexte. Il faut recomposer le ministère et, par lui, la majorité [1]. »

Une fois convaincus du péril dont ils ne s'étaient pas d'abord doutés, le Roi et M. Guizot n'hésitèrent pas, pour alléger la nef qui menaçait ainsi de sombrer en mer calme, à jeter par-dessus bord les trois ministres qui paraissaient le plus compromis, celui des finances, M. Lacave-Laplagne, celui de la guerre, le général Moline Saint-Yon, et celui de la marine, l'amiral de Mackau : les deux derniers consentirent à donner leur démission ; le premier, réfractaire au rôle de bouc émissaire, dut être destitué. Le plus grave en cette affaire ne fut peut-être pas l'obligation où l'on s'était trouvé subitement de sacrifier une partie des ministres ; ce fut la difficulté

---

[1] *Documents inédits.*

qu'on éprouva à les remplacer. Leur succession fut offerte à divers personnages parlementaires, qui la déclinèrent : si bien que M. Guizot, comprenant la nécessité d'en finir très vite, s'adressa à des fonctionnaires dévoués qui n'étaient même pas à Paris, et imposa, par télégraphe, à leur dévouement, l'acceptation des portefeuilles vacants. Tout put être ainsi conclu en quarante-huit heures. Le 10 mai, le *Moniteur* annonça que M. Jayr, préfet de Lyon, était nommé ministre des travaux publics, en remplacement de M. Dumon, qui devenait ministre des finances; que le général Trézel, commandant la division militaire de Nantes, était appelé au ministère de la guerre, et M. de Montebello, ambassadeur à Naples, au ministère de la marine. Tous trois étaient pairs de France. Le premier, qui avait fait sa carrière dans l'administration préfectorale, était un administrateur habile; le second, soldat brave et intègre, très estimé pour ses vertus et son caractère, avait eu peu de bonheur dans sa vie militaire; c'est lui qui commandait lors du désastre de la Macta; le troisième, fils aîné du maréchal Lannes, avait occupé des postes diplomatiques secondaires, sans y trouver l'occasion d'un rôle considérable; il avait détenu en outre, pendant quelques jours, le portefeuille des affaires étrangères, dans le ministère provisoire et incolore constitué le 31 mars 1839, à la suite de la coalition. Aucun d'eux n'avait d'importance parlementaire ni de signification politique bien déterminée.

C'était une solution, mais une solution peu brillante. M. de Viel-Castel notait dans son journal intime, à la date du 11 mai : « Le sentiment de l'affaiblissement moral du cabinet, par suite de la modification qu'il vient d'éprouver et des incidents qui l'avaient précédée, est universel[1]. » Deux jours plus tard, M. Génie, chef du cabinet de M. Guizot, écrivait à M. de Jarnac : « Le ministère, qui comptera bientôt sept années de durée, était remarquable en ce qu'aucune scission n'avait éclaté dans son sein; les remplacements qui ont eu lieu depuis

---

[1] *Documents inédits*

1842 avaient des causes connues et inévitables : les uns étaient morts ; les autres étaient notoirement dans un état grave de maladie[1]. Ici, rien de tout cela ; le vent de la Chambre des députés emporte trois ministres ; les ministres restants l'ont senti, l'ont vu et ont cédé... La majorité conservatrice s'est émue, inquiétée. La petite fraction de cette majorité qui, depuis six mois, cherche à prendre de l'importance, a considéré ce résultat comme un succès, mais comme un succès insuffisant[2]. » Ce n'était pas seulement dans l'intimité que les amis du cabinet constataient l'atteinte portée à son prestige. Le *Journal des Débats* le déplorait publiquement, et ce lui était une occasion de faire l'examen de conscience du gouvernement. « Le ministère, disait-il le 12 mai, n'a pas déployé assez d'activité et de vigilance depuis la discussion de l'adresse. Il a cru que la majorité lui était acquise ; il l'a pour ainsi dire abandonnée à elle-même... La Chambre n'a pas été gouvernée. » Quelques jours plus tard, on lisait dans la chronique politique de la *Revue des Deux Mondes* : « Un ministère qui, de l'aveu des représentants de l'opposition, était, il y a trois mois, maître incontesté du champ de bataille, a perdu, peu à peu, une partie des avantages de cette situation ; il s'est trouvé un beau jour compromis, sérieusement menacé. Était-ce par quelque triomphe imprévu de l'opposition? Non ; s'il a été harcelé d'une façon périlleuse, c'est par ses propres amis ; c'est d'eux qu'il a reçu des atteintes et des blessures. »

Tels paraissaient être l'ébranlement et le malaise laissés par cette crise partielle, que l'opposition crut le moment favorable pour tenter de la transformer en une crise totale. Le 14 mai,

---

[1] Voici, en effet, quelles avaient été les modifications ministérielles depuis le 29 octobre 1840 : M. Lacave-Laplagne avait remplacé, en 1842, M. Humann, décédé ; en 1843, l'amiral Roussin avait remplacé l'amiral Duperré, qui se retirait pour cause de santé ; il avait lui-même, au bout de quelques mois, cédé la place à l'amiral de Mackau ; dans la même année, une question toute personnelle, nullement politique, avait fait remplacer M. Teste par M. Dumon ; en 1845, M. Villemain, malade, avait été remplacé par M. de Salvandy, et le maréchal Soult, fatigué, avait remis le portefeuille de la guerre au général Moline de Saint-Yon. Enfin, au commencement de 1847, M. Hébert avait remplacé M. Martin du Nord, décédé.

[2] Lettre du 13 mai 1847. (*Documents inédits.*)

M. Odilon Barrot interpella le ministère sur les modifications qui venaient d'être apportées à sa composition. La gauche comptait sur les divisions de la majorité et, tout spécialement, sur le ressentiment de M. Lacave-Laplagne, qu'elle caressait maintenant, après l'avoir fort vilipendé tant qu'il était au pouvoir. On avait eu soin de préparer à l'avance, pour le cas de victoire, un ministère Molé-Dufaure. Tous ces calculs furent trompés. M. Guizot, prévenu par ses amis du trouble des esprits, fut prudent et habile; évitant les chausse-trapes où M. Barrot se flattait de le faire tomber, il ne dit rien qui pût blesser les ministres congédiés et fit surtout appel à l'union des conservateurs contre l'opposition. M. Lacave-Laplagne, de son côté, eut le bon goût et le bon sens de ne pas faire le jeu de la gauche; gardant une grande réserve sur ce qui le concernait, il engagea, lui aussi, la majorité à demeurer unie et protesta de sa fidélité conservatrice. Les néo-progressistes, qu'on avait dit être prêts à une levée de boucliers, se tinrent cois. Ainsi déçue dans toutes ses espérances, l'opposition fut réduite à battre en retraite assez piteusement. L'issue de ce débat rendit à M. Guizot sa sécurité un peu dédaigneuse, et, quelques jours après, il écrivait à M. Rossi, son ambassadeur à Rome : « Je ne vous dis rien de nos affaires intérieures. Point de danger réel; les embarras et les ennuis d'une Chambre nouvelle; les anciens un peu fatigués; les nouveaux pas encore dressés; des fantaisies peu profondes, mais très vaniteuses; des ambitions peu puissantes, mais très remuantes; l'alliance momentanée des chimères honnêtes et des prétentions intéressées[1]. »

IV

Quelque déplaisants que fussent les accrocs inattendus de la machine parlementaire, le pays s'en fût distrait et consolé assez facilement, s'il eût trouvé ailleurs des satisfactions

---

[1] Lettre du 28 mai 1847. (*Documents inédits.*)

d'un ordre plus positif. On sait que la politique l'intéressait beaucoup moins qu'autrefois, et que, de plus en plus, il paraissait surtout préoccupé de ses intérêts matériels. Il venait précisément de traverser une période de grande prospérité commerciale et industrielle[1]; il en avait joui, et ce n'avait pas été pour le ministère conservateur le moindre titre à la faveur publique que d'avoir présidé à un tel développement de richesse. Or voici qu'au commencement de 1847, cette prospérité faisait place à une crise économique, dont le public souffrait plus encore que de l'inconsistance de la majorité et de l'émiettement du cabinet.

Cette crise avait pour cause première un accident dont le gouvernement ne pouvait être responsable; c'était la mauvaise récolte de 1846. On s'en ressentait d'autant plus que l'année 1845, ayant été médiocre, n'avait pas laissé d'excédents de grains. Le mal nous avait pris un peu à l'improviste. Un mois avant la moisson, on croyait à de beaux résultats; tout avait été compromis par la chaleur et la sécheresse excessives des dernières semaines. Les entraves de la législation douanière et l'imperfection des moyens de transport ne permettaient pas alors de parer aussi facilement et aussi promptement qu'on le fait aujourd'hui aux insuffisances de la production nationale. D'ailleurs, plusieurs des pays voisins de la France n'avaient pas été plus favorisés. Il se produisit donc, à la fin de 1846, un renchérissement des céréales qui alarma aussitôt le public. Les imaginations effrayées se voyaient déjà aux prises avec la disette. Le ministre du commerce, M. Cunin-Gridaine, mal informé par ses enquêtes administratives, crut d'abord à une panique non justifiée, et publia, le 16 novembre 1846, une circulaire aux préfets, destinée à rassurer les esprits. Mais l'optimisme ministériel ne pouvait prévaloir contre un fait trop réel : le blé manquait. Le gouvernement comprit, un peu tardivement, qu'il était en face d'un danger grave qui exigeait de promptes mesures.

---

[1] Cf. plus haut, t. VI, ch. II.

Une ordonnance royale autorisa l'admission en franchise des grains étrangers; les conseils municipaux furent invités à suspendre également les droits d'octroi; dans les ports, la police sanitaire reçut ordre de réduire notablement les quarantaines pour les bâtiments apportant du blé; le département de la guerre et celui de la marine décidèrent d'acheter toute leur consommation hors de France; les fourgons de l'artillerie furent employés à transporter dans l'intérieur du pays les provisions qui s'accumulaient sur les quais des ports. Ces remèdes étaient malheureusement insuffisants; d'ailleurs, il y avait eu du temps perdu; l'hiver était venu, rendant les charrois plus difficiles. Le prix de la farine montait toujours. Paris et, à son exemple, de nombreuses communes s'imposèrent de lourdes dépenses pour maintenir à un prix normal le pain consommé par les indigents. Sur plusieurs points, des chantiers et des ateliers furent ouverts par l'État et les municipalités, en vue de fournir du travail aux malheureux. La charité privée, comme toujours, fit plus encore que l'assistance officielle. Malgré tout, la misère était grande. Dans le centre de la France, elle se trouvait encore augmentée par suite des inondations extraordinaires qui avaient porté le ravage et la ruine sur les bords de la Loire et de ses affluents. Le chiffre inaccoutumé des retraits opérés dans les caisses d'épargne révélait la détresse des classes pauvres : il dépassait de plus de trente millions celui des versements. En même temps que les corps souffraient, les esprits se troublaient, les passions fermentaient. De graves désordres éclatèrent dans les départements de l'Ouest et du Centre. Des paysans et des ouvriers s'opposaient par la violence à la circulation des grains, pillaient les bateaux ou les voitures dans lesquels on les transportait, les greniers où on les conservait, envahissaient les marchés, et prétendaient forcer les propriétaires à vendre leur récolte à un certain prix. De véritables bandes de mendiants terrorisaient les fermes isolées. Sur plusieurs points, le sang coula; des scènes atroces eurent lieu dans l'Indre, à Buzançais et à Bélâbre, où plusieurs maisons furent saccagées et deux propriétaires massacrés. On eût dit qu'un vent de jacquerie soufflait sur la France. Le gouvernement se montra ferme. Il demanda des crédits pour augmenter l'effectif des divisions territoriales et être ainsi présent en force partout où des désordres pourraient éclater. Près de cinq cents individus, poursuivis devant les tribunaux, furent frappés de peines diverses. La cour d'assises de l'Indre, entre autres, prononça, à raison des faits de Buzançais et de Bélâbre, plusieurs condamnations aux travaux forcés et trois condamnations à mort, qui furent aussitôt exécutées. La presse radicale ne manqua pas de s'apitoyer sur les victimes de la justice bourgeoise. Sous le coup de cette répression sévère, le désordre matériel disparut, mais non sans laisser quelque malaise dans les esprits, irritation chez les uns, inquiétude chez les autres.

Par un enchaînement fatal, la crise des subsistances avait amené une crise monétaire. L'encaisse métallique de la Banque de France était tombée de 252 millions à 80 et même bientôt à 57. Cette diminution vraiment inquiétante tenait principalement aux masses d'argent qu'il avait fallu sortir de France pour payer les blés achetés en Russie et ailleurs. Elle tenait aussi à ce que d'autres pays, non moins éprouvés par la disette, étaient venus chercher à Paris le métal précieux dont ils étaient à court. Un relèvement du taux de l'escompte semblait s'imposer. La Banque, désirant vivement l'éviter, essaya de plusieurs autres remèdes, par exemple d'achats de lingots à Londres; tous furent impuissants; l'encaisse baissait toujours. Dès lors, il n'était plus possible d'hésiter, et l'escompte fut porté à 5 pour 100. Cette mesure produisit tout d'abord sur le marché un effet de gêne et d'inquiétude; les affaires en furent entravées, le crédit resserré; mais elle eut un bon résultat au point de vue monétaire; au 15 mars, l'encaisse était remontée à 110 millions. A cette époque, il est vrai, la Banque recevait un secours fort inattendu dont j'ai déjà eu occasion de parler : 50 millions en numéraire lui étaient remis par le Czar, pour acheter des rentes françaises [1]. La France rentrait ainsi en possession de l'argent que nos importateurs de grains avaient récemment envoyé en Russie. Rien ne pouvait venir plus à propos pour l'aider à sortir de ses embarras monétaires. On comprend le calcul du Czar : il était le premier intéressé à nous mettre à même de continuer des achats dont son pays profitait, et il devait s'attendre que cet argent reprendrait bientôt le chemin d'Odessa.

Le trouble jeté sur le marché se fit surtout sentir dans les affaires de chemins de fer, où, depuis quelques années, la spéculation était singulièrement surexcitée [2]. Plus on avait été aveugle dans ses engouements, plus on était prompt à la panique; plus on s'était engagé témérairement, plus la ruine menaçait d'être grande. On vit s'effondrer le cours des actions, non seulement de celles qui avaient été évidemment surfaites par l'agiotage, mais aussi de celles qui représentaient une valeur sérieuse. Les souscripteurs se refusaient à compléter leurs versements. Sur beaucoup de lignes, les travaux étaient interrompus ou allaient l'être. Si quelques compagnies, comme celle du chemin de fer du Nord, étaient de force à supporter cette bourrasque, plusieurs menaçaient de sombrer, notamment celles qui, dans l'affolement des dernières années, avaient consenti des rabais excessifs. A bout de ressources, elles imploraient de l'État un peu d'aide ou tout au moins une atténuation de leurs charges. Leur ruine eût gravement retardé et compromis la construction des chemins de fer; or, il n'y avait déjà eu que trop de temps perdu : en ce moment même, quand il s'agissait de transporter les grains dont on avait un besoin si urgent, la France voyait bien ce qu'il lui en coûtait de n'avoir pas encore un réseau ferré un peu complet; le gouvernement fut donc amené à faire voter une série de lois qui, sous diverses formes, portaient secours à plusieurs des compagnies en détresse. Avec ces expédients, on parvint, tant bien que mal, à écarter quelques-unes de leurs dif-

---

[1] Sur cet incident et sur l'impression qu'il causa dans le monde politique, voir plus haut, t. VI, p. 329.
[2] Voir plus haut, t. VI, p. 32 à 36.

ficultés financières, mais sans les rendre florissantes : le temps seul devait effacer le discrédit moral que les déboires d'une spéculation imprudente faisaient peser sur ce genre d'affaires.

Tant de crises avaient nécessairement leur contre-coup sur les finances publiques. On se rappelle qu'à la fin de la session de 1846, elles paraissaient en bon état : le ministère se félicitait de les avoir dégagées des embarras que lui avait légués le cabinet du 1ᵉʳ mars [1]. Quelques mois s'écoulent, et voici qu'à la suite de la mauvaise récolte, les embarras renaissent : le terrain qu'on croyait avoir gagné semble perdu. C'est d'abord l'équilibre du budget ordinaire, si laborieusement reconquis en 1844 et 1845, après quatre années de déficit, qui est de nouveau compromis. D'une part, les dépenses s'accroissaient des secours donnés aux populations éprouvées par la disette et les inondations, du prix beaucoup plus élevé dont il fallait payer l'alimentation des armées de terre et de mer, enfin des augmentations d'effectif jugées nécessaires pour maintenir partout l'ordre [2]. D'autre part, le rendement des impôts indirects, qui, depuis quelque temps, avait accusé une progression annuelle de 24 millions en moyenne, faiblissait sous le coup du malaise général ; sans doute, l'élan était tel que le ralentissement ne se faisait pas tout de suite sentir, et que le résultat total de 1846, malgré la crise des derniers mois, faisait encore ressortir, par rapport à 1845, une augmentation de 19 millions ; mais, dans les premiers mois de 1847, le déchet était considérable : ce n'était pas seulement un arrêt ; c'était un recul marqué. Accroissement des dépenses, diminution des recettes, il y avait là une double cause de déficit : ce déficit était pour le budget ordinaire de 1846, de 45 millions ; il s'annonçait beaucoup plus fort pour 1847 [3].

---

[1] Voir plus haut, t. VI, ch. II, § III.
[2] Ces deux dernières causes élevèrent le budget de la guerre de 302 millions, qui était le chiffre de 1845, à 331 en 1846, et à 349 en 1847, et le budget de la marine de 114 millions, chiffre de 1845, à 130 en 1846 et 133 en 1847.
[3] Le déficit du budget ordinaire de 1847 devait être de 109 millions ; il eût été plus fort encore, sans l'amélioration notable qui se produira dans la seconde moitié de l'année.

La crise n'avait pas une influence moins fâcheuse sur le budget extraordinaire. On sait quel avait été le système établi par la loi du 11 juin 1842, pour les dépenses de chemins de fer, et étendu depuis à beaucoup d'autres dépenses : prévues pour plus d'un milliard, effectuées pour environ 400 millions, ces dépenses avaient été laissées provisoirement à la charge de la dette flottante, jusqu'au jour où l'extinction des découverts budgétaires permettrait d'y appliquer les réserves de l'amortissement [1]. Au commencement de 1846, on croyait ce moment arrivé : la liquidation du passé paraissait terminée ; les découverts accumulés de 1840 à 1844 allaient être éteints et même laisser libre, sur les 77 millions composant les réserves de l'amortissement en 1846, une somme de 57 millions qui pourrait être affectée aux travaux publics. Mais, pour cela, il fallait que l'équilibre du budget ordinaire, rétabli en 1845, ne fût pas de nouveau détruit. Le retour du déficit faisait évanouir ces espérances, bouleversait ces calculs, et ajournait indéfiniment l'échéance où les réserves de l'amortissement seraient disponibles. Or, comme les grands travaux n'étaient pas, ne pouvaient pas être complètement interrompus, — on avait prévu de ce chef, en 1847, une dépense de 197 millions, — ils retombaient à la charge de la dette flottante, qui se trouvait notablement grossie : de 400 millions, chiffre qu'elle avait atteint en janvier 1846, elle s'élevait à 600 millions et menaçait d'atteindre presque 700 millions à la fin de 1847.

C'était beaucoup pour l'époque, d'autant que, par l'effet de la crise, les ressources qui alimentaient d'ordinaire cette dette flottante devenaient moins abondantes et moins faciles. Elles étaient de deux natures : les unes qui venaient spontanément au Trésor : avances des receveurs généraux, dépôts des communes et des établissements publics, portion non consolidée des fonds des caisses d'épargne ; les autres que le Trésor, au contraire, allait chercher par l'émission des bons royaux. La première catégorie de ces ressources se trouvait

---

[1] Voir plus haut, t. VI, p. 44 et 45.

notablement réduite par les retraits opérés dans les caisses d'épargne, par les dépenses que les communes s'imposaient pour abaisser le prix du pain et ouvrir des ateliers de charité, et en général par tous les besoins d'argent nés de la disette, des inondations et du mauvais état des affaires. Dès lors, force était de demander davantage à l'émission des bons du Trésor. Une loi du 20 juin 1847 autorisa le ministre des finances à porter cette émission de 210 à 275 millions. Mais, au moment où il fallait émettre un plus grand nombre de bons, ceux-ci, toujours par l'effet de la crise, se plaçaient plus difficilement; le crédit de l'État, sans être ébranlé, se ressentait des embarras du marché ; dès le mois d'avril 1847, le ministre des finances était obligé d'élever à 5 pour 100 l'intérêt des bons du Trésor; ce ne fut qu'au mois d'août suivant qu'il jugea possible de le ramener à 4 1/2. Tous ces faits mettaient davantage en lumière l'inconvénient d'une dette flottante trop considérable, et le gouvernement était amené à chercher les moyens de la réduire. Un seul s'offrait à lui : consolider une partie de cette dette, en la transformant en dette perpétuelle. Dans ce dessein, il se fit autoriser, par une loi du 8 août 1847, à contracter, quand il jugerait le moment favorable, un emprunt de 350 millions. On verra plus tard dans quelles conditions et dans quelle mesure les circonstances permettront de réaliser cet emprunt.

Le ministère ne pouvait chercher à dissimuler cet état embarrassé des finances : plus d'une fois, au cours de la session, il s'en expliqua franchement, sans découragement, mais non sans mélancolie. Il avait soin d'en bien marquer l'origine accidentelle, de faire tout remonter à la mauvaise récolte et aux inondations. Les commissions du budget, de leur naturel un peu sévères et maussades, appuyèrent plus encore sur ce qu'elles appelaient « les tristes aspects » des exercices de 1846 et de 1847 ; elles ne contestaient pas que les fléaux survenus à la fin de 1846 n'en fussent une des causes ; mais, à leur avis, ce n'était pas la cause unique ; il y avait aussi de la faute du gouvernement, qui, dans l'enivrement des années prospères, était allé trop vite, avait voulu tout faire à la fois, et qui avait eu le tort plus grave encore de ne pas prévoir les mauvais jours [1]. Ce reproche contenait une part de vérité. Non sans doute qu'il eût été loisible au gouvernement de se soustraire à l'obligation, très lourde et très périlleuse en effet, de tout faire à la fois : ni l'exécution des chemins de fer, ni la conquête de l'Algérie n'eussent pu être retardées ou ralenties, sans qu'il en coûtât plus cher encore au pays ; et si l'on y avait ajouté les dépenses militaires, suite de l'alerte de 1840, la faute n'en était pas au ministère du 29 octobre. Son tort était ailleurs : il consistait à avoir adopté, pour l'exécution des grands travaux, des combinaisons financières supposant la persistance d'un ciel sans nuage ; on ne s'était pas assez précautionné contre les accidents possibles. Défaut de prévoyance qui, sans être la cause première et principale de la crise, avait contribué à la rendre, quand elle était survenue, plus sensible et plus troublante. Des finances moins engagées eussent mieux supporté le coup de la disette et des inondations.

On voit combien nombreuses et graves étaient, pour les fortunes privées et pour la fortune publique, les conséquences de la mauvaise récolte de 1846. Rarement un simple accident climatérique avait produit une telle succession de contrecoups. Le mal, d'ailleurs, n'était pas spécial à la France ; il s'étendait à tous les pays où les blés avaient manqué. En Angleterre, il sévissait plus rudement encore que chez nous. Sous le coup d'une disette qui, en Irlande, prenait, suivant l'expression de lord John Russell, le caractère d'une « famine du treizième siècle », les finances du Royaume-Uni, très florissantes pendant les années précédentes, étaient devenues tout à coup fort embarrassées. De très gros déficit succédaient brusquement à de gros excédents. Le rendement des impôts baissait de 37 millions, pendant le premier trimestre de 1847.

---

[1] Voir les rapports de M. Bignon sur le budget des dépenses, et celui de M. Vuitry sur le budget des recettes, à la Chambre des députés. Voir aussi le rapport de M. d'Audiffret, à la Chambre des pairs.

L'ébranlement du crédit faisait tomber les consolidés de 93 à 79 1/2. La Banque royale, effrayée du vide de ses caisses, hésitait à escompter les meilleurs papiers. Une véritable panique se produisait chez les actionnaires des compagnies de chemins de fer. Les faillites se multipliaient. Toutes les transactions étaient suspendues. En somme, le désordre économique semblait d'autant plus désastreux que le pays avait été surpris au milieu d'un mouvement d'affaires plus actif et plus compliqué, dans une fièvre de spéculation plus intense. La crise n'était pas seulement plus aiguë qu'en France, elle devait durer plus longtemps : au milieu de 1847, quand on voyait déjà chez nous les signes d'un retour de prospérité, le mal ne diminuait pas outre-Manche : bien au contraire, il menaçait de s'aggraver encore.

La pensée des embarras plus grands de l'Angleterre ne suffisait pas à consoler le public français de ses propres déboires. Il demeurait surpris, inquiet, triste d'avoir vu se voiler si rapidement une prospérité dont il s'était fait une agréable et fructueuse habitude. L'opposition ne manquait pas d'exploiter cette humeur et tâchait de la tourner en grief contre le gouvernement. Naguère, quand les intérêts matériels avaient pleine satisfaction, elle avait imaginé de reprocher au cabinet d'en être trop préoccupé ; maintenant qu'ils étaient en souffrance, elle l'accusait de les avoir compromis, et elle ne se trompait pas en croyant ce second moyen d'attaque plus efficace que le premier. Aussi avec quel entrain passionné s'appliquait-elle à rendre plus douloureux et plus irritants les malaises du pays ! On eût dit que dans chaque symptôme fâcheux qu'elle pouvait enregistrer, elle voyait une bonne fortune. Le tort ainsi fait non seulement au ministère, mais à la monarchie, fut considérable : parmi les causes complexes de cette maladie de l'esprit public qui fut le prodrome de la révolution de Février et qui la rendit possible, il faut évidemment faire une certaine part à la crise économique, née de la mauvaise récolte de 1846.

V

Obligé, par la situation embarrassée des finances, d'ajourner certaines réformes économiques qui eussent, du moins au début, diminué les recettes du Trésor [1], le gouvernement aurait dû chercher, ce semble, à compenser cette immobilité forcée dans l'ordre des progrès matériels, par une activité plus féconde pour ce qui regardait le progrès moral. Une occasion s'offrait à lui : c'était la question toujours pendante de la liberté d'enseignement [2], question plus large que son étiquette; car, en réalité, elle renfermait le plus important des problèmes qui s'imposent aux hommes politiques du dix-neuvième siècle, celui du rapprochement à opérer entre l'État moderne et l'Église antique, entre la liberté et la foi. Un calme relatif s'était fait sur ce sujet, après les luttes si vives des années précédentes. Le moment paraissait venu de conclure une sorte de concordat, de pacifier définitivement les esprits par un nouvel édit de Nantes.

Comme j'ai déjà eu plusieurs fois occasion de l'indiquer, M. Guizot personnellement comprenait l'importance de la liberté d'enseignement et était disposé à l'accorder. Il en avait pris l'engagement solennel, dans son discours du 31 janvier 1846 [3]. Il n'était pas, du reste, sans s'apercevoir que, même au point de vue politique, le « parti catholique » commençait à devenir une force avec laquelle il fallait compter. Aux élections générales de 1846, M. de Montalembert, imitant la tactique par laquelle M. Cobden venait de faire triompher en Angleterre la liberté commerciale, avait donné comme mot d'ordre à ses amis de se tenir en dehors des questions débattues entre le ministère et l'opposition, et de porter l'appoint souvent décisif

---

[1] Telles furent notamment la réforme postale et la réduction de l'impôt du sel, qui étaient vivement désirées par la Chambre.

[2] Voir plus haut, t. V, ch. VIII.

[3] Voir plus haut, t. V, p. 578.

de leurs voix au candidat, quel qu'il fût, qui prendrait un engagement en faveur de la liberté d'enseignement. Sans doute, dans ce rôle tout nouveau pour eux, les catholiques s'étaient montrés novices, incertains, ignorants de leur force et de leur nombre. Toutefois, ils avaient contribué à l'échec de plusieurs de leurs adversaires, avaient fait triompher quelques-uns de leurs plus chauds amis, entre autres M. de Falloux, et, parmi les élus d'opinions diverses, ils en comptaient cent quarante-six qui s'étaient prononcés pour la liberté religieuse. Bien que, parmi ces promesses de candidats, toutes ne fussent pas également sincères et solides, c'était un grand changement par rapport à la Chambre précédente, où les intérêts religieux n'étaient pour ainsi dire pas représentés. Les catholiques ne s'endormirent pas sur ce succès relatif; ils lancèrent des pétitions qui, dès les premiers mois de 1847, réunissaient plus de cent mille signatures. Ainsi stimulé, le ministère ne pouvait se dérober. Le 12 avril 1847, M. de Salvandy déposa le projet promis.

L'exposé des motifs n'était pas, comme celui de M. Villemain en 1844, un plaidoyer contre la liberté d'enseignement; tout au contraire, avec la pompe chaleureuse qui lui était habituelle, M. de Salvandy y proclamait le droit de la famille, condamnait le monopole, rendait hommage à l'action de la religion dans l'éducation et reconnaissait tout ce qu'avaient de légitime les préoccupations du clergé en semblable matière. Malheureusement, la loi elle-même ne répondait pas à ce préambule. Ses dispositions, bien que plus conciliantes que celles du projet de 1844, étaient beaucoup moins larges et libérales que le projet de 1836, chaque jour plus regretté par les catholiques. Si M. de Salvandy n'était pas aussi exigeant que M. Villemain pour les certificats et grades imposés à qui voulait enseigner, il l'était cependant assez pour que ces conditions équivalussent souvent à une interdiction. Si, pour certaines répressions, il substituait les tribunaux à l'Université, il donnait à celle-ci des droits considérables de surveillance, de direction et de juridiction sur les établissements libres, lui accordait jusqu'au pouvoir de désigner tous les livres de classe, et maintenait le certificat d'études. S'il posait le principe d'un grand conseil de l'instruction publique plus large que le conseil royal de l'Université, il faisait, dans ce conseil, une part dérisoire aux éléments non universitaires. Enfin, s'il n'obligeait plus les professeurs à déclarer eux-mêmes qu'ils ne faisaient point partie d'une congrégation religieuse, il maintenait contre les membres de ces congrégations l'interdiction d'enseigner. En même temps, il proposait sur l'instruction primaire une loi à laquelle on reprochait de diminuer les libertés concédées en 1833, et, à propos de projets préparés par lui sur l'enseignement du droit et de la médecine, il disait à ceux qui réclamaient la liberté de l'enseignement supérieur : « Le gouvernement n'est pas préparé au fait, et il nie le droit. »

On était loin des espérances qu'avaient fait concevoir aux catholiques les sentiments personnels de M. de Salvandy et surtout le mémorable discours de M. Guizot. Aussi l'abbé Dupanloup, si disposé qu'il fût à la conciliation, publiait-il une critique nette et ferme, bien que toujours courtoise, du projet sur l'instruction secondaire. Le comité pour la défense de la liberté religieuse disait, dans une de ses circulaires : « Jamais l'attente publique n'a été plus complètement trompée. On nous avait promis la liberté, on ne nous en donne même pas le semblant... Cette loi ne peut ni ne doit satisfaire aucune opinion, pas plus les partisans du monopole que les amis de la liberté. Il n'est peut-être personne en France, excepté M. le comte de Salvandy lui-même, qui puisse voir là une bonne loi et une solution définitive. » Et la circulaire déclarait, en terminant, que « la lutte devait être reprise avec plus d'énergie que jamais ». Le comité multiplia en effet ses appels, pour ramener l'armée catholique au combat. Son insistance même révélait qu'il rencontrait quelque inertie. Était-ce lassitude d'une lutte déjà bien longue pour des hommes dont le tempérament n'était pas militant? Était-ce difficulté de se remettre en train, après le désarroi que la mission de M. Rossi et l'intervention de la cour romaine avaient jeté, en 1845, parmi les catholiques? Était-ce certitude qu'avec les progrès déjà faits, le succès final n'était qu'une question de temps, et que, tôt ou tard, le gouvernement se déciderait de lui-même à faire le dernier pas? Était-ce répugnance à augmenter les embarras d'un ministère déjà affaibli, et dont la chute livrerait le pouvoir à M. Thiers, plus engagé que jamais avec les partis révolutionnaires? Toujours est-il qu'on ne parvenait pas à exciter un mouvement pareil à celui de 1844. Ce n'était pas seulement l'épiscopat, mais aussi une partie des laïques qui se tenaient à l'écart.

Pour avoir mécontenté les catholiques, M. de Salvandy n'avait pas satisfait leurs adversaires. A peine le projet connu, le *Journal des Débats*, le *Constitutionnel* et le *National* ne l'attaquèrent pas moins que l'*Univers*. Ces hostilités se firent jour dans la Chambre. Le ministre s'y était cru d'abord sûr de la victoire : dans la nomination de la commission, il était parvenu à faire passer, sur neuf membres, sept ministériels, dont cinq fonctionnaires; mais, fidèle à l'esprit de son projet, il avait écarté ceux de ses amis qui étaient nettement partisans de la liberté d'enseignement. Dès lors, les commissaires se trouvèrent accessibles aux suggestions des ennemis du clergé : poussés d'un côté par M. Thiers, de l'autre par le *Journal des Débats*, qui, dans ces questions, appuyait presque toujours l'opposition, ils en vinrent à faire échec au ministre, modifièrent le projet dans un sens restrictif, et notamment rétablirent l'obligation pour tout professeur d'affirmer qu'il n'était pas membre d'une congrégation. Les travaux de la commission se résumèrent dans un rapport rédigé par M. Liadières et déposé le 24 juillet. Ce rapport, tout imprégné de préoccupations voltairiennes, était sur plus d'un point la contradiction de l'exposé des motifs de M. de Salvandy. Aussitôt mis en pièces par M. de Montalembert, dans un écrit d'une ironie terrible, il ne devait pas être plus discuté que ne l'avait été celui de M. Thiers. Une fois encore, l'effort tenté pour résoudre le problème de la liberté d'enseignement aboutissait à un avortement.

M. Guizot devait être le premier à en gémir. Dans les derniers jours de la session, à la Chambre des pairs, M. de Montalembert reprocha vivement au ministère d'avoir été, sur cette question, comme sur toutes les autres, impuissant à tenir ses promesses de réformes ; puis, rappelant le malaise et le trouble des esprits, il s'écria, en s'adressant directement à M. Guizot : « Qu'y a-t-il de plus infirme dans ce pays ? Vous l'avez proclamé avec plus d'éloquence que personne, avec une éloquence incomparable : c'est l'état des âmes ; c'est elles qui ont besoin qu'on leur prêche le dévouement, le désintéressement, la pureté ; c'est l'éducation morale de ce pays qui est, sinon à refaire, du moins à modifier et à épurer profondément. Et comment vous y prendrez-vous ? C'est une banalité que de le dire, vous ne pouvez vous y prendre sérieusement que par cette forte discipline des âmes et des consciences qui se trouve dans la religion. Et comment fortifieriez-vous son action ?... Par la liberté que nous garantissent et nous promettent la Charte, le bon sens et la raison ; par la liberté du dévouement, du désintéressement et de la charité. Qu'avez-vous fait pour assurer cette liberté ? Rien. » Et l'orateur demandait comment M. Guizot, avec ses doctrines personnelles, avec les exemples que lui donnaient alors les hommes d'État anglais, « s'était résigné à passer au pouvoir sans y laisser une seule trace de son dévouement à la liberté religieuse ». La réponse du ministre eut un accent particulier. Plus que jamais on put entrevoir dans ses paroles comme un hommage à la cause défendue par son contradicteur et un regret d'être obligé, par situation, à la combattre. Il commença par « remercier M. de Montalembert du caractère de la lutte qu'il venait d'ouvrir ». Bien loin de contester ce que l'orateur catholique avait dit sur la nécessité de développer la liberté et la foi religieuses : « Je pense comme lui, s'écria-t-il, que, pour toutes les maladies morales de la société, c'est le premier des remèdes et celui auquel le gouvernement doit avant tout son appui. » Il promit d'aider la liberté religieuse à conquérir ce qui lui manquait encore : s'il n'avait pas fait plus dans cet ordre d'idées, c'était parce qu'il avait dû tenir compte de préventions qu'il espérait bien voir disparaître un jour; puis il disait à M. de Montalembert, d'un ton qui n'était pas celui dont il combattait ses autres adversaires : « Vous méconnaissez bien souvent l'état et la pensée du pays... Si vous aviez le gouvernement entre les mains, si vous sentiez les difficultés contre lesquelles il faut lutter, — permettez-moi de vous le dire, vous êtes un homme sincère, un homme de courage, — eh bien! je suis convaincu que vous ne feriez ni plus ni autrement que les ministres qui siègent sur ces bancs; ou, si vous faisiez autrement, vous perdriez à l'instant même, ou vous compromettriez pour bien longtemps la cause et les intérêts qui vous sont chers. Le pays est susceptible et malade à cet égard, depuis plus longtemps et pour plus longtemps que vous ne croyez. Il y a un mal profond dans l'état du pays, au fond de ses idées sur la religion, sur les rapports de la religion avec la politique, de l'Église avec l'État... Encore une fois, prenez patience; ayez plus de confiance dans nos institutions, et dans la liberté, et dans le gouvernement, et dans le temps. Oui, il y a encore à faire pour ramener le pays à des idées plus justes, à des influences plus salutaires, à des influences qui pénètrent dans les âmes; cela se fera, avec la prudence que nous y apportons, avec le temps que nous y mettons. »

Il y avait une part de vérité dans ce que disait M. Guizot : l'état d'esprit, non seulement de l'opposition, mais des conservateurs, était un obstacle sérieux à sa bonne volonté. M. de Montalembert, comme il arrive d'ordinaire aux opposants, ne tenait pas assez compte des difficultés que rencontrait le pouvoir. Mais il est certain aussi que le ministre eût pu montrer plus de résolution, de hardiesse, en un mot, gouverner davantage. S'il avait lu dans l'avenir, il en aurait compris la nécessité, non dans l'intérêt des catholiques, mais dans celui de la monarchie elle-même; car c'est à elle qu'allait manquer, pour s'honorer par cet acte de justice, le temps duquel le ministre attendait, avec une confiance fondée, le plein triomphe de la liberté religieuse. Quoi qu'il en soit, n'est-il pas évident qu'une cause ainsi combattue était une cause moralement victorieuse? De ces paroles ministérielles, qui sont comme les *novissima verba* du gouvernement de Juillet dans ces questions, ressortait un aveu solennel que le succès des idées défendues par M. de Montalembert était désirable et qu'il était certain dans un délai plus ou moins éloigné. Comment se produirait le dénouement, dès ce moment prévu? Par quels moyens triompherait-on des derniers obstacles? Combien faudrait-il de temps? Les politiques les plus clairvoyants eussent été embarrassés de le préciser. On voyait le but devant soi : mais les derniers détours de la route qui y conduisait échappaient aux regards. C'est le moment que choisit d'ordinaire la Providence pour intervenir, par des coups inattendus, brouillant tous les calculs humains, brusquant les transitions, mûrissant en quelques instants les solutions qui semblaient encore exiger de longues années.

VI

Tandis que le gouvernement ne réussissait pas à accomplir une réforme qui eût contribué à redresser les esprits et à relever les âmes, ses ennemis déployaient au contraire, dans tous les ordres d'idées, une activité malfaisante. Au commencement de 1847, des écrivains considérables, M. Louis Blanc, M. Michelet et surtout M. de Lamartine, publiaient, simultanément et avec grand fracas, des livres tendant à glorifier le drame sanglant de 1792 et de 1793 [1]. C'était un pas de plus dans la réhabilitation déjà commencée, sous la Restauration, par MM. Thiers et Mignet. Parmi les œuvres historiques qui comptaient et qui se faisaient lire du grand public, rien n'avait encore été écrit d'aussi audacieusement révolutionnaire. Depuis

---

[1] Voir plus haut, t. V, ch. III, § II.

lors, sans doute, d'autres ouvrages ont exalté les pires terroristes, mais ils n'ont eu ni le même retentissement, ni la même action; bien au contraire, les œuvres les plus considérables publiées sur la Révolution, pendant le second Empire ou la troisième République, ont témoigné d'une réaction dont les livres de M. Quinet, de M. de Tocqueville et de M. Taine marquent en quelque sorte les étapes successives. On peut donc fixer aux premiers mois de 1847 l'apogée de ce que le feu duc de Broglie appelait « l'apologétique du régime révolutionnaire ». Il semble qu'à cette date, les néo-girondins et les néo-montagnards aient été avertis par une sorte de mot d'ordre mystérieux, que le moment était venu de tenter un grand effort pour surprendre la conscience du public et s'emparer de son imagination. Survenant après des années de tranquillité, cet effort n'était pas le contre-coup de la révolution de la veille; c'était l'avant-coureur de la révolution du lendemain.

M. Louis Blanc et M. Michelet entrent d'abord en scène : ils font paraître le premier volume de leur *Histoire de la Révolution*, l'un le 6, l'autre le 13 février 1847; la suite devait venir ultérieurement[1]; mais ce début suffisait à révéler le caractère de l'œuvre. On comprend qu'un tel sujet ait attiré M. Louis Blanc, qui, dès ses débuts, avait pris position comme journaliste radical, historien antimonarchiste et docteur en socialisme[2]. Quant à M. Michelet, l'espèce de vertige furieux où venait de le jeter sa campagne contre les Jésuites, le goût qu'il y avait contracté de la popularité mauvaise[3], ne lui laissaient plus la sérénité d'esprit nécessaire pour continuer régulièrement l'histoire de France, commencée par lui aux jours où il n'était qu'un savant tout occupé à fouiller le passé, un artiste appliqué à le faire revivre. De là, le parti subit et étrange qu'il

---

[1] Le second tome de M. Louis Blanc paraîtra le 31 octobre 1847, et l'ouvrage, qui ne comprend pas moins de douze volumes, ne sera complet qu'en 1862. Le second tome de M. Michelet sera publié le 20 novembre 1847, et l'ensemble de l'ouvrage, comprenant sept volumes, sera terminé en 1853.

[2] Cf. plus haut, t. VI, ch. III, § VI.

[3] Cf. plus haut, t. V, ch. VIII, § VI.

prend, après avoir fini le règne de Louis XI, de sauter trois siècles et de passer tout de suite à la Révolution. Sur ce nouveau terrain, il pourra demeurer en contact avec les passions au milieu desquelles il a vécu depuis quelques années, et il retrouvera cet applaudissement de la foule dont sa vanité surexcitée ne sait plus se passer [1].

Si les deux historiens se proposent d'exalter toute la Révolution, ils ont cependant des doctrines fort différentes et au fond ne s'entendent guère mieux que leurs héros respectifs, Robespierre et Danton. M. Louis Blanc commence par affirmer d'un ton superbe que « l'histoire de la Révolution n'a pas encore été écrite ». Demeuré sophiste dogmatique et superficiel, habitué à plier les faits à ses théories arbitraires, il prétend tout résumer dans la lutte de la fraternité socialiste qui est le bien, contre l'individualisme bourgeois qui est le mal. La fraternité, qu'il fait remonter jusqu'à Jean Huss, Étienne Marcel et la Ligue, et dont le *Contrat social* de Rousseau a été l'Évangile, lui paraît personnifiée, pendant la Révolution, par les jacobins, les montagnards, le comité de salut public, et principalement par Saint-Just et Robespierre, apôtres et martyrs de ce principe; l'individualisme, dérivé de la Réforme et de Voltaire, est représenté par les constituants, les girondins et les dantonistes. Le 9 thermidor est la date lamentable, celle à laquelle a avorté la Révolution. Les crimes ne gênent pas M. Louis Blanc; il s'en tire par des phrases de rhéteur sur ces hommes « insensibles à la peur, supérieurs aux remords », qui, « par un dévouement sans exemple et sans égal, ont mis au nombre de leurs sacrifices leurs noms voués, s'il le faut, à une infamie éternelle »; il les loue d'avoir « épuisé l'épouvante, rendu la terreur impossible par son

---

[1] On ne peut pas prendre au sérieux l'historiette rapportée par M. Michelet, en 1869, pour expliquer sa résolution. Il raconte que, visitant un jour la cathédrale de Reims, il avait vu, à l'extérieur de l'une des tours, une guirlande de suppliciés, tous hommes du peuple. « Je ne comprendrai pas les siècles monarchiques, s'écria-t-il à cette vue, si d'abord, avant tout, je n'établis en moi l'âme et la foi du peuple. » Et ce fut sous cette inspiration qu'il se décida soudainement à entreprendre l'histoire de la Révolution française.

excès même », et se plaint de « l'ingrate pusillanimité » qui a fait « voiler leurs statues ». Son idéal, c'est la dictature révolutionnaire et niveleuse.

M. Michelet n'est pas de sang-froid quand il aborde l'histoire de cette Révolution qui est pour lui l'objet de tout amour, de tout culte, de toute foi, la source de toute lumière, le « soleil de justice », le « mystère de vie ». N'attendez pas de lui, en semblable matière, la méthode, la critique, le calme de l'historien. Il ne se possède pas. Sa main est convulsive, son esprit en proie à une surexcitation fiévreuse. L'art même s'en ressent. Les divagations lyriques ou élégiaques abondent. A côté de pages merveilleuses où le drame populaire revit avec un éclat radieux ou terrible, des incohérences, des disproportions énormes, le tout au gré d'une fantaisie passionnée. Comme il vient d'être en lutte avec le clergé, il salue surtout dans la Révolution l'antichristianisme ; entre toutes les haines qui bouillonnent dans ce livre, haines des rois, des riches, des bourgeois, des Anglais, celle qui domine de beaucoup est la haine des prêtres. A ses yeux, le héros de la Révolution, ce n'est pas tel ou tel homme, c'est la force collective, anonyme, qui a tout soulevé, tout brisé, et à laquelle il se plaît à donner le premier rôle. Il l'appelle le peuple, le peuple infaillible, dont il partage, au fur et à mesure des événements, les émotions, les troubles, les terreurs, les colères. Cette idée de l'infaillibilité du peuple lui fait légitimer toutes les violences, toutes les cruautés de la foule. L'émeute, d'ailleurs, le fascine : vient-elle à passer devant lui, il la suit en chantant la Marseillaise. Sur les crimes individuels, sa conscience semble d'abord garder un peu plus de liberté de jugement ; mais, le plus souvent, ses velléités de réprobation finissent par s'évanouir devant la théorie des crimes nécessaires. Ne fait-il pas, d'ailleurs, d'étranges distinctions? S'il se prononce contre les jacobins, il se proclame montagnard ; s'il n'aime pas Robespierre, il exalte Danton et réhabilite Chaumette. Et puis, à mesure qu'il avancera, il s'échauffera au feu des passions qu'il évoque, si bien qu'à la fin son inquiétude sera d'avoir été trop sévère pour « les hommes héroïques qui, en 93 et 94, soutinrent la Révolution défaillante », et que son récit du 9 thermidor sera tout à la gloire de Saint-Just et de Robespierre. Il s'attendrira sur les cœurs sensibles des terroristes, sur la bonté du cordonnier Simon envers Louis XVII. Par contre, tout est calculé pour supprimer la compassion à laquelle ont droit les victimes. L'historien omet ce qui les rendrait intéressantes, ou même les calomnie pour tâcher de les rendre odieuses. Ne parle-t-il pas avec amertume, en quelque endroit, de ce spectre de la pitié qui, sortant du fond de tant de tombeaux, s'élève contre le génie de la Révolution et lui barre le chemin? Son histoire est faite précisément pour chasser ce spectre.

Si importants que fussent les livres de M. Louis Blanc et de M. Michelet, ils n'eussent eu à eux seuls qu'une action assez restreinte. Bien autre fut le retentissement de l'*Histoire des Girondins* par M. de Lamartine : d'autant que celui-ci ne se borna pas, comme les deux précédents, à entrer en matière par la publication d'un premier volume, mais qu'il fit paraître coup sur coup, du 20 mars au 12 juin 1847, les huit tomes de son ouvrage. On n'a pas oublié sous l'empire de quels sentiments M. de Lamartine avait solennellement annoncé, en 1843, qu'il passait à l'opposition [1]. Depuis lors, il avait tourné les forces de son éloquence, sinon contre la monarchie dont il ne se déclarait pas encore l'adversaire, du moins contre « la politique du règne ». Malgré l'éclat de sa parole, il ne rencontrait dans la gauche parlementaire, pas plus qu'il ne l'avait trouvée naguère au centre, l'occasion du rôle extraordinaire auquel aspirait son ambition à la fois immense et vague. Il demeurait un isolé [2]. S'il s'étonnait d'être ainsi méconnu, il ne doutait pas pour cela de sa destinée. Dès le 10 février 1843, il annonçait à un de ses amis qu'avant

---

[1] Voir t. V, chap. III, § III.
[2] On trouve les aveux suivants, à toutes les pages de sa correspondance : « Je suis mal vu; on a peur de moi... — Le monde ne veut pas de moi... — Je n'ai pas un adhérent... — On ne veut pas de moi. » (Lettres du 2 février, du 14 juillet 1844; du 22 juin et du 29 octobre 1845.)

cinq ans il serait maître de la France. « Souvenez-vous-en, ajoutait-il, et moquez-vous de ceux qui se moquent de moi. Je ne suis rien, mais les situations, en politique comme à la guerre, sont toutes-puissantes. Or, j'ai l'œil qui sait les voir de loin, et le pied qui ose hardiment s'y poser[1]. » A défaut de l'importance qu'on lui refusait dans la Chambre et dans les partis classés, il se plaisait à regarder croître son prestige et son influence dans le pays même. « J'ai maintenant, écrivait-il, des forces extérieures au Parlement, toujours plus grandes et fanatiques. Je ne suffis pas aux audiences, aux adresses... Preuve que je touche la fibre où elle devient sensible[2]. » Et plus tard : « Je ne suffis pas aux enthousiasmes[3]. » Ce n'était pas là seulement ce que M. Doudan appelait alors « les effroyables explosions de vanité » de M. de Lamartine[4]. J'ai déjà eu occasion de noter que tout n'était pas illusion dans l'idée qu'il se faisait de sa popularité[5]. Quel était son but? Il ne le précisait pas : mais, évidemment, moins il trouvait de place pour lui dans le jeu régulier de la machine parlementaire, plus il rêvait de je ne sais quelle grande crise qui le porterait au sommet, en abaissant tous ceux qui ne prenaient pas maintenant au sérieux ses prétentions politiques. S'il se faisait encore quelque scrupule d'appeler ouvertement ce bouleversement, il se plaisait à le regarder venir[6]. « Je n'ai rien à faire qu'à attendre, écrivait-il à un ami, le 24 décem-

---

[1] Lettre du 10 février 1843.
[2] Lettre de 1844.
[3] Lettre d'avril 1846.
[4] Lettre du 19 septembre 1845. (X. DOUDAN, *Mélanges et lettres*, t. II, p. 74.)
[5] Un observateur clairvoyant et désintéressé, M. Sainte-Beuve, notait en 1846 : « L'autorité de Lamartine, auprès des esprits réfléchis, n'a pas gagné dans ces dernières années; il n'a pas même acquis grand crédit au sein de la Chambre, malgré toute son éloquence; mais, au dehors et sur le grand public vague, son renom s'étend et règne de plus en plus; il le sait bien, il y vise, et bien souvent, quand il fait ses harangues à la Chambre, qui se montre distraite ou mécontente, ce n'est pas à elle qu'il s'adresse, c'est à la galerie, c'est aux gens qui demain le liront. *Je parle par la fenêtre*, dit-il expressivement. » (*Notes et Pensées, Causeries du lundi*, t. XI, p. 458.)
[6] « Ce pays est mort, écrit-il le 7 juillet 1845; rien ne peut le galvaniser qu'une crise. Comme honnête homme, je la redoute; comme philosophe, je la désire. »

bre 1846. Le Roi est fou ; M. Guizot est une vanité enflée ; M. Thiers, une girouette ; l'opposition, une fille publique ; la nation, un Géronte. Le mot de la comédie sera tragique pour beaucoup. » Il était, du reste, prêt à toutes les audaces, à toutes les témérités. « Il brûle de se compromettre », disait alors de lui M. Cousin[1].

Est-ce par suite de ce désir de « se compromettre » que, dès 1843, à peine passé à gauche, il avait formé le projet d'écrire un livre sur les Girondins ? Ses opinions nouvelles étaient sans doute pour beaucoup dans le choix d'un pareil sujet. Toutefois, ce livre n'avait pas été prémédité tel qu'il finit par être écrit : dans la pensée première de l'auteur, il devait réagir contre les histoires fatalistes ou apologétiques de la Révolution. Mais M. de Lamartine eut bientôt oublié son dessein d'être le juge de la Révolution, et n'en fut plus que le chantre ; il s'était échauffé, la plume en main, comme font certains orateurs à la tribune, fièvre littéraire autant que politique, entraînement de dramaturge non moins que passion de tribun. Par moments, sans doute, il s'arrêtait inquiet, et, pressentant l'influence possible d'un tel livre, il demandait à quelques-uns de ses confidents : « Si vous aviez une révolution dans la main, l'ouvririez-vous [2] ? » Le scrupule ne tenait pas longtemps devant l'ivresse de l'artiste, devant l'irritation de l'opposant, devant l'impatience du joueur téméraire appelant l'inconnu, pour y trouver la revanche de ses déboires présents. Loin donc de refermer la main, il l'ouvrait toute grande, et les feuillets incendiaires s'en échappaient avec une effrayante rapidité.

Il avait suffi à M. de Lamartine de parcourir superficiel-

---

[1] Voici en quelles circonstances fut tenu ce propos. Un libraire en quête d'un article sur Jésus-Christ, pour je ne sais quelle publication, était venu le demander à M. Cousin. Celui-ci refusa. L'éditeur se retirait désolé ; il avait déjà descendu plusieurs marches de l'escalier, lorsque M. Cousin, se penchant sur la rampe, rappela l'éditeur et lui dit gaiement : « Allez voir Lamartine : il vous le fera ; il brûle de se compromettre. » (*Souvenirs sur Lamartine*, par Charles ALEXANDRE, p. 5 et 6.)

[2] RONCHAUD, *La Politique de Lamartine*, t. I, p. LIX.

lement quelques Mémoires, de jeter les yeux sur quelques documents inédits, de causer avec quelques acteurs de la Révolution ou avec leurs fils, pour improviser, en dix-huit mois, huit volumes. Aussi rien d'une histoire sérieuse et complète : des disproportions encore plus énormes que chez M. Michelet; les épisodes qui lui plaisaient développés sans mesure, tandis que les événements les plus considérables étaient omis; les faits altérés, les dates transposées avec une fantaisie souveraine; tout subordonné à l'effet littéraire et dramatique; beaucoup de portraits, fort brillants de couleur, mais dessinés d'invention, représentant les personnages, non tels qu'ils avaient été, mais tels que l'auteur les voyait, ou plutôt tels qu'il se voyait en eux, car, dans sa pensée, c'est lui qui était en scène; sous les masques les plus divers, sous celui de Mirabeau comme sous celui de Vergniaud, on retrouve toujours ce que M. Sainte-Beuve appelle « le profil de Jocelyn-tribun ». Jamais l'imagination ne s'est jouée avec un pareil sans-gêne de faits historiques récents. « Il a élevé l'histoire à la hauteur du roman », disait Alexandre Dumas; tel autre faisait observer que c'était machiné comme un feuilleton; les plus polis parlaient d'épopée : personne ne pouvait y reconnaître une histoire. Mais quelle vie! quel souffle! quelle poésie! Que de morceaux charmants ou superbes! Comment ne pas être ébloui par cette nuage de pourpre et d'or à laquelle on ne pouvait reprocher qu'un excès de richesse! Et si le drame n'était pas vrai, combien du moins il était pathétique!

Quant aux idées, on a pu dire « qu'il y en avait pour tous les goûts ». L'auteur vibre et résonne à chaque souffle qui passe; il s'attendrit ou s'irrite, tantôt avec les uns, tantôt avec les autres, et il paraît entièrement possédé par l'émotion du moment. Lorsque, au gré de ces impressions successives, son point de vue change, il ne s'attarde pas à revenir sur ses pas pour corriger ce qu'il a écrit la veille et rétablir une sorte d'harmonie; de là des contradictions dont il est le seul à ne pas s'étonner. Essaye-t-il de conclure, la splendeur de la phrase ne parvient pas à cacher ce que la pensée a de flottant et d'incohérent. Toutefois, ce qui finalement se dégage du livre, c'est la glorification de la Révolution entière, de la Révolution sainte et nécessaire, dont l'idée est si grande et si lumineuse qu'elle rejette dans l'ombre les accidents secondaires, les erreurs et les crimes des hommes qui en ont été les instruments. Le sang versé finit même par ne plus être aux yeux de l'auteur que la condition mystérieuse de la germination de cette idée. Et puis, s'il ne refuse pas sa pitié aux victimes, quels sont les bourreaux qu'il n'a pas tour à tour exaltés! Au début, ses héros sont les girondins; à la fin, il passe aux montagnards, à Robespierre et à Danton. Lui qui certes ne voudrait pas imiter ces monstres ni les proposer comme modèles, il aboutit à les idéaliser tous, jette sur leurs laideurs le voile magique de sa poésie et tâche de leur donner je ne sais quoi de surhumain qui ne permette plus de leur appliquer la mesure de la morale ordinaire [1].

Le livre produisit un grand effet, et son apparition prit les proportions d'un événement. La première édition fut tout de suite épuisée. Le public haletant se jetait sur chaque volume, à mesure qu'il était mis en vente, et le dévorait fiévreusement. A Londres, M. Greville notait sur son journal : « L'*Histoire des Girondins* est le plus grand succès de librairie qu'on ait vu depuis plusieurs années. » Aucun roman-feuilleton n'avait davantage passionné la curiosité de la foule, ne s'était à ce point emparé de son imagination. On ne parlait pas d'autre

---

[1] M. de Lamartine, causant avec M. de Carné, quelques mois après la publication des *Girondins*, lui disait : « Si l'on m'applaudit, c'est que j'accomplis une œuvre de tardive justice; c'est que, sans faire l'apologie ni des crimes ni des criminels, ainsi qu'on m'en accuse, je montre que nos malheurs n'ont pas été perdus pour l'humanité, et que les principaux acteurs du drame, cédant parfois à la violence de leurs passions, mais pénétrés de la foi qui fait les martyrs, ont poursuivi des vérités fécondes, en y risquant jusqu'à l'honneur de leur mémoire. S'il a pu m'arriver de les grandir, c'est que j'ai cherché à saisir toujours les idées sous les hommes, et cela beaucoup moins dans l'intérêt de la renommée de ceux-ci qu'au profit de la Révolution, dont la cause est désormais inséparable de celle de la France. » (*Correspondant* du 10 décembre 1873.) — Plus tard, en 1861, M. de Lamartine, reconnaissant tardivement le péril et l'injustice de son œuvre, a fait son *meâ-culpâ* dans la *Critique de l'Histoire des Girondins*.

chose dans les salons comme dans les ateliers. La société d'alors, aussi peu clairvoyante, en cette circonstance, que naguère au sujet des *Mystères de Paris,* était la première à grandir la fortune d'un livre qui devait lui être si funeste [1].

M. de Lamartine n'avait pas eu pleine conscience, en écrivant son histoire, de la secousse qu'elle allait imprimer aux esprits. Toutefois, il n'était pas homme à s'étonner d'un succès, ni à se troubler d'une responsabilité. Le soir même du jour où les deux premiers volumes ont été lancés, le 20 mars 1847, il écrit à un ami : « J'ai joué ma fortune, ma renommée littéraire et mon avenir politique sur une carte, cette nuit. J'ai gagné. Les éditeurs m'ont écrit, à minuit, que jamais, en librairie, un succès pareil n'avait été vu... C'est surtout le peuple qui m'aime et qui m'achète... J'ai vu des prodiges de passion pour les *Girondins...* Des femmes les plus élégantes ont passé la nuit pour attendre leur exemplaire. C'est un incendie. » L'écrivain jouit, s'enivre de cette popularité. Il voit dans l'écho que rencontre sa parole le signe que la France, jusque-là endormie, s'éveille, et qu'enfin les temps sont venus. La grande crise dont le rêve l'avait toujours hanté, mais qui n'était qu'une vision lointaine et vague, lui semble se rapprocher et prendre corps. Lui qui, naguère encore, se défendait de poursuivre autre chose qu'une réforme, il se plaît à entendre dire que son livre « sème partout le feu dur des révolutions[2] ». N'est-il pas dès lors assuré, en cas de bouleversement, d'y jouer le premier rôle? Il ne contredit ni ne se défend, quand quelque interlocuteur lui montre le peuple prêt à l'acclamer président de la république[3]. Sans doute, il ne forme aucun projet précis, ne noue aucune conspiration, mais il se familiarise de plus en plus avec l'idée d'un événement formidable qui fera de lui l'arbitre souverain

---

[1] Voir, par exemple, une lettre de M. Doudan du 26 mars 1847 (*Mélanges et lettres,* t. II, p. 115), et une *Lettre parisienne* du vicomte DE LAUNAY (Mme de Girardin), en date du 4 avril 1847 (t. IV, p. 237).

[2] Lettre du 20 mars 1847.

[3] Conversation avec M. Sainte-Beuve, rapportée par M. DE MAZADE. (*Revue des Deux Mondes,* 15 octobre 1870, p. 599.)

des destinées de la France et de l'Europe; il se tient prêt à développer hardiment sa voile au vent d'orage qu'il sent monter à l'horizon.

Qui oserait dire, après l'événement, que M. de Lamartine s'exagérait l'action de son livre? Il a fait, pour ainsi dire, entrer l'idée révolutionnaire, toute parée de sa poésie, dans cette imagination populaire que le gouvernement bourgeois avait eu le tort de laisser vide. Sous ce rapport, son influence a été beaucoup plus considérable et plus néfaste que celle de MM. Michelet et Louis Blanc. Ceux-ci ont pu augmenter l'audace, échauffer le fanatisme des jacobins; l'auteur des *Girondins* a habitué, attiré à la révolution ceux qui en étaient les adversaires naturels et qui, avant lui, en avaient peur et horreur. Aussi est-ce devenu un lieu commun de dire que cette publication a été l'une des causes de la révolution du 24 février. Ce n'est pas la seule fois qu'on peut relever de semblables responsabilités à la charge de la littérature. Un ancien membre de la Commune de 1871, l'auteur des *Réfractaires*, M. Jules Vallès, cherchant comment ses pareils étaient devenus des révolutionnaires, les appelait les *victimes du livre*, et au premier rang des livres dont « l'odeur chaude » les avait ainsi « grisés » et « jetés dans la mêlée », il nommait l'*Histoire des Girondins*.

VII

Il y avait pour la monarchie de Juillet quelque chose de plus dangereux encore que la réhabilitation et la glorification de la Révolution : c'était ce qui tendait à déconsidérer la monarchie elle-même. L'opposition travaillait, de toutes ses forces, à cette déconsidération, en reprenant, plus violemment que jamais, l'accusation de « corruption » autour de laquelle elle avait déjà commencé, dans la session de 1846, à faire grand bruit [1]. Tout

---

[1] Voir plus haut, t. VI, ch. I, § III.

lui servait pour ce dessein, même des incidents particuliers qui, en d'autres temps, eussent été considérés comme de simples faits divers. Découvrait-on quelques malversations à la direction des subsistances de Rochefort ou à la manutention militaire de Paris; dirigeait-on des poursuites pour prévarication contre certains fonctionnaires algériens; deux candidats étaient-ils condamnés, sur l'initiative du ministère public, pour avoir acheté les votes de leurs électeurs, l'opposition prétendait aussitôt généraliser ces faits : à l'entendre, c'étaient les signes d'une corruption partout tolérée ou même encouragée par le gouvernement. Malheureusement, elle allait avoir de bien autres scandales à exploiter.

A la fin d'avril 1847, le tribunal de la Seine était saisi d'un procès intenté par M. Parmentier, directeur des mines de Gouhenans (Haute-Saône), à plusieurs de ses cointéressés, parmi lesquels était le général Despans-Cubières, pair de France, ancien ministre de la guerre. Le procès en lui-même était peu sérieux, et n'avait été fait que pour mettre au jour des lettres écrites par le général Cubières, à un moment où la société de Gouhenans sollicitait du gouvernement la concession d'une mine de sel. La première de ces lettres, datée du 14 janvier 1842, était ainsi conçue : « Mon cher monsieur Parmentier, tout ce qui se passe doit faire croire à la stabilité de la politique actuelle et au maintien de ceux qui la dirigent. Notre affaire dépendra donc des personnes qui se trouvent maintenant au pouvoir... Il n'y a pas un moment à perdre. Il n'y a pas à hésiter sur les moyens de nous créer un appui intéressé dans le sein même du conseil. J'ai les moyens d'arriver jusqu'à cet appui ; c'est à vous d'aviser aux moyens de l'intéresser... Dans l'état où se trouve la société de Gouhenans, ce ne sera pas chose aisée que d'obtenir l'unanimité et l'accord, quand il s'agit d'un sacrifice. On se montrera sans doute très disposé à compter sur notre bon droit, sur la justice de l'administration, et cependant rien ne serait plus puéril. N'oubliez pas que le gouvernement est dans des mains avides et corrompues, que la liberté de la presse court risque d'être étranglée sans bruit l'un de ces jours, et que jamais le bon droit n'eut plus besoin de protection. » Suivaient, à des dates rapprochées, plusieurs autres lettres où le général Cubières insistait sur sa proposition première, puis faisait connaître qu'*on* n'avait pas été satisfait de la somme d'abord offerte, qu'*on* exigeait davantage, et pressait M. Parmentier de céder sans retard à ces exigences. Aucun ministre n'était nommé ; mais chacun pouvait se rendre compte qu'à cette date le titulaire du ministère des travaux publics était M. Teste, devenu depuis président de chambre à la cour de cassation.

On conçoit quelle fut l'émotion du public, quand, le 2 mai 1847, ces lettres se trouvèrent reproduites par tous les journaux ; on conçoit également le parti que l'opposition voulut aussitôt en tirer. Quant au cabinet, il n'eut pas un instant d'hésitation : dès le lendemain, 3 mai, le ministre des travaux publics, M. Dumon, déclara, en réponse à une interpellation de M. Muret de Bord, que la concession des mines de Gouhenans avait été régulièrement faite, mais que le gouvernement, pour calmer de trop vives alarmes, allait demander à la justice d'examiner si cette concession avait été obtenue par de coupables manœuvres. Une ordonnance royale du 6 mai saisit la cour des pairs, seule compétente pour juger un de ses membres, et renvoya devant elle le général Cubières, prévenu de corruption et d'escroquerie. Deux jours auparavant, devant cette même assemblée, M. Teste avait désavoué, dans les termes les plus énergiques, toute participation aux faits dénoncés.

Il n'y avait qu'à attendre en silence les résultats d'une instruction ouverte avec une si honnête promptitude. Mais cela n'eût point fait l'affaire de l'opposition. Ne voyant là qu'un scandale à exploiter, elle s'appliqua à entretenir, à aviver l'émotion, et surtout à faire croire qu'il ne s'agissait pas d'un méfait particulier et exceptionnel. M. Crémieux renouvela une proposition déjà votée en 1844 par la Chambre des députés et écartée par la Chambre des pairs ; il s'agissait d'édicter une sorte de suspicion générale, également outrageante pour le Parlement et pour l'administration, et d'interdire aux membres des deux Chambres de s'intéresser dans les concessions de travaux publics, — chemins de fer ou autres, — accordées par le gouvernement. Après une séance orageuse [1], remplie de dénonciations personnelles, et d'où il ressortit que, dans les conseils d'administration des chemins de fer, les députés opposants étaient aussi nombreux que les ministériels, la prise en considération fut votée; le ministère ne s'y était pas opposé; il était résolu à combattre la proposition au fond, mais il estimait que, pour dissiper tant de vapeurs malsaines, un débat approfondi serait plus utile que nuisible. En fait, la proposition ne devait jamais venir en discussion.

Après M. Crémieux, ce fut le tour de M. Émile de Girardin, plus difficile encore à prendre au sérieux dans ce rôle de vengeur de la conscience publique. On sait quels griefs tout personnels l'avaient jeté récemment dans l'opposition. Il crut trouver dans un fait de presse l'occasion de prendre à parti le cabinet. M. Solar et M. Granier de Cassagnac avaient fondé, en 1845, à grand fracas de réclames, l'*Époque,* journal à très bon marché, qui tâcha de se faire une place par le caractère agressif et tapageur de son conservatisme. Après avoir dévoré beaucoup d'argent et vécu d'expédients plus ou moins honorables, ce journal venait de disparaître au commencement de 1847, en laissant ses gérants engagés dans des procès d'assez fâcheux aspect. M. de Girardin se mit alors à raconter, dans la *Presse,* toutes sortes d'histoires où il montrait les propriétaires de l'*Époque,* à court d'argent, battant monnaie avec le crédit dont ils jouissaient auprès des ministres; M. de Girardin ajoutait, et là était la gravité de son assertion, que les ministres avaient connu, toléré, secondé ce trafic. Il parlait, entre autres, d'un privilège de théâtre pour l'obtention duquel 100,000 francs avaient été versés dans la caisse de l'*Époque,* d'une promesse de pairie vendue 80,000 francs, de marchés du même genre faits pour des lettres de noblesse, des croix d'honneur, etc., etc.

[1] 10 mai 1847.

La Chambre des pairs, émue de l'allégation relative à la promesse de pairie et y voyant une atteinte à sa dignité, eut l'idée assez bizarre de citer M. de Girardin à sa barre. C'était ouvrir la porte à bien des débats. En effet, le prévenu étant membre de la Chambre des députés, il fallait que celle-ci délibérât d'abord s'il lui convenait d'autoriser les poursuites. Il paraissait impossible que M. de Girardin ne profitât pas de cette première délibération pour justifier ses accusations. La gauche, qui y comptait, se montrait disposée à le soutenir chaleureusement. Le débat s'engage le 17 juin. Le public, affriandé par l'espoir d'un scandale, remplit, à s'étouffer, toutes les tribunes de la Chambre. A la surprise générale, M. de Girardin se montre tout d'abord peu empressé à remplir son rôle d'accusateur. Il faut que, de toutes parts, des bancs de la majorité comme de ceux de la gauche, on le mette itérativement en demeure, pour qu'il se décide à prendre la parole. Il renouvelle alors ses accusations, en ajoute même une plus extraordinaire encore, celle d'une promesse faite aux maîtres de poste, moyennant 1,200,000 fr., d'un projet de loi favorable à leurs intérêts ; seulement, arrivé au moment de donner ses preuves, il feint de redouter le scandale et propose que la Chambre se forme en comité secret. M. Duchâtel s'élève aussitôt avec indignation contre cette manœuvre hypocrite ; il déclare que le gouvernement ne craint pas la pleine lumière, qu'il la veut au contraire, et, après une scène tumultueuse, il contraint M. de Girardin à retirer sa demande. Voilà donc ce dernier au pied du mur ; il va vider son dossier. La curiosité et l'émotion sont au comble. Mais quelle déception ! L'accusateur n'apporte pas l'ombre d'une preuve ou même d'une indication ; il se borne à répéter ses affirmations ou s'abrite derrière quelque petit journal satirique. La stupeur est grande dans les rangs de la gauche, où l'on se sent tout honteux d'être associé à une si piteuse campagne. La tâche du ministère est singulièrement simplifiée. A des preuves, il lui eût fallu répondre par des preuves contraires; pour détruire un oui, il lui suffit d'y opposer un non. M. Duchâtel le prononce avec une netteté, une assurance, un sang-froid, que fait encore ressortir l'embarras de son contradicteur. Le point le plus délicat était l'affaire du privilège de théâtre : le ministre ne nie pas le versement de 100,000 francs qui a été en effet établi par des débats judiciaires, mais il affirme que l'administration et ses intermédiaires y ont été tout à fait étrangers. Sur toutes les autres questions, sa dénégation est absolue. L'excellent effet de ce discours est complété par quelques mots de M. Guizot : M. de Girardin, à défaut de preuves sur la promesse de pairie négociée par l'*Époque,* s'était fait fort d'établir qu'un fauteuil de pair avait été offert au général de Girardin sous la condition que la *Presse* cesserait son opposition; M. Guizot riposte par un coup droit, en lisant une lettre, vieille de plusieurs années, par laquelle M. Émile de Girardin offrait lui-même de modifier la ligne de son journal, si son père était appelé à siéger au Luxembourg. En somme, la déroute du dénonciateur est complète. Le public oublie même ce qu'il reste d'un peu suspect dans certaines affaires, comme celle du privilège de théâtre, pour voir seulement le contraste entre les énormités que M. de Girardin s'était engagé à démontrer et l'impuissance misérable dont il vient de faire preuve. « Il y a bien longtemps, écrit un observateur au sortir de cette séance, que le ministère n'avait obtenu un triomphe pareil; sa position en est évidemment raffermie[1]. » Le *Journal des Débats* exulte. La *Presse* balbutie. Les feuilles de gauche, contraintes à avouer l'humiliante défaite de leur allié, sont réduites, pour se consoler, à soutenir que, si M. de Girardin n'a pas prouvé ses assertions, le ministère est loin d'avoir établi victorieusement son innocence.

Ensuite du vote de la Chambre des députés qui a autorisé les poursuites, M. de Girardin comparaît, le 22 juin, devant la Chambre des pairs. Aussi déférant à l'égard de la haute assemblée qu'il a été injurieux pour les ministres, il proteste n'avoir jamais voulu porter atteinte à son honneur, et rappelle

---

[1] *Journal inédit du baron de Viel-Castel.*

qu'il l'a toujours défendue contre ses ennemis. Cette attitude lui vaut l'indulgence des juges, et il est renvoyé des fins de la citation. Naturellement, il se sert aussitôt de la décision des pairs pour se relever de la fâcheuse posture où l'a laissé la discussion à la Chambre des députés, et il reprend, dans son journal, le verbe plus haut que jamais : à l'entendre, son acquittement est la condamnation du gouvernement et suffit à prouver que ses accusations étaient fondées. Il ose même, le 25 juin, au cours de la discussion du budget, traiter de nouveau la question, à la tribune du palais Bourbon. Il répète la plupart de ses dénonciations ; s'il en abandonne quelques-unes, comme le roman des maîtres de poste, il en imagine de nouvelles. Ce ne sont toujours que de pures affirmations, sans rien à l'appui. La gauche elle-même ne peut feindre de croire que la preuve ait été faite ; mais, dit-elle, on est en face de deux affirmations qui se contredisent, et, pour savoir où est la vérité, il faut que le gouvernement saisisse la justice, en poursuivant M. de Girardin, ou que la Chambre ordonne une enquête parlementaire. Le ministère n'a nulle envie de se prêter à des mesures dont le premier résultat serait de prolonger le scandale ; et surtout il sait trop ce dont le jury est capable, pour mettre son honneur entre ses mains. M. Duchâtel répond donc que, dans une affaire toute politique, il ne comprend pas d'autre juge que la Chambre ; il ajoute qu'une enquête ne peut être proposée là où il n'y a pas même un commencement de preuve, une raison de douter. Il réitère, en outre, sur tous les points, les dénégations les plus péremptoires. Sa parole est aussitôt confirmée par un témoignage qui ne laisse pas de produire de l'effet sur la Chambre : M. Benoist Fould, désigné par plusieurs journaux comme celui avec lequel aurait été négociée la promesse de pairie, prend la parole pour opposer un démenti solennel et catégorique à tout ce qui a été raconté. M. de Girardin n'en revient pas moins à la charge. La séance n'est plus qu'une mêlée confuse, tumultueuse, où se croisent les démentis et les outrages. Pour retrouver une pareille scène, il faudrait remonter jusqu'à cette journée où l'opposition jetait à la face de M. Guizot son voyage à Gand : encore, en 1844, y avait-il moins de boue remuée. A la fin, la Chambre lassée, écœurée, indignée, se décide à fermer la bouche au calomniateur : elle vote, à la majorité énorme de deux cent vingt-cinq voix contre cent deux, un ordre du jour ainsi conçu : « La Chambre, satisfaite des explications données par le gouvernement, passe à l'ordre du jour. »

A voir les termes de la motion et le chiffre des voix, la victoire du gouvernement était complète ; jamais il n'avait eu une majorité si forte. Et cependant cette discussion n'en laissait pas moins une impression fâcheuse. C'est le caractère redoutable et perfide de certaines accusations qu'il est dangereux d'avoir à se défendre contre elles, alors même qu'on parvient à en triompher. Et puis, s'il était bien prouvé que M. de Girardin ne méritait aucun crédit, il l'était moins que tout eût été irréprochable, sinon dans les actes du gouvernement, du moins auprès de lui. L'un des amis du cabinet, le même qui croyait la partie gagnée après la séance du 17 juin, écrivait, le soir du débat : « On ne s'entretient qu'avec tristesse de la scandaleuse séance. Les ministériels, tout en se félicitant du vote qui l'a terminée, reconnaissent que la situation qui avait rendu un vote indispensable est pénible, fâcheuse pour le pouvoir et le pays[1]. » Aussi les journaux de l'opposition affectaient-ils de croire que le gouvernement sortait de là tout couvert de boue ; ils le montraient fuyant honteusement la lumière d'un débat judiciaire et arrachant à la majorité, qui ne le lui avait donné qu'à regret, un vote purement politique. S'emparant de la formule même de l'ordre du jour, ils faisaient du mot « satisfaits », une sorte de sobriquet injurieux dont ils prétendaient flétrir nominativement tous ceux qui venaient de se rendre, par leur vote, solidaires de la corruption ministérielle.

[1] *Journal inédit du baron de Viel-Castel.*

VIII

Le lendemain même du jour où la Chambre des députés s'efforçait d'en finir avec les dénonciations de M. Émile de Girardin, la Chambre des pairs prenait, ensuite de l'instruction ouverte sur les faits révélés par les lettres du général Cubières, une décision qui allait fournir de bien autres armes aux exploiteurs de scandales. Cette instruction, menée avec autant d'habileté que de conscience par le chancelier Pasquier, n'avait pas duré moins de six semaines. On s'y était montré résolu à ne rien laisser dans l'ombre. « Il faut, disait le rapporteur, M. Renouard, sonder de telles plaies d'une main courageuse; l'opinion publique ne s'égare pas quand on lui dit tout. » Certains points étaient apparus tout de suite assez nettement : on se rendait compte de la difficulté que, à raison de ses fâcheux antécédents, la société de Gouhenans avait dû éprouver à obtenir la concession qu'elle désirait; on trouvait trace de la proposition faite par le général Cubières de lever ces difficultés en remettant cent mille francs au ministre, du consentement donné à cette proposition par M. Parmentier, le directeur de la société, de la part prise à ces démarches par l'un des actionnaires, M. Pellapra. Mais il était une autre question sur laquelle on hésita davantage, à cause de sa gravité même et de l'obscurité dont elle parut d'abord enveloppée : la corruption, évidemment préméditée, voulue, concertée, avait-elle été en fait accomplie? Les cent mille francs avaient-ils été remis au ministre? M. Teste, qui dès le début avait été entendu comme témoin, devait-il passer au rang des accusés? On voyait bien que M. Parmentier avait remis à M. Pellapra vingt-cinq actions pour le couvrir de la somme qu'il se chargeait de verser aux mains du ministre; mais on voyait aussi que, plus tard, en le menaçant de faire du scandale, le même M. Parmentier avait contraint M. Pellapra à lui restituer ces actions. Fallait-il en conclure que rien n'avait été payé au ministre? C'était la thèse de M. Parmentier, qui expliquait ainsi la répétition de ses titres. Toutefois, les correspondances saisies, notamment les lettres nombreuses échangées, pendant plusieurs années, entre MM. Pellapra et Cubières, ne concordaient pas avec cette allégation; elles supposaient, au contraire, que le versement des cent mille francs avait été fait; il en ressortait même qu'après la restitution des actions à M. Parmentier, M. Pellapra, ne voulant pas supporter seul la perte de la somme versée, avait obtenu du général Cubières la promesse de l'indemniser jusqu'à concurrence de cinquante mille francs. Ces preuves finirent par convaincre le chancelier et les pairs instructeurs de la culpabilité de M. Teste : ils ne reculèrent pas devant la douloureuse obligation de le mettre en cause. Le 26 juin, conformément à leur avis et aux réquisitions du procureur général, la cour, statuant en chambre du conseil, décida la mise en accusation de MM. Teste, Cubières, Pellapra et Parmentier. Quinze jours étaient donnés à la défense pour se préparer.

Les quatre accusés étaient d'importance fort inégale. Le public ne s'intéressait pas à M. Parmentier, un de ces faiseurs d'affaires sans scrupules, qu'on n'est jamais étonné de voir finir en police correctionnelle. M. Pellapra lui-même, bien que riche capitaliste et ancien receveur général, n'était pas celui qui attirait le plus l'attention. Ce qui causait une émotion extrême, c'était de voir sous le coup d'une accusation déshonorante deux pairs de France, anciens ministres, parvenus aux premiers rangs, l'un de l'armée, l'autre de la magistrature. M. Cubières, né en 1786, avait eu de brillants états de service sous l'Empire; sous-lieutenant à dix-sept ans, colonel à vingt-cinq, il avait été couvert de blessures à Waterloo; en 1832, lors de l'occupation d'Ancône, il avait été chargé d'une mission politique délicate; en 1840, il avait reçu de M. Thiers le portefeuille de la guerre. On comprend mal qu'un tel passé ait conduit le général à se faire complice des tripotages d'un Parmentier; mais, de mœurs légères, avide d'argent, il s'était laissé prendre par la fièvre de spéculations alors régnante. Quant à M. Teste, qui avait soixante-sept ans en 1847, c'était un grand vieillard, légèrement courbé par l'âge, encore vigoureux, avec une belle figure, une physionomie grave et un peu triste ; homme à la fois de travail et de plaisir, ayant beaucoup de talent, très peu de principes. Sa vie avait été fort mouvementée. Né, dans les environs de Nîmes, d'un père engagé dans le mouvement de 1789 et de 1792, il avait traversé, pendant son enfance et son adolescence, les violentes péripéties de l'époque révolutionnaire. Sous l'Empire, il devint vite l'un des avocats les plus renommés du Midi. Compromis pour avoir accepté des fonctions sous les Cent-jours, il ne fut pas proscrit en 1815, mais prit de lui-même le parti de s'établir en Belgique ; il paraît avoir été de ceux qui, par haine des Bourbons, rêvaient alors de pousser le prince d'Orange au trône de France. Ce ne fut qu'après 1830 qu'il rentra dans sa patrie : on le vit alors, à cinquante ans, entreprendre de se faire, à Paris, une position d'avocat et se pousser bientôt à la tête du barreau, par son éloquence sobre et puissante, par sa science du droit et son intelligence des affaires ; en 1838, il obtenait les honneurs du bâtonnat. Presque aussitôt après son retour en France, il avait été élu député ; mais, comme beaucoup d'avocats, il était loin d'avoir retrouvé, à la Chambre, les mêmes succès de parole et la même importance qu'au Palais de justice. Sans convictions, paraissant apporter au milieu des luttes politiques une sorte d'indifférence ennuyée, un moment mêlé au tiers parti qui convenait à l'état flottant et incertain de ses opinions, il finit par accepter d'être le porte-parole habituel et en quelque sorte l'avocat parlementaire du maréchal Soult. Ce rôle un peu subalterne ne lui fut pas sans profit. Le maréchal lui fit une place dans son cabinet du 12 mai 1839, et, en 1840, exigea pour lui, de M. Guizot qui ne s'en souciait guère, le portefeuille des travaux publics. On le lui retira en décembre 1843, sans qu'aucune raison politique fût donnée de cette mesure. Rien de précis sans doute n'avait été découvert; mais, devant certains bruits qui circulaient dans le monde financier, on ne s'était pas soucié de laisser plus longtemps à M. Teste le maniement des grandes affaires de chemins de fer. Malheureusement, par une faiblesse trop fréquente en pareil cas, les ministres ne crurent pas possible de se séparer d'un collègue sans lui donner une compensation; il fut fait pair de France, grand officier de la Légion d'honneur, et, ce qui était plus grave encore, président de chambre à la cour de cassation.

Les accusés n'avaient pas été mis en état d'arrestation provisoire. Leur position sociale semblait une garantie suffisante contre une fuite qui eût été l'aveu de leur culpabilité. Cependant, l'avant-veille du jour fixé pour les débats, M. Pellapra, ne se sentant pas de force à affronter la lutte et l'angoisse des audiences publiques, disparut. M. Teste, au contraire, fit remettre au Roi cette lettre digne et habile : « Sire, je dois à Votre Majesté, en retour d'un dévouement dont je me suis efforcé de multiplier les preuves, la dignité de pair de France et l'honneur de siéger dans la plus haute magistrature du royaume, comme l'un de ses présidents. J'aborde demain une épreuve solennelle, avec la ferme confiance d'en sortir sans avoir rien perdu de mes droits à l'estime publique et à celle de Votre Majesté. Mais un pair de France, un magistrat, qui a eu le malheur de traverser une accusation de corruption, se doit à lui-même de se retremper dans la confiance du souverain qui lui a conféré ce double caractère. Je dépose entre les mains de Votre Majesté ma démission de la dignité de pair de France et celle des fonctions de président à la cour de cassation, pour n'être défendu, dans les débats qui vont s'ouvrir, que par mon innocence. » L'innocence, en effet, n'eût pas parlé un autre langage.

Les audiences commencèrent le 8 juillet. La curiosité du public était très surexcitée, et, malgré la chaleur, il y eut grande affluence au palais du Luxembourg. La première séance, consacrée tout entière à la lecture des pièces, fut sans intérêt. Mais, dans la soirée, le bruit se répandit que des documents compromettants pour M. Teste se trouvaient aux mains d'un député, M. de Malleville. Celui-ci, mandé par M. Pasquier, lui remit la copie de lettres échangées entre le général Cubières et M. Pellapra; ces lettres se rapportaient aux arrangements conclus par ces deux personnages après la restitution des vingt-cinq actions à M. Parmentier; le général y faisait assez triste figure; on l'y voyait essayer, par des menaces de scandale, de se soustraire à l'engagement pris par lui de supporter sa part des cent mille francs, mais pas une des lettres qui n'impliquât la réalité du payement fait au ministre.. Comment ces pièces étaient-elles en la possession de M. de Malleville? Il fut bientôt évident que c'était le général Cubières qui les lui avait fait parvenir par une voie détournée. Le système de défense de M. Parmentier, en cela favorable à M. Teste, tendait à faire croire que MM. Cubières et Pellapra n'avaient rien déboursé pour obtenir la concession, et qu'ils avaient essayé de garder pour eux la somme destinée au ministre. Le général avait un moyen d'écarter cette imputation, plus déshonorante encore que toutes les autres : c'était de prouver que les cent mille francs avaient été payés; seulement, du même coup, il se reconnaissait coupable du crime de corruption. Impatient de faire voir qu'il n'était pas un escroc, sans s'avouer trop ouvertement corrupteur, il prit un moyen terme, et, tout en évitant encore de se découvrir personnellement, il voulut faire arriver indirectement aux juges des pièces établissant la réalité du versement. Devant cette révélation qui aggravait la situation de M. Teste, M. Pasquier crut nécessaire d'empêcher qu'il ne suivît l'exemple de M. Pellapra. Le soir même, il le fit arrêter, ainsi que les deux autres accusés. Certains indices donnèrent depuis à supposer que la précaution n'avait pas été superflue, et que M. Teste était sur le point de s'enfuir.

La seconde audience s'ouvrit par l'interrogatoire du général Cubières. Celui-ci s'y montra singulièrement embarrassé; il voulait bien qu'on crût à la vérité des faits établis dans les pièces communiquées par M. de Malleville, mais il ne se souciait pas d'en faire lui-même la déclaration. Spectacle pénible que celui de ce vieux soldat qui, sous la pression de l'accusation, balbutiait de maladroites échappatoires, s'embrouillait et se perdait au milieu de ses mensonges, faisait, malgré lui, des demi-aveux qu'il cherchait ensuite à reprendre, sans qu'une seule fois le péril de son honneur lui arrachât un cri du cœur. Cette attitude piteuse contrastait avec le sang-froid de M. Teste, qui intervint plusieurs fois au cours de l'interrogatoire de son coaccusé, mettant habilement en lumière tout ce qui pouvait lui servir, jetant des doutes sur ce qui lui nuisait, aussi libre d'esprit et de parole que s'il n'eût rempli là qu'un rôle d'avocat. M. Parmentier, questionné ensuite, persista plus que jamais à accuser MM. Pellapra et Cubières d'avoir abusé de sa confiance en supposant une dépense qu'ils n'avaient pas faite. Restait l'interrogatoire de M. Teste, qui fut renvoyé au jour suivant.

Entre temps, le général Cubières, se découvrant davantage, fit remettre directement à M. Pasquier l'original des lettres dont M. de Malleville avait communiqué la copie. Chaque jour donc, un nouveau fait venait augmenter les charges pesant sur M. Teste. Celui-ci, cependant, n'en paraissait ni embarrassé, ni abattu. Il soutint son interrogatoire avec une force d'esprit et de corps étonnante chez un homme de son âge. Jamais sa parole n'avait été plus prompte, plus ferme. Ses réponses étaient autant de plaidoiries, souvent éloquentes, toujours habiles. Pas une accusation à laquelle il ne fit tête. Était-il serré de trop près, se sentait-il touché, avec quelle vigueur il se retournait et fonçait sur l'assaillant! C'était lui qui raffermissait, qui ranimait ses avocats, notamment M. Paillet, dont le visage trahissait l'embarras et l'angoisse de conscience. Ni le président ni le procureur général ne parvinrent à le faire se départir du système qu'il avait arrêté d'avance. Des gens, disait-il en substance, s'étaient concertés pour lui demander une concession; son collègue, M. Cubières, son ancien client, M. Pellapra, l'en avaient entretenu; rien là que de très naturel. La concession avait été accordée après une instruction régulière. Que s'était-il passé depuis? Les associés avaient pu faire entre eux des arrangements, échanger des actions, s'accuser de dol, d'escroquerie. Il ne connaissait rien de ces tristes affaires, n'en voulait rien connaître, et s'indignait qu'on prétendît y mêler un ministre du Roi. Lui opposait-on les pièces récemment produites, cette correspondance échangée entre le général Cubières et M. Pellapra, d'où ressortait si clairement la réalité du versement des cent mille francs, il ne se démontait pas ; il donnait à entendre que M. Pellapra avait abusé de la crédulité du général et avait gardé pour lui l'argent. Il estimait sans doute que l'accusé absent était le moins dangereux à charger, et que sa fuite rendait plausibles les accusations portées contre lui.

M. Pellapra était-il donc aussi hors d'état de se défendre que le supposait M. Teste ? Avant son départ, prévoyant que, pour échapper à l'accusation d'escroquerie, il pourrait avoir intérêt à avouer et à démontrer lui-même la réalité de la corruption, il avait remis à sa femme un dossier dont elle devait user en cas de nécessité. Après l'interrogatoire de M. Teste, madame Pellapra jugea le moment venu de remplir le mandat que lui avait donné son mari. Le matin même de la quatrième audience (12 juillet), elle adresse au chancelier un certain nombre de pièces, toutes tendant à établir que les cent mille francs ont été effectivement payés ; les plus importantes étaient des notes constatant diverses opérations financières de M. Pellapra, entre autres un placement en bons du Trésor qui paraissait bien destiné à solder l'engagement pris envers le ministre. A la lecture de ces documents, si accablants qu'ils paraissent, M. Teste ne faiblit pas. Il se débat contre l'accusation qui l'enveloppe et le presse. Avec une étonnante présence d'esprit, il arguë de certaines obscurités des notes financières, pour jeter du doute sur leur sens. Acculé au bord de l'abîme, il se raidit, dans un suprême effort, pour ne pas y tomber. Des témoins ont été cités, afin de donner quelques éclaircissements sur les papiers qui viennent d'être communiqués à la cour. C'est d'abord M. Roquebert, le notaire de M. Pellapra ; la considération dont il jouit augmente la valeur de son témoignage. Toutes les explications qu'il fournit sur les notes de son client en font ressortir la portée accusatrice. Le procureur général lui pose alors cette question : « M. Pellapra vous a-t-il parlé des cent mille francs donnés à M. Teste? » Tous les regards se tournent vers M. Roquebert : celui-ci garde le silence pendant quelques instants; son angoisse est visible; des larmes remplissent ses yeux; enfin, il se décide à répondre : « M. Pellapra m'a dit qu'il avait donné cent mille francs à M. Teste. » L'émotion du témoin est extrême; il fait effort pour retenir des sanglots qui bientôt éclatent. M. Teste, naguère si prompt à discuter les témoignages, ne trouve à adresser à M. Roquebert que cette question insignifiante : « A quelle époque M. Pellapra vous a-t-il fait cette confidence? — En 1844 », répond le témoin. M. Teste n'ajoute rien; il se sent vaincu. Sa pâleur est affreuse; il s'essuie le front; ses traits, qui se décomposent avec une effrayante progression, trahissent l'agonie de son âme; en quelques instants, il vieillit de dix ans. Les assistants considèrent ce drame avec une émotion poignante. L'écrasement devait être plus complet encore. Commission rogatoire a été donnée à un juge d'instruction pour vérifier au ministère des finances s'il n'a pas été fait, aux dates indiquées par les notes de M. Pellapra, des acquisitions de bons du Trésor, soit pour lui, soit pour le compte de M. Teste. Avant la fin de l'audience, le président est en mesure de communiquer à la cour le résultat de ces vérifications; elles confirment toutes les indications de M. Pellapra; elles établissent notamment que ce dernier a touché, le 12 septembre 1843, divers bons montant à 94,000 francs, et que, ce même jour, M. Charles Teste, député, fils du ministre, a versé au Trésor, contre un seul bon, la somme de 95,000 francs. Le silence dans lequel est écoutée cette lecture, et qui se prolonge quelque temps après qu'elle a été finie, montre l'impression produite. M. Teste se borne à demander copie de ce document, et il ajoute : « J'ai à m'informer de l'opération qui me paraît être personnelle à mon fils. »

Au sortir de l'audience, M. Teste est si affaissé qu'il lui faut être soutenu par deux personnes pour regagner la prison. Il dîne cependant avec son fils et ses avocats. Les convives partis et les portes fermées, il saisit de chaque main des pistolets de poche, qui très probablement lui ont été apportés par son fils, et il se tire simultanément deux coups, l'un dans la bouche, l'autre au cœur : le premier ne part pas, parce que le renversement de l'arme a fait tomber la capsule ; l'autre ne produit qu'une contusion ; la balle, au lieu de pénétrer dans le corps, a roulé à terre. Les gardiens accourent au bruit. M. Pasquier est prévenu. M. Teste se laisse soigner sans témoigner d'une grande émotion, et, désirant un livre, demande un roman d'Alexandre Dumas, *Monte-Cristo*. Certaines personnes ont supposé que cette tentative de suicide n'avait été qu'une comédie : ce n'était pas l'opinion du chancelier.

Le lendemain, M. Teste écrivait au président de la cour des pairs : « Les incidents de l'audience d'hier ne laissent plus de place à la contradiction en ce qui me concerne, et je considère, à mon égard, le débat comme consommé et clos définitivement. J'accepte d'avance tout ce qui sera fait par la cour, en mon absence. Elle ne voudra sans doute pas, pour obtenir une présence désormais inutile à l'action de la justice et à la manifestation de la vérité, prescrire contre moi des voies de contrainte personnelle, ni triompher par la force d'une résistance désespérée. » Ce n'était pas le gémissement d'un coupable qui se repent ; c'était le découragement d'un joueur qui reconnaît avoir perdu la partie. Jusqu'au bout, il apparaissait que le sens moral manquait absolument à cet homme. La loi n'y faisant pas obstacle, le procès se continua en l'absence de M. Teste. La cinquième audience fut remplie par le réquisitoire du procureur général et les plaidoiries des avocats. La délibération en chambre du conseil, sur l'application des peines, ne dura pas moins de quatre jours ; des efforts furent tentés pour atténuer le châtiment du général Cubières. M. Teste fut condamné à la dégradation civique, 94,000 francs d'amende et trois années d'emprisonnement ; MM. Cubières et Parmentier, à la dégradation civique et 10,000 francs d'amende; les 94,000 francs déposés au Trésor furent confisqués au profit des hospices. Quelques jours après, M. Pellapra se présentait devant la cour et était condamné aux mêmes peines que MM. Cubières et Parmentier[1].

IX

Le public avait suivi avec une émotion chaque jour croissante les péripéties de ce drame judiciaire. Le peuple n'était pas moins occupé que les salons et les cercles politiques des révélations produites devant la Chambre des pairs, et l'impression qu'il en ressentait était loin d'être saine et rassurante. Rien n'était mieux fait pour aider aux passions socialistes que tant de sophistes et de tribuns travaillaient alors à répandre chez les ouvriers. Au cours même du procès, un incident de rue permit d'entrevoir à quel point étaient ainsi excités contre les riches le mépris et la colère des pauvres. Le 5 juillet, le duc de Montpensier donnait à Vincennes, pour l'inauguration du polygone d'artillerie, une fête brillante à laquelle fut convié tout ce qu'il y avait alors à Paris de haute société mondaine et officielle. Pendant une partie de la soirée, défilèrent, à travers le quartier et le faubourg Saint-Antoine, des équipages remplis de femmes en grande toilette et d'hommes en uniformes brodés. De tels spectacles n'éveillent ordinairement que de la curiosité dans les foules populaires. Cette fois, les ouvriers, rangés en haie des deux côtés de la rue, avaient une figure sombre, menaçante; ils accueillaient chaque voiture par des railleries, des huées. « A bas les voleurs! » tel était le cri qui dominait. D'autres ajoutaient : « Le peuple n'a pas de

---

[1] M. Teste vécut encore quelques années, après sa sortie de prison; il mourut en 1854. Le général Cubières obtint de la cour de Rouen, le 17 août 1852, un arrêt de réhabilitation, rendu par application de l'article 619 du Code d'instruction criminelle, et mourut l'année suivante. M. Parmentier ne survécut que six mois à sa condamnation.

pain, pendant que ces coquins-là s'amusent! » Plusieurs de ceux qui furent témoins de cette scène en rapportèrent une impression de surprise inquiète. Peu de jours après, M. Duvergier de Hauranne, se trouvant avec M. Recurt, ancien président de la société des Droits de l'homme, et qui connaissait bien le quartier Saint-Antoine où il exerçait la médecine, lui demanda si le parti républicain avait été pour quelque chose dans la manifestation faite contre les invités du duc de Montpensier. « Pour rien du tout, répondit M. Recurt, et je vous avoue que nous en avons été aussi effrayés que vous. » Puis, après avoir insisté sur le caractère socialiste de cet incident : « Il y a là, ajoutait-il, un travail, un danger auquel on ne songe pas assez. Ce que je puis vous affirmer, c'est que la manifestation dont vous me parlez est la plus grave que j'aie vue. Si nous l'avions voulu, il nous était facile de la tourner en émeute, peut-être en révolution [1]. »

Les condamnations prononcées par la cour des pairs ne mirent pas fin à l'émotion. Sans doute, à raisonner de sang-froid, le gouvernement, par sa promptitude à saisir la justice, par la rigueur inflexible avec laquelle avaient été conduite l'instruction et dirigés les débats, venait de montrer qu'il n'avait rien de suspect à cacher, et que personne ne ressentait plus que lui l'horreur de la corruption. Aucune des investigations poursuivies pendant plusieurs semaines, des pièces saisies, des dénonciations provoquées, aucun des témoignages reçus n'avait fait entrevoir, dans l'administration française, en dehors du ministre accusé, la plus petite trace de prévarication : tous les fonctionnaires, sauf un, sortaient absolument intacts de cette redoutable épreuve. Et même, à voir la pauvreté de M. Teste, qui n'avait pas de quoi payer entièrement son amende, ne devait-on pas conclure, ou bien qu'il n'avait pas cherché d'autres occasions de faire argent de ses fonctions, ou que nos mœurs et nos institutions avaient singulièrement entravé ses desseins malhonnêtes? Un régime où la concussion

---

[1] *Notes inédites de M. Duvergier de Hauranne.*

n'avait pas pu être plus lucrative n'était certes pas corrompu. D'ailleurs, l'émotion ressentie, le scandale produit, ne suffisaient-ils pas à prouver que la prévarication était alors un fait bien exceptionnel? Il est des temps et des pays où le cas de M. Teste eût laissé les esprits beaucoup plus calmes. En somme, tout montrait qu'il n'y avait pas là autre chose qu'un crime individuel, un accident isolé. Mais l'opposition s'inquiétait peu de raisonner juste et de juger avec équité. Ayant entrepris d'établir que le gouvernement était corrompu et corrupteur, elle n'avait pu, jusqu'à présent, mettre la main sur aucune preuve sérieuse; elle était bien obligée de s'avouer l'avortement ridicule et misérable des dénonciations de M. de Girardin; dans de pareilles circonstances, un ministre solennellement convaincu de prévarication, c'était une bonne fortune qu'elle saisissait avec une sorte d'empressement et de joie cyniques. Elle affecta de voir là le symptôme d'un état général et la justification de toutes les accusations qu'elle n'avait pu prouver. « La France, disait un de ses journaux, a maintenant des preuves incontestables de cette dégradation morale si souvent signalée dans les hautes régions du pouvoir [1]. »

Ce langage ne trouvait malheureusement que trop d'échos. Divers sentiments, de valeur différente, y aidaient : indignation sincère des honnêtes gens, plaisir malsain que les petits ont à mal penser des grands, facilité des esprits simples à accepter, sans y regarder de près, certaines généralisations. Dès le lendemain de la condamnation, un observateur que j'aime à citer à cause de son exactitude, écrivait dans son journal intime : « Ce procès laisse dans les âmes un profond sentiment d'angoisse et de tristesse;... on sent que la position du pouvoir est ébranlée. » Il ajoutait, quelques jours plus tard : « Il est impossible de le méconnaître : le procès a porté un coup très grave à la considération du gouvernement. Au lieu d'y voir la preuve qu'en France il y a une justice même pour les coupables de l'ordre le plus élevé, et que les délits, punis

---

[1] *National* du 18 juillet 1847.

avec tant de rigueur, ne sont pas apparemment passés dans nos mœurs d'une manière absolue, on en conclut que la corruption est universelle dans le monde officiel, ceux qui viennent d'être condamnés ayant été seulement plus malheureux ou plus maladroits que les autres. C'est ainsi qu'on raisonne dans le peuple, toujours disposé à considérer les riches et les puissants comme autant de pillards et d'oppresseurs; c'est ainsi qu'en jugent les provinces, dont l'esprit jaloux et crédule accueille si facilement tout ce qui tend à incriminer Paris et l'administration centrale [1]. »

M. Guizot était habitué à supporter les outrages des partis, à lutter contre les préventions et les injustices de l'opinion. Mais, cette fois, l'attaque prenait un tel caractère qu'il en était presque découragé. Écrivant à M. le duc de Broglie, il ne pouvait retenir ce gémissement : « J'ai grand besoin de repos, moralement encore plus que physiquement. Ma lassitude est extrême de cette lutte continue contre toutes les pauvretés et les bassesses humaines, tantôt pour les combattre, tantôt pour les ménager [2]. » Toutefois, si las et si dégoûté qu'il fût, il ne voulut pas laisser finir la session sans s'expliquer sur ce cri de corruption qui retentissait partout. Il le fit, le 2 août, à la tribune de la Chambre des pairs, pendant la discussion du budget. Suivant son habitude, ce fut en s'élevant à d'éloquentes généralités qu'il tenta d'avoir raison des attaques. Il expliqua tout d'abord que s'il n'en avait pas parlé plus tôt, c'est qu'il avait « confiance dans l'empire de la vérité », et qu'il était convaincu que les accusations non fondées finissaient toujours par « tomber d'elles-mêmes ». Puis, après avoir rappelé que Washington, lui aussi, avait été indigne-

---

[1] *Journal inédit du baron de Viel-Castel.*

[2] Lettre du 8 juillet 1847. (*Lettres de M. Guizot à sa famille et à ses amis*, p. 249.) Plus tard, après la révolution de Février, le 15 avril 1848, M. Guizot, revenant sur son état d'esprit à la fin de la session de 1847, écrivait à M. de Barante : « J'étais très fatigué, moralement surtout, fatigué et triste, non que je prévisse ce qui est arrivé, mais je me sentais engagé dans une lutte que le succès aggravait au lieu d'y mettre fin, indéfiniment aux prises avec les erreurs vulgaires et les passions basses. Je me relève de ce pénible état d'âme. » (*Documents inédits.*)

ment calomnié, il ajoutait : « Tout homme qui entre un peu avant dans la vie publique peut s'attendre aux calomnies, aux outrages ; mais aussi il peut s'attendre à l'oubli des injures et des calomnies, s'il a réellement mérité l'estime de ses concitoyens. De notre temps, je le répète, les honnêtes gens peuvent être tranquilles ; les malhonnêtes gens ne doivent jamais l'être. Et s'il y a un lieu dans lequel on puisse prononcer une telle parole, c'est dans cette enceinte. Comment! on parle de corruption! On dit, — car c'est là le grief le plus exploité, — qu'il n'y a de justice que contre les faibles, que contre les pauvres ; que les puissants et les riches échappent à l'action des lois! On dit cela, et, si ces paroles entraient dans cette enceinte et la traversaient, elles recevraient, à chaque pas, un démenti de tous ces bancs!... Messieurs, on se fait, sur le pays aussi bien que sur le gouvernement, les plus fausses idées. Il n'est pas vrai que le pays soit corrompu. Le pays a traversé de grands désordres ; il a vu le règne de la force, et souvent de la force anarchique ; il en est résulté un certain affaiblissement, je le reconnais, des croyances morales et des sentiments moraux ; il y a moins de force, moins de vigueur, et dans la réprobation et dans l'approbation morales. Mais la pratique dans la vie commune du pays est honnête, plus honnête qu'elle ne l'a peut-être jamais été. Le désir, le désir sincère de la moralité dans la vie publique, comme dans la vie privée, est un sentiment profond dans le pays tout entier. Pour mon compte, au milieu de ce qui se passe depuis quelque temps, au milieu — il faut bien appeler les choses par leur nom, — au milieu du dégoût amer que j'en ai éprouvé, je me suis félicité de voir mon pays si susceptible, si ombrageux, si méfiant. Ce sentiment rendra aux croyances, aux principes de moralité, cette fermeté qui leur manque de nos jours. Voulez-vous me permettre de vous dire comment nous pouvons y contribuer d'une manière efficace? Nous croyons trop vite à la corruption et nous l'oublions trop vite... Soyons moins soupçonneux et plus sévères. Tenez pour certain que la moralité publique s'en trouvera bien. » Noble et beau langage, mais où il est

facile de discerner un profond accent de tristesse. C'est que
M. Guizot ne se faisait pas grande illusion sur l'efficacité
immédiate de sa parole. « Je parlais, a-t-il dit lui-même plus
tard, pour ma propre satisfaction et mon propre honneur,
plutôt que dans l'espoir de dissiper les mauvaises impressions
qui agitaient alors l'esprit public [1]. »

X

Voilà donc ce qu'était devenue cette session qui avait
semblé d'abord promettre au ministère une destinée si facile
et si brillante. Quel changement depuis l'éclatant triomphe
des élections de 1846 et de la discussion de l'adresse au commencement de 1847 ! Jamais on n'avait vu des vainqueurs
perdre aussi rapidement le fruit de leurs victoires. Une sorte
de malchance avait accumulé, en quelques mois, toutes sortes
de maux : ébranlement de la majorité, dislocation du cabinet,
crise économique, perversion de l'esprit public par la littérature révolutionnaire, enfin et surtout cette série de scandales
perfidement exploités. Tel était le contraste entre les espérances du début et les tristesses de la fin, que tous en étaient
frappés. Les opposants n'étaient pas naturellement les moins
empressés à le mettre en lumière. Tandis que M. de Montalembert montrait, avec une gravité douloureuse, la majorité, à
l'origine « si triomphante, tout à coup épuisée, dévorée par
je ne sais quel mal intérieur qui l'a jetée fatiguée, impuissante,
au milieu de toutes les misères de la plus petite politique
qu'on ait jamais vue [2] », M. Thiers s'écriait, avec une malice
triomphante : « Si quelque chose pouvait me réjouir, ce serait
l'abaissement croissant de ces ministres de la contre-révolution ; ils sont comme un vaisseau qui a une voie d'eau et

---

[1] *Mémoires de M. Guizot*, t. VIII, p. 44.
[2] Discours du 2 août 1847 à la Chambre des pairs.

qu'on voit s'enfoncer de minute en minute[1]. » Les amis mêmes du cabinet ne cachaient pas leur désappointement et leur inquiétude. Un député dévoué à M. Guizot, l'un des « satisfaits », M. d'Haussonville, publiait un article où, dénonçant le mal de la situation, il s'en prenait au ministère qui n'avait pas su « gouverner la majorité[2] ». Le chroniqueur politique de la *Revue des Deux Mondes,* alors conservateur, constatait « qu'une sorte de découragement semblait s'être emparé des intelligences, qu'une inquiétude sourde agitait les imaginations »; et il ajoutait : « Si nous avons la satisfaction de voir que l'ordre matériel n'a pas reçu d'atteintes,... sommes-nous dans toutes les conditions de cette sécurité morale qui n'est pas un des moindres besoins de la société[3]? » Il n'était pas jusqu'au *Journal des Débats* qui n'en vînt à proclamer que « la session n'avait pas été bonne ». « Encore une semblable, disait-il, et non seulement le ministère, mais le parti conservateur n'y résisterait pas. » Puis, après avoir constaté que « le ministère s'était présenté, devant la Chambre, sans idée arrêtée, sans projets bien mûris, soucieux seulement de gagner du temps », et que « la majorité inexpérimentée, n'ayant reçu de direction de personne, s'était livrée à ses fantaisies », il insistait sur le mal fait par les récents scandales. « Depuis six semaines, disait-il, le public n'a eu, pour aliment de sa curiosité, que les débats d'un lamentable procès et ces questions personnelles que fait toujours naître l'oisiveté politique. On ne lui a rebattu les oreilles que d'accusations infamantes, de soupçons odieux; on ne lui a donné que des scènes de police correctionnelle ou de cour d'assises. L'opposition a profité de ces tristes circonstances; elle n'a rien négligé pour jeter dans les âmes la tristesse et le découragement, pour faire croire que notre gouvernement tout entier n'était que désordre, que laisser-aller, que corruption; et, jusqu'à un

---

[1] Lettre du 25 juin 1847, adressée à M. Panizzi.
[2] *De la situation actuelle,* par M. D'HAUSSONVILLE, *Revue des Deux Mondes* du 1ᵉʳ juillet 1847.
[3] Livraison du 1ᵉʳ août 1847.

certain point, il faut le reconnaître, elle a réussi à ébranler l'opinion [1]. » Cet aveu, fait par l'organe du ministère, des fautes passées et du péril présent, eut un grand retentissement, d'autant que la presse de gauche ne manqua pas d'y faire écho, en l'interprétant comme un cri de détresse.

Quand les amis du cabinet parlaient ainsi tout haut, devant le grand public, que ne disaient-ils pas tout bas, dans leurs épanchements intimes ? M. de Viel-Castel écrivait dans ses notes journalières : « La session qui vient de se terminer est assurément la plus triste et la plus étrange qu'on ait vue depuis 1830. Sans donner aucune force à l'opposition, sans surtout la mettre en mesure de s'emparer de la direction des affaires, elle a constaté, dans la majorité conservatrice, un état d'impuissance, d'atonie, de découragement, qui ressemble au marasme, et elle a frappé le cabinet d'une déconsidération telle que, même en l'absence d'adversaires capables de le remplacer au pouvoir, on se demande s'il pourra le garder. C'est un grand problème que de savoir comment il se relèvera de cet abaissement [2]. » M. de Barante, après avoir observé l'état des esprits dans son département, croyait devoir envoyer à M. Guizot ces renseignements et ces avertissements : « Je n'ai pas à vous apprendre que les conservateurs, ceux mêmes qui professent pour vous confiance et admiration, sont sous une impression de tristesse et d'inquiétude sans malveillance ; les déclamations haineuses des journaux n'ont pas beaucoup agi sur eux, mais il y a évidemment une réaction contre ce soin des intérêts privés, ces complaisances et ces ménagements pour les personnes, ces distributions de faveurs et d'emplois, et surtout cette faiblesse pour les exigences des députés, qui ont été plus ou moins nécessaires pour composer une majorité. Je ne prends pas ces blâmes et ces vœux au pied de la lettre. Si on se jetait passionnément dans une réforme puritaine, on n'irait pas loin sans trébucher. Vous avez cependant à prendre un autre aspect, non point avec jactance, mais tranquillement et

---

[1] Articles du 28 et du 31 juillet 1847.
[2] *Journal inédit de M. de Viel-Castel*, 11 août 1847.

de manière que le public s'en aperçoive... Vous y songerez, malgré tant de grandes affaires extérieures qui doivent vous occuper. Le moment est critique, il exige une extrême prudence [1]. » Tout en donnant ces utiles conseils à M. Guizot, M. de Barante n'était pas cependant des esprits un peu courts qui attribuaient le mal de la situation uniquement à certaines maladresses ou à quelques petits abus trop facilement tolérés ; il savait bien que ces maladresses et ces abus n'étaient pas en rapport avec l'effet produit. « Nous pouvons, écrivait-il à un de ses parents, nous tirer tant bien que mal des embarras et des périls actuels. On les exagère beaucoup. Il y en a qui sont accidentels et passagers. Mais ce qui est plus général, plus profond, c'est l'état moral des sociétés européennes : tant d'amour de la liberté, un tel fanatisme d'égalité, une si grande ardeur d'intérêt privé, la haine ou le mépris de l'autorité ; et tout cela, sans aucun contrepoids de convictions religieuses ou d'habitudes morales : voilà le mal que nous avons vu croître depuis soixante ans. L'expérience des dix-huit dernières années est même plus remarquable. Nous avons obtenu ce que nous voulions, ou plutôt ce que nous avions cru vouloir ; nous avons réussi à conserver l'ordre intérieur et la paix ; nous avons joui de la prospérité ; et nous sommes en disposition moins sensée, moins honnête, moins rassurante que le 30 juillet 1830. Ce sont de tristes réflexions, de funestes conjectures pour l'avenir. Pourtant tout est calme ; chacun souhaite l'ordre et le repos ; l'esprit de conservation a une majorité évidente ; mais les calculs de l'intérêt ne sont pas une base solide ; la moindre affection désintéressée serait plus rassurante [2]. » Ces réflexions d'un ami de la monarchie de Juillet n'étaient malheureusement que trop fondées, et elles méritent de servir de conclusion à la mélancolique histoire de cette session. Dans le mal moral qu'il signale, est

---

[1] Lettre de M. de Barante à M. Guizot, du 8 septembre 1847. (*Documents inédits.*)

[2] Lettre du même à M. d'Houdetot, en date du 25 septembre 1847. (*Documents inédits.*)

la seule explication suffisante de l'étonnant revirement qui s'était produit en si peu de mois. En effet, quelque dangereux que fussent par eux-mêmes les accidents qu'une étrange fatalité avait multipliés pendant la première moitié de 1847, ils n'eussent pas été à ce point malfaisants, s'ils fussent survenus dans un corps social à peu près sain. La vérité est qu'en dépit de certaines apparences, ce corps était gravement malade. Ce n'était pas impunément que, depuis soixante ans, il avait subi la secousse de tant de révolutions.

CHAPITRE II

LA CAMPAGNE DES BANQUETS.

(Juillet-décembre 1847.)

I. L'opposition veut provoquer dans le pays une agitation sur la question de la réforme. Alliance des dynastiques et des radicaux. On décide de lancer une pétition et d'organiser un banquet. — II. Le banquet du Château-Rouge. Les discours. Omission du toast au Roi. — III. Banquet de Mâcon offert à M. de Lamartine, pour célébrer le succès des *Girondins*. Le cri de la réforme paraît être sans écho dans le pays. — IV. Assassinat de la duchesse de Praslin. Effet produit sur l'opinion. Suicide du duc de Praslin. Rapport de M. Pasquier. Tristesse et inquiétude générales. Pressentiments de révolution. M. Guizot président du conseil. — V. Les banquets deviennent plus nombreux à partir de la fin de septembre. Caractère factice de cette agitation. Les radicaux prennent de plus en plus la tête du mouvement. Manifestations socialistes. Certains opposants se tiennent à l'écart. Attitude de M. Thiers. — VI. M. Ledru-Rollin au banquet de Lille. M. Barrot obligé de se retirer. Les opposants dynastiques continuent cependant leur campagne. Banquets d'extrême gauche. Les dynastiques, maltraités par les radicaux extrêmes, sont abandonnés par les radicaux parlementaires. Le banquet de Rouen. Impossibilité de continuer la campagne. Elle est interrompue par l'ouverture de la session. Conclusion.

I

L'intervalle entre les sessions était d'ordinaire, au moins pour la politique intérieure, une époque de calme, de silence, une sorte de morte-saison. Il n'en devait pas être ainsi dans la seconde moitié de 1847. Bien au contraire, l'opposition prétendait employer les loisirs que lui laissaient les vacances parlementaires, à provoquer, par toute la France, une grande agitation en faveur de la « réforme ». Pour trouver l'idée première de cette campagne, il faut remonter à près d'un an en arrière, au lendemain des élections générales d'août 1846. Un des adversaires du cabinet, rencontrant alors un ami de M. Guizot, dans les couloirs de la Chambre, lui avait dit : « Vous êtes les plus forts, c'est évident ; votre compte est exact, je l'ai vérifié. Ici, plus rien à faire, plus rien à dire pour nous ; nos paroles seraient perdues. Nous allons ouvrir les fenêtres [1]. » A cette époque même, le hasard d'un voyage amenait à Paris Richard Cobden, le grand agitateur anglais, le fondateur de la « Ligue » qui venait, après une campagne de plusieurs années, d'imposer aux pouvoirs publics d'outre-Manche l'abolition des lois contre l'importation des céréales. Les députés de l'opposition l'entourèrent aussitôt, non pour prêter l'oreille à ses prédications libre-échangistes, mais pour se faire faire par lui une sorte de cours d' « agitation ». M. Cobden se prêta à leur enseigner comment on soulevait l'opinion au moyen de pétitions, de souscriptions, de réunions, de banquets [2]. Ces entretiens ne contribuèrent pas peu à confirmer les opposants français dans leur dessein d'agir hors de la Chambre : l'exemple de la « ligue » anglaise ne leur donnait pas seulement confiance dans le succès ; il les rassurait sur la correction constitutionnelle d'une telle conduite ; comment avoir scrupule d'imiter ce qui était d'usage normal et fréquent sur la terre classique du régime parlementaire ? On ne songeait pas à se demander si la France, avec son passé de révolutions et sa monarchie encore mal assise, pouvait supporter tout ce que supportait l'Angleterre. M. Cobden lui-même, en donnant les renseignements qui lui étaient demandés, avait été loin d'approuver l'entreprise en vue de laquelle on les lui demandait. Ayant appris, en effet, de ses interlocuteurs, qu'il s'agissait seulement de réclamer l'adjonction de deux cent mille électeurs, il se montra stupéfait qu'on recourût à des moyens si extraordinaires, qu'on mît en branle une si grosse machine, pour obtenir un si piètre résultat [3].

[1] Notice de M. Vitet sur M. Duchâtel.
[2] J'ai déjà eu l'occasion de noter que, dès avant cette époque, M. de Montalembert, mieux au courant que la plupart de ses compatriotes de ce qui se passait en Angleterre, s'était inspiré des exemples de M. Cobden et de sa ligue pour organiser le parti catholique. (Voir plus haut, t. V, p. 485.)
[3] John MORLEY, *The Life of Richard Cobden*, t. I, p. 417.

Au premier moment, probablement à cause de la diversion produite par les mariages espagnols, aucune suite ne fut donnée au projet d'agitation [1]. On ne s'occupa de le mettre à exécution qu'après le rejet, par la Chambre, en mars et avril 1847, des propositions de réforme électorale et parlementaire. La principale objection faite par les ministres dans la discussion, objection en effet assez fondée, avait été tirée de l'indifférence du pays. On estima que, pour y avoir réponse, il fallait provoquer à tout prix quelque émotion populaire. Par quel moyen? C'était le cas de se rappeler les leçons de M. Cobden. La question fut l'objet de plusieurs conférences entre les chefs de l'opposition. On y proposa tout d'abord une pétition. Les députés ne pouvaient en prendre l'initiative, puisqu'il s'agissait de faire croire à un mouvement spontané de l'opinion. Ils se mirent alors en rapport avec un comité que nous avons déjà vu à l'œuvre aux élections de 1846, le *Comité central électoral de Paris;* celui-ci se montra disposé à donner son concours. Une réunion eut lieu en mai, chez M. Odilon Barrot : les députés y étaient représentés par MM. Duvergier de Hauranne et de Malleville, du centre gauche; par MM. O. Barrot et de Beaumont, de la

---

[1] Les meneurs ne perdaient pas cependant de vue ce projet. M. Duvergier de Hauranne y faisait allusion dans la brochure qu'il publia, en janvier 1847, sous ce titre : *De la réforme parlementaire et de la réforme électorale.* « Au point où les choses en sont venues, disait-il, il serait insensé de rien attendre de la majorité parlementaire. C'est au pays qu'il convient de parler. » Et il expliquait la légitimité de cet « appel à l'opinion du dehors contre l'opinion du dedans ». Gourmandant la mollesse de ses amis, il leur rappelait comment, en Angleterre, l'agitation extérieure avait imposé la réforme électorale en 1831, la réforme commerciale en 1846; il leur proposait l'exemple des hommes politiques d'outre-Manche, sachant quitter « leur vie de château si splendide, si séduisante, pour parcourir les comtés, pour présider les réunions publiques, pour assister aux banquets politiques, pour éclairer, pour ranimer toujours et partout l'opinion ». « Si O'Connell, ajoutait-il, pendant le cours de sa longue vie, fût resté muet et oisif, croit-on qu'il eût arraché aux préjugés, à l'orgueil anglais, l'émancipation catholique d'abord, et bientôt sans doute l'égalité des deux peuples? Si Villiers, Cobden, Bright se fussent bornés à quelques discours en plein parlement, croit-on qu'ils eussent fait capituler le ministère et soumis, réduit l'aristocratie territoriale?... Ce sont là les vraies mœurs, les vraies habitudes du gouvernement représentatif. Ces mœurs, ces habitudes sont-elles les nôtres, à nous qui n'avons pas même su opposer nos banquets d'opposition aux banquets ministériels de MM. Guizot, Duchâtel et Lacave-Laplagne ? »

gauche; par MM. Carnot et Garnier-Pagès, de l'extrême gauche; le Comité central, par MM. Pagnerre, Recurt, Labélonye et Biesta. Il fut décidé, séance tenante, que le Comité central prendrait l'initiative de l'agitation réformiste, et, pour commencer, M. Pagnerre reçut mission de rédiger le projet de pétition.

Comme on le voit par le nom de ses délégués, le Comité central était républicain. Cela n'avait pas empêché les représentants du centre gauche et de la gauche dynastique de réclamer son concours. Depuis longtemps, ils s'étaient habitués à l'idée d'une alliance avec le parti radical. M. Duvergier de Hauranne l'avait professée hautement dans sa brochure sur la *Réforme électorale et parlementaire*[1]. Quelques jours après, pour mettre sa théorie en pratique, il s'était chargé de négocier, au nom de ses amis, une sorte de traité de paix avec M. Marrast, rédacteur en chef du *National;* l'entrevue avait eu lieu chez M. Edmond Adam; le plénipotentiaire du centre gauche y avait obtenu du journaliste radical qu'il cessât ses attaques contre M. Thiers, et qu'il appuyât dans une certaine mesure la campagne de réforme. L'entente des députés avec le Comité central n'était que le développement logique de l'accord ébauché, quelques mois auparavant, entre M. Duvergier de Hauranne et M. Marrast.

La rédaction du projet de pétition n'était pas sans difficulté :

---

[1] Dans cette brochure, M. Duvergier de Hauranne précisait ainsi sur quel terrain pouvait se faire l'alliance : « Les radicaux pensent que, dans une société démocratique comme la société française, le pouvoir royal et le pouvoir parlementaire ne peuvent exister à la fois, et que l'un doit nécessairement tuer l'autre; ils pensent, dès lors, que la monarchie constitutionnelle doit périr, non par les tentatives violentes de ses ennemis, mais par ses propres fautes, par ses propres imperfections, par ses propres impossibilités. Les constitutionnels nient qu'il en soit ainsi, et soutiennent que, sans dépouiller le pouvoir royal de ses justes prérogatives, le pouvoir parlementaire, une fois établi, peut très bien prendre sa place et se faire respecter. Il y a là, entre les constitutionnels et les radicaux, une question dont l'avenir seul est juge. Mais, pour qu'elle puisse se juger, il est une condition préliminaire : c'est que le pouvoir royal n'absorbe pas le pouvoir parlementaire, que celui-ci se ranime au sein d'une majorité indépendante et libérale. Constitutionnels et radicaux ont donc provisoirement le même intérêt et doivent avoir le même but. »

entre les radicaux qui poursuivaient ouvertement le suffrage universel et les dynastiques qui s'en tenaient à une très légère augmentation du nombre des électeurs, il y avait un abîme. M. Pagnerre se tira d'affaire en ne sortant pas des thèses négatives sur lesquelles seules une apparence d'accord était possible; il dénonça très violemment les vices de la loi électorale et en demanda la « réforme », sans indiquer aucunement ce qu'elle devrait être. Comme le disait un commentateur, la pétition « laissait ainsi place à toutes les adhésions et à toutes les espérances ». Le projet fut approuvé sans difficulté, dans une réunion tenue chez M. Odilon Barrot, vers la fin de mai. Ce ne fut pas la seule décision prise. Le sentiment général des meneurs était qu'une simple pétition ne suffirait pas à remuer un pays qui, visiblement, s'intéressait peu à la réforme : il fallait trouver un moyen d'agitation plus efficace. Après en avoir discuté plusieurs, on s'arrêta à l'idée d'un banquet offert aux députés par le Comité central et les électeurs de Paris. Qui avait eu le premier cette idée? L'initiative en a été revendiquée tantôt pour les députés, tantôt pour le Comité central [1]. Peut-être y avait-on pensé simultanément des deux côtés. D'ailleurs, il n'y avait pas là d'invention vraiment nouvelle; le procédé était connu. Sans remonter au banquet que l'association *Aide-toi, le ciel t'aidera*, avait offert, en avril 1830, aux 221, n'avait-on pas vu déjà, en 1840, les radicaux entreprendre une campagne de banquets réformistes[2]? Quoi qu'il en soit, le principe du banquet fut admis par tous. La seule inquiétude exprimée fut que l'indifférence du public n'exposât les promoteurs à un insuccès un peu ridicule. Les questions d'exécution furent renvoyées à une réunion ultérieure, celle

---

[1] A entendre M. Garnier-Pagès, présent à toutes ces réunions, c'est M. Pagnerre qui aurait, le premier, songé à un banquet. (*Histoire de la révolution de 1848*, 2ᵉ édit., t. I, p. 98.) M. Duvergier de Hauranne, qui avait pris à ces préliminaires une part peut-être plus active encore, affirme, au contraire, que le banquet fut proposé par les députés. (*Notes inédites.*) M. Élias Regnault, qui fut secrétaire du Comité central, affirme que l'idée du banquet fut mise en avant par M. Duvergier de Hauranne. (*Histoire du gouvernement provisoire*, p. 19.)

[2] Voir plus haut, t. IV, ch. ii, § ix.

du 8 juin, où l'on appela les rédacteurs des journaux opposants. Il y fut décidé que le banquet offert à tous les députés réformistes aurait lieu dans les premiers jours de juillet, avant que la session fût close et que les députés eussent quitté Paris. Pour écarter les risques de désordre, il fut stipulé que les électeurs seraient seuls admis, que la cotisation serait fixée au chiffre relativement élevé de dix francs, et que les toasts seraient arrêtés à l'avance. Il était convenu qu'en cas de succès, on provoquerait d'autres banquets dans les départements, pendant les vacances parlementaires. Le Comité central, qui s'emparait de plus en plus de l'autorité exécutive, se chargea de propager la pétition et d'organiser le banquet. Ses membres ne laissaient pas que de s'étonner de l'aveuglement avec lequel les députés de l'opposition dynastique se livraient à eux. Un jour, sortant avec MM. Carnot, Biesta, Labélonye et Garnier-Pagès, d'une réunion chez M. Odilon Barrot, M. Pagnerre se demandait comment ses propositions relatives au banquet avaient été si facilement acceptées par les modérés : « Ces messieurs, disait-il, voient-ils bien où cela peut les conduire? Pour moi, je confesse que je ne le vois pas clairement; mais ce n'est pas à nous, radicaux, de nous en effrayer [1]. »

II

Le public accueillit d'abord froidement le projet de banquet. Vainement les journaux battaient-ils le rappel, vainement les députés et les membres du Comité central allaient-ils faire de la propagande sur place dans les divers quartiers, vainement mettait-on en branle les comités d'arrondissement, les adhésions ne venaient que fort lentement. « Nous étions assez embarrassés, a confessé plus tard l'un des promoteurs, et, plus

---

[1] GARNIER-PAGÈS, *Histoire de la révolution de 1848*, t. I, p. 100.

d'une fois, nous regrettâmes d'avoir entrepris une œuvre aussi difficile. » Cependant, après s'être démené pendant plusieurs semaines, on finit par recruter, dans tout Paris, un nombre suffisant de convives et l'on s'occupa de chercher un local : le choix s'arrêta sur le Château-Rouge, jardin public où se donnaient des bals d'un caractère peu sévère. Le jour fut fixé au 7 juillet, puis, par suite de certaines difficultés, remis au 9. Les audiences du procès Teste-Cubières devaient commencer le 8 : les meneurs comptaient sur cette coïncidence pour échauffer les esprits. Ils firent faire par le propriétaire du Château-Rouge une déclaration à la préfecture de police : rien de plus ; le banquet étant donné dans un local privé, ils estimaient n'avoir pas besoin de demander à l'administration l'autorisation exigée pour les réunions publiques. Le gouvernement, bien que convaincu que la législation lui donnait le droit d'empêcher de semblables réunions, ne voulut pas user de rigueur. « Nous résolûmes, dit à ce propos M. Guizot dans ses Mémoires, de laisser à la liberté de réunion son cours, et d'attendre, pour combattre le mal, qu'il fût devenu assez évident et assez pressant pour que le sentiment du public tranquille réclamât l'action du pouvoir en faveur de l'ordre menacé. »

Le 9 juillet au soir, douze cents convives, appartenant en général aux opinions avancées, se trouvaient réunis au Château-Rouge. Sur les cent cinquante-quatre députés, classés par leurs votes comme réformistes, et auxquels des invitations avaient été adressées, quatre-vingt-six étaient présents. L'ordre matériel ne fut pas troublé. Le temps était beau. La musique jouait la *Marseillaise* et autres « chants de la Révolution », dont la foule, massée aux abords du jardin, répétait les strophes. Des toasts nombreux, arrêtés à l'avance, furent portés soit par les députés, soit par les membres du Comité central. Il semblait malaisé de tenir un langage qui répondît à la fois aux sentiments des républicains et à ceux des dynastiques. « Ce qu'il faut, avait dit un de ces derniers, c'est un discours radical très modéré et un discours centre gauche très vif. » Ce programme fut à peu près rempli, surtout dans sa seconde partie. Les républicains se bornèrent généralement à parler de la réforme : toutefois, un de leurs orateurs, M. Marie, tint à bien marquer que ses amis et lui n'abandonnaient rien de leurs convictions, et que leurs vœux allaient au delà d'une simple modification de la loi électorale. « Mais, ajoutait-il, à chaque jour son œuvre, et, pour arriver sûrement au but, il ne faut pas trop se presser... Nous nous associons à l'œuvre qui commence, au parti qui la développera, bien assurés que, lorsqu'il s'agira d'achever la conquête, nous trouverons, à notre tour, pour alliés, tous ceux à qui nous nous allions nous-mêmes aujourd'hui. » Un autre républicain, membre du Comité central, parla de 1792 et de 1793, « cette époque si calomniée et qui, grâce au ciel, trouve tous les jours de nouveaux et illustres défenseurs ». Les députés de la gauche et du centre gauche ne s'effarouchèrent pas de cette évocation jacobine ; leur seule préoccupation paraissait être de se montrer plus agressifs que personne contre le gouvernement. M. Barrot proclama que la révolution de Juillet était systématiquement faussée, trahie, depuis dix-sept ans. « Y a-t-il aujourd'hui des incrédules? s'écriait-il. Les scandales sont-ils assez grands? Le désordre moral qui menace cette société d'une dissolution entière ne se manifeste-t-il pas par des désordres assez éclatants? Il n'y a que deux moyens de gouverner les hommes : ou par les sentiments généreux, ou par les sentiments égoïstes. Le gouvernement a fait son choix : il s'est adressé aux cordes basses du cœur humain. » Après avoir longtemps continué sur ce ton, il finissait par émettre le vœu que « la France refît, sous le glorieux drapeau de la révolution de Juillet, ce qu'elle avait manqué en 1830 ». A la véhémence déclamatoire de M. Odilon Barrot succéda l'âpreté incisive de M. Duvergier de Hauranne. Celui-ci rappelait les dernières heures de la Restauration, l'attentat réactionnaire accompli par la royauté d'alors, l'union victorieuse de tous les libéraux, dynastiques ou non, contre cette royauté, et il trouvait là de grandes ressemblances avec la situation de

1847. « La Restauration, disait-il, pour arriver à son but, aimait à prendre les grandes routes et à faire beaucoup de tapage. Le pouvoir actuel, plus modeste, recherche les sentiers détournés et chemine à petit bruit. En d'autres termes, ce que la Restauration voulait faire par les menaces, par la force, le pouvoir actuel veut le faire par la ruse et par la corruption. On ne brise plus les institutions, on les fausse; on ne violente plus les consciences, on les achète. Pensez-vous que cela vaille mieux? Je suis d'un avis tout contraire. Pour la liberté, le danger est le même, si ce n'est plus grand, et la moralité court risque d'y périr avec la liberté. Aussi, regardez-vous comme de purs accidents tous ces désordres, tous ces scandales, qui viennent chaque jour porter la tristesse et l'effroi dans l'âme des honnêtes gens? Non, messieurs, tous ces désordres, tous ces scandales ne sont pas des accidents, c'est la conséquence nécessaire, inévitable, de la politique perverse qui nous régit, de cette politique qui, trop faible pour asservir la France, s'efforce de la corrompre. » L'orateur faisait amende honorable pour avoir soutenu, pendant plusieurs années, un tel gouvernement; « mais, ajoutait-il, soldat de la dernière heure, je ne serai pas le moins résolu; je veux la réforme, parce que je ne veux, sous aucun titre et sous aucune forme, le gouvernement personnel ». MM. de Beaumont et de Malleville ne furent pas plus modérés.

Il y avait dans ce banquet quelque chose de plus grave encore que ce qu'on y disait; c'était ce qu'on n'y disait pas. Entre tant de toasts portés à la « souveraineté nationale », à la « révolution de 1830 », à la « réforme », aux « députés », au « Comité central », à la « ville de Paris », à l' « amélioration du sort des classes laborieuses », etc., etc., on cherchait vainement un toast au Roi. Ce toast n'eût pourtant pas été omis dans cette Angleterre, des exemples de laquelle on prétendait s'autoriser. Les dynastiques n'auraient-ils pas dû y tenir d'autant plus que le parti républicain prenait une part considérable à la manifestation? Cependant, ils ne l'avaient pas proposé au moment de dresser la liste des toasts. Deux jours avant le banquet, un député de Paris, M. Malgaigne, avait écrit au Comité pour demander que cette omission fût réparée et en faire la condition de son concours. Sous prétexte que tout était arrêté, on ne lui avait même pas répondu.

III

La session parlementaire devait se prolonger encore pendant plusieurs semaines; tant que les députés étaient ainsi retenus à Paris, il ne pouvait être question de provoquer en province des manifestations semblables à celle du Château-Rouge. Le banquet qui eut lieu à Mâcon, le 18 juillet, ne se rattachait nullement à l'agitation réformiste : offert à M. de Lamartine par ses compatriotes et électeurs, il avait pour objet de célébrer le succès de l'*Histoire des Girondins*. La cérémonie ne fut pas sans éclat. Au dire des comptes rendus amis, les assistants étaient près de six mille, dont trois mille convives. Au moment des toasts, un orage éclata, déchirant en partie la toile de la tente et menaçant de faire écrouler la charpente. Ce fut au bruit du tonnerre et du vent, à la lueur des éclairs, que M. de Lamartine prit la parole. Un tel cadre plaisait à son imagination : il se figurait être le Moïse de la révélation démocratique, au milieu des foudres d'un nouveau Sinaï [1]. Il parla longtemps, en rhéteur magnifique, avec une étonnante richesse d'images, sans serrer de près aucune idée. Fort occupé de soi, il se comparait à Hérodote couronné aux jeux Olympiques, et présentait la publication des *Girondins* comme le principal événement du jour. « Mon livre, ajou-

---

[1] M. Doudan écrivait plaisamment à ce sujet, le 27 juillet 1847 : « Dans l'ordre de la déclamation, cet homme est le père des fleuves. Il a fait feu supérieur contre un orage épouvantable et une pluie diluvienne. Le tonnerre a dû se retirer tout mouillé et bien attrapé d'avoir trouvé son maître. »

tait-il en s'adressant à ses auditeurs, avait besoin d'une conclusion; c'est vous qui la faites. » Que voulait-il dire par là? En dépit de ses protestations contre toute pensée « factieuse », ce qui ressortait de son discours, comme naguère de son histoire, c'était l'exaltation de la révolution. Il dressait un réquisitoire véhément contre toute la politique du règne, à laquelle il reprochait d'avoir été la négation des principes de cette révolution. Dans une autre partie de son discours, il faisait du malaise des esprits une peinture qui ne répondait que trop au sentiment d'une partie du public. « J'ai dit, il y a quelques années, à la tribune, s'écriait-il, un mot qui a fait le tour du monde et qui m'a été mille fois rapporté depuis par tous les échos de la presse; j'ai dit un jour : La France s'ennuie! Je dis aujourd'hui : La France s'attriste!... Qui de nous ne porte sa part de la tristesse générale? Un malaise sourd couve dans le fond des esprits les plus sereins; on s'entretient à voix basse, depuis quelque temps; chaque citoyen aborde l'autre avec inquiétude ; tout le monde a un nuage sur le front. Prenez-y garde, c'est de ces nuages que sortent les éclairs pour les hommes d'État, et quelquefois aussi les tempêtes. Oui, on se dit tout bas : Les temps sont-ils sûrs? Cette paix est-elle la paix? Cet ordre est-il l'ordre? » Il montrait ensuite le gouvernement devenu une « grande industrie », « l'esprit de mercantilisme et de trafic remontant des membres dans la tête », la « Régence de la bourgeoisie aussi pleine d'agiotage, de concussion, de scandales, que la Régence du Palais-Royal », la nation « affligée et humiliée » de « l'improbité des pouvoirs publics », épouvantée par « les tragédies de la corruption », et alors, d'un ton fatidique, à cette France qui avait connu « les révolutions de la liberté et les contre-révolutions de la gloire », il faisait entrevoir ce qu'il appelait d'un mot vraiment meurtrier, « la révolution du mépris ».

Quel effet ne devaient pas avoir de telles paroles sur un public encore tout ému des scandales du procès Teste! Quant à l'orateur, il sortait de là peut-être plus échauffé encore que l'auditoire. L'ivresse et le vertige qui l'avaient peu à peu gagné, tandis qu'il écrivait les *Girondins,* s'en trouvaient accrus. L'orage au milieu duquel il venait de parler et qu'il se flattait d'avoir dominé par son éloquence, lui apparaissait comme le symbole de la tempête révolutionnaire qui, dans sa pensée, devait servir de cadre à son exaltation politique. Plus que jamais, il était prêt à se jeter, les yeux fermés, dans l'inconnu. « Nous commençons une grande bataille, la bataille de Dieu, lisons-nous dans une de ses lettres. On me l'écrit de toutes parts et dans toutes les langues. Je suis l'horreur des uns et l'amour des autres... Quant à moi, je ne recule pas. Je me dévoue à Dieu et aux hommes pour Dieu. Il faut que quelques-uns se brûlent la main ; je serai ce *Mucius Scævola* de la raison humaine, s'il le faut [1]. »

Bien qu'étrangers à la réunion de Mâcon, les promoteurs de l'agitation réformiste ne pouvaient qu'être heureux de son retentissement et se sentaient ainsi confirmés dans leur projet d'organiser des banquets en province. Aussi bien, à la fin de juillet, avec la clôture des travaux de la Chambre des députés [2], le moment paraissait venu de réaliser ce projet. Mais autre chose était de rêver, à Paris, entre meneurs, d'une grande agitation ; autre chose, de trouver par toute la France des gens disposés à se mettre en mouvement. Vainement le Comité central envoyait-il, le 1er août, à tous ses correspondants, une circulaire où, après avoir vanté le banquet du Château-Rouge, il les engageait à en organiser de semblables dans leurs arrondissements, à peu près personne ne parut, sur le premier moment, disposé à répondre à cet appel ; le cri de la réforme ne trouvait pas d'écho. Les ministres, rassurés par cette indifférence, se flattaient que le pays était retombé dans le calme plat qui était l'état ordinaire des vacances parlementaires. M. Duchâtel écrivait à M. Dupin, le 15 août : « Il n'y a rien de

---

[1] Lettre du 17 août 1847.
[2] La Chambre des députés finit ses travaux le 26 juillet. La clôture officielle de la session ne fut, il est vrai, prononcée que le 9 août, pour laisser le temps à la Chambre des pairs de voter le budget.

nouveau; c'est le moment où tout dort[1]. » Trois jours ne s'étaient pas écoulés que ce sommeil était tragiquement interrompu.

IV

Le 18 août, à quatre heures et demie du matin, dans un hôtel du faubourg Saint-Honoré, les domestiques du duc de Choiseul-Praslin sont réveillés par des secousses violentes imprimées aux sonnettes qui communiquent avec l'appartement de la duchesse. Accourus précipitamment, ils perçoivent à travers les portes fermées de cet appartement comme le bruit d'une lutte. Quand, après plusieurs tentatives infructueuses, ils parviennent à y pénétrer, ils trouvent, étendu sur le parquet, vêtu d'une seule chemise, le cadavre de leur maîtresse. Le désordre des meubles, les traces de sang partout imprimées témoignent que la victime s'est débattue. La justice est aussitôt avertie; dès ses premières constatations, il lui apparaît avec évidence que le mari est l'auteur du meurtre.

Descendant d'une race illustre, âgé de quarante-deux ans, le duc de Choiseul-Praslin était chevalier d'honneur de la Reine et pair de France; la duchesse, qui avait deux ans de moins, était la fille unique du maréchal Sébastiani; elle avait apporté une fortune considérable à son mari. L'union, contractée alors que les deux époux étaient encore très jeunes, avait paru d'abord heureuse; neuf enfants en étaient nés. La duchesse, très pieuse, intelligente, d'âme élevée, de cœur tendre, de nature ardente, portait à son mari un amour passionné, exigeant. Le duc, après y avoir répondu pendant quelque temps, finit par s'en fatiguer. D'un tempérament vulgairement libertin, il se mit à courtiser les cameristes et les gouvernantes. Les plaintes jalouses de sa femme ne firent que

---

[1] *Mémoires de M. Dupin*, t. IV, p. 384.

l'aliéner davantage. Jusqu'en 1841, cependant, rien qui différât beaucoup de ce qui se passait dans plus d'un ménage. A cette époque, entra dans la maison, comme gouvernante des enfants, une demoiselle Deluzy, habile, dominatrice, intrigante, qui ne fut pas longue à s'emparer complètement du cœur et de l'esprit du duc et de ses enfants. La duchesse, absolument supplantée, tenue à l'écart, condamnée à vivre en étrangère au milieu de sa propre famille, journellement outragée dans ses affections et dans sa dignité, en était réduite à exhaler sa douleur, soit dans des lettres qu'elle écrivait à son mari pour tâcher de le ramener, soit dans des notes intimes que la justice découvrit après sa mort. Le scandale devint tel, que le vieux maréchal Sébastiani crut devoir intervenir. Devant la menace d'une séparation, le duc, qui avait besoin de la fortune de sa femme, consentit, en juillet 1847, à éloigner Mlle Deluzy; mais il ne rompit pas pour cela avec elle. Une correspondance s'établit entre eux; il allait la voir et lui menait ses filles. Quant à sa femme, il la détestait d'autant plus qu'elle l'avait contraint à cette séparation. « Jamais il ne me pardonnera, écrivait la duchesse sur son journal; l'avenir m'effraye; je tremble en y songeant. » Se rendait-elle compte que, dès ce moment, le misérable avait décidé de la tuer? Il tâtonna pendant quelques semaines, ébaucha divers projets, et enfin, pendant un voyage à Paris, consomma son crime, au sortir d'une visite faite à Mlle Deluzy.

La première mesure à prendre par les autorités judiciaires semblait être de faire conduire en prison l'homme que tout désignait comme l'assassin. Le procureur général, M. Delangle, se crut empêché de prendre cette mesure, par l'article 29 de la Charte[1]. A son avis, un pair ne pouvait être emprisonné qu'en vertu d'un mandat délivré par la Chambre haute. Or, cette Chambre n'était pas réunie : il fallait, pour la convoquer et la saisir, une ordonnance royale, et le Roi était à Eu;

---

[1] Cet article portait : « Aucun pair ne peut être arrêté que de l'autorité de la Chambre et jugé que par elle en matière criminelle. »

si vite qu'on procédât, ces formalités exigeaient plusieurs jours. Devant de telles conséquences, le chancelier, M. Pasquier, exprima tout de suite l'avis très net que la magistrature devait, en attendant, décerner le mandat d'arrêt et prendre toutes les décisions nécessaires pour assurer la répression. « Tant que le droit exceptionnel n'est pas encore en mesure d'agir, disait-il, le droit commun conserve son empire. » Il alla jusqu'à offrir d'assumer seul toute la responsabilité et de signer le mandat en sa qualité de président. Ce fut vainement. Le procureur général s'obstina dans son scrupule constitutionnel, et, jugeant une arrestation régulière impossible, il se borna à faire garder à vue le meurtrier dans ses appartements.

Aussitôt répandue dans le public, la nouvelle du crime y produisit une émotion extraordinaire. En tout temps, elle eût fort troublé les esprits; elle devait le faire plus encore au lendemain du procès Teste. C'était un réveil et une aggravation de tous les sentiments mauvais, dangereux, que ce procès avait fait naître dans le peuple. « La foule, écrivait sur le moment même un témoin, ne cesse de stationner devant l'hôtel où le crime a été commis. Elle est très irritée, très disposée à craindre qu'on ne veuille sauver l'assassin, parce qu'il est noble et riche. Elle tient de détestables propos contre les classes élevées [1]. » La décision prise par le parquet de laisser l'accusé chez lui n'était pas faite pour dissiper les soupçons. D'ailleurs, l'esprit de parti s'appliquait à aviver et à exploiter cette émotion. Si jamais crime fut le résultat d'une perversion tout individuelle où la politique n'avait pas de part, c'était bien celui-là. Les feuilles de M. Thiers, le *Constitutionnel* en tête, ne s'ingéniaient pas moins à trouver là un argument contre ce qu'ils appelaient « la politique corruptrice du ministère ». Quant aux journaux démocratiques, ils saisissaient cette occasion d'exciter la haine et la colère du peuple; ils affectaient de voir dans MM. Teste et Cubières le type de

---

[1] *Journal inédit du baron de Viel-Castel.*

nos hommes politiques, et dans le duc de Praslin celui de nos grands seigneurs. Quelques-uns d'entre eux se livraient à de tels excès de langage et dissimulaient si peu leurs conclusions factieuses, qu'ils étaient saisis et que le jury les condamnait.

Cependant le gouvernement hâtait, autant qu'il le pouvait, la constitution de la Chambre des pairs en cour de justice. L'ordonnance royale, signée à Eu le 19 août, parvenait le 20 au chancelier, qui aussitôt ordonnait d'amener l'accusé dans la prison du Luxembourg : telle était l'excitation de la foule, qu'on dut procéder de nuit à cette translation. Mais ce n'était plus qu'un moribond qui était ainsi remis à la garde de la cour des pairs. En effet, aussitôt qu'il avait vu son crime découvert, le duc avait profité de ce qu'on le laissait dans son appartement, pour avaler, à l'insu de ses gardiens, le contenu d'une fiole d'arsenic; quand les premiers effets de l'empoisonnement s'étaient fait sentir, on avait consenti à appeler son propre médecin; celui-ci, croyant ou feignant de croire à une attaque de choléra, avait usé d'une médication qui ne pouvait arrêter les ravages du poison. Dans ces circonstances, le chancelier ne voulut pas perdre une minute et procéda immédiatement à l'interrogatoire. L'accusé, pressé par lui de faire un aveu qui eût témoigné de quelque repentir, prit prétexte de sa faiblesse et de ses souffrances pour refuser toute réponse. Vainement lui fit-on observer qu'on ne lui demandait qu'un oui ou un non, et que le refus de prononcer le non était déjà un aveu, rien ne put vaincre son obstination taciturne. Trois jours de suite, M. Pasquier recommença sans succès sa tentative. Le 24 août, averti par les médecins, le chancelier fit venir un prêtre; le mourant allégua encore ses souffrances pour refuser tout entretien. A cinq heures du soir, il succombait.

Cette mort décevait la curiosité cruelle et la passion envieuse de ceux qui aspiraient à voir un grand seigneur monter sur l'échafaud; ils en laissèrent échapper un cri de rage. Le *National,* avec cette ironie vraiment féroce qui caractérisait presque tous ses articles sur cette triste affaire, donna à entendre que ce qui venait de se passer était une comédie, concertée assez peu adroitement, pour dérober autant que possible aux flétrissures de la justice celui qu'il affectait toujours d'appeler « le pair de France, le chevalier d'honneur ». La *Démocratie pacifique* disait, de son côté : « De malheureux affamés portent leur tête sur l'échafaud, à Buzançais, et le duc et pair, le chevalier d'honneur, qui a massacré, pendant un quart d'heure, la plus respectable femme qui était la sienne depuis dix-huit ans, dont il avait eu onze enfants, en est quitte pour avaler une petite fiole de poison. » Ainsi excité, le public en vint même à douter de la réalité de la mort, et le bruit courut qu'on avait fait évader le coupable. Le 25 août, pendant que se faisait l'autopsie, une foule menaçante se pressait aux abords de la prison et demandait à voir le corps; il fallut employer la force pour la disperser. Ce soupçon devait persister pendant longtemps.

Le trouble de l'opinion détermina le chancelier à un acte tout à fait extraordinaire. Dans notre droit moderne, il n'y a plus de « procès à la mémoire »; la mort du coupable le soustrait à la justice humaine et met fin à toute accusation. Le chancelier crut nécessaire de se placer au-dessus de ce principe. Dans la séance du 30 août, il fit à la cour des pairs, réunie en chambre du conseil, un rapport où étaient exposés tous les faits constatés par l'instruction; il y proclamait la culpabilité de l'homme qui s'était « jugé et condamné lui-même », et exprimait le regret que « la réparation n'eût pas été aussi éclatante que l'attentat ». « L'égalité devant la loi, ajoutait-il, devait, dans une pareille affaire, être plus hautement proclamée que jamais. » La cour ordonna la publication de ce rapport. Elle poursuivait ainsi le pair indigne jusque dans sa tombe, pour le flétrir, et, suivant l'expression de M. Pasquier lui-même, elle « prononçait, après la mort de l'accusé, l'arrêt qui ne devait régulièrement l'atteindre que vivant[1] ». C'était une mesure sans précédent, — le duc de Broglie

---

[1] « Le misérable duc, écrivait M. Pasquier à M. de Barante, le 14 septembre

la qualifiait même tout bas de « monstrueuse », — et, si elle avait été prise par un tribunal ordinaire, la cour de cassation l'eût certainement annulée. La cour des pairs et son président n'avaient pas cependant hésité, tant il leur tenait à cœur de montrer au public que le privilège de la pairie, loin d'assurer l'impunité au criminel, le soumettait au contraire à une répression plus sévère.

Cet acte cependant ne suffit pas à calmer les esprits. On ne saurait se rendre compte, aujourd'hui, à quel point le crime du duc de Praslin avait assombri l'imagination populaire. Chez beaucoup, même en dehors de toute prévention de parti, il y avait comme le sentiment d'une « société qui se détraque[1] ». Cette impression gagnait jusqu'aux coins les plus reculés de la province. D'un petit village de Normandie, M. de Tocqueville écrivait, le 27 août : « J'ai trouvé ce pays-ci dans un bien redoutable état moral. L'effet produit par le procès Cubières a été immense. L'horrible histoire aussi dont on s'occupe depuis huit jours est de nature à jeter une terreur vague et un malaise profond dans les âmes. Elle produit cet effet, je le confesse, sur la mienne. Je n'ai jamais entendu parler d'un crime qui m'ait fait faire un retour plus pénible sur l'homme en général et sur l'humanité de mon temps. Quelle perturbation dans les consciences un pareil acte annonce! Comme il fait voir toutes les ruines que les révolutions successives ont produites[2]! » Plus loin encore, au fond de l'Algérie, l'émotion n'était pas moins vive, et, de Miliana, le colonel de Saint-Arnaud écrivait à son frère, le 1er septembre : « Quel

---

1847, en tranchant son existence, nous a, pour quelques moments, mis dans une difficile situation ; mais au fond le dénouement a peut-être encore été le moins malheureux auquel on fût exposé, car le jugement et surtout l'exécution auraient pu causer une bien grande émotion populaire. Mais il a eu, pour moi, l'inconvénient de m'imposer la nécessité de me faire l'organe de la vindicte publique et de prononcer, après sa mort, l'arrêt qui ne devait régulièrement l'atteindre que vivant. Cette irrégularité a été, heureusement, fort bien accueillie par les principaux organes de l'opinion. » (*Documents inédits.*)

[1] « Décidément l'année est néfaste, écrivait M. Léon Faucher, le 3 septembre 1847 ; la société, comme une machine usée, se détraque. » (Léon FAUCHER, *Biographie et correspondance*, t. I, p. 202.)

[2] *Correspondance inédite d'Alexis de Tocqueville*, t. II, p. 132.

siècle et quelle crise! Quelle époque fatalement marquée! Des ministres, des pairs, des généraux, des intendants, la tête, l'élite de la société en accusation, et, pour combler la mesure, l'aristocratie de France frappée au cœur par le poignard d'un Choiseul-Praslin! Quel est le membre de cette société malade qui n'est pas atteint d'une fièvre de dégoût[1]? »

Ce n'est pas sur les marches du trône que l'angoisse était le moins vive. Elle apparaît particulièrement douloureuse chez la duchesse d'Orléans, qui n'était pas, il est vrai, sans prévention contre la direction alors donnée à la politique. « Il y a, écrivait-elle, des sujets amers, à l'ordre du jour, qui me font ouvrir les journaux en rougissant. Je suis triste au fond de l'âme de ce malaise général qui règne dans les esprits, de la désaffection, du discrédit qui rejaillit sur les classes élevées, de ce dégoût qui gagne tout le monde. Nous allions trop bien; on s'est engourdi, on a lâché la bride... L'ébranlement moral se manifeste non par des secousses subites ou des bouleversements, mais par la faiblesse qui gagne les chefs et l'indifférence qui gagne le peuple. Il nous faut une réaction. Pour réprimer le mal, il faut une main habile; pour le guérir, il faudrait un cœur sympathique. Hélas! ma pensée ne rencontre qu'un prince qui ait compris cette époque, dont l'âme délicate éprouvait le contre-coup des souffrances morales du pays : non, il les devinait plutôt! Il aurait su retremper son pays, lui imprimer un nouvel élan... La France a besoin de lui; mais Dieu le lui a enlevé! Quel sera notre avenir? C'est une pensée qui agite mes nuits et trouble mes heures de solitude. Le mal est profond, parce qu'il atteint les populations dans leur moralité. Est-il passager, ou est-ce le symptôme de l'affaiblissement? Je ne saurais prononcer, mais je demande à Dieu de répandre un souffle vivifiant sur notre vieille terre de France[2]. »

L'inquiétude qui se manifestait ainsi partout n'était que trop fondée. Dans les conditions où il est survenu, le crime

---

[1] *Lettres du maréchal de Saint-Arnaud.*
[2] *Madame la duchesse d'Orléans*, p. 114.

du duc de Praslin a été l'un des événements les plus funestes non seulement à la monarchie, mais à la société [1]. S'en est-on rendu compte sur le moment? Depuis la fin de la session, en dépit des railleurs qui plaisantaient « les gens timides, ayant les oreilles assez fines pour entendre de sourdes rumeurs dans les bas-fonds de la société [2] », l'appréhension plus ou moins vague d'une révolution possible et prochaine avait traversé certains esprits [3]. L'émoi causé par le crime du duc de Praslin n'était pas fait pour dissiper ces sombres pronostics. Quelques heures après l'assassinat, M. Molé écrivait à M. de Barante : « Notre civilisation est bien malade, et rien ne m'étonnerait moins qu'un bon cataclysme qui mettrait fin à tout cela [4]. » M. de Tocqueville, plus enclin qu'un autre à ces pressentiments, écrivait, le 25 août, à un Anglais de ses amis : « Vous trouverez la France tranquille et assez prospère, mais cependant inquiète. Les esprits y éprouvent, depuis quelque temps, un malaise singulier; et, au milieu d'un calme plus grand que celui dont nous avons joui depuis longtemps, l'idée de l'instabilité de l'état de choses actuel se présente à beaucoup

---

[1] En mars 1848, M. Sainte-Beuve écrivait : « La révolution à laquelle nous assistons est sociale plus encore que politique; l'acte de M. de Praslin y a contribué peut-être autant que les actes de M. Guizot. » (Notes ajoutées à la nouvelle édition des *Portraits contemporains*, t. I, p. 377.)

[2] M. Doudan écrivait, le 27 juillet 1847, au prince Albert de Broglie : « Les gens timides qui ont les oreilles fines disent qu'on entend de sourdes rumeurs dans les bas-fonds de la société, que le mécontentement est grand, et qu'un matin nous nous réveillerons en révolution. On fait remarquer que ces grandes secousses arrivent communément au moment qu'on s'y attend le moins, et, à ces signes, je reconnais qu'en effet l'heure est venue. » (X. Doudan, *Mélanges et lettres*, t. II, p. 120.)

[3] Mme de Girardin écrivait, dans sa *Lettre parisienne* du 11 juillet 1847 : « Oh! que c'est ennuyeux! encore des révolutions! Depuis quinze jours, on n'entend que des gémissements politiques, des prédictions sinistres; déjà des voix lugubres prononcent les mots fatals, les phrases d'usage, formules consacrées, présages des jours orageux : L'horizon s'obscurcit! — Une crise est inévitable! — Une fête sur un volcan! — Nous sommes à la veille de grands événements! — Tout cela ne peut finir que par une révolution! — Les uns, précisant leur pensée, disent : Nous sommes en 1830! Les autres, renchérissant sur la prédiction, s'écrient : Que dites-vous? bien plus! nous sommes en 1790. » Et la chronique continuait sur ce ton. (*Lettres parisiennes du vicomte de Launay*, t. IV, p. 259.)

[4] Lettre du 18 août 1847. (*Documents inédits*.)

d'esprits[1]. » Il ajoutait, dans une autre lettre, le 27 août :
« Nous ne sommes pas près peut-être d'une révolution; mais
c'est assurément ainsi que les révolutions se préparent[2]. » Et
enfin, au mois de septembre : « Pour la première fois, depuis la
révolution de Juillet, je crains que nous n'ayons encore quelques épreuves révolutionnaires à traverser. J'avoue que je ne
vois pas comment l'orage pourrait se former et nous emporter;
mais il se lèvera tôt ou tard, si quelque chose ne vient pas
ranimer les esprits et relever le ton des âmes[3]. » Toutefois, il
ne conviendrait pas de prendre trop à la lettre ou de trop
généraliser ces explosions de pessimisme, habituelles aux
époques de malaise. Au fond, le public avait le sentiment qu'on
traversait une crise grave, que la monarchie en souffrait, que
la société était malade; il était disposé à voir les choses très en
noir; mais il n'avait nullement la prévision réfléchie et précise
d'une révolution prochaine. Les plus inquiets, y compris M. de
Tocqueville, eussent été bien surpris si on leur eût annoncé ce
qui devait se passer quelques mois plus tard.

Au premier rang de ceux qui ne voyaient pas le danger d'une
catastrophe prochaine, il faut nommer les membres du cabinet;
ils ne semblaient même pas douter de leur avenir ministériel.
Leur sécurité et leur confiance étonnaient les conservateurs les
plus résolus. « Le ministère, écrivait le maréchal Bugeaud à la
date du 3 septembre, paraît vouloir braver une autre session :
c'est du courage! Car la situation est mauvaise; l'esprit public
se pervertit chaque jour par les déclamations de la presse, qui
s'appuie sur des faits malheureux dont la portée est terriblement exagérée par l'esprit de parti[4]. » Le duc de Broglie, étant
venu passer quelques jours à Paris, au commencement de septembre, mandait à son fils qu'il n'avait découvert dans le gouvernement aucune trace de découragement. « Je ne parle pas
du Roi et de M. Guizot, disait-il, qui ne sont point sujets à cette

---

[1] *OEuvres d'Alexis de Tocqueville*, t. VII, p. 231.
[2] *Correspondance inédite d'A. de Tocqueville*, t. II, p. 132.
[3] Cité dans un article de M. A. Gigot, *Correspondant* du 10 décembre 1860.
[4] *Le maréchal Bugeaud,* par d'Ideville, t. III, p. 201.

faiblesse et qui m'ont paru tout aussi décidés, tout aussi confiants que jamais; mais j'ai trouvé à peu près la même disposition dans Duchâtel, bien qu'il ait toujours quelques ressentiments de fièvre, et le reste du ministère ne demande qu'à bien faire [1]. » Le cabinet choisit même ce moment pour effectuer, dans sa composition intérieure, un changement qui indiquait tout le contraire d'une disposition à capituler. On sait pour quelles raisons, lors de la formation du ministère du 29 octobre 1840, on avait attribué au maréchal Soult la présidence du conseil : un grand nom guerrier avait paru utile pour faire accepter au pays les sacrifices imposés par la politique de paix, et il avait été jugé nécessaire de tenir compte des préventions que les vaincus de la coalition gardaient encore si vives contre M. Guizot. Depuis lors, bien que le temps eût peu à peu effacé les circonstances passagères qui avaient justifié cette combinaison, M. Guizot n'avait pas demandé à devenir le chef nominal du ministère dont il portait la responsabilité. Il y avait là cependant, pour lui, autre chose que la privation d'un titre; il en résultait, dans l'exercice même du gouvernement, une gêne que les caprices, l'humeur et la susceptibilité du maréchal n'étaient pas toujours faits pour diminuer. M. Guizot se résignait à cette gêne. Il ne voulait probablement pas qu'on l'accusât d'augmenter les difficultés du gouvernement, pour se donner une satisfaction de vanité personnelle. Peut-être aussi se rappelait-il ce qu'il lui en avait coûté, sous le ministère du 11 octobre, dans des circonstances, il est vrai, différentes, pour n'avoir pas supporté patiemment certains inconvénients de la présidence du maréchal. Il laissa ainsi passer près de sept années. Ce ne fut pas par sa volonté que cette situation changea; ce fut par la volonté du maréchal, qui, accablé par l'âge, pressé par sa famille, annonça la résolution formelle de se retirer [2]. La place devenue ainsi vacante, M. Guizot n'avait plus aucune raison de ne pas l'occuper; le désir du Roi et le

---

[1] Lettre du 15 septembre 1847. (*Documents inédits.*)

[2] Déjà, en 1845, par la même raison, le maréchal avait déposé le portefeuille de la guerre; mais il avait conservé alors la présidence du conseil.

vœu unanime de ses collègues l'y appelaient; en face des périls
de l'heure présente, au lendemain d'une session où le cabinet
avait failli périr par défaut de cohésion, il paraissait utile d'y
fortifier le commandement intérieur. Une ordonnance du
19 septembre 1847 nomma donc M. Guizot président du conseil. L'un de ses premiers actes fut de contresigner la décision
conférant à son prédécesseur le titre extraordinaire de maréchal général, qui n'avait été possédé, avant lui, que par Tu-
renne, Villars et Maurice de Saxe. M. Guizot, en s'élevant si
tard et après un si long exercice du pouvoir au poste que
M. Thiers avait déjà occupé deux fois, en 1836 et en 1840,
ne pouvait pas être accusé d'une prétention outrecuidante et
d'une ambition prématurée. L'opposition trouva cependant
le moyen de crier contre cette nomination; ce n'était pas
sérieux; on pouvait discuter s'il y avait lieu ou non de maintenir le ministère; mais du moment qu'on le maintenait, il
était naturel, logique, sincère de lui donner pour président
M. Guizot.

V

Durant ce temps, que devenait la campagne réformiste?
L'émotion causée par l'affaire Praslin, si exploitée qu'elle fût
par les agitateurs, ne parut pas tout d'abord donner plus d'activité aux banquets. « Pendant les deux premiers mois, a
écrit quelque temps après l'un des meneurs, nous eûmes peu
de succès, et c'est à peine si, à grand renfort d'articles de
journaux, nous parvînmes à organiser deux ou trois banquets. » On essaya de mettre en mouvement les conseils généraux. Huit ou neuf au plus émirent des vœux en faveur de la
réforme ou demandèrent des mesures contre la corruption
régnante[1]. Ce fut seulement vers la fin de septembre que toutes

---

[1] Citons, par exemple, dans ce dernier ordre d'idées, cette délibération du conseil
général du Nord : « Le conseil général, douloureusement affligé des scandales qui,

ces excitations commencèrent à avoir raison de l'indifférence du public. A force de secouer des torches sur ce bois vert, on était parvenu à l'enflammer. Une fois allumé, le feu se propagea assez rapidement. Dans les derniers jours de septembre et pendant le mois d'octobre, beaucoup de villes, grandes ou petites, eurent leurs banquets, imités de celui du Château-Rouge.

Ce n'était certes pas un mouvement spontané et profond. Le secrétaire du Comité central, chargé de la correspondance, M. Élias Regnault, a écrit après coup : « On ne saurait croire combien l'agitation des banquets fut superficielle et factice ; il faudrait, pour cela, consulter les correspondances du Comité central ; on y verrait quelles difficultés présentait l'organisation des banquets de province[1]. » Le public de ces réunions se composait de deux éléments fort différents : quelques hommes de parti, généralement d'opinions très avancées ; beaucoup de curieux qui voyaient là une distraction à la monotonie de leur vie de province. Les toasts, les discours ne se composaient que de banalités violentes. Pour être au ton, il fallait accuser le gouvernement de « croupir dans la fainéante quiétude d'un égoïsme repu » et de « noyer le sentiment public dans une mare d'indignité et de corruption ». Certains orateurs se transportaient d'une ville à l'autre. « Ce qui attirait surtout aux banquets les électeurs des campagnes, rapporte encore M. Élias Regnault, c'était la présence annoncée d'un député de renom ; et M. Odilon Barrot remplissant alors les journaux de ses harangues, chaque ville le demandait, l'exigeait à son tour ; chaque correspondant écrivait au Comité qu'il n'y avait pas à songer au banquet, si l'on n'envoyait M. Odilon Barrot. Mais M. Barrot ne pouvait pas être partout à la fois. Le Comité central offrait alors d'autres noms, accueil-

---

depuis quelque temps, se sont révélés dans diverses parties du service public, émet le vœu que le gouvernement se montre animé, dans le choix de ses agents, de ces sentiments de probité et de haute moralité qui seuls peuvent donner à l'administration cette influence légitime qu'elle doit exercer dans l'intérêt de tous. »

[1] *Histoire du gouvernement provisoire.*

lis ou rejetés par le comité local, qui souvent les marchandait au poids et à la qualité. » On ne pouvait, du reste, reprocher à M. Odilon Barrot de se ménager : il figura dans plus de vingt banquets, toujours convaincu de l'importance et de la solennité de son rôle, inconscient du mal qu'il faisait. Son habit bleu et son pantalon gris étaient bien connus du public de ces réunions; l'heure du discours était-elle venue, il prenait des poses de tribun, croisait ses bras, agitait sa tête et lançait avec véhémence des phrases toutes faites sur la corruption du dedans et les humiliations du dehors, sur les empiétements du pouvoir royal et la Sainte-Alliance des peuples [1].

Au sein même de l'opposition, les esprits un peu délicats et sincères avaient peu de goût pour cette parade. Un jeune républicain, M. Lanfrey, écrivait alors à un de ses amis : « Je ne te cèlerai pas que j'abhorre le genre banquet... De tous les charlatans et de tous les déclamateurs, les charlatans et les déclamateurs démocratiques sont, de beaucoup, les plus terribles. Je hais les factieux, ce qui ne veut pas dire que je n'aime pas les grands révolutionnaires. J'appelle factieux ces êtres sans dignité qui, sans avoir seulement raisonné leurs convictions, font de l'opposition entre la poire et le fromage, au milieu des fumées du vin, et qui n'injurient que parce qu'ils peuvent injurier sans danger. Ils ont, en général, de grosses faces réjouies qui jurent avec leurs sombres discours, et sont les ennemis personnels de M. le maire, de M. le préfet ou de M. le député qui ont refusé de pousser leurs fils. Voilà les gens qui peuplent les banquets. Aussi le peuple est-il très sceptique à leur endroit, et ce n'est pas sans ironie qu'il voit défiler la procession de ces messieurs [2]. » Ce scepticisme n'eût-il pas été plus grand encore, si l'on avait pu alors deviner que, parmi les plus animés contre le « pouvoir personnel », parmi les plus ardents à se plaindre

---

[1] Ainsi apparut-il à M. Maxime du Camp. (*Souvenirs de l'année* 1848, p. 42.)

[2] Lettre citée par le feu comte d'Haussonville dans un article sur M. Lanfrey. (*Revue des Deux Mondes*, 1ᵉʳ septembre 1880, p. 26.)

de ne pas respirer assez librement sous le despotisme de Louis-Philippe, se trouvaient plusieurs futurs fonctionnaires ou même futurs ministres de Napoléon III ; tel, pour n'en citer qu'un, M. Abbatucci, député du Loiret et président de chambre à la cour d'Orléans, qui s'écriait, au banquet de cette ville : « Eh quoi ! après soixante ans de luttes arrosées de tant de sang et de tant de larmes, après deux révolutions glorieuses et sans égales dans les fastes du monde, en serions-nous encore réduits à nous demander si la pratique réelle, sincère, du gouvernement représentatif est possible? » Ce même M. Abbatucci, quatre ans plus tard, au lendemain du 2 décembre, acceptait le ministère de la justice.

Plus les banquets se multipliaient, plus l'élément révolutionnaire y prenait d'importance. Les dynastiques n'avaient pas prévu cette conséquence, pourtant inévitable, de leur alliance avec les radicaux. Ils avaient été probablement induits en erreur par certains souvenirs. Quand il s'était agi de coalitions purement parlementaires, les députés de l'extrême gauche, qui, dans la Chambre, se savaient peu nombreux et sans crédit, avaient été le plus souvent réduits à se mettre derrière l'opposition constitutionnelle, et celle-ci avait pu croire qu'elle se servait d'eux plus qu'elle ne les servait. Mais tout autre était la situation, du moment où l'on sortait sur la place publique, où l'on provoquait une agitation populaire; alors le premier rôle passait forcément aux vrais agitateurs, c'est-à-dire aux radicaux ; à leur tour de se sentir sur leur terrain et de prendre la tête du mouvement. Un fait entre plusieurs manifestait leur prépondérance : dans le plus grand nombre des banquets, comme naguère au Château-Rouge, aucun toast n'était porté au Roi; omission d'autant plus significative qu'elle était soulignée par les polémiques de la presse. Lorsqu'on avait décidé d'organiser des banquets en province, les dynastiques s'étaient bornés à convenir plus ou moins explicitement avec les radicaux que « cette question du toast resterait subordonnée aux circonstances locales, et que la santé du Roi serait ou ne serait pas portée, selon l'esprit particulier de chaque localité [1] ». Au fond, d'ailleurs, l'exclusion de tout hommage à la couronne, si elle était contraire aux principes de ces députés, était en harmonie avec leurs passions du moment. N'étaient-ils pas alors en lutte directe avec le Roi lui-même ? « Il nous paraissait, a avoué l'un d'eux, qui était pourtant nettement monarchiste, qu'il n'y avait ni sincérité ni dignité à placer sous l'invocation du nom du Roi une manifestation dirigée contre le gouvernement personnel. »

Pendant que la monarchie était exclue des banquets, on laissait le socialisme y prendre place plus ou moins ouvertement. A entendre ceux qui développaient le toast presque partout porté « à l'amélioration du sort des classes laborieuses », il semblait que le mot « réforme » impliquât la réforme de la propriété et de toute la société bourgeoise ; aussi bien, n'était-ce pas la conséquence logique de tant de déclamations sur la corruption de cette société ? Au banquet de Saint-Quentin, sous la présidence de M. Odilon Barrot, M. Considérant portait un toast « à l'organisation progressive de la fraternité dans l'humanité », et l'on sait ce qu'entendait par là le principal apôtre du fouriérisme. Au banquet d'Orléans, un député républicain, d'ordinaire plus modéré, M. Marie, faisait, entre les vertus, les souffrances, l'infériorité politique des ouvriers, et les richesses, l'égoïsme, la corruption, les privilèges de l'aristocratie bourgeoise, des antithèses que M. Louis Blanc n'eût pas désavouées et qui ressemblaient fort à un cri de guerre sociale.

Si M. Odilon Barrot et ceux de ses amis qui s'étaient jetés avec lui, tête baissée, dans cette campagne, ne paraissaient pas s'inquiéter du tour de plus en plus révolutionnaire qu'elle prenait, il n'en était pas de même de tous les membres de l'opposition dynastique. M. Léon Faucher, qui avait participé d'abord à quelques banquets, se retira en voyant ce qu'ils

---

[1] M. Odilon Barrot dit, dans ses *Mémoires* (t. I, p. 463) : « Le toast au Roi ne fut ni exclu ni imposé. »

devenaient [1]. D'autres, tels que MM. de Tocqueville, Billault, Dufaure, s'étaient abstenus dès le premier jour [2]. Ce qui était survenu depuis les avait confirmés dans leur abstention et leur défiance. M. Dufaure se crut même obligé de manifester hautement son blâme; invité, en octobre, à présider le banquet de Saintes, il refusa par lettre publique. « Lorsqu'au mois de juin dernier, disait-il, le premier banquet réformiste a été préparé à Paris, nous avons prévu, mes amis et moi, qu'il aurait un autre caractère politique que celui que nous voulions lui donner; nous avons refusé d'y assister; l'événement a justifié nos prévisions. » La presse de gauche, fort irritée de cette lettre, riposta en reprochant amèrement à M. Dufaure « ses susceptibilités », « son orgueil », « son esprit faux et étroit ». Faut-il croire qu'à cette époque, M. Dufaure, dégoûté de la gauche, tendait à se rapprocher du cabinet? Ce qui est certain, c'est que M. Guizot avait alors quelque velléité de créer ce ministère de l'Algérie que M. Dufaure avait demandé dans le rapport fait, en 1846, au nom de la commission des crédits, et qu'il songeait à le lui offrir [3].

Il ne faudrait pas croire cependant que tous les députés qui ne prenaient pas part aux banquets, les désapprouvassent. Quelques-uns ne s'abstenaient que pour ménager leur situation ou tenir compte de certaines convenances. M. de Rémusat, par exemple, jugeait qu'ayant été ministre du Roi, il ne pouvait prendre une part personnelle à cette campagne, mais il « encourageait ceux qui, plus libres que lui, s'y étaient engagés [4] ». C'était aussi un peu le cas de M. Thiers. Au fond, sans doute, il n'augurait pas grand'chose de bon de cette agitation, et il laissait volontiers à M. Odilon Barrot la gloire de parader sur

---

[1] Léon FAUCHER, *Biographie et correspondance*, t. I, p. 208.
[2] On se rappelle qu'au banquet du Château-d'Eau, sur 154 députés invités, 86 seulement avaient accepté.
[3] M. Guizot en avait parlé à M. le duc d'Aumale, au moment de sa nomination au gouvernement de l'Algérie, et lui avait demandé s'il y aurait quelque objection.
[4] C'est ce que dit expressément M. Duvergier de Hauranne, dans l'article qu'il a publié sur M. de Rémusat. (*Revue des Deux Mondes* du 15 novembre 1875, p. 347.)

les tréteaux des banquets[1]. Mais il veillait bien à ce que, du moins à gauche, son abstention ne fût pas interprétée comme un blâme; causait-il avec les agitateurs, il déclarait être de cœur avec eux et leur donnait à entendre que, s'il se tenait à l'écart, c'était pour leur laisser plus de liberté. « Ma présence, leur disait-il sur un ton de confidence, pourrait être une gêne pour les orateurs, sinon les discours de ces derniers pourraient être une gêne pour moi. » On racontait ce propos de M. Odilon Barrot : « M. Thiers ne figure pas comme convive dans nos banquets, mais il en est le cuisinier. » Parmi ceux qui ne se mêlaient pas à l'agitation réformiste, il faut aussi nommer M. de Lamartine. Convié, à raison même du retentissement qu'avait eu la réunion de Mâcon, à présider plusieurs banquets, il s'y refusa. « Le rôle de courrier national ne me convient pas, écrivait-il à un de ses amis; je voudrais m'en tenir à Mâcon. » Ce n'était, certes, de sa part, ni timidité ni scrupule conservateur; c'était répugnance à prendre place dans une campagne qu'il ne commandait pas.

VI

Les radicaux extrêmes, ceux que représentaient à la Chambre M. Ledru-Rollin et dans la presse la *Réforme*[2], ne s'étaient pas jusqu'alors mêlés à la campagne des banquets; l'objet leur en paraissait mesquin, les conditions suspectes. Ils n'avaient pas manqué, fidèles en cela à la tradition jacobine, d'accuser de trahison les républicains qui, sous prétexte de poursuivre une réforme illusoire, consentaient à donner la main à des monarchistes. Cependant, au bout de quelque

---

[1] M. Thiers disait à M. Nisard, le 24 février 1848 : « J'ai laissé la conduite des banquets à Barrot. C'est l'homme de ces choses-là, parce qu'il est... » M. Nisard, tout en taisant le mot dont s'était servi M. Thiers, dit que le terme qui s'en rapprochait le plus était celui de « simple d'esprit ». (*Ægri somnia*, ouvrage posthume de M. Nisard.)

[2] Sur la fondation de la *Réforme*, voir plus haut, t. VI, p. 3 et 4.

temps, ils se prirent à regretter de n'avoir point de part à une agitation qui devenait si révolutionnaire, et ils cherchèrent une occasion de sortir de leur abstention. Un banquet était annoncé à Lille, sous la présidence de M. Odilon Barrot, pour le 7 novembre 1847. Parmi les membres du comité local était un journaliste de province, alors peu connu, mais qui devait acquérir une sinistre notoriété lors de la Commune de 1871; il s'appelait Charles Delescluze. Sur sa proposition, une invitation fut adressée à MM. Ledru-Rollin et Flocon. Ceux-ci l'acceptèrent; seulement, pour n'avoir pas l'air d'adhérer à ce qu'ils avaient blâmé, ils firent annoncer avec fracas par la *Réforme* que, s'ils se rendaient au banquet de Lille, c'était pour y relever un drapeau que d'autres avaient abaissé.

Si habitué que fût M. Odilon Barrot à tout supporter, il s'effaroucha de l'adhésion de M. Ledru-Rollin et des commentaires de la *Réforme*. On eût dit que cet incident lui révélait tout d'un coup des périls auxquels jusqu'alors il n'avait pas songé. Comme le disait plaisamment la *Revue des Deux Mondes*, « il se frotta les yeux et s'aperçut que, depuis trois ou quatre mois, on le faisait dîner avec la République ». C'était un peu tard pour faire ses conditions : il l'essaya cependant. Il n'alla pas jusqu'à exiger un toast au Roi, mais il demanda qu'on ajoutât à celui qui devait être porté « à la réforme électorale et parlementaire », ces mots : « comme moyen d'assurer la pureté et la sincérité des institutions de Juillet ». Par cette phrase, sans oser nommer la monarchie, on en reconnaissait implicitement l'existence. Le chef de la gauche était convaincu que personne n'hésiterait à payer d'une si petite concession le grand avantage de sa présence et de sa parole. Aussi fut-il fort surpris et mortifié, quand les commissaires du banquet, toujours poussés par M. Delescluze, lui répondirent par un refus. Il déclara que ses amis et lui n'assisteraient pas au banquet. On se passa d'eux. M. Ledru-Rollin, resté maître du terrain et devenu l'orateur principal de la cérémonie, se livra, dans un toast « aux travailleurs », à des déclamations aussi creuses que sonores sur les souffrances du peuple. Puis, s'élevant contre ceux qui, après avoir découvert dans la société actuelle des « plaies honteuses », n'offraient pour y remédier que des « demi-mesures », des « petits moyens », il donna à entendre que seule une grande révolution pouvait tout purifier. « Parfois aussi, s'écriait-il, les flaques d'eau du Nil desséché, les détritus en dissolution sur ses rives apportent la corruption et l'épidémie; mais que l'inondation arrive, le fleuve, dans son cours impétueux, balayera puissamment toutes ces impuretés, et, sur ses bords, resteront déposés des germes de fécondité et de vie nouvelle. »

La mésaventure de M. Barrot fut très remarquée. Tandis que les promoteurs originaires de la campagne des banquets en étaient assez penauds, les conservateurs se réjouissaient de voir ainsi justifiés tous les avertissements qu'ils avaient donnés aux dynastiques. « Il vous restait une dernière humiliation à subir, disait le *Journal des Débats* à M. Odilon Barrot et à ses amis, celle d'être chassés de vos propres banquets. Celle-là même ne vous a pas manqué... Avoir fait tant de bruit des banquets réformistes, pour venir, un jour, soi-même, dans un moment de repentir ou de peur, faire éclater le secret de ces réunions dangereuses! Cela n'a pas besoin de commentaires. M. Odilon Barrot est et sera toujours le même. La scène de Lille s'est déjà répétée vingt fois dans sa vie. Il avance jusqu'au bord de la sédition, et quand enfin il aperçoit l'abîme sous ses pieds, alors, nous en convenons, il a du courage pour reculer, incapable d'aller jusqu'au bout du mal qu'il voit, mais trop capable, hélas! de ne voir le mal que lorsqu'il est fait... Cela n'empêche pas qu'à la première occasion, M. Odilon Barrot recommencera. Aucune expérience ne lui apprendra qu'il n'y a rien à faire, avec les partis violents, que de la violence. »

Le *Journal des Débats* ne se trompait pas : dans ce qui venait de se passer, M. Odilon Barrot et ses amis ne virent aucune raison d'interrompre ou de ralentir leur campagne. La passion les poussait, et surtout leur amour-propre était engagé.

Pour eux, même après l'échec que leur avait infligé M. Ledru-Rollin, l'ennemi à combattre était toujours le gouvernement. Un moment du moins, on put croire qu'ils se feraient désormais une loi d'exiger le toast au Roi : quelques jours plus tard, dans le banquet d'Avesnes, présidé par M. Barrot, la santé du « roi constitutionnel » était portée avec quelque solennité ; mais, peu après, on retrouvait le même M. Barrot aux banquets de Valenciennes et de Béthune, où les radicaux excluaient toute allusion à la monarchie ; les toasts au Roi ou seulement aux « institutions de Juillet » devinrent encore plus rares qu'ils ne l'avaient été avant l'incident de Lille. En même temps, les dynastiques laissaient tenir devant eux un langage ouvertement révolutionnaire. A Béthune, en présence de M. Odilon Barrot, un orateur, après avoir accusé le gouvernement d'avoir trahi ses serments, s'écriait : « Le peuple n'a pas donné sa démission. Il peut revenir sur la place publique et dire : « Je puis toujours porter la main sur la couronne « que je donne, la briser et en jeter encore les débris aux « flots de Cherbourg. » A Castres, sous la présidence de M. de Malleville, député du centre gauche, vice-président de la Chambre, ancien sous-secrétaire d'État pendant le ministère du 1er mars, un toast absolument socialiste était porté à « l'organisation du travail ».

La faiblesse des dynastiques ne pouvait qu'enhardir les radicaux extrêmes à pousser plus avant dans la voie où, dès le premier pas, à Lille, ils avaient remporté un si complet succès. Dans la seconde moitié de novembre et au cours du mois de décembre, ils organisent, à Dijon, à Autun, à Chalon-sur-Saône, plusieurs banquets où ils sont absolument les maîtres. Les orateurs de ces réunions sont MM. Louis Blanc, Étienne Arago, Beaune et surtout M. Ledru-Rollin, qui s'applique de plus en plus à prendre les allures d'un tribun et qui se plaît à faire entrevoir, comme dans un nuage menaçant, la révolution prochaine. « Une invisible volonté, dit-il, va semant dans les hautes régions d'humiliantes catastrophes!... Messieurs, quand les fruits sont pourris, ils n'attendent que le passage du vent pour se détacher de l'arbre. » Dans ces banquets, le socialisme a sa place réservée à côté du jacobinisme; la formule adoptée est : « Révolution politique comme moyen, révolution sociale comme but. » Tout est à la glorification de 1793; on porte des toasts à la Convention, à laquelle on ne reproche que d'avoir été trop bourgeoise; on se proclame montagnard; on copie le langage et les poses des hommes de la Terreur; on invoque les *Droits de l'homme et du citoyen* tels que les a formulés Robespierre. En même temps, les attaques ne sont pas ménagées aux hommes de la gauche dynastique; on rappelle que M. Odilon Barrot a été « volontaire royal » en 1815; « il a beau faire, ajoute-t-on, il n'arrêtera pas le char de la révolution; il en sera écrasé. » M. Flocon, après avoir fait la critique des doctrines parlementaires, s'écrie : « Est-ce là ce que vous voulez aussi? Non, n'est-ce pas? Eh bien, donc, à vos tentes, Israël! Chacun sous son drapeau! Chacun pour sa foi! La démocratie, avec ses vingt-cinq millions de prolétaires qu'elle veut affranchir, qu'elle salue du nom de citoyens, frères, égaux et libres! L'opposition bâtarde, avec ses monopoles et son aristocratie du capital! Ils parlent de réformes; ils parlent du vote au chef-lieu, du cens à cent francs! Nous voulons, nous, les *Droits de l'homme et du citoyen!* »

Ainsi maltraités par les radicaux extrêmes, les dynastiques continuaient-ils du moins à être secondés par les radicaux parlementaires avec lesquels ils avaient organisé et commencé la campagne? Compter sur ces derniers eût été mal connaître ce que, de tout temps, les girondins ont été en face des montagnards. Les radicaux parlementaires furent beaucoup plus intimidés par les violences de M. Ledru-Rollin et de ses amis, qu'ils ne s'en montrèrent indignés. Ils se justifièrent humblement de leur alliance momentanée avec les opposants constitutionnels, en donnant à entendre qu'ils n'avaient eu d'autre but que de les entraîner et de les compromettre; c'était la cause républicaine qu'ils se faisaient honneur d'avoir servie par cette alliance. En même temps, comme s'ils avaient été gênés de se montrer de nouveau dans cette compagnie suspecte, ils organisaient, en plusieurs endroits, des banquets tout à eux, où nulle part n'était faite à la monarchie ni aux monarchistes, et ils y redoublaient de violence révolutionnaire.

Être abandonnés par les radicaux parlementaires après avoir été repoussés par les radicaux révolutionnaires, c'était pour les meneurs de l'opposition dynastique un gros mécompte. Si cette rupture se confirmait, tout leur plan de campagne était ruiné, et ils se trouvaient faire bien piteuse figure devant ce public auquel ils s'étaient présentés à l'origine comme les chefs d'une redoutable coalition. Ils résolurent donc de tenter un suprême effort pour conjurer ce péril. Un dernier banquet était annoncé à Rouen, pour le 25 décembre. Il fallait à tout prix que radicaux et dynastiques s'y montrassent dans le même accord qu'au Château-Rouge, et que l'opposition s'y replaçât sur un terrain à peu près constitutionnel. Sous l'empire de cette préoccupation, MM. Odilon Barrot et Duvergier de Hauranne se mirent en rapport avec le comité rouennais, présidé par M. Senard et composé en majorité de républicains modérés. Ils purent croire d'abord être arrivés à leurs fins. Après pourparlers, il fut convenu : 1° qu'il n'y aurait pas de toast spécial au Roi ; 2° qu'on unirait dans le même toast la souveraineté nationale et les « institutions fondées en juillet 1830 ». Les dynastiques, suivant leur habitude, s'étaient montrés peu exigeants. Quelques-uns de leurs amis trouvèrent qu'ils ne l'avaient pas été assez ; n'admettant pas, après tout ce qui s'était passé, qu'on n'osât pas nommer expressément le Roi, ils se retirèrent. D'un autre côté, les radicaux extrêmes, mécontents qu'on mentionnât les « institutions de Juillet », déclarèrent qu'ils ne prendraient pas part au banquet. MM. Barrot et Duvergier de Hauranne s'inquiétaient peu de cette double retraite, surtout de la seconde, s'ils demeuraient d'accord avec leurs premiers alliés du Château-Rouge, les radicaux parlementaires. Or, cet accord n'était-il pas assuré, puisque le comité avec lequel ils avaient négocié et traité était précisément de nuance républicaine? Aussi, grand fut leur désappointement quand, à la dernière heure, M. Garnier-Pagès fit demander la suppression du toast constitutionnel. Sur la réponse faite par M. Senard, que tous les arrangements pris étaient déjà connus du public et qu'il n'était plus temps de les modifier, les radicaux parlementaires signifièrent qu'ils s'abstiendraient. Vainement MM. Barrot et Duvergier de Hauranne, très troublés de cette résolution, s'efforcèrent-ils de la faire abandonner; vainement exposèrent-ils aux défectionnaires que leur conduite rendait impossible la continuation de la campagne des banquets, ils échouèrent complètement; MM. Garnier-Pagès et Pagnerre, avec lesquels ils eurent une longue conférence, ne contestèrent pas la justesse des arguments qu'on leur opposait; « mais, ajoutèrent-ils, la *Réforme*, par ses attaques, nous a nui dans l'esprit de nos amis, et nous craindrions, si nous allions à Rouen avec vous, que M. Ledru-Rollin n'en profitât pour nous dérober une partie de notre armée; il vaut mieux nous abstenir, afin de conserver notre influence ». Pour être privé de la présence des députés radicaux, le banquet de Rouen n'en fut pas plus modéré. Les députés du centre gauche et de la gauche dynastique y prononcèrent des discours particulièrement âpres et violents. Ils semblaient s'être fait un point d'honneur de montrer que leurs déboires du côté du parti radical n'avaient en rien atténué ni découragé leur opposition contre le gouvernement.

On s'était flatté que le banquet de Rouen rétablirait l'union entre les agitateurs : il avait au contraire manifesté avec éclat l'impossibilité de cette union; loin d'avoir diminué les désaccords, il les avait multipliés. La démonstration était décisive. La coalition, sur l'existence de laquelle était fondé tout le plan de l'opposition, se trouvait définitivement dissoute, et cette dislocation mettait nécessairement fin à la campagne, telle que l'avaient conçue ses promoteurs. Ceux-ci étaient les premiers à en convenir, au moins tout bas. M. Odilon Barrot et ses amis se voyaient réduits à l'alternative, ou de se laisser mettre hors du mouvement qu'ils avaient suscité dans l'espérance de le conduire, ou de demeurer, devant le public, les témoins, les assistants, les cautions d'une entreprise de renversement qui allait à l'encontre de toutes leurs convictions. Avouer, en se retirant, qu'ils avaient été dupes, ou, en continuant, accepter d'être complices, ils ne pouvaient échapper à ce dilemme. Aussi furent-ils bien aises qu'à ce moment même l'ouverture de la session, fixée au 28 décembre, leur fournît, pour interrompre leurs manifestations extraparlementaires, une explication qui ne fût pas l'aveu de leur impuissance.

Du commencement de juillet à la fin de décembre 1847, la campagne des banquets avait duré six mois; très languissante au début, elle n'était devenue un peu active que depuis la fin de septembre. Le nombre total des banquets avait été d'environ soixante-dix, celui des convives d'à peu près dix-sept mille. Tout ce mouvement n'avait pas été sans effet : à la longue, on était ainsi parvenu à donner quelque retentissement à ce mot de « réforme » qui, au début, laissait l'opinion si froide. Pour n'être pas le résultat naturel et spontané des vœux et des besoins du peuple, l'agitation n'en était pas moins réelle. Les conservateurs ne pouvaient plus en nier l'existence. Le *Journal des Débats,* qui, lors des premiers banquets de province, avait affecté de les ignorer, tant il les jugeait insignifiants, qui, un peu plus tard, n'y avait trouvé matière qu'à raillerie, avait été obligé, vers la fin de l'année, de les prendre plus au sérieux, et il les dénonçait avec une émotion qui trahissait quelque alarme. Quant aux ministres, ils en étaient venus à se demander s'il n'aurait pas mieux valu user de leur droit d'interdiction; plusieurs de leurs amis leur reprochaient de ne l'avoir pas fait.

A un certain point de vue, les promoteurs des banquets semblaient donc être arrivés à leurs fins. Mais à quel prix? Pour remuer l'opinion, nous les avons vus employer des procédés, nouer des alliances, mettre en mouvement des idées d'une portée redoutable et étrangement disproportionnée avec la réforme très limitée qu'ils disaient poursuivre. Ils étaient allés répétant que la liberté, la fortune, l'honneur, la probité de la nation étaient compromis, que tout était corruption dans le gouvernement et la société régnante ; ils avaient dirigé leurs attaques contre le Roi lui-même, l'accusant d'avoir menti aux promesses de son avènement et de chercher à établir son pouvoir personnel par une sorte de coup d'État sournois ; tout cela, ils ne l'avaient pas dit dans l'enceinte plus ou moins fermée d'un parlement, devant un auditoire relativement capable de discuter et de juger ; ils l'avaient crié en quelque sorte sur toutes les places publiques de France, devant une foule prête, par sottise ou passion, à prendre à la lettre les déclamations oratoires. S'étaient-ils imaginé que cette foule, une fois convaincue de la vérité de telles accusations, en conclurait uniquement à la convenance de faire quelques modestes additions à la liste électorale ? La logique populaire a de bien autres exigences. Surtout en France, avec notre passé de révolutions successives, en face d'un régime issu lui-même des journées de Juillet, il ne pouvait y avoir à toutes ces accusations qu'une conclusion : c'était de jeter bas un gouvernement si malfaisant et si malhonnête. Dans la mesure où les agitateurs avaient action sur l'opinion, il l'avaient poussée, ou tout au moins préparée à une révolution. Aussi bien, dans les banquets eux-mêmes, cette idée d'une révolution possible, désirable, nécessaire, était-elle apparue de jour en jour plus menaçante, plus audacieuse, et les radicaux avaient-ils fini par prendre manifestement la tête du mouvement. Des monarchistes avaient ainsi fourni à la république ce qui, dans l'état des institutions et des mœurs, lui avait manqué jusqu'alors : une tribune et un auditoire.

CHAPITRE III

LA FRANCE ET L'ANGLETERRE
EN ESPAGNE, EN GRÈCE, EN PORTUGAL ET SUR LA PLATA.

(1847-1848)

I. Hostilité persistante de lord Palmerston. Le duc de Broglie ambassadeur à Londres. Sa façon de traiter avec lord Palmerston. — II. Attitude volontairement réservée du gouvernement dans les affaires espagnoles. Intrigues de Bulwer et scandales du palais de Madrid. Précautions prises par M. Guizot contre un divorce de la Reine. Retour de Narvaez au pouvoir. Échec de la diplomatie anglaise. — III. En Grèce, lord Palmerston cherche à renverser Colettis. Difficultés qu'il lui suscite. Le gouvernement français défend le ministre grec. Habileté de Colettis. Sa mort. Attitude plus réservée de la diplomatie française. — IV. La guerre civile en Portugal. Lord Palmerston, après avoir repoussé la coopération de la France, est obligé de l'accepter. A la Plata, le plénipotentiaire anglais dénonce arbitrairement l'action commune avec la France. Lord Palmerston, qui avait d'abord approuvé son agent, est contraint de le désavouer.

I

On sait tout ce que, dans les derniers mois de 1846 et dans les premiers de 1847, lord Palmerston avait tenté, soit à Madrid, soit auprès des puissances continentales, pour se venger des mariages espagnols [1]. Partout il avait échoué. Allait-il enfin prendre son parti des faits accomplis et renoncerait-il à continuer la guerre diplomatique qu'il nous avait déclarée ? Non, ses premiers insuccès n'avaient fait qu'exaspérer son ressentiment, et, plus que jamais, il était résolu à chercher toutes les occasions de faire du mal à la France. Sans doute, parmi les hommes politiques d'Angleterre et jusque

[1] Voir plus haut, t. VI, ch. v et vi.

dans le sein du cabinet, il en était plusieurs que cet acharnement fatiguait, inquiétait, et qui eussent volontiers vu se produire une certaine détente. Mais que pesaient leurs velléités conciliatrices devant la décision passionnée de lord Palmerston?

Cette rancune persistante du secrétaire d'État rendait inefficaces toutes les démarches faites du dehors pour amener un rapprochement entre les deux cours. Le roi des Belges, cependant, ne se lassait pas d'aller de l'une à l'autre, dans l'espoir de mettre fin à un conflit qui l'alarmait de plus en plus, et pour l'Europe en général, et pour la Belgique en particulier [1]. Fort écouté de la reine Victoria, sa nièce, non moins apprécié de Louis-Philippe, son beau-père [2], il était mieux placé que personne pour s'entremettre. Il l'essaya, à deux reprises, en février 1847, puis en mai, mais ne parvint à nous offrir qu'une transaction fondée sur le sacrifice des droits éventuels de la duchesse de Montpensier à la couronne d'Espagne [3]. Le gouvernement français ne pouvait y consentir. Louis-Philippe le fit comprendre amicalement à son gendre et insista pour qu'il ne le compromît pas par des ouvertures sans chance d'aboutir : « Vous en avez fait assez, lui écrivit-il le 2 mai, en vous efforçant de rectifier les idées

---

[1] Voir les lettres écrites, le 25 février et le 6 avril 1847, par le roi Léopold à son neveu, le duc régnant de Saxe-Cobourg-Gotha. (*Aus meinem Leben und aus meiner Zeit,* von Ernst II, herzog von Sachsen-Coburg-Gotha, t. I, p. 175 et 181.) J'ai déjà eu, du reste, occasion de noter ces préoccupations chez le roi des Belges. (Voir plus haut, t. VI, p. 283.)

[2] Louis-Philippe prisait si haut l'esprit politique du roi des Belges, que, vers la fin de son règne, en face des difficultés croissantes de la situation, il songea à confier à ce prince la régence de la France, pendant la minorité de son petit-fils. Il eut, à ce sujet, avec lui, une correspondance, mais on ne s'entendit pas. « Eh bien, disait assez irrévérencieusement Léopold, en causant de cette affaire avec son neveu, le duc régnant de Saxe-Cobourg, que le bon vieux monsieur mange sa soupe lui-même! » (*Aus meinem Leben,* etc., t. I, p. 184.) Le roi des Belges, esprit plus avisé que tendre, ne se piquait pas de dévouement envers son beau-père; il cherchait plus à l'exploiter qu'il n'était disposé à le servir, et il ne le ménageait pas, quand il se trouvait avec d'autres Cobourg.

[3] Lettre de Louis-Philippe au roi des Belges, en date du 16 février 1847, publiée par la *Revue rétrospective.* — Lettre de M. Désages à M. de Jarnac, du 3 mai 1847. (*Documents inédits.*)

aussi fausses qu'injustes qui ont amené la cessation d'une intimité personnelle à laquelle j'attachais beaucoup de prix et que je regrette vivement, mais sur laquelle je préfère que mon fidèle ami ne dise plus rien que cela. Je crois que c'est le *germanisme* qui domine à Windsor, et que l'intimité avec Berlin, qui n'est peut-être pas celle pour laquelle la reine Victoria aurait eu le plus de penchant, est celle qu'on aime mieux cultiver[1]. »

Le gouvernement français savait donc à quoi s'en tenir sur l'impossibilité de rétablir, pour le moment, l'entente cordiale. Il ne voulut, néanmoins, rien négliger de ce qui pouvait limiter les conséquences du différend. M. de Sainte-Aulaire, qui représentait la France, outre-Manche, depuis 1841, fatigué par l'âge et aussi quelque peu dégoûté des procédés du *Foreign office*, demandait instamment à se retirer : Londres lui était devenu, disait-il, un « véritable purgatoire ». M. Guizot pria le duc de Broglie de prendre, pour un temps, la succession de M. de Sainte-Aulaire ; nul nom ne lui paraissait mieux fait pour flatter l'opinion anglaise et en imposer à lord Palmerston ; on se rappelait d'ailleurs, à Paris, quel avait été le succès d'une première mission du duc, en 1845, pour le règlement du droit de visite. M. de Broglie accepta par patriotisme, non par goût ; il exposait ainsi ses motifs, dans une lettre à son fils : « Si Palmerston n'a personne devant lui, il fera tout ce qui lui plaira ; si on lui fournit l'occasion de rappeler lord Normanby et de placer la France et l'Angleterre dans la position où se trouvent, depuis quatre ans, la France et la Russie, il la saisira avec empressement. Il y a nécessité de lui tenir tête, de donner courage à ceux qui lui tiennent tête, de lui enlever l'opinion qu'il a ameutée contre la France et qui commence à nous revenir. C'est là ce qui m'a décidé. La mission que je vais remplir pendant quelque temps est précisément de même nature que celle que j'ai remplie il y a deux ans... Cette fois, je fais encore un plus grand sacrifice, en entreprenant de

---

[1] *Revue rétrospective.*

contenir un peu un méchant fou et de remettre en honneur la bonne foi de notre gouvernement qui, à tort, à mon avis, mais réellement, n'est pas sortie tout à fait intacte des transactions espagnoles. Je tente quelque chose qui peut fort bien échouer et qui, dans la plus grande chance de succès, ne rapportera pas grand honneur. Mais, tout compte fait, j'y suis plus propre qu'aucun autre, et, si je refuse, il faut laisser la barque à la grâce de Dieu [1]. »

Arrivé à Londres, le 1er juillet 1847, le duc de Broglie fut personnellement très bien reçu de la Reine, des ministres, de la haute société politique. Peut-être même y avait-il dans ces politesses quelque affectation et comme une arrière-pensée de séparer l'ambassadeur de ceux qui l'envoyaient, et d'honorer d'autant plus la probité politique du premier qu'on contestait celle des seconds; mais le duc n'était pas homme à permettre que son bon renom fût tourné en affront contre son gouvernement. La courtoisie dont on usait à son égard ne l'empêchait pas de bien voir à quelles préventions il se heurtait [2]. Il savait notamment à quoi s'en tenir sur lord Palmerston. M. Guizot lui écrivait de Paris : « Les Anglais sont comme les pièces de Shakespeare, pleins de vrai et de faux, de droiture et d'artifice, ayant beaucoup de grandes et bonnes impulsions et beaucoup de petits calculs. Et, dans lord Palmerston,

---

[1] Lettre du 26 avril 1847. (*Documents inédits.*) Le duc de Broglie terminait ainsi sa lettre : « Mon rôle dans les affaires publiques a toujours été de me compter pour peu de chose et de ne point viser au succès personnel. Somme toute, je m'en suis bien trouvé, comme il arrive toujours quand on suit ce rôle par instinct et avec persévérance. Je parle quand je crois avoir quelque chose à dire qu'un autre ne dira ni mieux ni aussi bien que moi. J'agis quand je crois que j'ai quelque chose à faire qu'un autre ne peut faire ni mieux ni aussi bien que moi. Passé cela, je me tiens tranquille, et ce que je préfère, c'est la vie privée. Si j'ai tort ou raison dans cette occasion, c'est ce que l'événement décidera ; mais je me serai conduit conformément à mon caractère. C'est tout ce qu'il me faut. A soixante et un ans, on n'a plus que cela à faire, même par intérêt. »

[2] Le roi des Belges, alors à Windsor, avait averti le duc de Broglie qu'il était « impossible d'ôter de la tête de toutes les personnes tant soit peu influentes en Angleterre, la Reine y comprise, que tout ce qui était arrivé était le résultat d'une vaste machination du gouvernement français ». (Lettre confidentielle du duc de Broglie à M. Guizot, du 5 juillet 1847. *Documents inédits.*)

le mal l'emporte de beaucoup sur le bien. Mon impression est même que ce qu'il a des bonnes qualités du caractère anglais ne lui sert guère qu'à couvrir les mauvaises tendances de son propre caractère. Je vous dis sans réserve toute ma méfiance de lui. Je le crois encore plus avantageux et impertinent dans son âme et à part lui qu'il ne le montre au dehors, quoiqu'il le montre pas mal. » Il ajoutait, quelque temps après : « Palmerston est persévérant et astucieux; il a une idée fixe; il la suivra toujours, en dessous, quand il ne pourra pas en dessus [1]. » Le ministre et l'ambassadeur s'entendaient parfaitement sur la façon de traiter avec ce personnage si incommode. Dès le 16 juillet, M. Guizot faisait remarquer au duc de Broglie que lord Palmerston était « disposé à n'être bien que pour ceux qui, sensément et convenablement, se faisaient craindre de lui [2] ». De son côté, M. de Broglie écrivait au ministre : « Une manière de se conduire ouverte, directe, résolue, est ce qui embarrasse le plus lord Palmerston. A mon avis, on se trouve toujours bien d'aller droit à lui, de le mettre en demeure de prendre le bon parti, et de prendre, soi, acte de son refus. Nous avons pour nous, en toutes choses, la raison, le bon droit, la bonne cause; il faut prendre tranquillement nos avantages et lui laisser la politique sournoise et querelleuse, cette politique de roquet qui grogne sans mordre et qui ruse sans attraper [3]. »

 L'ambassadeur usait en outre de son autorité personnelle pour agir sur les autres membres du cabinet anglais, et pour tâcher de les décider à retenir un peu leur collègue. Ainsi écrivait-il, un jour, à M. Guizot, après une conversation avec lord Lansdowne : « Je lui ai expliqué la politique de la France avec détail, et je l'ai forcé, comme toujours, à y donner son entière approbation. Mais ces approbations sont sans effet immédiat; ce n'est qu'à la longue et en ne se lassant point qu'on peut en

---

[1] Lettres confidentielles de M. Guizot au duc de Broglie, du 16 juillet et du 6 décembre 1847. (*Documents inédits.*)
[2] Lettre précitée du 16 juillet 1847. (*Documents inédits.*)
[3] Lettre confidentielle du 18 octobre 1847. (*Documents inédits.*)

attendre quelque chose. Il faut changer les esprits autour de lord Palmerston [1]. » Une autre fois, c'était le chef du cabinet, lord John Russell, avec lequel le duc de Broglie avait une longue conversation sur les questions pendantes, et auquel il se sentait en position d'adresser l'avertissement suivant : « J'espère qu'aucun différend, aucune difficulté ne s'élèvera entre nos deux gouvernements. Si cela arrivait par malheur, il n'est pas d'efforts que je ne fisse pour en prévenir les conséquences. Mais promettez-moi une chose : c'est de veiller avec soin, comme chef du gouvernement de la Reine, au langage qui serait tenu dans les premiers moments, si telle conjecture venait à se présenter ; c'est de ne rien dire, c'est de ne rien laisser dire qui parût mettre le gouvernement français, la nation française au défi de faire telle ou telle chose, de prendre tel ou tel parti. Souvenez-vous de l'affaire Pritchard. A coup sûr, jamais nos deux gouvernements, nos deux nations n'ont été plus unis qu'à cette époque. L'affaire était minime en elle-même. Nous avions tort jusqu'à un certain point, et il nous était d'autant plus facile de le reconnaître que le gouverneur de Taïti avait donné tort officiellement à son subordonné. Nous ne demandions pas mieux que de terminer le différend, comme il s'est effectivement terminé. Mais des paroles imprudemment prononcées dans le Parlement ont failli rendre tout accommodement impossible ; il ne s'en est fallu que de quatre voix que le ministère français ne fût renversé, et que son successeur ne fût obligé de refuser toute réparation, ce qui aurait entraîné la guerre entre les deux pays. Dans la situation actuelle des choses, tout serait bien autrement grave, bien autrement périlleux et compromettant. Promettez-moi de veiller à ce qu'il ne soit pas dit, le cas échéant, un mot qui nous rende plus difficile, qui nous rende impossible de faire au bien de la paix tous les sacrifices que comporteraient notre honneur et nos intérêts essentiels [2]. » La haute considération dont jouissait notre ambassadeur ne

---

[1] Lettre confidentielle du duc de Broglie à M. Guizot, du 12 octobre 1847. (*Documents inédits*.)

[2] Dépêche du duc de Broglie à M. Guizot, du 16 septembre 1847.

lui donnait pas seulement le moyen de faire entendre d'utiles
vérités aux hommes d'État anglais ; elle faisait de lui le confident, le conseiller et, dans une certaine mesure, le *leader* des
ambassadeurs étrangers accrédités à Londres. « Tout le corps
diplomatique, écrivait-il à son fils, non seulement est bien pour
moi, mais me considère comme un point central... On se ferait
difficilement l'idée du degré d'humeur et de malveillance dont
tous les gouvernements de l'Europe sont animés contre l'ennemi
commun [1]. »

Sans doute, comme on le verra bientôt, notre ambassadeur
ne parvenait pas, par ces divers moyens, à déjouer tous les
mauvais desseins de lord Palmerston. Du moins il faisait
ainsi, à Londres, tout ce qui était alors possible pour limiter
le mal, pour gagner du temps. L'ambition du gouvernement
français n'allait pas au delà. Dès le début de l'ambassade du
duc de Broglie, le 8 juillet 1847, M. Guizot lui écrivait : « Je
crois parfaitement à tout ce que vous me dites dans votre lettre
du 5 [2]. Le Roi en a été très frappé. Et cet état des esprits en
Angleterre durera assez longtemps, car il se fonde sur des faits
mal compris, mal appréciés, mais réels et que nous ne pouvons ni ne devons changer. La politique anglaise a perdu en
Espagne une bataille qu'elle a eu tort de livrer ; sensément et
honnêtement, il n'y avait pas lieu à bataille ; mais enfin, la
bataille a eu lieu. Nous n'en pouvons effacer ni l'impression
ni les résultats. Tant qu'on croira, comme dit le *Times,* que
nous travaillons avec passion à nous créer partout une prépondérance exclusive et illégitime, la situation actuelle durera.
Personne n'est aussi propre que vous à la contenir, à l'atténuer,
à la combattre chaque jour, à faire chaque jour pénétrer dans
les esprits anglais un peu de vérité et de confiance. Et puis,
viendra peut-être en Europe quelque grand événement, en
Angleterre quelque grand revirement des partis et des hommes,
qui remettra les idées justes et les intérêts vrais à la place de

[1] Lettre du 23 septembre 1847. (*Documents inédits.*)

[2] Il s'agit de la lettre dont j'ai cité plus haut, en note, un passage, et où M. de
Broglie rapportait une conversation avec le roi des Belges.

toutes les susceptibilités, jalousies, vanités et chimères nationales et individuelles. C'est à attendre ce moment et à prévenir, en l'attendant, tout accident grave, que nous travaillons, vous et moi. J'espère que nous y réussirons [1]. »

II

Le gouvernement français devait tenir tête à lord Palmerston et parer ses coups, sur les divers théâtres où les deux diplomaties se trouvaient en contact. J'ai déjà eu l'occasion d'indiquer quelle avait été, aussitôt après la célébration des deux mariages de la reine Isabelle et de sa sœur, l'attitude très différente prise, en Espagne, par les cabinets de Paris et de Londres [2]. Tandis que lord Palmerston, tout à sa soif de vengeance, poussait son agent, sir Henri Bulwer, à se jeter plus passionnément que jamais dans les intrigues des partis espagnols, notre gouvernement, préoccupé de dissiper les soupçons éveillés par son récent succès, se retirait ostensiblement de la lutte, faisait prendre un congé à son ambassadeur, M. Bresson, et ne laissait à Madrid qu'un secrétaire auquel instruction était donnée de ne pas se mêler aux affaires intérieures de la Péninsule. M. Guizot expliqua lui-même ainsi, à la tribune, les raisons de cette attitude : « On s'est servi de l'action que nous avions exercée, des résultats que nous avions obtenus, pour nous accuser d'esprit de domination, d'ingérence, de prépotence en Espagne, pour exciter contre nous, à ce sujet, l'esprit de nationalité, de fierté, de susceptibilité espagnole. Eh bien! quand l'événement a été accompli, quand la conclusion a été obtenue, nous avons pensé qu'il était bon que notre attitude, que notre conduite donnât un démenti éclatant à de telles accusations. Nous avons pensé

---

[1] Cette lettre est de celles que Mme de Witt a publiées dans son intéressant volume, *Lettres de M. Guizot à sa famille et à ses amis.*
[2] Voir plus haut, t. VI, p. 262, 263.

qu'il était d'une politique intelligente et prudente que les passions excitées à cette occasion, les ressentiments, pour appeler les choses par leur nom, eussent le temps et la facilité de se calmer, de s'éteindre... Voilà les motifs de notre conduite, et je les tiens, tous les jours, pour plus décisifs et meilleurs. Je tiens qu'il est bon que le soupçon, légitime ou non, d'ingérence et de prépotence se porte ailleurs. Que d'autres aient, à leur tour, à en sentir l'embarras, le fardeau et les inconvénients... Nous avons d'ailleurs dans l'intelligence et dans les sentiments du peuple espagnol une entière confiance. Nous avons la confiance que, livré à lui-même, sous l'empire d'institutions libres, le peuple espagnol, en présence des faits, comprendra mieux, tous les jours, que l'intimité avec la France est pour lui, aussi bien que pour nous, une bonne et nationale politique [1]. »

Cette tactique parut d'abord assez peu nous réussir. Sir Henri Bulwer profita de ce que nous lui laissions le champ libre pour combattre nos amis, pousser les siens et surtout brouiller les cartes. Le ministère Isturiz, qui s'était compromis avec nous dans l'affaire des mariages, se vit obligé de céder la place à un ministère Sotomayor, encore *moderado,* mais en réaction contre l'influence française et en coquetterie avec les progressistes. Il y avait quelque chose de plus fâcheux encore : l'un des deux mariages que nous avions faits tournait fort mal. La jeune reine laissait éclater son antipathie contre le mari que la politique lui avait imposé, et témoignait à un certain général Serrano, d'opinion progressiste et ouvertement engagé dans la politique anglaise, une faveur dont elle ne se mettait pas en peine de voiler le caractère. Le roi François d'Assise, blessé de l'affront qui lui était fait, embarrassé de son rôle et de sa personne, n'avait pas ce qu'il fallait pour ramener sa femme et ne se montrait nullement disposé à lui pardonner. Le scandale devint tel qu'en mars 1847, le ministère enjoignit au général Serrano d'aller prendre un commandement en

---

[1] Discours du 5 mai 1847.

Navarre, et, sur son refus d'obéir, fit ouvrir contre lui une instruction par le Sénat. La Reine répondit en mettant brusquement à la porte, le 28 mars, les ministres assez osés pour s'attaquer à son favori, et les remplaça par un cabinet composé principalement des amis personnels de ce dernier; l'un des plus remuants parmi les nouveaux ministres était M. Salamanca, spéculateur peu considéré et âme damnée de sir Henri Bulwer. Bien que Serrano fût demeuré hors du ministère, son pouvoir était connu de tous, et l'on avait trouvé un euphémisme pour le désigner; on l'appelait « l'influence ».

A la nouvelle du coup fait par la Reine, Palmerston ne put retenir un cri de joie et de triomphe. « Bravo, Isabelle! » écrivait-il à lord Normanby[1]. En même temps, il pressait Bulwer de lier partie plus étroite encore avec le favori. L'attachement de la Reine n'éveillait chez lui aucun scrupule; il y voyait une bonne fortune dont il fallait profiter pour amener un divorce[2]. Ainsi aidée par la diplomatie anglaise, la rupture des royaux époux devint de plus en plus profonde. Le Roi avait quitté le palais et s'était retiré au Pardo, près Madrid, se refusant à toute rencontre avec la Reine. Celle-ci, dans l'emportement de son caprice, en venait à répéter à ses ministres et même à certains membres du clergé ce mot de « divorce » que lui avait soufflé Bulwer[3]. Mais, si les ministres avaient l'air d'entrer plus ou moins dans son idée, si quelques-uns même, comme Salamanca, l'y encourageaient, les membres du clergé lui répondaient par un *non possumus* absolu. C'était l'illusion de protestants comme Palmerston et Bulwer de croire qu'un divorce était chose possible dans un pays aussi catholique que l'Espagne. Leur passion les aveuglait. Chaque jour, ils s'enfon-

---

[1] Lettre du 2 avril 1847. (BULWER, *The Life of Palmerston*, t. III, p. 308.)

[2] BULWER, t. III, p. 199, 200.

[3] En rapportant ces faits après coup, Bulwer s'étonne des scrupules du peuple espagnol. « C'est un peuple plein de *decorum*, dit-il. Quelques personnages très considérables et très considérés discutaient gravement s'il y avait lieu de se débarrasser tranquillement du Roi au moyen d'une tasse de café; mais le scandale d'un divorce les choquait. » (*Ibid.*, p. 200.)

çaient plus avant dans leurs très vilaines intrigues. Désespérant de trouver assez d'audace chez les ministres espagnols, ils travaillaient à les remplacer par de purs progressistes : dans ce dessein, ils avaient fait rappeler d'exil Espartero. Bulwer finit par trouver Serrano lui-même trop timide et trop mou, et il poussa à sa place, auprès de la Reine, un nouveau favori, colonel de la garde d'Espartero. De Londres, Palmerston excitait son agent, et les journaux inspirés par le *Foreign office* faisaient ouvertement campagne pour le divorce de la Reine, et demandaient qu'en même temps la duchesse de Montpensier fût déchue de ses droits successoraux [1]. Il est vrai qu'en Angleterre, tout le monde n'était pas également flatté de se trouver ainsi complice des scandales du palais de Madrid. Les journaux tories n'étaient pas les seuls à blâmer Bulwer. Au sein même du cabinet britannique, la conduite de lord Palmerston était loin d'être universellement approuvée : lord John Russell laissait voir par moments sa tristesse et son embarras [2].

Le gouvernement français ne pouvait qu'être très désagréablement affecté de ce qui se passait en Espagne, d'autant que l'opposition ne manquait pas d'en tirer argument et de lui demander ironiquement si tel était le bénéfice des fameux mariages. Toutefois, il ne trouvait pas là une raison de sortir de sa réserve. Non qu'il ne fût sollicité d'opposer intrigues à intrigues, complots à complots. Certains « moderados », irrités de la conduite de la Reine, l'eussent volontiers poussée à une abdication dont elle-même parlait assez souvent, afin

---

[1] Sur toutes ces intrigues, voir *passim* la correspondance de M. Guizot avec ses divers ambassadeurs, et les lettres qu'il recevait du duc de Glucksbierg, chargé d'affaires de France à Madrid. (*Documents inédits.*) Voir aussi les aveux qui ressortent du récit même de Bulwer. (*The Life of Palmerston*, t. III, p. 200, 201.)

[2] Le duc de Broglie mandait à M. Guizot, le 21 septembre 1847 : « Lord John Russell m'a parlé avec découragement de l'Espagne; les attaques contre Bulwer lui sont très sensibles. » Toutefois, notre ambassadeur se rendait compte que, pour voir grandir cette révolte de la conscience anglaise, il fallait à la fois que les menées de Bulwer fussent mises en lumière et que la France s'effaçât. (Lettre du duc de Broglie à son fils, en date du 15 septembre 1847. *Documents inédits.*)

de la remplacer par la duchesse de Montpensier. La reine mère Christine, mécontente qu'on l'empêchât de retourner en Espagne, entrait plus ou moins dans ce projet. M. Guizot y mit fermement le holà. « On ne nous forcera pas la main, écrivait-il au duc de Broglie. Bien loin d'accepter l'abdication de la Reine, nous protesterons contre. Nous garderons ici le duc et la duchesse de Montpensier. Le jour où leurs droits s'ouvriraient naturellement, nous verrions. D'ici là, nous ne serons point à la merci de fantaisies folles ou d'intrigues coupables. Je crois qu'à Madrid et à la rue de Courcelles [1], on croit assez que nous ferons comme nous disons, et cela contient beaucoup. Cela contiendra-t-il assez? Je l'espère, et je compte beaucoup sur le défaut de suite et de vraie hardiesse de tout ce monde-là. Ils rêvent et complotent tous, et ne font rien [2]. »

Toutefois, la réserve du gouvernement français n'était ni de l'indifférence ni de l'inertie. Très attentif aux événements, il se tenait prêt à intervenir dans certaines éventualités. Dès le mois d'avril 1847, M. Guizot écrivait à l'un de ses ambassadeurs : « Que les Espagnols fassent ou défassent leurs affaires comme ils l'entendent. Nous disons cela très haut, et nous le pratiquons. Mais si quelque grande question française se trouvait engagée dans les affaires espagnoles, nous reprendrions la position active, et nous la reprendrions d'autant mieux que nous aurions quelque temps détendu la corde. » Quelques mois plus tard, dans une autre lettre, notre ministre annonçait que, le cas échéant, il serait « aussi décidé et aussi efficace pour maintenir les conséquences du mariage, qu'il l'avait été pour le conclure [3] ».

Le cabinet de Paris tenait à ce que le gouvernement britannique ne se fît sur ce point aucune illusion. Le duc de Broglie saisit l'occasion d'une conversation avec le premier ministre,

---

[1] C'était là que demeurait la reine Christine.
[2] Lettre du 30 juillet 1847. (*Documents inédits*.)
[3] Lettres de M. Guizot à M. Rossi, du 26 avril et du 3 octobre 1847. (*Documents inédits*.)

lord John Russell, pour lui donner, avec toutes les assurances qui pouvaient dissiper ses préventions, des avertissements qui le missent en garde contre certains entraînements. « Il n'y a qu'une chose qui nous importe, à Madrid, lui dit-il, c'est que le fond même de l'établissement actuel en Espagne subsiste. Du reste, que ce soit Pierre ou Paul qui soit ministre, cela nous fait peu de chose. Nous ne mettons pas de vanité à paraître gouverner l'Espagne et à répondre de ce qui s'y fait; et effectivement, il n'y a pas beaucoup de vanité à en tirer... Que désirez-vous? Vous désirez que la reine d'Espagne vive, qu'elle règne, que les droits éventuels de la duchesse de Montpensier soient indéfiniment ajournés? Eh bien, je vous affirme, et croyez que je sais ce que je dis en parlant ainsi, qu'il n'entre pas dans notre pensée d'avancer d'un seul jour, d'une heure, l'ouverture des droits éventuels de la duchesse de Montpensier... Rien n'est si aisé, pour la légation d'Angleterre, que de renverser un ministère *moderado*. En voilà trois qui tombent, coup sur coup, depuis un an. Rien ne serait si aisé à la légation de France que de renverser un ministère progressiste, si elle se mettait à l'œuvre. Mais à quoi cela peut-il servir, sinon à faire les affaires de nos ennemis, aux dépens des nôtres, et quel est le meilleur moyen de rendre le trône d'Espagne vacant que de rendre à la Reine tout gouvernement impossible!... Sur la question du divorce, j'ai deux choses à vous dire : la première, c'est que toute idée de divorce est un rêve et une folie. Si la reine d'Espagne veut divorcer, elle n'a qu'un parti à prendre, c'est de faire comme Henri VIII, de se faire protestante et de faire son royaume protestant. Aucun pape, aucun prêtre catholique, — non excommunié, — n'admettra un seul instant l'idée d'un divorce, et, pour que le mariage fût déclaré nul *ab initio,* il faudrait qu'il eût été contracté en violation des lois de l'Église, ce qui n'est pas. L'empereur Napoléon, dans toute sa puissance, n'a pu obtenir de Pie VII, qui l'avait sacré, l'annulation du mariage de son frère Jérôme, qui cependant avait épousé une protestante. Ma seconde observation est plus grave... Il importe essentiellement que l'Angleterre se tienne pour satisfaite de l'ordre de choses établi en Espagne ; dans le cas contraire, je prévois tout, et je ne réponds de rien. Si vous vous aperceviez que nous travaillions à détruire cet ordre de choses à notre profit, à hâter, je le répète, d'un seul jour, d'une seule heure, les droits éventuels de Mme la duchesse de Montpensier, vous auriez toute raison d'y regarder de très près ; vous auriez tout droit de vous y opposer. Ce que vous feriez en pareil cas, je ne vous le demande pas ; peut-être ne le savez-vous pas vous-même ; mais je reconnais toute l'étendue de vos droits. En revanche, la partie est égale entre nous : si nous apercevions que vous travailliez à détruire, à notre détriment, l'ordre de choses actuel, à changer la position de la Reine vis-à-vis de nous et l'ordre de succession tel qu'il existe aujourd'hui, nous aurions toute raison d'y regarder de très près et tout droit de nous y opposer. Ce que nous ferions, ne me le demandez pas, car je l'ignore ; mais je sais ce que nous aurions le droit de faire[1]. »

Si assuré que fût M. Guizot de la fermeté du Pape à maintenir l'indissolubilité du mariage, il ne laissait pas que de prendre aussi, de ce côté, quelques précautions. Dans ce dessein, il mettait notre ambassadeur à Rome, M. Rossi, au courant de toutes les menées de la diplomatie anglaise. « Je n'ai pas besoin, ajoutait-il, de vous dire combien l'affaire est grosse, et combien il nous importe d'arrêter le travail de lord Palmerston dans son cours, avant d'en venir, et pour ne pas en venir aux dernières extrémités et nécessités. A Rome est l'enclouure décisive. Rome ne prononcera pas la nullité du mariage. Elle ne le peut ni religieusement, ni moralement, ni politiquement. Nous y comptons. Assurez-vous-en bien, et ne négligez aucune occasion, aucun moyen de corroborer cette certitude. Qu'on ne s'inquiète pas, à Rome, des conséquences possibles, en Espagne, de la résistance. La reine Isabelle ne fera point ce qu'a fait Henri VIII. Je sais bien, très bien où elle en est et ce qui

---

[1] Dépêche de M. le duc de Broglie à M. Guizot, du 16 septembre 1847.

se passe en elle. Elle fera beaucoup de folies secondaires. Elle ne fera pas la folie suprême... Je tiens pour impossible qu'on ne comprenne pas, à Rome, que les intérêts vitaux du catholicisme en Espagne sont liés à la cause du parti monarchique modéré espagnol et de la politique française [1]. » La confiance de notre ministre était fondée : Pie IX était absolument résolu à repousser toute demande en annulation de mariage.

La cour romaine n'était pas la seule à laquelle M. Guizot jugeât utile de dénoncer les mauvais desseins de la diplomatie britannique. Il se faisait honneur auprès des puissances continentales de ce qu'en Espagne, comme sur beaucoup d'autres théâtres, il se trouvait être, contre lord Palmerston, le champion de la cause conservatrice. Dès le 4 mars 1847, il avait écrit à son ministre à Berlin : « Nous avons bien le droit de demander aux amis de l'ordre européen, même à ceux qui nous ont témoigné dans la question espagnole peu de bienveillance, qu'ils nous secondent un peu dans cette rude tâche. L'ordre en Espagne, c'est l'ordre dans l'Europe occidentale. L'ordre dans l'Europe occidentale, c'est l'ordre dans l'Europe [2]. »

Pour le moment, au delà de cet avertissement donné à Londres, de cette vigilance exercée à Rome, de cet appel un peu platonique à la sympathie des autres cours, le gouvernement français ne voyait rien à faire. A Madrid, notamment, il estimait habile de se tenir coi et attendait la réaction qui lui paraissait devoir être provoquée, tôt ou tard, par les excès de ses adversaires. Divers symptômes confirmaient sa prévision. L'orgueil espagnol était vivement blessé de l'ingérence et de la prépotence de plus en plus affichées par le ministre d'Angleterre. Les intérêts s'inquiétaient des avantages commerciaux que la diplomatie britannique, toujours pratique, prétendait se faire accorder par les ministres qu'elle

---

[1] Lettre particulière de M. Guizot à M. Rossi, du 3 octobre 1847. (*Documents inédits.*)

[2] Lettre particulière de M. Guizot au marquis de Dalmatie, du 4 mars 1847. (*Documents inédits.*)

patronnait. Et puis, la politique suivie ne pouvait-elle pas être jugée à ses fruits : gouvernement en décomposition, désordre moral et matériel du haut en bas de l'échelle, sans compter l'insurrection carliste qui profitait de cette situation pour se ranimer et qui faisait en Catalogne des progrès alarmants? Le péril devenait tel que les complices mêmes de Bulwer hésitaient à le suivre plus loin. Ajoutez l'effet produit par l'arrogance des progressistes qui, forts de l'appui de l'Angleterre, annonçaient hautement leur intention, une fois revenus au pouvoir, d'exercer leur vengeance contre tous leurs anciens adversaires, à commencer par les ministres actuels; c'était mettre sur ses gardes non seulement le cabinet, mais aussi la Reine, qui avait gardé de certains événements de son enfance un souvenir assez présent pour ne pas désirer retomber aux mains de cette faction. « Méfie-toi de tes progressistes, répétait-elle à Serrano; ils te pendront et moi aussi! » Elle détestait et redoutait particulièrement Espartero : « Je vois bien qu'il faudra que je prenne Narvaez, afin de me sauver d'Espartero », disait-elle assez haut pour être entendue des amis de ce dernier[1].

Il y aurait eu là de quoi faire réfléchir sir Henri Bulwer. Mais celui-ci se croyait maître de la situation, et, grâce au concours de M. Salamanca, qui, lui, ne reculait devant aucune extrémité, il se flattait de réaliser bientôt ses desseins. Aussi quel ne fut pas son ébahissement, quand, le 4 octobre 1847, par un nouveau coup de théâtre, non moins soudain que celui du mois de mars, la Reine congédia ses ministres et les remplaça par le chef du parti conservateur, par l'adversaire le plus redouté des progressistes, par Narvaez! A peine au pouvoir, celui-ci obtint, en quelques jours, l'éloignement de Serrano, la réconciliation de la Reine et du Roi, enfin le rappel de la reine Christine, qui fut reçue par sa fille avec effusion et tendresse. Au tour de M. Guizot de triompher. « L'événement est complet, écrivait-il à ses ambassadeurs; l'ordre extérieur apparent est rétabli dans le gouvernement par la forma-

---

[1] Correspondance du duc de Glucksbierg, chargé d'affaires de France à Madrid, avec M. Guizot. (*Documents inédits.*)

tion d'un cabinet en harmonie avec les cortès, dans le palais par la réconciliation de la femme avec le mari, de la fille avec la mère. Pour combien de temps? Nous verrons. Quoi qu'il arrive, nous sommes rentrés dans la bonne voie, nous y marcherons quelque temps. Et, en tout cas, ce qui vient de se passer prouve qu'on peut y rentrer, et que, si le bien est toujours chancelant en Espagne, le mal l'est aussi[1]. » De Londres, le duc de Broglie répondait au ministre : « L'événement fait ici un excellent effet, en bien sur les uns, en consternation sur les autres[2]. » La revanche de la France en Espagne paraissait éclatante.

Ce n'est pas à dire que notre diplomatie en eût fini avec toutes les difficultés espagnoles. En dépit de l'autorité que Narvaez et la reine Christine exerçaient sur la jeune reine, celle-ci menaçait à chaque instant de leur échapper et de faire quelque nouvelle frasque privée ou publique; seule, la peur des progressistes la retenait un peu. D'autre part, quelques esprits ardents caressaient toujours le projet de remplacer Isabelle par sa sœur. Tout au moins le vœu unanime des *moderados* était-il de voir revenir à Madrid le duc de Montpensier. Narvaez faisait savoir à Paris qu'à cette condition seule, il pourrait continuer sa tâche. La reine Christine joignait ses instances à celles du ministre. On faisait même écrire par Isabelle une lettre dans ce sens à sa sœur, pour laquelle, malgré le contraste absolu de leur mode de vie, elle avait conservé une très vive affection. Notre chargé d'affaires affirmait qu'un refus découragerait absolument les amis de la France[3]. M. Guizot cependant ne crut pas devoir accueillir cette demande. « Le voyage du duc et de la duchesse en Espagne, mandait-il le 2 novembre à son agent à Madrid, rouvrirait la carrière des intrigues, des calomnies, des jalousies... Il faut, pendant quelque temps du moins, fer-

---

[1] Lettres de M. Guizot à M. Rossi et au duc de Broglie, en date du 17 octobre 1847. (*Documents inédits*.)
[2] Lettre du duc de Broglie à M. Guizot, en date du 26 octobre 1847. (*Documents inédits*.)
[3] Correspondance du duc de Glucksbierg avec M. Guizot. (*Documents inédits*.)

mer toute porte, enlever tout prétexte à ce mouvement fébrile et pervers de l'intérieur du palais, des journaux, des conversations hostiles[1]. » Et il écrivait, le lendemain, au duc de Broglie : « Nos amis de Madrid auront de l'humeur. Ils seraient plus rassurés, s'ils nous avaient sous la main et à leur disposition. Mais l'humeur passera et le bon effet de la bonne conduite restera. A tout prendre, je suis bien aise de cet incident. Il m'a fourni l'occasion de sonder un peu avant tous les cœurs et d'établir nettement notre position[2]. » De nouvelles instances ne firent pas changer d'avis M. Guizot.

Ce refus n'eut pas pour nos amis, dans la Péninsule, les conséquences fâcheuses qu'ils nous avaient annoncées. Somme toute, leur situation allait plutôt s'affermissant, et, le 17 novembre 1847, notre ministre pouvait écrire à M. de Broglie : « Laissant de côté les oscillations, nous avons gagné en Espagne plus de terrain solide que je ne pensais[3]. » D'ailleurs, si prudent qu'il fût, le gouvernement français ne se refusait pas, avec le temps, à sortir de la réserve où il s'était volontairement renfermé depuis les mariages, et à reprendre sur ce théâtre l'influence active qui lui appartenait. Aussitôt Narvaez de retour au pouvoir, il avait été question, à Paris, de ne plus se contenter d'un chargé d'affaires en Espagne, et d'y envoyer un ambassadeur ; le nom de M. Piscatory avait été prononcé. Le choix d'un diplomate aussi énergique, aussi entreprenant, et qui venait de lutter avec succès, en Grèce, contre lord Palmerston, était significatif. Il l'était même tellement, qu'on jugea sage d'attendre encore quelque temps avant de l'arrêter et de le faire connaître. M. de Broglie écrivait à ce sujet, le 18 octobre, à M. Guizot : « Je ne serais pas d'avis de trop tendre la corde à Madrid. C'est beaucoup que d'y réunir tout d'un coup Narvaez, la reine Christine et Piscatory[4]. » Ce fut seulement le 12 décembre 1847 qu'on jugea

---

[1] *Documents inédits.*
[2] *Ibid.*
[3] *Ibid.*
[4] *Ibid.*

possible de faire ce nouveau pas, et que le *Moniteur* annonça la nomination de M. Piscatory. Celui-ci n'eut pas le temps de prendre possession de son poste avant la révolution de Février.

Lord Palmerston et son agent n'avaient pas vu sans un amer dépit l'insuccès si complet de leurs menées et le rétablissement de l'influence française. Il était dur, en effet, de s'être à ce point compromis, pour n'en retirer aucun profit. Dans l'aveuglement de son ressentiment, Bulwer prêtait une oreille complaisante à toutes les dénonciations qui lui étaient apportées contre les ministres espagnols et le gouvernement français, fût-ce des accusations d'empoisonnement, et il les transmettait au *Foreign office*, où elles trouvaient crédit. Au commencement de décembre, lord John Russell écrivit un mot au duc de Broglie, pour lui communiquer amicalement, disait-il, les nouvelles qu'il venait de recevoir de Madrid : d'après ces nouvelles, les ministres espagnols conspiraient pour faire abdiquer Isabelle, et celle-ci avait été malade après avoir pris des drogues suspectes préparées par son entourage ; la lettre du premier ministre se terminait par une phrase établissant un lien entre les auteurs de ces prétendus complots et le gouvernement français qui les protégeait. Le duc de Broglie renvoya aussitôt à lord John sa lettre. « En relisant le dernier paragraphe, lui écrivit-il, vous concevrez qu'il m'est impossible de la garder. Je crois agir dans l'intérêt de la paix et de la bonne intelligence entre nos deux gouvernements, en m'efforçant de l'oublier. » Le chef du cabinet anglais comprit la leçon, et répondit par un billet d'excuse et de regrets [1]. Du reste, plus on allait, plus la situation de Bulwer devenait fausse en Espagne : il avait partie ouvertement liée avec l'opposition, s'agitait, intriguait, conspirait même avec elle ; loin de voiler son intervention, il l'affichait, non seulement par emportement de passion, mais aussi par calcul, se flattant d'exercer ainsi une sorte d'intimidation. Narvaez n'en était ni troublé ni affaibli. Cela lui servait,

---

[1] Lettre confidentielle du duc de Broglie à M. Guizot, du 5 décembre 1847. (*Documents inédits.*)

au contraire, à soulever le patriotisme espagnol contre cette ingérence de l'étranger et à retenir la Reine.

La campagne de la diplomatie britannique devait, peu de temps après la révolution de Février, aboutir à un très piteux dénouement. Poussé par les instructions que lord Palmerston lui enverra à l'insu des autres ministres, Bulwer en fera tant, il s'engagera à ce point dans les conspirations révolutionnaires, il se montrera si impérieux, si insolent envers le gouvernement de Madrid, que celui-ci, poussé à bout, le mettra à la porte de l'Espagne ; et le cabinet anglais, se sentant dans son tort, subira cet affront, sans user des représailles auxquelles lord Palmerston tâchera vainement de l'entraîner.

III

La Grèce était, comme l'Espagne, l'un des champs de lutte où les diplomaties anglaise et française avaient, depuis quelques années, l'habitude de se rencontrer. Même du temps de l'entente cordiale, il avait suffi que Colettis, chef de ce qu'on appelait à Athènes le parti français, remplaçât au pouvoir Maurocordato, client de la légation britannique, pour que le ministre d'Angleterre, sir Edmund Lyons, digne émule de Bulwer, fît une opposition passionnée au nouveau cabinet, et pour que notre agent, M. Piscatory, se crût par contre obligé de le prendre sous sa protection [1]. L'avènement de lord Palmerston n'était pas pour améliorer la situation. « Je suis averti, écrivait M. Guizot à l'un de ces ambassadeurs, le 9 novembre 1846, que lord Palmerston penche à se venger en Grèce de son échec en Espagne [2]. » Non seulement Lyons ne fut plus contenu, mais il fut excité. M. Piscatory n'était pas d'humeur à laisser sans défense son ami Colettis, quand il était ainsi attaqué. Il se jeta dans la bataille, avec son ardeur accoutumée, et y rem-

---

[1] Sur les événements de Grèce jusqu'en 1846, voir plus haut, t. VI, ch. IV, § III.
[2] Lettre particulière au comte de Flahault. (*Documents inédits.*)

porta plus d'un avantage, non, il est vrai, sans s'exposer quelque peu à fausser son rôle diplomatique, en se mêlant d'aussi près aux querelles des partis.

Pour tâcher de renverser Colettis, tous les moyens étaient bons à lord Palmerston et à son agent, même ceux qui menaçaient le trône d'Othon et l'indépendance de la Grèce. Vers la fin de janvier 1847, à l'occasion d'un passeport refusé à un de ses aides de camp, le roi de Grèce avait adressé, dans un bal, quelques paroles assez vives au ministre de Turquie, M. Musurus. Celui-ci, poussé par sir Edmund Lyons, grossit aussitôt l'incident, affecta d'y voir un affront dont il imputait la responsabilité à Colettis, et réclama des excuses. La question, portée à Constantinople, y fit l'objet de pourparlers, qui se prolongèrent pendant les mois de février et de mars. Vainement Othon et son ministre envoyèrent-ils des explications très acceptables et que les cours continentales, l'Autriche notamment, jugeaient telles ; l'Angleterre excita la Porte à se montrer intraitable. Ce conseil fut naturellement écouté d'une puissance qui ne se consolait pas d'avoir vu créer, à ses dépens, l'État grec, et qui devait saisir toute occasion de le mettre en danger. Ainsi envenimée, la querelle amena une rupture des relations diplomatiques entre Constantinople et Athènes, et l'on pouvait se demander si elle ne finirait pas par une guerre.

Ce n'était pas assez pour lord Palmerston. Les finances avaient toujours été l'un des points faibles de la Grèce. Le pays était pauvre et l'administration sans ordre. Les trois puissances protectrices, la France, l'Angleterre et la Russie, s'étaient souvent plaintes d'un état de choses dont elles subissaient le contre-coup, comme garantes de l'emprunt de 60 millions contracté au lendemain de l'émancipation. Colettis désirait sincèrement remédier au mal, et y avait travaillé, mais sans beaucoup de succès. De l'aveu de son ami, M. Guizot, l'ancien palikare n'avait « ni les habitudes ni les instincts de la régularité administrative ». Au commencement de 1847, il n'était pas encore en mesure de payer complètement les intérêts de la dette, et se voyait réduit à demander aux puissances un nouveau délai; il leur offrait en échange beaucoup de promesses et quelques garanties. La France et la Russie étaient disposées à s'en contenter, tout en insistant pour de promptes et efficaces réformes. Mais lord Palmerston répondit en réclamant impérieusement le payement immédiat du premier semestre de 1847, et en dressant un véritable acte d'accusation contre le gouvernement grec. En même temps, avec cette rudesse qui est un peu dans les habitudes des Anglais quand ils ont affaire aux petits, il appuya ses exigences par l'envoi de plusieurs navires sur les côtes de l'Attique; la présence de ces navires, auxquels on croyait mission de saisir de force les revenus du trésor grec, devait jeter et jeta en effet beaucoup d'alarme et de trouble dans la population. Un tel conflit venant s'ajouter à la querelle diplomatique alors engagée avec la Turquie, n'était-ce pas plus qu'il n'en fallait pour rendre la situation intenable à Colettis, d'autant qu'il avait alors sur les bras de graves difficultés dans le Parlement et jusque dans le sein de son parti et de son ministère? Aussi Palmerston, tout joyeux, se croyait-il sur le point de nous battre à Athènes, comme, à ce moment même, il se flattait de nous avoir battus à Madrid [1]. Son imagination vindicative ne s'arrêtait pas à un changement de ministre; elle rêvait plus ou moins d'une révolution; ce n'était pas à son insu qu'à Londres, à Malte, à Corfou, on préparait des insurrections en Grèce, et que le prince Louis-Bonaparte, alors réfugié à Londres, ébauchait des intrigues en vue de prendre la place du roi Othon [2].

Le gouvernement français vit le danger. A peine, dans les derniers jours de mars 1847, fut-il informé des mauvais desseins de lord Palmerston, que, sans perdre une minute, il les

---

[1] C'était, en effet, le moment où Isabelle mettait violemment ses ministres *moderados* à la porte, pour les remplacer par les créatures de Bulwer. — Voir la lettre de lord Palmerston à lord Normanby, du 2 avril 1847. (BULWER, *The Life of Palmerston*, t. III, p. 308.)

[2] M. Guizot mentionnait ces intrigues dans une lettre particulière, écrite le 31 mars 1847, au marquis de Dalmatie, ministre de France à Berlin, et il terminait par ces mots : « Il n'y a pas un de ces détails dont je ne sois positivement sûr. » (*Documents inédits*.)

dénonça aux cabinets de Vienne, de Berlin, de Saint-Pétersbourg. Pour les intéresser à cette affaire, il fallait leur y montrer autre chose qu'une lutte d'influence locale entre la France et l'Angleterre. Aussi M. Guizot affectait-il de n'attacher aucune importance à cette face de la question. « Je sais trop bien, écrivait-il à son ambassadeur à Vienne, ce que vaut pour nous l'apparence de l'influence à Athènes, pour me préoccuper longtemps de ce qui nous ferait perdre cette influence. » Il insistait, sachant bien que cela toucherait davantage le cabinet autrichien, sur ce que les menées anglaises risquaient de provoquer en Grèce une explosion nationale et un soulèvement anarchique qui bouleverseraient l'Orient et, par suite, l'Europe. « Lord Palmerston, ajoutait-il, ne s'inquiète guère de mettre en branle les insurrections et les révolutions, et, quand il a sa passion à satisfaire, il ne voit plus du tout l'ensemble et l'avenir des choses. Mais, en vérité, l'Europe n'est pas obligée de s'associer à son emportement et à son imprévoyance. Est-ce que l'Europe ne fera rien, ne dira rien, pour empêcher qu'on n'ouvre sur elle cette nouvelle outre pleine de je ne sais quelle tempête? Est-ce que M. de Metternich n'avertira pas l'Europe, pour qu'elle se réunisse et s'entende afin de parer le coup, si cela se peut encore, ou du moins afin d'en arrêter les conséquences?... Nous croyons qu'avec un peu de prévoyance et d'action commune, le mal peut être étouffé dans son germe. Que le prince de Metternich *take the lead* dans cet intérêt européen ; nous le seconderons de notre mieux. » En même temps, M. Guizot écrivait à Berlin : « Je ne puis croire que, si l'Europe continentale se montrait unie dans son improbation, lord Palmerston n'hésitât pas à aller jusqu'au bout [1]. »

Obtenir des deux cours allemandes une action prompte et énergique, était chose à peu près impossible. Tout indigné

---

[1] Lettres particulières de M. Guizot au comte de Flahault, en date du 30 mars 1847, et au marquis de Dalmatie, en date du 31 mars. (*Documents inédits.*) Les affaires de Grèce étaient de celles sur lesquelles, à cette même époque, M. de Kindworth avait mission de proposer une entente à M. de Metternich. (*Mémoires de Metternich*, t. VII, p. 389.)

qu'il fût des menées de lord Palmerston, M. de Metternich laissa voir, au premier moment, une sorte de résignation fataliste à ce qu'il ne croyait pas pouvoir empêcher. « Il faut se borner, nous disait-il, à prendre une attitude et à attendre [1]. » N'était-ce pas du reste, en bien des circonstances, le premier et le dernier mot de sa diplomatie? Quant à la Prusse, les représentations qu'elle était disposée à faire faire à Londres perdaient beaucoup de leur force en passant par la bouche de M. de Bunsen, de plus en plus acquis à lord Palmerston [2]. A Athènes, les deux envoyés d'Autriche et de Prusse, tout en témoignant leur sympathie à Colettis, l'engageaient, dans son intérêt, à céder momentanément devant l'orage. « Plus tard, lui disaient-ils, vous reviendrez plus fort [3]. » Notre gouvernement eût certainement désiré un concours plus ferme; ce n'en était pas moins un résultat sérieux d'avoir amené les cabinets de Vienne et de Berlin à déclarer qu'ils jugeaient comme nous la politique britannique en Grèce, à adresser à Londres des observations même mal écoutées, et à agir, non sans efficacité, sur le gouvernement russe pour le détourner de suivre lord Palmerston [4].

Toutefois, la meilleure carte de notre jeu était Colettis lui-même. Celui-ci, loin de faiblir, trouvait dans le péril une occasion de montrer tout ce qu'il avait de ressources. Un remaniement de son cabinet, des élections hardiment provoquées et terminées par un éclatant succès, lui suffirent pour se débarrasser de ses difficultés intérieures, et il en sortit plus populaire que jamais dans la nation, plus en crédit auprès du Roi. Sagement préoccupé de mériter la sympathie des autres puissances continentales, il les fit en quelque sorte juges de sa conduite et de celle de lord Palmerston, et s'arrangea pour mettre celui-ci bien dans son tort, en lui faisant des offres

---

[1] Lettre particulière de M. de Flahault à M. Guizot, du 5 avril 1847. (*Documents inédits.*)

[2] Lettre particulière de M. Guizot à M. de Flahault, du 30 mars 1847. (*Documents inédits.*)

[3] *Mémoires de M. Guizot*, t. VII, p. 370.

[4] *Mémoires de M. de Metternich*, t. VII, p. 389, 390.

assez sérieuses de garanties ou même de payement. De son côté, le ministre anglais, chaque jour plus violent, s'aliénait les autres puissances, sans parvenir à intimider la Grèce ; loin d'ébranler le ministre qu'il détestait, il le fortifiait et le grandissait, en faisant de lui le représentant du sentiment national offensé.

Au commencement de septembre 1847, lord Palmerston paraissait donc avoir échoué dans sa campagne, et le cabinet français se félicitait du succès de son client, quand arriva tout à coup d'Athènes une lugubre nouvelle : Colettis, tombé malade au milieu même de sa victoire, était mourant. Il succomba le 12 septembre, pleuré de la cour et du peuple. M. Guizot ressentit très vivement la douleur de cette perte. « La mort de Colettis, écrivait-il à M. de Barante, est pour moi un vrai chagrin. J'ai fait, deux fois en ma vie, de grandes affaires avec de vrais amis. Lord Aberdeen est à Haddo. Colettis est mort. La veille de sa mort, la reine de Grèce, fondant en larmes avec Piscatory, lui disait : « Et il y a des gens qui ne « voient pas que c'est un grand homme qui meurt[1] ! » Notre ministre ne pleurait pas seulement un ami personnel. Avec Colettis, le « parti français » à Athènes perdait ses principales chances de succès et à peu près tout ce qui pouvait nous le rendre intéressant. Cet homme, vraiment unique sur le petit théâtre où les circonstances l'avaient fait surgir, ne laissait derrière lui personne en état de le remplacer. M. Guizot devait se sentir un peu dans la situation d'un joueur qui se verrait enlever la carte sur laquelle il avait placé tout son enjeu, et, de la politique suivie jusqu'alors, il ne lui restait guère que l'embarras de se trouver engagé si avant dans l'inextricable imbroglio des affaires intérieures de la Grèce.

Par contre, lord Palmerston croyait, grâce à cet accident, tenir enfin sa revanche. Il la voulait très complète. Vainement le gouvernement bavarois proposait-il une sorte de désarmement réciproque et la constitution à Athènes d'un ministère de

---

[1] Lettre du 28 septembre 1847. (*Documents inédits.*)

coalition où tous les partis seraient représentés; vainement la France se montrait-elle disposée à entrer dans cette voie et offrait-elle de rappeler M. Piscatory si l'on faisait de même pour sir Edmund Lyons : lord Palmerston repoussait toutes ces ouvertures; il lui fallait un cabinet présidé par Maurocordato, le chef du parti anglais, et le premier acte de ce cabinet devait être de dissoudre la Chambre qui venait d'être élue et qui n'avait pas encore siégé. La Grèce et son roi, blessés de cette arrogance impérieuse, refusèrent de s'y soumettre et maintinrent le pouvoir aux mains des amis de Colettis. Lord Palmerston, exaspéré, voulut alors renverser de vive force ceux qui osaient lui résister. Dans ses conversations, il ne se gênait pas pour annoncer la chute prochaine d'Othon [1]. Mais, cette fois encore, sa passion fut trompée. Tel avait été le prestige de Colettis que, mort, il protégeait encore ceux qui suivaient sa politique et se recommandaient de son nom. Le cabinet, appuyé par le Roi et par la grande majorité de la nation, parvint à réprimer les insurrections fomentées ou en tout cas favorisées par la diplomatie anglaise, mit fin au conflit diplomatique avec la Porte, et, lorsque la session se rouvrit, il put se faire honneur de la pacification relative du pays.

Le gouvernement français aidait le ministère grec à se défendre, mais avec réserve, « sans l'épouser », comme il avait fait de Colettis. Il cherchait visiblement à se dégager peu à peu des affaires helléniques. M. Piscatory, qui comprenait la nécessité de cette semi-retraite, mais qui éprouvait quelque embarras à l'effectuer lui-même, était le premier à désirer son rappel. Aussi fut-il heureux, au commencement de décembre 1847, de se voir nommer à l'ambassade de Madrid [2]. La gestion de la légation d'Athènes resta aux mains du premier secrétaire, M. Thouvenel. Ce dernier était précisément de ceux qui avaient regretté que la politique française se compromît autant au service de

---

[1] De Londres, le duc de Broglie écrivait, le 2 novembre 1847, à M. Guizot : « Lord Palmerston a dit à M. de Bunsen que le roi Othon serait bientôt détrôné, qu'une révolution se préparait. » (*Documents inédits.*)

[2] Voir plus haut, p. 132.

ses clients de Grèce. Réduit au rôle de spectateur par l'activité débordante de son chef, M. Piscatory, il avait été, par cela même, d'autant plus porté à la critique. Sans nier les qualités rares de Colettis, son esprit, son adresse, son courage, il le trouvait un peu chimérique, homme d'expédient plus que de solution, capable de faire gagner du temps, non de créer un gouvernement vraiment régulier. « Sur bien des points, disait-il, les Anglais voient trop noir ; de notre côté, nous voyons trop blanc ; en fondant les deux couleurs, nous arriverions à une nuance grise qui serait plus vraie et plus juste. » De même, tout en reconnaissant les mérites de M. Piscatory, en admirant l'énergie avec laquelle « il forçait le succès », en proclamant qu'il avait habilement et complètement « battu » sir Edmund Lyons, il lui reprochait d'avoir « trop mis au jeu » dans les affaires grecques, et d'y avoir apporté une trop grande « excitation personnelle ». A son avis, la lutte d'influence, si vivement engagée avec l'Angleterre, était dangereuse pour un pays aussi frêle que la Grèce, et la France n'en pouvait recueillir des avantages proportionnés aux efforts faits et aux responsabilités assumées. Athènes lui paraissait être devenue « un terrain d'une importance exagérée et factice », et, dans ce qui s'y passait, il ne voyait guère qu'une « tragi-comédie » assez pitoyable, où il nous était fâcheux d'avoir le premier rôle. En 1846 et 1847, le jeune secrétaire avait exprimé plus ou moins librement ces idées, dans les lettres qu'il écrivait à ses amis et même dans sa correspondance avec le directeur politique du ministère des affaires étrangères, M. Désages [1], qui était déjà un peu en méfiance des entraînements philhelléniques de M. Piscatory [2]. On conçoit qu'avec de telles opinions, M. Thouvenel fût bien préparé à suivre la politique qui s'imposait, après la mort de Colettis. Il la définissait ainsi, le 30 décembre 1847, dans une lettre à M. Désages : « L'œuvre que M. Piscatory a tenté d'accomplir en Grèce lui appartenait

---

[1] *Passim* dans *La Grèce du roi Othon, Correspondance de M. Thouvenel avec sa famille et ses amis*, publiée par L. THOUVENEL.
[2] Lettre de M. Désages à M. de Jarnac, 30 juillet 1847 (*Documents inédits.*)

en propre, et je ne conseille à personne de la reprendre ; mais ce qui nous importe, ce me semble, c'est que cette œuvre ne cesse pas brusquement, c'est que notre politique ne fasse pas de soubresaut. Il faut qu'on ne nous accuse pas de faiblesse, et cependant que nous rentrions dans une voie normale. Nous devons désirer que notre bruit ne soit pas plus fort que notre action réelle, et que nos embarras ne dépassent pas notre profit... Je pense que six ou huit mois d'un régime plus doux, tel que je le conçois, suffiront pour donner à notre situation un caractère moins tranché, mais toujours très amical pour le Roi et pour le pays, toujours fermes, sauf des irritations personnelles de moins vis-à-vis de la légation anglaise. En un mot, je tâcherai de faire en sorte que le successeur de M. Piscatory ne vienne pas à Athènes pour prendre à son compte tous les actes et toutes les fautes d'un parti et du gouvernement grec, mais simplement pour être le chef d'une légation bienveillante [1]. » Ce programme était conforme à la pensée du cabinet de Paris, et M. Désages répondait, le 11 février 1848, à M. Thouvenel : « Nous n'avons, pour le présent, autre chose à vous demander que ce que vous faites. Continuer *modérément* M. Piscatory, prendre à l'égard de ce qu'on appelle le parti français, parti actuellement sans tête depuis la mort de Colettis, le rôle de conciliateur plutôt que celui de directeur ; se maintenir dans les meilleurs rapports avec le Roi et la Reine, les conseiller dans le sens vrai de leur intérêt et de leur dignité, et, sauf le cas de péril sérieux, se tenir plutôt derrière que devant eux ; voilà, en gros, ce que vous faites et ce que vous avez de mieux à faire. » Quel eût été le résultat de cette politique ? Eût-elle pu maintenir ce qu'il y avait de légitime et d'essentiel dans notre influence, tout en diminuant nos compromissions ? C'est une question à laquelle la révolution de Février n'a pas permis d'avoir la seule réponse vraiment décisive, celle des faits.

---

[1] *La Grèce du roi Othon*, etc., p. 160, 161.

IV

Lord Palmerston ne se bornait pas à aviver et à envenimer la lutte sur les théâtres où l'Angleterre et la France étaient déjà avant lui en état de rivalité. Dans toutes les questions, il cherchait l'occasion d'user envers nous d'un de ces mauvais procédés, de nous jouer un de ces mauvais tours auxquels notre diplomatie avait fini par être si bien habituée qu'elle les appelait, de son nom, des « palmerstonades » [1].

Le Portugal n'était pas moins troublé que l'Espagne. Des mesures réactionnaires, prises en 1846 par la reine Dona Maria, avaient provoqué une insurrection « libérale », devenue bientôt une véritable guerre civile. Les Miguelistes en avaient profité pour reprendre les armes. En Angleterre, on ne voyait pas sans préoccupation l'état fâcheux d'un pays qu'on considérait comme une sorte de client. De plus, la reine Victoria s'intéressait particulièrement au sort de Dona Maria, qui avait épousé un cousin germain du prince Albert; elle désirait qu'on vînt à son secours et pesait dans ce sens sur lord Palmerston, dont les sympathies naturelles fussent allées plutôt aux révolutionnaires. La France, au contraire, était peu attentive à ce qui se passait en Portugal, et ne songeait aucunement à y rivaliser avec l'influence anglaise; c'était sans fondement et par un pur effet de sa manie soupçonneuse, que lord Palmerston croyait voir, derrière la politique rétrograde de Dona Maria, les conseils de Louis-Philippe. Cependant, la persistance et les progrès de l'insurrection avaient fini par éveiller la sollicitude de notre gouvernement : celui-ci craignait le contre-coup qui pouvait se produire à Madrid, d'autant que les Esparteristes proclamaient très haut leur espoir de « faire rentrer la révolution en Espagne

---

[1] Le mot se trouve, par exemple, dans une lettre de M. Thouvenel au prince Albert de Broglie, 19 janvier 1848. (*La Grèce du roi Othon*, etc., p. 164.)

par le Portugal ». C'était pour nous une raison de nous intéresser à la pacification de ce dernier pays.

Telles étaient les dispositions du cabinet de Paris quand, au commencement de 1847, Dona Maria, se fondant sur le traité un peu oublié de la « Quadruple alliance », réclama le secours de l'Espagne. On sait que par ce traité, signé le 22 avril 1834, les deux reines constitutionnelles de la Péninsule avaient établi entre elles une sorte d'assurance mutuelle contre les Miguelistes et les Carlistes, et que, de plus, l'Angleterre et la France avaient promis de les aider, au besoin par les armes, contre ces adversaires [1]. L'évocation d'un acte diplomatique où il avait été partie parut à notre gouvernement une occasion de dire son mot dans l'affaire : il s'autorisa, à son tour, du traité de 1834, pour offrir aux cabinets de Londres et de Madrid de délibérer en commun sur les mesures à prendre, et d'examiner s'il n'y aurait pas lieu de se porter ensemble médiateurs entre les belligérants. Que la France se mêlât des affaires du Portugal, et qu'au lendemain des mariages espagnols, elle parût, dans une démarche publique, être l'alliée de l'Angleterre, c'est ce que l'animosité et la rancune de lord Palmerston ne pouvaient admettre. Aussi, pour nous éconduire, s'empressa-t-il de déclarer que le traité de la Quadruple alliance n'existait plus, et qu'en tout cas il ne pouvait s'appliquer à la circonstance présente. « Pas d'action commune avec la France, quand on peut l'éviter », écrivait-il à ce propos, le 17 février 1847, à lord Normanby [2].

Toutefois, le secrétaire d'État ne pouvait justifier son refus et se défendre contre de nouvelles insistances de notre part, qu'en accomplissant à lui seul la besogne pour laquelle il repoussait notre concours, et en trouvant, en dehors de nous, quelque autre moyen de pacification. Il l'essaya. On le vit successivement négocier avec l'Espagne et le Portugal, pour substituer une triple alliance à la quadruple dont il ne voulait plus, puis offrir la médiation de l'Angleterre seule. Tout échoua. La situation

[1] Voir plus haut, t. II, ch. XIV, § V.
[2] BULWER, *The life of Palmerston*, t. III, p. 290.

du Portugal devenait de plus en plus critique. Lord Palmerston sentait qu'autour de lui, à la cour de Windsor, dans le public anglais, et jusque chez ses collègues du cabinet, on s'en prenait à lui de la prolongation et de l'aggravation de cette crise. Embarrassé de son impuissance et de sa responsabilité, il sentit la nécessité de revenir sur le refus hautain qu'il nous avait d'abord opposé. C'était sans doute une reculade mortifiante, mais force lui fut de s'exécuter. La Quadruple alliance fut donc momentanément ressuscitée, et, en mai 1847, des arrangements furent conclus entre les quatre cours, en vue d'une sorte de médiation armée à exercer entre les belligérants. La charge peu agréable de procéder aux mesures coercitives fut laissée à l'Angleterre. Celle-ci s'en acquitta aussitôt d'une main si peu légère qu'elle se fit beaucoup d'ennemis en Portugal et y affaiblit sa situation. C'était une maladresse de plus ajoutée à toutes celles qu'avait déjà commises lord Palmerston en cette affaire. Quant à la France, une fois qu'elle se fut donné le plaisir d'imposer son concours au cabinet de Londres, et qu'elle eut obtenu, tant bien que mal, la pacification matérielle désirée par elle en vue de l'Espagne, elle eut soin de se dégager d'une entreprise où elle n'avait aucun intérêt. Dès la fin d'août 1847, notre gouvernement avertissait lord Palmerston qu'il regardait, en ce qui le concernait, la question comme close [1].

A peine en avait-on fini avec le Portugal, qu'un incident du même genre se produisait sur un tout autre théâtre. En 1845, pour être agréable à lord Aberdeen, M. Guizot avait consenti, fort à contre-cœur, à remettre la main dans les affaires de la Plata, et à tenter, avec l'Angleterre, une médiation armée entre Rosas, le dictateur de la Confédération argentine, et l'État de Montevideo [2]. Il n'avait pas fallu longtemps pour nous apercevoir que, suivant le mot de M. Désages, nous nous étions fourrés dans un véritable « guêpier [3] ». Nous n'y restions que

---

[1] Voir la conversation du duc de Broglie et de lord Palmerston, rapportée dans une dépêche du duc à M. Guizot, en date du 29 août 1847.

[2] Voir plus haut, t. VI, ch. I, § II.

[3] Lettre de M. Désages à M. de Jarnac, du 29 août 1846. (*Documents inédits.*)

par fidélité à l'engagement pris envers l'Angleterre. Tant que lord Aberdeen avait été au *Foreign office,* l'accord avait régné à la Plata entre les agents des deux gouvernements. Il fallait s'attendre que cette situation changeât avec lord Palmerston. Celui-ci apporta dans cette affaire sa méfiance accoutumée à l'égard de la France; il s'imaginait, on ne sait vraiment pourquoi, que nous songions à profiter de ce qu'il y avait un certain nombre de Français à Montevideo, pour nous emparer de cette ville; et l'important lui paraissait être moins de faire réussir l'action commune que de nous empêcher « de jouer le jeu d'Alger sur la rivière de la Plata [1] ». En 1847, le plénipotentiaire anglais dans ces régions était lord Howden; s'inspirant évidemment des méfiances de son chef, il se trouva bientôt en désaccord avec son collègue français, M. Walewski, sur la façon de traiter Montevideo; au lieu d'en référer à son gouvernement et de laisser, en attendant, les choses dans l'état, il prit sur lui de mettre brusquement fin à l'action concertée : il signifia à notre représentant que l'Angleterre se retirait de l'intervention, leva le blocus et abandonna Montevideo au sort que lui ferait subir Rosas. Un tel procédé était inouï dans une entreprise faite en commun.

A peine notre gouvernement fut-il informé, en septembre 1847, de la conduite de lord Howden, qu'il chargea le duc de Broglie de s'en plaindre au cabinet anglais. Le premier ministre, lord John Russell, que notre ambassadeur vit, à la place du chef du *Foreign office,* momentanément absent de Londres, convint des torts de lord Howden et promit d'en écrire aussitôt à lord Palmerston. Mais ce dernier, qui reconnaissait sinon ses instructions, au moins son esprit, dans l'acte de son plénipotentiaire, l'avait aussitôt pris à son compte; sans consulter ses collègues, il avait envoyé à Paris une dépêche où il approuvait lord Howden et déclarait terminée l'action commune à la Plata. Cette fois encore, la passion l'avait entraîné trop loin; il allait être obligé de reculer. Lord John Russell, lié par ses pre-

---

[1] BULWER, *The Life of Palmerston,* t. III, p. 273.

mières déclarations, relancé par l'ambassadeur de France, se décida à user de son autorité de premier ministre et à adresser de sérieuses représentations à son collègue. Palmerston dut céder. Renonçant à maintenir les déclarations de sa dépêche, il reconnut que l'action commune n'était pas terminée, et que les deux gouvernements avaient à délibérer sur les suites à donner à l'affaire, absolument comme s'il ne s'était manifesté aucun dissentiment entre leurs agents ; sans convenir expressément des torts de lord Howden, il ne contredit pas au jugement sévère que nous en portions. Sur ce point encore, comme naguère en Portugal, il avait été obligé, suivant l'expression du duc de Broglie, « d'avaler la pilule ». Tout cela se passait vers la fin de septembre et le commencement d'octobre 1847. Les pourparlers pour la rédaction des instructions communes à envoyer aux plénipotentiaires français et anglais, se prolongèrent pendant plusieurs semaines et n'aboutirent que dans les premiers jours de décembre. D'ailleurs, le gouvernement français, satisfait d'avoir empêché qu'on ne lui faussât peu honnêtement compagnie, ne cherchait aucunement à prolonger l'intervention. Bien au contraire, il estimait que les deux cabinets devaient chercher ensemble un moyen décent de sortir le plus tôt possible de cette ennuyeuse affaire [1].

On le voit, sur ces divers théâtres, la rancune de lord Palmerston avait été gênante, mais, en fin de compte, assez impuissante. En Espagne, l'influence française, un moment compromise, avait bientôt repris le dessus, et c'était, au contraire, l'influence anglaise qui se trouvait absolument discréditée. En Grèce, il avait fallu l'accident de la mort de Colettis pour ébranler notre prépotence, et encore le cabinet de Londres était-il loin de recueillir de cette mort les avantages qu'il en avait espérés. En Portugal, sur la Plata, après avoir tenté d'agir en dehors de nous, lord Palmerston devait reconnaître assez piteusement qu'il n'en avait ni le moyen ni le

[1] Sur ces négociations, j'ai consulté la correspondance confidentielle échangée entre M. Guizot et le duc de Broglie. (*Documents inédits.*)

droit. Tant d'échecs ne laissaient pas que d'être fort mortifiants pour ce ministre, et son prestige outre-Manche en était atteint. De Londres, le duc de Broglie écrivait à son fils : « On commence ici à trouver que le mal n'a pas trop bonne mine quand il ne réussit pas [1]. »

[1] Lettre du 22 octobre 1847. (*Documents inédits.*)

CHAPITRE IV

LA FRANCE ET LES AGITATIONS EN EUROPE.

(1847-1848.)

I. Les agitations en Europe, au commencement de 1847. C'est pour le gouvernement français l'occasion d'un grand rôle. Comment il est amené à se rapprocher de l'Autriche et à lui proposer une entente. Rapports directs entre M. Guizot et M. de Metternich. Cette évolution convenait-elle à la situation faite à la France? — II. Fermentation libérale en Allemagne. État d'esprit complexe et troublé de Frédéric-Guillaume IV. Ses rapports avec M. de Metternich. Il convoque une diète des États du royaume. Impulsion ainsi donnée au mouvement libéral et unitaire en Allemagne. M. Guizot comprend le danger qui en résulte pour la France. Il provoque sur ce point une entente avec l'Autriche. Ombrages de la presse allemande. Le public français moins clairvoyant que son gouvernement. — III. Les menées des radicaux en Suisse. Lucerne appelle les Jésuites. Attaque des corps francs contre Lucerne. Le gouvernement français se refuse aux démarches comminatoires demandées par le cabinet de Vienne. Constitution du Sonderbund. Le gouvernement français persiste à repousser les mesures pouvant conduire à une intervention armée. Conseils qu'il fait donner à la Suisse. Les radicaux finissent par conquérir la majorité dans la diète fédérale. — IV. Violents desseins des radicaux suisses. La France écarte une fois de plus les propositions de l'Autriche. Elle essaye, sans succès, d'amener l'Angleterre à tenir le même langage qu'elle à Berne. La diète décrète l'exécution fédérale contre le Sonderbund. — V. L'Europe va-t-elle laisser faire les radicaux? En réponse à une ouverture venue de Londres, M. Guizot propose aux puissances d'offrir leur médiation, et leur soumet un projet de note. Lord Palmerston, après avoir fait attendre sa réponse, rédige un contre-projet. Le gouvernement français consent à le prendre en considération. Il obtient de lord Palmerston certaines modifications de rédaction et fait adopter ce contre-projet amendé par les représentants des puissances continentales. Pendant ce temps, le Sonderbund est complètement vaincu par l'armée fédérale. La diplomatie anglaise a pressé sous main les radicaux d'agir. Lord Palmerston estime qu'il n'y a plus lieu de remettre la note. Triomphe insolent des radicaux. La France n'a pas fait jusqu'alors une brillante campagne. — VI. Les puissances continentales, désireuses de prendre leur revanche en Suisse, attendent l'initiative de la France. M. Guizot comprend l'importance du rôle qui lui est ainsi offert. Il est résolu à le remplir, malgré les hésitations qui se manifestent autour de lui. Il renonce à la conférence et la remplace par une note concertée et une entente générale avec les cours continentales. Le comte Colloredo et le général de Radowitz sont envoyés en mission à Paris. Leur accord avec M. Guizot. Isolement de l'Angleterre. La note est remise à la diète suisse, et l'on se réserve de décider ultérieurement les autres mesures à prendre. En février 1848, la direction de l'action européenne en Suisse est aux mains de la France. — VII. L'Italie, qui paraissait sommeiller depuis 1832, commence à se réveiller avec les écrits de Gioberti, Balbo et d'Azeglio. Élection de Pie IX. L'amnistie. Effet produit à Rome et dans toute la Péninsule. Dangers résultant de l'inexpérience du Pape et de l'excitation de la population. Premières réformes accomplies à Rome. Leur contre-coup en Italie. Le mouvement en Toscane. Charles-Albert, son passé, ses sentiments, son caractère. Son impression à la nouvelle des premières mesures de Pie IX. — VIII. Politique du cabinet français en face du mouvement italien. Il veut empêcher à la fois que ce mouvement ne s'arrête devant la résistance réactionnaire et qu'il ne dégénère sous la pression révolutionnaire. Ses conseils au gouvernement pontifical. Il cherche à constituer en Italie un parti modéré. Il met en garde les Italiens contre le danger d'un bouleversement territorial et d'une attaque contre l'Autriche. La France et l'Autriche dans la question italienne. Dans quelle mesure et sur quel terrain elles pouvaient se rapprocher. M. Guizot expose à la tribune sa politique. — IX. Occupation de Ferrare par les Autrichiens. Effet produit à Rome et dans le reste de la Péninsule. Embarras qui en résulte pour la politique du gouvernement français. Ses conseils à Vienne et à Rome. Il est assez bien écouté à Vienne. En Italie, au contraire, les esprits se montent contre lui. Comment M. Guizot répond à cette ingratitude. Contrecoup sur l'opinion en France. M. Guizot et le prince de Joinville. Arrangement de l'affaire de Ferrare. — X. Lord Palmerston excite les Italiens contre la France. Au fond, cependant, il ne veut pas faire plus que nous contre l'Autriche. Mission de lord Minto. — XI. L'excitation croissante des esprits n'est pas favorable au mouvement sagement réformateur. Pie IX réunit la Consulte d'État. Conseils du gouvernement français. Scènes de désordres à Rome. Situation inquiétante de la Toscane. En Piémont, Charles-Albert accorde des réformes, mais s'effraye de l'agitation qu'elles provoquent. M. de Metternich voit les choses très en noir et se tourne de plus en plus vers la France. Le cabinet de Paris se prépare à intervenir. — XII. L'agitation dans le royaume des Deux-Siciles. Ferdinand II accorde une constitution. Le roi de Sardaigne et le grand-duc de Toscane obligés de suivre son exemple. Embarras du Pape. Sages conseils de notre diplomatie. Action contraire de la diplomatie anglaise. La Prusse et la Russie prennent une attitude menaçante envers l'Italie. L'Autriche se plaint de lord Palmerston et se loue de M. Guizot. Position de la France dans les affaires italiennes au moment où la révolution de Février vient tout bouleverser. Conclusion générale sur la politique étrangère de la monarchie de Juillet à la veille de sa chute.

I

Les mauvais procédés de lord Palmerston à notre égard, en Grèce comme en Espagne, sur la Plata comme en Portugal, étaient la moindre part des difficultés avec lesquelles notre diplomatie se trouvait alors aux prises. Il en était d'autres, plus importantes et plus redoutables, dont le ministre anglais n'était pas l'auteur premier, bien qu'il s'appliquât perfidement à les aggraver. Depuis quelque temps, dans cette Europe naguère immobile, un vent s'était élevé qui agitait les peuples et ébranlait les gouvernements; était-ce un vent de liberté ou de révolution? L'horizon se chargeait sur plusieurs points de gros nuages noirs; qu'en allait-il sortir? une pluie fécondante ou une trombe dévastatrice? Dès le commencement de 1847, en Allemagne, en Suisse, et surtout en Italie à la suite de l'avènement de Pie IX, la fermentation était assez visible pour que tous en fussent frappés, ceux qui s'en réjouissaient comme ceux qui s'en effrayaient. Au cours de la discussion de l'adresse, M. Thiers, traçant, à la tribune de la Chambre, un brillant tableau de cette agitation universelle, la saluait avec une allégresse triomphante. M. de Metternich considérait naturellement ce spectacle avec des yeux tout autres. « Le monde est bien malade, écrivait-il mélancoliquement au comte Apponyi... La situation générale de l'Europe est fort dangereuse. L'ère dans laquelle nous vivons est une ère de transition, et le moment actuel porte le caractère de l'une des crises comme il doit nécessairement s'en présenter aux époques de transition. Savoir à quoi aboutit une crise n'entre pas dans la faculté des praticiens les plus expérimentés... Je suis né calme et patient, observateur sévère des forces agissantes et surtout des forces motrices; eh bien, plus je suis tout cela, et moins je me reconnais capable de me rendre compte d'un avenir que mon esprit ne peut pénétrer. Ce qui est clair pour moi, c'est que les choses subiront de grands changements [1]. » M. de Viel-Castel, que sa situation au ministère des affaires étrangères mettait à même d'être exactement informé et que sa sagesse d'esprit préservait des exa-

---

[1] Lettres du 10 mars et du 19 juin 1847. (*Mémoires de M. de Metternich*, t. VII, p. 330 et 333.) — Il y avait longtemps, d'ailleurs, que le chancelier d'Autriche avait, au sujet de cette année 1847, de fâcheux pressentiments. En 1840, peu après la signature de la convention du 15 juillet, on parlait, dans son salon, des préparatifs militaires de la France et des dangers que courait la paix. « Non, dit le prince, la paix ne sera pas troublée cette fois; tout cela se calmera; *mais, en 1847, tout ira au diable!* » Cette anecdote fut racontée dans les premiers jours de 1848, par la princesse de Metternich, à M. de Flahault, alors ambassadeur de France à Vienne. (Lettre particulière de M. de Flahault à M. Guizot, en date du 8 janvier 1848. *Documents inédits.*)

gérations, notait, sur son journal intime, en février 1847 : « L'aspect de l'Europe est grave en ce moment, et nul ne peut prévoir ce qu'il deviendra d'ici à quelque temps; il s'en faut de beaucoup que la France soit la plus compromise [1]. » Le baron Stockmar, confident du prince Albert et du roi Léopold, écrivait de Londres, au commencement de 1847 : « Je prévois de grandes révolutions; mais quels en seront les résultats, je ne m'aventurerai pas à le prédire. » Et encore : « Je suis de plus en plus convaincu que nous sommes à la veille d'une grande crise politique [2]. » M. Guizot disait, à la tribune de la Chambre des députés, le 5 mai 1847 : « Depuis longtemps, l'Europe a vécu dans un état, à tout prendre, stationnaire; la politique du *statu quo* a été, depuis 1814, la politique dominante dans les gouvernements européens. Un grand changement s'opère en ce moment, plus grand que ne le disent ceux qui en parlent le plus. » En somme, personne ne pouvait prévoir ce qui allait se passer en Europe; mais chacun pressentait qu'il s'y préparait des événements graves. L'édifice politique construit en 1815 semblait sur le point d'être renversé ou tout au moins transformé.

En face de telles éventualités, la France ne pouvait demeurer inerte et indifférente. Tout le monde avait les yeux sur elle, attendait d'elle quelque chose, aussi bien les peuples qui s'agitaient que les gouvernements qui se sentaient menacés. Son intérêt était double : elle devait seconder des mouvements réformateurs et libéraux qui lui créeraient en Europe une clientèle d'États constitutionnels et feraient obstacle à la reconstitution d'une Sainte-Alliance; mais elle devait aussi empêcher que ces mouvements ne dégénérassent en des révolutions et des guerres qui compromettraient également sa sécurité intérieure et sa considération extérieure. En un mot, il lui appartenait d'exercer une sorte d'arbitrage, de protéger l'impulsion réformatrice contre la réaction absolutiste, et les gouvernements

---

[1] *Documents inédits.*
[2] *Le Prince Albert, Extraits de l'ouvrage de sir Théodore Martin*, par M. Craven, t. I, p. 212.

contre la révolution. Ce rôle pouvait être profitable et glorieux. La monarchie de 1830 n'avait pas encore eu l'occasion de tenir en Europe une telle place et d'y exercer une action aussi considérable.

Il était fâcheux que cette tâche s'imposât à elle au moment même où elle était brouillée avec l'Angleterre. Notre gouvernement, sans doute, s'il n'eût tenu qu'à lui, se fût volontiers concerté avec le cabinet de Londres, dont l'alliance lui paraissait indiquée pour toute politique libérale. Mais il n'y avait aucune chance d'obtenir le concours de lord Palmerston ; bien plus, on pouvait être assuré que celui-ci verrait dans ces agitations européennes une occasion de nous susciter des embarras et des périls, en brouillant toutes les cartes, en poussant partout aux troubles et aux révolutions. L'œuvre à accomplir en devenait beaucoup plus compliquée. Le cabinet de Paris vit la difficulté et, pour la surmonter, prit tout de suite une importante décision ; il résolut de chercher du côté de l'Autriche le point d'appui qu'il n'avait plus l'espoir de trouver en Angleterre.

De la part du gouvernement du roi Louis-Philippe, ce n'était pas une sorte de nouveauté soudaine, de brusque revirement. Depuis longtemps, il tendait à se rapprocher de la cour de Vienne, et j'ai eu souvent l'occasion de noter les démarches qu'il avait faites dans ce sens. Sans doute, au lendemain de 1830, le cabinet autrichien s'était montré l'antagoniste, à la fois épeuré et dédaigneux, de la France de Juillet, s'agitant pour reconstituer contre elle la Sainte-Alliance, sur tous les points contredisant ses principes et cherchant à contrarier sa politique, se heurtant directement en Italie à sa diplomatie, presque à ses armées ; c'est contre l'Autriche que Casimir Périer, en 1832, faisait l'expédition d'Ancône ; c'est à M. de Metternich qu'en 1833, à la suite des conférences de Münchengraetz, le duc de Broglie ripostait avec tant de raideur et de hauteur. Mais, dès 1834, le Roi, d'accord avec M. de Talleyrand, jugea le moment venu de se mettre en meilleurs termes avec les puissances continentales, notamment

avec la cour de Vienne, et il entra en relations directes avec
M. de Metternich : cette politique lui paraissait avantageuse
à la fois pour la dynastie, qui y gagnerait d'être reçue dans
la société des vieilles monarchies, et pour la France, qui,
retrouvant par là le libre choix de ses alliances, ne serait
plus à la discrétion de l'Angleterre. L'évolution était-elle
prématurée? Le duc de Broglie le croyait, et cette divergence
avec le souverain n'avait pas été pour peu dans sa chute.
M. Thiers, au début de son ministère, en 1836, entra vivement dans l'idée de Louis-Philippe, et fit beaucoup d'avances
aux cours de l'Est, dans l'espoir d'obtenir ainsi pour le duc
d'Orléans la main d'une archiduchesse d'Autriche; mais,
déçu sur ce point, il ne songea qu'à se venger et voulut jeter
un défi à l'Europe réactionnaire en intervenant en Espagne :
le Roi alors le brisa et le remplaça par M. Molé. Le nouveau
cabinet donna à la cour de Vienne un gage éclatant de ses
intentions amicales, en évacuant Ancône; aussi l'un des
griefs de la coalition fut-il que M. Molé avait trahi la cause
libérale en Europe et humilié la France devant les cours
absolutistes. Dans la crise de 1840, l'Autriche ne suivit
l'Angleterre et la Russie qu'à contre-cœur et parce qu'il lui
paraissait impossible de s'en séparer; si elle était peu énergique dans ses velléités de résistance à lord Palmerston,
elle était sans hostilité propre contre la France; avant la
convention du 15 juillet, elle proposa plusieurs fois des
transactions destinées à prévenir le conflit; après, elle
chercha des accommodements qui y missent fin, et, quand
le cabinet du 29 octobre fut au pouvoir, elle l'aida efficacement à rentrer dans le concert européen. De 1841
à 1846, toutes les fois que M. Guizot avait quelque difficulté avec l'Angleterre, il cherchait appui à Vienne; M. de
Metternich, sans être toujours d'accord avec lui, ne lui
refusait généralement pas cet appui, surtout s'il y entrevoyait un moyen de raffermir la paix générale et aussi
de relâcher les liens existant entre les deux puissances
occidentales; il ne se montrait vraiment maussade à notre

égard que quand l' « entente cordiale » paraissait s'affermir.

Lors donc qu'au lendemain des mariages espagnols, le cabinet français avait, comme nous l'avons vu, cherché appui à Vienne contre les premières manœuvres hostiles de lord Palmerston [1], il n'avait fait que persévérer dans une politique déjà ancienne. Depuis, la rupture avec l'Angleterre étant devenue plus profonde encore, il voulut faire un pas de plus et proposa formellement à M. de Metternich une « entente » générale sur les questions pendantes [2]. Pour établir avec le chancelier des rapports plus directs et plus intimes que ne pouvaient l'être les communications officielles, il se servit d'un certain Klindworth, Allemand de naissance, dont il n'ignorait pas les liens avec la diplomatie autrichienne [3]. Au commencement d'avril 1847, ce personnage se mit en route pour Vienne, avec mission de faire connaître à M. de Metternich les sentiments de M. Guizot sur la conduite à tenir en face de l'agitation soulevée dans diverses contrées de l'Europe, notamment en Allemagne et en Italie; il devait aussi parler des affaires d'Espagne et de Grèce [4]. M. de Metternich, flatté de recevoir ces avances, chercha, au moins vis-à-vis de ses propres agents, à faire croire que la France libérale était réduite à lui demander secours et à lui faire plus ou moins amende honorable [5]. Mais il ne le prit pas d'aussi haut dans sa réponse au ministre français : fort inquiet lui-même, il avait garde de décourager les ouvertures qu'on lui faisait. S'il se plaisait à envelopper ses déclarations de théories qui rappe-

[1] Voir plus haut, t. VI, chap. v, § 9, et chap. vi, §§ 1 et 8.
[2] M. de Metternich écrivait, le 19 avril 1847, au comte Apponyi : « Le cabinet français voudrait établir avec nous une *entente*. Nous n'aimons pas ce terme, fort discrédité aujourd'hui. » (*Mémoires de M. de Metternich*, t. VII, p. 331.)
[3] M. Guizot écrivait, le 31 mars 1847, au marquis de Dalmatie, ministre de France en Prusse : « Vous verrez à Berlin un Allemand que vous connaissez sûrement, de nom au moins, M. Klindworth. Sachez qu'il voyage pour moi. Au fond, il appartient au prince de Metternich. Ce n'est pas une raison pour que je ne m'en serve pas. » (*Documents inédits*.)
[4] *Mémoires de M. de Metternich*, t. VII, p. 388.
[5] Voir notamment les lettres de M. de Metternich au comte Apponyi, en date du 19 avril et du 25 mai 1847. (*Mémoires de M. de Metternich*, t. VII, p. 331 à 333.)

laient un peu la Sainte-Alliance, il aboutissait en pratique à accepter le terrain d'accord qui lui était proposé [1]. M. Guizot souriait de ce qu'il appelait un « galimatias judicieux [2] » ; du moment où il avait satisfaction sur la réalité des choses, peu lui importait que le chancelier s'abandonnât à sa manie prédicante et pontifiante : loin de s'en formaliser, il affectait, pour mieux gagner son nouvel allié, de prêter une oreille attentive à ses enseignements, et était tout prêt à lui payer en courtoisie admirative et déférente l'avantage de l'attirer dans l'orbite de la politique française.

Cette disposition de M. Guizot apparaît bien dans une lettre qu'il adressa à M. de Metternich, après le retour de M. Klindworth; ce que ce dernier lui rapportait de Vienne lui avait paru assez favorable pour qu'il crût le moment venu d'ouvrir une correspondance directe avec le chancelier; il lui écrivit donc, le 18 mai 1847, la lettre suivante, qui est trop caractéristique de la nouvelle politique du cabinet français pour qu'il n'y ait pas intérêt à la reproduire en entier : « Les conversations de Votre Altesse avec M. Klindworth ne me laissent qu'un regret, mais bien vif, c'est de ne les avoir pas eues moi-même. Plus j'entrevois votre esprit, plus j'éprouve le besoin et le désir de le voir tout entier. Et l'on ne voit tout qu'avec ses propres yeux. On ne s'entend vraiment que lorsqu'on se parle. Faute de cela, et en attendant cela, car je n'en veux pas désespérer, je serai heureux de vous écrire et que vous m'écriviez, et que nos communications, si elles restent lointaines, soient du moins personnelles et intimes. Ce ne sera pas assez, mais ce sera mieux pour les affaires. Et ce sera pour moi un grand plaisir, en même temps qu'un grand bien dans les affaires. Je ne connais pas de plus grand plaisir que l'intimité avec un grand esprit. Nous sommes placés à des points bien différents

---

[1] Lettre et dépêche du 12 et du 19 avril 1847, de M. de Metternich au comte Apponyi. (*Mémoires de M. de Metternich*, p. 388 à 395.)

[2] M. Guizot écrivait au duc de Broglie, le 3 décembre 1847 : « Il m'est arrivé une fois d'appeler les dépêches du prince de Metternich un galimatias judicieux. Convenez que sa petite lettre d'aujourd'hui me donne bien raison. » (*Documents inédits.*)

de l'horizon, mais nous vivons dans le même horizon. Au fond et au-dessus de toutes les questions, vous voyez la question sociale. J'en suis aussi préoccupé que vous. Nos sociétés modernes ne sont pas en état de décadence, mais, par une coïncidence qui ne s'était pas encore rencontrée dans l'histoire du monde, elles sont à la fois en état de développement et de désorganisation, pleines de vitalité et en proie à un mal qui devient mortel s'il dure, l'esprit d'anarchie. Avec des points de départ et des moyens d'action fort divers, nous luttons, vous et moi, j'ai l'orgueil de le croire, pour les préserver ou les guérir de ce mal. C'est là notre alliance. C'est par là que, sans conventions spéciales et apparentes, nous pouvons, partout et en toute grande occasion, nous entendre et nous seconder mutuellement. Ce n'est pas de tels ou tels rapprochements diplomatiques, fondés sur telle ou telle combinaison d'intérêts, c'est d'une seule et même politique pratiquée de concert que l'Europe a besoin. Il n'y a pas deux politiques d'ordre et de conservation. La France est maintenant disposée et propre à la politique de conservation. Elle a, pour longtemps, atteint son but et pris son assiette. Bien des oscillations encore, mais de plus en plus faibles et courtes, comme d'un pendule qui tend à se fixer. Point de fermentation profonde et turbulente, ni pour le dedans, ni pour le dehors. Il y a deux courants contraires dans notre France actuelle : l'un, à la surface et dans les apparences, encore révolutionnaire ; l'autre, au fond et dans les réalités, décidément conservateur. Le courant du fond prévaudra. L'Europe a grand intérêt à nous y aider. A l'occident et au centre de l'Europe, en Espagne, en Italie, en Suisse, en Allemagne, c'est la question sociale qui fermente et domine. Il y a là des révolutions à finir ou à prévenir. A l'ouest de l'Europe, autour de la mer Noire et de l'Archipel, la question est plus politique que sociale. Il y a là des États à soutenir ou à contenir. Ce n'est qu'avec le concours de la France, de la politique conservatrice française, qu'on peut lutter efficacement contre l'esprit révolutionnaire et anarchique dans les pays où il souffle, c'est-à-dire dans l'Europe occidentale. Et dans l'Europe orientale, où tant de complications politiques peuvent naître, l'intérêt français est évidemment en harmonie avec l'intérêt européen et spécialement avec l'intérêt autrichien. La politique d'entente et d'action commune est donc, entre nous, naturelle et fondée en fait, et j'ai la confiance que, pratiquée avec autant de suite que peu de bruit, elle sera aussi efficace que naturelle. Je suis charmé de voir, mon prince, que vous avez aussi cette confiance, et je tiens à grand honneur ce que vous voulez bien penser de moi. J'espère que la durée et la mise en pratique de notre intimité ne feront qu'affermir votre confiance et votre bonne opinion. C'est la pratique qui est la pierre de touche de toute chose. Et certes, les questions au sujet desquelles notre entente sera mise à l'épreuve, ne manquent pas en ce moment. Vous les avez parcourues et éclairées, tout en causant avec M. Klindworth. Je m'en entretiens aussi avec lui presque tous les jours... Croyez, mon prince, au profond plaisir que me causent les témoignages de votre estime, et permettez-moi de vous offrir tous les sentiments qu'il pourra vous plaire de trouver en moi pour vous [1]. »

La réponse de M. de Metternich, datée du 15 juin, est loin d'avoir le même intérêt. Après avoir témoigné « la satisfaction que lui faisait éprouver la confiance personnelle » de M. Guizot, le chancelier dogmatisait avec sa solennité accoutumée. Il se piquait cependant de « ne pas vivre dans des abstractions, mais dans le monde pratique », et de « savoir tenir compte de la première des puissances, celle de la vérité dans les choses ». « Le caractère véritable de notre temps, ajoutait-il, est celui d'une ère de transition... Le jeu politique ne m'a point semblé répondre aux besoins de ce temps; je me suis fait socialiste conservateur. » Il laissait toujours voir quelque préoccupation de se poser comme si c'était la France qui venait rejoindre l'Autriche sur son terrain; mais, en somme, il adhérait à toutes les idées exprimées par M. Guizot. « La France, disait-il, marchant dans une direction conservatrice,

---

[1] *Mémoires de M. de Metternich,* t. VII, p. 400 et 401.

peut être sûre de se rencontrer avec l'Autriche, et cette rencontre même renferme un gage pour le repos général. Vous avez, Monsieur, une grande et noble tâche à remplir, celle de consolider le repos de la France. Le repos d'un grand État ne saurait être un fait isolé; pour arriver à sa pleine jouissance, il doit être soutenu par le repos général. Comptez sur ma volonté de concourir, autant que mes facultés pourront me le permettre, à la salutaire entreprise d'assurer ce bienfait à l'Europe, et veuillez être convaincu de la satisfaction que j'éprouverai toujours en joignant, pour un but aussi important, mes efforts personnels aux vôtres [1]. »

En nouant ces relations, le désir de M. Guizot était évidemment de se mettre avec M. de Metternich sur le pied d'intimité amicale et confiante où il avait été, de 1843 à 1846, avec lord Aberdeen. Il n'y réussit pas pleinement. La correspondance directe devait se continuer entre les deux ministres français et autrichien; mais, en dépit des politesses réciproques [2], il y resta toujours quelque chose d'un peu guindé. Si l'entente était établie, elle n'avait, à vraiment parler, rien de « cordial ».

Cette évolution vers l'Autriche était un moyen de nous défendre contre l'hostilité de l'Angleterre, de nous garantir de l'isolement où lord Palmerston prétendait nous réduire. Elle avait, de plus, cet avantage, constamment poursuivi par notre diplomatie depuis 1830, de rompre définitivement la coalition toujours près de se reformer entre les trois puissances de l'Est contre la France suspecte de révolution. Convenait-elle aussi bien à la situation que nous faisaient, au rôle que nous imposaient les agitations survenues en Europe? N'avait-elle pas cet inconvénient, au moment où la liberté fermentait dans tant de contrées, de nous ranger dans le camp réactionnaire? C'était, on le sait, le reproche hautement formulé par M. Thiers. Ce

---

[1] *Mémoires de M. de Metternich*, t. VII, p. 400 à 403.

[2] Dans une lettre du 7 novembre 1847, adressée par M. Guizot à M. de Metternich, on trouve cette phrase : « J'ai appris avec grand plaisir que la santé de Votre Altesse était excellente. J'en fais mon compliment à l'Europe. » (*Mémoires de M. de Metternich*, t. VII, p. 405.)

reproche eût été fondé, s'il s'était agi pour la France de se mettre à la remorque de l'Autriche. Mais, comme on le verra, M. Guizot ne l'entendait pas ainsi. Il ne voulait pas aller rejoindre M. de Metternich sur le terrain où, après 1830, le chancelier s'était placé pour nous faire échec; il voulait le déterminer à venir sur le terrain nouveau, intermédiaire, où il plaisait à la monarchie de Juillet, devenue un gouvernement établi, conservateur, de lui offrir une rencontre. Des deux objets de notre politique extérieure : combattre la révolution et aider aux réformes, le premier plaisait beaucoup plus à l'Autriche que le second. Mais nous comptions sur le besoin qu'elle avait de notre secours contre la révolution, pour obtenir d'elle qu'elle laissât faire les réformes. Que cette politique eût des difficultés, on ne saurait le nier. Il fallait s'attendre que l'Autriche n'eût pas toujours la résignation facile, et qu'elle cherchât à nous attirer dans sa ligne, à nous compromettre. Certains changements, notamment en Italie, devaient être malaisés à lui faire accepter. Mais quelle politique aurait été plus commode? S'il eût fallu manœuvrer d'accord avec lord Palmerston, au milieu des agitations européennes, n'eussions-nous pas eu au moins autant de mal à ne pas nous laisser engager dans ses complaisances révolutionnaires?

Du reste, c'était chez M. Guizot une idée arrêtée, que la France servait d'autant plus efficacement la liberté en Europe, qu'elle était plus résolument et plus manifestement conservatrice, qu'elle donnait aux puissances, jusque-là méfiantes et inquiètes, plus de gages de sa sagesse. Il exposait cette idée, le 5 mai 1847, à la tribune de la Chambre des députés, en réponse aux critiques de l'opposition. Parlant du « grand changement » qui s'opérait alors en Europe : « Vous y voyez, disait-il, des gouvernements nouveaux, des monarchies constitutionnelles qui travaillent à se fonder, une en Espagne, une en Grèce ; vous voyez, en même temps, des gouvernements anciens qui travaillent à se modifier, le Pape en Italie, la Prusse en Allemagne. Je ne veux rien développer, je ne fais que nommer. Ces faits-là sont immenses. Croyez-vous que la politique que la France a suivie depuis 1830, la politique conservatrice, pour appeler les choses par leur nom, n'ait pas joué et ne joue pas un grand rôle dans ce qui se passe en Europe? Beaucoup d'hommes, dans les gouvernements et dans les peuples, ont été rassurés contre la crainte des révolutions; beaucoup d'hommes ont appris à croire ce qu'ils ne croyaient pas possible il y a quinze ans, que des gouvernements libres fussent en même temps des gouvernements réguliers, parfaitement étrangers à toute propagande révolutionnaire, à tout désordre révolutionnaire. L'Europe a appris à croire cela, qu'elle ne croyait pas. C'est une des principales causes des changements que vous voyez se faire aujourd'hui en Europe. Prenez garde! le rôle que vous avez joué depuis 1830, ne le changez pas; soyez plus conservateurs que jamais! »

II

Il convenait d'indiquer tout d'abord quelle était, en face de l'agitation régnant en Europe, la direction générale donnée à la diplomatie française. Reste maintenant à voir cette diplomatie à l'œuvre, dans chacune des contrées où l'agitation soulevait quelque grave problème. Trois pays, entre tous les autres, devaient, à ce titre, fixer l'attention : l'Allemagne, la Suisse et l'Italie.

On sait comment, après 1815, l'organisation donnée à l'Allemagne et la conduite suivie par les gouvernements de la Confédération avaient trompé les espérances libérales et les ambitions nationales éveillées en 1813 [1]. M. de Metternich avait été l'auteur principal et pour ainsi dire la personnification de cette réaction absolutiste à laquelle lui paraissait liée la suprématie de l'Autriche en terre germanique. Pendant de longues années, il fut assez habile ou assez heureux pour se

[1] Voir plus haut, t. IV, ch. IV, § x.

faire seconder par la puissance même qui eût pu trouver intérêt à arborer le drapeau contraire, par la Prusse. Frédéric-Guillaume III, modeste, d'esprit un peu étroit et court, d'autant plus désireux de repos et d'immobilité qu'il avait traversé, pendant sa jeunesse, de plus tragiques vicissitudes, s'était fait une loi de marcher toujours derrière le cabinet de Vienne. Mais ce prince était mort en 1840, et le caractère de son successeur, Frédéric-Guillaume IV, était loin de donner à M. de Metternich la même sécurité. Déjà plusieurs fois [1], j'ai eu l'occasion de noter quelques traits de cette physionomie complexe, énigmatique, troublée : un mélange de chimère et de pusillanimité, d'ambition et de scrupule, d'exaltation et d'indécision; l'horreur de la révolution, la répugnance pour toute nouveauté libérale, surtout si elle portait la marque française, le culte presque superstitieux du passé, l'infatuation d'un roi de droit divin, des protestations sincères d'attachement à l'Autriche et de déférence pour M. de Metternich; et, en même temps, une imagination toujours en travail, un esprit plein de projets, des rêves de grandes réformes, le goût de discourir et de donner ses émotions en spectacle, une aspiration à la popularité des remueurs et des meneurs d'opinion, et, dans un lointain encore un peu vague, à travers beaucoup d'incertitudes, la tentation du grand rôle qui pouvait appartenir à la Prusse dans une Allemagne transformée et unifiée.

Un tel esprit devait être ému de l'insistance avec laquelle l'opinion réclamait l'exécution des promesses constitutionnelles faites, en 1807 et en 1815, par Frédéric-Guillaume III. Il eût bien voulu dégager la parole en souffrance de son père, satisfaire son peuple par quelque initiative généreuse, se sentir en communion avec l'âme allemande. Mais, en même temps, il était décidé à ne rien faire qui ressemblât à une constitution française, rien qui limitât le pouvoir absolu qu'il croyait tenir de Dieu. L'idée lui vint de résoudre la difficulté en développant les États provinciaux qui fonctionnaient en Prusse depuis 1822,

---

[1] Voir plus haut, t. IV, p. 311; t. V, p. 47; t. VI, p. 268.

et dont le caractère tout germanique lui plaisait. Il se mit alors à chercher comment il pourrait les réunir et les admettre à délibérer sur les affaires du royaume, sans cependant en faire des États généraux. Cette recherche dura plusieurs années. Par un effet singulier de la confusion qui régnait dans ce cerveau, au moment où il songeait à inaugurer une politique en réalité dirigée contre M. de Metternich, c'était de ce dernier qu'il tenait avant tout à prendre l'avis. Vainement le chancelier tâchait-il d'éviter des entretiens dont il pressentait l'inutilité, le Roi saisissait toutes les occasions de se « jeter à son cou » et de « lui ouvrir son cœur ». Ainsi profita-t-il de ce que M. de Metternich était venu, en 1845, à Stolzenfels, saluer la reine Victoria, pour avoir avec lui, dans la cabine d'un bateau à vapeur, une conversation de plus de deux heures. Le ministre autrichien l'écouta en homme dont la sagesse n'était pas dupe de ces chimères. A Frédéric-Guillaume lui affirmant sa volonté de ne se laisser jamais imposer des « États généraux du royaume » et de se borner à une réunion plénière des États provinciaux, il répliqua : « Si Votre Majesté veut réellement ce qu'elle me fait l'honneur de me confier, mon intime conviction me presse de lui déclarer qu'elle convoquera les six cents députés provinciaux comme tels, et que ceux-ci se sépareront comme États généraux. Pour empêcher cela, la volonté de Votre Majesté ne suffit pas. » Et comme le Roi ajoutait qu'il agirait seulement « pour lui », et que son successeur pourrait changer son œuvre, le chancelier l'interrompant : « Il y a des choses, lui dit-il, qui, une fois faites, sont irrévocables! » Quoique ainsi contredit, le Roi n'en termina pas moins la conversation en prodiguant les démonstrations affectueuses à son interlocuteur et en « l'embrassant à l'étouffer ». Quant à M. de Metternich, il sortit de là inquiet et triste. « La Prusse, écrivait-il au comte Apponyi, est dans une fort dangereuse situation. Le Roi veut le bien, mais il ne sait pas où il se trouve... Il fait tout ce qu'il faut pour arriver là où il ne veut point en venir. Rendre droit un pareil esprit est une entreprise impossible. » Il ajoutait, toujours à propos des projets de ce prince, dans une lettre à l'archiduc Louis : « Tout le monde se demande ce qu'un avenir prochain pourrait bien nous réserver, et personne n'a confiance dans les événements futurs [1]. »

M. de Metternich avait raison de croire que ses conseils n'arrêteraient pas le roi de Prusse. Le 3 février 1847, après bien des tergiversations, celui-ci publia, avec grand fracas, des lettres patentes convoquant dans une diète générale les États divers, — État des princes, comtes et seigneurs, État de l'ordre équestre, État des villes, État des communes rurales, — qui jusque-là ne s'étaient réunis que sous la forme de diètes provinciales. Le nombre des députés dépassait six cents. Il est vrai que l'assemblée ne devait avoir ni périodicité, ni droit d'initiative, et que ses délibérations étaient purement consultatives. Le Roi, qui se piquait d'être orateur, inaugura, au commencement d'avril, les travaux de la diète par un long discours où éclataient toutes les contradictions de son esprit et de son œuvre. Il y déclarait, avec insistance, « qu'aucune puissance sur la terre ne l'amènerait à changer les rapports naturels entre le souverain et son peuple en rapports conventionnels et constitutionnels garantis par des chartes et scellés par des serments » ; il n'admettait pas « qu'une feuille écrite vînt s'interposer entre Dieu et la Prusse pour gouverner ce pays par ses paragraphes » ; il proclamait sa volonté de maintenir « l'omnipotence royale » contre « les damnables désirs et l'esprit négatif du siècle » ; et, en même temps, il donnait aux députés réunis l'exemple de la hardiesse, en soulevant, dans sa harangue, les questions les plus difficiles, les plus brûlantes, et en semblant les offrir lui-même à la discussion [2]. Le résultat ne se fit pas attendre. Dans la

---

[1] *Mémoires de M. de Metternich*, t. VI, p. 634; t. VII, p. 100 à 103 et 127 à 137. — Cf. aussi une conversation de M. de Metternich, rapportée dans une lettre particulière du comte de Flahault à M. Guizot, en date du 21 janvier 1847. (*Documents inédits.*)

[2] Le prince Albert écrivait, à ce propos, au baron Stockmar : « J'ai lu aujourd'hui avec alarme le discours du roi de Prusse, qui, dans ma mauvaise traduction anglaise, produit une impression vraiment étrange. Ceux qui connaissent et qui

diète, des voix nombreuses, éloquentes, s'élevèrent contre les thèses royales et revendiquèrent les droits du peuple et de ses représentants. Les débats, qui se prolongèrent jusque vers la fin de juin, furent d'un véritable parlement politique : ils portèrent sur toutes les questions intérieures et même, malgré les ministres, sur les affaires étrangères. Le retentissement fut immense, non seulement en Prusse, mais dans l'Allemagne entière. Les espérances libérales, si longtemps déçues et comprimées, se donnèrent carrière. Chacun avait le sentiment qu'il se passait quelque chose comme un 1789 germanique. Peu importait que Frédéric-Guillaume essayât et même qu'il réussît en partie, pour cette fois, à maintenir ses droits contre les exigences parlementaires; le seul fait de ces discussions donnait à l'esprit public une impulsion à laquelle on ne pouvait se flatter de résister longtemps. M. de Metternich, qui, au mois de février, dès le lendemain des lettres patentes, s'était écrié tristement, mais sans surprise : « *Alea jacta est* », ajoutait, le 6 juin, après avoir vu se dérouler toutes les conséquences qu'il avait prévues : « Le Roi a été entraîné où il ne voulait pas aller. Il ne voulait point d'*États généraux*, et il les a dans les *États réunis*... Il ne voulait pas subordonner aux États toute la législation, et elle est entre leurs mains... Six cent treize individus ne se laissent pas mettre sur un lit de Procuste, et, si on les y met, ils font sauter le lit et s'en procurent un meilleur[1]. »

Lord Palmerston voyait avec plaisir Frédéric-Guillaume s'engager dans cette voie nouvelle[2] : il l'y eût volontiers poussé. Rien ne lui paraissait plus favorable à l'alliance anglo-

---

aiment le Roi le retrouveront là, lui, ses vues et ses sentiments, dans chaque parole, et lui seront reconnaissants de la franchise avec laquelle il s'est exprimé; mais, si je me place au point de vue d'un public froid et mal disposé, je me sens trembler. Quelle confusion d'idées! et quel courage de la part d'un roi, que d'improviser ainsi, dans un pareil moment et aussi longuement, non seulement en touchant aux sujets les plus difficiles et les plus épineux, mais en s'y plongeant d'emblée, en prenant Dieu à témoin, en promettant, menaçant, protestant, etc. ! » (*Le Prince Albert, Extraits de l'ouvrage de sir Théodore Martin*, par M. Craven, t. I, p. 221.)

[1] *Mémoires de M. de Metternich*, t. VII, p. 368 à 371, et 377 à 379.
[2] Bulwer, *The Life of Palmerston*, t. III, p. 285.

prussienne qu'il rêvait d'édifier sur les ruines de l'entente avec la France [1]. A Paris, avait-on les mêmes raisons d'être satisfait? S'il n'avait été question, à Berlin, que d'un développement libéral et constitutionnel, la France n'aurait eu aucune raison de le voir de mauvais œil; bien au contraire. Mais il suffisait d'être un peu attentif, — ce qui, à la vérité, était difficile au public parisien, — pour apercevoir, au fond de ce mouvement, l'idée de l'unité allemande, redevenue si vivace depuis 1840 [2]. On la devinait, quoique encore enveloppée de réticences et de scrupules, dans la pensée royale; elle inspirait évidemment les hommes politiques prussiens dont les conseils avaient décidé Frédéric-Guillaume à publier sa quasi-constitution [3]; elle éclatait dans les manifestations de la diète et plus encore peut-être dans l'émotion que ces manifestations éveillaient par toute l'Allemagne. Évidemment, en devenant libérale, la Prusse prenait la direction de l'opinion allemande, et continuait ainsi, dans l'ordre politique, à son profit et au détriment de l'Autriche, l'unification qu'elle avait commencée déjà, depuis quelque temps, dans l'ordre économique, par l'établissement du *Zollverein*. M. de Metternich ne s'y trompait pas. Le 6 juin 1847, dans une lettre au roi de Wurtemberg, où il exposait les dangers de l'expérience tentée par le roi de Prusse, il terminait par ce remarquable pronostic :
« Il faut que, sous la pression du nouveau système, la Prusse s'efforce d'agrandir l'espace dans lequel elle se trouve emprisonnée; l'idée allemande lui en fournit les moyens tout prêts, et ces moyens, c'est l'idée des nationalités qui les lui offre, cette idée qui dit tout et qui ne dit rien, cette idée qui remplit actuellement le monde [4]. »

[1] Voir plus haut, t. VI, p. 266.
[2] Sur 1840, voir plus haut, t. IV, ch. IV, § x.
[3] D'après une lettre de M. de Flahault, M. de Metternich était « persuadé que ces vues d'agrandissement politique et territorial entraient pour beaucoup dans les conseils des hommes d'État qui s'étaient employés le plus activement à déterminer le roi de Prusse à publier sa constitution ». (Lettre particulière de M. de Flahault à M. Guizot, du 5 mars 1847. *Documents inédits*.)
[4] *Mémoires de M. de Metternich*, t. VII, p. 378.

Ce n'est pas aujourd'hui qu'il est besoin de montrer de quel danger était, pour la France, l'unité allemande constituée sous l'hégémonie prussienne. En intervenant d'une façon trop directe et trop ouverte pour l'empêcher, la diplomatie française eût risqué d'irriter le sentiment national et, par suite, de précipiter le mouvement qu'il lui importait de contenir. Mais elle avait, dans cette circonstance, des alliés tout indiqués, qui pouvaient agir plus utilement et qu'elle devait se borner à stimuler, à seconder sous main : c'étaient les petits États d'outre-Rhin, intéressés à ne pas se laisser absorber par la Prusse; c'était aussi l'Autriche, menacée dans sa suprématie sur la Confédération. M. Guizot eut tout de suite une vue très nette de la situation, et, dès le 25 février 1847, avant même que la diète prussienne eût commencé ses travaux, il adressait à son ambassadeur à Vienne cette lettre vraiment remarquable : « Un fait considérable vient de s'accomplir en Allemagne. Le roi de Prusse a donné une constitution à ses États; ce que lord Palmerston voit surtout dans cet événement, c'est un triomphe de l'esprit libéral,... et c'est dans ce sens qu'il travaille à attirer l'événement et à l'exploiter. Nous n'avons certes aucun éloignement pour l'extension du régime constitutionnel en Europe; et nous aussi, au moins autant que l'Angleterre, nous pouvons la regarder comme favorable. Mais nous voyons, dans ce qui se passe en Prusse, deux choses : d'une part, le fait purement intérieur pour la Prusse, le changement apporté dans son mode de gouvernement au dedans; d'autre part, le fait extérieur et germanique, la situation nouvelle que, par suite de ce changement, la Prusse prend ou pourra prendre en Allemagne. Nous n'avons, quant au premier de ces faits, aucun rôle à jouer, aucune influence à exercer ; le changement des institutions intérieures de la Prusse excite notre intérêt sans appeler notre action. Le changement de sa situation en Allemagne, au contraire, nous préoccupe fort, et notre politique y est fort engagée. Nous sommes frappés du grand parti que la Prusse ambitieuse pourrait désormais tirer, en Allemagne, des deux idées qu'elle tend évidemment à s'approprier, l'unité germanique et l'esprit libéral. Elle pourrait, à l'aide de ces deux leviers, saper peu à peu l'indépendance des États allemands secondaires, et les attirer, les entraîner, les enchaîner à sa suite, de manière à altérer profondément l'ordre germanique actuel et, par suite, l'ordre européen. Or, l'indépendance, l'existence tranquille et forte des États secondaires de l'Allemagne nous importent infiniment, et nous ne pouvons entrevoir la chance qu'ils soient compromis ou seulement affaiblis au profit d'une puissance unique, sans tenir grand compte de cette chance et la faire entrer pour beaucoup dans notre politique. Il y a donc pour nous, dans ce qui se passe en Prusse, tout autre chose que ce que paraît y voir lord Palmerston, et nous y regarderons de très près. Qu'en pense le prince de Metternich? Quelle conduite l'Autriche tiendra-t-elle en cette circonstance? Nous aurions grand intérêt à le savoir [1]. »

M. de Metternich, auquel lecture fut donnée de la lettre de M. Guizot, répondit dans la même forme, le 18 mars 1847, par une lettre à son ambassadeur à Paris. Il commença tout d'abord par affirmer son accord de vues avec le gouvernement français.

« M. Guizot, écrit-il, fixe des regards inquiets sur ce qui se passe aujourd'hui en Prusse. Il ne peut mettre en doute que, entre son impression et la mienne, il ne saurait guère y avoir de différence. » Le chancelier reconnaît que « la situation pourrait évoquer des dangers à l'égard desquels la France et l'Autriche se rencontreraient dans leurs intérêts, et qui, loin de concerner seulement ces deux puissances, toucheraient plus particulièrement les États allemands de second ordre et ceux d'un ordre inférieur ». Le moyen d'écarter ces dangers lui paraît être de soutenir, de renforcer le principe de la fédération et de l'opposer aux ambitions centralisatrices. « Le salut, dit-il, est dans l'union de tous contre un, dans la voie légale qu'offre le système fédéral. » Il promet, quant à lui, de se placer sur ce terrain, d'y appeler ses confédérés, et demande à la France de lui donner, pour cette œuvre, son « appui moral »

---

[1] *Documents inédits.*

Toutefois, faisant remarquer que le premier rôle doit être laissé aux États allemands, il recommande au cabinet de Paris une grande réserve; il insiste sur ce que ce cabinet, en se donnant trop de mouvement, risquerait de « provoquer le mal » qu'il veut empêcher. « Un esprit éclairé comme l'est celui de M. Guizot, dit-il en terminant, ne saurait se tromper sur ce que nous regardons comme utile ou dangereux. Veuillez porter cette lettre à la connaissance de M. Guizot. Il me trouvera constamment disposé à l'échange le plus franc de mes impressions et de mes idées avec les siennes, et il n'y a pas aujourd'hui de sujet plus grave que le prochain avenir de la Prusse et le contre-coup que, en mal ou en bien, le développement des événements devra porter sur les autres États allemands [1]. »

L'observation du chancelier sur la réserve commandée à la France était fondée. Pour le moment, d'ailleurs, le danger qui nous préoccupait n'avait pas pris corps; le roi de Prusse paraissait même plus embarrassé du mouvement suscité par lui en Allemagne que décidé à en profiter. Il y avait donc pour nous plutôt à regarder, à nous tenir prêts, qu'à agir. Notre vigilance, du moins, ne se ralentit pas. Quand, au commencement d'avril 1847, M. Guizot envoya M. Klindworth en Autriche pour proposer une entente générale [2], la première question dont il le chargea d'entretenir M. de Metternich fut la situation de la Prusse et de l'Allemagne. Cette communication mit de nouveau en lumière l'accord d'intérêts et de vues existant sur ce point entre les cabinets de Paris et de Vienne. « M. Guizot pense comme moi, écrivit à ce propos M. de Metternich, que le seul contrepoids possible contre les écarts auxquels a donné lieu l'entreprise de Sa Majesté Prussienne, devra être cherché dans le principe fédéral. Aussi est-ce vers ce but que tendent et que ne cesseront d'être dirigés nos efforts. Le développement des événements servira de guide

---

[1] *Mémoires de M. de Metternich*, t. VII, p. 371 à 376.
[2] Voir plus haut, p. 155.

à notre marche ultérieure [1]. » Le gouvernement français ne se contentait pas d'être ainsi en communication avec le cabinet autrichien, il veillait à ce que les États secondaires d'Allemagne, ceux surtout qui avaient un régime constitutionnel plus ou moins analogue au nôtre, fussent aussi sur leurs gardes, et il les assurait de son appui discret, mais ferme, contre toute tentative d'absorption.

La diplomatie prussienne eut vent de nos démarches, particulièrement de nos ouvertures à l'Autriche, et, dans ses dépêches, le comte d'Arnim, ministre de Prusse à Paris, ne manqua pas d'en informer son gouvernement [2]. La presse allemande était aussi sur le qui-vive, singulièrement prompte à prendre feu dès que nous faisions mine de nous occuper des affaires germaniques. En novembre 1847, le *Journal des Débats* ayant dit que la Prusse n'était pas, ne pouvait pas être toute l'Allemagne, et ayant ajouté que celle-ci était une fédération d'États, non un État fédératif, les feuilles d'outre-Rhin répondirent en revendiquant hautement le droit du peuple allemand à constituer son unité. Le *Journal des Débats* répliqua en rappelant les traités de 1814 et en insistant sur l'indépendance des petits États. Pour empêcher qu'on n'évoquât le vieux spectre de l'ambition française, il déclara que personne ne songeait plus à revendiquer la frontière du Rhin, et répudia, au nom de son gouvernement, toute prétention de s'immiscer, à titre de protecteur, dans les affaires germaniques. « Ce que nous souhaitons, ajouta-t-il, en donnant aux États secondaires de l'Allemagne des témoignages constants d'une vieille sympathie, ce n'est point de les obliger à venir prendre chez nous un mot d'ordre et une consigne, c'est de les encourager à maintenir chez eux l'ordre politique qui s'y est développé dans des formes analogues aux nôtres, à préserver les établissements parlementaires qu'ils doivent, comme

---

[1] Lettre au comte Apponyi, en date du 12 avril 1847. (*Mémoires de M. de Metternich*, t. VII, p. 389.)

[2] Dépêches mentionnées par HILLEBRAND, *Geschichte Frankreichs*, 1830-1848, t. II, p. 649, 650.

nous, au mouvement constitutionnel de 1815. Ce que nous souhaitons par-dessus tout, c'est que les puissants confédérés qu'ils ont à Francfort ne gênent pas plus leur liberté que ne la gênera jamais cette sincère et discrète amitié qu'ils trouvent auprès de nous, et dont on ne réussira plus à leur faire un épouvantail. »

En France, le public, distrait par d'autres questions plus bruyantes, s'occupait très peu de ces affaires allemandes; il les connaissait mal et n'en saisissait pas l'importance. La presse de gauche venait-elle par hasard à en parler, c'était pour s'indigner de ce que le gouvernement se rapprochait de l'Autriche absolutiste, au lieu de tendre la main à la Prusse en voie de transformation libérale; et elle montrait là une preuve nouvelle de la conspiration réactionnaire dont elle accusait Louis-Philippe et M. Guizot. Vue bien courte et bien fausse! Elle ne se rendait pas compte que le danger contre lequel la diplomatie française devait se tenir en garde au centre de l'Europe, avait changé de place depuis le seizième et le dix-septième siècle; qu'il venait, non plus de l'Autriche, maintenant déchue, mais de la Prusse, dont tout révélait la rapide et menaçante croissance. Or, de même que Richelieu avait accepté contre la prépotence de la maison de Habsbourg tous les alliés qui s'offraient, sans s'effaroucher qu'ils fussent protestants, de même, contre l'ambition des successeurs de Frédéric II, M. Guizot pouvait, sans scrupule, faire appel au concours d'une puissance qui n'avait pas encore introduit chez elle le régime parlementaire. Aujourd'hui, d'ailleurs, après les événements de 1866 et de 1870, personne n'hésite à donner absolument raison au gouvernement du roi Louis-Philippe. On lui sait gré de n'avoir pas attendu la leçon de ces événements pour comprendre où était l'intérêt de la France, et l'on ne peut s'empêcher de songer, non sans d'amers regrets, aux malheurs qui eussent été évités, si, parmi les gouvernements venus après lui, tous avaient eu la même clairvoyance et donné la même direction à leur politique.

III

En Allemagne, le danger qui préoccupait justement M. Guizot n'était qu'à l'état de menace plus ou moins lointaine. En Suisse, la crise était flagrante et exigeait des décisions immédiates. Bien que le théâtre fût petit, le drame qui s'y déroulait était un de ceux qui, en 1847, occupaient le plus, non seulement le cabinet, mais le public français; les diverses puissances y prêtaient une attention anxieuse, et l'attitude qu'y prenait notre gouvernement se trouvait avoir une grande influence sur ses rapports avec les autres cours et sur sa situation en Europe; à tous ces points de vue, ce fut un des épisodes importants et caractéristiques de l'histoire diplomatique de la fin du règne. Pour le bien comprendre, force est de revenir un peu en arrière. On sait que depuis longtemps, en Suisse, le parti radical tâchait de substituer à la fédération existant en vertu du pacte de 1815, un État plus centralisé dont il se flattait d'être le maître et qui menaçait de devenir, entre ses mains, le refuge et la place forte de la révolution cosmopolite. Les puissances, émues d'un travail plus ou moins dirigé contre elles, considéraient que leur participation à la constitution de la Confédération helvétique, en 1814, les avantages de toutes sortes qu'elles lui avaient alors garantis, entre autres la neutralité perpétuelle et l'inviolabilité territoriale, leur donnaient le droit de veiller à ce que cette constitution ne fût pas altérée; l'Autriche, notamment, s'était fondée sur ce droit pour adresser de fréquentes réclamations au gouvernement fédéral, et avait manifesté, à plusieurs reprises, des velléités d'intervention. J'ai eu occasion de dire quelle avait été l'attitude de la monarchie de Juillet dans cette question : d'abord, au lendemain de 1830, désireuse surtout de faire échec aux influences réactionnaires et d'étendre sa clientèle libérale, elle avait été conduite à protéger plus ou moins les agitateurs suisses contre les autres cours; plus tard, quand elle avait été mieux dégagée de son origine, et qu'elle aussi s'était sentie menacée par les refugiés, elle avait commencé à regarder les choses à peu près du même œil que les autres cours, sans cependant confondre son action avec la leur; on l'avait vue, en 1836, sous le ministère de M. Thiers, en 1838, sous celui de M. Molé, réclamer plus énergiquement que personne contre les menées des radicaux suisses [1].

Ceux-ci, depuis lors, étaient loin d'avoir abandonné leur entreprise. Leur tactique consistait à se porter en masse tantôt dans un canton, tantôt dans un autre, pour y provoquer des révolutions locales qui missent le gouvernement de ces cantons dans leurs mains. Ils calculaient qu'une fois maîtres de la majorité des cantons, ils le deviendraient du même coup de la diète fédérale, et, par elle, supprimeraient l'indépendance des cantons de la minorité. Ce fut ainsi qu'en 1841, ils s'emparèrent du pouvoir en Argovie, et en usèrent aussitôt pour y détruire des couvents célèbres dont l'existence avait été garantie par le parti fédéral : la haine du catholicisme était en effet leur passion maîtresse. La diète, mise en demeure de réprimer une illégalité aussi flagrante, agit avec une mollesse qui ne pouvait en imposer aux persécuteurs. Elle se composait alors de trois fractions à peu près égales, radicaux, catholiques, protestants modérés; ces derniers étaient froids quand il s'agissait de protéger des couvents. Les catholiques, irrités, et de l'attentat, et du déni de justice, se sentirent d'autant plus portés à prendre, dans les cantons où ils dominaient, les mesures qu'ils jugeaient propres à fortifier leur foi.

C'est sous l'empire de ces sentiments que les Lucernois songèrent à confier aux Jésuites l'institut théologique et le séminaire de leur canton. Rien là que de parfaitement légal. Les Jésuites avaient déjà, sur d'autres points de la Suisse, à Fribourg et dans le Valais, des établissements d'instruction formellement reconnus. Chaque canton était certainement

---

[1] Sur ces précédents, voir plus haut, t. III, ch. II, § III; ch. III, § III; ch. VI, § III.

maître de faire, en semblable matière, ce qui lui convenait ; et ceux qui n'avaient pas trouvé à redire quand, quelques années auparavant, le gouvernement radical du canton de Zurich avait confié une chaire d'histoire et de doctrine chrétiennes au professeur Strauss, célèbre pour avoir attaqué la divinité de Jésus-Christ, ne pouvaient certes dénier à Lucerne le droit d'appeler des Jésuites. Seulement, si le droit était incontestable, était-il prudent de l'exercer? Sur cette question de conduite, il y avait désaccord entre les deux chefs les plus influents des catholiques lucernois. Tandis que le paysan Joseph Leu, uniquement préoccupé, dans sa foi ardente, d'écarter du séminaire des influences qui lui paraissaient suspectes, poussait à appeler les Jésuites, l'avocat Meyer, non moins dévoué à la cause religieuse, mais plus politique, estimait dangereux d'associer sans nécessité la cause conservatrice à celle de religieux alors si impopulaires. Ce dernier sentiment était celui de M. de Metternich, qui, sur la demande de Meyer, agit à Rome, sans succès, il est vrai, pour obtenir que les Jésuites déclinassent d'eux-mêmes la mission qu'on voulait leur confier [1]. La résistance de Meyer et de ses amis retarda pendant quelque temps la décision ; mais la masse du peuple était avec Leu, et l'appel des Jésuites fut définitivement voté en octobre 1844.

Les radicaux résolurent de répondre par la violence à cet exercice parfaitement légitime de la souveraineté cantonale. Précisément, à cette époque, leur audace révolutionnaire était plus excitée que jamais. En février 1845, leurs corps francs renversaient par un coup de force le gouvernement conservateur du canton de Vaud et le remplaçaient par un gouvernement radical. Ils croyaient facile d'user du même moyen à Lucerne. De ce côté, cependant, leurs premières tentatives ne réussirent pas. Ils résolurent alors de procéder plus en grand. On vit en pleine paix, et pendant plusieurs mois, l'un

---

[1] Voir, sur ce point, les renseignements contenus dans les *Mémoires de Meyer*, publiés à Vienne en 1875, et analysés dans la *Revue générale de Bruxelles*, mai et octobre 1881. — Voir aussi les *Mémoires de M. de Metternich*, t. VII, p. 115 et 116.

de leurs chefs, M. Ochsenbein, s'occuper à réunir en Argovie, près de la frontière de Lucerne, plusieurs milliers de condottieri ramassés dans toute la Suisse. Quoiqu'on ne se donnât pas la peine de dissimuler la destination de cette armée, l'autorité fédérale n'apportait pas d'obstacle sérieux à sa formation ; bien plus, divers gouvernements cantonaux y concouraient ouvertement et laissaient prendre les canons de leurs arsenaux. Jamais le brigandage politique ne s'était ainsi montré à nu, dans un pays civilisé.

De tels procédés ne pouvaient pas ne pas faire scandale en Europe. M. Guizot ne fut pas le moins indigné. Sans doute, il y avait bien là quelque chose qui le gênait un peu : c'était que des Jésuites fussent la cause ou du moins le prétexte du conflit ; se croyant obligé, en ce moment même, par les clameurs de l'opinion française, de prendre des mesures contre ces religieux, il éprouvait quelque embarras à paraître se faire leur champion en Suisse : aussi ne manquait-il pas de reprocher vivement au gouvernement de Lucerne d'avoir porté la lutte sur un tel terrain et « jeté cette sorte de défi à l'opinion protestante et radicale [1] ». Mais cette part faite aux préventions régnantes ne l'empêchait pas de réprouver la conduite des radicaux. Au commencement de mars 1845, il fit adresser au gouvernement helvétique de sérieuses représentations et l'adjura de prendre immédiatement des mesures pour supprimer les corps francs [2]. Il demanda en outre aux cabinets de Vienne, de Berlin, de Saint-Pétersbourg et de Londres ce qu'ils pensaient des affaires de Suisse et les invita à se concerter avec lui sur l'attitude à prendre : c'était reconnaître à la question un caractère européen [3].

Pendant que la diplomatie se mettait ainsi en branle, les corps francs, sans s'inquiéter autrement de ses observations, continuaient leur entreprise. Dans les derniers jours de

---

[1] Dépêches de M. Guizot à M. de Pontois, des 26 décembre 1844 et 3 mars 1845.
[2] Dépêche du même au même, du 3 mars 1845.
[3] Voir notamment une dépêche de M. Guizot au marquis de Dalmatie, ministre de France à Berlin, en date du 23 mars 1845.

mars 1845, Ochsenbein, à la tête d'une armée de huit mille hommes, munie de douze canons, envahissait le territoire de Lucerne. Les Lucernois, bien que beaucoup moins nombreux, attendirent les assaillants de pied ferme, et, après un court combat où les corps francs ne firent pas brillante figure, les mirent en complète déroute.

Le gouvernement français se réjouit de cette victoire du bon droit[1]. Suffisait-il de se réjouir? M. de Metternich ne le pensait pas. En réponse aux ouvertures que M. Guizot lui avait faites avant la déroute des corps francs, il proposa que les puissances se concertassent pour adresser au gouvernement fédéral une déclaration comminatoire. Le cabinet de Paris n'entendait pas aller si vite, surtout à la suite de l'Autriche. M. de Metternich, tout en maugréant à part lui contre ce qu'il appelait les équivoques de la politique française, n'insista pas sur sa proposition. D'ailleurs, les Lucernois avaient, à eux seuls, fait si bien leurs affaires, qu'il jugeait moins urgent d'intervenir[2].

C'eût été cependant une grande illusion que de croire à un désarmement des radicaux suisses. Leur échec n'avait fait que les exaspérer. Le brigandage à ciel ouvert ayant échoué, on recourut au guet-apens. Il fut bientôt manifeste que la vie des chefs lucernois était en péril. L'avocat Meyer n'échappa qu'à grand'peine aux embûches qui lui furent tendues. Le paysan Leu, si honnête et si respecté, n'eut pas la même chance. Le 20 juillet 1845, il fut tué traîtreusement, dans son lit, d'un coup de fusil. La clameur féroce par laquelle les radicaux saluèrent cette mort, suffisait à révéler leur complicité. En dépit de leurs efforts pour entraver la justice, l'assassin fut

---

[1] « Vous aurez bien joui, écrivait, le 4 avril 1845, Louis-Philippe au maréchal Soult, de l'échec vigoureux que les corps francs ont essuyé dans leur indigne tentative. L'effet moral en sera grand, et contribuera, j'espère, à désabuser ceux qui croient encore que les révolutionnaires sont toujours les plus forts, et qu'en définitive ils obtiennent toujours la victoire. Nous autres, vétérans de 92, nous savons le contraire; mais on nous prend trop souvent pour des Cassandres. » (*Documents inédits*.)

[2] Dépêches et lettres diverses d'avril, mai et juin 1845. — Cf. *Mémoires de M. Guizot*, t. VIII, p. 444 à 448, et *Mémoires de M. de Metternich*, t. VII, p. 110 à 121.

condamné à mort, après avoir avoué que deux mille francs lui avaient été offerts pour prix de son crime; les instigateurs échappèrent à la vindicte des lois, protégés par les gouvernements des cantons voisins qui refusèrent leur extradition.

Ainsi attaqués par les uns, abandonnés par les autres, menacés chaque jour de nouvelles violences, les cantons catholiques se crurent fondés à prendre des mesures pour se défendre eux-mêmes. Le 11 décembre 1845, sept cantons, Lucerne, Uri, Schwytz, Unterwalden, Zug, Fribourg et le Valais, s'unirent en confédération particulière, « s'engageant à se porter mutuellement secours, aussitôt que l'un d'entre eux serait attaqué dans son territoire ou dans ses droits de souveraineté ». Ce pacte, auquel on donna le nom de *Sonderbund,* n'avait rien de contraire aux lois et aux traditions de la Suisse; les libéraux en avaient donné eux-mêmes plusieurs fois l'exemple, et jamais il n'avait été autant justifié par les circonstances. Les radicaux n'en crièrent pas moins à la violation de la constitution fédérale et soutinrent qu'il appartenait à la diète de sévir. Raison nouvelle pour eux de s'y faire une majorité. Dans ce dessein, ils tentèrent de s'emparer, par de nouveaux coups de force, des gouvernements cantonaux, jusqu'alors aux mains des conservateurs ou des modérés. S'ils échouèrent à Bâle-ville et à Fribourg, ils réussirent à Berne, en janvier 1846, et à Genève, en octobre de la même année. Dès lors, ils possédaient onze cantons sur vingt-deux. Il leur suffisait d'en gagner un de plus pour être maîtres de la diète.

Devant ce danger croissant, M. de Metternich crut pouvoir, en octobre 1846, proposer de nouveau au gouvernement français une démarche comminatoire [1]. La situation créée par les mariages espagnols lui faisait espérer qu'il serait mieux écouté que l'année précédente. C'était précisément le moment où M. Guizot, préoccupé des menées de lord Palmerston à

[1] Dépêches de M. de Metternich au comte Apponyi, en date des 11 et 16 octobre 1846. — Voir aussi une lettre confidentielle du même au même, du 19 octobre, reproduite dans les *Mémoires de M. de Metternich,* t. VII, p. 178.

Vienne, protestait, auprès du cabinet autrichien, de sa volonté de défendre la politique conservatrice partout en Europe et particulièrement en Suisse [1]. Cependant, cette fois encore, notre gouvernement se déroba. Était-ce répugnance à marcher derrière l'Autriche, sur un terrain où les deux puissances avaient été en rivalité d'influence? Était-ce souci des attaques auxquelles il s'exposerait de la part de l'opposition française, en s'engageant dans une sorte de croisade réactionnaire et en paraissant le protecteur des Jésuites? Ces sentiments ont pu être pour quelque chose dans la conduite suivie, mais il faut en chercher ailleurs la raison vraiment sérieuse et déterminante, celle qui devait jusqu'à la fin peser sur notre politique en Suisse et lui donner une apparence d'incertitude et de timidité. Si notre gouvernement se refusait aux démarches proposées par l'Autriche, c'est qu'il voyait au bout une intervention militaire. Sans doute, pour le moment, il n'était question que de menaces diplomatiques; mais on devait s'attendre que, dans l'état des esprits et des choses en Suisse, ces menaces seraient sans effet, et que leur inefficacité constatée forcerait les puissances qui les auraient solennellement proférées, à les appuyer par la force. M. de Metternich ne le niait pas [2], et envisageait même probablement sans déplaisir l'occasion d'étendre à la Suisse le système d'occupations armées qu'il avait souvent appliqué en Italie. Au contraire, par toutes sortes de raisons générales ou particulières, le gouvernement français y répugnait fort. Louis-Philippe, notamment, se montra, dès l'origine, aussi décidé contre une intervention conservatrice en Suisse qu'il l'avait été autrefois contre une intervention libérale en Espagne [3]. Il avait un sentiment très vif des difficultés inextricables qui en résulteraient. M. Guizot

---

[1] Voir plus haut, t. VI, p. 254 et 264.

[2] Voir, par exemple, ce que M. de Metternich devait écrire au baron de Kaisersfeld, son représentant en Suisse, le 1er juillet 1847, et au comte Apponyi, le 3 juillet : « Si l'on ne veut pas éventuellement de l'action, disait-il, il faut éviter la menace. » (*Mémoires de M. de Metternich*, t. VII, p. 459 et 464.)

[3] Dépêche de l'envoyé sarde à Paris, M. de Brignole, en date du 22 octobre 1846. (HILLEBRAND, *Geschichte Frankreichs*, 1830-1848, t. II, p. 663.)

s'inspirait évidemment de la pensée du Roi, quand il écrivait, le 22 octobre 1846, dans une dépêche destinée à être communiquée à M. de Metternich : « Il n'y a pas moyen de douter que l'intervention étrangère n'excite, en Suisse, la plus forte répulsion. Le sentiment de l'indépendance nationale y est général et énergique. Le mot est puissant, même sur les Suisses qui détestent et redoutent le plus ce qui se passe en ce moment chez eux. Pour que l'intervention étrangère y fût supportée, il faudrait que la nécessité en fût évidente, absolue. Elle ne deviendra telle que lorsque les maux de l'anarchie et de la guerre civile seront, en Suisse, non pas seulement une perspective entrevue, une crainte sentie par quelques-uns, mais des faits réels, matériels, pesant depuis quelque temps sur tous. Un cri s'élèvera peut-être alors de toutes parts pour invoquer la guérison. Mais si l'intervention se montrait auparavant, le cri qui s'élèverait serait celui de la résistance. Beaucoup d'honnêtes gens et de conservateurs le pousseraient comme les radicaux, les uns par un sincère sentiment de nationalité, les autres par pusillanimité et contagion. » M. Guizot montrait ensuite combien seraient ainsi aggravées les difficultés par elles-mêmes énormes de la réorganisation qui devrait être opérée en Suisse. « Évidemment, concluait-il, en présence de tels obstacles, la sagesse européenne doit dire : Mon Dieu, éloignez de moi ce calice ! »

Si le gouvernement français ne voulait pas se laisser entraîner dans des démarches qui lui paraissaient conduire à l'intervention, il n'en jugeait pas moins les radicaux suisses aussi sévèrement que le gouvernement autrichien, et il donnait à ce dernier des gages sérieux de la sincérité de ce jugement. En décembre 1846, il rappelait son ambassadeur à Berne, M. de Pontois, que son passé pouvait rendre peu propre à marcher d'accord avec l'Autriche, et il le remplaçait par M. de Bois-le-Comte, que ses sympathies personnelles et notamment ses ardentes convictions religieuses devaient rendre peu suspect de faiblesse envers les ennemis du Sonderbund. Les instructions du nouvel ambassadeur le mettaient particulièrement en garde contre toute tentation de prolonger l'antagonisme qui avait existé naguère, sur ce terrain, entre les diplomaties française et autrichienne [1]. M. de Bois-le-Comte mit un grand zèle à faire connaître, en Suisse, les sentiments de son gouvernement et à tâcher de créer un état d'opinion qui fît obstacle aux mauvais desseins des radicaux. Non content de causer avec les personnages que sa position lui faisait rencontrer à Berne, il entreprit, de janvier à mai 1847, de parcourir les divers cantons. Dans les conversations qu'il cherchait à avoir avec les hommes de tous les partis, il leur répétait avec insistance : « Que chaque canton reste chez soi et laisse les autres se gouverner comme ils l'entendent. C'est par là qu'ont fini vos guerres de religion : elles menacent de recommencer, parce que vous revenez à vouloir politiquement ou religieusement conquérir les uns sur les autres. Ce conseil, nous avons le droit de vous le donner. Lisez l'acte de Vienne : nous y stipulons que nous traitons, en Suisse, avec vingt-deux États indépendants; nous sommes donc autorisés par vous à vous demander si, en effet, ces vingt-deux cantons indépendants existent, et, quand il en est parmi eux qui nous disent qu'on veut étouffer leur indépendance, à nous en enquérir. Ce n'est pas là porter atteinte à l'indépendance de la Suisse en Europe, c'est protéger l'indépendance des États les plus faibles en Suisse [2]. »

Mais que pouvaient ces sages conseils devant le parti pris passionné des radicaux? Ceux-ci n'en poursuivaient pas moins leur campagne, et malheureusement non sans succès. On sait que, grâce à toutes les révolutions locales déjà provoquées par eux, il ne leur restait plus qu'un canton à conquérir pour avoir la majorité dans le grand conseil fédéral. En mai 1847, une élection très disputée et où ils ne l'emportèrent que de trois voix, fit passer de leur côté le canton de Saint-Gall. Leur but était atteint.

---

[1] Instructions remises à M. de Bois-le-Comte, février 1847.
[2] Voir notamment une dépêche de M. de Bois-le-Comte, du 22 janvier 1847.

IV

Il fut tout de suite manifeste que les radicaux, devenus maîtres du pouvoir central, en useraient pour continuer, avec plus de ressources et surtout avec une apparence de légalité, la guerre révolutionnaire commencée par les corps francs contre l'indépendance des cantons catholiques. Quelques jours après les élections de Saint-Gall, ils portaient à la tête du canton de Berne, et, par suite, de la Confédération entière [1], Ochsenbein, l'organisateur et le commandant des bandes qui, en 1845, s'étaient jetées sur Lucerne. Ochsenbein déclarait à tout venant que la nouvelle majorité, sans s'inquiéter de la souveraineté cantonale, allait agir par la force contre le Sonderbund. Et quand notre ambassadeur s'étonnait de le voir prêt à déchaîner ainsi la guerre civile dans son pays : « Ne sommes-nous pas en guerre? répondait-il; eh bien! il vaut mieux en finir. » Pour la première fois que les radicaux arrivaient quelque part au gouvernement, ils s'y montraient avec les caractères qui deviendront leur marque distinctive dans la seconde moitié de ce siècle : résolution de ne voir dans la possession du gouvernement qu'un moyen de satisfaire leurs passions de parti et d'écraser leurs adversaires; mépris cynique du droit et de la liberté, surtout de la liberté religieuse; principe affiché que la majorité peut tout, et que rien n'est dû à la minorité.

Devant un danger devenu ainsi beaucoup plus pressant, on n'est pas surpris de voir M. de Metternich revenir, pour la troisième fois, à la charge. Il proposa que les puissances adressassent à la Suisse des notes identiques d'un ton très nettement comminatoire, par lesquelles elles feraient connaître leur volonté de « ne pas souffrir que la souveraineté cantonale

---

[1] Depuis janvier 1847, Berne étant « canton directeur », son président particulier devenait de plein droit chef du pouvoir exécutif de la Confédération.

fût violentée [1] ». Le cabinet de Paris ne crut pas plus que dans le passé pouvoir accepter ce projet. Sa raison était toujours la même; il craignait d'être entraîné à une intervention armée [2]. M. de Metternich regretta l'échec de sa proposition; il n'en fut pas surpris [3]. Très résolu à rester uni au cabinet français dont il ne mettait pas en doute les bonnes intentions, il déclara abandonner tout projet auquel ce cabinet ne s'associerait pas [4].

A en croire ce qui se racontait alors, à Paris, dans le corps diplomatique, M. Guizot n'aurait pas écarté aussi nettement la proposition de M. de Metternich, si le Roi n'avait pesé sur lui [5]. Peut-être aussi le ministre se sentait-il obligé de tenir compte des préventions qui régnaient alors dans l'opinion française. Nos journaux d'opposition s'occupaient beaucoup des affaires de Suisse : tous — ceux du centre gauche non moins que ceux de la gauche — prenaient violemment parti pour les radicaux; ils étaient parvenus à persuader à une portion du public que le cabinet français se mettait à la remorque de la Sainte-Alliance et au service des Jésuites. Le 24 juin 1847, un débat s'engageait sur ce sujet, à la Chambre des députés. Avec quelle véhémence indignée M. Odilon Barrot et ses amis y dénoncèrent « cette politique de renégats »!

---

[1] Dépêche du 7 juin 1847. (*Mémoires de M. de Metternich*, t. VII, p. 451 à 454.)

[2] Dépêche de M. Guizot à M. de Flahault, en date du 25 juin 1847.

[3] *Mémoires de M. de Metternich*, t. VII, p. 457, 458, 464.

[4] *Ibid.*, p. 459, 460, 464. — De Paris, on avait donné à entendre à M. de Metternich que l'intervention, impossible à faire ensemble et simultanément, pourrait se faire séparément et successivement : l'Autriche prendrait les devants, et la France suivrait. M. Guizot se flattait que, dans de telles conditions, une action militaire serait plus facilement acceptée par le public français; elle lui paraîtrait destinée moins encore à peser sur la Suisse qu'à faire contrepoids à l'Autriche. Mais c'était précisément cette dernière interprétation que redoutait fort M. de Metternich; il se souvenait de notre expédition d'Ancône, et ne voulait pas nous fournir l'occasion de la recommencer en Suisse. « Nous ne donnerons pas dans ce panneau », écrivait-il au comte Apponyi. (*Ibid.*, p. 335, 461, 462, 465.)

[5] HILLEBRAND, *Geschichte Frankreichs*, 1830-1848, t. II, p. 671. — D'après l'envoyé badois, M. Guizot lui aurait dit lui-même n'avoir fait en cette circonstance que « céder à la manifestation d'une volonté auguste qui s'était prononcée d'une façon décisive ». (*Ibid.*) — M. de Metternich avait eu les mêmes informations par son ambassadeur à Paris. (*Mémoires de M. de Metternich*, t. VII, p. 461.)

Avec quelle assurance ils mirent au défi le ministère de soutenir le Sonderbund! Il fallut une sorte de courage à M. Guizot pour revendiquer, dans son discours, les droits de la souveraineté cantonale et pour avouer son accord avec l'Autriche. Encore eut-il soin de présenter à la Chambre, sous la forme la plus adoucie, la plus atténuée, les avertissements qu'il avait adressés au gouvernement suisse.

Tout en se refusant aux démarches qui lui paraissaient conduire à une intervention armée, le cabinet de Paris se faisait un devoir de renouveler avec plus d'insistance ses représentations au gouvernement fédéral [1]. C'était, il est vrai, plus par acquit de conscience qu'avec l'espoir d'un résultat pratique. Une seule chose eût peut-être donné quelque efficacité à ces représentations, c'eût été que toutes les grandes puissances sans exception tinssent le même langage; or, jusqu'à présent, il en était une, l'Angleterre, qui se tenait à l'écart, et cette attitude connue était pour beaucoup dans le peu d'égards avec lequel on nous écoutait à Berne. M. Guizot eût désiré vivement voir cesser cette dissonance, non seulement pour avoir plus de chance d'en imposer à M. Ochsenbein, mais pour faire disparaître ce que son entente avec l'Autriche avait d'un peu compromettant aux yeux de l'opinion française. D'ailleurs, d'une façon générale, il recherchait toutes les occasions d'amener l'Angleterre à faire quelque chose avec nous, et de mettre ainsi fin à l'état de bouderie malveillante, suite des mariages espagnols. A la vérité, les dispositions connues de lord Palmerston ne laissaient pas grande chance de rien obtenir. Ne le savait-on pas résolu à nous contrecarrer partout et toujours? M. Guizot voulut cependant faire une tentative. Le 4 juillet 1847, le duc de Broglie, qui venait d'arriver à Londres, eut avec lord Palmerston un entretien où il le pressa vivement de tenir à Berne un langage analogue au nôtre. Le ministre anglais se montra embarrassé, perplexe, sympathique aux radicaux, mais un peu effrayé des

---

[1] Dépêche de M. de Bois-le-Comte à M. Guizot, du 4 juin 1847. Lettre et dépêche de M. Guizot à M. de Bois-le-Comte, du 2 juillet 1847.

compromissions qu'entraînerait une complicité trop avouée, répugnant à faire quelque chose avec nous et avec M. de Metternich, mais redoutant aussi qu'il ne se fît quelque chose sans lui. Dans une seconde conversation, quelques jours plus tard, il parut mieux disposé, et le duc de Broglie put croire, d'après sa déclaration, qu'il allait envoyer à son représentant en Suisse des instructions à peu près semblables à celles qu'avait reçues notre ambassadeur. Cette nouvelle réjouit fort M. Guizot : croyant acceptée à Londres une politique qu'à Vienne, déjà, on était disposé à suivre, il écrivait au duc de Broglie : « C'est notre politique qui devient une politique européenne [1]. » Pure illusion! Au fond, lord Palmerston n'avait aucune intention de réaliser l'espérance qu'il avait donnée au duc de Broglie. Bien au contraire, au même moment, rappelant son ministre à Berne, M. Morier, suspect d'être trop peu favorable aux radicaux, il le remplaçait par un jeune chargé d'affaires, d'esprit peu rassis, M. Peel : il donnait à ce dernier mission de congratuler de la façon la plus flatteuse M. Ochsenbein, et de lui exprimer la confiance qu'inspiraient au gouvernement de la Reine son caractère et ses déclarations [2].

Rien ne pouvait davantage enhardir les radicaux à aller de l'avant. Entrée en session le 5 juillet 1847, la diète vota, le 20 juillet, deux résolutions, l'une prononçant l'illégalité du Sonderbund, l'autre obligeant tous les cantons qui avaient des Jésuites sur leur territoire à les expulser. Les cantons de la minorité déclarèrent que, forts du sentiment de la liberté et de l'indépendance achetées par le sang de leurs pères, ils protestaient solennellement contre ces décisions. La diète se montra résolue à ne tenir aucun compte de ces protestations. Néanmoins, tout n'étant pas encore prêt, elle se sépara en septembre, et s'ajourna au 18 octobre, pour prendre les mesures

---

[1] Correspondance confidentielle de M. Guizot et du duc de Broglie pendant la première moitié de juillet 1847. (*Documents inédits.*)

[2] Dépêche de M. Peel à lord Palmerston, août 1847. (Papiers parlementaires anglais.)

d'exécution. Ces quelques semaines furent employées en préparatifs militaires dans les cantons où les radicaux étaient le plus les maîtres, à Zurich, à Berne, à Lausanne. Quand la diète se trouva de nouveau réunie, le 18 octobre, elle ordonna le rassemblement d'une armée de cinquante mille hommes, dont elle confia le commandement au général Dufour, officier capable, nullement radical, mais se croyant tenu par devoir professionnel d'obéir aux autorités fédérales. Enfin, après avoir repoussé les propositions de conciliation et de transaction faites au nom de la minorité, elle vota, le 4 novembre, l'exécution fédérale contre les cantons du Sonderbund. La guerre civile était décrétée.

V

L'Europe allait-elle donc assister immobile et muette à ce que M. de Barante, à ce moment même, qualifiait justement d'« infamie révolutionnaire[1] » ? Depuis le mois de juillet, il semblait que les puissances eussent renoncé à faire aucune démarche pour contenir les radicaux. L'Autriche était découragée par le refus de la France, la France par celui de l'Angleterre. Notre gouvernement s'était contenté d'envoyer sous main des armes et de l'argent à Lucerne; Louis-Philippe exposait au comte Apponyi que c'était le meilleur moyen d'aider efficacement le Sonderbund, et engageait l'Autriche à en faire autant[2]. Un moment, dans les premiers jours d'octobre 1847, M. Guizot, auquel il coûtait beaucoup de ne rien faire, avait songé à rassembler des troupes sur la frontière suisse; l'idée lui en avait été suggérée par M. de Bois-le-Comte; mais elle fut écartée par le conseil des ministres et par le Roi, toujours préoccupé

---

[1] Lettre à M. d'Houdetot, du 10 novembre 1847. (*Documents inédits*.)

[2] Dépêche confidentielle du marquis Ricci, représentant du gouvernement sarde à Vienne. (BIANCHI, *Storia documentata della diplomazia europea in Italia*, t. V, p. 13.)

de ne pas se laisser entraîner à l'intervention [1]. Voyant la guerre civile inévitable, M. Guizot avait fini par se persuader que seule elle pourrait fournir l'occasion d'une intervention utile. « Voici, écrivait-il, le 13 octobre, à M. de Bois-le-Comte, l'idée que je me forme du cours des choses. Si le Sonderbund est attaqué, il doit se défendre avec ses propres forces, sans aucun recours à l'intervention étrangère. Il est fort possible qu'il réussisse et que les premiers succès de sa vigoureuse résistance fassent tomber, dans tel ou tel canton, les gouvernements radicaux dont l'union est nécessaire pour que la guerre civile continue. Si ce résultat n'est pas obtenu, si la guerre civile continue, si le Sonderbund éprouve des échecs et tombe dans un péril grave et prolongé, qu'il s'adresse à toutes les puissances signataires du traité de Vienne, et réclame, au nom de cet acte, leur intervention. Pour nous, tout devient possible, dès lors, et efficace pour la Suisse [2]. » M. Guizot n'oubliait qu'une hypothèse, celle où le Sonderbund serait écrasé trop vite pour avoir le temps d'appeler au secours. Était-ce donc une éventualité invraisemblable, avec la disproportion énorme des forces? Les cantons catholiques n'avaient que 394,000 habitants, généralement pauvres, tandis que la population beaucoup plus riche des cantons dominés par les radicaux était de 1,867,000 âmes. Mais le souvenir de la vaillante et victorieuse résistance de Lucerne, en 1845, faisait illusion.

Le gouvernement français était dans ces dispositions, quand lui vinrent, du côté où il les attendait le moins, des ouvertures tendant à une action diplomatique immédiate. Le 30 octobre 1847, à sept heures du soir, M. de Bunsen, ministre de Prusse à Londres, accourait assez ému chez le duc de Broglie. « Je quitte lord Palmerston, lui dit-il; je l'ai trouvé très préoccupé de la collision qui s'approche en Suisse... Il demande si l'on ne pourrait pas encore prévenir l'effusion du sang par une démarche collective des grandes puissances, et il m'a invité à

---

[1] Lettre particulière de M. Guizot à M. de Bois-le-Comte, du 13 octobre 1847. (*Documents inédits.*)

[2] *Documents inédits.*

m'en entretenir avec vous. » Et comme le duc de Broglie, fort surpris et un peu sceptique, objectait que, se mit-on d'accord, on avait de grandes chances de ne pas arriver à temps, M. de Bunsen insista vivement pour qu'on prît au sérieux les dispositions nouvelles du *Foreign office*[1]. Par une coïncidence significative, le 29 octobre, le chargé d'affaires anglais à Berne avait avec M. de Bois-le-Comte une conversation analogue. Il lui demandait si l'on allait « laisser écraser ces braves gens », et parlait fort mal des radicaux. « Ne ferez-vous donc rien? ajoutait-il; un mot de vous suffirait. Ils ont une peur énorme de vous; ils sont poltrons, très poltrons. » Notre ambassadeur répondit que c'était l'attitude dissidente de l'Angleterre qui avait jusqu'ici ôté toute efficacité aux représentations de la France : « Mais enfin, répliqua M. Peel, ne pourrions-nous pas nous entendre[2]? »

Quel était le secret de ce langage si nouveau? Lord Palmerston jugeait-il nécessaire, pour son crédit en Europe, de ne pas trop afficher sa complicité avec les radicaux? Ou se flattait-il de nous mieux entraver, en feignant de vouloir marcher avec nous? Le duc de Broglie trouvait l'ouverture un peu suspecte[3]. Néanmoins, M. Guizot regrettait trop de ne rien faire, pour ne pas saisir l'occasion qui lui était ainsi offerte de tenter quelque chose : si faible qu'elle fût, il ne voulut pas laisser échapper la chance d'obtenir cet accord à cinq qu'il désirait tant. Sans s'arrêter donc à scruter la sincérité de lord Palmerston et de son ami Bunsen, il entra vivement dans la voie qu'on lui

---

[1] Dépêche du duc de Broglie à M. Guizot, du 1er novembre 1847. — Bunsen n'avait pas dû être le moins étonné de l'ouverture de lord Palmerston. En effet, peu auparavant, tout dévoué qu'il fût au ministre anglais, il ne pouvait s'empêcher de dire de lui au duc de Broglie : « Depuis les derniers événements d'Espagne, Palmerston est comme un lion blessé; il est intraitable; il nous rudoie dans les affaires de Suisse; il dit que nous donnons la main à tous les projets de l'Autriche et de la France, et leur suppose, à l'une et à l'autre, des projets démesurés; il ne veut pas entendre raison sur les affaires de Grèce... Il n'y a rien à faire avec lui. » (Lettre confidentielle du duc de Broglie à M. Guizot, en date du 30 octobre 1847. *Documents inédits*.)

[2] Dépêche de M. de Bois-le-Comte à M. Guizot, du 31 octobre 1847.

[3] Lettre confidentielle du duc de Broglie à M. Guizot, du 30 octobre 1847. (*Documents inédits*.)

ouvrait. Il se flattait que les petits cantons résisteraient assez pour que la diplomatie eût encore le moyen d'agir utilement. « On n'arrivera pas à temps pour prévenir la guerre civile, écrivait-il au duc de Broglie, et peut-être, pour la solution définitive, vaut-il mieux qu'elle commence; mais il y aura quelque chose à faire pour l'arrêter [1]. »

Il parut à M. Guizot que le mode d'action qui risquerait le moins d'aboutir à l'intervention armée serait une médiation offerte par les puissances aux cantons divisés [2]. Il ne perdit pas un instant, et, dès les premiers jours de novembre, il fut en mesure de proposer aux quatre cabinets de Londres, Vienne, Berlin et Saint-Pétersbourg, un projet de note identique à envoyer immédiatement aux trois parties en présence, cantons radicaux, cantons catholiques et cantons neutres. Cette note commençait par exposer les faits; elle rappelait les conseils et les avertissements jusqu'alors donnés en vain, l'atteinte portée aux conditions essentielles de la Confédération, le droit qu'auraient les puissances « de regarder celle-ci comme dissoute et de se déclarer déliées des engagements qu'elles avaient contractés envers elle »; elle indiquait que, néanmoins, ces puissances avaient « résolu de tenter un dernier effort pour arrêter l'effusion du sang et empêcher la dissolution violente de la Confédération »; distinguant, dans les questions qui divisaient la Suisse, deux questions principales, l'une religieuse, l'autre politique, elle proposait de déférer la première à l'arbitrage du Pape; quant à la seconde, « c'est-à-dire à tout ce qui touchait aux rapports des vingt-deux cantons souverains avec la Confédération », les cinq puissances offraient leur médiation; l'acceptation de cette médiation impliquerait la suspension immédiate des hostilités et l'ouverture d'une conférence diplomatique sur un point voisin du théâtre des événements; la note se terminait ainsi : « Si les représentations de l'Europe

---

[1] Lettres confidentielles de M. Guizot au duc de Broglie, dans le commencement de novembre 1847. (*Documents inédits*.)

[2] M. Guizot avait déjà pensé à cette médiation, quelques mois auparavant. (Lettres confidentielles de M. Guizot au duc de Broglie, pendant la première moitié de juillet. *Documents inédits*.)

n'étaient pas écoutées, si une lutte sanglante, qui révolte à la fois la politique et l'humanité, continuait malgré ses efforts, le gouvernement du Roi se verrait contraint de ne plus consulter que ses devoirs comme membre de la grande famille européenne et les intérêts de la France elle-même, et il aviserait. » Cette phrase était rédigée à la fois pour ne pas obliger à l'intervention armée et pour ne pas l'exclure; chaque puissance conservait, sous ce rapport, sa liberté d'action [1].

Les cabinets de Berlin et de Vienne — le premier surtout — surent grand gré au gouvernement français de son initiative; ils donnèrent immédiatement leur adhésion et garantirent celle du cabinet de Saint-Pétersbourg [2]. La difficulté était à Londres. Lord Palmerston se montra d'abord très récalcitrant et même quelque peu impertinent. Sur lui, notre principal, notre unique moyen d'action était de le menacer de faire la démarche sans l'Angleterre, auquel cas elle se trouverait, comme la France en 1840, seule contre quatre. Le duc de Broglie, d'accord avec M. Guizot, qui, fort préoccupé de la question, correspondait avec lui presque tous les jours, usa beaucoup de cette menace. Elle rendait le ministre anglais assez perplexe, mais ne le décidait pas. Les jours s'écoulaient, sans qu'il donnât de réponse positive. Son calcul paraissait être de faire traîner les choses en longueur. Or, pendant ce temps, les hostilités commençaient en Suisse. Le 10 novembre, l'armée fédérale envahissait le canton de Fribourg, qui, ne se sentant pas en force, capitulait le 15 et se voyait livré à tous les excès des vainqueurs. Sans doute, ce n'était pas encore là un résultat décisif : le nœud de la question était à Lucerne, où l'on manifestait l'intention de résister comme en 1845. Mais il était bien évident que la diplomatie n'avait plus une heure à perdre. Aussi M. Guizot écrivait-il au duc de Broglie : « Si on veut traîner, coupez court à toute tentative de ce genre.

[1] Dépêches de M. Guizot en date des 4, 7 et 8 novembre 1847.

[2] Dépêches du marquis de Dalmatie et du comte de Flahault à M. Guizot, en date des 10 et 11 novembre 1847. — Voir aussi la dépêche de M. de Metternich au comte Apponyi, en date du 15 novembre 1847. (*Mémoires de M. de Metternich*, t. VII, p. 490 à 492.)

C'est un devoir et une nécessité de se décider et d'agir [1]. »

Tout le monde en Angleterre n'approuvait pas le jeu de lord Palmerston : plusieurs de ses collègues ne se voyaient pas sans préoccupation sur le point d'être séparés de l'Europe et associés aux radicaux ; le prince Albert et le roi des Belges insistaient pour qu'on fît quelque chose en faveur du Sonderbund [2]. Ainsi pressé, le chef du *Foreign office* se décida, le 16 novembre, à modifier sa tactique ; il parut entrer dans l'idée de la médiation ; seulement, il proposa une autre rédaction pour la note identique. Dans son projet, plus un mot de blâme contre les violences des radicaux, de réserve en faveur de l'indépendance des cantons et de la liberté religieuse ; une apparence d'impartialité entre les deux parties, qui dissimulait mal une préférence pour la diète ; tranchant par avance, contre le Sonderbund, la principale contestation, il prétendait établir, comme condition même de la médiation, l'expulsion des Jésuites ; enfin, il demandait que la conférence se tînt à Londres [3].

Une question de conduite fort délicate se posa alors pour le gouvernement français. Devait-il interpréter comme un refus une contre-proposition témoignant de sentiments si différents des siens, renoncer au concours de l'Angleterre et agir avec les trois autres puissances? Ou bien devait-il prendre en considération le projet de lord Palmerston, sauf à négocier pour obtenir quelque atténuation des passages les plus choquants? Autour de lui, les meilleurs esprits étaient divisés. M. Désages penchait pour le premier parti : à son avis, c'était duperie de courir après lord Palmerston, qui se jouait de nous ; nous manquerions ainsi à ce que nous devions aux autres puissances, avec lesquelles nous avions déjà lié partie avant la dernière ouverture de l'Angleterre et envers lesquelles « notre

---

[1] Correspondance confidentielle de M. Guizot et du duc de Broglie, pendant la première moitié de novembre 1847. (*Documents inédits.*)

[2] Lettre confidentielle du duc de Broglie à M. Guizot, du 14 novembre 1847. (*Documents inédits.*)

[3] Dépêche de lord Palmerston à lord Normanby, en date du 16 novembre 1847. — Voir aussi une lettre confidentielle du duc de Broglie à M. Guizot, en date du 16 novembre. (*Documents inédits.*)

honneur était engagé ». A ceux qui s'effarouchaient de voir la France se rapprocher des puissances absolutistes, M. Désages répondait : « En communiquant avec les cours continentales, avons-nous pris leur drapeau? avons-nous accepté toutes leurs idées? nous sommes-nous mis, en un mot, à leur dévotion et à leur suite? Assurément non. Nous leur avons demandé de nous laisser faire, de se mettre derrière nous [1]. » L'opinion contraire avait pour elle une autorité plus considérable encore, celle du duc de Broglie. Non que celui-ci partageât les sympathies de lord Palmerston pour les radicaux suisses. « Il n'y a jamais eu, depuis l'origine du monde, écrivait-il à son fils, une meilleure cause que celle du Sonderbund [2]. » Mais nul n'avait un sentiment plus vif des dangers d'une intervention prématurée. « Intervenir, disait-il, sans être appelé par personne, avec la certitude d'être désavoué par tous les conservateurs de la Suisse (je n'en ai pas encore trouvé un seul qui n'en repousse l'idée avec horreur), intervenir sans aucune chance de pouvoir y établir des gouvernements en état de se soutenir par eux-mêmes, sans savoir, par conséquent, combien d'années il y faudrait faire le métier de geôliers et de gendarmes, et cela dans l'état actuel de l'Allemagne, de l'Italie et de la France, cela me paraissait, je l'avoue, le comble de la déraison [3]. » C'était à cette extrémité qu'il craignait que la France ne fût amenée par une action « à quatre » avec l'Autriche, la Prusse et la Russie. « L'Angleterre écartée, écrivait-il à M. Guizot, nous sommes un contre trois dans la médiation. Une fois la médiation rejetée, et elle le sera certainement, il faut faire quelque chose, et nous sommes à la discrétion de l'Autriche. Voilà mon inquiétude. Il dépend de M. de Metternich, en

---

[1] Lettres diverses de M. Désages à M. de Jarnac, du 16 au 22 novembre 1847. (*Documents inédits*.)

[2] Lettre du 13 octobre 1847. (*Documents inédits*.) Dans cette même lettre, le duc de Broglie parlait avec admiration de cette « résolution calme de ne pas souffrir qu'on porte atteinte au droit qu'a Lucerne de confier à cinq Jésuites l'éducation de ses enfants, pas plus que Guillaume Tell n'a souffert qu'il fût porté atteinte au droit qu'il avait de ne pas ôter son bonnet devant les armoiries de l'Autriche ».

[3] Lettre à M. Désages, du 21 novembre 1847. (*Documents inédits*.)

envoyant un bataillon dans le Tessin ou à Schaffouse, de nous faire occuper Lausanne. Or, cela est grave [1]. » Élargissant d'ailleurs la question, le duc de Broglie était conduit à juger l'évolution faite, en ce moment, par le gouvernement français vers les puissances de l'Est et à peser les avantages comparés des alliances continentales et de l'alliance anglaise.
« Nous n'avons en Europe que des ennemis, écrivait-il à M. Désages, dont il connaissait les vues différentes. Nous avons des ennemis permanents : ce sont les cours continentales ; ennemis prudents, sensés, éclairés sur leurs intérêts, qui ne nous feront jamais que le mal qui ne leur est pas nuisible et qui nous feront quelquefois le bien qui leur est utile. N'en attendez rien de plus, ou vous y serez pris. Nous avons un ennemi accidentel : c'est l'Angleterre égarée par lord Palmerston ; ennemi violent, actif, persévérant, et qui nous fera toujours tout le mal qu'il osera nous faire. Notre jeu est d'opposer, tour à tour, ces inimitiés l'une à l'autre, de défendre l'ordre avec les cours continentales et la liberté avec l'Angleterre, sans nous laisser entraîner à la Sainte-Alliance dans le premier cas, ni au radicalisme dans le second. En passant ainsi de l'un à l'autre, sans compter sur l'un ni sur l'autre, nous leur donnerons souvent de l'humeur : il faut s'y résigner quand on ne peut l'éviter. Point d'illusion, point de découragement, point d'abandon envers personne ; toujours peser ses paroles, et n'en point dire qui soient oiseuses [2]. » Il écrivait encore au même correspondant : « Il n'y a point pour nous, dans les cours du continent, de sympathie proprement dite, de sympathie permanente, assurée, qui puisse servir de base à une alliance durable et complète. Entre nous et ces cours, l'entente ne peut s'établir que là où nous nous rencontrons dans un intérêt commun de conservation, de paix et d'ordre, dans une question où l'existence des traités est en jeu, où il s'agit de les faire respecter par qui de droit ; et encore devons-nous veiller à ce que cet accord ne fasse pas disparaître notre

[1] Lettre confidentielle du 18 novembre 1847. (*Documents inédits.*)
[2] Lettre du 21 novembre 1847. (*Documents inédits.*)

drapeau d'État libre et constitutionnel, pour lui substituer celui des puissances absolutistes. Plus ou moins, il faut toujours lutter pour prévenir la confusion. Avec l'Angleterre, à la condition de ne traiter avec elle que d'égal à égal, de savoir lui résister à propos, les raisons et les chances de bonne entente, d'alliance sympathique et durable, existent. La politique de conservation surtout, quand elle est celle des deux cabinets, leur est d'autant plus facile à poursuivre en commun, qu'ils sont constitutionnellement portés, l'un et l'autre, à la dégager de ce caractère d'absolutisme ou d'exclusivisme qui lui aliénerait l'opinion publique. Il est donc évident que toutes les fois que nous trouvons l'Angleterre prête à marcher avec nous dans cette voie, à ces conditions et avec cette mesure, nous ne devons rien négliger pour écarter les obstacles qui contrarieraient l'action commune [1]. » On le voit, le duc de Broglie conservait quelque chose des préventions qui lui avaient déjà fait combattre si vivement, en 1834 et 1835, la tendance du Roi à se rapprocher de l'Autriche [2]. Peut-être ne tenait-il pas assez compte des changements survenus depuis. En tout cas, c'étaient ces sentiments généraux qui, dans la question particulière de la Suisse, le portaient à faire beaucoup de sacrifices pour ne pas se trouver séparé de l'Angleterre. Il ne se dissimulait pas cependant que continuer la négociation avec lord Palmerston, c'était lui fournir une nouvelle occasion de traîner les choses en longueur. Cette perspective ne l'effrayait pas beaucoup. Au fond, il jugeait l'affaire de la médiation mal engagée et se serait consolé de ne pas la voir aboutir. « Je crois, écrivait-il à M. Guizot, qu'il y a tout à gagner maintenant à différer. Si Lucerne doit résister, rien n'arrivera à temps; l'attaque est en train. Si Lucerne doit imiter Fribourg, et que toute cette affaire du Sonderbund tourne en déroute de Méhémet-Ali, couvrant de ridicule ses malencontreux protecteurs, il ne faut pas faire une démons-

---

[1] Cité dans une lettre écrite, le 24 novembre 1847, par M. Désages à M. de Jarnac. (*Documents inédits*.)

[2] Voir plus haut, t. II, ch. xiv, § vi.

tration éclatante, car le ridicule en serait plus grand. Pour que la médiation ait un sens, il faut qu'il y ait des belligérants, il faut qu'il y ait des gens qui se battent. J'ajoute qu'après le rejet de l'offre anglaise, la médiation n'est qu'une forme; c'est une offre qui, venant des quatre puissances seulement, sera rejetée avec insolence. Et puis après, que ferons-nous? L'offre anglaise me paraît en ce moment une bonne fortune, ne fût-ce que pour gagner du temps et savoir si le Sonderbund est une réalité ou si ce n'est qu'un fantôme [1]. » Il ajoutait, dans une lettre à M. Désages : « Quant à l'avenir de tout ceci, le plus vraisemblable, c'est que nous ne nous mettrons pas d'accord, et que, dussions-nous nous mettre d'accord, le pauvre Sonderbund sera mort et enterré, avant que nous puissions arriver sur le champ de bataille avec nos paperasses [2]. »

M. Guizot ne partageait pas les préventions de son ambassadeur contre une action commune avec l'Autriche et les puissances continentales; on sait au contraire que, sans vouloir aucunement se mettre à leur remorque, il estimait que ce rapprochement était dans les nécessités de la situation. Il avait également plus confiance que le duc de Broglie dans l'efficacité possible de la médiation et dans la résistance du Sonderbund. Mais, autant que lui, il désirait le concours de l'Angleterre. Il craignait, en rompant avec elle, d'ôter tout effet aux démarches qui seraient faites en Suisse. Il craignait aussi de fournir, en France, une arme redoutable à l'opposition, déjà si animée contre la politique suivie dans les affaires suisses. Ne voulant donc rien négliger pour obtenir, s'il était possible, un concours si précieux, il fit décider par le conseil des ministres, sans perdre un jour, que le contre-projet anglais serait pris en considération, sauf à demander quelques modifications de rédaction. « Je suis bien aise, écrivait-il, le 18 novembre, au duc de Broglie, de donner cette preuve de fait que je mets toujours le même prix à l'entente avec l'An-

---

[1] Lettre du 19 novembre 1847. (*Documents inédits.*)
[2] Lettre du 21 novembre 1847. (*Documents inédits.*)

gleterre, et que je n'ai pas la moindre envie de son isolement[1]. »

Dès le 20 novembre, le duc de Broglie voyait lord Palmerston et s'accordait avec lui, sans trop de difficulté, sur les modifications désirées par M. Guizot. La principale portait sur la question des Jésuites ; entre la première rédaction française se bornant à stipuler l'arbitrage du Pape, et le contre-projet anglais ne parlant plus du Pape et posant comme condition l'expulsion de ces religieux, on adoptait cette rédaction intermédiaire : « Les sept cantons du Sonderbund s'adresseront au Saint-Siège, pour lui demander s'il ne convient pas, dans l'intérêt de la paix et de la religion, d'interdire à l'Ordre des Jésuites tout établissement sur le territoire de la Confédération helvétique[2]. » Malgré le succès apparent de sa négociation, le duc de Broglie n'en demeurait pas moins fort sceptique sur le résultat final. « Nous essayons, écrivait-il à son fils, une médiation qui est bien la plus malencontreuse qu'il soit possible d'imaginer. Il ne s'agit de rien moins que de faire passer dans le même bateau le loup, la chèvre et le chou, M. de Metternich, M. Guizot et lord Palmerston. La langue n'a point assez de souplesse pour inventer les équivoques qui seraient nécessaires en pareil cas. Ainsi, moi qui ne suis chargé que du loup, je l'ai un peu apprivoisé, mais pas assez pour que nous en venions à nos fins. Tout cela n'est que de l'encre et du papier perdus. Les radicaux seront maîtres de toute la Suisse, moins peut-être les vallées inaccessibles pendant l'hiver, avant que nous ayons mis nos points et nos virgules, et que nous soyons venus à bout, je ne dis pas de nous entendre, mais au contraire de ne pas nous entendre, c'est-à-dire de cesser de nous imputer mutuellement des perfidies, des desseins cachés, des

---

[1] *Documents inédits*. — Quelques jours auparavant, M. Guizot écrivait déjà, dans le même ordre d'idées : « Je n'ai pas la moindre envie de prendre sur lord Palmerston, à quatre contre un, ma revanche du traité du 15 juillet. Nous sommes quittes depuis longtemps à cet égard, et ce n'est pas ma faute si j'ai été obligé de m'acquitter. » (*Documents inédits*.)

[2] Dépêche et lettre du duc de Broglie à M. Guizot, en date du 20 novembre 1847.

ambitions dissimulées. Je ne connais pas de plus triste et de plus déplorable tâche que celle-là[1]. »

Avec les corrections obtenues par le duc de Broglie, le contre-projet anglais parut à M. Guizot, sinon satisfaisant, du moins acceptable. Restait à le faire agréer aux trois autres puissances. C'était là une autre difficulté. En effet, aussitôt avait-on connu, à Berlin et à Vienne, la première rédaction de lord Palmerston, qu'on l'avait déclarée dérisoire, impertinente, et l'on en avait conclu qu'il fallait agir sans l'Angleterre. « Si nous entrons en négociations avec lord Palmerston, disait M. de Canitz, ministre des affaires étrangères de Prusse, nous n'aboutirons à rien; nous n'arriverons même pas à temps pour l'enterrement. » Les hommes d'État de Berlin, naguère si portés vers l'alliance anglaise et si hostiles à la France, proclamaient très haut que « lord Palmerston était le représentant du principe révolutionnaire, et que toute la cause du principe conservateur était remise aux mains du gouvernement du roi Louis-Philippe[2] ». M. de Metternich n'était pas moins animé[3]. M. Guizot entreprit cependant d'amener les trois cours de l'Est à se contenter du contre-projet amendé par lui. « Lord Palmerston, leur fit-il remarquer, abandonne son principe, l'illégitimité du Sonderbund; il met les deux parties belligérantes sur le même niveau et traite avec toutes deux; il se joint à nous pour l'offre et les bases essentielles de la médiation en commun : grand désappointement et rude coup pour les radicaux. Si la médiation est acceptée et réussit, le but est atteint. Si elle est refusée ou si elle échoue, nous rentrons tous dans notre pleine liberté. Nous pourrons faire alors, s'il y a lieu, d'autres pas à quatre, à trois, à deux; mais nous aurons fait les premiers pas à cinq[4]. » Le temps manquant pour attendre la réponse des

---

[1] Lettre du 24 novembre 1847. (*Documents inédits.*)
[2] Lettre du marquis de Dalmatie à M. Guizot, en date du 22 novembre 1847. (*Documents inédits.*)
[3] *Mémoires de M. de Metternich*, t. VII, p. 494 à 500.
[4] Lettre particulière de M. Guizot à ses représentants à Vienne, Berlin et Saint-Pétersbourg, en date du 19 novembre 1847. (*Documents inédits.*)

cabinets eux-mêmes, notre ministre, employant un procédé auquel Casimir Périer avait eu souvent recours, réunit chez lui, le 24 novembre, les ambassadeurs d'Autriche, de Prusse et de Russie. Fortement chapitrés par lui, le comte Apponyi et le comte Arnim prirent sur eux d'accepter le contre-projet, et s'engagèrent, dès qu'il aurait été définitivement approuvé à Londres, à le transmettre aux représentants de leurs cours à Berne. L'ambassadeur de Russie, par manque d'instructions, ne put prendre le même engagement; mais il approuva la conduite de ses collègues et fit espérer l'adhésion de sa cour [1]. L'influence ainsi exercée par M. Guizot sur les ambassadeurs étrangers n'était pas une médiocre preuve de la grande situation qu'il s'était faite en Europe [2]. En possession de cette adhésion, il l'annonça, le jour même, au duc de Broglie et le pressa de tout conclure : « On avait bonne envie, lui écrivait-il, de laisser l'Angleterre seule. Nous n'avons pas cédé à cette envie. Nous comptons qu'en retour toute lenteur, toute petite difficulté disparaîtront, et que le prochain courrier m'apportera la signature anglaise [3]. »

Mais, avec lord Palmerston, on n'était jamais au bout des surprises désagréables. Informé, le 26 novembre, par le duc de Broglie, que les autres puissances acceptaient son contre-projet amendé, il prétendit remettre en question certains points de la rédaction, notamment ceux qui avaient trait aux Jésuites. Notre ambassadeur lui rappela fermement la parole donnée. Pendant trois heures, Palmerston essaya de toutes les mauvaises chicanes pour échapper à son pressant interlocuteur; il n'y parvint pas et dut finir par donner l'assurance qu'il ferait remettre la note aux belligérants suisses en même temps que les représentants des autres puissances [4]. « Ouf! ce n'est pas sans peine, écrivait le duc de Broglie à M. Gui-

[1] Dépêche de M. Guizot au duc de Broglie, du 24 novembre 1847.
[2] M. de Metternich, après coup, devait exprimer un regret de l'adhésion donnée par son ambassadeur. (*Mémoires de M. de Metternich*, t. VII, p. 508.)
[3] Lettre particulière de M. Guizot au duc de Broglie, en date du 25 novembre 1847. (*Documents inédits.*)
[4] Dépêche du duc de Broglie à M. Guizot, du 26 novembre 1847.

zot, au sortir de cette conférence. Il m'a fallu recourir aux grands moyens et peindre à lord Palmerston, sous les plus noires couleurs, la position de l'Angleterre dans l'isolement. J'ai employé, dans cette discussion, tout ce que le ciel m'a donné de présence d'esprit, de subtilité, de ressources d'argumentation, de résolution obstinée. Enfin, je l'ai décidé à lâcher prise [1]. »

Tout paraissait donc conclu, et il n'y avait plus qu'à agir. Le 28 novembre, M. Guizot, le comte Apponyi et le comte Arnim envoyaient aux représentants de la France, de l'Autriche et de la Prusse à Berne, la note identique que ceux-ci devaient remettre à la diète et au Sonderbund. Avis nous avait été donné de Londres, le 27, que sir Stratford-Canning était envoyé en Suisse avec la même mission. La Russie devait suivre prochainement.

Pendant que les puissances, systématiquement entravées par lord Palmerston, avaient tant de peine à se mettre en mouvement, les radicaux, en Suisse, précipitaient les événements. Aussitôt Fribourg soumis, le général Dufour avait marché sur Lucerne. Chacun sentait que là devait se livrer la bataille décisive. « La Suisse entière, écrivait l'ambassadeur de France à Berne, est dans une attente pleine de passion et d'anxiété, les yeux tournés vers Lucerne. » Les forces des deux partis étaient singulièrement inégales. L'armée du général Dufour ne comptait pas moins de 50,000 hommes de troupes de première ligne, de 30,000 hommes de réserve et de 172 canons; les officiers et les soldats étaient loin d'être tous des radicaux, mais, suivant l'exemple du général Dufour, ils obéissaient à la diète. Le Sonderbund n'avait pas en tout 25,000 combattants, médiocrement commandés; pas de direction d'ensemble bien acceptée; chacun des sept cantons se

---

[1] Lettre particulière du 26 novembre 1847. (*Documents inédits.*) — Quatre jours plus tard, revenant sur cet entretien, le duc de Broglie écrivait encore à M. Guizot : « Si je n'eusse pris mon parti de rompre, après trois heures d'altercation, de replier mon papier, de prendre mon chapeau et de me lever pour sortir, Palmerston n'aurait pas lâché prise. » (*Documents inédits.*)

préoccupait de retenir ses hommes sur son territoire pour le défendre contre l'invasion radicale. L'armée de la diète avait pour elle plus encore que la supériorité du nombre, de l'armement et du commandement : c'était de paraître l'armée régulière de la Confédération ; en voyant s'avancer contre eux des troupes portant le brassard fédéral, ceux-là mêmes qui, en 1845, avaient si gaillardement culbuté les corps francs, éprouvaient, en dépit de leur bon droit, un sentiment d'incertitude et de trouble. La lutte fut courte et sans éclat. Après quelques escarmouches, Lucerne se soumit, le 24 novembre. Du coup, le Sonderbund était mort, et la résistance partielle qui se prolongea encore quelques jours dans les cantons d'Uri et du Valais, n'avait aucune importance. Sans honneur pour les vainqueurs, dont le succès n'était qu'un grossier et odieux abus de la force, la lutte fut aussi sans honneur pour les vaincus, dont la prompte capitulation ne parut pas en harmonie avec leur attitude jusque-là si fière [1].

Ainsi, au moment où la diplomatie, sans nouvelles des opérations militaires, parvenait enfin à arracher le consentement du gouvernement anglais et lançait l'offre de médiation, l'un des belligérants, entre lesquels elle prétendait s'interposer, était déjà écrasé. C'était bien en prévision de ce résultat que lord Palmerston avait fait traîner les négociations préliminaires. Il ne s'était pas d'ailleurs contenté de retarder les puissances. Tandis qu'à Londres il feignait de chercher, de concert avec les autres cabinets, le moyen de contenir le gouvernement fédéral et de prévenir la guerre civile, il se montrait, à Berne, impatient d'applaudir au succès de ce gouvernement et le pressait de précipiter son attaque. Le chapelain de la léga-

[1] C'est ce qui devait faire dire, quelques semaines plus tard, en pleine Chambre des pairs, au plus éloquent apologiste du Sonderbund, M. de Montalembert : « Oui, la défaite a été honteuse. La vérité m'arrache ce témoignage au détriment même de mes amis. » Le duc de Broglie, avant l'événement, avait le pressentiment de ce qui allait se passer ; il écrivait à M. Guizot : « Il n'y a rien de si simple et de si légitime que de céder à la force ; mais, quand on en est là, il ne faut pas trancher du Léonidas ni des martyrs. » (Lettre du 20 novembre 1847. *Documents inédits.*)

tion britannique avait même été envoyé au camp du général Dufour, pour l'avertir que le chef du *Foreign office,* ne pouvant résister plus longtemps à la pression de la France, allait signer la note identique, et qu'il n'y avait pas un instant à perdre pour abattre Lucerne avant que la note arrivât à destination. Après l'événement, notre chargé d'affaires se donna le plaisir de faire confesser, devant témoins, cette démarche, par M. Peel lui-même. « Avouez, lui dit-il, que vous nous avez joué un tour, en pressant les événements. » Et comme le diplomate anglais se taisait, notre agent insista : « Pourquoi faire le mystérieux? Après une partie, on peut bien dire le jeu qu'on a joué. — Eh bien, c'est vrai, dit alors M. Peel, j'ai fait dire au général Dufour d'en finir vite [1]. » Il est vrai que, quant à lui, M. Peel n'était pas complice du double jeu de son ministre; il n'était associé qu'à la partie radicale de sa politique; quand il avait appris que lord Palmerston signait la note identique, il n'avait pu contenir sa surprise et son émotion. « Si je pouvais, disait-il à notre agent, montrer les dépêches de lord Palmerston, on penserait, comme moi, que je ne saurais remettre la note qu'il m'annonce. Je donnerai ma démission plutôt que de le faire. Eh! le puis-je donc, en effet, quand je viens de faire une visite à M. Ochsenbein dans un sens tout opposé? Vous comprenez que je ne me suis pas lié avec des gens comme les radicaux, par amitié pour eux. Mais la guerre est finie, et l'on m'a fait jouer un rôle qui me blesse beaucoup [2]. » Voilà de quelle loyauté usait le ministre qui s'indignait si fort de nos prétendues dissimulations dans l'affaire des mariages espagnols!

Quel effet pouvaient avoir désormais la note identique et l'offre de médiation? Quand cette note arriva en Suisse, le 30 novembre, c'est à peine si les derniers débris du Sonderbund s'agitaient encore dans le Valais. Les ambassadeurs de

---

[1] Lettre de M. de Massignac, secrétaire d'ambassade, à M. de Bois-le-Comte, en date du 29 novembre 1847, rapportée dans une dépêche de ce dernier, en date du 31 décembre 1847.

[2] Dépêche de M. de Bois-le-Comte à M. Guizot, en date du 2 décembre 1847.

France, d'Autriche et de Prusse la firent remettre cependant aux deux parties. Le gouvernement anglais prit prétexte des événements survenus pour s'abstenir, préférant sans doute rester sur les félicitations que son représentant avait adressées aux vainqueurs. « Du moment où il n'y a plus de lutte, disait-on au *Foreign office,* il ne saurait être question de médiation. » Les radicaux suisses n'avaient pas dès lors à se gêner. Par une note, en date du 7 décembre, ils repoussèrent la médiation, déclarant qu'il n'y avait jamais eu de guerre civile, mais seulement une exécution armée des décrets de la diète. Ils poussèrent l'impertinence jusqu'à demander à Paris que M. de Bois-le-Comte fût rappelé pour avoir pris ouvertement le parti des « rebelles [1] ». En même temps, dans l'usage qu'ils faisaient de leur victoire contre la minorité vaincue, ils montraient un mépris cynique de tout droit, de toute justice, de toute liberté. Plusieurs semaines après, le duc de Broglie, dont on connaît pourtant l'esprit mesuré, ne pouvait pas encore parler de ces excès sans un frémissement d'indignation. « Dieu, disait-il, a voulu, dans ses desseins impénétrables, que l'œuvre de destruction, que l'œuvre d'iniquité s'accomplît; il a voulu, pour notre enseignement à tous, que nous revissions encore une fois à l'œuvre et dans son triomphe le principe qui domine aujourd'hui dans la Confédération helvétique et qui paraît relever la tête sur plusieurs points de l'Europe ; il a voulu que nous revissions encore, après soixante ans, la conquête avec ses exigences implacables, l'occupation militaire avec ses exactions cupides, la profanation des lieux saints, la dévastation des choses saintes, les proscriptions en masse, les confiscations en bloc, des gouvernements révolutionnaires improvisés à la pointe des baïonnettes, et improvisant, à leur tour, sous le nom de lois, l'inquisition et la persécution, aux acclamations de la populace [2]. »

---

[1] Le fait fut connu des diplomates accrédités à Paris. (HILLEBRAND, *Geschichte Frankreichs*, 1830-1848, t. II, p. 677.)

[2] Discours prononcé à la Chambre des pairs le 16 janvier 1848. — M. Doudan,

Les circonstances auraient-elles permis au gouvernement français de faire mieux? En tout cas, force était de reconnaître que, jusqu'alors, sa campagne diplomatique, dans les affaires de Suisse, avait été peu heureuse. Il s'était trompé sur la force de résistance du Sonderbund, comme, en 1840, sur celle de Méhémet-Ali. Il s'était laissé duper par lord Palmerston, genre de mésaventure qui fait toujours faire à un gouvernement une figure assez fâcheuse et un peu ridicule, alors même qu'il peut se plaindre d'avoir été victime de manœuvres déloyales. Il avait mis en mouvement les grandes puissances de l'Europe, pour leur faire essuyer, en fin de cause, le refus insolent des radicaux de Berne. Les clients qu'il avait voulu protéger, d'accord avec les autres cours du continent, ces clients dont la cause était celle de l'ordre, du droit, de la liberté, avaient été écrasés sous ses yeux, sans avoir reçu de lui aucun secours efficace. Les amis de M. Guizot ne pouvaient se dissimuler qu'il y avait là « un véritable échec pour la cause monarchique et conservatrice », et aussi « quelque humiliation pour le gouvernement français [1] ». Par contre, ses adversaires se sentaient encouragés à le prendre de plus haut encore, soit dans la presse, soit dans les banquets alors en pleine activité, avec une politique qui venait de se montrer aussi impuissante; tous leurs applaudissements étaient pour lord Palmerston qu'ils félicitaient d'avoir joué notre gouvernement, pour les radicaux de la diète dont ils partageaient le triomphe.

---

tout sceptique qu'il fût, s'exprimait avec émotion sur les violences commises par « ces enragés de radicaux » contre « de pauvres gens qui leur étaient supérieurs devant Dieu, bien qu'ils aimassent les Jésuites »; il les qualifiait « d'indignes sauvages »; puis, à propos de l'expulsion des religieux de Saint-Bernard, l'un des hauts faits des vainqueurs, il ajoutait : « Les chiens du Saint-Bernard sont très supérieurs à ces radicaux-là, quoi qu'on en puisse dire. » (*Mélanges et Lettres*, t. II, p. 145 et 148.)

[1] *Journal inédit du baron de Viel-Castel*, à la date du 5 décembre 1847.

VI

A Vienne comme à Berlin, on n'était nullement disposé à rester sur l'insuccès des premières démarches. M. de Metternich proclamait, au contraire, que l'écrasement du Sonderbund rendait le devoir de l'Europe plus pressant encore, son droit plus évident [1]. M. de Canitz disait au ministre de France : « Peut-on accepter, parce que cela plaît à lord Palmerston, l'énorme échec que vient de subir le parti conservateur en Europe [2] ? » Seulement, que faire ? Dans les deux cabinets allemands, se manifestait fortement cette double conviction, d'abord qu'il n'y avait rien à faire avec lord Palmerston, ensuite qu'on ne pouvait rien faire sans M. Guizot ; que l'un était l'ennemi forcé, l'autre le sauveur possible. Cela ressortait des dépêches écrites par M. de Metternich à cette époque : en même temps qu'il se plaignait amèrement de la mauvaise foi de lord Palmerston et qu'il se déclarait résolu à ne pas être une seconde fois sa dupe [3], il témoignait sa confiance en M. Guizot et exprimait le vœu qu'il prît la direction de la campagne. « M. Guizot voit les choses telles qu'elles sont, disait-il à notre ambassadeur ; avec un esprit comme le sien, je suis toujours sûr de m'entendre, et je serai toujours prêt à marcher. » Il ajoutait qu'il « attendait du ministre français le nouveau plan de conduite à tenir [4] ». Ces sentiments étaient peut-être plus vifs encore à Berlin ; le marquis de Dalmatie les notait, presque jour par jour, dans sa correspondance avec M. Guizot. « Le cabinet prussien, écrivait-il, qui naguère

---

[1] Dépêches de M. de Metternich, du 29 novembre et du 7 décembre 1847. (*Mémoires de M. de Metternich*, t. VII, p. 500 et 508.)

[2] Lettre particulière du marquis de Dalmatie à M. Guizot, en date du 2 décembre 1847. (*Documents inédits*.)

[3] Dépêches de M. de Metternich, des 12 et 24 décembre 1847. (*Mémoires de M. de Metternich*, t. VII, p. 354, 511, 512, 523.)

[4] Lettres particulières de M. de Flahault à M. Guizot, en date des 29 et 30 novembre 1847. (*Documents inédits*.)

encore se tenait tellement rapproché de l'Angleterre, en est bien loin aujourd'hui. Si je compare le langage d'aujourd'hui à celui d'il y a un an, quelle distance! Et cette comparaison est ici dans toutes les bouches. On dit tout haut, aujourd'hui, que lord Palmerston est le représentant du principe révolutionnaire, et que toute la cause du principe conservateur est remise aux mains du gouvernement français... Le fait seul d'en être venu à un tel éloignement de l'Angleterre, que je pourrais, après une liaison aussi intime, presque l'appeler une rupture, ce fait peut vous donner la mesure de la préoccupation dans laquelle on est ici. Aussi ne se repose-t-on que sur la fermeté du gouvernement français pour soutenir la cause commune. » Si M. de Canitz montrait quelque inquiétude, c'était quand il croyait qu'à Paris on lui gardait rancune de son mauvais vouloir passé. « Pourquoi ne veut-on pas de nous? » demandait-il humblement au marquis de Dalmatie, et il revenait alors sur sa conduite dans l'affaire des mariages espagnols, pour chercher à l'excuser[1]. Lord Westmorland, ministre d'Angleterre, qui rentrait à Berlin, dans les premiers jours de décembre, après un assez long congé, était tout surpris du changement des esprits; sa femme disait à un ami « qu'elle voyait avec douleur combien lord Palmerston avait aliéné de l'Angleterre tout le continent[2] ». Vainement, de Londres, M. de Bunsen tâchait-il de ramener son gouvernement à une appréciation des affaires suisses, moins contraire à celle du *Foreign office;* M. de Canitz ne cachait pas la méfiance que lui inspiraient les rapports de cet agent. Frédéric-Guillaume lui-même entreprenait, avec une ardeur singulière, de convertir « son ami Bunsen » à des idées plus saines. « De quoi s'agit-il en Suisse, lui écrivait-il, et pour nous et pour les grandes puissances?... D'une seule question que j'appelle l'épidémie du radicalisme. Le radicalisme, c'est-à-dire la secte qui a scientifiquement rompu avec le christianisme, avec Dieu, avec tout

---

[1] Correspondance particulière du marquis de Dalmatie avec M. Guizot, en novembre et décembre 1847. (*Documents inédits.*)

[2] Lettre du même au même, du 10 décembre 1847. (*Documents inédits.*)

droit établi, avec toutes les lois divines et humaines. Cette secte-là, en Suisse, va-t-elle, oui ou non, s'emparer de la souveraineté par le meurtre, à travers le sang, à travers les larmes, et mettre en péril l'Europe entière? Voilà ce dont il s'agit. Cette pensée, qui est la mienne, doit être aussi la vôtre; elle doit être celle de tous mes représentants auprès des grandes puissances. A cette condition seulement, vous et eux, vous agirez efficacement dans le sens de ma politique et de ma volonté. Il est de toute évidence, à mes yeux, que la victoire de la secte sans Dieu et sans droit, dont les partisans augmentent de jour en jour (comme la boue dans les jours de pluie), particulièrement en Allemagne, il est, dis-je, de toute évidence que cette victoire établira un puissant foyer de contagion pour l'Allemagne, l'Italie, la France, un vrai foyer d'infection dont l'influence sera incalculable et effroyable... Le cabinet anglais ne considère pas la situation des choses au point de vue des dangers que court le droit européen, cela est parfaitement clair; quant à vous, très cher Bunsen, la voyez-vous ainsi que je la vois? Cela ne m'est pas clair du tout. C'est pourquoi je vous écris, car vous devez, — il le faut, — vous devez voir les choses comme moi, et agir en conséquence, brûlant du feu sacré, parlant, conseillant, n'ayant ni repos ni cesse, aussi longtemps que durera l'affaire [1]. »

A Berlin comme à Vienne, c'était donc vers Paris qu'on tournait les yeux, de Paris qu'on attendait une initiative et une direction. Ainsi apparaît-il que la campagne diplomatique qui, à regarder ses résultats en Suisse, avait jusqu'alors si mal réussi, influait cependant heureusement sur la situation de la France en Europe. M. Guizot, comprenant l'importance du rôle offert à son pays, était décidé à ne pas tromper l'attente des puissances. Il s'en expliquait ainsi dans la correspondance presque journalière qu'il avait alors avec le duc de Broglie : « Le Prussien et l'Autrichien ne nous demandent pas d'adopter leur politique, mais de les mettre à couvert sous

[1] *Frédéric-Guillaume IV et le baron de Bunsen*, par M. SAINT-RENÉ TAILLANDIER.

la nôtre. Nous sommes évidemment à ce point critique où la bonne politique française peut devenir, de gré ou de force, par conviction ou nécessité, la politique européenne. Crise décisive pour l'affermissement de notre établissement de Juillet et la grandeur nouvelle de notre pays. » Il ajoutait, un autre jour : « La question est posée plus grandement et plus nettement que jamais, entre la politique conservatrice et la politique révolutionnaire. L'Italie est certainement au bout de la Suisse; peut-être même l'Allemagne. » Et encore : « Lord Palmerston veut rester le patron des radicaux, les protéger dans leurs embarras et profiter de leurs victoires. Or, plus je vois les radicaux à l'œuvre, œuvre sérieuse ou frivole, guerre civile ou banquets, plus je les méprise et redoute leur empire. Je suis convaincu que nous entrons dans une recrudescence générale, européenne, de la lutte engagée entre eux et nous. Notre position, dans cette lutte, est excellente aujourd'hui, car, en fondant un gouvernement libre, nous avons fait nos preuves comme gouvernement régulier, et nous sommes les modérateurs naturels, acceptés, de cette lutte, acceptés par les gouvernements eux-mêmes, comme par la portion honnête et sensée des populations. Toute notre politique doit consister à maintenir cette position et à en recueillir les fruits [1]. »

M. Guizot faisait donc connaître, dès le 4 décembre 1847, à Vienne et à Berlin, sa résolution de continuer, dans les affaires suisses, l'entente et l'action commune avec les puissances continentales [2]. Ayant su que le cabinet prussien avait eu quelques doutes sur ses intentions, il se hâtait de le rassurer et écrivait au marquis de Dalmatie : « Priez M. de Canitz, de ma part, d'être certain que je ne manquerai ni à notre politique, ni à nos engagements. J'ai été, dès l'origine, et je suis encore aujourd'hui le premier sur la brèche, dans cette affaire suisse... Nous comptons tout à fait sur le cabinet de Berlin, et

---

[1] Lettres particulières de M. Guizot au duc de Broglie, en date des 29 novembre, 3 et 6 décembre 1847. (*Documents inédits.*)

[2] Lettres au comte de Flahault et au marquis de Dalmatie. (*Documents inédits.*)

il peut compter sur nous [1]. » Notre gouvernement ne faisait pas mystère au public de ses intentions. Le 7 décembre, le *Journal des Débats* annonçait que la chute du Sonderbund ne mettrait pas fin à l'action pacificatrice des puissances en Suisse; qu'en présence des projets hautement proclamés par le radicalisme, il leur restait le devoir de protéger ce pays contre l'oppression et les bouleversements dont il était menacé; « elles doivent empêcher, déclarait-il, qu'on n'en fasse un foyer de désordre, un laboratoire d'anarchie, en vue de seconder dans les États voisins le mouvement révolutionnaire ».

Pour prendre et garder cette attitude, M. Guizot avait cependant plus d'une résistance à vaincre en France. L'opinion continuait à y être fort occupée des affaires de Suisse [2]. Égarée par ses préventions naturelles et par les polémiques des journaux, elle voyait de mauvais œil toute action commune avec les puissances dites réactionnaires. M. de Barante constatait que l'opposition était parvenue à susciter contre la politique suivie en cette circonstance par le gouvernement, une « clameur universelle », qu'il se hâtait du reste de qualifier de « clameur exagérée, ignorante et irréfléchie [3] ». Tout cela n'échappait pas à M. Guizot. « Je ne me fais point d'illusion sur les difficultés, écrivait-il, le 3 décembre, au duc de Broglie. La lutte sera très rude dans les Chambres. Je crois parfaitement ce que vous me dites, que de Londres on donnera et qu'à Paris on acceptera ce terrain pour l'attaque contre moi. Personnellement, cela me convient. Au fond et pour les choses, cela est inévitable [4]. » Parmi les conservateurs et même parmi les membres du cabinet, tous n'avaient pas le même sang-froid et la même fermeté; on en peut juger par l'incident que M. Guizot racontait en ces termes au duc de Broglie : « Duchâtel et, après lui, quelques-uns de nos amis sont venus rompre ma solitude, fort troublés, répétant ce que disent les adversaires, convaincus

---

[1] Lettre du 8 décembre 1847. (*Documents inédits.*)
[2] « Ces affaires, notait M. de Viel-Castel, occupent en ce moment tous les esprits, et elles rejettent dans l'ombre les questions intérieures. » (*Journal inédit.*)
[3] *Documents inédits.*
[4] *Ibid.*

que le péril est très grand pour le cabinet, qu'il n'y a pas moyen de se séparer de l'Angleterre dans la question suisse, que rien n'est possible sans elle, pas plus une attitude qu'une action, et qu'il faut tenir, comme elle, la question suisse pour terminée, si on ne doit pas la continuer avec elle. Entre nous, ceci ne change rien à ce que je pense et ferai, et je poserai très volontiers la question de cabinet sur la politique que je viens de vous exposer. Je ne veux certainement pas me ranger derrière les cours continentales; mais, quand elles se rangent derrière moi et font tout ce que nous leur demandons, je ne ferai certainement pas la bêtise et la lâcheté d'abandonner notre propre politique pour n'avoir pas l'air de la faire en commun avec Berlin et Vienne [1]. »

C'était jusque chez les collaborateurs les plus intimes de sa politique extérieure que M. Guizot rencontrait, sinon des oppositions, du moins un certain trouble. Tel était, entre autres, le cas de M. Rossi. A son insu, son double passé de patriote italien et de libéral suisse le prédisposait mal à l'entente avec l'Autriche; mais, en même temps, il était un politique trop avisé pour ne pas apercevoir la nécessité et les avantages possibles de cette entente. De là une sorte d'angoisse dont, de Rome, il faisait part au duc de Broglie, dans une lettre curieuse à plus d'un titre. « Je conçois, lui écrivait-il, que les gouvernements s'inquiètent des agitations radicales en Suisse; pas seulement les absolutistes, mais tout gouvernement libéral et conservateur. Ils se trouvent tous en face d'un ennemi commun qui menace de devenir redoutable et qui fait des progrès tous les jours. Tout le monde n'est pas confiné dans une île et n'aime pas à jouer avec les tempêtes... Quelques indices me font conjecturer qu'on se dispose à donner au radicalisme la leçon qu'il mérite, et à dissiper, s'il le faut, à coups de canon, l'orage qui s'amoncelle. Notre gouvernement ne veut pas rester sous la tente, et je le conçois encore. Il est un grand gouvernement; il est intéressé dans la question; il sort de l'isolement

---

[1] Lettre particulière de M. Guizot au duc de Broglie, en date du 13 décembre 1847. (*Documents inédits.*)

par un fait éclatant; il trouve une noble revanche de Beyrouth; c'est une reconstitution, à notre profit, de la politique européenne. Tout cela est important, grand même. Il faudrait être stupide pour ne pas l'apprécier à sa valeur! Une chose cependant m'inquiète ou, à mieux parler, m'inquiéterait, si je n'étais convaincu qu'on saura éviter l'écueil que j'aperçois. Si une action commune devient nécessaire, nous serons les alliés des puissances du Nord, en particulier de l'Autriche. Vous ne me croyez pas l'esprit assez borné pour me laisser dominer par d'anciens souvenirs et des antipathies : j'ai assez prouvé le contraire ici. Mais, en fait, l'Autriche et nous, nous ne représentons pas le même principe, et une campagne contre le radicalisme, quelque nom et couleur qu'on lui donne, recèle une lutte de principes. En combattant les principes subversifs du radicalisme, il faut bien qu'on sache quel est le drapeau qu'on élève, quel est le but qu'on se propose, quels sont les principes qui nous font agir. Nous pouvons bien avoir avec l'Autriche un intérêt commun, mais la communauté peut-elle s'étendre plus loin? Pouvons-nous proclamer les mêmes principes et viser au même but? Oui, si l'Autriche voulait, elle aussi, comprendre les nécessités du temps, du moins pour la Suisse et l'Italie! Mais je n'y crois guère. Dès lors, la situation devient délicate. L'Autriche ne se plaçant pas sous notre drapeau, il y aurait deux drapeaux distincts, à moins que la France ne se plaçât sous le drapeau de l'Autriche. Cette dernière hypothèse, je m'empresse de le reconnaître, est injurieuse et impossible. Une intervention au nom des principes autrichiens ne serait qu'une réaction qui en préparerait une autre, un peu plus tôt, un peu plus tard. Je suis en même temps convaincu qu'elle serait un grave danger pour nous, pour notre gouvernement, j'ose ajouter pour notre dynastie, un de ces dangers qui n'éclatent pas en naissant, mais qui couvent et fermentent. Nous sommes des conservateurs, mais, ainsi que M. Guizot me l'écrivait, des conservateurs intelligents et éclairés, tranchons le mot, des conservateurs libéraux. C'est là notre force, notre salut, la gloire de ce grand règne. Je laisse les inconvénients d'un démenti à notre constant langage, etc., etc., car, encore une fois, je suis convaincu, malgré le peu de satisfaction que m'ont fait éprouver certains faits subalternes, qu'on ne songe pas à mettre notre drapeau dans la poche, pour arborer celui du Conseil aulique. Comment s'y prendre pour avoir, dans une action matérielle commune, une action politique distincte? C'est là le scrupule qui me préoccupe et dont j'ai voulu vous parler, accoutumé que je suis à penser tout haut avec vous. Il ne m'appartient pas de chercher la solution du problème, la meilleure solution, car j'en entrevois plusieurs. On y a sans doute déjà pensé, et je l'attends avec pleine confiance [1]. »

Quoique dans une moindre mesure, le duc de Broglie n'était pas sans partager quelques-unes des préoccupations de M. Rossi. Il l'avait laissé voir naguère par ses répugnances contre le projet de médiation; il le montra encore par les conseils qu'il donna à son gouvernement sur la conduite à tenir après la défaite du Sonderbund. M. Guizot avait pensé que, du moment où l'on voulait continuer l'entente avec les puissances, la marche la plus naturelle était de réunir, à Neufchâtel ou ailleurs, la conférence prévue dans les accords préalables et même annoncée dans la note identique; l'Angleterre, sans doute, refuserait d'y venir; on se passerait d'elle. « S'il n'y a plus lieu à médiation, écrivait notre ministre, il y a toujours lieu à entente entre les puissances, et la conférence doit s'ouvrir comme signe et moyen d'entente,... non pour agir immédiatement, mais pour rester, vis-à-vis de la Suisse, dans une situation d'observation et d'attente... La situation se réduit à ceci : faire durer l'entente avec les puissances et l'attente envers la Suisse [2]. » Le duc de Broglie témoigna tout de suite une assez vive répugnance pour cette conférence à quatre qui lui paraissait avoir des « airs de congrès de Laybach et de Vérone ». « Une conférence n'ayant d'autre mis-

---

[1] *Documents inédits.*

[2] Lettre de M. Guizot au duc de Broglie, en date du 3 décembre 1847. (*Documents inédits.*)

sion que de représenter les traités de 1815, écrivait-il à
M. Guizot, me paraît dangereuse et compromettante. M. de
Metternich et le roi de Prusse en parlent fort à leur aise. Ces
traités sont leur gloire, et ils n'ont pas de Chambres à concilier. Mais nous ne sommes pas dans la même position. Notre
position est excellente, comme vous le dites, en ce sens que
nous pouvons faire faire aux autres notre volonté; mais c'est
pour cela qu'il faut qu'ils se plient à nos convenances, et que
nous ne tirions pas pour eux les marrons du feu. » Toujours
convaincu qu'une action armée en Suisse serait prématurée
« tant que le fond du pays n'aurait pas souffert, et souffert
longtemps, amèrement, cruellement, dans ses intérêts matériels », le duc se demandait quelle figure ferait cette conférence
forcément oisive. A son avis, il fallait mettre fin, le plus
promptement possible, à la première phase des négociations;
et, pour cela, le mieux lui paraissait être une note concertée
entre les quatre puissances et signifiée à la diète. Ce n'est pas
qu'il entendit au fond passer condamnation sur les méfaits des
radicaux; non, mais voici la tactique qu'il proposait de suivre
à leur égard. « Il faut, disait-il, bloquer moralement la Suisse,
la renfermer en elle-même, la menacer d'un inconnu sans
limites, la ruiner en l'obligeant à se maintenir sur un pied de
guerre insoutenable pour elle, et attendre que les gouvernements radicaux soient chassés à coups de fourche par les
paysans, comme l'ont été les gouvernements conservateurs. »
M. de Broglie était également fort loin de vouloir que la France
se séparât des puissances continentales et se rapprochât de
l'Angleterre. Bien au contraire, il entrevoyait comme devant
faire suite à la remise de la note concertée, une entente avec
les puissances continentales à l'exclusion de l'Angleterre,
« entente réelle, durable, publique », et même générale,
s'appliquant aux affaires d'Italie comme à celles de Suisse.
« Là est, écrivait-il à M. Guizot, la clef des destinées de
l'Europe... Vous êtes alors le maître du terrain dans toute
l'Europe; lord Palmerston sera à moitié détruit, et personne,
dans les Chambres, n'a un mot à dire. » Il ajoutait : « Hâtez-

vous;... traitez l'affaire de l'entente sans trop en parler à vos collègues; vous leur feriez peur; ils bavarderaient, et la mèche serait éventée [1]. »

M. Guizot, voyant le duc de Broglie d'accord avec lui sur le fond des choses et sur le but à atteindre, ne se refusa pas à prendre en considération ses objections de forme. Après quelques hésitations et à la suite de plusieurs lettres échangées, il renonça à réunir une conférence et se rallia à l'idée d'une note concertée dont il résumait ainsi le contenu : « Maintien de notre droit de regarder à ces affaires de Suisse. Réserve de notre droit d'agir suivant les circonstances. Point de demande; rien qui donne lieu à une réponse. Les engagements de l'Europe envers la Suisse tenus en suspens, tant que la Suisse ne sera pas rentrée dans son état normal. Le mal hautement déclaré. L'avenir laissé incertain. » Il ajoutait : « La note une fois remise et l'entente rétablie, chacun rentrerait chez soi, et nous attendrions, dans l'attitude prise en commun, ce qui se passerait en Suisse. » M. Guizot se fiait à son crédit sur les puissances continentales et au besoin qu'elles avaient de lui, pour leur faire accepter ce changement de procédure. « D'ailleurs, ajoutait-il, la perspective d'une entente permanente et générale sur les affaires du continent leur plaira bien plus que ne leur déplaira l'abandon de la conférence. Et je suis de plus en plus convaincu que, pour un temps du moins, nous leur ferons accepter notre politique : ce qui fera faire aux affaires européennes et à nous-mêmes, en Europe, un très grand pas [2]. »

M. Guizot agit donc aussitôt sur les cabinets autrichien et prussien pour les faire renoncer à la conférence. Il leur montra comment cette conférence, inutile pour l'attitude expectante et comminatoire qu'on voulait prendre envers le gouvernement fédéral, risquait de devenir compromettante ou ridicule. Il insista également sur une considération qu'il qualifiait de « toute

---

[1] Lettres particulières du duc de Broglie à M. Guizot, du 4 au 17 décembre 1847. (*Documents inédits*.)

[2] Lettres particulières de M. Guizot au duc de Broglie, du 4 au 20 décembre 1847. (*Documents inédits*.)

personnelle », mais qui n'avait pas été probablement pour lui la moins décisive. « La conférence, disait-il, aggraverait beaucoup les difficultés déjà fort grandes de ma situation ici, devant nos Chambres et notre public. Je suis profondément convaincu que la politique que j'ai suivie et que je persiste à suivre dans les affaires suisses est bonne, très bonne pour la France comme pour l'Europe, pour notre gouvernement comme pour tous les gouvernements. Mais on ne peut se dissimuler qu'elle est contraire, très contraire aux préjugés, aux traditions, aux passions parlementaires et populaires, et que, pour la faire comprendre et prévaloir, j'aurai à surmonter de très grands obstacles, obstacles que la faiblesse et la défaite si prompte du Sonderbund ont immensément grossis. Ma résolution est parfaitement prise : je ne reculerai point devant ces obstacles; je soutiendrai dans les débats, je maintiendrai dans la pratique la politique que j'ai adoptée, et je triompherai ou je tomberai en la maintenant. Mais je ne crois pas qu'il soit utile pour personne de rendre le succès plus difficile et plus incertain [1]. » Les cabinets de Vienne et de Berlin, désireux avant tout de marcher avec la France et disposés par suite à prendre en bonne part ce qui venait d'elle, se rendirent à ces arguments et consentirent à remplacer la conférence par une note. Fait curieux et qui marque bien leurs sentiments pour M. Guizot : la considération du danger parlementaire auquel était exposé le cabinet français ne fut pas celle qui agit le moins sur eux [2].

A cette époque, d'ailleurs, les deux puissances allemandes donnaient une preuve justement remarquée de la confiance, j'allais presque dire de la déférence qu'elles entendaient témoigner à la France. Dès la fin de novembre 1847, croyant à la réunion d'une conférence, elles avaient désigné chacune

[1] Lettres particulières de M. Guizot au comte de Flahault et au marquis de Dalmatie, en date du 20 décembre 1847. (*Documents inédits*.)

[2] Lettre du marquis de Dalmatie à M. Guizot, en date du 25 décembre 1847. (*Documents inédits.*) — Dépêches de M. de Metternich au comte Apponyi, en date des 24 et 29 décembre 1847. (*Mémoires de M. de Metternich*, t. VII, p. 355 à 359, et 523 à 527.)

leur plénipotentiaire : l'Autriche, le comte Colloredo; la Prusse, le général de Radowitz : c'étaient deux personnages considérables, et leur choix indiquait l'importance qu'on attachait à leur mission. Ils s'étaient rencontrés à Vienne, dans le commencement de décembre, pour arrêter, sous les auspices de M. de Metternich, la conduite à tenir. Le chancelier autrichien avait tout un plan d'action graduée, débutant par des sommations comminatoires, continuant par une déclaration de dissolution de la Confédération, un blocus commercial, des rassemblements de troupes sur la frontière, et aboutissant, s'il était nécessaire, à une intervention armée et à une occupation territoriale [1]. Mais, à Vienne comme à Berlin, force était bien de s'avouer qu'on ne pouvait rien sans la France, et que c'était M. Guizot, non M. de Metternich, dont l'avis était important à connaître. De là, l'idée d'envoyer les deux plénipotentiaires à Paris, au lieu de les garder à Vienne. Le gouvernement autrichien s'y décida assez facilement; la Prusse consentit avec plus de peine à une démarche qui paraissait mettre aussi ouvertement sa politique à la suite de la France; toutefois ses hésitations ne durèrent pas longtemps, et, vers le 22 décembre, le comte Colloredo et le général de Radowitz arrivaient ensemble à Paris [2]. « Cette arrivée est une circonstance notable, écrivait au moment même M. de Barante. L'Autriche et la Prusse se plaçant sous la direction de notre gouvernement, lui accordant confiance, résolues à ne pas aller plus vite ni plus loin que nous, et se plaçant en dissidence avec l'Angleterre, voilà qui est très nouveau [3] ! »

M. Guizot entra tout de suite en conversation avec les deux plénipotentiaires, sur les affaires suisses et aussi sur toutes les autres grandes questions pendantes. Ils apportaient sans doute un désir de réaction un peu solennelle

---

[1] *Mémoires de M. de Metternich*, t. VII, p. 513 à 520.
[2] Lettres particulières du marquis de Dalmatie à M. Guizot, en date des 16, 18, 19, 22 décembre 1847. Lettre particulière de M. Guizot au comte de Flahault, en date du 21 décembre 1847, et lettre de M. de Flahault à M. Guizot, en date du 28 décembre 1847. (*Documents inédits.*)
[3] Lettre du 27 décembre 1847. (*Documents inédits.*)

et fastueuse qui n'était pas dans notre ligne. Mais M. Guizot gagna vite leur confiance, prit action sur eux et les ramena entièrement à ses idées. Au plan de M. de Metternich, il fit substituer le sien, qui se résumait ainsi : point de conférence ; point de sommation à terme fixe qui provoquerait un refus ; en place, une déclaration notifiée à la diète, et portant que les puissances considéraient la souveraineté cantonale comme violée ; que par suite la confédération n'était pas dans une situation régulière et conforme aux traités ; puis, la déclaration faite, entente permanente et avouée entre les puissances, attente vis-à-vis de la Suisse, et réserve des mesures qu'il y aurait lieu de prendre ultérieurement. Les cabinets de Vienne et de Berlin ratifièrent avec empressement l'approbation donnée par leurs plénipotentiaires. M. de Metternich, particulièrement, fut enchanté de la déclaration : « Il l'adopte sans restriction aucune, écrivait M. de Flahault à M. Guizot, et m'a dit qu'il ne voudrait y ajouter ni en retrancher un seul mot. A chaque passage, il répétait : C'est cela, c'est parfait [1]. »

L'adhésion des puissances allemandes impliquait celle de la Russie. M. Guizot avait été un moment préoccupé de la réserve où l'on paraissait vouloir se renfermer à Saint-Pétersbourg, et il s'était demandé « si l'on ne craignait pas là de se mettre en froid avec Londres et en trop bons rapports avec Paris [2] ». Mais il avait été bientôt rassuré : M. de Metternich se portait fort du concours du gouvernement russe ; celui-ci d'ailleurs ne cachait pas son irritation contre lord Palmerston ; s'il se tenait à l'écart, c'était par crainte, non d'être entraîné trop loin, mais au contraire d'être associé à une action trop molle et trop incertaine [3]. M. de Nesselrode disait lui-même à notre

---

[1] Lettres particulières du comte de Flahault à M. Guizot, des 8 et 12 janvier 1848 ; du marquis de Dalmatie à M. Guizot, du 9 janvier 1848. (*Documents inédits.*) — Voir aussi une dépêche de M. de Metternich au comte Apponyi, du 12 janvier 1848. (*Mémoires de M. de Metternich,* t. VII, p. 553, 554.)

[2] Lettre particulière de M. Guizot au marquis de Dalmatie, en date du 10 décembre 1847. (*Documents inédits.*)

[3] Lettres particulières du marquis de Dalmatie à M. Guizot, en date des 16, 19 et 22 décembre 1847 ; du comte de Flahault à M. Guizot, en date du 28 décembre 1847. (*Documents inédits.*) — Voir aussi dépêche de M. de Metternich au comte

chargé d'affaires : « Vous pouvez compter sur l'appui de l'Empereur pour tout ce que vous ferez dans l'intérêt de l'ordre et en vue de combattre le radicalisme [1]. »

Restait l'Angleterre : communication lui fut faite du projet de note, sans espoir d'obtenir son adhésion, et avec la volonté très ferme de ne pas se laisser une seconde fois jouer par elle. Lord Palmerston refusa en effet de prendre part à une entreprise qui, à l'entendre, ne tendait à rien moins qu'à faire de la Suisse une nouvelle Pologne. Il lui avait paru suffisant d'envoyer à Berne sir Strafford Canning, avec mission de traiter les radicaux en amis, tout en leur conseillant un peu de modération. Au bout de quelques semaines, sir Strafford avouait mélancoliquement à notre ambassadeur qu'il n'avait rien pu obtenir, et il s'éloignait fort découragé. Cet insuccès n'était pas pour rendre à lord Palmerston son isolement plus agréable. Tout ce qui lui revenait de la mission Colloredo et Radowitz le chagrinait fort, surtout à cause de l'importance qui en résultait pour la France. Il ne négligeait rien pour éveiller dans le cabinet autrichien des défiances à notre sujet [2]. C'était sans succès; M. de Metternich persistait à réserver toutes ses défiances pour lord Palmerston lui-même. Celui-ci n'avait plus décidément, en Europe, d'autre allié que l'opposition française : celle-ci, il est vrai, était prête à le servir avec une ardeur passionnée. Il y avait entre eux accord plus ou moins explicite pour porter sur les affaires de Suisse le principal effort de l'attaque parlementaire qui allait être dirigée contre le cabinet français [3]. C'était par là que le ministre britannique

Apponyi, en date du 12 janvier 1848. (*Mémoires de M. de Metternich*, t. VII, p. 553, 554.)

[1] Lettre particulière de M. Guizot au comte de Flahault, en date du 21 décembre 1847. (*Documents inédits*.)

[2] Lettre de lord Palmerston à lord Ponsonby, alors ambassadeur à Vienne, en date du 21 décembre 1847. (Ashley, *The Life of Palmerston*, t. I, p. 13.)

[3] Dès le 30 novembre 1847, le duc de Broglie écrivait à M. Guizot : « Lord Palmerston est très content, visiblement très content des affaires suisses, et il dirige ses journaux de façon à en faire contre vous le principal point d'attaque de notre opposition. » Le duc de Broglie ajoutait, dans une autre lettre, datée du 24 décembre 1847 : « Il est sans exemple que des pièces diplomatiques aient été publiées sans être déposées au Parlement. La publication des documents suisses

espérait enfin trouver la vengeance qu'il poursuivait en vain, depuis plus d'une année, contre les ministres auteurs des mariages espagnols [1].

La note fut remise à la diète, le 18 janvier 1848, au nom de la France, de l'Autriche et de la Prusse. La Russie s'y associa après coup. On ne se flattait pas d'en avoir fini ainsi avec la Suisse. Si c'était la clôture d'une première phase de l'action diplomatique, c'était aussi l'ouverture d'une seconde. On prévoyait la nécessité de prendre ultérieurement d'autres mesures, peut-être des mesures coercitives. Quelles seraient-elles? Le gouvernement français, bien que de plus en plus prononcé contre le radicalisme, entendait toujours éviter l'intervention armée, tant qu'une anarchie prolongée ne l'aurait pas fait désirer par la Suisse elle-même. Il prévoyait cependant l'éventualité — qui ne lui déplaisait pas autrement — où l'Autriche voudrait, de son côté, occuper militairement quelque partie de la confédération; il était résolu, dans ce cas, à prendre tout de suite, lui aussi, une forte position, et il s'en était entretenu avec le maréchal Bugeaud. En tout cas, les décisions à prendre sur les mesures ultérieures furent ajournées d'un commun accord; on désirait voir auparavant ce que deviendrait la Suisse, où commençaient à se montrer quelques signes d'apaisement; on attendait surtout que le ministère français fût débarrassé de la discussion de l'adresse, qui alors l'absorbait complètement. Les autres cabinets, témoins inquiets des dangers parlementaires courus par M. Guizot, étaient les premiers à ne pas vouloir les augmenter par quelque démarche diplomatique qui fournît prétexte aux attaques de l'opposition [2]. Par toutes ces raisons, il fut donc convenu que les puissances

---

n'aura donc pas lieu avant le mois de février; mais il est probable que lord Palmerston les fait imprimer en attendant, et il les donnera furtivement en communication à l'opposition en France. » (*Documents inédits.*)

[1] Lettre de lord Palmerston à lord Minto. (ASHLEY, *The Life of Palmerston*, t. I, p. 10.)

[2] M. de Metternich écrivait à M. de Ficquelmont : « M. Guizot veut attendre la fin du débat de l'adresse et la réponse du Directoire helvétique, avant de passer à la seconde période de l'action à entamer dans l'affaire suisse. En cela, M. Guizot a raison. » (*Mémoires de M. de Metternich*, t. VII, p. 563.)

ne reprendraient qu'un peu plus tard leurs délibérations sur les affaires suisses : ce n'était pas d'ailleurs un ajournement indéfini ; rendez-vous fut pris pour le 15 mars 1848. Qui donc aurait pu alors prévoir qu'à cette date si proche, la monarchie française ne serait plus ; que les gouvernements d'Autriche et de Prusse seraient, chez eux, aux prises avec la révolution, et que la crise particulière de la Suisse aurait pour ainsi dire disparu dans la crise générale de l'Europe?

L'entreprise diplomatique, commencée dans les affaires de Suisse, a donc été, comme beaucoup d'autres à cette époque, brusquement interrompue avant d'avoir pu produire ses effets. Il serait difficile et en tout cas assez oiseux de chercher à deviner quels ils auraient pu être. Notons seulement qu'à la veille de la révolution de Février, un résultat paraissait acquis : c'était que la direction de cette entreprise était aux mains de la France. Les puissances continentales sentaient la nécessité et avaient pris leur parti de marcher derrière elle et à son pas. Le comte Colloredo et le général Radowitz avaient manifesté cette sorte de subordination en prolongeant leur séjour à Paris jusqu'à la fin de janvier et en témoignant envers M. Guizot une confiance entière que partageaient leurs gouvernements [1]. Aussi le duc de Broglie lui-même, malgré la répugnance avec laquelle il était venu aux alliances continentales, ne pouvait-il s'empêcher, à la fin de janvier et au commencement de février 1848, de constater la « bonne position » prise par le cabinet français dans les affaires suisses. Il le montrait « imposant sa propre politique aux puissances du continent et les obligeant à la modération et à la libéralité, sans rien abdiquer des idées d'ordre », tandis que lord Palmerston était « laissé tout seul, fraternisant avec les radicaux et leur drapeau à la main [2] ».

---

[1] Dépêche de M. de Metternich à M. de Ficquelmont, 10 février 1848. (*Mémoires de M. de Metternich*, t. VII, p. 563.) — Voir aussi une lettre particulière du 19 février 1848, dans laquelle le marquis de Dalmatie signale les bonnes impressions rapportées par le général de Radowitz à Berlin. (*Documents inédits.*)

[2] Lettres du duc de Broglie à son fils, en date des 27 janvier et 7 février 1848. (*Documents inédits.*)

VII

L'Italie, après avoir été, au lendemain de 1830, l'un des gros soucis de la diplomatie européenne [1], ne l'avait plus occupée ensuite pendant environ quatorze ans. A partir de 1832, le calme s'était fait sur ce théâtre un moment si troublé. Les fauteurs d'insurrections, découragés de n'avoir pas trouvé dans la monarchie de Juillet la complicité révolutionnaire sur laquelle ils comptaient, avaient à peu près désarmé. Au conflit qui avait menacé d'éclater entre les influences rivales de la France et de l'Autriche, avait succédé une sorte d'équilibre; l'occupation d'Ancône avait répondu à celle de Bologne, et la simultanéité avec laquelle s'opérait, en 1838, l'évacuation des deux villes, manifestait la persistance de cet équilibre [2]. Quant à l'effort tenté par les puissances pour imposer à Grégoire XVI les réformes politiques et administratives indiquées dans le Mémorandum du 21 mai 1831, il n'en avait plus été question; le vieux pontife avait pu s'endormir dans une immobilité routinière qui repoussait les chemins de fer au même titre que les constitutions, et pour laquelle M. de Metternich lui-même était suspect de « jacobinisme » [3]. Sans doute, cette immobilité n'était pas une solution, et aucun esprit réfléchi ne pouvait se faire illusion sur les dangers du réveil qui succéderait, tôt ou tard, à ce sommeil. Mais les cabinets n'étaient pas tentés de devancer l'heure où ils devraient de nouveau se débattre avec ce redoutable problème. Le gouvernement français, notamment, s'était habitué à ne plus regarder de ce côté. En 1845, M. Rossi recevait à Rome, où il était en mission, la visite du jeune prince Albert de Broglie; il entretint longuement son visiteur

---

[1] Voir plus haut, livre I, ch. v, § iii, et livre II, ch. ii, §§ ii et vi.
[2] Voir livre III, ch. vi, § iv.
[3] Voir ce que M. de Metternich rapportait lui-même à M. de Sainte-Aulaire en 1843. (*Mémoires de M. Guizot*, t. VII, p. 289.)

des affaires religieuses qu'il avait à traiter avec la cour romaine; mais, dans la conversation, il ne fut pas même fait allusion à la situation intérieure de la Péninsule : on eût presque dit que l'ancien émigré italien lui-même oubliait, à ce moment, l'existence de cette question.

Il ne faudrait pas croire, cependant, qu'à cette date de 1845, tout fût muet et sourd au delà des Alpes. Bien au contraire, un mouvement d'opinion libérale et nationale, d'un caractère nouveau, venait de s'y produire. Il n'avait plus son origine dans les sociétés secrètes et ne se manifestait pas, comme en 1831 et en 1832, par des insurrections. C'était une propagande à ciel ouvert, répudiant hautement toute violence, faisant profession de respecter les lois, prêchant la concorde au lieu de la guerre civile, et invitant peuples et princes à s'unir pour l'œuvre commune. Deux livres surtout avaient eu un immense retentissement, le *Primato,* de l'abbé Gioberti (1843), et les *Speranze d'Italia,* du comte Balbo (1844) : Gioberti concluait à une confédération italienne dont le Pape, devenu libéral et patriote, serait la tête, et le roi de Piémont le bras; Balbo, plus préoccupé encore d'indépendance que de liberté, donnait comme mot d'ordre l'expulsion de l'étranger, et proposait de dédommager l'Autriche avec les débris de l'empire turc. A demi tolérés par des polices bénévoles ou indolentes, ces livres pénétrèrent partout en Italie. Leurs doctrines trouvaient un apôtre singulièrement actif et séduisant dans le marquis Massimo d'Azeglio : celui-ci, à la fin de 1845, visitait Rome, parcourait les Légations et la Toscane, répandant la parole nouvelle dans les salons comme parmi le populaire; puis, au commencement de 1846, devenu auteur à son tour, il faisait paraître sa brochure des *Casi di Romagna,* qui ne produisait pas moins d'effet que les livres de Balbo et de Gioberti. On ne saurait s'imaginer à quel point l'esprit public italien se trouvait ranimé par ces publications : l'état présent de la Péninsule n'en était pas, sans doute, immédiatement modifié; mais une grande espérance était descendue dans les âmes, qui toutes se tendaient vers l'avenir de liberté intérieure et d'indépendance extérieure qu'on leur faisait entrevoir.

C'est au milieu de cette attente émue que survient, le 1er juin 1846, la mort de Grégoire XVI. Chacun sent aussitôt que le choix du pape nouveau peut avoir une action décisive sur les destinées de l'Italie. A ne considérer que les prévisions humaines, il semble à craindre que les cardinaux, presque tous créés par le pontife défunt, ne lui donnent un successeur imbu de ses idées : on annonce comme probable l'élection du cardinal Lambruschini, secrétaire d'État pendant le dernier règne, et incarnation de la vieille politique dans ce qu'elle a de plus sévère. Mais voici qu'après un conclave d'une brièveté exceptionnelle, le peuple romain apprend, étonné et ravi, que le Sacré Collège, cédant à une sorte de pression mystérieuse, a porté son choix sur l'un de ses plus jeunes membres, le cardinal Mastaï Ferretti, évêque d'Imola, très pieux, n'ayant sans doute aucune idée bien arrêtée sur les problèmes de gouvernement qu'il ne s'attendait pas à être chargé de résoudre, mais étranger à la coterie rétrograde, naturellement ouvert aux idées généreuses, répugnant aux rigueurs dont son âme tendre a plus d'une fois déploré les conséquences douloureuses, et surtout possédé du besoin d'aimer et d'être aimé ; en venant au conclave, il avait prié un de ses diocésains de lui donner le *Primato*, les *Speranze d'Italia* et les *Casi di Romagna*, pour « faire hommage, disait-il, de ces beaux livres au nouveau pape ».

Le premier usage que Pie IX fait de sa souveraineté est une amnistie très large à tous les prisonniers ou exilés politiques ; avec le langage d'un père plus encore que d'un souverain, il offre la paix du cœur, *pace di cuore*, à « cette jeunesse inexpérimentée qui, entraînée par de trompeuses espérances au milieu des discordes intestines, a été plutôt séduite que séductrice ». A peine le *perdono* est-il affiché sur les murs de Rome, que se produit, dans toute la ville, une explosion de joie reconnaissante. Les habitants se portent en foule sur la place du Quirinal pour y acclamer le Pontife. Deux fois déjà, celui-ci les a bénis, quand arrivent de nouvelles bandes des quartiers plus éloignés. Il est nuit; le Saint-Père est rentré dans ses appartements, et toutes les fenêtres du palais sont fermées. Contrairement à l'étiquette qui veut que les papes ne se laissent pas voir après le coucher du soleil, Pie IX consentira-t-il à paraître encore une fois au balcon? La foule attend anxieuse.

« Tout à coup, rapporte M. Rossi, témoin de la scène, les applaudissements redoublent; je n'en comprenais pas la raison, lorsque quelqu'un me fit remarquer la lumière qui perçait à travers les persiennes, à l'extrémité de la façade. Le peuple avait compris que le Saint-Père traversait l'appartement pour se rendre au balcon. Bientôt, en effet, le balcon s'entr'ouvrit, et le Saint-Père, en robe blanche et mantelet rouge, apparut au milieu des flambeaux. Représentez-vous une place magnifique, une nuit d'été, le ciel de Rome, un peuple immense, ému de reconnaissance, pleurant de joie et recevant avec amour et respect la bénédiction de son pasteur et de son prince, et vous ne serez pas étonné si je vous dis que nous avons partagé l'émotion générale et placé ce spectacle au-dessus de tout ce que Rome nous avait offert jusqu'ici. Aussitôt que la fenêtre s'est fermée, la foule s'est écoulée paisiblement, dans un parfait silence. On aurait dit un peuple de muets; c'était un peuple satisfait [1]. » L'applaudissement, éclaté dans Rome, se propage, en un clin d'œil, dans l'Italie entière. Partout le peuple, tournant vers le Quirinal un regard plein d'amour et de confiance, pousse un long cri de *Evviva Pio nono!* Ce cri a son écho au delà des Alpes, même dans les milieux les moins catholiques. Surprenante popularité, qui se manifeste soudainement dans une société où, tout à l'heure, le clergé était suspect, la religion dédaignée. Du coup, elle semble dissiper tous les malentendus accumulés entre l'Église et la société moderne. C'est une de ces heures radieuses de concorde, de foi et d'espérance, où l'humanité croit voir disparaître les difficultés qui pesaient sur elle et toucher à la réalisation de ses rêves les plus généreux.

[1] Lettre à M. Guizot, du 18 juillet 1846.

Mais, hélas! ce n'est pas d'ordinaire par les applaudissements des foules enivrées et dans l'attendrissement passager des baisers Lamourette que se résolvent les problèmes ardus et complexes imposés aux efforts de notre virilité et de notre liberté. Il semble qu'en vertu d'une loi de châtiment qui pèse sur l'humanité, tous les grands enfantements doivent ici-bas se faire dans la douleur et non dans la joie. Dès les premières émotions du nouveau pontificat, on peut discerner, entre le Pape et le peuple qui l'acclame, le germe d'un malentendu. En décrétant son amnistie, le Pape n'a guère songé qu'à suivre l'impulsion de son cœur et à faire œuvre de miséricorde sacerdotale; le peuple y a vu surtout une répudiation solennelle de la réaction jusqu'alors régnante et l'inauguration d'une politique libérale et nationale, dont il témoigne attendre impatiemment, au dedans et au dehors, le développement. Pie IX a l'âme italienne; mais il a aussi l'âme apostolique, et, comme père de toutes les nations catholiques, il sent l'impossibilité de se poser en ennemi de l'une d'elles; s'il n'a aucun scrupule, et si même il est disposé à soustraire le gouvernement pontifical à la lourde tutelle de la chancellerie aulique, il ne l'est nullement à se faire, contre l'Autriche, le chef d'une croisade diplomatique ou militaire. Quant aux réformes intérieures, la difficulté, pour paraître moins insoluble, est cependant fort embarrassante. Sans doute Pie IX a le cœur trop généreux pour ne pas être séduit à la pensée de corriger les abus, de gagner l'amour de ses sujets, de faire succéder la concorde aux anciennes divisions; aussi est-ce avec une grande bonne volonté et une sincérité parfaite qu'il entreprend de donner sur ce point satisfaction aux vœux de l'opinion. Mais cette transformation d'un État d'ancien régime, toujours malaisée, l'est plus encore à Rome, à cause du caractère ecclésiastique du gouvernement. Dans le passé du pieux évêque d'Imola, dans ses travaux, dans sa nature d'esprit, rien ne l'a préparé à surmonter ces difficultés. Lui-même est le premier à se défendre d'être un homme d'État, et il dit, avec sa belle humeur accoutumée : « *Vogliono fare di me un Napoleone, mentre che non sono altro che un povero curato di campagna*[1]. »

A mesure que les événements, en se développant, font naître de nouveaux problèmes, l'inexpérience du Pape se trahit par un mélange de lenteurs hésitantes et de témérités inconscientes. Il soulève trop de questions et n'en résout pas assez ou ne les résout pas assez vite. Il manque absolument de ce qui serait le plus nécessaire en pareil cas, le sentiment net de ce qu'il veut et de ce qu'il ne veut pas, la résolution arrêtée d'aller jusqu'à tel point et de ne pas le dépasser. Cette indécision personnelle le laisse à la merci des influences extérieures, d'autant qu'il a une nature très impressionnable, un esprit mobile, prompt aux inquiétudes et aux doutes, un souci singulier de ne déplaire à personne. Quelque prélat de la vieille cour éveille-t-il chez lui un scrupule, il s'arrête ; mais la foule lui fait-elle froid visage, il tâche aussitôt de regagner sa faveur, en lui promettant d'abandonner ce qu'il a d'abord voulu retenir. Tout concourt ainsi à accroître les exigences de cette foule, aussi bien la velléité de résistance par laquelle on excite son impatience, que les concessions qui lui montrent son pouvoir et la faiblesse du gouvernement. D'ailleurs, il est de jour en jour plus visible que cette foule est conduite par certains meneurs, généralement d'anciens réfugiés, qui ont compris le parti à tirer de l'enthousiasme populaire et du goût du Pape pour les ovations. « Remuez les masses, ne fût-ce que pour témoigner de la reconnaissance, écrivait Mazzini ; des fêtes, des chants, des rassemblements suffisent pour donner au peuple le sentiment de sa force et le rendre exigeant. » Sous une habile et mystérieuse impulsion, les *dimostrazioni in piazza* se multiplient et deviennent la vraie puissance directrice. Le moindre prétexte suffit à faire descendre la foule dans la rue. « *Coragio, Santo Padre*, crie-t-elle, *confidatevi al vostro popolo*[2] ! » Mais ce n'est plus, comme à l'origine,

---

[1] « Ils veulent faire de moi un Napoléon, quand je ne suis qu'un pauvre curé de campagne. » (Cité par M. le marquis Costa de Beauregard dans son livre sur *Les dernières années du roi Charles-Albert.*)

[2] « Courage, Saint Père, ayez confiance dans votre peuple ! »

l'explosion spontanée et sans arrière-pensée de la reconnaissance populaire; c'est, au moins chez les meneurs, une tactique savamment combinée en vue d'échauffer, d'enfiévrer les esprits, de compromettre, de pousser ou d'intimider le Pontife. Quelques mois ont suffi pour arriver à ce résultat gros de redoutables conséquences : Pie IX n'est plus maître du mouvement dont il a donné le signal; il est entraîné.

Si l'inexpérience du gouvernement romain l'expose ainsi à de graves périls et risque trop souvent de gâter ses meilleures œuvres, sa bonne volonté n'est cependant pas stérile. A travers des tâtonnements, des gaucheries, des faiblesses, un certain nombre de réformes finissent par s'accomplir, et, à voir où l'on en est au milieu de 1847, après une année de pontificat, force est de reconnaître que beaucoup a été fait. Les écoles primaires développées, les salles d'asile introduites, l'ancienne université de Bologne restaurée, des établissements agricoles créés, les chemins de fer décrétés, la publicité donnée au budget, les attributions du conseil des ministres réglementées, les notables des provinces convoqués en Consulte pour participer à l'administration et donner leur avis sur les changements à opérer, Rome dotée d'une représentation municipale, la presse soustraite à l'arbitraire et jouissant, en fait, sinon encore en droit, d'une liberté à peu près complète, et enfin la garde civique instituée, — car on s'imagine alors qu'une garde nationale est la garantie nécessaire des libertés publiques, — telles sont, en dehors de beaucoup d'autres questions mises à l'étude, les réformes d'ores et déjà accomplies.

Ces réformes ont leur contre-coup en Italie et y augmentent l'émotion déjà si vive qui a éclaté, dès le premier jour, à la nouvelle de l'amnistie. Chaque *dimostrazione* faite sous les fenêtres du Quirinal a comme son prolongement dans les diverses villes de la Péninsule, et aux illuminations de la cité pontificale répondent les feux de joie qui embrasent les crêtes des Apennins. Partout on entend la même acclamation : *Evviva Pio nono!* Seulement, plus encore qu'à Rome, il apparaît bien que cette acclamation ne signifie pas seulement liberté intérieure, mais aussi indépendance extérieure, expulsion des Autrichiens. *Fuori i barbari!* c'est le cri qui sort de tous les cœurs.

En face de cette agitation grandissante, les gouvernements de la Péninsule se sentent fort embarrassés. Il leur est malaisé de traiter en ennemi un mouvement si général et à la tête duquel paraît être le Pape. Quelques princes, cependant, — le roi de Naples est du nombre, — se montrent réfractaires. D'autres, après quelques hésitations, emboîtent le pas derrière le Pontife. Celui qui s'y décide le premier et avec le plus de bonne grâce est le grand-duc de Toscane. Dès le printemps de 1847, il autorise la création d'une presse politique, tolère des réunions et des manifestations libérales, nomme des commissions chargées de rédiger un code civil et un code pénal, promet une garde nationale, des municipalités électives, des conseils provinciaux et même une représentation centrale.

Que le gouvernement toscan s'engage dans la voie des réformes, ce n'est sans doute pas un fait indifférent; mais il importait bien davantage aux destinées de l'Italie de savoir le parti qu'allait prendre le roi de Sardaigne. Étrange physionomie que celle de Charles-Albert[1]! Né, en 1798, d'un prince de Carignan ayant fait adhésion à la République française, et d'une mère qui, à peine veuve, se mésallia et abandonna à peu près son fils, son enfance fut triste comme un matin sans soleil. Il paraissait destiné à une vie obscure et étroite, quand des morts imprévues firent de lui l'héritier du trône de Sardaigne. Ce ne fut pas la fin de ses traverses. Entouré par les *carbonari* qui voulaient se servir de lui contre le roi régnant, il se trouva compromis, en 1821, dans un mouvement révolutionnaire : il en sortit, suspect à la fois au Roi qui l'exila, et aux libéraux qui l'accusèrent de trahison. M. de Metternich manœuvra pour le faire priver de ses droits à la couronne;

---

[1] Pour tout ce que j'aurai à dire de ce prince, je me suis beaucoup servi des attachants volumes du marquis Costa de Beauregard, sur la *Jeunesse* et les *Dernières Années du roi Charles-Albert*.

s'il n'y réussit pas, il le contraignit du moins à souscrire l'engagement de ne rien changer « aux bases fondamentales et aux formes organiques de la monarchie telles qu'il les trouverait à son avènement », et, pour comble d'humiliation, un conseil, composé des évêques du royaume et des chevaliers de l'Annonciade, fut chargé de surveiller l'exécution de cet engagement. Monté sur le trône en 1831, Charles-Albert y conserva les ministres du parti réactionnaire et autrichien, ne relâcha rien du pouvoir absolu, favorisa les entreprises de la duchesse de Berry, de don Carlos et de don Miguel, réprima ou laissa réprimer, avec une sanglante rigueur, les insurrections « libérales » éclatées, en 1833, dans ses États. En tout cela, sa physionomie semblait d'un prince d'ancien régime; mais d'autres traits faisaient douter que ce fût là son véritable fond. En même temps qu'il s'enfermait dans une sorte d'immobilité politique, il menait à fin beaucoup de réformes administratives, financières, économiques, judiciaires et militaires. Tout en conservant les anciens ministres réactionnaires, il leur en adjoignait un de tendances libérales, avec lequel il paraissait en intimité particulière. Sans approuver ouvertement la propagande entreprise par Gioberti, Balbo et d'Azeglio, tous trois ses sujets, il passait pour ne pas la voir de mauvais œil. En 1845, des difficultés commerciales s'étant élevées avec le cabinet de Vienne, au sujet de droits sur le sel et les vins, il poussa le conflit, malgré plusieurs de ses ministres, avec une vivacité, une susceptibilité d'indépendance, qui furent très remarquées en Italie et lui valurent, à Turin, des ovations inaccoutumées; à la vérité, il en parut plus gêné que flatté.

En mai 1846, M. de Metternich, inquiet de tous ces symptômes, fit demander solennellement à Charles-Albert des explications, et l'invita à désabuser la « faction » qui cherchait à se servir de son nom [1]. Le Roi répondit par des généralités, pro-

---

[1] Le chancelier écrivait, le 29 mai, à son ministre à Turin : « Le Roi n'a le choix qu'entre deux systèmes diamétralement opposés : entre celui qu'il a suivi jusqu'ici, et celui que bien des symptômes semblent caractériser comme étant celui qu'il entend

testa qu'il « n'accorderait jamais de constitution », mais se réserva « d'avancer dans la voie d'une sage réforme », et fit remarquer qu'il n'était plus possible de combattre la révolution de front [1]. M. de Metternich demeura inquiet et soupçonneux. Il l'eût été bien plus s'il avait su ce qui s'était passé, quelques mois auparavant, entre Charles-Albert et Massimo d'Azeglio. C'était un matin d'hiver, à six heures. D'Azeglio avait demandé audience au Roi pour lui parler de la tournée qu'il venait de faire en Italie; il lui raconta qu'il avait présenté à tous les patriotes le Piémont et son roi comme les instruments nécessaires de la délivrance et de la résurrection nationales. « J'attends, dit-il en finissant son récit, que Votre Majesté approuve ou blâme ce que je viens de faire. » Après un long silence, le Roi répondit enfin : « Faites savoir à ces messieurs de se tenir en repos, de ne pas bouger, puisque le moment n'est pas venu, mais d'être bien certains que, l'occasion se présentant, ma vie, la vie de mes fils, mes forces, mes trésors, mon armée, tout sera dépensé pour la cause italienne. » D'Azeglio, étonné, répéta la phrase du Roi. Celui-ci fit un signe de tête, pour assurer qu'il avait été bien compris; puis, se levant, il mit les mains sur les épaules de son interlocuteur et l'embrassa. Chose étrange! tel était le renom de dissimulation de ce prince qu'en ce moment même, devant une démonstration si nette et si grave, d'Azeglio se prit à douter : « Cet embrassement, a-t-il raconté plus tard, avait en soi quelque chose d'étudié, de froid, presque de funèbre, qui me glaça, et une voix intérieure, le terrible *Ne te fie pas*, s'éleva dans mon cœur [2]. »

D'Azeglio avait tort de douter. Depuis longtemps Charles-

---

suivre dans un prochain avenir. Le premier de ces systèmes est celui de conservation; l'autre est celui de la crasse révolution... Je regarde comme possible que l'encens libéral puisse obscurcir ses yeux... S'il a pris son parti, s'il veut la révolution, qu'il se prononce, nous saurons prendre le parti qui nous convient; s'il ne la veut pas, qu'il se prononce contre le mauvais jeu, nous sommes prêts à le seconder dans ses efforts... Le point le plus essentiel, c'est que nous voyions clair dans la situation. »

[1] *Mémoires de M. de Metternich*, t. VII, p. 226 à 247.

[2] Le marquis d'Azeglio a rapporté lui-même cette dramatique conversation dans ses *Ricordi*.

Albert nourrissait au fond de son âme la pensée d'une lutte suprême contre l'Autriche, lutte où l'Italie trouverait son indépendance et la maison de Savoie le couronnement de son ambition séculaire. C'est pour se préparer à cette lutte qu'il s'était appliqué à refaire les finances et l'armée du Piémont. Seulement, il renfermait cette pensée au dedans de lui, ou si, par instants, il semblait s'entr'ouvrir, il déroutait, aussitôt après, les curiosités par des démonstrations contradictoires. Ce n'était pas là uniquement un effet de la dissimulation traditionnelle chez les princes de sa race. Né tendre, ardent, crédule, chevaleresque, mystique, les disgrâces et les désillusions de sa vie l'avaient refoulé sur lui-même et lui avaient fait prendre peu à peu un masque de froideur, de défiance, de sécheresse et de pessimisme ironique. Peu d'hommes ont été aussi tristes : sa sensibilité maladive le mettait dans un état presque continuel de souffrance morale et physique. D'ailleurs, s'il était ambitieux, s'il rêvait volontiers de grands desseins, une sorte d'irrésolution naturelle, aggravée par l'habitude prise de voir tout en noir, lui rendait la gestation de ces desseins particulièrement douloureuse. Il attendait l'heure des grosses responsabilités et des décisions redoutables avec une angoisse indicible. Tous ces traits semblent d'un nouvel Hamlet, et l'on comprend que ce nom se soit trouvé sous la plume de l'écrivain qui a pénétré le plus avant dans l'âme de Charles-Albert[1]. En tout cas, ils expliquent d'où venait, dans son attitude, ce je ne sais quoi d'incertain, de mystérieux, de déconcertant, qui faisait que personne ne se fiait à lui et que lui-même disait à ses familiers : « N'est-ce pas que je suis un homme incompréhensible? »

Avec un tel état d'esprit, le roi de Sardaigne ne pouvait demeurer étranger à l'émotion produite par l'avènement et les premières mesures de Pie IX. Mais il voit là surtout le réveil de la question nationale. Il écrit aussitôt à un de ses

---

[1] Voir la préface du livre de M. le marquis DE COSTA, *les Dernières Années du roi Charles-Albert*.

confidents : « C'est une campagne que le Pape entreprend contre l'Autriche, *evviva!* » Quant aux réformes libérales, il ne se montre nullement pressé de les imiter. Bien au contraire, il ne tarde pas à s'en effaroucher, et semble plutôt vouloir se mettre en travers du mouvement. Ainsi le voit-on interdire l'entrée en Piémont des journaux publiés à Rome et à Florence. Le public, qui a été un moment prêt à unir dans ses acclamations Charles-Albert et Pie IX, ne comprend rien à cette attitude; il y croit découvrir un signe nouveau des irrésolutions ou du double jeu de ce prince. La vérité est qu'au fond Charles-Albert ne s'intéresse qu'à la question d'indépendance nationale et se soucie fort peu des libertés intérieures; il les redoute même, comme risquant d'affaiblir le gouvernement à l'instant où celui-ci aurait besoin de toutes ses forces pour la lutte contre l'Autriche. De plus en plus, cette lutte est sa préoccupation exclusive; il l'aperçoit au terme de l'agitation provoquée par le Pape, et il en regarde approcher l'heure avec un mélange d'impatience et de tremblement.

VIII

Le gouvernement français n'avait pas désiré la crise italienne. Cela était vrai particulièrement de Louis-Philippe, de plus en plus ami, en toutes choses, du *statu quo*. Son premier sentiment, à la mort de Grégoire XVI, fut un vif regret mêlé de quelque inquiétude : « J'ai, écrivait-il au maréchal Soult, le 6 juin 1846, à vous donner une bien triste nouvelle qui n'est pas encore publique, mais qui ne peut rester secrète. Le Pape est mort le 1ᵉʳ de juin. Nous faisons tous, et moi particulièrement, une perte énorme, et vous concevez que nous en sommes tous très affectés [1]. » A ce moment même, le prince Albert de Broglie, nommé premier secrétaire à l'ambassade de

[1] *Documents inédits.*

Rome, étant venu prendre congé du Roi, celui-ci lui dit ces paroles significatives : « Ce que je veux, c'est un pape tranquille ; il y a assez de trouble dans le monde [1]. » Quant à M. Guizot, pris évidemment un peu au dépourvu par cette mort, il n'envoya à M. Rossi, en vue du conclave, que des instructions sommaires et vagues. « Qu'on nous donne, écrivait-il, un pape indépendant, croyant et intelligent... Un esprit ouvert et un peu de bon vouloir dans notre sens, voilà ce qu'il nous faut. J'espère que cela se peut trouver... Nous n'avons jusqu'à présent, quant aux noms propres, aucun préjugé ni aucune préférence [2]. » Toutefois, M. Guizot veillait à ce que l'Autriche n'abusât pas de notre réserve, et il prévenait M. de Metternich que si, durant l'interrègne, les Autrichiens entraient dans les Légations, les troupes françaises occuperaient aussitôt Civita-Vecchia ou Ancône [3].

A Paris, on s'attendait à un long conclave et à un résultat assez incolore. Aussi l'élection si prompte de Pie IX et l'explosion qui suivit causèrent-elles à notre gouvernement une grande surprise, à laquelle se mêla peut-être, sur le premier moment, quelque chose comme le sentiment d'une difficulté inattendue et importune. Toutefois il n'hésita pas. A la vue du Pontife inaugurant une politique de clémence et de réforme, il applaudit et offrit son appui. Dès le 5 août 1846, M. Guizot écrivait à M. Rossi [4] : « Les hommes sensés et bien intentionnés ressentent une joie profonde, en voyant qu'un pouvoir qui a si longtemps marché à la tête de la civilisation chrétienne, se montre disposé à accomplir encore cette mission auguste et

---

[1] Ce propos m'a été rapporté par M. le duc de Broglie.
[2] Lettre du 8 juin 1846.
[3] Dépêche de M. de Revel au ministre des affaires étrangères du Piémont, en date du 10 juin 1846. (*Storia documentata della diplomazia europea in Italia*, par Nicomède BIANCHI, t. V, p. 6.)
[4] J'ai eu sous les yeux, grâce à de bienveillantes communications, la correspondance officielle et confidentielle de M. Guizot et de M. Rossi, correspondance également remarquable des deux côtés. J'y ai fait de nombreux emprunts. Une partie de ces documents avait déjà été citée soit dans le livre de M. D'HAUSSONVILLE sur la *Politique extérieure du gouvernement de Juillet*, soit dans les *Mémoires de M. Guizot*. J'indiquerai ceux qui seront publiés ici pour la première fois.

à consacrer, en l'épurant et le modérant, ce qu'il y a de raisonnable et de légitime dans l'état et le progrès des sociétés modernes. » De son côté, Pie IX fut, dès le premier jour, gracieux et confiant envers l'ambassadeur de France, le mettant au courant de ses desseins et lui demandant des conseils que celui-ci lui donnait avec une sympathie respectueuse pour de si pures et de si nobles intentions, mais non sans quelque inquiétude de tant d'inexpérience. D'esprit froid et lucide, connaissant les hommes et les choses d'Italie, étranger pour son compte à toute illusion, M. Rossi cherchait à en préserver le Saint-Père et son gouvernement. « L'œuvre que vous abordez, ne se lassait-il pas de leur dire, est grande et périlleuse ; une administration vieillie ne se réforme pas en un jour ; des paroles de liberté ne tombent pas impunément du haut d'un trône, sans aller réveiller ce foyer de passions révolutionnaires qui couve toujours au fond des sociétés. Vous avez promis, mettez-vous à l'œuvre. Dès aujourd'hui, faites vos plans ; dès demain, exécutez-les. Ne laissez pas les esprits errer à l'aventure et soulever toutes les questions au hasard. Guidez vous-même le mouvement que vous avez donné, ou vous serez entraîné par lui. Ayez peu de foi aux applaudissements populaires ; ils se changent vite en murmures [1]. »

Notre diplomatie, fidèle en cela à sa politique générale, avait, à Rome, une double préoccupation : empêcher, d'une part, que le mouvement réformateur, commencé par Pie IX, ne s'arrêtât devant les résistances réactionnaires ; d'autre part, qu'il ne dégénérât sous la pression révolutionnaire. Il lui fallait à la fois stimuler et affermir le gouvernement pontifical. M. Guizot tenait la main à ce qu'aucune des deux parties de la tâche ne fût perdue de vue. « Dites très nettement et partout où besoin sera, mandait-il à M. Rossi, ce que nous sommes, au dehors comme au dedans, en Italie comme ailleurs. Nous

---

[1] Ce résumé des conversations de M. Rossi a été donné par le prince Albert de Broglie, qui, comme je l'ai dit, était alors premier secrétaire de l'ambassade de Rome. (*Rossi et Pie IX*, article publié dans la *Revue des Deux Mondes* du 15 décembre 1848.)

sommes des conservateurs décidés, d'autant plus décidés que nous succédons, chez nous, à une série de révolutions... Mais, en même temps, nous sommes décidés aussi à être des conservateurs sensés et intelligents. Or, nous croyons que c'est, pour les gouvernements les plus conservateurs, une nécessité et un devoir de reconnaître et d'accomplir sans hésiter les changements que provoquent les besoins sociaux, nés du nouvel état des faits et des esprits. » Notre ministre envisageait à ce double point de vue la tâche entreprise par le Pape. « Les vœux d'une population qui a longtemps souffert, disait-il, sont, à beaucoup d'égards, chimériques, et il serait impossible de les satisfaire ; mais il faut aussi prévoir que, si les améliorations réelles, efficaces, graduelles, ne commençaient pas avec certitude, l'opinion publique se lasserait et, de confiante qu'elle est, deviendrait ombrageuse et exigeante. Reconnaître d'un œil pénétrant la limite qui sépare, en fait de changements et de progrès, le nécessaire du chimérique, le praticable de l'impossible, le salutaire du périlleux ; poser d'une main ferme cette limite et ne laisser au public aucun doute qu'on ne se laissera pas pousser au delà, voilà ce que font et à quels signes se reconnaissent les vrais et grands chefs de gouvernement. C'est évidemment l'œuvre qu'entreprend le Pape... Il peut compter sur tout notre appui. Nous ferons tout ce qui dépendra de nous, tout ce qu'il désirera de nous, pour le seconder dans sa tâche. » Rappelant ensuite la politique de lord Palmerston, qui « prenait habituellement au dehors pour point d'appui l'esprit d'opposition et de révolution », M. Guizot ajoutait : « Nous ne voulons et ne ferons jamais rien de semblable, car nous regardons cela comme très mauvais et très dangereux pour tout le monde... Ce n'est point aux prétentions exagérées des partis, ni même aux espérances confuses du public, c'est au travail réfléchi, mesuré, prudent des gouvernements eux-mêmes que nous entendons prêter notre concours. Et c'est envers le gouvernement du Saint-Siège que nous garderons le plus soigneusement cette position et cette conduite, car c'est peut-être aujourd'hui, de tous les gouvernements appelés à accomplir de grandes choses, celui dont la tâche est la plus difficile et exige le plus de ménagements [1]. »

M. Rossi se conformait à ces instructions, quand il cherchait à éclairer le gouvernement pontifical sur les inconvénients de ses alternatives de résistance et d'abandon. Tantôt il le pressait de faire à temps les concessions nécessaires, tantôt il lui recommandait le sang-froid et la fermeté devant les manifestations populaires. En juillet 1847, à un moment où il ne paraissait plus y avoir à Rome ni gouvernement ni police, notre ambassadeur n'hésitait pas à dire au cardinal secrétaire d'État : « Songez bien que c'est ainsi que les pouvoirs périssent et que les catastrophes s'annoncent. » Puis il écrivait, le lendemain, à M. Guizot : « J'espère que ce mot de révolution est encore trop gros pour la situation... Cependant j'ai cru devoir m'en servir hier *ad terrorem*. Je me rendis à la secrétairerie d'État; je trouvai Mgr Corboli assez ému; je lui dis sans détour que la révolution était commencée..., qu'il fallait absolument faire, sans le moindre délai, deux choses : réaliser les promesses et fonder un gouvernement réel et solide. » M. Rossi portait ce jugement dans une autre lettre : « Tout a été tâtonnement et lenteur : on a tout touché, tout ébranlé, sans rien fonder. Comme je le disais au Pape, le gouvernement pontifical a perdu l'autorité traditionnelle d'un vieux gouvernement, sans acquérir la vigueur d'un gouvernement nouveau. On a gaspillé une situation unique. Jamais prince ne s'est trouvé plus maître de toutes choses que Pie IX, dans les huit premiers mois de son pontificat. Tout ce qu'il aurait fait aurait été accueilli avec enthousiasme. C'est pour cela que je disais : Fixez donc les limites que vous voulez; mais, au nom de Dieu, fixez-les et exécutez sans retard votre pensée [2]. »

De Paris, M. Guizot, fort attentif à ces événements, approuvait et encourageait M. Rossi. « Conseillez toujours au gou-

[1] Lettre du 7 mai 1847. La première moitié de cette lettre avait été seule publiée par M. Guizot dans ses *Mémoires;* la fin est inédite.
[2] Lettres diverses de M. Rossi à M. Guizot, de juillet 1846 à juillet 1847.

vernement pontifical d'accomplir les réformes, lui écrivait-il, dé les accomplir promptement, complètement, et de rentrer, dès qu'il les aura accomplies, dans sa position et dans son office de gouvernement uniquement appliqué à faire, selon les lois établies, les affaires quotidiennes et permanentes de la société. Sans doute, il paraît vain de répéter sans cesse des conseils si mal compris et si peu suivis. Mais ces conseils n'en sont pas moins et toujours, d'une part, la bonne politique ; d'autre part, notre drapeau à nous. Il faut le tenir et le montrer incessamment à tous. » Il ajoutait, quelques jours plus tard : « Il faut se hâter de limiter le champ des ambitions d'esprit et de raffermir l'exercice quotidien du pouvoir[1]. »

Certes, nul ne peut contester la sagesse clairvoyante de ces conseils, ni ce qu'ils révèlent de sollicitude sincère pour le gouvernement pontifical. En cela, M. Guizot n'était pas seulement guidé par la sympathie que lui inspiraient la personne et l'œuvre de Pie IX. Il avait senti combien la France de 1830 était intéressée à mériter l'amitié reconnaissante du Saint-Siège, quel secours moral devaient trouver dans un tel rapprochement une monarchie qui n'avait pas encore entièrement effacé son origine révolutionnaire et une société matérialiste qui souffrait de son manque de croyances et d'idéal. « Rome pourrait nous faire beaucoup de bien, écrivait-il à M. Rossi : son amitié franche, son concours actif nous vaudraient de la force et de l'autorité chez nous et en Europe. Et comme nous pouvons, en revanche, par notre amitié et notre concours, lui faire aussi beaucoup de bien chez elle et en Europe, je suis convaincu qu'elle doit finir par comprendre, accepter et pratiquer sérieusement cet échange de bons offices et de bons effets entre nous. Poursuivez ce but-là, avec votre persévérance et votre tact accoutumés, et indiquez-moi toutes les choses, petites ou grandes, que je puis faire pour vous y aider[2]. » Le gouvernement pontifical paraissait com-

---

[1] Lettres particulières de M. Guizot à M. Rossi, en date des 21 et 28 juillet 1847. (*Documents inédits.*)
[2] Lettre du 28 mai 1847. (*Documents inédits.*)

prendre la sincérité et apprécier la valeur de l'amitié qui lui était ainsi offerte. Vers la fin de juillet 1847, à un moment où la fermentation extrême des esprits jetait l'alarme au Quirinal, le cardinal Ferretti, récemment nommé secrétaire d'État, exprimait à M. Rossi la crainte que lui inspirait la double perspective d'une pression révolutionnaire et d'une intervention autrichienne; notre ambassadeur lui ayant répondu « que, le cas échéant, le gouvernement français ne manquerait pas à ses amis », le cardinal l'embrassa vivement, en lui disant : « Merci, cher ambassadeur; en tout et toujours, confiance pour confiance, je vous le promets [1]. »

Les avertissements et les conseils que M. Guizot adressait au gouvernement pontifical, il ne les ménageait pas non plus au peuple romain. Ses efforts tendaient à créer, en Italie, un parti libéral modéré, qui prît position entre le parti stationnaire et le parti révolutionnaire. Œuvre difficile, surtout en un pays où ce parti modéré était chose absolument nouvelle. Le dépit et la déception que les libéraux ressentaient des lenteurs et des incertitudes du Saint-Siège, les portaient trop souvent à faire cause commune avec les révolutionnaires. M. Guizot ne se lassait pas de les détourner de cette dangereuse promiscuité. « Restez fidèle au principe de notre politique, écrivait-il à M. Rossi, principe fondamental en Italie encore plus qu'ailleurs. Conseillez toujours aux modérés de ne point se confondre avec les radicaux qui les perdront, et de persister, quelles que soient les difficultés, dans la résolution d'accomplir, par le gouvernement et de concert avec lui, les réformes que l'état de la société rend indispensables. » Il ajoutait, quelques jours plus tard : « Je ne peux d'ici que vous rappeler sans cesse les idées générales qui sont nos idées fixes. Créer, entre le parti de la révolution et le parti de la réaction, un parti de la résistance intelligente et modérée, et rallier ce parti autour du gouvernement qui peut seul être son chef et son moyen d'action, voilà notre idée

---

[1] Lettre de M. Rossi à M. Guizot, du 30 juillet 1847.

simple et fixe, la seule idée avec laquelle, vous le savez comme moi, on termine ou l'on prévienne les révolutions[1]. »

Plus encore peut-être que les exagérations d'un libéralisme trop exigeant et trop impatient, le gouvernement français redoutait, chez les Italiens, les entraînements de la passion nationale. Il s'appliquait à les retenir sur la pente qui les eût conduits à bouleverser l'état territorial de la Péninsule pour y réaliser leur rêve d'unité, et à déchirer les traités européens pour chasser les Autrichiens de la Lombardie et de la Vénétie. Autant il se déclarait prêt à défendre leur indépendance contre toute intervention qui eût prétendu entraver leurs réformes intérieures, autant il les avertissait de ne pas compter sur son appui, s'il leur prenait fantaisie de mettre en péril, par quelque agression, la paix générale. Notre diplomatie croyait ainsi ne pas mal servir les vrais intérêts de l'Italie, et M. Rossi se chargeait de démontrer aux patriotes romains que toute attaque violente contre l'Autriche fournirait à celle-ci une occasion d'arrêter par la force le mouvement national, contre lequel, au contraire, elle ne pourrait rien et devant lequel elle serait tôt ou tard contrainte de capituler, si ce mouvement demeurait pacifique et se manifestait seulement par le progrès intérieur et graduel des divers États[2]. En tout cas, nos ministres étaient certains de servir ainsi les vrais intérêts de la France. Déjà, au lendemain de 1830, quelles que fussent alors les sympathies de l'opinion pour la patrie de Silvio Pellico, la monarchie de Juillet n'avait pas voulu se mettre à la remorque des agitateurs italiens, en favorisant les révolutions au delà des Alpes et en s'engageant dans une guerre contre l'Autriche[3]. Les raisons qui l'avaient alors décidée subsistaient. On peut même dire que le refroidissement survenu avec l'Angleterre eût rendu plus dangereuse encore pour la France toute politique la plaçant en conflit avec l'Autriche

[1] Lettres des 21 et 28 juillet 1847. (*Documents inédits*.)
[2] Lettre de M. Rossi à M. Guizot, en date du 28 juillet 1847.
[3] Voir livre I, ch. v, § III.

et probablement aussi avec les autres puissances continentales.

Il convenait en effet que notre gouvernement, en face du problème particulier de l'Italie, ne perdît pas de vue l'ensemble de la situation faite à la France, en Europe, par les mariages espagnols. On sait que cette situation l'avait déterminé à se rapprocher de l'Autriche. Il lui fallait veiller à ce que sa politique italienne contribuât à ce rapprochement ou tout au moins ne le contrariât pas. Au premier aspect et étant donnés les points de vue assez divergents des deux cabinets, cela paraissait malaisé. M. de Metternich, qui, depuis 1815, avait eu pour politique de maintenir tout immobile au delà des Alpes, avait vu avec déplaisir le mouvement suscité par Pie IX [1]; un pape libéral lui paraissait une sorte de monstruosité dont il ne pouvait prendre son parti [2]; il faisait remonter le mal à la contagion des idées françaises [3]; à son avis, c'était pure illusion de vouloir distinguer les réformes modérées et pacifiques des bouleversements révolutionnaires, les premières n'étant que la préface des seconds; entre un Balbo et un Mazzini, il ne trouvait pas « d'autre différence que celle qui existe entre des empoisonneurs et des assassins [4] ». Dès le début, il avait essayé sans succès d'endoctriner Pie IX [5], et, dans la suite, il n'avait pas négligé tout ce qui pouvait éveiller en lui des inquiétudes ou des scrupules [6]. Le grand-duc de Toscane se montrait-il disposé à suivre l'exemple du Pape, M. de Metternich lui adressait directement des représentations [7]. Tout cela sans doute témoignait d'idées et de préfé-

---

[1] Dépêche de Ricci, ambassadeur sarde à Vienne, 26 février 1847. (BIANCHI, *Storia documentata della diplomazia europea in Italia*, t. V, p. 397, 398.)

[2] *Mémoires de M. de Metternich*, t. VII, p. 476.

[3] *Ibid.*, p. 330.

[4] *Ibid.*, p. 410.

[5] *Ibid.*, p. 251 à 256.

[6] *Ibid.*, p. 410 à 414.

[7] La lettre écrite, à ce propos, le 24 avril 1847, par M. de Metternich au grand-duc, est assez curieuse. Il lui reproche sa « passivité » en face d'un parti libéral aussi dangereux que le parti radical. « Le souverain *chassé* ne revient jamais », lui dit-il sous forme d'avertissement. Puis il ajoute : « Que Votre Altesse Impériale ne se fasse aucune illusion sur les dispositions fâcheuses à l'égard de l'Autriche : le mot *Autriche* ne désigne pas la chose elle-même; il ne s'applique qu'au pouvoir

rences peu en harmonie avec celles de la France. A défaut cependant d'un accord de principes, notre gouvernement ne jugeait pas impossible d'arriver à une sorte d'accord pratique, ou au moins de prévenir tout conflit. Il se rendait compte que le cabinet de Vienne était peu disposé à aller au delà de ces gémissements platoniques, de ces conseils peu efficaces, et qu'il ne se sentait pas en mesure de recommencer quelqu'une de ces interventions militaires qui, depuis 1815, avaient été l'arme principale de sa politique en Italie. Il devinait aussi que ce cabinet, compromis par son renom absolutiste, désorienté par le changement de l'esprit public, comprendrait l'avantage d'être appuyé et pour ainsi dire protégé par une puissance libérale; cette même raison ne le déterminait-elle pas, en ce moment, dans les affaires de Suisse, à marcher derrière la France? On voit dès lors comment les deux politiques, parties de points si opposés, pouvaient cependant trouver un certain contact sur le terrain italien : il s'agissait pour nous d'obtenir de l'Autriche qu'elle n'intervînt pas militairement, qu'elle laissât le mouvement réformateur suivre son cours, en lui offrant, comme compensation, de nous employer à limiter ce mouvement, à l'empêcher de devenir révolutionnaire et belliqueux.

Dès la fin de 1846 et les premières semaines de l'année suivante, des pourparlers s'engagèrent sur ces bases, entre Paris et Vienne. Ils prirent plus de précision, en avril 1847, lors de la mission secrète de M. Klindworth[1] : l'Italie était l'un des sujets sur lesquels cet agent devait proposer une entente. M. Guizot, alors très préoccupé des efforts faits par lord Palmerston pour attirer M. de Metternich dans son jeu, insistait naturellement sur ce qui, dans sa politique italienne, pouvait

---

répressif dont les hommes du progrès voudraient se débarrasser. Si ce pouvoir tombait, les princes italiens tomberaient aussi, et pas un ne resterait sur son trône. En ce qui concerne le trône grand-ducal, il est une vérité indiscutable : Votre Altesse Impériale et votre Maison ne sont ni plus ni moins italiennes et allemandes que le roi de la Lombardie. » (*Mémoires de M. de Metternich*, t. VII, p. 405 à 410.)

[1] Voir plus haut, p. 155, dans quelles circonstances avait eu lieu cette mission.

le plus rassurer le cabinet autrichien. Non seulement il se prononçait pour le *statu quo* territorial dans la Péninsule, ce qui impliquait la sauvegarde des droits de l'Autriche sur le royaume lombard-vénitien; non seulement il se déclarait opposé à toute agitation révolutionnaire; mais il exprimait l'avis que les réformes devaient être surtout administratives, et que l'on aurait tort de chercher à introduire prématurément dans les divers États italiens un régime constitutionnel pour lequel ils n'étaient pas mûrs; il s'offrait à donner, d'accord avec l'Autriche, des conseils dans ce sens au Pape et aux autres souverains [1]. En même temps, tout en recommandant à M. Rossi de ne rien abandonner de notre politique propre, il l'invitait à « ménager Vienne », à avoir égard « à ses défiances et à ses alarmes [2] ».

M. de Metternich était trop inquiet des événements d'Italie pour repousser ces ouvertures. De son côté, il en avait fait de semblables au gouvernement français. Sans doute, fidèle à sa manie dogmatisante, il professait, dans les élucubrations diplomatiques auxquelles il se livrait sur ce sujet, des principes sur lesquels notre gouvernement aurait eu des critiques à faire. Mais, en somme, quand il fallait aboutir à des conclusions effectives, il reconnaissait l'intérêt de mettre fin à une rivalité dont les agitateurs tireraient profit; revendiquant seulement

---

[1] Dépêche du comte d'Arnim, ministre de Prusse à Paris, en date du 25 janvier 1847. (HILLEBRAND, *Geschichte Frankreichs*, 1830-1848, t. II, p. 682.) — Dépêche du marquis Ricci, ambassadeur de Sardaigne à Vienne, en date du 26 février 1847. (BIANCHI, *Storia documentata*, etc., t. V, p. 19 et 398.) — *Mémoires de M. de Metternich*, t. VII, p. 398 à 400.

[2] « Ménagez toujours Vienne, écrivait M. Guizot à M. Rossi, le 6 décembre 1846. Ses défiances et ses alarmes du côté de l'Italie sont infinies. Lord Palmerston travaille toujours à lui arracher quelque démarche, quelque parole réelle ou apparente qui le serve dans ses protestations contre la descendance de M. le duc de Montpensier. M. de Metternich tient bon et reste tout à fait en dehors de la question. Il nous importe fort qu'il persiste et que, soit dans l'affaire espagnole, soit dans l'affaire polonaise, on ne se retrouve pas quatre contre un. Je suis sûr que vous n'oublierez jamais cela, tout en avançant dans notre voie à nous. » (*Documents inédits.*) — Louis-Philippe était également très soucieux que M. Rossi ne fît rien « pouvant donner de l'ombrage à l'Autriche ». (Dépêche du marquis Brignole, ambassadeur de Sardaigne à Paris, en date du 5 décembre 1846. HILLEBRAND, *Geschichte Frankreichs*, t. II, p. 681.)

son autorité sur le royaume lombard-vénitien, désavouant toute pensée de porter atteinte à l'indépendance des autres États italiens et à leur droit de modifier leurs institutions, s'offrant même à s'entendre avec la France pour conseiller certaines réformes administratives, il déclarait ne songer, pour le moment, à aucune intervention armée; il ajoutait que si, plus tard, cette intervention devenait nécessaire, un concert préalable devrait s'établir entre les puissances [1].

Le gouvernement français avait ainsi satisfaction. Dès lors, il croyait pouvoir donner comme mot d'ordre à ses agents en Italie, non plus seulement de ménager l'Autriche, mais de chercher les occasions de se concerter avec elle. Loin de s'effaroucher d'une action commune, il estimait, avec raison, qu'elle tournerait à l'avantage de notre influence, et que la France y deviendrait l'arbitre des décisions à prendre : « Je suis d'avis, écrivait-il le 21 juillet 1847 à M. Rossi, qu'en gardant soigneusement notre position, en tenant hautement notre drapeau, vous ne devez point éviter les occasions et les invitations de vous entendre et d'agir de concert avec vos collègues du corps diplomatique, y compris M. de Lutzow (ambassadeur d'Autriche). Quel que soit l'empire des vieux intérêts, des vieilles passions et des vieilles traditions, les grands gouvernements européens, l'Autriche la première, sont aujourd'hui sensés et prudents. Ils l'ont prouvé depuis 1830, et plus d'une fois. La nécessité leur déplaît. Ils la reconnaissent le plus tard possible. Mais ils finissent par la reconnaître et par l'accepter. Mettons-nous partout à la tête de la nécessité, de la nécessité réelle, bien comprise et exactement mesurée. Soyons ses interprètes dans les conseils de l'Europe. C'est

---

[1] *Mémoires de M. de Metternich*, t. VII, p. 390 à 400, 416 à 422, 471 à 474. — On s'en tint, entre les deux gouvernements, à cet échange d'idées; mais il n'y eut pas de convention proprement dite, comme le prétend à tort un historien prussien, M. Hillebrand, sur la foi d'une dépêche de l'ambassadeur de Sardaigne à Paris. (*Geschichte Frankreichs*, t. II, p. 682.) L'existence de cette convention secrète est contredite par tous les documents que j'ai eus sous les yeux, notamment par une lettre déjà citée de M. Guizot à M. de Metternich, où il est dit que l'entente s'était faite « sans conventions spéciales ». (Voir plus haut, p. 157.)

désormais notre position naturelle et la plus grande en même temps que la plus sûre... Ne nous faisons pas autres que nous ne sommes, mais ne nous isolons pas. En définitive, dans l'action concertée, c'est nous qui prévaudrons[1]. »

Ajoutons, d'ailleurs, que tout ce que le cabinet de Paris faisait pour ménager celui de Vienne et pour rendre possible une action commune, ne le conduisait cependant pas à rien sacrifier des points essentiels de sa politique. Il était surtout bien résolu à ne jamais permettre à l'Autriche une intervention isolée qui lui eût rendu l'espèce de protectorat qu'elle exerçait autrefois sur les gouvernements de la Péninsule; il entendait que, si le Pape avait un jour besoin d'une armée étrangère pour le protéger, la France ne laissât pas le rôle principal à son ancienne rivale. « En cas, disait M. Guizot, de danger matériel, d'appel au secours matériel extérieur, que rien ne se fasse sans nous; qu'on ne demande rien à personne, sans nous le demander aussi à nous, au moins en même temps. Nous ne manquerons pas à nos amis[2]. » Comme pour bien marquer par avance ses intentions, le cabinet de Paris répondait aux mouvements des troupes autrichiennes sur la frontière de la Lombardie, en faisant évoluer la flotte française en vue des côtes d'Italie.

Telle était, sous ses diverses faces, la politique de « juste milieu » à laquelle le gouvernement français s'était arrêté, dès le premier jour, dans les affaires italiennes, et que, depuis, il avait fidèlement appliquée. M. Guizot estima qu'il ne suffisait pas de la pratiquer diplomatiquement, et qu'il convenait d'en exposer au moins les grandes lignes au public. Il le fit, le 3 août, dans les derniers jours de la session de 1847, au cours de la discussion du budget à la Chambre des pairs. « Que faut-il, se demandait le ministre, pour la satisfaction

---

[1] *Documents inédits.*
[2] Même lettre du 21 juillet 1847. — Cela montre à quel point M. Hillebrand se trompe quand, sur la foi d'une dépêche du ministre de Prusse à Paris, il prétend que le gouvernement français aurait promis à l'Autriche de ne pas recommencer l'expédition d'Ancône, si les Autrichiens occupaient les Légations. (*Geschichte Frankreichs*, t. II, p. 682.)

des intérêts français en Italie? La paix intérieure de l'Italie d'abord; aucun bouleversement territorial ou politique ne nous est bon au delà des Alpes. Il nous faut aussi l'indépendance et la sécurité des gouvernements italiens; nous avons besoin qu'ils ne soient dominés ni exploités par aucune autre puissance, et qu'ils gouvernent paisiblement leurs peuples. » Après avoir indiqué que, pour obtenir ce dernier résultat, ces gouvernements devaient satisfaire leurs sujets par certaines réformes, il montrait comment le Pape avait donné l'exemple; puis il ajoutait : « Le représentant par excellence de l'autorité souveraine et incontestée entrant dans une telle voie, c'est là un des plus grands spectacles qui aient encore été donnés au monde. On ne peut pas, on ne doit pas craindre que le Pape oublie jamais les besoins et les droits de ce principe d'autorité, d'ordre, de perpétuité dont il est le représentant le plus éminent... Non, il ne l'oubliera pas... Mais, en même temps, puisqu'il se montre disposé à comprendre et à satisfaire, dans ce qu'il a de sensé et de légitime, l'état nouveau des intérêts sociaux et des esprits, ce serait une faute énorme, de la part de tous les gouvernements, je ne veux pas dire que ce serait un crime, ce serait une faute énorme de ne pas seconder Pie IX dans la tâche difficile qu'il entreprend. » M. Guizot ne reconnaissait qu'aux partis modérés le pouvoir de mener à bonne fin de telles réformes, et il entendait par là « des partis modérés ayant le courage d'agir, de se mettre en avant, d'accepter la responsabilité, le courage de soutenir les gouvernements qu'ils ne veulent pas voir renverser ». Il terminait en proclamant que « la mission naturelle de la France était de chercher sa force et son point d'appui, non dans l'esprit d'opposition et de révolution, mais dans l'esprit de gouvernement intelligent, sensé, et dans le concours des partis modérés avec de tels gouvernements ».

En cherchant ainsi à faire prévaloir, en Italie, des idées de réforme mesurée et pacifique, M. Guizot poursuivait un dessein honnête, raisonnable et conforme aux intérêts de la France. D'ailleurs, qu'eût-il pu faire d'autre? Impossible, après la secousse donnée par l'avènement de Pie IX, de songer à prolonger l'ancien *statu quo*. Quant à pousser aux révolutions et à risquer une guerre européenne pour flatter les passions et servir les ambitions des Italiens, c'est une politique dont on peut, hélas! mesurer aujourd'hui les conséquences. Mais, pour être le seul sage et le seul possible, le parti auquel s'était arrêté le gouvernement du roi Louis-Philippe ne lui en imposait pas moins une tâche très délicate et dont le succès était loin d'être assuré. M. Guizot s'en rendait compte, et, dans l'intimité, il ne cachait pas ses doutes. « Je voudrais bien réussir à Rome, écrivait-il, le 30 juillet 1847, au duc de Broglie; mais j'ai une méfiance infinie des Italiens. Et nous sommes là parfaitement seuls, entre les conspirations radicales fomentées de Londres et les routines absolutistes de Vienne... Plus j'avance, plus je demeure convaincu de deux choses : la bonté de notre politique et la difficulté du succès. Et mes deux convictions sont sans cesse aux prises, l'une m'encourageant, l'autre m'inquiétant. Dieu seul a le secret de l'issue : ce serait trop commode de le savoir [1]. »

IX

Les difficultés avec lesquelles nous venons de voir aux prises la diplomatie française pendant la première année du pontificat de Pie IX, allaient être singulièrement aggravées, en août 1847, par un acte inconsidéré de l'Autriche. Celle-ci, en vertu des traités de 1815, avait droit de garnison dans la « place » de Ferrare, l'une des villes des Légations. Que fallait-il entendre par le mot *place*? Était-ce la ville elle-même, ou seulement le château, espèce de citadelle sans valeur, située au centre de la ville? Il y avait eu controverse sur ce point. En fait, les Impériaux n'occupaient que le château et quelques

---

[1] *Documents inédits.*

casernes; la garde des barrières et des autres postes était aux mains des pontificaux. Ce partage, délicat de tout temps, le devenait plus encore avec l'excitation des esprits. Des provocations furent échangées entre la garde civique de Ferrare et les patrouilles autrichiennes. Enfin, quelques rixes ayant éclaté dans les premiers jours d'août, le commandant autrichien crut devoir agir comme si la sûreté de sa garnison était compromise; il la renforça notablement par un corps venu de l'autre côté du Pô; puis, brutalement, sans avoir aucun égard aux protestations du cardinal-légat, il occupa toute la ville et s'empara des postes jusqu'alors laissés à la garde des pontificaux.

Cet acte indiquait-il, de la part du cabinet de Vienne, la volonté de sortir de sa réserve défensive et expectante? Non, à ce même moment, M. de Metternich nous déclarait formellement que son gouvernement ne demandait qu'à « rester maître chez lui », qu'il « n'entendait pas exercer sa puissance souveraine en dehors de ses frontières », et qu'il « ne pensait pas à une intervention matérielle [1] ». Fait plus significatif encore, quelques jours après, la même idée se retrouvait non moins nettement exprimée dans les instructions confidentielles adressées à M. de Ficquelmont, agent supérieur du chancelier à Milan [2]. On pouvait être d'autant plus assuré de cette sagesse qu'elle était un peu forcée. Non seulement une politique agressive eût froissé d'une façon imprudente l'opinion européenne, universellement sympathique à Pie IX, mais elle eût rencontré des oppositions à Vienne même. Le souffle libéral qui passait en ce moment sur l'Europe se faisait sentir en Autriche; une réaction s'y dessinait contre le système de M. de Metternich et se manifestait jusque dans l'intérieur du cabinet; si le chancelier continuait de personnifier au dehors le gouvernement impérial avec le même apparat, son autorité au dedans était bien entamée; les autres membres du conseil ne se gênaient pas pour contrecarrer ses desseins; le ministre de

[1] Lettre de M. de Metternich au comte Apponyi, en date du 6 août 1847. (*Mémoires de M. de Metternich*, t. VII, p. 416 à 422.)
[2] Dépêche du 22 août 1847. (*Ibid.*, p. 471 à 474.)

l'intérieur, le comte Kolowrat, se posait ouvertement comme son rival. Pour vaincre ces oppositions, M. de Metternich ne trouvait pas dans l'archiduc Louis, qui remplaçait le souverain malade, et qui était visiblement embarrassé de sa responsabilité, l'appui qu'il était, autrefois, toujours sûr d'obtenir de l'empereur François. En juillet 1847, ayant voulu faire mobiliser un corps d'armée destiné à prendre position sur la frontière du Tessin et sur le Pô, il se heurta à mille difficultés soulevées par le ministre de la guerre et par celui des finances : ce dernier soutenait que les charges pécuniaires résultant d'une telle mesure seraient « un danger plus grave pour le gouvernement que celui auquel pouvait donner lieu la marche libérale adoptée par le Saint-Père [1] ». Le chancelier n'eût-il pas rencontré une opposition plus forte encore, s'il eût proposé une intervention à main armée dans les États pontificaux? Dans l'incident de Ferrare, il ne fallait donc pas voir le commencement de cette intervention et l'indice d'un changement de politique. C'était un mouvement d'impatience du commandement militaire, évidemment agacé par tout le tapage italien; le gouvernement l'avait laissé faire, sans beaucoup de réflexion, flatté peut-être, au milieu d'une politique nécessairement effacée, de faire à peu de frais quelque étalage de sa force armée.

Mais, du premier jour, cette mesure se trouve avoir beaucoup plus de retentissement que ne s'y attendaient et que ne le désiraient ses auteurs. A Rome, c'est l'occasion d'une véritable explosion d'indignation patriotique. Sincèrement ou non, on prétend voir là l'exécution d'une vaste conspiration absolutiste qui a ses ramifications jusque autour du Pape. « L'invasion est commencée, s'écrie-t-on; l'Italie entière doit se lever en armes pour la repousser. » Le gouvernement pontifical, troublé de cette émotion, croyant nécessaire de s'y associer pour ne pas être suspect, froissé d'ailleurs dans sa dignité par le procédé des Autrichiens, fait publier dans le *Diario di Roma*

---

[1] Dépêche du marquis Ricci, ambassadeur de Sardaigne à Vienne, en date du 14 août 1847. (BIANCHI, *Storia documentata della diplomazia europea in Italia*, t. V, p. 399 à 402.)

les protestations du cardinal-légat contre l'occupation de Ferrare. Se flatte-t-il de calmer les esprits par cette publicité? Il les excite au contraire. L'impression, aussitôt répandue et exploitée par les meneurs, est que le Pape prend la tête de la croisade italienne contre l'Autriche. Les journaux racontent qu'il ordonne, dans ce dessein, des armements considérables. Les radicaux profitent de cette effervescence pour se pousser hardiment à la tête du mouvement. Le chef des révolutionnaires, Mazzini, écrit au Pape, dans un langage qui fait songer au tentateur offrant au Christ l'empire du monde : « Saint Père, j'étudie vos démarches avec une espérance immense... Soyez confiant, fiez-vous à nous... Nous fonderons pour vous un gouvernement unique en Europe. Nous saurons traduire en un fait puissant l'instinct qui frémit d'un bout à l'autre de la terre italienne... Je vous écris parce que je vous crois digne d'être l'initiateur de cette vaste entreprise [1]... » Le même Mazzini recommande, d'un autre côté aux « masses », de « s'engager, avec ou sans le consentement des princes, dans des mesures qui obligent les Autrichiens à les attaquer »; il faut, conclue-t-il, « accroître de plus en plus la haine contre les Autrichiens et irriter l'Autriche par tous les moyens possibles [2] ». De Rome, l'agitation gagne la Péninsule entière, depuis la Sicile jusqu'au Piémont. Le fait le plus grave peut-être est l'impression produite sur Charles-Albert. Jusqu'alors, en face d'une campagne principalement libérale, il était demeuré froid. Au cri de : « Guerre à l'Autriche ! » il tressaille. Sous le coup de l'occupation de Ferrare, Pie IX, se croyant menacé d'une invasion autrichienne, a fait demander au gouvernement sarde un asile éventuel et l'envoi immédiat d'un bâtiment de guerre à Civita-Vecchia; Charles-Albert accède avec empressement à toutes les demandes du Pontife. « Grâce

---

[1] Lettre du 8 septembre 1847. (COSTA DE BEAUREGARD, Les dernières années du roi Charles-Albert, p. 559.)

[2] Lettre du 4 octobre 1847. Cette lettre, tombée aux mains de M. de Metternich, a été communiquée par lui au cabinet anglais, en novembre 1847, et par suite publiée dans les Parliamentary Papers.

à Dieu, écrit-il à son ministre et confident, Villamarina, nous avons un pape saint et plein de fermeté, qui saura soutenir avec dignité l'indépendance nationale. Je lui ai fait écrire que, quelconque événement (*sic*) qui puisse arriver, je ne séparerai jamais ma cause de la sienne... Une guerre d'indépendance nationale, qui s'unirait à la défense du Pape, serait pour moi le plus grand bonheur qui pourrait m'arriver. » Les patriotes italiens, alors réunis à Casal sous prétexte d'association agraire, lui ayant envoyé une adresse toute pleine des sentiments qui bouillonnaient en Italie, il répond par une lettre, lue en séance, où il se dit « résolu à faire pour la cause guelfe ce que Schamil fait contre l'immense empire russe ». « Il paraît, ajoute-t-il, qu'à Rome on tient en réserve les armes spirituelles... Espérons... Ah! le beau jour que celui où nous pourrons jeter le cri de l'indépendance nationale! » Le retentissement de cette lettre est énorme. Personne n'hésite plus à se jeter dans une campagne qui paraît avoir pour elle le Pape et le roi de Sardaigne, la plus haute force morale et la plus sérieuse force militaire de la Péninsule. Il est vrai que, suivant son habitude, Charles-Albert se montre, presque aussitôt après, embarrassé de l'enthousiasme qu'il a suscité, fait froide mine aux ovations qui l'accueillent à Turin et à Gênes, et déclare que, « s'il est décidé à défendre l'indépendance du royaume contre une agression étrangère, il l'est aussi à ne pas se compromettre vis-à-vis des grandes puissances, en faisant, sans leur consentement, franchir la frontière à son armée ». Mais vainement essaye-t-il de courir après ses paroles, celles-ci ont fait trop de chemin pour qu'il puisse les rattraper.

En somme, l'incident de Ferrare non seulement a grandement échauffé les esprits, mais il a eu pour résultat, dans toute l'Italie, de faire passer brusquement au premier plan cette redoutable question nationale que notre diplomatie était jusqu'alors parvenue à maintenir dans l'ombre. Il a ainsi considérablement augmenté les difficultés de la politique modérée et pacifique que le gouvernement français cherchait à faire prévaloir. Ce gouvernement cependant ne se décourage pas. Sans se laisser entraîner, fût-ce d'un pas, hors du terrain moyen où il s'est placé dès le début, il s'efforce d'y ramener les Autrichiens et les Italiens. A tous deux, il entreprend de faire entendre le langage de la raison.

A Vienne d'abord, notre cabinet laisse voir, sous une forme amicale, sa désapprobation du procédé des troupes impériales, insiste sur le danger de l'émotion ainsi provoquée, et appelle fortement, « sur les protestations du Saint-Siège et sur la nécessité de régler ce différend de façon à mettre promptement un terme à l'agitation qui en est résultée dans la Péninsule, la plus sérieuse sollicitude de M. le prince de Metternich [1] ». De ce côté, nos observations sont bien accueillies. Visiblement embarrassé d'avoir suscité un tel tapage, le gouvernement autrichien nous sait gré de notre désir d'arranger les choses [2]. Loin de grossir l'incident et d'en faire le point de départ d'une politique agressive, il affecte d'en réduire la portée. « Nous n'accordons pas à ce pitoyable conflit la valeur d'une affaire, écrit M. de Metternich, mais celle d'une entente sur une question de service militaire [3]. » Il reconnaît même qu'il a commis une faute. « Pitoyable affaire, dit-il un jour à notre ambassadeur, qui fournit une preuve de plus de la faute que commet toujours une grande puissance, lorsqu'elle se compromet dans une petite question [4]. » De son côté, le comte Apponyi fait à M. Guizot cette sorte d'aveu : « On peut se tromper dans ce qu'on prévoit; on peut irriter quand on a voulu imposer. » Notre ministre ajoute, après avoir rapporté à M. Rossi ce propos : « Avec un peu de modération et de patience, je crois que l'incident de Ferrare doit finir à l'avantage du Pape. On en a envie à Vienne. On ne se soucie

---

[1] Dépêche de M. Guizot au chargé d'affaires de France à Vienne, en date du 1ᵉʳ septembre 1847.

[2] Lettre de M. de Metternich au comte Apponyi, en date du 19 octobre 1847. (*Mémoires de M. de Metternich*, t. VII, p. 344.)

[3] *Ibid.* — Cf. aussi lettre du 7 octobre (p. 425).

[4] Lettre particulière du comte de Flahault à M. Guizot, en date du 22 novembre 1847. (*Documents inédits*.)

pas d'engager à fond la partie ¹. » Cette impression est durable chez M. Guizot, qui écrit, un peu plus tard, à M. de Flahault : « Ce que m'a dit le comte Apponyi ne me permet pas de douter que le prince de Metternich ne désire mettre fin, sans bruit, à cet incident de Ferrare ². » En attendant, du reste, cette solution, le cabinet autrichien ne nous refuse pas de nouvelles assurances de ses intentions pacifiques. « Le gouvernement français désire que nous restions en panne, écrit, le 7 octobre 1847, M. de Metternich au comte Apponyi ; ses vœux à ce sujet seront remplis. Nous savons nous renfermer dans le rôle de spectateur des drames dans lesquels l'heure d'entrer en scène ne nous semble pas venue ³. »

Notre cabinet a donc toutes raisons de compter sur la modération de l'Autriche et sur sa volonté de réparer l'esclandre de Ferrare. Cette conviction l'encourage à persister dans son attitude conciliante. Toutefois, il est bien résolu, au cas où son espérance serait trompée, à sauvegarder l'influence de la France et l'indépendance des États italiens. Il ne le crie pas sur les toits, pour ne pas irriter les amours-propres par des menaces éventuelles ; mais il s'en explique nettement avec ses agents, dans ses correspondances confidentielles. M. Guizot écrit, le 7 septembre 1847, à M. Rossi : « Rendons-nous compte des diverses hypothèses : 1° Les Autrichiens, sur la réclamation du Pape, rentrent à Ferrare, dans le *statu quo* antérieur. Si cela arrivait, nous aurions, quant à présent, cause gagnée et rien à faire. — 2° Les Autrichiens, malgré la réclamation du Pape, restent à Ferrare, dans la position qu'ils y ont prise, continuant de soutenir qu'ils en ont le droit aux termes des traités, et sans faire un pas de plus. Que le Pape réclame, dans ce cas, soit notre médiation seule, soit celle de la France et de l'Angleterre, ou de la France et de la Prusse, soit celle de toutes les grandes puissances qui ont signé le traité de Vienne. — 3° Les Autrichiens poussent plus avant dans les

---

[1] Lettre du 18 septembre 1847. (*Documents inédits.*)
[2] Lettre du 8 octobre 1847. (*Documents inédits.*)
[3] *Mémoires de M. de Metternich*, t. VII, p. 425.

États romains, sans appel du Pape et sans prétexte diplomatique. En ce cas, que le Pape proteste solennellement, constate que le fait a lieu contre son gré et s'adresse à nous. Mon avis est que nous devons, dans cette hypothèse, prendre position aussi sur un point efficace des États romains, dans l'intérêt de l'indépendance du Pape et de notre propre situation en Europe. Il serait infiniment désirable que nous ne fissions cela, s'il y avait lieu, que sur la demande du Pape et de concert avec lui... — 4° Ailleurs que dans les États romains, dans quelques autres des États italiens, en Toscane, à Modène, à Lucques, à Parme, les Autrichiens interviennent à la suite d'une insurrection populaire, soit de leur propre mouvement, soit sur la demande des souverains... C'est ici l'hypothèse difficile. Une insurrection contre l'ordre établi et la demande de l'intervention par le souverain lui-même donnent à Vienne des prétextes spécieux et nous embarrassent, nous, dans nos motifs. Et pourtant nos motifs seraient, dans ce cas, presque les mêmes et presque aussi puissants qu'en cas d'une intervention dans les États romains. Il faudrait que les souverains chez qui aucune insurrection n'aurait eu lieu et qui n'auraient pas réclamé l'intervention autrichienne, le Pape, le roi de Naples, le roi de Sardaigne, protestassent contre un acte compromettant pour eux-mêmes, car il pourrait amener un désordre général et une explosion révolutionnaire dans toute l'Italie. S'ils faisaient un pas de plus, s'ils s'adressaient aux autres grandes puissances de l'Europe, à nous d'abord, pour leur demander de s'employer à faire cesser un état de choses si dangereux pour la paix européenne, ils se donneraient à eux-mêmes de fortes garanties et à nous de grands moyens d'action... Ne regardez point tout ceci, mon cher ami, comme des résolutions que je vous annonce et des instructions que je vous donne. Je vous dis mes idées et je vous demande les vôtres sur les cas et les embarras divers qu'on peut prévoir. Et il faut les prévoir pour faire ce que je vous ai dit : prendre nos mesures de façon à être prêts dans toutes les hypothèses. Répondez-moi sans retard. Je n'ai pas besoin de vous répéter

que notre pensée dirigeante, dominante, est toujours celle-ci :
Soutenir l'indépendance des États italiens et l'influence du
parti modéré en Italie, en évitant une conflagration révolutionnaire et une guerre européenne [1]. »

Rien donc à la fois de plus modéré dans la forme et de plus décidé dans le fond que l'attitude prise par le gouvernement français envers l'Autriche, à la suite de l'incident de Ferrare. Le langage qu'il tient en même temps aux Italiens n'est ni moins sage ni moins net. Dès le premier jour, tout en manifestant au gouvernement romain « sa sympathie pour le sentiment de dignité courageuse qui a dicté ses protestations » contre l'occupation de Ferrare, il ne cache pas son regret de la publicité qui leur a été donnée [2]. « Le Pape, écrit-il à M. Rossi, aurait dû épuiser toute possibilité de vider, de gouvernement à gouvernement, la question diplomatique, avant de porter devant le public une question de nationalité et de révolution. De deux choses l'une : ou l'Autriche désire, ou elle ne désire pas un prétexte pour une levée de boucliers; si elle le désire, il faut bien se garder de le lui fournir... Si elle ne le désire pas, il faut l'entretenir dans sa bonne disposition, en traitant avec elle comme avec un pouvoir qui ne demande pas mieux que de laisser ses voisins tranquilles chez eux, si on ne trouble pas sa tranquillité chez lui. Ne négligez rien pour ramener et contenir Rome dans cette politique, la seule efficace pour le succès, aussi bien que la plus sûre. L'Italie a déjà perdu plus d'une fois ses affaires en plaçant ses espérances dans une conflagration européenne. Elle les perdrait encore. Qu'elle s'établisse, au contraire, sur le terrain de l'ordre européen, des droits des gouvernements indépendants, du respect des traités. C'est vous dire combien il importe de contenir ces affaires-ci dans les limites d'une question *romaine,* et d'empêcher qu'on en fasse une question *italienne.* J'en sais toute la difficulté. Mais employez tout votre esprit, tout votre bon sens, toute votre persévérance, toute votre patience, toute votre

---

[1] *Documents inédits.*
[2] Dépêche de M. Guizot à M. Rossi, 25 août 1847.

influence, à faire comprendre au parti *national italien* qu'il est de sa politique, de sa nécessité actuelle, de se présenter et d'agir *fractionnairement,* comme romain, toscan, napolitain, etc., etc., de ne point poser une question générale qui deviendrait inévitablement une question révolutionnaire[1]. » M. Rossi s'inspire de ces idées dans ses conversations, et il n'hésite pas à rabrouer les prétentions et les intempérances italiennes. « Mais enfin, dit-il avec sa parole froide et mordante, où voulez-vous en venir par ces incessantes provocations contre l'Autriche? Elle ne vous menace point; elle reste dans les limites que les traités lui ont tracées. C'est donc une guerre d'indépendance que vous voulez? Eh bien! voyons, calculons vos forces : vous avez soixante mille hommes en Piémont, et pas un homme de plus en fait de troupes réglées. Vous parlez de l'enthousiasme de vos populations. Je les connais, ces populations. Parcourez vos campagnes : voyez si un homme bouge, si un cœur bat, si un bras est prêt à prendre les armes. Les Piémontais battus, les Autrichiens peuvent aller tout droit jusqu'à Reggio, en Calabre, sans rencontrer un Italien. Je vous entends : vous viendrez alors à la France. Le beau résultat d'une guerre d'indépendance, que d'amener, une fois de plus, deux armées étrangères sur votre sol!... Et puis, vous voulez être indépendants, n'est-ce pas? Nous, nous le sommes. La France n'est point un caporal aux ordres de l'Italie. La France fait la guerre quand et pour qui il lui convient de la faire. Elle ne met ses bataillons et ses drapeaux à la discrétion de personne[2]. »

Ce n'est pas seulement à Rome que le gouvernement français adresse ses conseils et ses avertissements. Il en fait parve-

---

[1] Lettre particulière de M. Guizot à M. Rossi, du 26 août 1847. — M. Guizot revenait avec insistance sur cette idée. « Nous pourrons et nous ferons beaucoup, disait-il dans une autre lettre, pour la cause de l'indépendance et des réformes romaines, toscanes, napolitaines, sardes. Nous ne pourrions et ne ferions rien pour la cause d'une révolution qui attaquerait l'ordre général européen. Et les autres puissances s'uniraient contre. » (Lettre du 18 septembre. *Documents inédits.*)

[2] D'HAUSSONVILLE, *Histoire de la politique extérieure*, t. II, p. 260.

nir de semblables aux cours de Toscane et de Piémont. Dans une dépêche adressée au chargé d'affaires de France à Turin, M. Guizot rappelle aux Italiens combien ils compromettent leurs plus importants intérêts, en projetant des remaniements territoriaux qui ne pourraient s'accomplir que par la guerre et les révolutions; puis il ajoute : « Le gouvernement du Roi se croirait coupable si, par ses démarches ou par ses paroles, il poussait l'Italie sur une telle pente, et il se fait un devoir de dire clairement aux peuples comme aux gouvernements italiens ce qu'il regarde, pour eux, comme utile ou dangereux, possible ou chimérique[1]. »

S'il se refuse à suivre les Italiens dans leurs rêves belliqueux, notre gouvernement a bien soin de marquer qu'il n'en demeure pas moins résolu à protéger et à favoriser, chez eux, les réformes régulières et pacifiques. Pour qu'il ne puisse y avoir à ce sujet aucun malentendu, volontaire ou non, M. Guizot résume, le 17 septembre 1847, dans une courte circulaire destinée à être mise sous les yeux de tous les cabinets étrangers, les principes de sa politique. Il s'y prononce, avec une égale force, d'abord « pour le maintien de la paix et le respect des traités », ensuite pour « l'indépendance des États et de leurs gouvernements », pour leur droit de « régler, par eux-mêmes et comme ils l'entendent, leurs lois et leurs affaires intérieures ». Il indique, comme une condition du succès des réformes, « qu'elles s'accomplissent régulièrement, progressivement, de concert entre les gouvernements et les peuples, par leur action commune et mesurée, non par l'explosion d'une force unique et déréglée ». Il demande, pour « la grande œuvre de réforme » entreprise par le Pape, « le respect et l'appui de tous les gouvernements européens », se déclarant, quant à lui, prêt à « le seconder en toute occasion ». Notre ministre termine en exprimant le vœu que les principes exposés par lui prévalent dans toute l'Italie; « c'est

---

[1] Dépêche à M. de Bourgoing, en date du 18 septembre 1847. — Voir aussi la dépêche de M. Guizot au comte de La Rochefoucauld, ministre de France à Florence, en date du 25 août 1847.

le seul moyen, dit-il, d'assurer les bons résultats du mouvement qui s'y manifeste, et de prévenir de grands malheurs et d'amères déceptions ».

Par application de cette politique, le cabinet français ne manque pas d'aider les gouvernements italiens toutes les fois qu'ils paraissent disposés à s'avancer dans la voie des sages réformes. Le grand-duc de Toscane ayant, vers cette époque, appelé dans ses conseils des libéraux modérés, M. Guizot en exprime aussitôt sa très vive satisfaction et prescrit à notre représentant à Florence de « prêter aux nouveaux ministres toscans tout l'appui qui pourra les servir ». Il ajoute ce conseil remarquable : « Nous ne saurions apprécier d'ici quelle mesure de concessions et d'institutions convient au gouvernement intérieur de la Toscane... Ce qui me frappe, c'est combien il importe qu'une politique à peu près analogue prévale dans les divers États italiens, à Rome, à Naples, à Turin, à Florence ; qu'en tenant compte de la diversité des situations et des besoins, ils marchent tous à peu près du même pas, dans la voie des réformes modérées... Si, au contraire, leur marche était très inégale, si les uns se lançaient dans l'innovation extrême, tandis que d'autres se refuseraient à tout progrès, ils en seraient tous, au dedans et au dehors, grandement affaiblis... Je ne crois pas à l'unité italienne, mais je crois à l'union des États italiens, et je la désire beaucoup[1]. » Cette idée tenait à cœur au gouvernement français, car on la retrouve dans une lettre écrite, quelques jours plus tard, par Louis-Philippe à son neveu, le grand-duc de Toscane : « Il me paraîtrait désirable, dit le Roi, que les souverains italiens et leurs gouvernements cherchassent à se recorder, et, si faire se pouvait, à se mettre d'accord sur les changements à apporter, soit dans leur régime gouvernemental, soit surtout dans leurs administrations intérieures. » Au cours de cette même lettre, le Roi insistait sur la nécessité de calmer les défiances des peuples par une grande sincérité dans les réformes ; il rappelait, à ce propos, comment

---

[1] Lettre du 7 octobre 1847, publiée par le marquis de Flers, dans son livre : *Le roi Louis-Philippe, Vie anecdotique*, p. 436 à 439.

sa première parole, en 1830, avait été : « La Charte sera désormais une vérité ! » « Ne croyez pas, mon cher neveu, ajoutait-il, que je veuille par là vous pousser à établir une charte en Toscane. Non, je n'émets point d'opinion sur ce que je ne connais pas. Chaque pays, chaque peuple a ses circonstances particulières, sur lesquelles on doit régler ce qui convient ou ne convient pas. Mais ce sur quoi j'insiste avec conviction, c'est que, quoi qu'on fasse, on le fasse nettement, franchement, loyalement et sans aucune arrière-pensée de revenir sur ce qu'on aura fait. C'est là, selon moi, la seule chance de salut[1]. »

Ce n'était certes pas le langage d'une politique rétrograde et ennemie de la liberté italienne. Les patriotes ultramontains, cependant, ne nous en savaient aucun gré. Ils méconnaissaient absolument ce que nous continuions à faire pour leurs meilleurs intérêts et s'attachaient seulement à ce que nous refusions à leurs rêves. Il leur semblait que nous avions manqué à tous nos devoirs et commis une sorte de trahison, en ne nous mettant pas à leur diapason sur l'affaire de Ferrare, en ne poussant pas avec eux le cri de guerre, en essayant au contraire de jeter quelques seaux d'eau froide sur leur passion nationale en ébullition. Du coup, il fut admis que la France faisait cause commune avec l'Autriche contre l'Italie. A la vérité, de notre politique, les Italiens connaissaient imparfaitement la partie qui tendait à contenir le cabinet de Vienne ; car il entrait précisément dans notre tactique de n'en pas faire étalage ; ils connaissaient surtout les avertissements et les remontrances qui leur étaient adressés, remontrances parfois d'autant plus mortifiantes pour leur vanité qu'elles ne leur arrivaient pas seulement par l'entremise discrète de nos diplomates, mais que le *Journal des Débats* les leur notifiait publiquement et non sans rudesse[2]. Encore, si les plaintes contre la France

---

[1] Lettre du 17 octobre 1847. *Le roi Louis-Philippe*, p. 443 à 447.

[2] C'est à l'occasion de certains articles du *Journal des Débats*, qui soulevèrent, en effet, beaucoup d'irritation au delà des Alpes, que M. d'Azeglio écrivait à un de ses amis de France : « Que peut gagner votre ministère à laisser ainsi insulter par le principal de ses organes un peuple qui fait les efforts les plus méritoires

n'étaient venues que des radicaux, dont notre gouvernement était, en effet, résolu à contrarier les desseins; mais elles venaient aussi des modérés, dont il avait conscience de servir la cause, et qu'il s'était flatté d'avoir pour clients. Ceux-ci, par entraînement ou par peur, faisaient chorus avec les violents. « Je suis chaque jour plus frappé, écrivait M. Guizot, de l'inhabileté et de la pusillanimité des modérés italiens. Cela me rend très indulgent pour nos conservateurs [1]. » M. Rossi analysait ainsi, dans une de ses lettres, l'état d'esprit de ces modérés : « Ils ne reprochent pas au gouvernement français, comme les radicaux, son éloignement pour les bouleversements révolutionnaires dans l'intérieur des États; comme lui, ils préfèrent les réformes accomplies pacifiquement par l'accord du souverain et du peuple... Mais ils ne lui pardonnent pas son amour de la paix, son respect pour les traités à l'endroit de la question austro-italienne. Ils sentent avec colère que le *veto* de la France leur est un puissant obstacle, même borné à l'inaction, à un refus de concours. Quand ils nous accusent d'être les alliés dévoués de l'Autriche, de ne rien faire, de ne prendre aucune précaution pour empêcher l'Autriche de les envahir, de les opprimer, de travailler à réorganiser contre eux une Sainte-Alliance, ils ne disent pas exactement ce qu'ils pensent. C'est une manière de se plaindre d'une amitié qui leur paraît froide et dédaigneuse, parce qu'elle ne va pas jusqu'à leur offrir cent mille hommes [2]. » Cette déception se traduisait, dans les journaux de Rome ou de Florence, en invectives contre Louis-Philippe et M. Guizot, devenus presque aussi impopulaires que M. de Metternich. Dans les salons, il était de mode de mal parler de la France. M. Rossi, naguère si bien vu de ses anciens compatriotes, était mis dans une sorte de quarantaine par la société romaine; se rendait-il

---

pour se tirer de l'état d'abjection où l'avaient réduit ses détestables gouvernements ? » (*Correspondance politique de Massimo d'Azeglio*, publiée par E. Rendu.)

[1] Lettre de M. Guizot au duc de Broglie, en date du 25 octobre 1847. (*Documents inédits.*)

[2] Lettre du 17 février 1848.

au théâtre, personne ne venait le saluer dans sa loge. A Turin également, on boudait notre ambassade, à laquelle Balbo et d'Azeglio reprochaient de retenir Charles-Albert [1]. Les gouvernements eux-mêmes, ne fût-ce que par le langage qu'ils laissaient tenir aux journaux soumis à leur censure, semblaient partager les préventions populaires, ou tout au moins ne pas oser les contredire. A la chancellerie piémontaise, on avait fini par se persuader qu'en aucune hypothèse il ne fallait faire fond sur la France. L'ambassadeur de Sardaigne à Londres, le comte de Revel, causant, en septembre 1847, avec lord Palmerston, lui exprimait la crainte que l'Autriche ne songeât à intervenir dans les États romains. « Je ne vois pas, ajoutait-il, ce qui l'en empêcherait ; on sait fort bien que l'Italie n'a rien de bon à attendre de la part de la France ; la conviction générale est que le gouvernement français est d'accord à ce sujet avec l'Autriche [2]. »

Tout en ressentant l'injustice et l'on peut dire l'ingratitude des Italiens, M. Guizot ne s'en étonnait pas trop. « Nous servons leurs intérêts contre leurs passions, écrivait-il. Nous les aidons à faire ce qu'ils peuvent faire, et non pas à avoir l'air de tenter ce qu'ils ne peuvent pas faire, ce qu'ils ne tenteraient même pas sérieusement. Je trouve fort simple que ceux qui les flattent à tort et à travers leur plaisent davantage [3]. » Il estimait même que leur mécontentement avait

---

[1] Dès le 12 avril 1847, avant l'affaire de Ferrare, Massimo d'Azeglio écrivait à un Français : « Ce qui va trop doucement et même ne va pas du tout, c'est votre ambassade. Je sais bien que l'affaire des mariages espagnols gêne terriblement le gouvernement français en Italie ; aussi n'avons-nous pas la prétention d'exiger de M. Guizot une déclaration de guerre à M. de Metternich. Si les mariages espagnols sont avantageux pour la France, cela vous regarde ; mais, sauf meilleur avis, vous n'avez pas non plus intérêt à jouer en Italie absolument le même air que l'Autriche... Or, dans ce moment-ci, les deux flûtes, je vous assure, sont terriblement d'accord ; et je ne vois que l'Angleterre qui puisse s'en réjouir. Vous lui laissez là, à elle, qui au fond se moque parfaitement de notre progrès libéral et national, un admirable terrain, et elle saura l'exploiter. » (*Correspondance politique de Massimo d'Azeglio*.)

[2] Dépêche du comte de Revel, en date du 3 septembre 1847. (Bianchi, *Storia documentata della diplomazia europea in Italia*, t. V, p. 410.)

[3] Lettre de M. Guizot à M. Rossi, en date du 28 octobre 1847. (*Documents inédits*.)

son bon côté. « Pour qu'on ne fasse pas de folies en Italie, disait-il, il faut deux choses : qu'on ait assez peur des Autrichiens et qu'on ne compte pas trop sur nous [1]. » C'était donc sans vaine irritation, avec une sorte d'indulgence hautaine que, dans ses conversations avec le nonce et dans ses lettres à Rome, il rétablissait la vérité sur sa politique : « On dit, écrivait-il à M. Rossi, que nous nous entendons avec l'Autriche, que nous donnons pleine raison à l'Autriche, que le Pape ne peut pas compter sur nous dans ses rapports avec l'Autriche. Mensonge que tout cela... Nous sommes en paix et en bonnes relations avec l'Autriche, et nous désirons y rester, parce que les mauvaises relations et la guerre avec l'Autriche, c'est la guerre générale et la révolution en Europe. Nous croyons que le Pape aussi a un grand intérêt à vivre en paix et en bonnes relations avec l'Autriche, parce que c'est une grande puissance catholique en Europe et une grande puissance en Italie... Nous savons que probablement ce que le Pape veut et a besoin d'accomplir, les réformes dans ses États, les réformes analogues dans les autres États italiens, tout cela ne plait guère à l'Autriche, pas plus que ne lui a plu notre révolution de Juillet, quelque légitime qu'elle fût, et que ne lui plaît notre gouvernement constitutionnel, quelque conservateur qu'il soit. Mais nous savons aussi que les gouvernements sensés ne règlent pas leur conduite selon leurs goûts ou leurs déplaisirs... Nous croyons que le gouvernement autrichien peut respecter l'indépendance des souverains italiens, même quand ils font chez eux des réformes qui ne lui plaisent pas, et écarter toute idée d'intervention dans leurs États. C'est en ce sens que nous agissons à Vienne..., en faisant pressentir le poids que nous mettrions dans la balance, et de quel côté nous le mettrions, si le cabinet de Vienne agissait autrement. » Du reste, comme toujours, M. Guizot prévoyait le cas où l'Autriche tromperait son attente et où elle prétendrait intervenir : pour cette éventualité, il renouvelait, en ces termes, une déclaration

---

[1] Lettre du 27 septembre 1847. (*Documents inédits.*)

déjà faite plusieurs fois : « Ne laissez au Pape aucun doute qu'en pareil cas, nous le soutiendrions efficacement, lui, son gouvernement, sa souveraineté, son indépendance, sa dignité. On ne règle pas d'avance, on ne proclame pas d'avance tout ce que l'on ferait dans des hypothèses qu'on ne saurait connaître d'avance complètement et avec précision. Mais que le Pape soit parfaitement certain que, s'il s'adressait à nous, notre plus ferme et plus actif appui ne lui manquerait pas[1]. » M. Guizot écrivait encore, vers la même époque, au chargé d'affaires de France à Turin : « Appliquez-vous à éclairer sur les vrais motifs de notre conduite tous ceux qui peuvent les méconnaître, et, si vous ne réussissez à dissiper une humeur qui prend sa source dans des illusions que nous ne voulons pas avoir le tort de flatter..., ne leur laissez du moins aucun doute sur la sincérité et l'activité de notre politique dans la cause de l'indépendance des États italiens et des réformes régulières qui doivent assurer leurs progrès intérieurs sans compromettre leur sécurité[2]. »

Il était une chose que M. Guizot supportait plus impatiemment que les injures des partis ou de la foule, de ceux qu'il appelait « les menteurs et les badauds », c'était la « pusillanimité » avec laquelle les gouvernements semblaient, par leur tolérance, s'associer aux attaques contre la politique française. « Je comprends, écrivait-il le 28 octobre 1847, j'admets même dans une certaine mesure le petit calcul qui leur fait rechercher, pour leur propre compte, la popularité du laisser-aller, en rejetant sur nous toute l'impopularité des conseils sensés et fermes... Mais il y a à cela une limite posée par le sentiment de la dignité, comme par l'intérêt du succès. Et quand je lis, dans les journaux italiens, ce concert de calomnies et d'absurdités *censurées*, je suis bien tenté de croire que la limite est atteinte et que nous ferions bien de faire un peu sentir que nous le pensons[3]. » Quelques semaines après, le

---

[1] Même lettre.
[2] Dépêche de M. Guizot à M. de Bourgoing, en date du 18 septembre 1847.
[3] *Documents inédits*.

17 novembre, devant « la faiblesse croissante des gouvernements et les mensonges de plus en plus absurdes dont la politique française était l'objet », M. Guizot déclara décidément que la limite était dépassée ; il ne se contentait pas que le Pape dît à telle personne en particulier n'avoir qu'à se louer du gouvernement français ; il demandait que « le langage public, les actes publics du gouvernement romain le proclamassent et le prouvassent ». « Je sais, ajoutait-il, que cela déplaira aux factieux et aux badauds, et que, pour agir ainsi, un peu de courage est nécessaire. Mais vous savez qu'il n'y a pas de gouvernement possible sans un peu de courage. Déplaire à quelqu'un, risquer quelque chose, c'est la condition quotidienne de ceux qui gouvernent. Je crains qu'on ne sache pas assez cela à Rome, et qu'on ne l'apprenne à ses dépens [1]. »

Les injustices de l'opinion italienne n'étaient pas seulement un embarras pour notre politique extérieure. Elles avaient leur contre-coup en France et y augmentaient les difficultés intérieures avec lesquelles M. Guizot était alors aux prises. En effet, toutes les plaintes venues d'outre-monts contre notre gouvernement trouvaient aussitôt écho dans l'opposition française : celle-ci s'indignait que notre diplomatie n'eût pas osé relever le défi de Ferrare, et la dénonçait comme ayant noué une vaste conspiration réactionnaire avec la cour de Vienne. Spectacle piquant que celui des voltairiens de la gauche, pleins d'une sollicitude toute nouvelle pour le Pape, faisant un grief au ministère de ce qu'il ne le soutenait pas assez chaleureusement et associant, dans les toasts de leurs banquets, Pie IX et Ochsenbein. Que les adversaires systématiques de M. Guizot cherchassent ainsi à exploiter le mécontentement des Italiens, il n'y avait pas à s'en étonner ni à s'en émouvoir outre mesure. Un fait plus grave était le trouble jeté dans l'esprit de certains conservateurs dont j'ai eu déjà l'occasion de parler à propos des affaires de Suisse : mal informés de la politique suivie par le ministère, ils se deman-

---

[1] *Documents inédits.*

daient si la France n'était pas en train de s'aliéner ses amis naturels pour mériter les bonnes grâces de ses ennemis traditionnels; leurs préjugés d'hommes de 1830 s'effarouchaient à la pensée de se voir participant, en compagnie de l'Autriche, à une nouvelle Sainte-Alliance.

Ces préventions trouvaient accès jusque sur les marches du trône. Le prince de Joinville, qui commandait alors l'escadre de la Méditerranée, était par là même au premier rang pour entendre tout ce qui se disait en Italie contre le gouvernement français. Cette impopularité lui était déplaisante. Jeune, ardent, rêvant de gloire pour son pays et pour lui-même, la sagesse pacifique de son père lui pesait parfois un peu. Dans une lettre écrite, le 7 novembre 1847, de la Spezzia, à son frère, le duc de Nemours, il jugeait ainsi notre politique italienne : « Séparés de l'Angleterre au moment où les affaires d'Italie arrivaient, nous n'avons pu y prendre une part active qui aurait séduit notre pays et été d'accord avec des principes que nous ne pouvons abandonner, car c'est par eux que nous sommes. Nous n'avons pas osé nous tourner contre l'Autriche, de peur de voir l'Angleterre reconstituer immédiatement contre nous une nouvelle Sainte-Alliance... Nous ne pouvons plus maintenant faire autre chose ici que de nous en aller, parce que, en restant, nous serions forcément conduits à faire cause commune avec le parti rétrograde ; ce qui serait, en France, d'un effet désastreux. Ces malheureux mariages espagnols ! nous n'avons pas encore épuisé le réservoir d'amertume qu'ils contiennent [1]. » M. Guizot ne connut pas cette lettre, mais l'état d'esprit qui l'avait fait écrire ne lui échappait pas. Il faisait grand cas de l'intelligence du prince, qu'il avait ainsi caractérisé, l'année précédente, dans une lettre à M. Rossi : « Très spirituel et, quand il se trouve engagé dans les affaires, avec la responsabilité sur les épaules, très sensé ; d'une imagination un peu fantasque et vagabonde, quand il est oisif et en liberté [2]. »

---

[1] Cette lettre, qui a été publiée dans la *Revue rétrospective*, contenait d'autres critiques contre la politique du Roi. J'aurai l'occasion d'y revenir.

[2] Lettre du 8 août 1846. (*Documents inédits.*)

Il s'était bien trouvé de lui avoir donné un rôle important et délicat lors de la guerre du Maroc [1], et cette épreuve l'avait convaincu que ce prince était capable de comprendre par réflexion et de servir efficacement une politique qui, au premier abord, ne satisfaisait pas son imagination. Il ne crut donc pas faire œuvre inutile en entreprenant de redresser ses idées fausses sur la conduite suivie en Italie. Partant de cette idée que sa mauvaise impression venait surtout de ce qu'il était mal informé, il lui adressa tout un paquet des dépêches diplomatiques où il avait exposé sa politique, et y joignit une longue lettre explicative. « Vous le voyez, Monseigneur, lui écrivait-il, nous ne sommes point restés inactifs... Nous ne nous sommes point unis aux souverains absolus. Nous ne nous sommes point liés secrètement avec l'Autriche. Nous avons hautement, toujours et partout, conseillé et soutenu les réformes modérées... Que cette politique n'ait point aujourd'hui, en Italie, la faveur populaire, je ne m'en étonne point. Les Italiens voudraient tout autre chose. Ils voudraient que la France mit à leur disposition ses armées, ses trésors, son gouvernement, pour faire ce qu'ils ne peuvent pas faire eux-mêmes, pour chasser les Autrichiens d'Italie et établir, en Italie, sous telle ou telle forme, l'unité nationale et le gouvernement représentatif. Tenez pour certain, Monseigneur, que c'est là ce qui est au fond de tous les esprits italiens, des sensés comme des fous... C'est là ce qui détermine, en Italie, non pas toutes les actions, tant s'en faut, mais les sentiments de bonne ou de mauvaise humeur, de sympathie ou de colère. » M. Guizot indiquait ensuite comment on ne pouvait songer « à entreprendre pour le compte de l'Italie ce que, très sagement et très moralement, on n'avait pas voulu entreprendre pour le compte de la France, c'est-à-dire le remaniement territorial et politique de l'Europe, en prenant pour point d'appui et pour allié l'esprit de guerre et de révolution ». Il déclarait donc que « toute sa politique en Italie, la seule qui convenait

---

[1] Voir plus haut, t. V, p. 383 et 387.

à la France », c'était « l'indépendance des États italiens » et « le libre et tranquille accomplissement des réformes dans chaque État ». « Cette politique, ajoutait-il, je me suis appliqué à la faire prévaloir par les moyens réguliers et efficaces, en traitant de gouvernement à gouvernement, sans répandre, chaque matin, devant le public, pour son amusement et pour la satisfaction de ma vanité, mes démarches, mes idées, mes raisons, mes espérances. Je cherche le succès et non pas le bruit. Quand je me suis mêlé de l'affaire de Ferrare, je me suis bien gardé d'aller, dès le premier moment, crier sur les toits le plein droit du Pape et le crime de l'Autriche. J'aurais fait plaisir aux Italiens, mais j'aurais fort gâté l'affaire même. J'ai travaillé, sans bruit et poliment, à convaincre l'Autriche qu'il fallait finir cette affaire, et rentrer dans le *statu quo*... Je ne désespère pas d'y réussir; et si j'y réussis, ce sera parce que j'aurai traité la question par les bons procédés, de gouvernement à gouvernement, et en me tenant bien en dehors des clameurs des journaux... L'expérience m'a appris que la bonne politique n'était pas populaire en commençant... Je sais supporter l'impopularité qui passera [1]... »

L'espoir que M. Guizot manifestait, dans cette lettre, au sujet de l'affaire de Ferrare, ne devait pas tarder à se réaliser. On sait que, dès le premier jour, le cabinet de Vienne, pressé par nous, s'était montré disposé à chercher quelque arrangement qui donnât satisfaction au Pape. Mais des difficultés s'étaient présentées. L'éclat fait de part et d'autre avait mis en jeu des questions de dignité et d'amour-propre. Et puis, si prêt que fût M. de Metternich à faire des concessions, il lui fallait compter avec les exigences du maréchal Radetzky, commandant supérieur de l'armée impériale en Italie, qui menaçait, si l'on reculait, de donner sa démission [2]. Toutefois, ces

---

[1] Cette lettre était du 7 novembre, c'est-à-dire de la même date que la lettre du prince de Joinville au duc de Nemours; elle a été publiée par M. Guizot, dans ses *Mémoires*, t. VIII, p. 385 à 389.

[2] Dépêche de lord Minto, adressée de Rome à lord Palmerston, en date du 13 novembre 1847. (*Parliamentary papers.*)

obstacles finirent par être surmontés. Au cours du mois de décembre, une convention intervint entre l'Autriche et la cour de Rome, et, le 23, en vertu de cette convention, les troupes impériales remirent aux pontificaux les postes dont ils s'étaient emparés avec une brutalité si altière, quatre mois auparavant. Notre politique à la fois conciliante et insistante avait donc fini par obtenir de l'Autriche une retraite complète. Mais, au delà des Alpes, les esprits étaient trop échauffés pour nous en savoir gré et même pour s'en rendre compte.

X

L'irritation qui se manifestait, en Italie, contre la France, offrait à la rancune de lord Palmerston une occasion qu'elle ne devait pas laisser échapper. Sans doute la politique anglaise ne s'était pas toujours piquée de sympathies italiennes. Par tradition, au contraire, elle était favorable à l'Autriche, depuis longtemps alliée de la Grande-Bretagne. Lord Aberdeen disait à notre chargé d'affaires, en 1843 : « Souvenez-vous, quelle que soit l'intimité de notre union, qu'en Italie je ne suis pas Français, je suis Autrichien [1]. » Le prince Albert écrivait, en 1847, à lord John Russell : « Notre politique a jusqu'à présent préféré, en Italie, la suprématie de l'Autriche à celle de la France [2]. » Mais lord Palmerston s'inquiétait peu de cette tradition. Surtout depuis les mariages espagnols, il n'avait qu'une pensée : créer à la France des embarras, des mortifications, des périls, fût-ce au risque de mettre l'Europe en feu. Quand il nous vit prêcher la sagesse aux Italiens et chercher à les retenir, il s'empressa de les flatter et de les exciter. Dès le mois d'avril 1847, les lettres de M. Rossi signalaient le travail des agents anglais, poussant au mouvement et surtout insi-

---

[1] Cf. plus haut, t. V, p. 208.
[2] *Le prince Albert, extraits de l'ouvrage de sir Théodore Martin*, par A. CRAVEN, t. I, p. 233.

nuant que la France avait partie liée avec les puissances absolutistes[1]. Dans les premiers jours d'août, le *Times* publiait un article qu'on disait inspiré par le *Foreign office*[2] et qui eut, au delà des Alpes, un immense retentissement : cet article accusait la France de s'être alliée à l'Autriche pour opprimer le Pape et maintenir les Romains sous le joug, et il promettait aux Italiens l'appui de lord Palmerston.

Cette attitude s'accentua encore plus après l'incident de Ferrare. M. Désages écrivait à M. de Jarnac, le 30 août 1847 : « Nos lettres d'Italie sont remplies du mouvement que se donnent les langues des résidents et des voyageurs anglais, langues officielles et officieuses, dans le sens du *progrès,* de la nationalité italienne, etc., etc., le tout avec accompagnement d'injures pour l'Autriche et d'insinuations perfides sur notre compte. Si lord John n'y prend garde, lord Palmerston le mènera plus loin qu'il ne pense. C'est l'outre de Canning que lord Palmerston est fort disposé, je crois, à lâcher tout ouverte sur le monde, dans l'espoir d'y trouver à se venger de nous et, en même temps, du peu de docilité qu'il a rencontrée à Vienne dans l'affaire du mariage[3]. » Les agitateurs italiens savaient naturellement gré aux agents anglais de leur conduite, et l'un de ces derniers constatait avec satisfaction, dans ses dépêches, que les bandes qui manifestaient dans les rues de Florence contre les Autrichiens, criaient en même temps : « Vive le ministre d'Angleterre! »

Était-ce donc que le cabinet de Londres fût disposé à donner aux Italiens, s'ils entraient en guerre contre l'Autriche, le concours que le gouvernement français leur refusait? Nullement. Dans ses rapports avec la cour de Vienne, il reconnaissait formellement la légitimité des possessions italiennes de l'Autriche, son droit de les défendre, et ne revendiquait que l'indépendance intérieure de chaque État dans son œuvre de

---

[1] Lettres des 18 et 20 avril 1847. (*Documents inédits*.)

[2] Lettre du duc de Broglie à M. Guizot, en date du 9 août 1847. (*Documents inédits*.)

[3] *Documents inédits.*

réforme [1]. Rien de plus que la thèse de la diplomatie française. De même, à l'occasion de Ferrare, il tint à M. de Metternich un langage plein de ménagement, se bornant à exprimer l'espoir que les autorités impériales jugeraient compatible avec la sécurité de leur garnison, de revenir à l'ancien état de choses [2]. Lorsque M. Guizot eut connaissance, par lord Normanby, des dépêches adressées de Londres à Vienne en ces diverses occasions, il put déclarer que, pour son compte, il n'avait pas dit autre chose à M. de Metternich [3]. C'était là, de la part de la diplomatie anglaise, une attitude fort différente de celle que pouvaient faire supposer ses coquetteries et ses familiarités avec les agitateurs de la Péninsule. Aussi lord Palmerston ne laissait-il pas que d'être assez embarrassé quand certains Italiens, moins faciles que d'autres à se payer de mots et d'apparences, cherchaient à savoir, d'une façon un peu précise, ce que valaient ses belles paroles. Au commencement de septembre 1847, l'ambassadeur de Sardaigne à Londres, causant avec lui de l'hypothèse d'une intervention autrichienne dans les États romains ou en Toscane, lui demanda si l'on pourrait compter, en ce cas, sur un concours effectif de l'Angleterre. Le chef du *Foreign office* protesta de sa sympathie, mais se déroba dès que son interlocuteur voulut mettre les points sur les *i*. Au sortir de l'entretien, le diplomate italien résumait ainsi son impression : « Lord Palmerston, ordinairement si net, si précis, si tranchant, pour dire le mot, a été, en cette occasion, vague, incertain et évidemment gêné par ma persistance. Son habitude ordinaire est de récapituler la dépêche qu'on vient de lui lire et d'y faire une réponse catégorique. Au lieu de cela, il s'est livré à des tirades et à des plaisanteries contre la France et contre l'Autriche, qui prouvaient l'embarras de son esprit [4]. » C'est qu'au fond, comme l'avait

---

[1] Voir les dépêches de lord Palmerston à lord Ponsonby, en date des 12 août et 11 septembre 1847. (*Parliamentary papers*.) Voir aussi *Mémoires de M. de Metternich*, t. VII, p. 414 à 416.

[2] Autre dépêche du 11 septembre 1847.

[3] Dépêche de lord Normanby à lord Palmerston, du 17 septembre 1847.

[4] Dépêche du comte de Revel au ministre des affaires étrangères de Sardaigne,

dit, peu auparavant, d'Azeglio, dans une lettre que j'ai déjà citée, lord Palmerston « se moquait parfaitement du progrès libéral et national de l'Italie [1] ». M. Guizot était même convaincu que, si la France prenait les armes pour aider les Italiens à attaquer l'Autriche, elle rencontrerait devant elle l'Angleterre, faisant partie de la coalition aussitôt reformée [2]. Dans cette affaire, comme dans toutes celles auxquelles il se mêlait alors en Europe, il n'y avait de vrai pour lord Palmerston que le désir passionné de nous faire échec.

Ce désir le poussa, vers la fin d'août 1847, à proposer à ses collègues une démarche plus compromettante encore que les menées plus ou moins occultes auxquelles, jusqu'alors, s'étaient livrés ses agents. Il ne s'agissait de rien moins que d'envoyer l'un des membres du cabinet, lord Minto, en mission à Turin, à Florence, à Rome, afin d'y manifester avec un éclat inaccoutumé la sympathie de l'Angleterre pour l'agitation blâmée par la France. Aussitôt connu à Windsor, ce projet y souleva de graves objections, et le prince Albert rédigea un long *memorandum* que la Reine remit à lord John Russell. Il y était dit que la mission de lord Minto « serait une démarche hostile envers l'Autriche, ancien et naturel allié de l'Angleterre », et qu'elle fortifierait les suspicions déjà éveillées contre le cabinet britannique par ses complicités avec les révolutionnaires d'autres pays. L'auteur du *memorandum* indiquait comme préférable la remise au cabinet de Vienne d'une note où, tout en lui reconnaissant le droit de se défendre dans ses domaines, on revendiquerait l'indépendance des autres États de la Péninsule. Lord John Russell, qui, comme presque toujours, servait de compère plus ou moins involontaire à lord Palmerston, s'appliqua à dissiper les inquiétudes de la cour; il protesta que la politique du cabinet était celle du

---

en date du 3 septembre 1847. (BIANCHI, *Storia documentata della diplomazia europea in Italia*, t. V, p. 411.)

[1] Voir plus haut, p. 258.

[2] M. Guizot exprimait cette opinion dans une lettre à M. Rossi, en date du 18 septembre 1847. (*Documents inédits.*) — Voir aussi ses discours à la Chambre des députés, dans les séances des 29 et 31 janvier 1848.

memorandum, et que lord Minto aurait précisément pour tâche de la mettre en pratique. Bien qu'imparfaitement rassuré, le prince Albert renonça à combattre l'idée de la mission ; mais il insista, dans sa réponse à lord Russell, sur ce que, tout en protégeant les mouvements réformateurs, l'Angleterre devait avoir grand soin de ne pas pousser les nations à aller trop vite dans cette voie. « La civilisation et les institutions libérales, disait-il, doivent, pour prospérer et faire le bonheur d'un peuple, être le produit d'une croissance organique et d'un développement national. Un échelon négligé, un bond trop subit conduiraient infailliblement à la confusion et au retard du développement désiré. Des institutions qui ne répondent pas à l'état de la société qu'elles sont destinées à régir doivent mal fonctionner, lors même qu'elles seraient, en elles-mêmes, meilleures que l'état dans lequel cette société se trouve. » Le prince, revenant ensuite sur une idée déjà indiquée dans son *memorandum,* recommandait d'éviter, en Italie, les fautes commises en Grèce et en Portugal ; il rappelait que la conduite tenue par l'Angleterre dans ces pays lui avait valu « la haine de tous et la conviction générale qu'elle répandait le désordre pour des motifs intéressés ». Lord Palmerston, sans laisser voir qu'il se sentît atteint par ce blâme, se déclara d'accord avec le prince consort sur la conduite à suivre, et promit que les instructions de lord Minto y seraient conformes[1].

Ces instructions, datées du 18 septembre 1847, furent en effet assez modérées ; elles chargeaient lord Minto de témoigner aux gouvernements de Turin, de Florence, de Rome, la sympathie de l'Angleterre pour leur entreprise réformatrice et sa sollicitude pour leur indépendance. Ces instructions péchaient moins par ce qu'elles disaient, que par ce qu'elles ne disaient pas, par l'omission de tout avis donné aux Italiens de se mettre en garde contre les entraînements révolutionnaires et belliqueux. Et puis que pesaient des instructions demeurées

[1] *Le prince Albert, extraits de 'ouvrage de sir Théodore Martin,* par A. Craven, t. I, p. 230 à 234.

secrètes, devant ce fait public, éclatant, d'un ministre anglais se déplaçant pour apporter en Italie des félicitations et des encouragements, et cela à un moment où les esprits étaient en pleine ébullition? Vers cette époque, le duc de Broglie, causant avec lord John Russell, lui disait : « Les peuples d'Italie n'ont pas besoin qu'on les enivre d'éloges et qu'on les pousse sur la place publique; ils ne sont que trop disposés à bien penser d'eux-mêmes et à prendre de vaines démonstrations, des chants, des danses et des cris de joie, pour des actes d'héroïsme patriotique. Ils ne sont que trop disposés à nous dire : Faites nos affaires, et faites-nous des compliments. On ne peut tenir, comme on le fait, des populations en effervescence pendant un temps indéfini, sans qu'il en résulte de graves désordres [1]. » Lord John Russell ne contredit pas et parut d'accord avec notre ambassadeur. Celui-ci cependant connaissait trop bien lord Palmerston pour garder aucune illusion sur ce que serait en réalité l'attitude de la diplomatie britannique, notamment celle de lord Minto. « Les paroles sont excellentes, écrivait-il à son fils, les instructions modérées, la bonne volonté réelle dans le chef du cabinet; la mise en œuvre est exactement le contraire, et rien n'est négligé pour porter les pauvres Italiens aux dernières sottises, le tout dans l'unique vue de créer des embarras au Roi et à M. Guizot [2]. »

Arrivé dans les premiers jours d'octobre 1847 à Turin, lord Minto se rendait à Florence vers la fin du mois, à Rome au milieu de novembre, et demeurait dans cette dernière ville pendant plus de deux mois. C'était, suivant le portrait qu'en traçait alors le duc de Broglie, « un galant homme, d'un esprit étroit et résolu, qui devait aller jusqu'au bout, sans la moindre hésitation, soit dans la bonne, soit dans la mauvaise voie, incapable de machiavélisme, mais aussi de nuances et de ménagements [3] ». Les conversations qu'il eut partout avec

---

[1] Dépêche du duc de Broglie à M. Guizot, en date du 16 septembre 1847.

[2] Lettre du 23 septembre 1847. (*Documents inédits.*)

[3] Lettre du duc de Broglie à son fils, en date du 15 septembre 1847. (*Documents inédits.*)

les souverains et les ministres furent évidemment conformes à ses instructions. Les dépêches dans lesquelles il en rendait compte à lord Palmerston — celles du moins qu'il a convenu à ce dernier de publier dans le *Blue book* — sont d'une insignifiance remarquable : le ministre voyageur voit tout en beau dans le mouvement italien; s'il ne peut s'empêcher de constater qu'il y a des têtes chaudes, cela lui semble sans importance, et il n'en est aucunement troublé; de parti pris, il n'aperçoit de danger que du côté réactionnaire. D'ailleurs, ce qu'il pouvait dire dans ses colloques officiels n'était pas ce qui exerçait le plus d'action. La foule n'en connaissait rien. Ce qu'elle connaissait, c'était la signification que donnaient à la présence de lord Minto les meneurs les plus ardents du parti radical. A peine arrivait-il dans une ville, que ces meneurs l'entouraient, se montraient avec lui, lui faisaient des ovations bruyantes, et imprimaient ainsi à sa mission le caractère qui convenait à leurs desseins. Dans ces *dimostrazioni*, son rôle était assez sommaire; il se montrait au balcon, et ses *speechs* les plus longs se bornaient à crier : « Vive l'indépendance italienne! » Il n'en fallait pas davantage pour produire l'effet cherché par les meneurs. Un jour, à Rome, la foule envahit la cour de l'hôtel où réside le ministre anglais et pousse des cris répétés de : « Vive lord Minto! Vive l'indépendance! A bas les Autrichiens! » En réponse à ces cris, des mouchoirs sont agités des fenêtres de l'hôtel. Est-ce lord Minto ou quelqu'un de sa suite? La foule ne s'en informe pas et redouble ses acclamations. Puis elle se disperse, répandant partout la nouvelle que l'Angleterre a pris en main la cause de l'indépendance italienne trahie par la France et qu'elle se charge de mettre dehors les *Tedeschi*. La flotte qu'au même moment lord Palmerston envoyait parader sur les côtes de la Péninsule, était présentée comme le prélude et le gage de cette action. Lord Minto se sentait bien parfois un peu embarrassé du personnage qu'on lui faisait ainsi jouer; mais il n'avait pas l'adresse et la souplesse nécessaires pour échapper à des metteurs en scène aussi habiles; et puis rien dans ses instructions ne l'invitait à se mettre en garde contre de telles compromissions.

En somme, le voyage du ministre anglais se trouvait avoir pour principal résultat d'accroître partout la fièvre que la diplomatie française cherchait à calmer, de donner partout confiance et impulsion au parti révolutionnaire et belliqueux. « En Italie, écrivait M. Rossi, Palmerston est l'espoir des radicaux[1]. » On suivait lord Minto à la trace de l'effervescence et des démonstrations tumultueuses qui éclataient pour ainsi dire sous ses pas. A ce triste jeu, l'Angleterre avait gagné, dans les parties agitées de l'Italie, une certaine popularité : popularité bien compromettante pour un grand gouvernement, car elle le montrait plus que jamais dans ce rôle de protecteur de la révolution cosmopolite qui inquiétait le prince Albert ; popularité bien courte et bien précaire, car elle avait été obtenue en éveillant des espérances qu'on ne voulait ni ne pouvait satisfaire[2] ; popularité bien coupable, car on n'avait pas craint de pousser l'Italie sur une pente qui la conduisait à un abîme, et de mettre en péril la paix de l'Europe entière ; mais, malgré tout, popularité agréable au cœur de lord Palmerston, parce qu'il se flattait de l'avoir conquise aux dépens de la France.

XI

L'agitation née de l'incident de Ferrare et entretenue par les menées de la diplomatie anglaise n'était pas une condition favorable pour l'œuvre de réforme modérée au succès de laquelle s'intéressait le gouvernement français. Il en était résulté, du côté du public italien, plus d'exigence, d'impatience, l'intimidation plus grande des modérés, l'audace

---

[1] Lettre au duc de Broglie, en date du 24 décembre 1847. (*Documents inédits.*)
[2] « L'Angleterre, disait M. Guizot dans sa lettre déjà citée au prince de Joinville, donne aujourd'hui aux Italiens les paroles et les apparences qui leur plaisent ; elle ne leur donnera rien de plus, et il faudra bien qu'ils s'en aperçoivent eux-mêmes. »

accrue des violents ; du côté des gouvernements de la Péninsule, encore moins de fermeté, de sang-froid, de décision, de possession d'eux-mêmes. Ajoutons que la victoire remportée, à la fin de novembre 1847, par les radicaux de la Suisse, avait, au sud des Alpes, un retentissement qui n'était pas pour améliorer cette situation.

Rome était toujours le point central sur lequel tous les yeux étaient fixés. Le 15 novembre 1847, le gouvernement pontifical faisait en avant un pas considérable : il réunissait, pour la première fois, la Consulte d'État établie par un décret antérieur. Cette assemblée, composée de notables choisis par le Pape sur une triple présentation des provinces, était appelée à donner son avis sur les réformes entreprises et, en général, sur toutes les grandes affaires temporelles ; elle ressemblait un peu à la diète convoquée récemment par le roi de Prusse. Une telle institution dépassait de beaucoup ce qu'on eût pu attendre, un an auparavant, de la libéralité pontificale. Mais les esprits excités menaçaient déjà de ne plus s'en contenter et rêvaient d'un plein régime parlementaire. Ému de ces prétentions, le Pape insista, dans son allocution d'ouverture, sur le caractère purement consultatif des délibérations, et ajouta quelques paroles attristées et sévères sur l'ingratitude d'une partie de ses sujets. Le discours fut accueilli avec une froideur marquée, et, quand le Pontife revint à son palais, la foule témoigna son mécontentement en ne poussant pas les acclamations accoutumées. Les premières séances de la Consulte se passèrent assez bien ; le caractère ferme et respectueux de son adresse sembla indiquer que les modérés y avaient la majorité. Mais bientôt, avec la discussion du règlement intérieur, les difficultés commencèrent. Les délibérations seraient elles secrètes ou publiques? C'était, en réalité, la question du régime parlementaire qui se posait. Aux prises avec ce pouvoir si nouveau pour lui d'une assemblée délibérante, le gouvernement pontifical se sentait singulièrement inexpérimenté. « Je suis fort novice, fort peu expert en ces matières », disait avec bonhomie Pie IX à M. Rossi. Un autre jour, causant avec un de ses familiers, il racontait l'histoire d'un enfant qui, ayant vu un magicien faire apparaître et disparaître le diable, et ayant voulu l'imiter, avait bien réussi à évoquer le fantôme, mais n'avait pu le chasser. « Cet enfant, ajoutait le Pontife, c'est moi. »

Dans son embarras, Pie IX devait naturellement chercher conseil auprès des gouvernements depuis longtemps habitués à ces problèmes. Lord Minto, alors à Rome, pressait le Pape de tout céder, et cherchait à lui persuader que le seul danger était, non d'aller trop vite, mais de s'attarder. Toutefois, le crédit du ministre anglais n'était pas en progrès au Quirinal; on finissait par voir clair dans les résultats de sa mission. « C'est chose incroyable, écrivait M. Désages à M. de Jarnac, à quel point les Anglais ont mauvaise réputation en Italie, à cette heure, auprès des gouvernants et des modérés[1]. » Au contraire, on revenait peu à peu à la France, et l'on s'apercevait que sa sagesse, un moment déplaisante, servait les vrais intérêts de l'Italie[2]. M. Rossi, reprenant toujours les mêmes thèses, recommandait au Pape de faire les concessions nécessaires, mais de bien marquer qu'il ne se laisserait pas entraîner au delà. Puis, se tournant vers les membres de la Consulte, il leur prêchait fortement la modération, la patience, et leur représentait combien ils se mettraient dans leur tort, aux yeux de l'opinion européenne, s'ils entraient en lutte avec un pontife ayant pris l'initiative de tant de mesures libérales.

Le gouvernement français n'admettait point, notamment, qu'on prétendît imposer au Pape le régime parlementaire. Il apercevait, à l'introduction de ce régime dans les États de l'Église, des obstacles d'un caractère particulièrement grave. M. Guizot s'en expliquait ainsi, dans une lettre remarquable,

---

[1] Lettre du 27 janvier 1848. (*Documents inédits.*)

[2] M. Rossi écrivait, le 18 novembre 1847, à M. Guizot : « Ceux qui nous ont trouvés trop réservés ont compris que la voie pacifique était la plus sûre. Aussi revient-on peu à peu à nous, précisément à cause de la réserve digne et sérieuse que nous y avons mise. »

adressée, le 1ᵉʳ décembre 1847, à M. Rossi : « Ce qui constitue vraiment l'État pontifical, ce qui fait sa force et sa grandeur, c'est la souveraineté du Pape dans l'ordre spirituel. Sa souveraineté temporelle dans un petit territoire a pour objet et pour mérite de garantir l'indépendance et la dignité visible de sa souveraineté spirituelle. Or, celle-ci ne peut être partagée. Son intégrité, c'est la papauté elle-même. Il serait bien difficile, probablement impossible, que la souveraineté temporelle fût partagée sans que la souveraineté spirituelle eût à en souffrir. Je ne comprendrais pas que, pour se donner le plaisir de couper en deux ou trois parts le pouvoir temporel du Pape et d'en avoir une, les Romains d'esprit et de sens courussent le risque de diminuer et de compromettre la papauté... Se rend-on bien compte de ceci autour de vous?... Quand je dis *on*, je veux dire d'une part le Pape, de l'autre les chefs du parti laïque. Le Pape est-il bien décidé à maintenir la position qu'il a prise dans son allocution, c'est-à-dire à conserver sa souveraineté intacte, en admettant, du reste, dans le gouvernement de ses États, toutes les améliorations désirables, notamment ce concours, en haut et en bas, des laïques avec les ecclésiastiques, dont l'appel de la *Consulta* est déjà, à vrai dire, le témoignage et le gage le plus éclatant? De leur côté, les chefs du parti laïque comprennent-ils bien ou peuvent-ils comprendre combien il leur importe de maintenir la papauté à toute sa hauteur et dans toute sa force, et combien ils perdraient eux-mêmes à l'affaiblir et à l'abaisser, dussent-ils avoir en partage un lambeau de sa petite dépouille temporelle? Il nous importe essentiellement de savoir ce qui en est, sur l'un et l'autre point, pour régler nous-mêmes notre conduite. Si le Pape, d'un côté, et les chefs du parti laïque, de l'autre, se font de leur situation une idée nette et sont résolus de s'y tenir fermement, nous pourrons, à notre tour, les approuver hautement, les appuyer fermement et pratiquer, d'une façon patente et conséquente, une politique en harmonie avec la leur. Mais s'il n'y avait, à Rome, sur la question vitale, point de vues un peu précises et de résolutions un peu solides ; si le Pape devait tantôt se retrancher dans sa souveraineté, tantôt se laisser aller à la dérive des prétentions qui le pressent ; si les chefs laïques, de leur côté, devaient être tantôt modérés, tantôt très exigeants, et céder tour à tour à la crainte de mécontenter le Pape et au désir de contenter les radicaux ou les rêveurs qui poussent aux révolutions, nous serions obligés alors d'être beaucoup plus réservés et de nous tenir dans une position d'observation et d'attente ; car personne ne peut, en de telles affaires, jouer le rôle des autres et faire pour eux ce qu'ils ne feraient pas eux-mêmes [1]. »

C'était sur un tout autre point, sur la participation des laïques à l'administration et au gouvernement des États de l'Église, que le cabinet français pressait Pie IX de faire des concessions. M. Rossi avait cette réforme fort à cœur et y revenait souvent dans ses conversations avec le cardinal secrétaire d'État et avec le Pape : « Il n'y a plus d'illusion possible, disait-il au premier ; votre situation est nettement dessinée. Les radicaux frappent à votre porte ; il faut leur tenir tête. Vous seul, clergé, vous ne le pouvez pas ; il vous faut le concours des laïques, de tout ce qu'il y a parmi eux de sensé, de puissant, de modéré. Pour les rallier, il faut les satisfaire. La garde civique et la *Consulta* sont des moyens, ce n'est pas le but. Refuser toute part dans l'administration proprement dite à des hommes qu'on vient de rendre plus forts serait un contresens. Il y a plus d'un an que je le dis et que je le répète : Si vous ne vous fortifiez pas en appelant des laïques aux fonctions qui ne touchent en rien aux choses de la religion et de l'Église, tout deviendra impossible pour vous, et tout deviendra possible aux radicaux... Un cabinet mixte et bien composé rassurerait les timides et satisferait les ambitieux [2]. » Le Pape, avec sa bonne foi et sa bonne volonté habituelles, reconnaissait la justesse de ces idées, et essayait de les appli-

---

[1] *Documents inédits.*

[2] Lettre de M. Rossi à M. Guizot, en date du 12 décembre 1847. Voir aussi une lettre du 14 décembre, rapportant une conversation semblable avec le Pape.

quer. Un *motu proprio*, du 30 décembre 1847, décida que le ministère de la guerre pourrait être confié à un laïque; il fut en effet donné au général Gabrielli. En outre, il fut prescrit que, sur les vingt-quatre auditeurs attachés au conseil des ministres, il y aurait douze laïques. M. Rossi, tout en louant ces mesures, ne s'en déclara pas satisfait; il demanda qu'on introduisît, dans le ministère, deux autres laïques. Le Pape parut convaincu [1]. Mais quand se déciderait-il à agir en conséquence? Ce n'était pas chose aisée pour lui de dépouiller le corps dont il était le chef.

Chaque fois que notre diplomatie pressait le gouvernement pontifical de satisfaire l'opinion, elle ne manquait pas de lui recommander, en même temps, la fermeté, le courage; elle le conjurait de prendre enfin en main les rênes que, depuis si longtemps, il laissait flotter. « Il faut savoir vous fortifier et regarder en face les radicaux, disait M. Rossi au cardinal secrétaire d'État. Tout est là. Que peut craindre le Pape, en marchant d'un pas ferme dans la voie de l'ordre et du progrès régulier? En tout cas, l'Europe serait pour lui; avant tous, plus que tous, la France. Ne l'oubliez pas. Que le Pape ne se trompe pas sur ses véritables amis. » Il ajoutait, un autre jour, en causant avec Pie IX : « Que Votre Sainteté considère la situation. Son État est au centre de l'Italie. Si l'ordre y est maintenu, il pourrait y avoir, au pis aller, une question napolitaine, ou toscane, ou sarde, mais point de question italienne. S'il y avait bouleversement ici, la clef de la voûte serait brisée; ce serait le chaos... D'ici peut sortir un grand bien, mais aussi, je dois le dire, un mal incalculable [2]. »

Nos conseils ne parvenaient pas, malheureusement, à communiquer au gouvernement pontifical la vigueur qui lui eût été nécessaire. Rome est toujours au régime des *dimostrazioni;* seulement, le caractère en est bien changé. Pie IX, au lieu d'être l'objet d'ovations respectueuses et attendries, se

---

[1] Lettre de M. Rossi à M. Guizot, en date du 18 janvier 1848.

[2] Lettres précitées de M. Rossi à M. Guizot, en date du 12 décembre 1847 et du 18 janvier 1848.

voit en butte à des familiarités insultantes. Sous ce rapport, rien de plus déplorable que ce qui se passe à l'occasion de la fête du 1er janvier 1848. Inquiet de certains mauvais desseins imputés aux meneurs radicaux, le Pape a commencé par décider que cette fête n'aurait pas lieu. Mais, peu après, le peuple ayant murmuré, il lève l'interdiction; bien plus, le jour venu, il consent à se montrer au Corso en équipage de gala. Aussitôt, la foule entoure sa voiture avec des clameurs incohérentes. Des enfants déguenillés grimpent sur les marchepieds. Un certain Cicervacchio, tribun du plus bas étage, alors en faveur auprès de la plèbe, et qui devait peu après être compromis dans le meurtre de Rossi, monte derrière le carrosse pontifical et agite au-dessus de sa tête un énorme drapeau tricolore avec cette inscription : *Saint Père, fiez-vous au peuple!* N'était-ce pas une scène de révolution? En même temps, dans cette foule qui paraît avoir perdu le respect de son souverain, l'effervescence antiautrichienne est au comble : une pétition est remise à la Consulte, réclamant une armée nationale, avec des chefs capables, pour commencer au plus tôt la guerre de délivrance.

Si des États de l'Église on passe en Toscane, on y trouve une situation plus troublée encore et plus inquiétante. Point de gouvernement, une presse sans frein, une garde civique en grande partie aux mains des radicaux, les manifestations de la rue à l'état permanent et dégénérant souvent en émeute, partout le cri de guerre contre l'Autriche. « Le grand-duc de Toscane est à la dérive, sans savoir où il jettera l'ancre », écrit M. de Barante[1]. M. Doudan parle, de son côté, avec une compassion un peu ironique et méprisante, des « avanies triomphales que ses peuples font subir au pauvre grand-duc », et il le montre réduit à l'état d'un souverain désarmé « autour duquel on danse et qu'on veut faire danser, pour célébrer la chute de son pouvoir »; il en conclut que « les peuples ont bien mauvaise mine à l'heure où ils s'affranchissent ». Il

---

[1] Lettre à M. d'Houdetot, en date du 10 novembre 1847. (*Documents inédits.*)

ajoute, un peu plus tard, dans une autre lettre : « Le grand-duc prend d'un air si doux toutes les fantaisies plus ou moins absurdes de ses sujets, que ces complaisances infinies pourraient bien le mener trop loin. Les idées libérales sont bonnes, mais, comme le bon vin de Champagne, il faut les tenir dans des bouteilles solides et bien bouchées. Les souverains d'Italie n'ont pas la mine de savoir mettre le vin de Champagne en bouteilles[1]. »

En Piémont, les esprits sont aussi excités, mais il ont affaire à un gouvernement moins débile. Qui pouvait savoir toutefois où voulait en venir le prince de plus en plus mystérieux qui régnait à Turin? Au commencement d'octobre, la foule ayant pris prétexte de la fête du Roi pour faire une manifestation à la façon romaine et pour mêler aux vivats en l'honneur du souverain des cris de : Vive l'Italie! A bas les *codini!* A bas les Jésuites! la police la disperse assez rudement. « En vous parlant à cœur ouvert, écrit Charles-Albert au marquis Villamarina, je vous dirai que toutes ces ovations me répugnent extrêmement; je suis né dans la révolution, j'en ai parcouru les phases, et je sais ce que c'est que la popularité. Aujourd'hui : *Viva!* demain : *Morte!*... Je m'opposerai de tout mon pouvoir à ces manifestations populaires à l'imitation de Rome et de Florence. » Mais, au moment où l'on peut croire ainsi le Roi tout à la résistance, voici qu'il congédie son vieux ministre, M. de La Margherita, personnification de l'ancien régime, et que, le 30 octobre, la *Gazette officielle* de Turin annonce toute une série de réformes libérales : abolition des tribunaux d'exception, publicité des débats judiciaires, institution d'une cour de cassation, égalité des classes dans les conseils de ville, introduction du système électif dans l'administration locale, création d'un registre de l'état civil remis aux mains des autorités laïques, adoucissement notable de la censure pour la presse politique. Ces concessions, très désirées et peu attendues, sont accueillies avec enthousiasme; à Turin,

[1] Lettres du 6 et du 27 novembre 1847. (*Mélanges et Lettres*, t. II, p. 136 et 141.)

à Gênes, le « roi réformateur » est acclamé avec le même délire que naguère Pie IX. Il est vrai que, comme à Rome, ces acclamations sont calculées pour compromettre et entraîner le souverain. A Gênes, la foule qui crie : A bas les Jésuites! prétend empêcher Charles-Albert d'aller entendre la messe dans l'église de ces religieux. Est-ce parce qu'il entrevoit ce qui se mêle d'exigences et de menaces révolutionnaires dans ces ovations, que le Roi y paraît si triste, si visiblement souffrant, pâle comme un cadavre, des larmes dans les yeux, et que souvent il s'y dérobe avec une brusquerie qui déconcerte les manifestants? Au fond, il n'a toujours qu'une pensée, celle de la lutte contre l'Autriche, pensée pleine de désirs et d'angoisses, et si l'agitation populaire lui répugne tant, c'est qu'il y voit un affaiblissement pour la grande œuvre nationale. Dès le commencement d'octobre, dans la lettre déjà citée à Villamarina, il écrivait : « Il nous faut de la tranquillité, il nous la faut surtout devant l'Autriche, car, si nous commençons à nous diviser, à être en agitation, l'indépendance nationale finira par se perdre; et je suis résolu à la soutenir et à la défendre en y donnant ma vie. » Et plus tard, ouvrant son cœur au marquis Robert d'Azeglio, il se déclare prêt aux derniers sacrifices pour l'Italie, mais se plaint d'être entravé par les difficultés que fait naître le parti libéral. « Il faut des soldats, dit-il, et non des avocats, pour mener à bien la grande entreprise. Infini serait donc le danger d'une constitution qui, livrant la tribune aux parlementaires, affaiblirait la force du gouvernement, amoindrirait la discipline dans l'armée et, par ses indiscrétions, ajouterait aux difficultés déjà écrasantes du commandement. » Puis il ajoute, en regardant bien en face son interlocuteur: « Rappelez-vous, marquis d'Azeglio, que, comme vous, je veux l'affranchissement de l'Italie, et rappelez-vous que c'est pour cela que je ne donnerai jamais de constitution à mon peuple. » Le langage est fier et paraît ferme. Mais il n'est pas probable que ce peuple, une fois mis en branle, accepte de s'arrêter devant la barrière que son souverain prétend élever devant lui. Son effervescence, loin de se calmer, va chaque jour croissant. Les journaux profitent de leur liberté nouvelle pour échauffer les esprits et presser le Roi de leur donner satisfaction. Les manifestations deviennent de plus en plus fréquentes et tumultueuses, et le mot d'ordre y est de demander une constitution.

Ce qui se passe ainsi à Rome, en Toscane, en Piémont, ne dispose naturellement pas M. de Metternich à voir les choses moins en noir. Plus que jamais sa correspondance est pleine de gémissements et de sombres pronostics. « Je suis vieux, écrit-il le 7 octobre 1847 au comte Apponyi, et j'ai traversé bien des phases dans ma vie publique; je suis ainsi à même d'établir des comparaisons entre les situations... Eh bien, je vous avouerai que la phase dans laquelle se trouve aujourd'hui placée l'Europe est, d'après mon intime sentiment, la plus dangereuse que le corps social ait eu à traverser dans le cours des dernières soixante années [1]. » Il augure très mal des réformes entreprises dans les États romains [2], et s'exprime sévèrement sur Pie IX lui-même. « Le Pape, dit-il, se montre chaque jour davantage privé de tout esprit pratique. Né et élevé dans une famille libérale, il s'est formé à une mauvaise école; bon prêtre, il n'a jamais tourné son esprit vers les affaires gouvernementales; chaud de cœur et faible de conception, il s'est laissé prendre et enlacer, dès son avènement à la tiare, dans un filet duquel il ne sait plus se dégager, et, si les choses suivent leur cours naturel, il se fera chasser de Rome [3]. » Charles-Albert lui inspire la plus grande méfiance; il devine ses secrètes aspirations; il sent que la Lombardie frémissante a les yeux fixés sur ce prince; aussi, tout en témoignant pour les incertitudes et les duplicités de son caractère un certain mépris, le redoute-t-il. « Le côté le plus dangereux pour nous, c'est le Piémont », écrit-il le 23 janvier 1848 [4]. Enfin, le jeu

---

[1] *Mémoires de M. de Metternich*, t. VII, p. 424.
[2] Lettre au comte Apponyi, en date du 2 novembre 1847. (*Ibid.*, p. 439.)
[3] Lettre au même, en date du 7 octobre 1847. (*Ibid.*, p. 342.) Voir aussi p. 344 et 435.
[4] *Ibid.*, p. 433, 437, 444 et 557.

de l'Angleterre ne lui échappe pas ; il voit tous les dangers de la politique « propagandiste » suivie en Italie par lord Palmerston, et celui-ci lui apparaît comme « l'un des appuis les plus éhontés » de la révolution [1].

Plus M. de Metternich est inquiet, plus il sent le besoin de se tourner vers la France. C'est d'ailleurs le moment où le même rapprochement s'opère dans les affaires de Suisse et où le voyage à Paris du comte Colloredo et du général de Radowitz semble mettre aux mains du gouvernement français la direction de la défense conservatrice en Europe [2]. Non, sans doute, que le chancelier se rallie complètement à nos principes et à notre point de vue dans la question italienne ; il persiste à soutenir que le « juste milieu », possible en France, est une illusion en Italie [3]. Mais il sent que, seuls, nous pouvons quelque chose contre les périls qui le menacent; c'est à nous qu'il a recours pour contenir les gouvernements dont les menées l'alarment, celui de Turin par exemple ; confiant dans les intentions de M. Guizot, disposé à se mettre pour ainsi dire derrière lui, il lui demande à plusieurs reprises ce qu'il compte faire, comme pour régler là-dessus sa propre attitude [4]. Quant à lui, il proteste toujours de sa volonté de demeurer sur la défensive, de ne pas intervenir tant qu'on ne viendra pas l'attaquer sur son propre territoire [5] ; de cette modération, il a donné un gage en faisant retraite dans l'affaire de Ferrare, et si, vers la fin de décembre, il envoie quelques soldats à Modène sur la demande du duc, cette mesure, trop restreinte pour être sérieusement inquiétante, n'est que l'exécution d'un traité

---

[1] *Mémoires de M. de Metternich*, t. VII, p. 420 et 441.

[2] Voir plus haut, p. 214.

[3] *Mémoires de M. de Metternich*, t. VII, p. 424, 554, 558. — Voir aussi les *Mémoires de M. Guizot*, t. VIII, p. 373 à 377. — Voir enfin une lettre de M. de Flahault, en date du 17 octobre 1847, rapportant à M. Guizot une conversation de M. de Metternich, et la réponse de M. Guizot, en date du 27 octobre. (*Documents inédits*.)

[4] *Mémoires de M. de Metternich*, t. VII, p. 349, 424, 438, 555, 558, 559. — Voir aussi la lettre de M. de Flahault à M. Guizot, en date du 29 janvier 1848. (*Documents inédits*.)

[5] *Mémoires de M. de Metternich*, t. VII, p. 425, 437

antérieur et spécial, nullement le préliminaire d'une intervention plus étendue.

Le gouvernement français ne se refusait pas au premier rôle que le cabinet de Vienne semblait lui laisser. Il ne se faisait cependant pas d'illusion sur les dangers de la situation et sur la gravité des résolutions qu'elle pouvait l'obliger à prendre. Rome surtout le préoccupait : on sait que, dès l'origine, il s'était déclaré résolu à défendre le Pape, le cas échéant, et à ne pas laisser, sur un terrain aussi important, le champ libre soit à la révolution, soit à l'Autriche agissant seule et comme puissance réactionnaire. Or, le moment de mettre cette résolution en pratique par une intervention armée lui paraissait approcher. Quelque répugnance qu'il eût pour les opérations de ce genre, — et cette répugnance s'était manifestée dans les affaires d'Espagne autrefois, dans celles de Suisse tout récemment, — il n'hésitait pas et se préparait à toutes les éventualités. Dans les premiers jours de janvier 1848, notre ambassadeur à Vienne avait sur ce sujet, avec M. de Metternich, une conversation que ce dernier résumait en ces termes, dans une lettre au comte Apponyi : « Après la lecture des rapports qui venaient de m'arriver de Rome, de Florence et de Turin, M. de Flahault me dit : « Mais voilà une détestable position des
« choses !... Les puissances ne peuvent pas souffrir que le Pape
« soit chassé ! — Cela ne devrait point être possible, lui dis-je ;
« mais de quels moyens les cours disposent-elles pour agir
« comme elles devraient le faire ? L'Autriche est hors d'ac-
« tion ; ceux qui ont à se reprocher le malheur n'ont qu'à
« réparer le mal qu'ils ont fait. — Il faut que le Pape adresse
« une réquisition simultanée à la France et à l'Autriche.
« — L'Autriche, repris-je, ne peut se charger seule de la
« besogne, car vous arriveriez avec un nouvel Ancône ; la
« France, si elle agit seule, sera paralysée par l'Angleterre ; les
« deux cours allant ensemble, le parti libéral, réuni aux
« radicaux, chassera M. Guizot, parce qu'il sera accusé de
« vouloir renouveler avec M. de Metternich la Sainte-Alliance !
« — Mais il faut se moquer d'une attaque pareille ; que le

« Pape s'adresse aux deux cours, et nous irons! — C'est vous
« qui le dites ; êtes-vous le cabinet français ? — Non, mais le
« cabinet parlera. — S'il parle, nous verrons ce que nous
« aurons à répondre [1]. » Ainsi qu'on peut s'en rendre compte,
le diplomate français paraissait beaucoup plus décidé à l'intervention que le ministre autrichien. M. de Flahault ne se
trompait pas sur les dispositions de son gouvernement. Vers
cette époque, le duc de Broglie, alors à Paris et fort avant
dans les confidences de M. Guizot, écrivait à son fils, premier
secrétaire à l'ambassade de Rome : « Il est évident qu'il en
faudra venir à une intervention à Rome et en Toscane, en
supposant que le reste tienne bon. Heureusement, la violence
contre le Pape excitera tout le monde ici, et ceux qui s'en
rendront coupables ne seront pas épousés, du moins tout de
suite, par l'opinion même la plus violente. Heureusement
encore, l'Autriche n'a ni la possibilité ni la volonté d'agir
sans nous, peut-être pas même avec nous, à Rome du moins,
et nous tiendrons la tête du mouvement. Mais, pour cela, il
faut que le ministère reste en place. » Il ajoutait, quelques
jours plus tard : « Il y a des points arrêtés. Ainsi, secourir le
Pape s'il demande secours ; intervenir si les Autrichiens interviennent ; mais, dans le cas où les Italiens attaqueraient les
Autrichiens, les laisser se battre sans y prendre part, voilà le
plan général. Les circonstances décideront du reste [2]. » En
effet, M. Guizot avait obtenu du Roi et du conseil des ministres
des décisions formelles dans ce sens. Des troupes étaient
réunies à Toulon et à Port-Vendres, prêtes à être embarquées
au premier signal ; le général Aupick était désigné pour le
commandement de cette expédition éventuelle et avait reçu
ses instructions. Une dépêche, du 27 janvier 1848, informait
M. Rossi de toutes les mesures prises et l'autorisait, s'il le
jugeait utile, à les annoncer au gouvernement pontifical.

[1] Lettre du 14 janvier 1848. (*Mémoires de M. de Metternich*, t. VII, p. 555.)
[2] Lettres du 16 et du 27 janvier 1848. (*Documents inédits*.)

XII

Vers la fin du mois de septembre 1847, M. Guizot, après avoir énuméré tout ce qui l'inquiétait en Italie, concluait en ces termes : « Cependant, j'espère : à Naples, il y a un roi et une administration; en Piémont, il y a un roi, un gouvernement et une nation; je crois que ces deux États tiendront bon [1]. » Quelques semaines plus tard, M. de Metternich exprimait également l'idée que la révolution pourrait être limitée et contenue, tant qu'elle n'aurait pas gagné ces deux royaumes [2]. Enfin, au commencement de janvier 1848, M. Rossi terminait ainsi le récit des scènes de désordre dont Rome venait d'être le théâtre : « Ce n'est encore qu'une tempête dans un verre d'eau; Turin et Naples sont les parois du verre; si ces parois viennent à rompre, tout est à craindre [3]. » Le mois de janvier n'était pas fini, que l'une de ces parois se brisait.

Ferdinand II, qui régnait à Naples depuis 1830, était un pur autocrate, convaincu de son omnipotence, habitué à imposer en toutes choses sa volonté; plein de mépris, quoique non sans sollicitude pour ses sujets; professant que ceux-ci « n'avaient pas besoin de penser », puisqu'il « se chargeait de leur bien-être »; détesté de la partie intelligente, remuante et ambitieuse des classes moyennes, en même temps qu'il jouissait d'une sorte de popularité parmi les *lazzaroni;* non dépourvu de résolution et de fierté, mais esprit court, obstiné, avec je ne sais quoi d'un peu rusé et ironique; portant haut le sentiment de la dignité de sa couronne et prompt à maintenir l'indépendance de son royaume, soit contre l'Angleterre quand

---

[1] Lettre du 28 septembre 1847. (*Documents inédits.*)

[2] Lettre à M. de Ficquelmont, en date du 23 octobre 1847. (*Mémoires de M. de Metternich*, t. VII, p. 437.)

[3] Cité par M. D'HAUSSONVILLE dans son *Histoire de la politique extérieure du gouvernement de Juillet*, t. II, p. 262.

elle tentait de le violenter, soit contre l'Autriche quand elle prétendait le protéger. Par son caractère, par ses idées, par son passé, il était donc porté à voir de mauvais œil un mouvement italien où l'autonomie napolitaine risquait d'être absorbée dans l'idée nationale, et un mouvement libéral qui menaçait son absolutisme [1]. Quand du Quirinal part le signal des réformes, et que les gouvernements de Toscane et de Piémont y répondent plus ou moins, Ferdinand II, plein d'humeur et non sans dédain à l'égard du nouveau pape, jaloux de Charles-Albert et se méfiant de lui, essaye de fermer absolument ses États à la contagion des idées nouvelles. Mais toutes les prohibitions policières sont impuissantes. Vainement les premières insurrections, éclatées, en septembre 1847, à Messine et à Reggio, sont-elles assez rudement réprimées, l'agitation va croissant, surtout en Sicile. Là, les abus de l'administration sont pires encore qu'en terre ferme, et le mécontentement se complique d'un vieux sentiment d'indépendance très réfractaire à la prépotence napolitaine. A la fin de 1847, les choses deviennent si menaçantes, que le Roi reconnaît la nécessité de faire quelques concessions aux Siciliens. Il s'y prend mal, et, au milieu de janvier 1848, Palerme, en pleine révolte, repousse les troupes envoyées pour la soumettre, et réclame impérieusement l'autonomie

---

[1] Peu de temps après son avènement, ayant reçu de Louis-Philippe, son oncle, le conseil de faire des concessions à l'opinion, Ferdinand II avait répondu par cette lettre qui le peint bien : « Pour m'approcher de la France de Votre Majesté, si elle peut jamais être un principe, il faudrait renverser la loi fondamentale qui constitue la base de notre gouvernement, et m'engouffrer dans cette politique de jacobins pour laquelle mon peuple s'est montré félon plus d'une fois à la maison de ses rois. La liberté est fatale à la famille des Bourbons, et moi, je suis décidé à éviter à tout prix le sort de Louis XVI et de Charles X. Mon peuple obéit à la force et se courbe ; mais malheur s'il se redresse sous les impulsions de ces rêves qui sont si beaux dans les sermons des philosophes et impossibles en pratique! Dieu aidant, je donnerai à mon peuple la prospérité et l'administration honnête à laquelle il a droit ; mais je serai roi, je serai roi seul et toujours... J'avouerai avec franchise à Votre Majesté qu'en tout ce qui concerne la paix ou le maintien du système politique en Italie, j'incline aux idées qu'une vieille expérience a montrées au prince de Metternich efficaces et salutaires... Nous ne sommes pas de ce siècle. Les Bourbons sont vieux, et, s'ils voulaient se calquer sur le patron des dynasties nouvelles, ils seraient ridicules. »

de la Sicile avec la constitution libérale de 1812, autrefois établie sous l'influence de l'Angleterre.

Cette même influence se devine dans le mouvement sicilien de 1848. « Lord Napier et tous ses compatriotes de Naples et de Palerme, écrit peu après M. Désages, ont été très actifs pour l'insurrection et la séparation [1]. » Les efforts de pacification que fait notre diplomatie [2] se heurtent à l'action contraire de la diplomatie britannique. Au plus fort des troubles, le gouvernement napolitain ayant demandé aux représentants de la France et de l'Angleterre de se porter médiateurs pour arrêter l'effusion du sang, et notre chargé d'affaires s'étant montré disposé à accepter cette mission, le ministre anglais, lord Napier, s'y refuse, à moins que le roi de Naples ne l'autorise à rendre aux Siciliens la constitution de 1812 et à leur garantir le droit d'y faire eux-mêmes telles modifications que bon leur semblerait : « Partez seul, si vous le jugez convenable, dit-il à son collègue français; seulement, je dois vous prévenir que le bâtiment qui vous conduira en Sicile portera également des lettres à nos agents et aux hommes influents du pays, par lesquelles je leur expliquerai pourquoi je n'ai pas cru devoir partir avec vous. Quant à m'associer à vous dans cette occasion, croyez-moi, je le regrette, mais c'est impossible. Partout ailleurs, sur tous les points du globe, en Chine même, je pourrais peut-être faire ce que vous me demandez : en Sicile, la France et l'Angleterre ont des intérêts d'un ordre très différent [3]. » Il était évident qu'une Sicile, à demi ou même complètement séparée de Naples, convenait aux ambitions méditerranéennes de la politique britannique.

L'insurrection de Palerme a naturellement son contre-coup à Naples, où se produisent des démonstrations menaçantes. Ferdinand, effrayé, se tourne vers l'Autriche et lui demande

---

[1] Lettre à M. de Jarnac, en date du 12 février 1848. (*Documents inédits*).

[2] Le même M. Désages mandait à M. de Jarnac, le 27 janvier 1848 : « Nous écrivons à Naples pour prêcher modération pendant la lutte, clémence et réformes après, si l'insurrection est comprimée. »

[3] Cité par M. D'HAUSSONVILLE dans son *Histoire de la politique extérieure*, t. II, p. 271.

jusqu'à quel point il peut compter sur son aide. M. de Metternich, qui, on le sait, n'était nullement en mesure et en volonté de se lancer dans une intervention, assure le roi de Naples de tout son appui moral; mais, quant à un secours armé, il s'excuse sur l'impossibilité de faire traverser les États pontificaux par ses troupes, sans l'autorisation du Pape : or, il sait bien que, dans l'état des esprits, on ne peut pas, à Rome, lui donner cette autorisation, et en effet le cardinal secrétaire d'État ne parle de rien moins que de se porter lui-même à la frontière pour barrer le chemin aux Autrichiens [1]. Laissé à ses propres forces, Ferdinand sent fléchir son orgueil de prince absolu, et entre à son tour dans la voie des concessions. S'il y vient le dernier, il y marche singulièrement vite. Le 18 janvier 1848, un décret confère des attributions nouvelles et presque représentatives aux Consultes déjà existantes de Naples et de Sicile; des ministres distincts sont nommés pour cette dernière portion du royaume. Le 19, d'autres décrets apportent de grands adoucissements au régime de la presse et accordent une large amnistie. Mais la population surexcitée ne se déclare pas satisfaite; le 27 janvier, elle remplit les rues de Naples, promenant des drapeaux aux trois couleurs italiennes, criant : Vive Pie IX! et réclamant une constitution. Après quelques velléités de résistance, la capitulation du Roi est complète. Il renvoie, non seulement du palais, mais du royaume, son ministre de la police et son confesseur, particulièrement impopulaires, et prend des ministres libéraux. Bien plus, le 29 janvier, une proclamation annonce l'octroi d'une constitution analogue à la charte française. C'est dans Naples un délire de joie; le Roi étant sorti à cheval, la foule se presse pour lui baiser les mains. Le 11 février, la constitution est définitivement promulguée. En quelques jours, Ferdinand, naguère si réfractaire au mou-

---

[1] Dépêche du ministre des affaires étrangères de Naples à son ambassadeur à Vienne, en date du 14 janvier 1848; dépêche de cet ambassadeur, en date du 17 janvier; dépêche du comte de Ludolf, ambassadeur d'Autriche à Rome, en date du 23 janvier. (BIANCHI, *Storia documentata della diplomazia europea in Italia*, t. V, p. 88, 89.)

vement libéral, a de beaucoup dépassé tous les autres souverains qui n'en sont encore qu'aux réformes civiles, et qui ont jusqu'ici refusé de donner des constitutions. Est-ce seulement, chez lui, effet de la peur, ou bien nécessité de lâcher d'autant plus qu'il a plus imprudemment retenu? Probablement l'un et l'autre. Peut-être cherche-t-il aussi à jouer une sorte de méchant tour aux autres gouvernements : une malice de ce genre est assez dans sa nature. On racontait de lui ce propos : « Ils me poussent, je les précipiterai. »

L'impulsion venue de Naples est en effet irrésistible. Dans toute l'Italie, des manifestations bruyantes ont lieu en l'honneur de la révolution des Deux-Siciles, et les souverains sont mis en demeure de suivre l'exemple de Ferdinand II. Si décidé que Charles-Albert ait été jusqu'alors à ne pas s'engager dans cette voie, il se sent ébranlé par une telle clameur. Il consulte une sorte de conseil de conscience sur la valeur de la promesse qu'il a faite autrefois à M. de Metternich de ne pas changer les bases fondamentales et les formes organiques de la monarchie; le conseil déclare qu'il n'y a là rien qui empêche l'octroi de la constitution. Cet avis ne calme pas entièrement les scrupules du Roi, et c'est l'âme déchirée, au milieu d'angoisses qui contrastent étrangement avec l'allégresse de la foule, que, le 8 février, il se décide à publier les bases d'un Statut selon le type de la charte française. Le grand-duc de Toscane n'est pas homme à résister quand le roi de Sardaigne cède; lui aussi promet donc sa constitution, le 11 février, et la promulgue le 17. Que va faire le Pape, ainsi enveloppé de gouvernements qui deviennent représentatifs et pressé par son peuple qui lui crie qu'un Pie IX ne peut refuser ce qu'un Bourbon a accordé? Chez lui, sans doute, le chef d'État n'est pas habitué à résister longtemps; mais ici, la conscience du Pontife est en jeu : il doute que le régime parlementaire soit compatible avec l'intégrité de sa souveraineté spirituelle. Tout en bénissant, du balcon du Quirinal, la foule qui réclame la constitution, il lui rappelle tout ce qu'il a fait déjà et la supplie de ne rien demander qui soit

« contraire à la sainteté de l'Église ». Il consent néanmoins à charger une commission d'examiner quelles institutions pourraient donner satisfaction au vœu populaire, sans entraver l'exercice du pontificat. L'un des premiers actes de cette commission est de prendre l'avis de l'ambassadeur de France, qui, naturellement, en réfère à son gouvernement [1]. M. Rossi voit les difficultés théoriques du problème; mais en fait, il constate que « la nécessité d'un gouvernement représentatif est reconnue, à Rome, par tout le monde ». Parmi ceux qui, autour du Pape, se prononcent le plus hautement dans ce sens, on remarque beaucoup de personnages naguère très opposés à toute concession de ce genre. « Ils n'ont pas changé, dit finement M. Rossi; c'est toujours le même sentiment : ils avaient peur de la constitution; aujourd'hui, ils ont peur de ceux qui veulent une constitution. » Est-il besoin d'ajouter que, dans toute la Péninsule, l'effervescence, provoquée par la question constitutionnelle, amène un redoublement de manifestations contre l'Autriche? A Turin, dans la fête organisée en l'honneur du Statut, figurent les délégués milanais en costume de deuil, et le soir, dans les rues de la ville, circule un char allégorique sur lequel chaque ville lombarde a sa bannière brandie par un homme en armure de fer; au sommet, un moine sonne le tocsin à coups redoublés.

Le gouvernement français — j'ai déjà eu l'occasion de le dire — estimait que, pour le moment, les Italiens avaient bien assez à faire de mener à terme leurs réformes civiles, et il ne désirait pas qu'ils s'appropriassent trop tôt notre régime parlementaire. Ce n'est pas qu'il fût indifférent à l'avantage de voir ce régime s'étendre en Europe et, par suite, accroître le nombre des clients naturels de la France; mais c'est que rien ne lui paraissait devoir plus nuire à son patronage libéral que des innovations prématurées et par suite condamnées à l'insuccès [2].

---

[1] Lettre de M. Rossi à M. Guizot, en date du 17 février 1848. — La réponse du gouvernement français ne put être donnée avant la révolution de Février.

[2] A l'heure même où, sans qu'on le sût encore à Paris, commençait l'éclosion des constitutions italiennes, le 31 janvier 1848, M. Guizot expliquait, à

Néanmoins, le changement accompli, il ne peut faire mauvais visage à ceux qui témoignent ainsi le désir de le prendre pour modèle. Il leur déclare donc « se féliciter des nouveaux gages d'intimité que créera désormais la similitude des institutions politiques », et promet de « seconder l'établissement pacifique et régulier » des nouveaux régimes constitutionnels[1]. Mais, cette politesse faite, il s'empresse d'y ajouter, « avec une amicale franchise », des conseils qui trahissent ses inquiétudes. Ainsi indique-t-il, dans une dépêche à son représentant à Florence, les deux conditions dont dépend, à son avis, le succès de l'entreprise tentée en Toscane. La première est que les modérés « se rallient autour du grand-duc,... s'appliquent à faire sortir des institutions nouvelles un gouvernement fort et régulier, les défendent énergiquement contre l'invasion des passions démagogiques, assignent au mouvement un temps d'arrêt et résistent fermement à ceux qui voudraient le pousser au delà ». La seconde est que « le gouvernement toscan mette toute sa fermeté à assurer le maintien des traités, à conserver avec les États voisins des rapports de bonne intelligence, à empêcher que son territoire ne devienne un foyer de propagande et d'hostilité contre tel ou tel État, enfin à écarter toute cause, tout prétexte

---

la tribune du Palais-Bourbon, pourquoi il avait laissé les gouvernements de la Péninsule juges du degré et de la nature de leurs réformes, sans les pousser à copier nos institutions politiques. « Je crois, disait-il, que la France doit avoir constamment l'œil ouvert sur l'équilibre qui se déplace, de jour en jour, en Europe, entre les grands systèmes de gouvernement, entre les gouvernements absolus et les gouvernements constitutionnels. Je crois que l'établissement d'institutions libres tourne au profit de la France, de son influence, de sa grandeur : à une condition cependant, à la condition que ces tentatives-là réussissent... Savez-vous ce qu'il y a de plus dangereux pour le régime constitutionnel?... Ce sont les tentatives infructueuses ou malheureuses. Savez-vous ce qui a le plus nui aux réformes en Italie? Ce sont les révolutions de 1820 et de 1821, révolutions mal conçues, venues mal à propos, fondées sur de mauvais principes et fondant des institutions impraticables... Je n'ai nulle envie de voir recommencer des tentatives pareilles... Voilà la cause de ma réserve dans les conseils que je peux être appelé à donner aux États italiens. Quand ils se sentiront en mesure de fonder des constitutions chez eux, quand elles seront, en effet, praticables, leur indépendance sera, je le répète, affirmée, maintenue par nous, aussi bien qu'elle l'est aujourd'hui pour les réformes purement administratives. »

[1] Dépêche de M. Guizot au comte de La Rochefoucauld, ministre de France à Florence, en date du 21 février 1848.

d'intervention extérieure et toute occasion de guerre[1] ». Le gouvernement français n'envoie pas d'autres conseils à Turin. Louis-Philippe répète volontiers au marquis Brignole, ambassadeur du gouvernement sarde à Paris, que le meilleur moyen, pour le Piémont, de rassurer les puissances sur ses innovations politiques, est de se montrer résolu à contenir le parti qui pousse à la guerre contre l'Autriche[2]. Se tournant en même temps vers la cour de Vienne, notre cabinet tâche de lui faire prendre, sinon en gré, du moins en patience, les constitutions italiennes[3], et obtient d'elle de nouvelles assurances qu'elle ne songe toujours pas à intervenir, soit à Naples, soit ailleurs[4]; il lui offre, du reste, de proclamer, d'accord avec les autres cabinets, le respect dû à ses droits sur le royaume lombard-vénitien, lui promet de s'employer à surveiller et à contenir Charles-Albert, et lui annonce que notre armée est prête, au premier appel, à voler au secours du Pape[5].

Comme il fallait s'y attendre, cette fois encore, notre action modératrice est contrariée par la diplomatie britannique. Celle-ci, bien que convaincue à part soi que les Italiens ne sont pas mûrs pour le régime parlementaire et l'avouant au besoin, a pressé ardemment les gouvernements piémontais et toscan de suivre sans retard l'exemple du roi de Naples[6]. Les constitutions octroyées, elle prend partout sous son patronage ceux qui veulent en tirer les conséquences les plus radicales. Ce rôle est particulièrement visible à Naples, où les concessions royales n'ont pas désarmé l'insurrection sicilienne, et où l'Angleterre paraît de plus en plus avoir intérêt à la persistance du con-

---

[1] Même dépêche.
[2] BIANCHI, *Storia documentata della diplomazia europea in Italia*, t. V, p. 93 à 95, et p. 434 et 435.
[3] *Ibid.*
[4] Lettre particulière de M. de Flahault à M. Guizot, en date du 1ᵉʳ février 1848. (*Documents inédits.*)
[5] Dépêche de M. d'Arnim, ministre de Prusse, à Paris, en date du 8 février 1848. (HILLEBRAND, *Geschichte Frankreichs*, 1830-1848, t. II, p. 690.)
[6] Dépêches de M. Abercromby, ministre d'Angleterre à Turin, en date des 2 et 3 février 1848, et dépêches de lord Palmerston à ses agents à Turin, Florence, Naples, en date des 11 et 12 février.

flit et du désordre. Une telle conduite n'est pas pour rendre plus facile la situation de nos représentants en Italie. Ceux-ci se sentent impuissants à retenir un mouvement ainsi protégé, excité, et, sur le théâtre particulier où ils opèrent, la popularité des agents de lord Palmerston leur semble parfois grandir aux dépens de la leur. Aussi ne faut-il pas s'étonner de trouver alors, dans leurs appréciations, une note assez attristée. De Naples, M. de Bussières mande, vers la fin de février 1848, à M. Guizot, que l'influence de la France est très diminuée, que les Anglais tiennent le haut du pavé, parlent en maîtres, font trembler le gouvernement, ont des agents partout, soudoient la presse, renversent le ministère suspect de sympathies françaises, pour le remplacer par un ministère à eux [1]. De Turin, M. de Bacourt, chargé d'affaires de France, écrit à M. de Barante : « Mon influence ici est absolument nulle ; on se méfie de nous, surtout le gouvernement. » Puis il ajoute : « Le Piémont est complètement changé de ce que vous l'avez connu. Ce gouvernement si régulier, cette administration si ordonnée, ce roi si hautain et si inabordable pour la foule, ce calme si complet qu'il ressemblait, dit-on, au calme des tombeaux, tout cela n'existe plus. L'agitation révolutionnaire s'est emparée de tout le monde. Il n'y a plus d'autorité nulle part, que celle des journaux plus ou moins radicaux et de la tourbe qui s'agite dans les cafés, dans les auberges, dans les rues... Les hommes que vous avez connus raisonnables, modérés, corrigés presque par l'expérience des révolutions, ont, tous ou à peu près, perdu la tête... Ceux d'entre eux qui ont encore le pouvoir de réfléchir n'ont pas le courage d'arrêter les autres et d'affronter l'impopularité en disant qu'on court à la perte. Mon rôle est ici très difficile, car, si je dis, comme je le fais, que la France appuiera toutes les réformes légitimes qui ont été faites par le Roi, mais qu'elle appuiera aussi le maintien des traités, seule base du maintien de la paix générale, on me répond que je parle de la France de M. Guizot, mais qu'il y a, derrière lui, derrière notre gou-

---

[1] Lettres des 23, 28 février et 3 mars 1848. (*Documents inédits.*)

vernement, derrière le Roi, une France qui ne permettra pas qu'on écrase l'Italie, si elle tente de chasser les Autrichiens... Le ministre d'Angleterre joue ici, dans la mesure de son esprit, le jeu de lord Palmerston; il pousse aux partis extrêmes; c'est lui seul qu'on écoute de tous les membres du corps diplomatique. Il prend en main la défense des Lombards persécutés par l'Autriche et accepte les ovations que les avocats radicaux de Turin lui décernent en l'honneur des notes diplomatiques adressées par lord Palmerston au prince de Metternich... Je juge tout très froidement, et c'est pour cela que je vous affirme que nous sommes ici dans la première phase d'une révolution [1]. »

Les Italiens faisaient preuve d'un singulier aveuglement, quand ils refusaient d'écouter nos conseils de sagesse et préféraient se fier aux flatteries de la diplomatie anglaise. En effet, à ce moment même, sans qu'ils parussent s'en apercevoir ou s'en inquiéter, une grave menace s'élevait contre eux en Europe; ils étaient en train, par leurs imprudences, de s'attirer l'hostilité de deux grandes puissances, jusqu'alors demeurées spectatrices : la Prusse et la Russie. Le gouvernement prussien avait été assez longtemps sympathique au mouvement inauguré par Pie IX, et s'était d'abord montré peu compatissant pour les embarras de la politique autrichienne, à laquelle il reprochait volontiers son « exagération » dans tout ce qui regardait l'Italie; il aimait à voir dans les réformes du Pape une sorte d'imitation de celles de Frédéric-Guillaume [2].

« Le prince de Metternich, disait M. de Canitz au ministre de France, part de ce point qu'il y a une révolution en Italie; si l'on entend par cette expression une modification du système

---

[1] Février 1848. (*Documents inédits.*)

[2] Ce rapprochement se présentait à d'autres esprits qui, à raison de leurs préjugés, ne pouvaient voir qu'un des côtés de la physionomie du Pape. Le prince Albert écrivait, dans une lettre au baron Stockmar, le 13 février 1848 : « Le Pape est la contre-partie du roi de Prusse; beaucoup d'élan, des idées politiques à moitié digérées, peu de perspicacité, avec un esprit très cultivé et très accessible aux influences extérieures. Leur pierre d'achoppement à tous les deux, c'est la pensée qu'ils peuvent mettre leurs sujets en branle et garder ensuite complètement dans leurs mains la direction et l'extension du mouvement... » (*Le Prince Albert, Extraits de l'ouvrage de sir Théodore Martin,* par A. CRAVEN, t. I, p. 243.)

suivi jusqu'ici, on pourrait dire aussi qu'il y a une révolution en Prusse [1]. » Mais, au commencement de 1848, le point de vue changea complètement à Berlin. On aperçut dans l'agitation italienne cette révolution que le roi de Prusse abhorrait et qu'à ce moment il désirait tant réprimer en Suisse; on y découvrit aussi une menace contre les traités constitutifs de l'Europe. Dès lors, on jugea nécessaire de manifester hautement la résolution de la traiter en ennemie. Dans les premiers jours de février 1848, le gouvernement prussien fit adresser des représentations à Turin : il y démentait le bruit, alors répandu en Italie, d'un refroidissement entre l'Autriche et la Prusse; tout en reconnaissant le droit du gouvernement sarde de changer ses institutions, il faisait remarquer que la garantie donnée par l'Europe à l'indépendance des États italiens avait pour contre-partie l'obligation pour ces États de remplir leurs devoirs internationaux; que cette garantie était incompatible avec une attitude de menace et d'agression envers un pays voisin, et que tel était le caractère du mouvement unitaire, auquel on semblait, à Turin, donner trop d'encouragement; il terminait par cette grave déclaration qu'il considérerait comme s'adressant à lui-même toute attaque dirigée contre l'Autriche, son alliée [2].

Derrière la Prusse était la Russie. Nicolas, à la différence de Frédéric-Guillaume, n'avait jamais vu d'un œil favorable le mouvement italien; mais il avait paru d'abord y faire peu d'attention. Tout au plus, en octobre 1847, s'en était-il occupé un moment, pour féliciter le roi des Deux-Siciles de la vigueur avec laquelle il venait de réprimer des insurrections, et de « sa résolution de faire face avec énergie au débordement du torrent révolutionnaire [3] ». Naples était visiblement

---

[1] Correspondance du marquis de Dalmatie avec M. Guizot, en 1847, notamment lettres du 18 août et du 14 octobre. (*Documents inédits.*)

[2] Lettres du marquis de Dalmatie à M. Guizot, notamment celles du 18 et du 19 février 1848. (*Documents inédits.*)

[3] Dépêche du comte Nesselrode à l'ambassadeur russe à Naples, en date du 18 octobre 1847. (BIANCHI, *Storia documentata della diplomazia europea in Italia*, t. V, p. 414.)

le seul point de la Péninsule où il trouvait un souverain vraiment selon son cœur. Aussi, grandes sont son émotion et sa colère quand, quelques mois plus tard, il apprend que ce roi de Naples a été réduit à capituler devant la révolution. Il sort alors de son immobilité un peu dédaigneuse et indifférente. Il offre à l'Autriche de mettre d'urgence à sa disposition l'argent dont elle aurait besoin, sauf à régulariser plus tard les conditions de cet emprunt; il lui propose également de se charger de maintenir la Galicie, afin de rendre disponibles pour l'Italie les troupes qui s'y trouvent[1]. C'est tout de suite qu'il voudrait voir le cabinet de Vienne agir avec énergie, et il se plaint amèrement de la timidité de ce cabinet, de sa « vieillesse », de ses tiraillements intérieurs[2]. Comme le gouvernement prussien, c'est Turin qu'il juge le point le plus menaçant en Italie : il invite Charles-Albert à considérer l'Autriche comme son alliée naturelle, et lui signifie sans réticence que toute attaque du Piémont contre l'Autriche en Lombardie serait regardée par la Russie comme un cas de guerre[3]. Ce n'est pas tout; il s'adresse aussi à lord Palmerston. Le 12-24 février 1848, le comte Nesselrode envoie au baron Brunnow, représentant de la Russie à Londres, une longue dépêche sur la situation de l'Italie, qu'il déclare être « chaque jour plus grave et plus menaçante pour la paix générale ». Il veut bien « ne pas mettre à la charge du gouvernement anglais tous les faux bruits, toutes les fausses inductions qu'on a cru pouvoir tirer, en Italie, de son langage et de celui de ses agents ». Mais, ajoute-t-il, « l'idée a fini par s'accréditer que ce gouvernement appuie de ses désirs les efforts que tenterait l'Italie pour rejeter au delà des Alpes ce qu'on est convenu d'appeler le joug autrichien ». Cherchant ensuite par quel argument il pourrait détourner lord Palmerston de la voie

---

[1] Dépêche chiffrée du marquis de Dalmatie à M. Guizot, en date du 20 février 1848. (*Documents inédits.*)

[2] Dépêche de M. Mercier, chargé d'affaires de France à Saint-Pétersbourg, en date du 3 février 1848, et dépêche du marquis de Dalmatie, en date du 19 février. (*Documents inédits.*)

[3] BIANCHI, *Storia documentata, etc.*, t. V, p. 96.

où il s'est engagé, il n'en trouve pas de plus efficace que de faire appel à cette haine jalouse de la France qui, déjà en 1840, a rapproché les deux cabinets de Londres et de Saint-Pétersbourg. Sa thèse est curieuse, surtout comme aveu de la grande situation alors acquise à la France en Europe. « En favorisant, dit-il, le mouvement constitutionnel sur le continent, l'Angleterre agit, sans le vouloir, dans l'unique intérêt de la France, dont les idées démocratiques, par la nature du sol où elles tombent, ont bien plus d'écho dans les esprits, bien plus d'affinité avec les mœurs que n'en peuvent avoir les idées anglaises. C'est en favorisant l'introduction de ces institutions et le triomphe de ces idées en Espagne et en Grèce, que l'Angleterre y a déjà augmenté la puissance morale du gouvernement français... Même chose aura lieu en Italie. D'ici à peu, grâce aux changements qui sont à la veille de s'y effectuer, comme ils ont déjà eu lieu dans les autres pays, la France aura conquis par la paix plus que ne lui donnerait la guerre. Elle se verra, de tous côtés, entourée d'un rempart de petits États constitutionnels organisés sur le type français, vivant de son esprit, agissant sous son influence, et si, plus tard, cette France, non plus celle de Louis-Philippe, mais celle qui lui succédera, quand le système de compression adopté par ce souverain aura cessé de la contenir, obéit aux instincts d'ambition qui tendent à la faire déborder hors de ses limites, le gouvernement anglais regrettera trop tard d'avoir affaibli d'avance le ressort des résistances qu'on aurait pu opposer aux Français, paralysé la puissance autrichienne qui leur servait de contrepoids et miné ainsi par la base le système défensif fondé autrefois par lui-même, de concert avec l'Europe, au prix de tant de calamités, de labeurs et de sacrifices. » Le comte Nesselrode ne s'en tient pas à cet appel aux mauvais sentiments de lord Palmerston contre la France; il termine par des avertissements qui sont de véritables menaces et pose un *casus belli*. Il signifie au cabinet de Londres que « l'Empereur est fermement résolu, en ce qui concerne l'état de possession assigné aux divers États italiens par les actes dont il est garant, à ne transiger en rien sur la marche que lui prescrivent ses devoirs et ses intérêts politiques ». Il indique notamment qu'il n'admettra jamais cette séparation de la Sicile plus ou moins sourdement poursuivie par la diplomatie anglaise. Quant à la Lombardie, le chancelier russe s'exprime ainsi : « L'appui moral de l'Empereur est d'avance acquis à l'Autriche dans les mesures qu'elle prendra pour s'en conserver la possession; et si les attaques qu'elle aurait essuyées d'un point quelconque de l'Italie étaient soutenues du dehors par quelque puissance étrangère, notre auguste maître n'hésiterait pas à regarder une pareille agression comme un cas de guerre européenne et à employer dès lors toutes ses forces disponibles à la défense du gouvernement autrichien [1]. »

Cette attitude de la Prusse et de la Russie est faite pour relever un peu l'Autriche du découragement où elle était tombée. M. de Metternich croit voir approcher, et il s'en réjouit, le moment où, « l'Italie entrant en révolution flagrante, les puissances ne pourront pas ne point s'en mêler ». « Vous avez dit, écrit-il à M. de Ficquelmont le 17 février 1848, un mot qui renferme la vérité tout entière : *Les événements dans le royaume des Deux-Siciles rompent le tête-à-tête dans lequel l'Autriche s'est trouvée avec la révolution italienne.* Ce mot, je l'ai adopté, et je m'en suis emparé dans mes expéditions aux cours... Ne tombons pas d'ici à deux mois, et bien des choses seront placées autrement qu'elles ne le sont le 17 février [2] ! » Non sans doute que le cabinet de Vienne se sente ainsi enhardi à sortir de sa réserve et à tenter quelque démarche offensive : bien au contraire, il continue à protester qu'il ne songe à rien de semblable; une intervention isolée en Italie, loin de le séduire, l'effraye, et il déclare qu'en tout cas, il ne voudrait jamais rien faire dans ce genre, qu'après concert entre les puissances et en agissant en leur nom, au lieu d'agir au sien

---

[1] La dépêche du comte Nesselrode, qui ne fut communiquée à lord Palmerston que le 7 mars, après la révolution de Février, se trouve dans les *Parliamentary papers* distribués aux Chambres anglaises en 1849.

[2] *Mémoires de M. de Metternich*, t. VII, p. 589.

propre[1]. Seulement, il se sent autorisé à le prendre de plus haut avec l'Angleterre, et notamment à ne plus subir aussi patiemment les interrogations soupçonneuses que lord Palmerston a l'habitude de lui adresser à propos de tous les bruits d'intervention qui circulent en Italie. A une question de ce genre que le ministre anglais lui fait poser au cours de février, le chancelier répond sur un ton fort piqué, et, se portant accusateur à son tour, il se plaint de la malveillance témoignée dans ces derniers temps à l'Autriche par le cabinet anglais, et de « l'encouragement donné par ses organes officiels à la méfiance des gouvernements italiens[2] ». L'irritation contre le chef du *Foreign office* est alors extrême à la cour de Vienne. M. de Metternich écrit, le 17 février, à M. de Ficquelmont : « Je vous envoie ci-joint quelques pièces qui vous montreront jusqu'où vont les inepties enragées de lord Palmerston. Si vous comprenez cet homme, vous êtes plus avancé que moi[3]. » Quelques jours plus tard, le 23 février, dans une lettre à son ambassadeur à Londres, il montre lord Palmerston « à la tête de tous les mouvements qui tendent à bouleverser l'Europe », et allumant l'incendie en Espagne, en Grèce, en Suisse et en Italie[4].

En même temps qu'il se plaint de lord Palmerston, M. de Metternich se loue, de plus en plus, de M. Guizot. Malgré quelques griefs de détail, il déclare que « les dispositions personnelles de ce ministre sont aussi bonnes qu'elles peuvent l'être sous l'influence de sa position[5] » ; que « le cabinet

---

[1] Lettre de M. de Metternich à M. de Ficquelmont, en date du 10 février 1848. (*Mémoires de M. de Metternich*, t. VII, p. 564.) Lettres du comte de Flahault à M. Guizot, du 1er février 1848 ; du marquis de Dalmatie au même, du 18 février ; de M. Désages au comte de Jarnac, du 14 février. (*Documents inédits*.)

[2] Dépêche de lord Palmerston à lord Ponsonby, en date du 11 février 1848, et dépêche de M. de Metternich au comte Dietrichstein, ambassadeur d'Autriche à Londres, en date du 27 février 1848. (*Parliamentary papers*.)

[3] *Mémoires de M. de Metternich*, t. VII, p. 589.

[4] Cité dans les Mémoires de Bernard de Meyer, le chef des catholiques lucernois. (Cf. *Revue générale* de Bruxelles, octobre 1881.)

[5] Dépêche à M. de Ficquelmont, en date du 10 février 1848. (*Mémoires de M. de Metternich*, t. VII, p. 563.)

français marche aussi bien qu'il peut aller [1] » ; qu'il a « une bonne attitude en Italie [2] ». L'appui qu'il trouve maintenant à Berlin et à Saint-Pétersbourg ne lui fait pas attacher moins de prix à notre concours. Il demeure convaincu de l'impossibilité de rien tenter d'efficace sans la France, et, par suite, comprend la nécessité de se placer sur le terrain où il peut la rencontrer. Aussi continue-t-il à demander ce qu'on pense et ce qu'on veut à Paris, afin de régler là-dessus sa propre conduite [3]. En réalité, dans l'affaire d'Italie, comme dans celle de Suisse, il est toujours résigné à marcher derrière la France. Mêmes sentiments en Prusse. Notre crédit est, depuis quelques mois, singulièrement grandi à la cour de Frédéric-Guillaume. Le marquis de Dalmatie écrit de Berlin, le 19 février 1848, à M. Guizot : « La confiance dans le gouvernement du roi Louis-Philippe est absolue. On l'exprime ici de toutes les façons. A mon retour, on me l'a dit en termes plus énergiques et, j'ai dû le reconnaître, plus sincères que jamais [4]. » Peu importe, dès lors, ce que la dépêche, citée tout à l'heure, du comte Nesselrode au baron Brunnow, trahit de malveillance persistante à notre égard dans le gouvernement russe : cette malveillance est impuissante; du reste, comme on l'a vu par cette même dépêche, ce n'est pas à Saint-Pétersbourg qu'on a le sentiment le moins vif de la grande position que la France s'est faite en Europe. En somme, M. de Barante peut, dans une lettre intime, écrite le 31 janvier 1848, caractériser ainsi la situation respective du cabinet de Paris et des autres cours : « Sans l'agitation où les radicaux tiennent les esprits, le rôle de la France paraîtrait ce qu'il est réellement, et l'on remarquerait que ces puissances du continent, auparavant menaçantes, toujours prêtes à s'unir avec l'Angleterre

---

[1] Dépêche au même, en date du 19 février 1848. (*Mémoires de M. de Metternich*, t. VII, p. 567.)

[2] Lettre particulière du comte de Flahault à M. Guizot, en date du 24 février 1848. (*Documents inédits.*)

[3] Dépêche de M. de Metternich au comte Apponyi, en date du 6 février 1848. (*Mémoires de M. de Metternich*, t. VII, p. 563.)

[4] *Documents inédits.*

contre nous, implorent maintenant notre aide, n'osent pas intervenir et se tiennent sur la défensive, heureuses de se concerter avec nous [1]. »

Le gouvernement du roi Louis-Philippe en était là de sa campagne diplomatique, quand soudainement il sombra dans la tourmente du 24 février. Quel eût été, sans cela, l'issue de cette campagne? En présence d'une crise qui devenait, en Italie, chaque jour plus aiguë, aurait-il pu longtemps encore empêcher les révolutions et la guerre? Et, si celles-ci avaient fini par éclater malgré lui, aurait-il trouvé là l'occasion d'une sorte d'arbitrage suprême qui lui eût définitivement donné le premier rôle en Europe, ou bien son « juste milieu » se fût-il débattu, impuissant entre les deux parties, et eût-il été réduit, soit à se laisser annuler, soit à se mettre à la remorque de l'une ou de l'autre? C'était le secret d'événements qui n'ont pas eu le temps de se produire. Quoi qu'il en soit, le dessein de cette politique était honnête, raisonnable et conforme aux intérêts français. A travers beaucoup d'obstacles, le gouvernement y était demeuré imperturbablement fidèle; les difficultés, en effet très graves, rencontrées par lui, étaient imputables, non à ses propres fautes, mais à celles que d'autres avaient commises malgré lui. Enfin, si embrouillées que fussent les choses en Italie, à la fin de février, nous y avions du moins sauvegardé l'essentiel : les divers gouvernements, quoique entraînés et affaiblis, étaient tous debout; l'Autriche, bien que menacée, n'avait pas été matériellement attaquée et s'était abstenue de son côté de prendre l'offensive. Faut-il ajouter que, si l'on est embarrassé pour préciser quel bien la monarchie de Juillet, en subsistant, eût pu faire dans la Péninsule, on ne l'est pas pour mesurer le mal qui, sur ce théâtre, devait résulter de sa chute? L'Italie, prise de vertige et n'étant plus retenue par personne, va se précipiter tête baissée dans tous les périls dont la diplomatie du roi Louis-Philippe a cherché à la préserver : elle va entreprendre contre les Autrichiens une guerre où elle sera fatale-

---

[1] *Documents inédits.*

ment écrasée, et son mouvement réformateur se perdra en un désordre révolutionnaire qui la conduira au meurtre de Rossi, à la fuite de Pie IX et à la république romaine.

J'ai suivi ainsi, l'une après l'autre, chacune des grandes entreprises qui ont occupé la diplomatie de la monarchie de Juillet, dans la dernière période de son existence. Sauf en 1831 ou en 1840, jamais cette diplomatie n'avait été plus agissante et appliquée à de plus graves objets. M. Guizot, qui s'y donnait tout entier, parfois un peu au détriment de la politique intérieure, y avait acquis une rare maîtrise. On a pu en juger par les lettres particulières dans lesquelles il traitait presque toutes les affaires et dont je me félicite d'avoir pu donner de nombreux extraits. On ne saurait dire moins de bien de celles de ses correspondants quand ils s'appelaient Broglie ou Rossi. C'est un ensemble de littérature diplomatique vraiment incomparable. Malheureusement, en racontant ces diverses négociations, l'historien est, chaque fois, obligé de s'arrêter court devant l'abîme soudainement creusé par la révolution du 24 février. Je ne me dissimule pas — car je l'ai éprouvé pour mon compte — ce que cette interruption a de pénible et d'irritant. On dirait d'un spectacle qu'un accident ferait cesser brusquement au moment le plus critique du drame, et où, en place du dénouement curieusement attendu, on n'aurait plus sous les yeux que des acteurs qui s'enfuient et une scène qui s'effondre. Et cependant, tout incomplète et mutilée que dût être forcément cette histoire, elle était trop importante par les questions soulevées, et surtout trop caractéristique de la direction nouvelle suivie par le gouvernement du roi Louis-Philippe, de la position acquise par lui au dehors, pour ne pas être exposée avec détail. L'impression générale et dernière qui s'en dégage me paraît fort honorable pour ce gouvernement. Nous venons de le voir, en Europe, jouissant d'un crédit, occupant une place, exerçant une action qu'on ne lui avait pas encore connus. Tandis que l'Angleterre était isolée et discréditée par ses compromissions révolutionnaires, que les petits États constitutionnels étaient naturellement amenés à faire partie de notre clientèle, que les vieilles monarchies, désorientées par le changement de l'esprit public, prenaient confiance dans notre modération et sentaient le besoin de notre appui, la France, devenue ouvertement, résolument conservatrice, sans cesser d'être sagement libérale, se trouvait exercer une sorte d'arbitrage, imposer sa politique aux autres cours du continent, et avoir la direction des grandes affaires pendantes. Cela seul, et quelle qu'eût pu être plus tard l'issue de chacune de ces affaires, était un résultat considérable. Pour en mesurer l'importance, il suffit de se rappeler combien longtemps la monarchie de Juillet avait vécu sous la menace constante d'une nouvelle coalition des puissances continentales, condamnée à une prudence qui lui interdisait les grandes initiatives, et fatalement rivée à l'alliance anglaise, alliance excellente en soi, mais incommode et coûteuse du moment qu'elle était forcée. Maintenant, elle a définitivement dissous la coalition; elle a retrouvé le libre choix de ses alliances, et son appui, on pourrait dire sa protection, est recherchée par ceux qui la traitaient en suspecte. En un mot, à la veille du 24 février, elle est parvenue à effacer le tort que lui avait fait, en Europe, la révolution de 1830; elle a reconquis la faculté de faire au dehors de la grande politique.

CHAPITRE V

LE DUC D'AUMALE GOUVERNEUR DE L'ALGÉRIE.

(1847-1848)

I. Le duc d'Aumale et le maréchal Bugeaud. Attaques contre la nomination du prince au gouvernement de l'Algérie. Ses rapports avec Changarnier, La Moricière et Bedeau. Ce qu'il fait pour l'administration civile de l'Algérie et pour le gouvernement des indigènes. — II. Les hostilités éclatent entre l'empereur du Maroc et Abd el-Kader. L'émir, vaincu, engage les siens à se soumettre à la France. Après avoir essayé de gagner le désert, il prend le parti de se rendre à La Moricière. Conditions de la reddition. Le duc d'Aumale les approuve. Ses entrevues avec l'émir. Hommage rendu par le duc d'Aumale au maréchal Bugeaud. L'engagement pris envers Abd el-Kader est critiqué en France. Attitude du gouvernement en présence de cet engagement. Il se décide à le ratifier, sauf à obtenir certaines garanties nécessaires à la sécurité de la colonie. Grand effet produit en Algérie par la reddition d'Abd el-Kader. Projets du duc d'Aumale.

I

Quand le maréchal Bugeaud avait quitté l'Algérie, le 5 juin 1847, en annonçant hautement sa démission [1], le gouvernement était décidé à lui donner le duc d'Aumale pour successeur [2]. Ne voulant pas, cependant, par ménagement pour le maréchal, paraître trop pressé de le remplacer, il se borna d'abord à confier l'intérim au général Bedeau. Ce fut seulement trois mois après, le 11 septembre, que le *Moniteur* publia la nomination du prince. Quelques semaines auparavant, le 3 août, celui-ci avait écrit au maréchal Bugeaud : « J'ai longtemps espéré que vous consentiriez à reprendre le

---

[1] Sur les dernières années du gouvernement du maréchal Bugeaud et sur les causes de sa retraite, voir plus haut, t. VI, ch. VII.
[2] Sur l'origine de cette résolution, voir t. VI, p. 371 et 425.

gouvernement général. Si tout espoir doit être perdu à cet égard, si aucune autre combinaison ne paraît acceptable au gouvernement du Roi, je ne refuserai pas une position éminente où je puis servir activement mon pays. Je ne me fais aucune illusion sur les obstacles qui hérissent la question, sur les attaques dont je serai l'objet, sur les déceptions qui m'attendent; mais j'apporterai à l'accomplissement de mes devoirs une entière abnégation personnelle et un dévouement de tous les instants. Je conserverai précieusement le souvenir de tout ce que je vous ai vu faire d'utile et de grand sur cette terre d'Afrique, et je ferai tous mes efforts pour suivre vos traces et y continuer votre œuvre. » Le maréchal avait répondu : « Vous avez mesuré les difficultés, vous avez prévu la critique et même la calomnie, et cependant vous bravez tout cela pour servir la France et obéir à votre père… Vous voulez, dites-vous, marcher sur mes traces; moi, je veux que vous les élargissiez, et je serai bien heureux si vous faites mieux que moi; je ne serai pas le dernier à le proclamer. »

Le duc d'Aumale était nommé gouverneur général au même titre et avec les mêmes attributions que son prédécesseur. Un moment, Louis-Philippe avait songé à faire de lui un vice-roi; il y avait aussitôt renoncé, pour ne pas fournir un prétexte aux attaques de l'opposition. Ces attaques se produisirent quand même. Dans une nomination si hautement justifiée par le passé et par les qualités du prince, comme par les traditions de toutes les monarchies, même des plus parlementaires, les journaux de gauche affectèrent de voir un acte de courtisanerie de la part du cabinet et une preuve nouvelle du dessein attribué à la couronne d'absorber tous les pouvoirs et d'annihiler l'autorité ministérielle. Comme presque toujours, ces journaux se trouvaient faire campagne avec les organes de lord Palmerston. Ceux-ci accueillirent avec de singuliers emportements une mesure qui avait, à leurs yeux, le tort de manifester notre résolution de nous installer définitivement en Algérie; ils virent là une sorte de provocation à l'adresse de l'Angleterre, et déclarèrent que l'ambition de Louis XIV et de

Napoléon ne leur avait jamais rien fait faire de plus exorbitant. Ainsi attaquée, la nomination du prince aurait dû être défendue par tous les patriotes : nos opposants ne parurent pas s'en douter.

Débarqué à Alger, le 5 octobre, le duc d'Aumale fut reçu avec enthousiasme. Dans son ordre du jour aux troupes, il rappela qu'il avait été « appelé déjà cinq fois à l'honneur de servir dans leurs rangs », et il rendit hommage à « l'illustre chef » auquel il succédait et « sous les ordres duquel il aurait tant aimé à se retrouver encore ». Il avait eu soin de s'assurer le concours des plus célèbres « Africains ». Il gardait La Moricière à Oran et Bedeau à Constantine. Il obtenait de Cavaignac, sur le point de rentrer en France, qu'il demeurât à Tlemcen, où on lui organisait un commandement divisionnaire. Enfin, il ramenait dans la colonie le général Changarnier, auquel il donnait la division d'Alger. On sait à la suite de quelles querelles cet officier de haut mérite, mais de caractère difficile, avait quitté l'Afrique en 1843 [1]; le ressentiment qu'il en gardait lui avait fait rejeter, à deux reprises, en 1845 et en 1846, l'offre de revenir sous les ordres du maréchal Bugeaud; il avait posé sans succès, aux élections de 1846, une candidature d'opposition; il se morfondait donc, depuis quatre ans, dans une inaction aussi douloureuse pour lui que fâcheuse pour le pays, quand le duc d'Aumale lui proposa un commandement, accepté tout de suite avec reconnaissance. Ce n'était pas le moindre avantage du nouveau gouverneur général que d'être, par sa situation, étranger et supérieur aux rivalités jalouses qui divisaient trop souvent nos généraux et qui, sans lui, eussent rendu impossibles certaines collaborations. Sa suprématie était facilement acceptée de tous. Il l'exerçait d'ailleurs avec un tact rare, sachant allier l'autorité qui appartenait à son rang avec la modestie qui convenait à son âge, maniant les caractères les plus ombrageux avec une adresse aimable à laquelle le souvenir des rudesses de son prédécesseur donnait encore

---

[1] Voir plus haut, t. V, ch. v, § XIII.

plus de prix, et justifiant chaque jour davantage son élévation par les qualités dont il faisait preuve. A peine débarqué à Alger, il eut, pendant huit jours de suite, avec La Moricière, Changarnier et Bedeau, des conférences où furent examinées toutes les questions militaires et administratives, intéressant l'avenir de la colonie. Les trois généraux en sortirent pleins de confiance dans la haute capacité de leur jeune chef et charmés de sa bonne grâce. Le prince savait du reste gagner l'estime et l'affection des officiers de tous rangs, attentif à faire récompenser le mérite partout où il le découvrait, sans préoccupation de coterie ou de politique, et usant à l'égard de tous d'un esprit de justice et d'impartialité à laquelle un républicain, le colonel Charras, devait rendre plus tard, du haut de la tribune, un hommage reconnaissant.

Ce n'était pas de conquête qu'avait le plus à s'occuper le duc d'Aumale : sur ce point, le principal avait été fait et bien fait par le maréchal Bugeaud ; c'était d'administration et de colonisation. Le sentiment général était que cette partie de l'œuvre africaine avait été jusqu'alors trop négligée, et qu'il était urgent de s'y appliquer. Cela avait été dit par plusieurs orateurs, avec l'assentiment visible de la Chambre, dans la discussion des crédits de l'Algérie, en juin 1847 ; M. Guizot, tout en essayant de répondre à ces critiques et de justifier le passé, avait promis de donner désormais toute son attention à ces problèmes, et, pour assurer l'exécution de cet engagement, on avait ajouté à la loi des crédits un article portant qu'il serait rendu compte, dans la session de 1848, de l'organisation de l'administration civile en Algérie. Le ministre était, du reste, résolu à tenir sa promesse : il écrivait au duc de Broglie, le 8 juillet 1847 : « Je m'occupe sérieusement de l'Algérie. C'est une de ces affaires qui doivent nécessairement avoir fait un pas d'ici à la prochaine session. »

A ce point de vue encore, le duc d'Aumale était bien l'homme de la situation ; grâce à sa qualité de prince qui dominait chez lui celle de général, il pouvait donner à son gouvernement un caractère moins exclusivement militaire, sans cependant tomber dans un régime purement civil qui eût compromis notre autorité sur les Arabes. Il avait déjà prouvé, pendant son trop court passage à la tête de la province de Constantine, l'importance qu'il attachait aux questions d'administration, et il n'y avait pas moins bien réussi que dans les choses de la guerre. Ses trois principaux lieutenants étaient tout disposés à le seconder dans cette tâche. La Moricière se piquait, depuis longtemps, d'idées libérales et avait à ce sujet rompu plus d'une lance avec Bugeaud; tout heureux de se voir désormais mieux compris, il envoyait force plans au nouveau gouverneur, qui les recevait volontiers, tout en se réservant de décider par lui-même. Le général Bedeau était frappé des défauts de l'administration civile et du tort ainsi fait « à la colonisation et aux intérêts européens en Afrique ». « Cette administration, disait-il, telle qu'on l'a constituée, est indubitablement le principal obstacle au progrès des affaires; dans l'état actuel, il y a abus d'attributions, multiplicité inutile de hiérarchie et de centralisation, emploi beaucoup trop nombreux de personnel, et, malgré cela, lenteur extrême d'expédition. » Enfin, le général Changarnier, lui aussi, tenait à ce qu'on ne le classât pas parmi ceux pour lesquels « il n'y avait pas dans la vie autre chose que des fusils et des soldats »; il reconnaissait que « désormais la grande affaire était la colonisation ».

Avant même de débarquer en Algérie, le nouveau gouverneur s'y fit précéder par deux ordonnances royales, destinées à donner, sur deux points importants, satisfaction aux vœux de l'opinion. La première, datée du 1er septembre 1847, réorganisait complètement l'administration civile de l'Algérie, de façon à lui donner plus de simplicité, de promptitude, d'unité et, par suite, d'efficacité : aux trois grandes directions rivales qui, à Alger, s'entravaient l'une l'autre, on substituait une seule direction générale des affaires civiles, flanquée d'un conseil supérieur, et ne relevant que du gouverneur général, qui, de son côté, correspondait avec le ministre de la guerre; dans chacune des trois provinces, l'administration était également concentrée aux mains d'un directeur des affaires civiles, sorte de préfet, préparant le travail du commandant de la province pour tout ce qui concernait les affaires administratives, même en territoire militaire, et assisté d'un conseil qui avait quelque ressemblance avec nos conseils de préfecture; la centralisation était notablement diminuée, et la décision de beaucoup d'affaires se trouvait reportée soit de Paris à Alger, soit d'Alger au chef-lieu de la province. La seconde ordonnance, datée du 28 septembre, fondait le régime municipal en Algérie. Dans le rapport fait au nom de la commission des crédits, M. de Tocqueville avait insisté sur la nécessité de cette réforme. Le duc d'Aumale en avait préparé les bases avec le général de La Moricière; puis, M. Vivien, fort habile rédacteur en ces matières, lui avait donné sa forme définitive. C'étaient à peu près l'organisation et les attributions des municipalités françaises, sauf qu'on n'avait pas jugé possible d'introduire, dès le début, le principe électif. Cette mesure, l'une des plus fécondes que l'on pût prendre, fut accueillie avec grande satisfaction en Algérie. Elle devait survivre, au moins dans ses principales dispositions, à beaucoup de transformations et de bouleversements. En 1873, un député algérien, d'opinion avancée, disait à M. le duc d'Aumale que, de toutes les institutions du passé, l'ordonnance du 28 septembre 1847 était restée la plus chère aux Français d'Afrique.

Pendant les quelques mois de son gouvernement, le prince résolut ou aborda beaucoup d'autres questions : réorganisation des tribunaux de commerce avec élection de leurs magistrats; création d'un comptoir de la Banque de France à Alger; développement des voies de communication; fixation définitive des plans du port d'Alger et activité imprimée aux travaux; construction de postes et de batteries pour la défense des côtes, etc... Soucieux de développer la colonisation, le gouverneur faisait étudier dans chaque province la détermination des zones où les Européens pourraient s'établir; il cherchait à simplifier la procédure des concessions et des mises en possession. Il assurait aux colons un débouché pour leurs récoltes, en interdisant à l'intendance d'acheter au dehors, comme elle l'avait fait souvent, la subsistance des troupes. Il pensait surtout que le meilleur moyen de seconder cette colonisation et de lui procurer les terrains nécessaires, était de débrouiller les questions fort obscures ayant trait à l'assiette de la propriété arabe et d'arriver, sans violence, sans spoliation, au cantonnement graduel des tribus ; des études étaient faites dans ce sens. La sollicitude que le prince témoignait à la population civile ne lui faisait pourtant pas négliger les Arabes. Sa politique à leur égard était équitable, bienveillante, respectueuse des droits acquis et des mœurs, mais elle tendait à les fixer au sol, à affaiblir parmi eux la grande féodalité, trop souvent tyrannique pour les populations et hostile à la France. Tout en maintenant l'excellente institution des bureaux arabes, il soumettait les indigènes, en matière criminelle, à la juridiction des tribunaux français. Comme bienvenue, il leur apporta une amnistie qui rendit la liberté à beaucoup de prisonniers détenus en France. Plusieurs tribus émigrées furent rapatriées et installées sur des territoires désignés à cet effet. Un projet fut préparé, de concert avec La Moricière, pour l'organisation de l'instruction publique musulmane. Le duc d'Aumale apportait ainsi, dans tous les ordres de questions, une activité intelligente qui ne pouvait sans doute se flatter de résoudre instantanément tous les problèmes, mais dont on devait, avec le temps, recueillir les fruits. « Amis et ennemis, lui écrivait M. Guizot, sont unanimes à reconnaître l'heureuse impulsion que vous avez donnée à toutes choses. »

II

Si occupé qu'il fût des affaires administratives, le duc d'Aumale ne pouvait perdre de vue Abd el-Kader, réfugié avec sa deïra, dans le Maroc, à peu de distance de notre territoire [1].

[1] Pour le récit qui va suivre, je me suis servi principalement des *Souvenirs* toujours si exacts du général DE MARTIMPREY, et du remarquable ouvrage de M. Camille

La prise d'armes de 1845 nous avait appris tout ce qu'on pouvait craindre de cet indomptable ennemi. Si dénué qu'il fût, tant qu'il demeurait libre, une menace planait sur la colonie. Le gouverneur faisait donc surveiller la frontière, tandis que notre diplomatie agissait sur l'empereur Abd er-Raman. Celui-ci commençait à comprendre que l'émir était plus menaçant encore pour lui que pour la France, et qu'il travaillait à se créer un État indépendant aux dépens du Maroc. Les Kabyles du Rif, voisins de la deïra, s'étant plaints à Fez d'avoir été razziés par Abd el-Kader, l'empereur envoya au caïd de cette région un renfort de cavaliers et l'ordre de s'emparer de l'émir. Celui-ci répondit en surprenant de nuit le camp des Marocains et en tuant le caïd. Ce coup d'audace irrita fort Abd er-Raman. « Tout ce que tu nous as prédit est arrivé, mandait-il à notre consul général; tu connaissais mieux que nous les ruses diaboliques d'Abd el-Kader; il ne lui reste plus que la vengeance céleste à attendre, et c'est à nous de faire disparaître de ce monde la trace même de ses pas. » Les marabouts qui cherchèrent à s'interposer en faveur de l'émir furent fort mal reçus du sultan. « Ce n'est point un vrai musulman, disait ce dernier, celui qui, après avoir demandé l'hospitalité, cherche à trahir son hôte!... C'est un rebelle qui trace une ligne de feu et de sang partout où il passe. Je ne veux rien entendre de lui... L'un de nous deux doit commander dans l'empire, et Dieu va décider entre nous. » Vers cette même époque, en septembre 1847, une partie de la tribu algérienne des Beni-Amer, émigrée récemment dans l'intérieur du Maroc, ayant voulu rejoindre la deïra, l'empereur la fit poursuivre et impitoyablement massacrer. Abd el-Kader, venu à sa rencontre, ne put qu'être témoin de cette extermination et s'échappa lui-même avec peine. Commençant un peu tard à se rendre compte qu'il avait trop bravé le souverain du Maroc, il essaya de l'apaiser et d'entrer en négociation. Ce fut sans succès. Son envoyé fut retenu prisonnier. L'armée destinée à le combattre

---

Rousset sur la *Conquête de l'Algérie*. J'ai aussi consulté la *Vie du général de La Moricière*, par M. Keller.

grossissait chaque jour ; le fils de l'empereur venait en prendre le commandement, et, au commencement de décembre, elle comptait, dit-on, près de vingt mille cavaliers, auxquels devaient s'ajouter un nombre à peu près égal de Kabyles du Rif. Enfin, — et ce n'était pas le coup le moins redoutable, — l'émir était solennellement frappé par le sultan d'une sorte d'excommunication religieuse.

Cette crise nous intéressait trop pour échapper à la vigilance du duc d'Aumale et de ses lieutenants. Ils eurent d'abord quelque peine à croire à l'énergie d'Abd er-Raman ; mais quand ils le virent se mettre sérieusement en mouvement, ils prirent de leur côté les précautions nécessaires. La Moricière, vers la fin de novembre, se rapprocha de la frontière avec un corps de cinq à six mille hommes, et s'y tint sur le qui-vive, prêt à marcher à la première alerte.

La situation d'Abd el-Kader devenait singulièrement critique. Aux quarante mille hommes rassemblés pour l'attaquer, il n'a à opposer qu'une poignée de combattants. Ses réguliers, vétérans de toutes ses guerres, sont à peine mille à douze cents, admirables, il est vrai, de bravoure et de dévouement. Les cinq à six cents tentes de sa deïra contiennent surtout des femmes, des enfants, des vieillards, des esclaves ; il peut cependant en tirer encore mille à quinze cents combattants de moindre valeur. Il n'a guère plus de huit jours de vivres. Malgré tout, jamais si hardi que dans les cas désespérés, il décide de prendre l'offensive. Ses ennemis, d'ailleurs, en dépit de leur immense supériorité, semblent hésiter à l'aborder, comme des chiens poltrons autour d'un redoutable sanglier. Son plan est de surprendre de nuit les camps marocains qui, au nombre de quatre, occupent les hauteurs, de courir droit à la tente du fils de l'empereur et de s'emparer de sa personne ; une fois en possession d'un tel otage, il pourra traiter avantageusement. L'attaque a lieu dans la nuit du 10 au 11 décembre. Mais le secret en a été livré aux Marocains, qui sont sur leurs gardes. Les assaillants trouvent le premier camp désert. Ils se jettent sur le second ; le fils de l'empereur n'y est pas. Bientôt le jour commence à paraître. Épuisés, accablés par le nombre, décimés par le feu de l'ennemi, les réguliers sont obligés de battre en retraite, en laissant sur le terrain la moitié de leur effectif. Cet insuccès ne laisse plus aucun espoir à Abd el-Kader. Acculé à la mer et à la Moulouïa, petite rivière au delà de laquelle est la frontière algérienne, serré de plus en plus près par la masse des Marocains, voyant les défections se produire dans ses rangs et jusque parmi ses frères, il n'a plus d'autre ressource, pour sauver du massacre la deïra où il a des êtres très chers, sa mère, sa femme, ses enfants, que de la faire passer sur le territoire français. Dans la nuit du 20 au 21 décembre, commence la traversée du gué de la Moulouïa. Au lever du soleil, les Marocains paraissent sur les hauteurs : il faut livrer un dernier combat pour couvrir la retraite de la deïra. Les réguliers se dévouent. Abd el-Kader est au milieu d'eux, la tête, la poitrine et les pieds nus, brave entre les plus braves, cherchant la mort sans la trouver; ses vêtements sont criblés de balles, et il a trois chevaux tués sous lui. A la fin de la journée, un tiers de ses combattants a succombé, mais le but est atteint; la deïra touche le sol algérien. L'émir conseille alors à ses soldats de se disperser et d'aller faire leur soumission aux Français. Les survivants des réguliers, en haillons, noirs de poudre, exténués, décharnés, la plupart criblés de blessures, mais d'allure encore superbe, se dirigent les uns vers la ville de Nemours, les autres vers le camp de La Moricière. Abd el-Kader ne les suit pas. Accompagné de quelques cavaliers, il s'éloigne vers le sud. Espère-t-il gagner le désert et y tenter encore une fois la fortune? Ou bien n'est-ce pas plutôt le souvenir des prisonniers français odieusement massacrés par son ordre, presque au même endroit où il vient de livrer son dernier combat, qui pèse sur lui et le fait hésiter à se fier à la générosité française?

De la frontière strictement gardée, La Moricière suit tous ces événements. L'important est de mettre la main sur Abd el-Kader. Avec son coup d'œil habituel et sa connaissance des lieux, le général devine que l'émir devra passer par le col de Kerbous, voisin de la frontière. Sans perdre une minute, il y envoie un détachement de spahis, et lui-même se met en route, au milieu de la nuit, avec le gros de ses troupes. Il a vu juste. Au bout de peu de temps, on entend quelques coups de feu : c'est Abd el-Kader qui essaye de forcer le passage. Le trouvant gardé, il se décide enfin à suivre le parti que sa mère et sa femme l'ont supplié de prendre, et à se livrer aux Français. Ne pouvant écrire à cause de la nuit noire et du mauvais temps, il envoie à La Moricière l'empreinte de son cachet sur un papier tout mouillé par la pluie. Le général lui fait porter, avec la promesse de l'*aman*, son propre sabre comme gage de sa parole. Le jour venu, l'émir écrit à La Moricière : « ...J'ai reçu le cachet et le sabre que tu m'as fait remettre comme signe que tu avais reçu le blanc-seing que je t'avais envoyé... Cette réponse de ta part m'a causé de la joie et du contentement. Cependant, je désire que tu m'envoies une parole française qui ne puisse être ni diminuée ni changée, et qui me garantira que vous me ferez transporter, soit à Alexandrie, soit à Akka (Saint-Jean d'Acre), mais pas autre part. Veuille m'écrire à ce sujet d'une façon positive... » Le général estime qu'avant tout il ne faut pas laisser échapper l'occasion, vainement cherchée pendant tant d'années, de délivrer notre colonie de son plus redoutable ennemi; il a trop l'expérience du pays et de l'homme pour être sûr de s'emparer de ce dernier s'il veut gagner le désert; aussi n'hésite-t-il pas à prendre sur lui d'accepter les conditions de l'émir. « J'ai reçu ta lettre, lui répond-il, et je l'ai comprise. J'ai l'ordre du fils de notre Roi de t'accorder l'*aman* que tu m'as demandé et de t'accorder le passage de Djemma-Ghazaouet à Alexandrie ou à Akka; on ne te conduira pas autre part. Viens, comme il te conviendra, soit de jour, soit de nuit. Ne doute pas de cette parole : elle est positive. Notre souverain sera généreux envers toi et les tiens... »

Le lendemain, — c'était le 23 décembre, — Abd el-Kader vient se livrer aux Français, sur le plateau même de Sidi-Brahim où, deux ans auparavant, il a exterminé la petite troupe du colonel de Montagnac : le marabout est là avec ses murs encore tachés de sang, et les ossements jonchent le sol. L'émir croyait rencontrer La Moricière ; mais celui-ci étant occupé ailleurs à pourvoir au sort des nombreux fugitifs, il est reçu par le colonel de Montauban. Après avoir salué gravement la cavalerie française, il pousse jusqu'à Nemours, où il rejoint enfin La Moricière ; celui-ci y arrivait sans autre escorte que quelques-uns des réguliers qui s'étaient rendus à lui la veille. Abd el-Kader remet son yatagan au général, « le seul homme, dit-il, entre les mains duquel il a pu se résoudre à consommer le sacrifice suprême de son abdication ».

Quelques heures auparavant, dans cette même petite ville de Nemours, débarquait le duc d'Aumale qui était parti d'Alger le 18 décembre, sur les pressantes instances de La Moricière, mais qui avait été retardé par le mauvais état de la mer. Le commandant de la province d'Oran lui rend aussitôt compte de tout ce qu'il a fait. Après quelques instants de réflexion, le prince donne son approbation entière, et déclare au général, qui l'en remercie avec émotion, qu'il ratifie les engagements pris et en assume la responsabilité. Le soir, Abd el-Kader, conduit par La Moricière, vient rendre visite au gouverneur. « Tu devais, depuis longtemps, désirer ce qui arrive aujourd'hui, lui dit-il ; l'événement s'est accompli à l'heure que Dieu avait marquée. » Le prince confirme alors à l'émir la promesse qui lui a été faite de le conduire à Saint-Jean d'Acre ou à Alexandrie ; toutefois il ajoute : « Il sera ainsi fait, s'il plaît à Dieu ; mais il faut l'approbation du Roi et des ministres, qui seuls peuvent décider sur l'exécution de ce qui est convenu entre nous trois ; quant à moi, je ne puis que rendre compte de ce qui s'est passé, et t'envoyer en France pour y attendre les ordres du Roi. » — « Que la volonté de Dieu soit faite, répond l'émir ; je me confie à toi. » Le prince prévient en outre Abd el-Kader, qui paraît le comprendre, qu'on ne pourra pas l'envoyer tout de suite en Orient, et que le gouvernement devra préalablement se concerter avec la Porte. La conversation se prolonge pendant quelques instants : on parle du passé, particulièrement de la prise de la Smala. A la fin de la visite, le duc d'Aumale rappelle à l'émir, qui eût bien voulu l'oublier, qu'il doit lui amener un cheval en signe de soumission. En rentrant dans sa tente, Abd el-Kader, jusque-là si stoïque, ne peut s'empêcher de pleurer : toute la nuit, il demeure sans sommeil, secoué par ses sanglots.

Le lendemain matin, l'âme brisée, mais résignée, l'émir monte la dernière jument qui lui reste et qui, comme lui-même, est blessée ; puis il s'avance, suivi de quelques serviteurs, vers le logement du gouverneur. A une certaine distance, il met pied à terre, et, conduisant le cheval par la bride, il s'approche du duc d'Aumale qui est entouré de son état-major. « Je t'offre ce cheval, lui dit-il, le dernier que j'aie monté ; c'est un témoignage de ma gratitude, et je désire qu'il te porte bonheur. » — « Je l'accepte, répond le prince, comme un hommage rendu à la France dont la protection te couvrira désormais, et comme signe de l'oubli du passé. » Les nombreux indigènes, témoins de cette scène, ne cachent pas leur émotion. Abd el-Kader retourne ensuite à pied à sa tente. Dans l'après-midi, il s'embarque, avec le gouverneur, sur un bâtiment à vapeur qui le conduit à Mers el-Kébir, le port d'Oran. Là, il est transbordé sur une frégate qui fait immédiatement route pour Toulon. Pendant ce temps, un *Te Deum* solennel d'actions de grâces était chanté dans la principale église d'Oran, en présence du prince, du général de La Moricière et de toutes les autorités.

Dans la joie d'un succès qui marquait si heureusement les débuts de son gouvernement, le jeune prince eut le bon goût de ne pas oublier le vieux guerrier qui, après avoir été si longtemps à la peine, ne se trouvait pas être à l'honneur ; il écrivit au maréchal Bugeaud : « Les événements du Maroc et la vie politique d'Abd el-Kader ont eu le dénouement que vous prévoyiez et que je n'osais espérer. Lorsque le grand fait s'est accompli, votre nom a été dans tous les cœurs. Chacun s'est rappelé avec reconnaissance que c'est vous qui aviez mis fin à la lutte, que c'est l'excellente direction que vous aviez donnée à la guerre et à toutes les affaires d'Algérie qui a amené la ruine morale et matérielle d'Abd el-Kader. » Visiblement touché au cœur, le maréchal répondit : « J'étais certain d'avance que vous pensiez ce que vous m'écrivez sur la chute d'Abd el-Kader. Vous avez l'esprit trop juste pour ne pas apprécier les véritables causes de cet événement, et l'âme trop élevée pour ne pas rendre justice à chacun. Comme tous les hommes capables de faire les grandes choses, vous ne voulez que votre juste part de gloire, et, au besoin, vous en céderiez un peu aux autres. Dans cette circonstance, mon prince, vous m'avez beaucoup honoré, mais vous vous êtes honoré bien davantage. » Sous la même inspiration, le duc d'Aumale envoyait à Mme de La Moricière le yatagan que le général, son mari, avait reçu d'Abd el-Kader lors de sa soumission, et qu'il avait ensuite remis au gouverneur, et il faisait présent au général Changarnier du pistolet que l'émir avait laissé à l'arçon de sa selle en amenant le cheval de soumission. Le prince tenait évidemment à bien marquer ce qui était dû, dans le bonheur présent, aux efforts passés. C'était d'un cœur délicat et d'une politique habile.

Il semble qu'un événement aussi heureux, aussi décisif pour l'avenir de notre domination algérienne, eût dû causer en France une satisfaction sans mélange. Mais il fallait compter avec un esprit d'opposition alors trop surexcité pour laisser juger des choses au seul point de vue patriotique. C'était ainsi qu'à la veille de la révolution de 1830, les libéraux de ce temps, loin d'applaudir à la prise d'Alger, avaient vu avec déplaisir un succès qui pouvait servir au gouvernement et s'étaient efforcés d'en obscurcir l'éclat. Aussitôt la nouvelle de la reddition d'Abd el-Kader arrivée à Paris, dans les premiers jours de janvier 1848, les journaux de gauche affectèrent d'en réduire la portée et d'y voir un pur hasard dont le gouvernement n'était pas fondé à se faire honneur. Cherchant où faire porter leur critique, ils s'attaquèrent à l'engagement contracté envers l'émir, feignant de croire qu'il eût été facile de s'emparer de sa personne sans souscrire aucune condition. Ils s'en prenaient moins à La Moricière, chez lequel ils ménageaient un député siégeant sur les bancs de l'opposition, qu'au duc d'Aumale. A les entendre, le général n'avait pas eu, dans la chaleur et la rapidité de l'action, le loisir de beaucoup réfléchir; il appartenait au gouverneur de décider avec plus de maturité et de liberté d'esprit. L'approbation que ce dernier avait donnée était présentée comme un acte de légèreté imputable à sa jeunesse; si elle eût été refusée, les mêmes journaux eussent montré là, sans doute, une malveillance jalouse. Cette campagne tendait à mettre le ministère en demeure de désavouer le prince, ou, s'il s'y refusait, à l'accuser une fois de plus de courtisanerie.

Le duc d'Aumale avait prévu ces attaques. Quand, après avoir entendu le rapport du général de La Moricière, il s'était décidé à ratifier l'engagement pris, le général Cavaignac, présent à l'entretien, lui avait dit : « Vous serez attaqués, très vivement attaqués, soyez-en sûrs, vous surtout, prince. Plus le succès est grand, plus on s'efforcera de l'amoindrir et même de le retourner contre vous. » Cette perspective n'avait pas ébranlé un moment le gouverneur dans sa résolution de couvrir entièrement son lieutenant. « Eh bien, avait-il répondu en riant à Cavaignac, le général de La Moricière est député de la gauche, et vous n'êtes pas, je crois, sans avoir encore quelques amis dans le parti républicain : à vous deux de parer. » La Moricière était sans doute sous l'impression de l'avertissement donné par Cavaignac, quand, dans cette même journée du 24 décembre, il écrivait à sa femme : « Nous n'étions pas sûrs de prendre l'émir; il a proposé de se soumettre, j'ai accepté, le voilà entre nos mains. Plus ce résultat est important, plus on va chercher à le diminuer ou à le décrier. Ainsi sont les hommes. Attendez-vous donc à m'entendre attaqué en cette occasion. Je vous en préviens, pour que vous ne vous en étonniez pas. » Du reste, une fois rentré en France, le commandant d'Oran profita de sa position de député pour justifier sa conduite du haut de la tribune; il expliqua comment Abd el-Kader eût pu s'échapper, et à ceux qui disaient qu'il eût mieux valu courir cette chance et que l'émir était moins dangereux dans le désert qu'à Alexandrie, il ripostait vivement : « Si telle est votre opinion, rien n'est plus facile que de le remettre au désert : vous n'avez qu'un mot à dire ; les chemins sont ouverts, et, si vous lui offrez la liberté, votre prisonnier ne la refusera pas. »

Tout en laissant à La Moricière le soin de « parer » les coups de l'opposition, le duc d'Aumale ne négligeait pas, de son côté, d'agir auprès du gouvernement pour prévenir un désaveu qui eût été bien autrement grave que toutes les criailleries de journaux. Dès le 24 décembre, il adressait à M. Guizot une dépêche où, après avoir fait connaître l'engagement pris envers l'émir par La Moricière, il exprimait le vœu qu'on n'en fît pas attendre longtemps l'exécution : « Sans cette condition, ajoutait-il, il était fort possible qu'un homme seul, résolu, entouré d'une poignée de cavaliers fidèles, parvînt à nous échapper et à gagner les tribus qui lui sont encore dévouées dans le Sud, où il nous eût suscité de grands embarras. Je ne pense pas qu'il soit possible de manquer à la parole donnée par cet officier général. » Le 1er janvier 1848, le ministre de la guerre répondait au duc d'Aumale : « Vous avez ratifié les promesses faites par le général de La Moricière, et la volonté du Roi est qu'elles soient exécutées. Le cabinet s'occupe des mesures propres à prévenir les embarras éventuels qui pourraient naître, dans l'avenir, du caractère aventureux et perfide de l'émir. » Cette dernière réserve était justifiée : il eût été imprudent de débarquer purement et simplement Abd el-Kader dans quelque port du Levant, sans prendre aucune mesure pour l'empêcher de travailler de là contre nous ou même de revenir nous faire la guerre en Algérie. L'attention du gouvernement était d'autant plus en éveil sur ce danger, que l'émir, causant avec le colonel Daumas qui était venu le voir à Toulon, avait émis la prétention, dont il n'avait pas été question lors de sa reddition, d'aller s'établir à la Mecque, loin de toute surveillance française et au foyer le plus ardent du fanatisme musulman. Le ministère n'admettait l'idée de conduire Abd el-Kader à Alexandrie que s'il devait y être en quelque sorte interné et tenu dans l'impossibilité de nous nuire.

Tant qu'il se préoccupait seulement d'obtenir ces garanties, le gouvernement ne manquait pas aux promesses faites par le duc d'Aumale. Mais y avait-il chez lui quelque autre arrière-pensée? Songeait-il à désavouer ces promesses? On avait remarqué qu'à peine arrivé à Toulon, Abd el-Kader, au lieu d'être gardé au lazaret, avait été enfermé comme un prisonnier au fort Lamalgue. Le 3 janvier, lors de la nomination de la commission de l'adresse, M. Léon Faucher ayant critiqué, dans son bureau, l'engagement contracté et ayant sommé le ministère de dire s'il le prenait à son compte, M. Guizot répondit qu'il réservait son opinion, qu'il n'avait pas arrêté encore de parti, et que la publication faite, dans le *Moniteur*, du rapport du gouverneur général n'impliquait pas ratification. Deux semaines après, le 17 janvier, à la Chambre des pairs, le président du conseil, tout en exprimant l'espoir d'arriver à concilier le maintien des paroles données avec ce qu'exigeait la sécurité de l'Algérie, insistait d'une façon significative sur ce « qu'il n'appartenait pas à un général, à un général en chef, même à un prince, d'engager politiquement, sans retour, sans examen, le gouvernement du Roi » ; il ajoutait que, « dans la question qui lui était soumise, le gouvernement conservait et entendait conserver la pleine liberté de son examen et de sa décision ». Le lendemain, le *Journal des Débats* développait, dans un grand article, une thèse semblable. Enfin, vers la même époque, on tâchait, sans succès, il est vrai, par l'entremise du colonel Daumas, d'amener l'émir à demander de lui-même à rester en France.

Tout cela indiquait évidemment chez les ministres une méfiance, après tout assez justifiée par le passé, de ce que chercherait à faire Abd el-Kader une fois hors de nos mains; ils eussent été heureux de pouvoir honorablement échapper à l'exécution de l'engagement pris; mais, d'autre part, ils n'oubliaient pas que cet engagement avait seul permis de s'emparer de la personne de l'émir, et que, en dépit de toutes les thèses sur le droit de ratification, l'honneur de la France était engagé dans une certaine mesure. D'Alger, d'ailleurs, le duc d'Aumale ne manquait pas de faire valoir avec beaucoup de force ces considérations, et il déclarait sa volonté très nette de donner sa démission s'il était désavoué. Est-ce l'effet de cette menace? toujours est-il que les déclarations faites, le 5 février, par M. Guizot, à la Chambre des députés, différaient notablement de son langage à la Chambre des pairs. Il y annonçait que « le gouvernement se proposait de tenir la parole donnée » et d'envoyer l'émir à Alexandrie ; il ajoutait qu'une négociation était ouverte pour obtenir du pacha d'Égypte les garanties de surveillance nécessaires à notre sécurité. Le 22 février, à la veille même de la révolution, le Roi, causant avec M. Horace Vernet qui allait faire le portrait de l'émir, le chargeait de donner à ce dernier toute assurance pour la prochaine réalisation des promesses faites par le duc d'Aumale. On le voit, le gouvernement avait, plus ou moins à regret, pris son parti de ratifier ce qui avait été fait. Si donc Abd el-Kader a été, pendant quatre ans encore, retenu prisonnier en France, c'est le fait de la république, non de la monarchie de Juillet. La république a-t-elle cru trouver, dans l'ébranlement général causé par la révolution, des raisons nouvelles qui l'autorisaient à prendre cette mesure? Ce n'est pas le lieu d'examiner cette question. Remarquons seulement que le pouvoir a été alors occupé, pendant un certain temps, par les hommes qui devaient attacher le plus d'importance à observer la parole donnée, par les généraux de La Moricière et Cavaignac.

Si la reddition d'Abd el-Kader causait quelques embarras passagers au gouvernement français, elle avait, en Algérie même, un effet immense et singulièrement bienfaisant. Nulle victoire n'eût autant servi à affermir notre domination, à soumettre les Arabes et à donner confiance aux colons. Partout se manifestait une impression de paix et de sécurité, inconnue jusqu'alors. L'Afrique française voyait s'ouvrir devant elle une ère vraiment nouvelle. Tel était le changement que, du coup, l'armée d'occupation eût pu être réduite d'un tiers. Le duc d'Aumale insista cependant pour qu'on ne rappelât pas immédiatement en France les régiments devenus disponibles : ceux-ci lui paraissaient pouvoir être employés plus utilement en Algérie. Il avait préparé, pour la conquête de la Kabylie, demeurée indépendante malgré les diverses expéditions du maréchal Bugeaud, un plan qui pouvait être exécuté au printemps de 1848, si aucune tâche plus urgente ne s'imposait. Ajoutons qu'à ce moment, tout attentif qu'il fût aux choses de son gouvernement, il ne s'y absorbait pas exclusivement et ne laissait pas de porter ses regards au loin. En présence de la situation chaque jour plus troublée de l'Europe et particulièrement de l'Italie, il croyait que la France serait amenée prochainement à quelque action militaire, et, dans ce cas, l'armée d'Afrique lui semblait appelée à jouer un rôle considérable. Sous l'empire de cette préoccupation, il ramenait sur la côte, pendant le mois de janvier 1848, les troupes dont la présence n'était plus nécessaire dans l'intérieur des provinces. Il massait ainsi, sans bruit, à proximité des ports, environ quinze mille soldats aguerris qui, en quatre jours et sans donner l'éveil à personne, pouvaient être embarqués et dirigés sur un point quelconque de la Méditerranée[1]. L'emploi possible de ce corps expéditionnaire faisait travailler la jeune et généreuse imagination du gouverneur : il voyait déjà s'ouvrir devant lui de plus importants champs de bataille, et son âme frémissait à la pensée des grandes choses qu'il aurait peut-être l'occasion d'y faire, pour cette France tant aimée. Ces idées l'occupaient, quand, le 10 février 1848, il fut rejoint à Alger par le prince de Joinville qui cherchait pour la princesse, sa femme, un climat plus chaud que celui de Paris. Le vainqueur de Saint-Jean d'Ulloa et de Mogador n'avait pas le patriotisme moins ardent que le vainqueur de la Smala. On peut donc s'imaginer les rêves de gloire qui durent être alors ébauchés dans les conversations des deux frères. Hélas! le réveil était proche, et quel réveil!

---

[1] Ce sont ces troupes que la république devait trouver toutes prêtes et dont elle fera le noyau de l'armée des Alpes.

CHAPITRE VI

LA DERNIÈRE SESSION.

(Décembre 1847. — Février 1848.)

I. Malaise des esprits. N'aurait-il pas mieux valu changer le cabinet? Le Roi rebute ceux qui lui donnent ce conseil. Madame Adélaïde. La famille royale. Raisons pour lesquelles M. Guizot ne veut pas quitter le pouvoir. Sa conversation avec le Roi. État d'esprit de M. Duchâtel. Les opposants ne croient pas à la possibilité d'une révolution. — II. Le discours du trône. Irritation de l'opposition. La majorité paraît compacte. — III. L'adresse à la Chambre des pairs. Le débat sur l'Italie. M. Guizot expose sa politique. Le débat sur la Suisse. Discours de M. de Montalembert. — IV. A la Chambre des députés, attaque sur l'affaire Petit. Réponse de M. Guizot. — V. L'adresse au Palais-Bourbon. La question budgétaire. M. Thiers et M. Duchâtel. Quelle est la véritable situation des finances? Le bilan du règne. — VI. L'amendement sur la question de moralité. Discours de M. de Tocqueville. Discussion scandaleuse. — VII. Le débat sur les affaires étrangères. Dans la question italienne, M. Guizot a un avantage marqué sur M. Thiers. Discours révolutionnaire de M. Thiers sur la Suisse. Fatigue de M. Guizot. L'opposition le croit physiquement abattu. Il parle avec un succès éclatant sur la nomination du duc d'Aumale. — VIII. La question de la réforme. Beaucoup de conservateurs voudraient qu'on « fît quelque chose ». Le projet de banquet du XIIe arrondissement. Défis portés, à la tribune, par les opposants. Réponses de M. Duchâtel et de M. Hébert. Les amendements Darblay et Desmousseaux de Givré. L'article additionnel de M. Sallandrouze. Déclaration un peu ambiguë de M. Guizot. Il a agi malgré le Roi. Le ministère l'emporte au vote, mais il sort affaibli de cette discussion.

I

L'ouverture de la session était annoncée pour le 28 décembre 1847. L'opposition, tout échauffée de ses banquets, y arrivait dans un état de surexcitation extrême et résolue à ne garder aucun ménagement. Un symptôme encore plus inquiétant peut-être était le malaise et le trouble de cette grande masse qui joue le rôle de spectateur dans le drame politique. Tout y avait contribué : les mécomptes de la dernière session, les souffrances de la crise économique et surtout le doute où l'on était parvenu à jeter les esprits sur la moralité du régime. De nouveaux scandales [1], de retentissants suicides [2] venaient encore d'assombrir les derniers mois de 1847. « Triste année », écrivait le 31 décembre, à l'heure même où elle finissait, un ami du cabinet, « année marquée par tant de désastres, tant de catastrophes, tant de crimes publics ou privés, et qui apparaîtra dans l'histoire avec une physionomie toute particulière, plus sombre que celle des années mêmes où ont éclaté de grandes et sanglantes révolutions, parce qu'elle a semblé mettre à nu les plaies d'une société corrompue [3]. » Le même observateur ajoutait, quelques jours plus tard : « Les esprits sont inquiets, tristes, agités. Les événements de la politique extérieure, l'état de la Suisse et de l'Italie, en France même le réveil plus ou moins sérieux de l'esprit révolutionnaire, attesté par les banquets, les nombreuses catastrophes qui ont semblé prouver, depuis quelques mois, l'affaiblissement du sentiment moral tant dans le gouvernement que dans les classes supérieures, les embarras financiers, les souffrances du commerce et de l'industrie, les faillites, moins nombreuses, moins énormes qu'en Angleterre, en Belgique et en Allemagne, mais considérables pourtant, la baisse des fonds, les bruits sans cesse répandus sur la maladie ou la mort du Roi, et qui rappellent si vivement aux imaginations les chances de l'existence d'un homme de soixante-quinze ans, tel est le fonds bien sombre sur lequel roulent tous

[1] Un pair portant un grand nom de l'Empire était devenu fou à la suite de désordres et avait voulu, dit-on, tuer sa maîtresse. Un autre, ambassadeur en fonction, pris d'un accès de manie furieuse à la suite de querelles domestiques, s'était enfermé dans une chambre d'hôtel, avec ses deux enfants, menaçant de les tuer et de se tuer après; ce n'était qu'après trois heures d'efforts qu'on était parvenu à se rendre maître de lui et à l'enfermer dans une maison de santé.

[2] Le plus douloureux de ces suicides fut celui du comte Bresson, l'habile négociateur des mariages espagnols, qui se coupa la gorge à Naples, où il venait d'être nommé ambassadeur. Le déboire très vif qu'il avait ressenti en se voyant appelé momentanément à un poste secondaire ne suffisait pas à expliquer cet acte de désespoir, qui devait être attribué à un accès de fièvre chaude.

[3] *Journal inédit du baron de Viel-Castel.*

les entretiens. Il faut ajouter que, par suite des diverses calamités qui ont affligé la société, l'hiver s'écoule sans fêtes, sans bals, sans grandes réunions; que le commerce s'en ressent et s'en plaint. Aussi le mécontentement est-il général. On se croit vaguement menacé de quelque grande calamité[1]. » La même impression se retrouve chez d'autres contemporains. « On n'entend que des bruits sinistres » ; écrivait M. Doudan[2]. Pas de mauvaises nouvelles qui ne trouvassent immédiatement créance : à plusieurs reprises, on crut le Roi malade ou même mort. Un député ministériel, déjà assez en vue, bien que fort loin de la notoriété qu'il devait acquérir plus tard, M. de Morny, avouait son anxiété dans un article publié par la *Revue des Deux Mondes;* il y déclarait que « la situation politique était plus grave et plus difficile qu'elle ne l'avait été depuis longtemps ». Le désarroi, le découragement des amis naturels du cabinet frappaient tous les observateurs un peu perspicaces. Dès le 3 octobre 1847, M. de Barante envoyait à M. Guizot cet avertissement : « Le parti conservateur est, je crois, fidèle, mais plus attristé qu'on ne vous le dit : vous avez à lui donner courage et contentement. Vous avez besoin d'une forte session et de quelques discussions éclatantes, pour regagner ce que l'insolence des journaux et la présomption des opposants d'ordre inférieur ont fait perdre en considération au gouvernement[3]. » Le même M. de Barante écrivait, deux mois plus tard, à un de ses amis : « Le parti conservateur soutiendra M. Guizot, mais avec une mollesse chagrine, avec plus de crainte de l'opposition que de confiance dans le cabinet[4]. »

De bons esprits, — dont plusieurs n'étaient nullement ennemis des hommes au pouvoir, — en venaient à se demander s'il ne vaudrait pas mieux éviter la lutte que l'engager dans ces conditions périlleuses, et s'il ne serait pas plus sage de changer le cabinet avant l'ouverture de la session. A leur avis, la situa-

---

[1] *Journal inédit du baron de Viel-Castel.*
[2] *Mélanges et lettres*, t. II, p. 148.
[3] *Documents inédits.*
[4] *Ibid.*

tion était trop tendue; il fallait à tout prix la détendre. N'était-ce pas précisément l'avantage du régime parlementaire et de la responsabilité ministérielle de permettre à la couronne de se plier aux évolutions successives de l'esprit public? Que les idées de l'opposition fussent peu raisonnables, ses mobiles et ses procédés encore moins respectables, plusieurs de ceux qui désiraient un nouveau ministère ne le contestaient pas; mais ils croyaient impossible de ne pas tenir compte des préventions qu'elle était parvenue à soulever. Ils ne s'arrêtaient pas à ce fait que le cabinet avait jusqu'ici gardé la majorité dans les Chambres; pour être encore numériquement nombreuse, cette majorité leur semblait moralement ébranlée; si elle suivait le ministère, elle le suivait tristement, avec plus de docilité que de foi. Ils ajoutaient que, surtout avec un régime de suffrage restreint, on devait prêter l'oreille aux bruits qui s'élevaient parfois hors des frontières du pays légal, et y avoir égard quand ils avaient une certaine puissance. Il n'était pas jusqu'à la durée inaccoutumée du cabinet qui ne parût une raison de le remplacer. On ne doit pas croire, en effet, que, pour un ministère, une vie prolongée soit toujours une cause de force. Il faut compter avec la frivolité badaude, si vite ennuyée de toute monotonie. Une partie de l'opinion, oublieuse du dégoût et de l'inquiétude que lui avait causés, avant 1840, un régime de crises ministérielles incessantes, finissait par se lasser de voir au gouvernement les mêmes visages. D'ailleurs, si, en gardant longtemps le pouvoir, de ministres peuvent, par les services rendus, créer et fortifier leur clientèle, ils éveillent aussi forcément autour d'eux, par ce qu'ils font et par ce qu'ils ne font pas, des déceptions, des ressentiments, des jalousies, dont l'accumulation devient un véritable péril. Et puis, dans les luttes parlementaires de quelque durée, la situation est loin d'être égale entre eux et les opposants : ces derniers, après chaque défaite, sont libres de se retirer à l'écart, pendant un certain temps, pour restaurer leurs forces; ainsi avait fait souvent M. Thiers; les ministres, au contraire, ne sauraient s'éloigner, un seul instant, du champ de bataille;

ils doivent y demeurer quand même, exposés aux coups de leurs ennemis, aux exigences de leurs amis, aux surprises des événements; de là souvent ce résultat bizarre que les blessures du vainqueur restent à vif et même s'enveniment, tandis que celles du vaincu se cicatrisent assez promptement.

Quelles que fussent les raisons alléguées en faveur d'un changement de ministère, elles se brisaient devant la volonté absolument contraire du Roi. Déjà j'ai eu l'occasion de montrer quel était alors l'état d'esprit de Louis-Philippe [1]. L'irritation que lui avait causée la campagne des banquets, l'affermissait encore dans son parti pris de ne rien céder à l'opposition. Et puis il se sentait tout à fait rassuré sur la correction constitutionnelle de sa conduite. Pour rien au monde, il n'eût cherché, comme Charles X, à gouverner contre la majorité. Mais le pays, consulté en 1846, n'avait-il pas répondu en donnant au ministère une majorité qui, depuis lors, lui était demeurée fidèle? Après sa chute, Louis-Philippe revenait volontiers sur cet argument qui lui paraissait justifier sa conduite. « Remarquez-le bien, disait-il à un de ses visiteurs de Claremont, je suis tombé en pleine constitution! Mon ministère, dont on demandait la chute, avait la majorité... Si, cédant aux clameurs de l'opposition, j'avais spontanément brisé ce ministère, je n'étais plus dans la pratique vraie du gouvernement constitutionnel. La France ne voulait plus de mes ministres, prétendaient leurs adversaires. Mais cet argument a été, de tout temps et dans tous les pays, l'arme de l'opposition... C'est ce que la plus formidable des oppositions disait à Pitt, lorsque, âgé de vingt-quatre ans, il prit les affaires. Pitt ne se laissa pas convaincre. Après avoir essuyé quatorze défaites en trois mois (mon ministère n'en avait pas encore subi une seule), il désira savoir si l'Angleterre pensait réellement comme l'opposition, et il fit appel aux électeurs. Que répondirent-ils? qu'ils étaient avec Pitt et non avec l'opposition Fort de cette réponse, Pitt garda les affaires, et il les garda

---

[1] Voir plus haut, p. 16 et 17.

vingt ans ! Mon gouvernement avait une situation bien plus belle que celle de Pitt ; la Chambre le soutenait, et le Roi, — un roi constitutionnel ! — lui devait son franc et loyal support. D'ailleurs, je croyais, moi, dans mon âme et conscience, que la politique suivie par mon ministère était la bonne, la vraie [1]. »

Il ne manquait pourtant pas de gens, dans l'entourage du Roi, pour le pousser à se séparer de ce ministère. La cour était généralement défavorable à M. Guizot, dont elle jugeait l'impopularité dangereuse pour la monarchie. L'intendant de la liste civile, M. de Montalivet, professait cette idée avec une particulière insistance. Son jugement était, à la vérité, un peu suspect, car, depuis plusieurs années, il avait pris position contre le cabinet et s'était associé aux campagnes de M. Molé [2]. Appelé par ses fonctions à travailler deux ou trois fois par semaine avec le Roi, il en profitait pour lui signaler le mécontentement croissant de l'opinion. Plusieurs autres personnes, en mesure d'aborder le souverain, lui parlaient dans le même sens, telles le maréchal Gérard, le maréchal Sébastiani, M. Dupin, et enfin le préfet de la Seine, M. de Rambuteau, qui déclarait l'esprit de la bourgeoisie parisienne fort malade et ajoutait que « la moindre écorchure amènerait la gangrène ». Louis-Philippe ne voulait rien entendre et rabrouait même parfois assez rudement ces informateurs et ces conseillers malencontreux. M. d'Haubersaert, conseiller d'État, interrogé au retour d'une mission qui lui avait fait parcourir une partie de la France, rapportait au Roi « qu'il y avait beaucoup d'agitation dans les esprits, que partout on demandait des réformes » ; mais Louis-Philippe l'interrompait, à chaque mot, par des « Non... Vous vous trompez... Je sais le contraire. » L'effort pour inquiéter le Roi et le détacher de M. Guizot devait se continuer dans les premiers jours de la session. M. de Montalivet se fondait sur ce qu'il était colonel de la

---

[1] *Abdication du roi Louis-Philippe,* racontée par lui-même et recueillie par M. Édouard Lemoine, p. 34 à 37.
[2] Voir t. V, p. 422 et suiv.

légion à cheval de la garde nationale, pour signaler à Louis-Philippe le mécontentement et la désaffection qui se manifestaient dans les rangs de la milice parisienne. Un jour, il avait fait de cet état d'esprit une peinture si sombre que, pour la première fois, le Roi parut ébranlé. Mais ce ne fut pas pour longtemps. Le surlendemain, comme Louis-Philippe travaillait avec son intendant, il lui dit : « J'ai été ému avant-hier; j'ai fait venir Duchâtel et Jacqueminot; ils m'ont pleinement rassuré! Cette maudite goutte vous rend pessimiste! — Hélas! Sire, répondit M. de Montalivet, c'est de l'aveuglement de vos ministres que vient le danger! — Que peut me faire la garde nationale? reprit le Roi. Je suis dans la Charte. Je n'en sortirai pas comme Charles X. Je suis donc inexpugnable. — La Chambre ne représente plus le pays; la majorité est factice. La Charte a donné au Roi le pouvoir de dissoudre afin de rectifier les malentendus graves et profonds. — Vous voulez la réforme, vous ne l'aurez pas! Non que je sois hostile à la réforme en elle-même, mais elle me mènerait par M. Molé à M. Thiers. Thiers, c'est la guerre! et je ne veux pas voir anéantir ma politique de paix. D'ailleurs, si on me pousse, j'abdiquerai. » Cette crainte de M. Thiers était alors l'un des sentiments dominants du Roi. « Vous voulez, disait-il à M. Dupin, que je renvoie mon ministère et que j'appelle Molé. Je n'ai pas, vous le savez, la moindre répugnance pour Molé; mais Molé échouera; et après lui, que reste-t-il? M. Thiers escorté de MM. Barrot et Duvergier qui voudront gouverner, qui m'ôteront tout pouvoir, qui bouleverseront ma politique; non, non, mille fois non. J'ai une grande mission à remplir, non seulement en France, mais en Europe, celle de rétablir l'ordre... C'est là ma destinée; c'est là ma gloire; vous ne m'y ferez pas renoncer [1]. »

Quand ils se voyaient rebutés par le Roi, M. de Montalivet, le maréchal Gérard, M. Dupin, M. de Rambuteau allaient assez volontiers porter leurs alarmes à Madame Adélaïde.

[1] J'ai trouvé ces divers renseignements soit dans les passages qui m'ont été communiqués, des *Mémoires de M. le comte de Montalivet*, soit dans d'autres documents contemporains également inédits.

Depuis que Louis-Philippe et sa sœur avaient pu se réunir après la première dispersion de l'émigration, ils ne s'étaient pas quittés et, à vrai dire, ils ne faisaient qu'un. Confidente de toutes les pensées de son frère, associée à son travail, admise à lire tous ses papiers, presque constamment présente dans son cabinet, Madame Adélaïde ne représentait pas, dans cette communauté si étroite, l'élément le moins viril, et, chaque fois qu'une initiative hardie avait été prise, elle n'y avait pas été étrangère. Des événements douloureux auxquels sa famille avait été mêlée à la fin du siècle dernier, elle avait gardé une sorte de ressentiment contre les hommes et les idées de la droite, et, par suite, une tendance à se porter du côté opposé. Elle avait notamment peu de goût pour M. Guizot, et en entendre mal parler ne devait pas lui déplaire. Cela ne la déterminait pas cependant à presser son frère de changer son ministère. L'admiration passionnée qu'elle portait au Roi, le souci qu'elle avait de lui conserver la prépotence dans le gouvernement, la détournaient de le contredire ouvertement sur une question où il manifestait avoir une résolution si arrêtée et où il s'était à ce point engagé [1]. D'ailleurs, elle aussi était vieillie, fatiguée. Étant tombée malade dans les derniers jours de 1847, son état s'aggrava subitement, et elle succomba le 31 décembre. Sa mort, très douloureuse pour Louis-Philippe, fit dans le public l'effet d'un nouveau son d'alarme ajouté à tous ceux qui avaient retenti au cours de cette année néfaste; l'impression générale fut que, privé de cet appui, le vieux roi serait plus faible pour résister aux crises qui pourraient éclater.

Ce que Madame Adélaïde n'avait pas pu ou voulu tenter pour détacher le Roi de M. Guizot, personne autre dans la famille royale n'était en mesure de le faire. La Reine avait été un moment assez émue des rapports de M. de Montalivet; mais le Roi, bien que lui étant très attaché et admirant beaucoup ses vertus, n'avait pas l'habitude de prendre ses avis sur

---

[1] *Mémoires inédits du comte de Montalivet.*

les choses de la politique. Quant à la duchesse d'Orléans, à raison de ses sympathies anciennes et notoires pour les hommes et les idées du centre gauche, elle était un peu suspecte à son beau-père et ne pouvait prétendre à exercer sur lui aucune influence; triste, inquiète, elle se tenait dans une grande réserve, se sentant observée avec quelque défiance, préoccupée moins d'agir elle-même que de n'être pas compromise par ceux qui s'agitaient parfois un peu indiscrètement autour d'elle. Parmi les fils du Roi, il en était qui ne cachaient pas leurs préventions contre la politique du cabinet, notamment le prince de Joinville. Mais si Louis-Philippe était un père très attaché à ses enfants, plein de sollicitude pour leur avenir, très fier de leurs brillantes qualités, il était aussi un chef de famille très jaloux de son autorité, permettant aux princes d'être les instruments, nullement les conseillers et encore moins les critiques de sa politique. Plusieurs fois, il avait manifesté son vif mécontentement quand quelqu'un d'entre eux s'était trouvé agir à l'encontre de ses idées. Ainsi était-il arrivé, notamment en 1844, lors de la publication de la note du prince de Joinville sur l'*État des forces navales de la France*[1]. A la fin de 1847, le bruit courait que, si ce même prince avait quitté son commandement dans la Méditerranée et s'il se disposait à aller passer l'hiver à Alger, c'était que son désaccord avec le Roi sur la politique extérieure et intérieure l'avait fait frapper d'une sorte de disgrâce[2].

[1] *Aus meinem Leben und aus meiner Zeit*, von ERNST II, herzog von Sachsen-Coburg-Gotha, t. I, p. 184.

[2] On a fait grand bruit, à ce propos, d'une lettre que le prince de Joinville avait écrite le 7 novembre 1847, de la rade de la Spezzia, à son frère le duc de Nemours. Cette lettre, ramassée dans quelque tiroir, lors du sac des Tuileries, le 24 février 1848, a été publiée par la *Revue rétrospective*. Cette façon de violer le secret d'une correspondance de famille, pour livrer au public les plaintes d'un fils contre son père, et cela quand ce dernier était dans le malheur, fait peu d'honneur à la délicatesse des éditeurs de la *Revue rétrospective*, et montre une fois de plus qu'on se permet dans la vie politique des procédés auxquels on aurait honte d'avoir recours dans la vie privée. Ajoutons qu'on ne saurait accepter comme un jugement réfléchi et définitif des pages écrites dans le laisser-aller d'un épanchement fraternel, à une heure d'idées noires où le prince lui-même se disait « troublé » et « funesté » par de douloureuses nouvelles. Pour avoir l'expression exacte de sa pensée, il faudrait, non sans doute prendre le contre-pied, mais baisser ses plaintes

Si Louis-Philippe ne voulait pas se séparer de son ministère, ne pouvait-il pas venir à la pensée du ministère lui-même de se retirer volontairement? M. Guizot ne devait pas ignorer qu'il y avait, dans une partie des conservateurs, une réelle lassitude de la résistance, l'effroi des violences probables de la lutte, le désir d'une détente. Ajoutons qu'il n'estimait pas ses adversaires capables de garder longtemps sa succession. Une sortie volontaire, en pareil cas, pouvait donc être, de sa part, un acte de prudence et un calcul habile;

de plusieurs tons. Ces réserves faites, voici les principaux passages de la lettre : « Mon cher bon, je t'écris un mot parce que je suis troublé par les événements que je vois s'accumuler de tous côtés. Je commence à m'alarmer sérieusement, et, dans ces moments-là, on aime à causer avec ceux en qui on a confiance. La mort de Bresson m'a funesté... Il était ulcéré contre le Roi; il avait tenu à Florence d'étranges propos sur lui. Le Roi est inflexible; il n'écoute plus aucun avis; il faut que sa volonté l'emporte sur tout. On ne manquera pas de répéter, et on relèvera, ce que je regarde comme un danger, l'action que le père exerce sur tout. Cette action inflexible, lorsqu'un homme d'État compromis avec nous ne peut la vaincre, il n'a plus d'autre ressource que le suicide. » Rien, soit dit en passant, de moins prouvé que cette interprétation donnée au suicide de M. Bresson; le prince, écrivant dans l'émotion de la première nouvelle, était évidemment mal informé. La lettre continuait en ces termes : « Il me paraît difficile que, cette année, à la Chambre, le débat ne vienne pas sur cette situation anormale qui a effacé la fiction constitutionnelle et a mis le Roi en cause sur toutes les questions. Il n'y a plus de ministres; leur responsabilité est nulle; tout remonte au Roi. Le Roi est arrivé à cet âge où l'on n'accepte plus les observations. Il est habitué à gouverner, et il aime à montrer que c'est lui qui gouverne. Son immense expérience, son courage et ses grandes qualités font qu'il affronte le danger audacieusement, mais le danger n'en existe pas moins... Nous arrivons devant la Chambre avec une déplorable situation extérieure, et, à l'intérieur, avec une situation qui n'est pas meilleure. Tout cela est l'œuvre du Roi seul, le résultat de la vieillesse d'un roi qui veut gouverner, mais à qui les forces manquent pour prendre une résolution virile. Le pis est que je ne vois pas de remède. Chez nous, que dire et que faire, lorsqu'on montrera notre mauvaise situation financière? Au dehors, que faire pour relever notre position et suivre une ligne de conduite qui soit du goût de notre pays? Ce n'est pas, certes, en faisant en Suisse une intervention austro-française, ce qui serait pour nous ce que les campagnes de 1823 ont été pour la Restauration. J'avais espéré que l'Italie pourrait nous offrir ce dérivatif, ce révulsif dont nous avons tant besoin; mais il est trop tard, la bataille est perdue... Je me résume : En France, les finances délabrées; au dehors, placés entre une amende honorable à Palmerston au sujet de l'Espagne, ou cause commune avec l'Autriche pour faire le gendarme en Suisse et lutter en Italie contre nos principes et nos alliés naturels : tout cela rapporté au Roi, au Roi seul qui a faussé nos institutions constitutionnelles... Tu me pardonneras cette épître; nous avons besoin de nous sentir les coudes. Tu me pardonneras ce que je dis du père : c'est à toi seul que je le dis; tu connais mon respect et mon affection pour lui; mais il m'est impossible de ne pas regarder dans l'avenir, et il m'effraye un peu. »

et puis elle avait quelque chose de fier et de hautain qui ne
devait pas lui déplaire. Il ne paraît pas cependant en avoir
eu un seul moment l'idée. Sa conduite ne saurait être expliquée par un vulgaire amour du pouvoir; il était au-dessus
d'un pareil sentiment, et, d'ailleurs, la possession de ce pouvoir avait vraiment alors peu d'agrément. M. Guizot se décidait uniquement par la conviction très sincère du bien qu'il
pouvait faire au pays en restant et du mal qu'il lui ferait en
tombant; en cela, il songeait peu aux affaires intérieures, bien
qu'il se fût fait scrupule de provoquer, par sa retraite, la dislocation d'une majorité conservatrice si laborieusement constituée; il songeait surtout aux affaires étrangères qui étaient,
on le sait, depuis quelque temps, sa préoccupation dominante.
Il se sentait engagé, particulièrement en Suisse et en Italie,
dans de grandes opérations diplomatiques, au terme desquelles
il apercevait la France devenue l'arbitre de l'Europe; la mission du comte Colloredo et du général de Radowitz à Paris
l'autorisait à croire qu'il touchait à ce but. Or ces opérations,
lui seul en possédait le secret et était en mesure de les conduire à bonne fin. C'était à raison de la confiance qu'il inspirait
que les puissances continentales consentaient à se mettre derrière la France. On le lui répétait journellement de Vienne et
de Berlin, et l'un des objets du voyage à Paris des plénipotentiaires autrichien et prussien était précisément d'examiner,
avant de se lier définitivement, jusqu'à quel point on pouvait
être assuré de la durée du ministère. Celui-ci tombé et les
opposants installés à sa place, tout était interrompu, bouleversé; plus de chance de voir jouer à la France le grand rôle
rêvé pour elle; elle s'éloignait des puissances continentales, se
retrouvait à la merci de lord Palmerston, et n'était-il même
pas à craindre qu'on ne l'engageât, en Italie, dans quelque
aventure conduisant à la guerre, et à la guerre révolutionnaire? Un ami du ministre, conseiller d'État et député, le comte
de Saint-Aignan, était allé faire un voyage à Rome, à la fin
de 1847; au moment de prendre congé de M. Rossi, il lui
demanda ses commissions pour Paris. « J'en aurais bien une,

répondit l'ambassadeur, mais vous n'oseriez pas la faire. »
Sur la promesse d'une transmission fidèle, M. Rossi reprit : « Eh
bien, dites à M. Guizot qu'il est temps pour lui de s'en aller. »
M. de Saint-Aignan, qui ne s'était attendu à rien de pareil, ne
laissait pas d'être assez embarrassé de son message. Néanmoins, aussitôt revenu à Paris, il s'en acquitta. M. Guizot ne
parut ni surpris, ni choqué ; il ne cacha pas qu'à regarder seulement les affaires intérieures, il aurait été très tenté de céder
la place à d'autres. « Mais, ajouta-t-il, passez dans le cabinet
de M. Génie ; il vous montrera les dernières dépêches que j'ai
reçues de Londres, de Berne, de Vienne, de Berlin ; vous comprendrez alors pourquoi je ne puis m'en aller [1]. » Doit-on beaucoup s'étonner de voir le ministre dans ce sentiment, quand un
homme qui n'avait certes pas donné l'exemple d'un attachement immodéré au pouvoir, et qui avait même, dans d'autres
circonstances, conseillé à M. Guizot de donner sa démission,
le duc de Broglie, écrivait de Londres, le 16 décembre 1847 :
« Il est clair que le nouveau cabinet, quel qu'il soit, passera
sous le joug de lord Palmerston et de M. Thiers, que la France
prendra rang, derrière l'Angleterre, à la tête des radicaux de
l'Europe ; cela est à peu près aussi certain qu'il est certain que
deux et deux font quatre. J'en conclus qu'il n'y a pas pour la
France ni pour l'Europe d'intérêt plus pressant que le maintien du cabinet, qu'il faut que le cabinet lui-même ne succombe qu'après avoir fait tout ce qu'il peut faire honorablement pour se conserver, et que les puissances conservatrices
en Europe doivent faire également au maintien du cabinet
tous les sacrifices que comportent leur honneur et leur
dignité [2]. »

Toutefois, si M. Guizot croyait de son devoir de ne pas
déserter son poste, il n'avait nulle envie de s'imposer à la couronne, et était prêt à se retirer au cas où celle-ci aurait la
moindre hésitation. Il tenait d'autant plus à avoir sur ce point
une explication très nette, qu'il n'ignorait pas tous les propos

[1] Ce fait m'a été rapporté par M. le comte de Saint-Aignan.
[2] *Documents inédits.*

tenus contre lui à la cour, et que l'air parfois soucieux du Roi pouvait faire craindre qu'il n'en fût ébranlé. Avant donc de s'engager dans les luttes de la session, il voulut éprouver en quelque sorte la résolution du souverain et lui ouvrir la porte toute grande pour reculer s'il en avait la moindre velléité. « Que le Roi, lui dit-il, ait la bonté d'y penser sérieusement; la situation est grave et peut provoquer des résolutions graves; on a réussi à donner à cette question de la réforme électorale et parlementaire une importance qu'en soi elle n'a pas, mais qui, dans l'état des esprits, est devenue réelle; il n'est pas impossible que le Roi soit obligé de faire à cet égard quelque concession. — Que me dites-vous là? s'écria Louis-Philippe avec un mouvement de vive impatience; voulez-vous, vous aussi, m'abandonner, moi et la politique que nous avons soutenue ensemble? — Non, Sire; personne n'est plus convaincu que moi de la bonté de cette politique, et plus décidé à lui rester fidèle; mais le Roi le sait par sa propre expérience : il y a, dans le gouvernement constitutionnel, des moments difficiles, des désagréments à subir, des défilés à passer. C'est sur le Roi lui-même, je le reconnais, non sur ses ministres, que pèsent les situations de ce genre; les ministres qui n'y conviennent pas peuvent et doivent se retirer; le Roi reste et doit rester. Si la question qui agite en ce moment le pays plaçait le Roi dans une nécessité semblable, il y aurait pour lui plus de déplaisir que de danger; il trouverait, dans les rangs de l'opposition, des conseillers qui lui sont sincèrement attachés et qui accompliraient probablement ces réformes dans une mesure conciliable avec la sécurité de la monarchie. Et si cette mesure était dépassée, si les nouveaux conseillers du Roi ne contenaient pas le mouvement après l'avoir satisfait, si la politique d'ordre et de paix était sérieusement compromise, le Roi ne tarderait pas à retrouver, pour la relever, l'appui du pays. — Qui me le garantira? Qui sait où peut me mener la pente où l'on veut que je me place? On est près de tomber, quand on commence à descendre. Avec votre cabinet, je suis à l'abri des mauvais premiers pas. —

Pas autant que je le voudrais, Sire ; le cabinet est bien attaqué ; il l'est non seulement dans la Chambre, dans le public ardent et bruyant ; il l'est quelquefois auprès du Roi lui-même, dans sa cour, plus haut encore peut-être. — C'est vrai, et je m'en désole : ils ont même inquiété et troublé un moment mon excellente reine ; mais, soyez tranquille, je l'ai bien raffermie ; elle tient à vous autant que moi. — J'en suis bien heureux, Sire, et bien reconnaissant ; mais tout cela fait, pour le cabinet, une situation bien tendue ; s'il doit en résulter une crise ministérielle, il vaut mieux, infiniment mieux, que la question soit résolue avant la réunion des Chambres et leurs débats. Aujourd'hui, le Roi peut changer son cabinet par prudence ; la lutte une fois engagée, il ne le changerait que par nécessité. — C'est précisément là ma raison pour vous garder aujourd'hui, s'écria le Roi ; vous savez bien, mon cher ministre, que je suis parfaitement résolu à ne pas sortir du régime constitutionnel et à en accepter les nécessités, même déplaisantes ; mais, aujourd'hui, il n'y a point de nécessité constitutionnelle ; vous avez toujours eu la majorité. Si le régime constitutionnel veut que je me sépare de vous, j'obéirai à mon devoir constitutionnel ; mais je ne ferai pas le sacrifice d'avance, pour des idées que je n'approuve pas. Restez avec moi, défendez jusqu'au bout la politique que tous deux nous croyons bonne ; si on nous oblige à en sortir, que ceux qui nous y obligeront en aient seuls la responsabilité. — Je n'hésite pas, Sire ; j'ai cru de mon devoir d'appeler toute l'attention du Roi sur la gravité de la situation ; le cabinet aimerait mille fois mieux se retirer que de compromettre le Roi ; mais il ne l'abandonnera pas[1]. »

En effet, ainsi rassuré sur la résolution de la couronne, M. Guizot était prêt à aborder la lutte, sans hésitation, bien que sans illusion sur son extrême gravité. « J'aurai besoin de tout ce que je puis avoir de force physique et morale, écrivait-il au duc de Broglie. Pourvu que je l'aie, je l'emploierai volontiers dans la situation actuelle, car elle me convient.

---

[1] *Mémoires de M. Guizot*, t. VIII, p. 542 à 545.

Elle est vive, mais elle est nette. Au dedans et au dehors, nous sommes partout en face des radicaux, et plus je les regarde, plus je reconnais en eux l'ennemi [1]. »

Tous les membres du cabinet étaient prêts à suivre loyalement leur chef dans cette bataille; mais tous n'y apportaient pas le même entrain. Parmi les plus ardents, les plus dévoués à la politique et à la personne de M. Guizot, était M. Hébert, nommé garde des sceaux le 14 mars précédent. D'autres, au contraire, étaient plutôt portés à prendre un peu ombrage de l'autorité que le nouveau président du conseil pourrait vouloir exercer sur eux. Celui-ci s'en était aperçu le jour où, préoccupé de remédier à ce que son cabinet avait d'un peu vieilli et fatigué, il avait songé à y adjoindre, en qualité de sous-secrétaires d'État, quatre jeunes députés, MM. de Goulard, Moulin, Magne et Béhic; il dut reculer devant la résistance méfiante d'une partie de ses collègues. Les journaux avaient plus ou moins vent de ces petites difficultés intérieures et cherchaient naturellement à les grossir. Ils faisaient surtout grand bruit de l'hostilité sourde qui, à les entendre, continuait à exister entre M. Guizot et M. Duchâtel. Ils racontaient que l'élévation du premier à la présidence du conseil avait été faite contre l'opposition du second. Ce n'était pas exact. En admettant même qu'au fond, cette mesure n'eût pas été tout à fait agréable au ministre de l'intérieur, il avait eu le bon goût de n'y faire aucun obstacle et de l'approuver hautement. Ce qui était vrai, c'était la continuation de cette lassitude chagrine que nous avons déjà notée chez lui au commencement de l'année [2]. Elle se traduisait quelquefois par une certaine disposition critique à l'égard de son chef. A l'intérieur, bien que très opposé à la « réforme », plus opposé même peut-être au fond que M. Guizot, qui, sans le Roi, n'eût pas eu scrupule à faire quelque concession, il jugeait la résistance du président du conseil trop hautaine et trop cassante dans la forme. Sur la politique étrangère, il trouvait plus

---

[1] Lettre particulière du 13 décembre 1847. (*Documents inédits.*)
[2] Voir plus haut, p. 18 à 20.

encore à blâmer : ayant désapprouvé les mariages espagnols [1], il voyait de mauvais œil l'évolution vers l'Autriche qui s'en était suivie, et s'inquiétait d'entendre les journaux crier au rétablissement de la Sainte-Alliance; j'ai déjà eu occasion de mentionner la démarche faite par lui, à la fin de 1847, auprès de M. Guizot, pour lui demander de ne pas se séparer de l'Angleterre dans les affaires de Suisse [2]. Sans doute il ne mettait pas le public dans la confidence de ces dissentiments; mais il s'en ouvrait avec des familiers qui n'étaient pas tous discrets. Il avait aussi des griefs d'un autre ordre. Son frère, M. Napoléon Duchâtel, préfet de la Haute-Garonne, avait eu la fantaisie peu justifiée de devenir ambassadeur, et il avait brigué la succession de M. Bresson à Madrid. M. Guizot ne crut pas pouvoir opposer un refus aux instances de son collègue, et la nomination fut convenue; seulement, connue des journaux avant d'être réalisée, elle suscita une telle clameur qu'il ne put être question d'y donner suite. Le ministre de l'intérieur en fut mortifié et soupçonna le chef du cabinet du président du conseil, M. Génie, d'avoir perfidement ébruité la mesure pour en rendre l'exécution impossible, et d'avoir encouragé l'opposition en donnant à entendre que son ministre avait eu la main forcée et qu'il serait heureux de pouvoir se dégager. Toutefois, quelle que fût l'humeur de M. Duchâtel, elle ne lui faisait pas oublier les devoirs de sa situation, et l'opposition ne devait compter, non seulement, bien entendu, sur aucune trahison de sa part, mais sur aucune faiblesse. Il avait renoncé, pour le moment, à toutes les idées de démission qui, naguère, lui avaient traversé l'esprit. Bien que toujours assez fatigué du pouvoir, il lui aurait répugné d'avoir l'air de reculer devant la violence injurieuse de l'attaque et de fuir personnellement le péril auquel ses collègues resteraient exposés. Il n'était pas de ceux qui prennent leur retraite la veille d'une bataille. Il restait donc à son poste, faisait face à l'ennemi, et tout en prenant soin parfois de ne pas confondre absolument

---

[1] Voir plus haut, p. 19.
[2] Voir plus haut, p. 207, 208.

sa position avec celle de M. Guizot, il annonçait la résolution de prendre sa bonne part de la lutte qui allait s'ouvrir [1].

De cette lutte, personne alors ne pouvait préjuger l'issue. On savait seulement qu'elle serait violente, acharnée. Le ministère avait bien l'air d'être affaibli, mais l'opposition ne paraissait pas avoir gagné ce qu'il avait perdu. On se sentait dans une obscurité pleine d'angoisses et de menaces. Il ne faudrait pas en conclure cependant qu'on s'attendît au dénouement qui devait se produire à si bref délai. Comme j'ai déjà eu occasion de le noter, si l'imagination publique était oppressée de je ne sais quelle vague inquiétude, il n'y avait, à vrai dire, chez personne, la prévision nette et réfléchie que le gouvernement de Juillet pût être à la veille de sa chute. Fait remarquable, c'était chez les révolutionnaires qu'on était le plus éloigné de croire à une révolution prochaine. Les républicains, qui, dans les premières années de la monarchie, s'imaginaient toujours être sur le point de la jeter bas, étaient absolument revenus de ces illusions et ne croyaient plus à la possibilité d'un coup de force. Plusieurs d'entre eux, ne gardant pour la république qu'une préférence théorique, professaient hautement qu'il fallait se placer sur le terrain de la Charte et agir en parti constitutionnel; cette idée avait été soutenue, au commencement de 1847, dans une brochure intitulée : *Les Radicaux et la Charte,* qui avait fait quelque bruit; son auteur, M. Hippolyte Carnot, fils du conventionnel, était cependant un républicain notoire, et il avait donné, quelques années auparavant, un gage aux opinions avancées, en publiant les mémoires de Barrère, le plus odieux peut-être des hommes de 1793, et en les faisant précéder d'une préface apologétique [2]. M. Recurt, l'ancien président

---

[1] *Journal inédit du baron de Viel-Castel*, novembre et décembre 1847.

[2] Cette publication avait eu du moins cet avantage de provoquer l'*Essai* de Macaulay sur Barrère. En effet, voyageant alors en France, Macaulay fut indigné de cette tentative de réhabilitation, et il voulut, selon sa propre expression, « faire trembler le vieux scélérat dans sa tombe ». Il y réussit. Qui ne se souvient de ces lignes vraiment vengeresses par lesquelles il termina son Essai : « Il n'est pas indifférent qu'un homme revêtu par le public d'un mandat honorable et élevé,

de la Société des Droits de l'homme, disait à M. Duvergier de Hauranne, auprès duquel il était assis au banquet du Château-Rouge : « Je suis républicain, et je ne doute pas qu'un jour la république ne succède à la monarchie. Mais ce jour est loin, et, je vous le dis en conscience, dans l'état actuel des esprits et des mœurs, j'aurais la république dans ma main, que je me garderais de l'en laisser sortir. » Le découragement avait pénétré jusque dans la fraction la plus violente du parti. Le journal *la Réforme* agonisait, faute d'abonnés et d'argent, et était à la veille d'interrompre sa publication. Les sociétés secrètes, désorganisées, ne comptaient guère plus de quinze cents adhérents. Au plus fort de l'agitation des banquets, en octobre 1847, un aventurier démagogue qui devait avoir son heure de célébrité, M. Caussidière, convoqua à Paris quelques meneurs de province pour examiner si l'échauffement des esprits ne permettait pas de tenter un mouvement. L'idée, très mal accueillie, fut combattue notamment par l'un des chefs les plus influents des sociétés secrètes, l'ouvrier Albert, le futur membre du gouvernement provisoire. M. Ledru-Rollin, consulté, parut trouver très mauvais qu'on eût songé à le mêler à une entreprise aussi insensée; il « déclara, d'un ton assez sec, qu'aucune insurrection ne devait éclater, et que, par conséquent, il n'en était pas le chef[1] ».

A plus forte raison ne songeait-on pas à la possibilité d'une révolution dans les rangs de l'opposition dynastique. On y avait même, au fond, peu d'espoir de vaincre prochainement le ministère. « Je dois le dire, a écrit depuis l'un des chefs de ce parti, malgré les efforts de toutes les oppositions, malgré l'agitation des banquets, malgré le mouvement qui s'opérait visi-

---

un homme auquel sa position et ses relations semblent donner le droit de parler au nom d'une grande partie de ses concitoyens, vienne solliciter notre approbation en faveur d'une vie souillée de toutes sortes de vices que ne rachète aucune vertu. C'est ce qu'a fait M. Hippolyte Carnot. En cherchant à transformer en relique cette charogne jacobine, il nous a forcé à la pendre au gibet, et nous osons dire que de la hauteur d'infamie où nous l'avons placée, il aura quelque peine à la descendre. »

[1] Lucien DE LA HODDE, *Histoire des sociétés secrètes de 1830 à 1848*, p. 378 à 381.

blement dans l'opinion des classes moyennes, je croyais que, pour plusieurs années, le roi Louis-Philippe et sa politique triompheraient de toutes nos attaques[1]. » Peut-être faut-il voir dans cette double conviction et de la durée du ministère et de la solidité du trône, une explication des violences où se laissèrent entraîner des hommes sincèrement attachés à la monarchie. Ils étaient à la fois exaspérés de se voir encore si loin du pouvoir et rassurés sur les conséquences de la secousse qu'ils donnaient à la machine politique. Sur ce dernier point, les principaux d'entre eux ont fait, après coup, des aveux significatifs. « Le Roi et ses ministres, a écrit M. Odilon Barrot, étaient parvenus à nous faire partager leur fausse sécurité; ils nous rendirent, par cela même, moins défiants des suites de l'agitation que nous avions dû provoquer pour répondre à leur défi[2]. » Même langage chez M. Duvergier de Hauranne. « L'opposition constitutionnelle a certainement commis une erreur, a-t-il dit; elle a cru l'éducation politique du pays plus avancée et la monarchie de 1830 plus solidement établie qu'elle ne l'était en effet[3]. » M. Guizot, de son côté, s'associait à cette sorte de *meâ culpâ* et confessait l'excès de sa confiance. « Ce fut là, à cette époque, dit-il dans ses Mémoires, et je suis persuadé qu'ils ne me désavoueront pas, l'erreur commune de tous les hommes qui, dans les rangs de l'opposition comme dans les nôtres, voulaient sincèrement le maintien du gouvernement libre dont le pays entrait en possession. Nous avons trop et trop tôt compté sur le bon sens et la prévoyance politique que répand la longue pratique de la liberté; nous avons cru le régime constitutionnel plus fort qu'il ne l'était réellement[4]. » Enfin, le vieux roi exilé faisait, peu de temps avant sa mort, à M. Cuvillier-Fleury, cette réflexion d'une philosophie attristée : « Les gouvernements en France ont plus de facilité à s'établir parce qu'ils sont faibles, qu'à

---

[1] *Notes inédites de M. Duvergier de Hauranne.*
[2] *Mémoires posthumes* de M. Odilon Barrot, p. 505, 506.
[3] *Notes inédites de M. Duvergier de Hauranne.*
[4] *Mémoires de M. Guizot*, t. VIII, p. 546.

durer quand ils sont forts. Faibles, tout leur vient en aide. Les bourgeois de Paris ne m'auraient pas renversé s'ils ne m'avaient cru inébranlable. »

II

Le 28 décembre 1847, les deux Chambres étaient réunies pour entendre le discours du trône. Louis-Philippe, visiblement vieilli, fatigué, attristé, en fit la lecture d'une voix sourde. Après un début où il constatait l'amélioration de la situation économique et annonçait divers projets, notamment sur la réduction du prix du sel et sur la réforme postale, il passait aux questions étrangères; loin d'y appeler la discussion, il se renfermait dans des généralités peu contestables et se bornait à exprimer l'espoir de voir maintenir la paix de l'Europe et l'ordre intérieur des États; quelques phrases étaient dites sur la Suisse, mais le nom de l'Italie n'était même pas prononcé. Un court paragraphe était consacré à l'Algérie et à la nomination du duc d'Aumale. Venait enfin le passage le plus important, celui par lequel le Roi entendait répondre à la campagne des banquets; on remarqua qu'en l'abordant, il fit effort pour raffermir sa voix. « Plus j'avance dans la vie, disait-il, plus je consacre, avec dévouement, au service de la France, au soin de ses intérêts, de sa dignité, de son bonheur, tout ce que Dieu m'a donné et me conserve encore d'activité et de force. Au milieu de l'agitation que fomentent des passions ennemies ou aveugles, une conviction m'anime et me soutient : c'est que nous possédons dans la monarchie constitutionnelle, dans l'union des grands pouvoirs de l'État, les moyens assurés de surmonter tous les obstacles et de satisfaire à tous les intérêts moraux et matériels de notre chère patrie. Maintenons fermement, selon la Charte, l'ordre social et toutes ses conditions. Garantissons fidèlement, selon la Charte, les libertés publiques et tous leurs développements. Nous transmettrons

intact, aux générations qui viendront après nous, le dépôt qui
nous est confié, et elles nous béniront d'avoir fondé et défendu
l'édifice à l'abri duquel elles vivront libres et heureuses. »
Cette fin du discours royal ne manquait pas de grandeur;
l'accent en avait même quelque chose de touchant dans la
bouche d'un souverain septuagénaire; la phrase sur la nécessité de « garantir les libertés publiques et tous leurs développements » n'était pas d'une politique réactionnaire; mais tout
cela fut pour ainsi dire inaperçu; on ne vit, on ne voulut voir
que ces trois mots : *passions ennemies ou aveugles* qui se déta-
chèrent du reste avec un relief extraordinaire.

La sévérité de ce langage indiquait de la part du gouvernement l'intention de faire tête à l'opposition. Comme l'écrivait
alors un officieux, « le ministère relevait le gant qui lui avait
été jeté ». On racontait dans les couloirs de la Chambre que,
lors de la rédaction du discours, M. Guizot avait répondu à
ceux de ses collègues qui eussent préféré un ton moins agressif : « Je veux porter la guerre dans leur camp », et que le Roi
avait ajouté : « C'est à moi, à moi personnellement que les
banquets se sont attaqués, et nous verrons qui sera le plus
fort. » Il n'y avait donc pas à s'étonner que l'opposition prît
ces paroles comme une déclaration de guerre, ou plutôt comme
l'acceptation de la guerre qu'elle-même avait déclarée. Mais
elle fit plus; elle feignit d'y voir une provocation inattendue,
une insulte gratuite, une infraction aux convenances constitutionnelles qui ne permettaient pas de mêler le Roi aux querelles
des partis. De là, dans tous ses journaux, de bruyants éclats de
colère et d'indignation. Il est difficile de les prendre au sérieux
et d'y voir autre chose qu'une tactique peu sincère. Après
tout, ce double qualificatif — *ennemies ou aveugles* — qui
caractérisait avec tant de justesse le rôle des diverses fractions
de la gauche, n'avait rien d'excessif ni dans le fond ni dans la
forme. Sans doute, ce langage était placé dans la bouche du
Roi, mais ne savait-on pas que le discours du trône devait être
regardé comme l'œuvre du cabinet et engageait sa seule responsabilité? Et puis vraiment, étaient-ils fondés à se plaindre

qu'on ne les traitât pas avec assez de ménagements, ceux qui venaient, pendant la campagne des banquets, d'accabler d'outrages non seulement le ministère, mais le souverain?

Au sortir de la séance royale, les opposants de toutes nuances, — gauche, centre gauche, républicains, légitimistes, — se réunirent sous la présidence de M. Odilon Barrot. On agita s'il y aurait lieu de répondre à ce qu'on appelait la provocation de la couronne, par une démission en masse; l'idée fut repoussée, et M. de Girardin demeura seul à vouloir résigner son mandat. Mais tous se proclamèrent résolus à une lutte à outrance. Le plus vif fut M. Thiers, qui, cependant, n'avait pas pris part personnellement aux banquets; il déclara « voir dans l'injure jetée du haut du trône à l'opposition presque entière un attentat véritable dont le châtiment ne devait pas se faire attendre ». Quelques jours après, quand la Chambre vint, à l'occasion de la mort de Madame Adélaïde, apporter ses condoléances au Roi affligé, on remarqua l'abstention de presque tous les députés de l'opposition. Les radicaux, naturellement, ne pouvaient qu'encourager les dynastiques dans cette attitude d'hostilité contre le Roi lui-même. « On n'a pas mesuré, disait le *National*, les coups qu'on porte à l'opposition; qu'elle ne mesure pas davantage ceux qu'elle rendra... Toute faiblesse serait une déchéance. On l'accuse d'être aveugle ou ennemie, qu'elle accepte franchement le dilemme : il lui sera facile de prouver qu'elle n'est pas aveugle; elle doit avoir le courage de l'autre position et aller jusqu'au bout. »

Si, par son accent militant, le discours du trône irritait la gauche, il parut, du moins au début, affermir la majorité conservatrice. Celle-ci se montra, dans ses premiers votes, plus consistante qu'on ne pouvait s'y attendre après les incertitudes de la session de 1847 et dans l'état de l'esprit public. Lors de la nomination du président, des vice-présidents et des secrétaires de la Chambre, les candidats du ministère l'emportèrent à une énorme majorité. « Les élections du bureau sont triomphantes pour le parti conservateur, écrivait M. de Viel-Castel, le 30 décembre 1847, et dépassent les espérances.

Aussi, ce soir, paraît-on très confiant dans les salons ministériels [1]. » Quelques jours après, il s'agissait de nommer la commission de l'adresse; les neuf élus furent des partisans du cabinet. En même temps, arrivait à Paris, le 1er janvier 1848, la nouvelle de la reddition d'Abd el-Kader. Ne pouvait-on pas, après les tristesses de l'année précédente, la saluer comme un heureux présage pour l'année qui commençait et comme un signe que la mauvaise veine était enfin épuisée? Sous ces impressions, il se produisait un certain rassérènement chez les amis du ministère. « Il y a confiance dans le succès », écrivait, le 2 janvier, M. de Barante à un de ses amis [2]. Le 6, le duc de Broglie mandait à son fils : « La situation ici est bonne, sans être excellente. La majorité est très bien ralliée... Il y a néanmoins toujours du trouble au fond des esprits. Les événements de l'année dernière ont laissé leurs traces, et la majorité, quand elle se sent solidement établie, recommence à rêver des projets de réforme et à chercher ce qu'elle pourra faire pour démolir un peu quelque chose. Les bourses sont vides, les économies sont consommées, le crédit et la confiance se rétablissent lentement et péniblement. Il y aura du tirage pendant toute la session. M. Guizot est content, confiant comme à son ordinaire. Duchâtel est bien, mais il a moins d'ardeur et d'entrain. Le reste du ministère paraît de bonne espérance et de bonne humeur [3]. »

III

Suivant l'usage, la Chambre des pairs discuta la première son adresse : elle le fit avec une ampleur inaccoutumée et n'y consacra pas moins de huit séances, du 10 au 18 janvier. Au

---

[1] *Journal inédit du baron de Viel-Castel.*
[2] *Documents inédits.*
[3] *Ibid.*

début et à la fin, il fut question de la politique intérieure ; mais, en dépit des excentricités tapageuses de MM. d'Alton-Shée et de Boissy, cette partie du débat n'eut pas grande importance; on sentait que, sur ce sujet, les paroles décisives seraient dites dans une autre enceinte. La discussion sur les affaires extérieures eut plus d'éclat et mérite qu'on s'y arrête.

On commença par l'Italie. M. de Montalembert et M. Pelet de la Lozère ayant reproché au gouvernement de s'être montré trop « tiède » envers Pie IX, trop favorable à l'Autriche, et d'avoir ainsi aliéné à la France les sympathies des Italiens, M. Guizot saisit avec empressement l'occasion qui lui était offerte de faire la lumière sur une politique jusqu'alors mal connue. Ses premiers mots furent pour s'attaquer de front à un préjugé alors très répandu, même dans une partie des conservateurs ; ce préjugé n'admettait pas que la France libérale pût, sans commettre une sorte d'apostasie, devenir, dans quelque combinaison diplomatique, l'alliée d'une « puissance absolutiste [1] ». « On fait, dit le ministre, retentir les mots *puissances absolutistes, Sainte-Alliance,* pour me placer et vous placer vous-mêmes d'avance sous le joug des sentiments que ces mots réveillent. Je repousse ces fantômes qu'on rassemble autour de notre politique ; j'écarte ces entraves dont on prétend la charger. Je me félicite plus que personne de vivre dans un État constitutionnel et dans un pays libre ; mais les États constitutionnels et les pays libres ont besoin comme les autres que leur politique aussi soit libre, qu'elle puisse s'éloigner ou se rapprocher de telle ou telle combinaison, s'isoler ou se concerter avec telle ou telle puissance, choisir

---

[1] Dans un article publié par la *Revue des Deux Mondes*, le 1er janvier 1848, un député de la majorité, M. de Morny, se demandait si, pour remplacer l'alliance anglaise, la France devait « rechercher d'autres alliances et s'empresser de donner des gages à ces nouvelles amitiés ». Il répondait : « Non. » Il reconnaissait sans doute la nécessité de respecter les traités ; mais il ajoutait : « Cela fait, n'oublions jamais que nous sommes une puissance libérale, que notre gouvernement est né d'une révolution... Si nous étions tentés de l'oublier, le pays nous en ferait bientôt ressouvenir. N'imitons pas ces parvenus qui, rougissant de leur origine, finissent par être odieux à leurs familles plébéiennes et méprisés par le monde nouveau où ils tentent de s'introduire. »

enfin et agir suivant l'intérêt seul du pays, dans la circonstance où elle est appelée à agir. Le gouvernement de Juillet possède très légitimement cette liberté, car il l'a conquise à la sueur de son front... Il est bien en droit de choisir librement sa politique, sans qu'on puisse le soupçonner de déserter quelqu'un des grands intérêts qu'il a si fermement défendus. Au nom du gouvernement que j'ai l'honneur de représenter, je réclame et je pratique cette liberté nécessaire; et, en agissant ainsi, je crois mieux servir la révolution de Juillet, je crois être plus fier pour elle et plus confiant dans ses destinées que ceux qui veulent la cantonner dans je ne sais quelle politique fatale, lui interdisant telle ou telle combinaison, tel ou tel mouvement dans la sphère où se meuvent les grands États [1]. » Après ce préambule, le ministre exposa sa politique italienne telle que nous l'avons vue à l'œuvre, à la fois favorable aux réformes régulières et en garde contre les prétentions révolutionnaires et belliqueuses. Il ne méconnaissait pas qu'une telle sagesse avait pu déplaire aux Italiens. « Il m'est arrivé, dit-il, de sacrifier la popularité en France pour servir ce que je regardais comme la bonne cause et l'intérêt bien entendu de mon pays ; je n'hésiterais pas davantage à le faire en Italie. Je peux regretter la popularité; la rechercher, jamais. » A ceux qui lui reprochaient d'avoir été trop « tiède » envers Pie IX, il répondit en parlant magnifiquement du pontife réformateur et du catholicisme [2]. Enfin, pour montrer que sa politique avait été

---

[1] C'étaient là des vérités que ne contesterait aujourd'hui aucun homme politique sérieux. M. Thiers, qui, par entraînement d'opposition, usait, en 1847, de l'argument combattu par M. Guizot, en a fait justice lui-même plus tard, quand il l'a rencontré dans la bouche des ministres de Napoléon III; à ceux-ci, prétendant que l'Empire était tenu, à raison de son principe, de se mettre toujours, en Europe, du côté des nationalités, il a répondu, avec l'impatience du bon sens se heurtant à une niaiserie dangereuse : « En politique, il faut se mettre du côté de ses intérêts. Si on rencontre son principe sur son chemin, tant mieux;· si on le trouve contre soi, tant pis. » C'était, sous une forme plus vive et, en quelque sorte, plus brutale, la même idée qu'avait exprimée M. Guizot.

[2] « Le Pape, dit M. Guizot, a fait une grande chose, une chose qui, depuis bien des siècles peut-être, n'était venue spontanément dans la pensée d'aucun souverain. Il a entrepris volontairement, sincèrement, la réforme intérieure de ses États... A ce titre seul, une immense confiance lui est due... Mais qu'est-ce

bien réellement celle qu'il venait d'exposer, il termina en lisant, sans commentaire, l'une des nombreuses lettres qu'il avait écrites à M. Rossi [1]. Cette simple lecture eut un effet considérable. Ce fut comme une révélation inattendue pour tous ceux qui, sur la foi des journaux, s'étaient fait une idée si fausse de la conduite suivie en Italie. Les orateurs qui, comme M. Cousin, s'apprêtaient à critiquer cette conduite, se sentirent désarmés, et la Chambre n'eut plus qu'une pensée : s'associer aux idées exprimées par le ministre, en en prenant acte ; elle se trouva unanime à voter un paragraphe additionnel, témoignant sympathie et sollicitude pour le Saint-Père et pour ses imitateurs.

Après l'Italie, la Suisse. Attaquée par M. Pelet de la Lozère, la politique suivie par le ministère dans le conflit de la Diète et du Sonderbund eut la chance d'être défendue par M. le duc de Broglie, qui la connaissait pour en avoir été l'un des principaux agents. Celui-ci exposa, avec la précision et l'autorité habituelles de sa parole, la situation respective des cantons, les attentats de la Diète, le droit des puissances à se mêler de cette affaire, les efforts faits par la France pour arrêter le mal sans cependant se laisser entraîner dans une intervention armée. Il ne put sans doute dissimuler l'échec final : « Le temps a manqué, dit-il tristement, et Dieu a permis que l'iniquité triomphât. » Sur l'action diplomatique qui se continuait, il garda la plus grande réserve ; évidemment le gouvernement n'était pas pressé de mettre une opinion si prévenue contre

---

qui manque, en général, à la plupart des grands réformateurs ? Un point d'arrêt, un principe de résistance... Il y a, grâce à Dieu, dans la situation du Pape, à côté d'un principe admirable et puissant de réforme, un principe admirable et puissant de résistance... Je sais bien que les révolutionnaires sont arrogants ; je sais qu'ils font bon marché de la religion, du catholicisme, de la papauté ; qu'ils se figurent qu'ils enlèveront tout cela comme un torrent. Ils l'ont essayé plus d'une fois ; ils ont cru qu'ils avaient emporté ces vieilles grandeurs de la société humaine ; elles ont reparu derrière eux ; elles ont reparu plus grandes qu'eux. Ce qui a surmonté le pouvoir de la Révolution française et de Napoléon surmontera bien les fantaisies de la jeune Italie. »

[1] La lettre lue par M. Guizot était du 27 septembre 1847 ; j'en ai cité ailleurs quelques passages. (Cf. plus haut, p. 259 et 260.) Le ministre aurait pu, du reste, aussi bien lire plusieurs autres de ses lettres

tout ce qui lui paraissait avoir un air de Sainte-Alliance, dans la confidence des négociations alors suivies avec le comte Colloredo et le général de Radowitz. M. de Broglie se borna à déclarer que « si le gouvernement n'avait pas réussi dans son œuvre de pacification, il avait du moins posé par là les bases d'une entente durable entre les puissances médiatrices ».

Ce discours, d'un sens politique si haut et si mesuré, avait fait excellente impression, et la question paraissait vidée, quand M. de Montalembert monta à la tribune. Dès ses premiers mots, il apparut que ce n'était plus l'opposant venant chercher querelle au cabinet ni même le chef du parti catholique apportant une doléance purement religieuse. Préludant au rôle qui allait devenir le sien dans les assemblées républicaines, l'orateur se plaçait au-dessus des divisions d'écoles ou de groupes et parlait au nom de la société menacée. « Je tiens, dit-il, qu'on ne s'est battu, en Suisse, ni pour ni contre les Jésuites, ni pour ni contre la souveraineté cantonale; on s'est battu contre vous et pour vous. (*Sensation.*) Et voici comment : on s'est battu pour la liberté sauvage, intolérante, irrégulière, hypocrite, contre la liberté tolérante, régulière, légale et sincère, dont vous êtes les représentants et les défenseurs dans le monde. (*Très bien!*)... Ainsi donc, je ne viens pas parler pour des vaincus, mais à des vaincus, vaincu moi-même à des vaincus, c'est-à-dire aux représentants de l'ordre social, de l'ordre régulier, de l'ordre libéral, qui vient d'être vaincu en Suisse et qui est menacé dans toute l'Europe par une nouvelle invasion de barbares. » (*Sensation.*) Et alors, en traits de feu, il faisait un tableau de toutes les infamies commises en Suisse, montrant partout « l'abus de la force, l'étouffement de la liberté, la violation de la foi jurée, la supériorité du nombre érigée en dogme et le mensonge servant d'arme et de parure à la violence ». Lord Palmerston n'était pas oublié, et sa conduite était flétrie. Jamais parole plus vengeresse n'avait consolé la conscience publique attristée des défaites du bon droit. L'orateur insistait principalement sur ce que la bataille perdue en Suisse était la même qui se livrait en France. Il rappelait les banquets démagogiques fraternisant avec les vainqueurs du Sonderbund; il signalait également l'évocation des pires souvenirs révolutionnaires, l'éclosion d'apologies terroristes auxquelles on assistait depuis un an. A M. de Lamartine qui avait dit : « Nous ne voulons pas rouvrir le club des jacobins! » il répondait : « Il est trop tard ; le club des jacobins est déjà rouvert, non pas en fait et dans la rue, mais dans les esprits, dans les cœurs, du moins dans certains esprits égarés par des sophismes sanguinaires, dans certains cœurs dépravés par ces exécrables romans qu'on décore du nom d'histoire et où l'apothéose de Voltaire sert d'introduction à l'apologie de Robespierre. » *(Approbation énergique et prolongée.)* Puis, comme s'il avait eu une intuition prophétique de tout ce que devait être le radicalisme dans la seconde moitié du siècle, il s'écriait : « Savez-vous ce que le radicalisme menace le plus? Ce n'est pas au fond le pouvoir : le pouvoir est une nécessité de premier ordre pour toutes les sociétés; il peut changer de mains, mais, tôt ou tard, il se retrouve debout; il ne périt jamais tout entier. Ce n'est pas même la propriété : la propriété peut changer de mains, mais je ne crois pas encore à son anéantissement ou à sa transformation. Mais savez-vous ce qui peut périr chez tous les peuples? C'est la liberté. *(C'est vrai! Approbation.)* Ah! oui, elle périt, et pendant de longs siècles elle disparaît. Et, pour ma part, je ne redoute rien tant, dans le triomphe de ce radicalisme, que la perte de la liberté. *(Très bien!)* Qu'on ne vienne pas dire que le radicalisme, c'est l'exagération du libéralisme; non, c'en est l'antipode, c'est l'extrême opposé; le radicalisme n'est que l'exagération du despotisme, rien autre chose! *(Très bien!)* et jamais le despotisme n'affecta une forme plus odieuse. La liberté, c'est la tolérance raisonnée, volontaire; le radicalisme, c'est l'intolérance absolue qui ne s'arrête que devant l'impossible... La liberté consacre les droits des minorités, le radicalisme les absorbe et les anéantit. » Faisant alors un retour sur lui-même, l'orateur rappelait combien il avait toujours aimé la liberté. « La liberté! Ah! je peux le dire sans phrase, elle a été l'idole de mon âme. (*Mouvement.*) Si j'ai quelque reproche à me faire, c'est de l'avoir trop aimée, aimée comme on aime quand on est jeune, c'est-à-dire sans mesure, sans frein. Mais je ne me le reproche pas, je ne le regrette pas; je veux continuer à la servir, à l'aimer toujours, à croire en elle toujours! (*Très bien!*) Et je crois ne l'avoir jamais plus aimée, jamais mieux servie qu'en ce jour où je m'efforce d'arracher le masque à ses ennemis qui se parent de ses couleurs, qui usurpent son drapeau pour la souiller, pour la déshonorer. » (*Marques unanimes et prolongées d'assentiment.*) Devant un tel péril, M. de Montalembert n'avait pas grand cœur à s'arrêter longtemps aux petites critiques qu'il pouvait avoir à faire sur la conduite du cabinet; aussi se hâtait-il de laisser les ministres pour s'adresser au pays. « La France, disait-il en terminant, se trouve dans la situation que voici : le drapeau que vous avez vaincu à Lyon, en 1831 et en 1834, ce drapeau-là est aujourd'hui relevé de l'autre côté du Jura (*sensation*), et, ce qui est bien plus grave, il y est appuyé par l'Angleterre! A l'intérieur, vous avez ce que vous n'aviez ni en 1831, ni en 1834, des sympathies avouées, publiques, croissantes pour la Convention et la Montagne... Je ne demande aucune mesure d'exception... Je demande que les honnêtes gens ouvrent les yeux..., qu'ils s'arment d'une triple résolution à l'encontre des ennemis intérieurs et extérieurs qui nous menacent... Ne souffrons pas que les méchants aient seuls le monopole de l'énergie de l'audace... Que les honnêtes gens aient aussi l'énergie du bien... Que ce soit le principe de l'union entre nous tous qui voulons, au fond, la même chose : la liberté, l'ordre, la paix. Veillons surtout sur la liberté... N'oublions pas que cette liberté vient d'être immolée en Suisse, qu'elle a été trahie par l'Angleterre, mais que la France a pour destinée d'en être à jamais le drapeau et la sauvegarde. » (*Acclamations prolongées.*)

On se ferait difficilement une idée de l'effet produit par ce discours sur la Chambre haute. Ces vieux routiers de la politique, qu'on pouvait croire cuirassés contre toutes les émotions oratoires et qui étaient d'ailleurs habitués plus à contredire qu'à suivre M. de Montalembert, furent étrangement secoués, bouleversés, entraînés par sa parole. Presque à chaque phrase, c'étaient des frémissements, des trépignements, des bravos. Jamais on n'avait vu la vénérable assemblée dans un tel état de surexcitation [1]. Quand l'orateur revint à sa place, presque tous les pairs, et parmi eux M. le duc de Nemours, se précipitèrent pour le féliciter. M. Guizot, qui devait lui succéder à la tribune, renonça à la parole. « Je ne partage pas, dit-il, toutes les idées exprimées par l'honorable préopinant; je n'accepte point les reproches qu'il a adressés au gouvernement. Mais il a dit trop de grandes, bonnes et utiles vérités, et il les a dites avec un sentiment trop sincère et trop profond, pour que je veuille élever, en ce moment, un débat quelconque avec lui. Je ne mettrai pas, à la suite de tout ce qu'il vous a dit, une question purement politique, et encore moins une question personnelle. » Le calme ne parvenant pas à se rétablir, il fallut suspendre la séance pendant quelque temps. Quand elle fut reprise, M. le comte de Saint-Priest, encore tout ému, demanda que la Chambre ordonnât l'impression du discours. Cette proposition eût été probablement votée d'enthousiasme, si le président n'eût rappelé les articles du règlement qui interdisaient toute mesure de ce genre.

L'émotion ne demeura pas renfermée dans l'enceinte du Luxembourg. « L'effet, notait un observateur, n'a guère été moins grand au dehors que dans la Chambre des pairs; c'est un véritable événement [2]. » Tous les journaux, même les plus

---

[1] Un journal peu suspect de sympathie pour l'orateur, qu'il traite de « sacristain », le *National,* fait ce tableau de la séance : « Nous voudrions raconter froidement la séance incroyable à laquelle nous avons assisté; froidement, si cela est possible... Il était réservé à M. de Montalembert d'exciter parmi ses collègues une de ces violentes émotions contre lesquelles nous les croyions garantis. Il peut être fier de son succès, qui dépasse tout ce que son orgueil avait pu rêver. Personne n'avait encore remué à ce point les pupitres, les couteaux de bois et les poitrines de la pairie. Ce n'était pas de l'agitation, mais des transports. Ce n'étaient pas des spasmes, mais une sorte de fièvre chaude. Les cris, les bravos, les trépignements servaient de cortège aux effusions de son éloquence. Passionné lui-même jusqu'au délire, il a jeté, sur tous les bancs, des courants d'électricité qui les faisaient bondir. »

[2] *Journal inédit du baron de Viel-Castel,* à la date du 15 janvier 1848.

hostiles à M. de Montalembert, étaient obligés de constater son immense succès [1]. M. Marrast ne cachait pas à M. Louis Veuillot son admiration et exprimait le regret que le parti républicain « n'eût pas un *enragé éloquent* comme celui-là [2] ». M. Doudan écrivait à un de ses amis : « J'aurais mieux aimé que ce fût un autre que M. de Montalembert qui eût ce grand succès. La Chambre des pairs en a été comme folle d'admiration durant plusieurs heures [3]. » M. Sainte-Beuve, dans ses notes, tout en se défendant contre les idées développées dans ce discours, ne pouvait s'empêcher de constater « l'enthousiasme sans exemple qu'il excitait dans les salons et qui n'était qu'un reflet affaibli de celui qu'il avait excité dans la haute Chambre [4] ».

Une impression si extraordinaire ne tenait pas seulement à l'éloquence de l'orateur, bien qu'il se fût élevé à des hauteurs qu'il n'avait pas encore atteintes; elle ne tenait pas à sa passion, bien qu'elle n'eût jamais été aussi entraînante. Elle tenait surtout à ce qu'il venait de répondre à l'angoisse, jusque-là plus ou moins inconsciente, qui oppressait alors les âmes. Il avait éclairé, comme d'une lueur tragique, l'abîme vers lequel la France se sentait poussée, en même temps qu'il essayait de réveiller le courage un peu endormi de ceux que cet abîme épouvantait. C'était vraiment le cri d'alarme et le cri de guerre de la société en péril qu'il se trouvait avoir poussés.

La discussion de l'adresse se prolongea, quelques jours encore, sans incident remarquable. Au vote sur l'ensemble, la minorité fut de 23 voix : le chiffre parut élevé pour la Chambre des pairs.

---

[1] Le *Journal des Débats* déclarait que « l'effet produit par le discours était peut-être unique dans notre histoire parlementaire ». Le *Constitutionnel* disait : « Sans proclamer, comme on l'a fait, M. de Montalembert le plus grand orateur des temps modernes, nous reconnaîtrons volontiers qu'il a déployé un grand talent pour la défense d'une détestable cause. » On lisait dans la *Presse* : « L'aiglon s'est fait aigle et s'est élevé à une hauteur où l'amitié la plus complaisante ne le supposait pas capable d'arriver. Peu d'hommes de tribune ont compté dans leur vie un succès aussi complet. »
[2] *Mélanges*, par Louis Veuillot, t. IV, p. 74.
[3] X. Doudan, *Mélanges et lettres*, t. II, p. 147.
[4] *Les Cahiers de Sainte-Beuve*, p. 70.

IV

Le débat du Luxembourg avait pu un moment attirer l'attention par le talent des orateurs; mais le résultat n'en avait jamais été douteux pour personne. C'est au Palais-Bourbon que devait se livrer la grande bataille. Plus on en approchait, plus l'opinion se montrait nerveuse et inquiète. Le chroniqueur politique de la *Revue des Deux Mondes,* alors favorable au ministère, écrivait le 15 janvier : « Le cabinet ne peut se dissimuler qu'il règne, dans l'opinion publique, et même dans l'esprit de beaucoup de ses amis, une sorte de panique, d'autant plus dangereuse qu'elle est indéterminée. » Le *Journal des Débats* constatait lui-même, le 20 janvier, les rumeurs alarmantes qui de nouveau circulaient et se propageaient partout, sans qu'on en pût saisir l'origine. « Des gens, ajoutait-il, viennent vous dire d'un air mystérieux que la situation est bien tendue. A voir certaines figures, à entendre certains discours, on croirait, pour parler le langage révolutionnaire, que nous sommes à la veille d'une journée... Il en reste, dans l'esprit public, une inquiétude vague. La Bourse baisse, et l'on finit par croire qu'il y a quelque chose, quoique personne ne puisse dire ce qu'il y a. » Faut-il croire que l'idée d'une révolution prochaine commençait à se présenter à certains esprits? Le roi des Belges, observateur perspicace, au cœur un peu sec, disait, vers cette époque, au duc régnant de Saxe-Cobourg : « Mon beau-père sera sous peu chassé comme Charles X. La catastrophe éclatera inévitablement en France, et, par suite de cela, en Allemagne [1]. »

Contrairement à l'usage, la Chambre des députés ne commença pas par discuter son adresse. La gauche voulut avoir auparavant, en guise de prologue, une séance de scandale, ce

---

[1] *Aus meinem Leben und aus meiner Zeit,* von Ernst II, herzog von Sachsen-Coburg-Gotha, t. I, p. 193.

qu'on appelait dans la session précédente une « séance de corruption ». Il lui parut qu'après avoir été réduit à défendre sa moralité contre des accusations outrageantes, le ministère apporterait moins d'autorité dans les grands débats politiques. Or, par une continuation de cette sorte de malechance mystérieuse qui pesait, depuis un an, sur le gouvernement, il venait précisément de se faire, au cours d'un procès privé, une révélation qui fournissait aux opposants une arme redoutable. Voici les faits tels qu'ils furent alors jetés aux quatre vents de la publicité par les intéressés eux-mêmes. M. Petit, ex-receveur des finances à Corbeil, était en procès avec sa femme, à laquelle il reprochait des relations coupables avec M. Bertin de Vaux, pair de France et l'un des propriétaires du *Journal des Débats;* accusé à son tour d'avoir obtenu sa recette particulière grâce à la protection de l'homme qu'il présentait comme l'amant de sa femme, il fit rédiger par son avocat, M. Bethmont, député de la gauche, un mémoire destiné à sa justification, ou plutôt à sa vengeance. Ce mémoire ne pouvait nier l'entremise de M. Bertin, mais il exposait que M. Petit avait été nommé après avoir procuré au gouvernement, qui en avait besoin pour acquitter certaines promesses, la démission de plusieurs membres de la cour des comptes, et qu'il avait dédommagé ces derniers à prix d'argent, soit par une somme une fois payée, soit par une rente viagère. Ces marchés remontaient à 1841 et 1844; circonstance aggravante, ils avaient été négociés dans le cabinet de M. Génie, chef du secrétariat particulier de M. Guizot. Averti à l'avance de la publication du mémoire, et en pressentant le très fâcheux effet, le gouvernement essaya de l'empêcher; il n'y réussit pas. Le mémoire fut lancé le 4 janvier, et l'un des premiers exemplaires fut remis au *National,* qui se hâta de reproduire les faits, en criant au scandale et à la corruption. On devine quel écho un pareil cri pouvait rencontrer dans une opinion encore tout émue des tristes débats de la session de 1847. Il paraît bien que ces achats de démission n'étaient pas chose nouvelle; il y en avait eu soit avant, soit depuis 1830, et sous les ministères les plus divers [1]. Leur légalité avait même été débattue devant les tribunaux, et certains arrêts l'avaient admise. L'expédient avait semblé parfois utile pour corriger certains effets de l'inamovibilité et assurer une sorte de retraite à des fonctionnaires âgés et infirmes. Peut-être les souvenirs de la vénalité des charges avaient-ils empêché de bien voir le vice de semblables pratiques. Mais il n'en restait pas moins que c'était un abus, et qu'un gouvernement faisait fâcheuse figure quand il se laissait surprendre la main dans de pareils brocantages. Les amis du cabinet s'en rendaient bien compte. « Cela produit beaucoup d'effet, écrivait l'un d'eux; les conservateurs se sentent mal à l'aise, et M. Guizot lui-même est très préoccupé [2]. »

L'« affaire Petit », comme on disait alors, fut discutée le 21 janvier, à la Chambre des députés, sur une interpellation de M. Odilon Barrot. La veille, le ministère, pour marquer l'attitude qu'il entendait prendre, avait déposé un projet interdisant et réprimant les démissions données à raison d'une compensation pécuniaire. L'attaque fut vive. M. Odilon Barrot s'indigna avec une solennité déclamatoire; M. Dupin protesta au nom de la dignité de la magistrature; M. Dufaure fut l'adversaire le plus redoutable, très âpre sous son apparente modération. Derrière ces chefs d'emploi, s'agitait bruyamment le chœur des interrupteurs, manifestant, par ses gestes, par ses cris, par ses injures, le dégoût, le mépris, l'horreur que lui inspirait un gouvernement si corrompu. La tactique était visiblement de faire concentrer tous les coups sur le président du conseil. L'opposition voulait profiter de ce que le marché avait été fait dans le cabinet de M. Génie et, en quelque sorte, sous les yeux de M. Guizot, pour atteindre ce dernier dans son renom, jusqu'alors incontesté, d'austérité. « On veut l'abattre à force de clameurs », écrivait M. de Barante [3]. Mais M. Guizot n'était pas de ceux auxquels on faisait ainsi courber la tête. Il

---

[1] Une note, trouvée dans les papiers de M. Guizot et publiée par la *Revue rétrospective*, n'en relevait pas moins de vingt et un entre 1821 et 1844.
[2] *Journal inédit du baron de Viel-Castel*.
[3] Lettre du 21 janvier 1848. (*Documents inédits*.)

répondit avec une hauteur attristée. Sans discuter le détail des faits, sans plaider l'ignorance personnelle, sans opposer scandale à scandale par l'étalage de ce qui avait été fait sous d'autres ministères, il se borna à affirmer que l'abus était ancien, mais il reconnut que c'était un abus, annonça sa résolution de le proscrire à l'avenir, et déclara que, depuis plus de deux ans déjà, il avait cessé. Il ne se plaignait pas « de voir de nouvelles susceptibilités morales s'introduire dans les mœurs, de voir tomber devant la publicité, devant l'élévation croissante des sentiments, des usages longtemps tolérés ». Il demandait seulement que ce progrès ne rendît pas injuste envers le passé. De la part de l'opposition, sans doute, il savait n'avoir pas à attendre d'équité. « Cependant, ajoutait-il, en présence d'hommes qui ont voué leur vie entière à la cause de l'ordre et des libertés du pays,... en présence d'hommes que jamais, dans la pensée même de leurs adversaires, aucun intérêt personnel, autre que celui du pouvoir dont ils sont chargés, n'a fait agir, il me semble que ce qui se passe aujourd'hui devant vous dépasse la limite ordinaire des atteintes portées à la justice ou à la vérité... Je n'ai pas un mot de plus à dire à l'opposition. Quant à mes amis, ce n'est pas moi qui les découragerai jamais d'être aussi vigilants et aussi exigeants qu'ils le pourront dans la cause de la moralité publique et privée... Je demande seulement au parti conservateur de se souvenir toujours que les hommes qu'il honore de sa confiance ont recueilli de nos temps orageux un héritage très mêlé... Nous travaillons incessamment à régler, à épurer cet héritage... S'il a la confiance que c'est là ce que nous faisons, qu'alors il se souvienne que l'œuvre est très difficile, quelquefois très amère, et que nous avons besoin de n'être pas un instant affaiblis dans ce rude travail. Nous avons besoin que le parti conservateur voie toujours les choses exactement comme elles sont, sans faiblesse et sans charlatanerie. Nous avons besoin qu'il nous soutienne de toute sa force. Si le moindre affaiblissement devait nous venir de lui dans la tâche difficile que nous poursuivons, je n'hésite pas à dire que, pour mon compte et pour celui de mes amis, nous ne l'accepterions pas un instant. » Ainsi mise en demeure, la Chambre ne manqua pas au cabinet ; par 225 voix contre 146, elle déclara sa « confiance dans la volonté exprimée par le gouvernement et dans l'efficacité des mesures qui devaient prévenir le retour d'un ancien et regrettable abus ».

La victoire paraissait complète. M. Guizot s'était tiré avec habileté et dignité d'une situation difficile. Force était cependant d'avouer que le ministère sortait affaibli de ce débat. Tout en votant pour lui et en étant convaincue que ses accusateurs eussent fait pis encore, la majorité n'avait pas caché sa tristesse. Il est toujours fâcheux, pour un gouvernement, d'avoir à se défendre contre de telles attaques, fût-il absolument innocent, ce qui n'était pas alors le cas [1]. Toutefois l'opposition dynastique, qui avait mené cette campagne avec tant de passion, avait-elle sujet de se féliciter du résultat? Le discrédit qu'elle avait cherché à faire tomber sur le cabinet rejaillissait sur le régime tout entier, sur la classe gouvernante sans distinction de gauche ou de droite. De pareilles journées ne profitaient en réalité qu'aux révolutionnaires et aux socialistes.

V

Le lendemain même de l'orageux débat sur l'« affaire Petit », la Chambre des députés commençait la discussion de son adresse. La première bataille, qui ne dura pas moins de trois jours [2], porta sur la question financière. D'ordinaire cette question était renvoyée au budget. Mais les meneurs croyaient

---

[1] M. Doudan écrivait au prince de Broglie, au sujet de cette discussion : « C'est un bruit terrible pour une omelette au lard. J'en ai voulu à la majorité d'avoir permis que M. Guizot subît la nécessité de s'expliquer devant la Chambre sur ces misères. Il y a des choses qui ne sont rien et qui sont indéfendables devant le pédantisme d'un public, même d'un public qui ferait la même chose et plus, toute la journée ; mais la majorité, tout en votant bien, s'est passé la fantaisie de prendre de grands airs attristés sur l'horreur de donner des places dans une vue politique. » (*Mélanges et lettres*, t. II, p. 148.)

[2] Séances des 24, 25 et 26 janvier 1848.

qu'elle fournissait, cette année, un terrain d'attaque exceptionnellement favorable, et ils étaient impatients d'en profiter. On se rappelle, en effet, le contre-coup fâcheux qu'avait eu sur les finances la mauvaise récolte de 1846 [1]. Depuis lors, sans doute, la situation s'était notablement améliorée : l'excellente récolte de 1847 avait ramené l'abondance et le bas prix des subsistances ; plus aucune crainte d'embarras monétaires ; les affaires étaient redevenues actives ; le revenu des contributions indirectes, en recul assez marqué pendant le premier semestre de 1847, avait repris sa marche en avant pendant le second, si bien que le résultat total de l'année se trouvait à peu près égal à celui de 1846 : fait d'autant plus remarquable que le malaise persistait en Belgique, en Hollande, en Allemagne, en Angleterre surtout, où le déchet des impôts indirects pour 1847 n'était pas moindre de 55 millions. Toutefois, si la crise économique semblait à sa fin, les difficultés qui en étaient résultées pour nos finances n'avaient pu disparaître aussi vite ; c'étaient ces difficultés dont l'opposition croyait pouvoir se faire une arme contre le cabinet.

M. Thiers mena l'attaque. Pendant deux jours entiers, il fut presque constamment sur la brèche, critiquant, répliquant, interrompant, avec une verve qui ne faiblit pas un moment. Il excellait à illuminer, à animer, à vivifier ces matières d'ordinaire assez ternes, lourdes et arides. Si habile discuteur qu'il fût, il trouva un contradicteur capable de lui tenir tête ; ce fut M. Duchâtel, qui se surpassa en cette circonstance, moins brillant que M. Thiers, mais non moins lumineux et d'une doctrine financière plus sûre, plus large et plus neuve. Quand, par exemple, M. Thiers déclarait l'épargne française incapable de fournir, sans tarir les sources où s'alimentaient le commerce et l'industrie, les 300 millions que l'État et les compagnies s'apprêtaient à lui demander annuellement pour les travaux de chemins de fer, il était singulièrement en retard, et sa con-

---

[1] Voir plus haut, ch. I, § IV. — Cf. du reste, sur l'histoire financière de la monarchie de Juillet, t. III, ch. V, § V ; t. IV, ch. V, § XII ; t. V, ch I, § X ; t. VI, ch. II, § III.

clusion, qui tendait à ralentir la construction de notre réseau ferré, eût été désastreuse. Quand, au contraire, M. Duchâtel rappelait qu'on pouvait alléger les charges de l'État, non seulement en diminuant ses dépenses, mais aussi en accroissant ses ressources; quand il soutenait que certaines dépenses étaient fécondes, et qu'il exposait les avantages de la politique financière du « faire valoir », son idée était juste, à condition d'être appliquée avec mesure et de ne pas servir d'excuse au gaspillage. Tout le discours de M. Thiers tendait à présenter la situation comme dangereuse et très gravement compromise par ce qu'il appelait les « folies de la paix » : à son avis, avec des finances aussi engagées, il eût fallu être garanti contre tout péril de guerre; or il croyait qu'on ne l'était plus depuis les mariages espagnols; aussi terminait-il par ce coup de tocsin : « Je quitte cette tribune, profondément alarmé. » M. Duchâtel répondait que « la situation financière commandait une grande prudence, une salutaire réserve, mais qu'elle ne devait pas inspirer le découragement ». Il se croyait sûr de « pouvoir conduire à bien, sans dommage et sans péril pour le pays, les grandes entreprises commencées ».

Entre le pessimisme de M. Thiers et l'optimisme relatif de M. Duchâtel, que faut-il croire? La vérité est qu'on était alors en train de réparer les suites de la crise de 1847 : ce travail de réparation, analogue à celui que le gouvernement de Juillet avait déjà mené à bonne fin après 1830 et après 1840, n'était pas terminé, mais le plan en était tracé, et l'on pouvait entrevoir le moment où les choses seraient rétablies dans leur état normal. En ce qui touchait le budget ordinaire, si celui de 1847 se soldait par un gros déficit de 109 millions, on s'attendait, pour 1848, à un déficit beaucoup moindre, et on croyait pouvoir promettre le retour à l'équilibre pour 1849. La principale difficulté venait, on le sait, du budget extraordinaire et des travaux de chemins de fer et autres, mis provisoirement à la charge de la dette flottante jusqu'à ce qu'on pût y appliquer les réserves de l'amortissement. Ces réserves se trouvant, pour le moment, absorbées par les découverts du budget, la dette flottante avait rapidement grossi; elle atteignait, le 1ᵉʳ janvier 1848, 630 millions, sur lesquels 285 millions de bons du Trésor à court terme, et environ 143 millions de comptes courants des caisses d'épargne ou des correspondants du Trésor. Il y avait là évidemment un chiffre trop élevé d'engagements à vue ou à brève échéance; il pouvait en résulter, en cas de crise, de graves embarras; sur ce point, les critiques de M. Thiers étaient en partie fondées. Ajoutons que les travaux publics étaient loin d'être terminés; tels qu'ils avaient été fixés par la loi du 11 juin 1842 sur les chemins de fer et par les lois successives qui l'avaient complétée, ils s'élevaient à un milliard 109 millions; sur cette somme, 412 millions seulement avaient été dépensés : il restait donc encore à pourvoir, pour les années suivantes, à près de 700 millions; la dépense à faire de ce chef pour 1848 était fixée à 150 millions. Cet avenir effrayait M. Thiers, qui croyait voir déjà la dette flottante à 800 millions. Il oubliait les deux causes qui devaient l'alléger. C'était d'abord l'emprunt de 350 millions que la loi du 8 août 1847 avait autorisé précisément dans ce dessein [1]; sur cette somme, 250 millions avaient été émis en rentes 3 pour 100 et adjugées, le 10 novembre 1847, à la maison Rothschild, au taux de 75 fr. 25 [2]; les versements des adjudicataires étaient échelonnés jusqu'en novembre 1849 [3]. La dette flottante devait aussi être dégagée par les remboursements que les compagnies de chemins de fer auraient à effectuer et qui s'élevaient à 205 millions. Grâce à cette double cause d'allégement, le gouvernement croyait pouvoir affirmer que la dette flottante ne s'augmenterait pas, et que bientôt même elle commencerait à diminuer. En effet, d'après ses calculs, en 1848 ou au plus tard en 1849, tous les déficits des budgets antérieurs seraient

---

[1] Cf. plus haut, p. 32.

[2] Les emprunts précédents avaient été négociés, celui de 1841 à 78 fr. 52 1/2, celui de 1844 à 84 fr. 75 : on voit quelle dépréciation avait été causée par la crise de 1847.

[3] Les adjudicataires versèrent ainsi, jusqu'au 24 février 1848, 64 millions. Après la révolution, à raison de l'effondrement du crédit, ils obtinrent de ne pas remplir leurs engagements.

éteints par les réserves de l'amortissement qui s'élevaient maintenant à environ 90 millions par an. Ces réserves, devenues ainsi disponibles, pourraient alors être affectées aux travaux extraordinaires et dégageraient d'autant la dette flottante. En somme, en réunissant les 350 millions de l'emprunt, les 205 millions dus par les compagnies et les réserves de l'amortissement, on calculait que vers 1855 on aurait terminé la liquidation de cette colossale entreprise, et que la dette flottante serait absolument dégagée. On aurait ainsi fait pour plus de 1,100 millions de travaux extraordinaires, presque tous productifs, en n'augmentant la dette publique que d'un capital de 350 millions. Ces calculs supposaient, il est vrai, qu'aucun événement ne viendrait d'ici là compromettre la paix extérieure ou la prospérité intérieure, et, par suite, détruire l'équilibre du budget ordinaire; qu'il n'y aurait aucun danger de guerre comme en 1840, aucune mauvaise récolte comme en 1846. C'était là évidemment le côté faible de la combinaison; on n'y faisait pas assez la part des accidents possibles.

Toutefois, peut-on reprocher au gouvernement de n'avoir pas prévu la catastrophe qui allait éclater et de ne s'être pas préparé financièrement à son propre renversement? D'ailleurs, quelles précautions eussent pu prévenir les conséquences d'une révolution donnant le signal d'une panique universelle, arrêtant brusquement toutes les affaires, tarissant les impôts, ruinant le crédit, et provoquant le retrait en masse des dépôts faits aux caisses d'épargne? Les auteurs de cette révolution, placés en face de l'effroyable crise économique dont ils avaient toute la responsabilité, ont essayé de la rejeter sur le régime déchu; ils ont osé proclamer qu'à la veille des journées de Février, la banqueroute était imminente, et que la République seule en avait sauvé la France [1]. Pur mensonge dont il est

---

[1] M. Garnier-Pagès, membre du gouvernement provisoire, chargé de diriger les finances du nouveau régime, a dit, dans son rapport du 10 mars 1848 : « Ce qui est certain, ce que j'affirme de toute la force d'une conviction éclairée et loyale, c'est que si la dynastie d'Orléans avait régné quelque temps encore, la banqueroute était inévitable. Oui, citoyens, proclamons-le avec bonheur, avec orgueil, à tous les titres qui recommandent la République à l'amour de la France et au respect

facile aujourd'hui de faire justice. C'est après et non avant la chute de la monarchie qu'il y a eu menace de banqueroute ; et la faute en était à ceux qui avaient déchaîné la révolution et ne parvenaient pas, en dépit du mot de l'un d'eux, à faire de l'ordre avec du désordre.

Et maintenant si l'on cherche à juger dans son ensemble la politique financière de la monarchie de Juillet, sans s'arrêter aux embarras passagers dans lesquels elle se trouvait encore engagée à la veille de sa chute, certains grands faits ressortent avec netteté. D'abord, loin d'avoir augmenté les impôts, elle les a réduits ; si elle a ajouté 16 millions au principal de la contribution personnelle et mobilière et de la taxe sur les portes et fenêtres, elle a fait des dégrèvements pour plus de 60 millions, notamment sur l'impôt des boissons et sur la loterie ; l'accroissement d'environ 300 millions qui s'est produit dans le revenu des contributions indirectes a été dû au développement de la richesse publique. En second lieu, elle a très peu emprunté : les rentes perpétuelles étaient, à la fin de la Restauration, de 202 millions, soit, si on en défalque environ 38 millions appartenant à la caisse de l'amortissement, 164 millions ; elles s'élevaient, en 1848, à 244 millions, soit, en en défalquant aussi 67 millions de rentes de la caisse d'amortissement, 177 millions. Ce n'est donc qu'une augmentation de 13 millions pour les dix-huit années du règne, chiffre singulièrement minime si l'on songe que le total des rentes dépasse actuellement 900 millions. A la vérité, pour être absolument exact, les 13 millions devraient être augmentés des 8 à 9 millions de rentes dont l'émission, autorisée par la loi du 8 août 1847, n'a pu être réalisée avant la chute de la monarchie ; cette émission, en effet, était nécessaire pour dégager la dette flottante. Ajoutons enfin que, parmi les 67 millions de rentes appartenant en 1848 à la caisse d'amortissement, toutes ne provenaient pas, comme en 1830, de rachats ; 38 millions provenaient de la consolidation des fonds des caisses d'épargne. Malgré ces deux

du monde, il faut ajouter celui-ci : la République a sauvé la France de la banqueroute. »

dernières observations, la monarchie de Juillet n'en doit pas moins être considérée comme ayant usé très discrètement de l'emprunt. Et cependant, sans impôts nouveaux, avec des emprunts si réduits, elle a fait plus de 1,600 millions de travaux extraordinaires; elle a dépensé plus d'un milliard pour la conquête de l'Algérie; elle a créé l'instruction primaire; elle a transmis à ses successeurs une armée en parfait état; elle a laissé un pays dont toutes les ressources avaient été ménagées et qui était en plein développement économique. Jamais on n'a fait autant pour l'avenir, en le grevant aussi peu. Devant ces résultats, que pèsent certaines difficultés momentanées, ou même certaines fautes de gestion? L'histoire est obligée de reconnaître qu'en dehors de la Restauration, aucun autre des régimes qui se sont succédé en France dans ce siècle ne se présente avec un pareil bilan.

VI

La discussion sur les finances avait été vive, mais honorable. A peine fut-elle finie que la Chambre retomba dans le scandale. M. Billault avait présenté un amendement demandant au gouvernement « de travailler sans relâche à développer la moralité des populations et de ne plus s'exposer à l'affaiblir par de funestes exemples ». C'était vouloir infliger au cabinet une sorte de flétrissure infamante. La présentation d'un tel amendement par un homme qui n'appartenait pas aux opinions extrêmes, et qui avait même refusé de s'associer aux banquets, montrait à quel degré d'animosité en était venue l'opposition de toutes nuances.

Le débat[1] commença toutefois par un discours d'une inspiration supérieure à l'amendement qu'il venait appuyer. J'ai déjà eu occasion de marquer le rôle parlementaire de

---

[1] Cette partie de la discussion occupa les séances des 27 et 28 janvier 1848.

M. de Tocqueville, et comment, chez lui, la vue naturellement haute et lointaine du moraliste politique se trouvait parfois rabaissée et raccourcie par les préoccupations de l'homme de parti [1]. Cette dualité ne fut jamais plus apparente que dans le discours du 27 janvier 1848. Le moraliste politique s'y montrait d'abord dans des avertissements d'une clairvoyance vraiment prophétique. « Pour la première fois depuis quinze ans, disait-il, j'éprouve une certaine crainte pour l'avenir ;... pour la première fois, existe, dans le pays, le sentiment, l'instinct de l'instabilité, ce sentiment précurseur des révolutions, qui souvent les annonce, qui quelquefois les fait naître..... On dit qu'il n'y a point de péril parce qu'il n'y a pas d'émeute ; on dit que, comme il n'y a pas de désordre matériel à la surface de la société, les révolutions sont loin de nous. Messieurs, je crois que vous vous trompez. Sans doute le désordre n'est pas dans les faits, mais il est entré profondément dans les esprits. Regardez ce qui se passe au sein de ces classes ouvrières qui, aujourd'hui, je le reconnais, sont tranquilles. Il est vrai qu'elles ne sont pas tourmentées par les passions politiques proprement dites, au même degré où elles ont été tourmentées jadis ; mais ne voyez-vous pas que leurs passions, de politiques, sont devenues sociales ? Ne voyez-vous pas qu'il se répand peu à peu dans leur sein des opinions, des idées qui ne vont pas seulement à renverser telles lois, tel ministère, tel gouvernement, mais la société même, à l'ébranler sur les bases sur lesquelles elle repose aujourd'hui ? Ne voyez-vous pas que peu à peu il se dit dans leur sein que tout ce qui se trouve au-dessus d'elles est incapable et indigne de les gouverner ; que la division des biens, faite jusqu'à présent dans le monde, est injuste ; que la propriété repose sur des bases qui ne sont pas les bases équitables ? Et ne croyez-vous pas que quand de telles opinions prennent racine, quand elles se répandent d'une manière presque générale, quand elles descendent profondément dans les masses, elles amènent, tôt ou tard, je ne sais pas quand, je ne sais pas

---

[1] Cf. plus haut, t. VI, ch. II, § VI.

comment, mais elles amènent tôt ou tard les révolutions les plus redoutables? Telle est, messieurs, ma conviction profonde; je crois que nous nous endormons à l'heure qu'il est sur un volcan. » Revenant sur la même idée, à la fin de son discours, il s'écriait avec une véritable angoisse : « Est-ce que vous ne ressentez pas, par une sorte d'intuition instinctive qui ne peut s'analyser, mais qui est certaine, que le sol tremble de nouveau en Europe? Est-ce que vous ne sentez pas, que dirai-je? un vent de révolution qui est dans l'air?..... Est-ce que vous avez, à l'heure où nous sommes, la certitude d'un lendemain? Est-ce que vous savez ce qui peut arriver en France, d'ici à un an, à un mois, à un jour peut-être? Vous l'ignorez; mais ce que vous savez, c'est que la tempête est à l'horizon, c'est qu'elle marche sur vous. Vous laisserez-vous prévenir par elle? Messieurs, je vous supplie de ne pas le faire; je me mettrais volontiers à genoux devant vous, tant je crois le danger réel et sérieux, tant je pense que le signaler n'est pas recourir à une vaine forme de rhétorique. » On ne relit pas aujourd'hui sans émotion ces paroles auxquelles l'événement est venu donner une si prompte et si tragique confirmation. Sur le moment, cependant, elles produisirent peu d'effet : l'opinion n'en fut pas remuée et effrayée, comme elle l'avait été par le discours de M. de Montalembert. Cette différence ne tenait pas seulement à ce que l'éloquence de M. de Tocqueville était de nature plus froide et moins communicative; elle tenait surtout à ce que, par d'autres côtés, sa thèse paraissait être une thèse de parti, et qu'à ce titre son pessimisme devenait suspect. En effet, quelle était sa conclusion? Il ne disait pas : « Oublions nos misérables querelles; unissons-nous contre le danger commun; faisons tous notre *meâ culpâ* de fautes qui sont celles, non de tel parti, de tel gouvernement, de tel ministère, mais d'une société où les révolutions politiques ont détruit les traditions, les principes, les croyances, et où la révolution économique menace d'aboutir à une sorte de matérialisme aussi dépravant pour les hautes classes qu'irritant pour les classes inférieures; travaillons ensemble à refaire les mœurs publiques de la France. » Non, il retombait dans les griefs courants de l'opposition; on eût dit qu'il ne parlait de la dégradation des mœurs publiques que pour en imputer la responsabilité au ministère, et il offrait comme remède au péril si effrayant qu'il dénonçait, la réforme électorale et le remplacement de M. Guizot par M. Thiers.

En dépit de cette conclusion, M. de Tocqueville s'était tenu généralement sur des hauteurs où les adversaires du cabinet n'entendaient pas se placer. Le signataire de l'amendement, M. Billault, lui restitua sa vraie portée, en rassemblant, dans un discours d'une acrimonie froide et venimeuse, tous les scandales réels ou imaginaires, exploités depuis un an par l'opposition. Conformément à la tactique qui s'était déjà manifestée lors de l' « affaire Petit », il chercha à faire retomber le poids infamant de ces scandales sur M. Guizot. « Jusqu'à présent, disait-il, la situation personnelle de M. le président du conseil avait donné à l'éloquence de sa parole une influence considérable. Jusqu'à présent, tous les reproches de corruption, de mauvais moyens, d'abus d'influence venaient mourir, au pied de cette tribune, devant l'austère magnificence de sa figure oratoire. Mais nous commençons à connaître les secrets intimes de cet extérieur éclatant. Nous savons que, derrière ce mirage oratoire qui enthousiasmait la majorité et qui frappait le pays, se cachent des pratiques dont l'influence est moins brillante, mais plus sûre. » Tous les regards étaient fixés sur le président du conseil. La tête renversée, plus pâle encore que de coutume, d'une effrayante immobilité, son émotion ne se trahissait que par les éclairs qui, de temps à autre, jaillissaient de ses yeux. Il dédaigna de répondre. Ce fut un membre de la majorité, M. Janvier, qui vint déplorer le tour pris par le débat; il termina par cette grave leçon à l'adresse de l'opposition constitutionnelle : « Elle travaille, dit-il, à faire des ruines sous lesquelles nous serions écrasés en commun. Pourtant elle a été durement avertie. On ne reprochera pas aux radicaux d'avoir fait de l'hypocrisie; ils ont montré une formidable, une implacable sincérité; ils se sont réservé, une fois le parti conservateur abattu, de régler leur compte avec les dynastiques, comme ils les nomment. Les radicaux sont de terribles logiciens; ils ne tarderont pas à se prévaloir des arguments de leurs alliés d'un jour pour démontrer qu'il faut couper jusque dans sa racine l'arbre qui, depuis dix-huit ans, n'a produit que de mauvais fruits. » La leçon ne fut pas entendue, et ceux à qui elle était adressée n'en continuèrent pas moins leur vilaine besogne. A la séance suivante, M. de Malleville descendit à des personnalités plus mesquines encore; comme M. Billault, il visait principalement M. Guizot; il se complaisait à montrer « le souverain pontife du parti conservateur mêlé à d'indignes tripotages, recéleur de démissions achetées à prix d'argent ». Le garde des sceaux ayant répondu, M. de Girardin en prit prétexte pour lui lancer de grossières injures, visiblement inspirées par les plus méprisables rancunes. Plus on allait, plus le débat s'abaissait. La Chambre finit par en ressentir honte et dégoût. M. Dufaure, tout en se prononçant pour l'amendement, jugea nécessaire de désavouer les personnalités par lesquelles on l'avait appuyé. Après quelques mots de M. Duchâtel, cet amendement fut repoussé, par assis et levé, à une grande majorité.

En dépit du vote, les journaux de gauche se félicitaient du débat : avec une sorte de joie féroce, ils comparaient les moyens de discussion employés par l'opposition à des « coups de stylet »; ils proclamaient que M. Guizot avait été condamné non seulement dans sa politique, mais dans sa probité, dans son honneur, et ils saluaient d'avance « le procès qui devait le conduire où son collègue Teste l'attendait ». La vérité était que cette violence finissait par faire un tort sérieux au ministère. M. de Barante, dans une lettre à un ami, après avoir constaté que ce qui se passait à la Chambre « n'était plus une discussion parlementaire, mais une vraie guerre civile où l'on veut détruire son ennemi par tous les moyens », ajoutait : « Cette situation afflige et effraye un grand nombre de conservateurs. Les uns lâchent pied; les autres cherchent des conciliations; beaucoup sont portés au blâme et au mécontentement. » Il disait encore, dans une autre lettre : « Une partie des conservateurs savent mauvais gré à M. Guizot d'avoir tant d'ennemis [1]. »

VII

Heureusement, pour l'honneur des derniers jours du régime parlementaire, le débat se releva avec les affaires extérieures. L'Italie occupa deux séances [2]; la Suisse, trois [3]. M. de Lamartine, qui n'avait pas paru à la tribune depuis dix-huit mois, ouvrit le feu sur la question italienne : sa harangue, plus sentimentale que politique, plus déclamatoire qu'éloquente, fut ce qu'on pouvait attendre de l'auteur de l'*Histoire des Girondins*. Avec de grandes phrases sur la sympathie due aux peuples opprimés, il accusa le gouvernement de s'être montré d'une « partialité inqualifiable pour le seul antique ennemi de la France, la maison d'Autriche », et d'avoir travaillé à maintenir, au delà des Alpes, « l'oppression étrangère, les abus, le morcellement et l'impuissance des États italiens »; puis, généralisant son grief, il s'écria : « Depuis les mariages espagnols, il a fallu que la France, à l'inverse de sa nature, à l'inverse des siècles et de la tradition, devînt gibeline à Rome, sacerdotale à Berne, autrichienne en Piémont, russe à Cracovie, française nulle part, contre-révolutionnaire partout! »

M. Guizot se leva pour répondre; il fut tout de suite visible que les outrages dont il venait d'être abreuvé depuis le commencement de la session, ne l'avaient pas abattu. Aussi maître de son visage, de son geste, de sa voix, de sa pensée, qu'au lendemain d'un triomphe, sa parole était fière, imposante. Vainement l'opposition, surprise et irritée de voir porter la tête si haut à celui qu'elle se flattait d'avoir accablé, tentait-elle

---

[1] *Documents inédits.*
[2] 29 et 31 janvier 1848.
[3] 1ᵉʳ, 2 et 3 février.

de le démonter par ses clameurs injurieuses; chaque apostrophe qu'elle lui jetait provoquait de sa part une réplique qui mettait en déroute les imprudents agresseurs. Domptant la gauche comme un cheval ombrageux qu'on ramène à l'obstacle jusqu'à ce qu'il l'ait franchi, il la forçait à entendre l'éloge de la modération de l'Autriche. Interrompu lorsqu'il disait : « Nous avons accepté les traités de 1815 », par des voix lui criant : « subis, subis! » — « Comment, messieurs, leur répondait-il, vous trouvez plus honorable et plus fier de dire que vous les avez subis! » Après chacun de ces incidents, renouvelés dix fois avant qu'il eût parlé un quart d'heure, le ministre reprenait le fil de son discours avec une entière liberté d'esprit. La gauche, vaincue, finit par l'écouter en silence. La politique qu'il exposait, nous la connaissons : politique de « juste milieu », comme disait le ministre, favorable aux réformes, sympathique à Pie IX, mais en garde contre les entraînements révolutionnaires et belliqueux, se refusant « à faire, pour enlever la Lombardie à l'Autriche, ce que la France n'avait pas voulu faire, au lendemain de 1830, pour reprendre elle-même la frontière du Rhin et la frontière des Alpes ». La majorité paraissait goûter ces idées, et quand le président du conseil descendit de la tribune, il fut accompagné jusqu'à son banc par des acclamations enthousiastes.

Le lendemain, ce fut le tour de M. Thiers. Au début, à l'entendre grossir la voix pour dénoncer les « tyrans » et les « bourreaux » de l'Italie, on put croire à une répétition de la *Marseillaise* déjà chantée à la tribune par M. de Lamartine. Mais s'il voulait plaire à l'opposition, il entendait ne pas devenir impossible comme ministre; or il se rendait bien compte que, sur ce terrain des affaires italiennes, dépasser une certaine limite, c'était tomber dans la guerre [1]. De là, dans son discours, après des phrases qui semblaient d'un tribun,

---

[1] A ce même moment, M. Rossi, qui de Rome suivait anxieusement ces débats, disait à son premier secrétaire, le prince Albert de Broglie : « Si le ministère tombe, et que Molé ou Thiers arrivent au pouvoir, je vous envoie tout de suite à Paris pour leur dire : — Je ne puis faire un pas de plus sans aboutir à la guerre contre l'Autriche. La voulez-vous ? » — Je tiens ce fait de M. le duc de Broglie.

des conclusions qui étaient d'un ministre éventuel. Le premier criait qu'il fallait « détester » les traités de 1815 ; le second se hâtait d'ajouter qu'il fallait les « observer ». En somme, M. Thiers se défendait de vouloir, en Italie, aucun bouleversement, aucun remaniement de territoire, et, tout en affectant de combattre la politique du gouvernement, il n'aboutissait qu'à revendiquer, comme lui, l'indépendance des divers États de la Péninsule et à demander qu'on les encourageât dans leurs réformes. Surprise, désappointée, l'opposition, qui avait commencé par applaudir l'orateur, devint bientôt silencieuse ; elle laissait même entrevoir une irritation qui devait éclater plus librement, le lendemain, dans ses journaux [1].

M. Guizot profita habilement de l'avantage que lui donnait le discours de M. Thiers. Avec une modération qui n'était pas sans persiflage, il se félicita de se trouver si parfaitement d'accord avec son adversaire. « Vous demandez, lui dit-il en substance, qu'on défende l'indépendance des États et qu'on encourage les réformes ; ç'a été précisément la politique du cabinet ; tout au plus différons-nous sur certains détails de forme, sur l'emploi de certains gros mots que vous eussiez probablement laissés de côté si vous étiez au pouvoir ; ainsi, nous n'avons pas qualifié les gouvernements de *tyrans* et de *bourreaux*, ne croyant pas utile et convenable de traiter de cette manière ceux qu'on veut ramener à des sentiments de modération, de clémence et de générosité envers les peuples ; ainsi encore, nous ne nous sommes pas vantés de *détester* les traités que nous jugions nécessaire de maintenir et de respecter, estimant que ce n'était peut-être pas la meilleure manière d'en conseiller le respect et d'en assurer le maintien ; mais, à cela près, nous sommes d'accord ; les bons conseils que vous nous avez donnés, nous les avons suivis d'avance ; ce que vous avez dit, nous l'avons déjà fait [2]. » M. Thiers se sentit pris au

---

[1] Le *National* du 1ᵉʳ février disait que la politique exposée par M. Thiers « était au fond la même que celle de M. Guizot, avec l'hypocrisie en plus », et il regrettait que la gauche n'eût pas « sifflé » l'orateur.

[2] M. Guizot éprouvait parfois un singulier embarras à concilier les exigences de

piège, et, contrairement à son habitude, il ne répliqua pas. Ses mouvements d'épaule et la moue de son visage trahissaient assez clairement sa contrariété. A son défaut, M. Odilon Barrot vint déclamer furieusement contre les traités de 1815, qui, disait-il, n'existaient plus en droit, s'ils existaient encore en fait. Cela n'était pas pour rendre moins fausse la situation de M. Thiers, ni pour atténuer le succès de M. Guizot ; aussi se trouva-t-il une grande majorité pour approuver la politique italienne du ministère.

M. Thiers voulut prendre sa revanche dans la discussion des affaires de Suisse. La question lui paraissant diplomatiquement close, il crut les hardiesses de langage moins compromettantes et visa à se faire pardonner par la gauche sa réserve dans le débat sur l'Italie. Tout d'abord, il marqua qu'il voyait, dans ce qui s'était passé en Suisse, la lutte de la révolution et de la contre-révolution ; la France ne pouvait, à son avis, prendre parti contre la première sans trahir son principe et sacrifier son intérêt. Suivait un long récit où, avec une habileté perfide, les faits étaient toujours présentés à l'honneur des radicaux. L'orateur « applaudissait » sans réserve « à la grande force déployée par la diète contre le Sonderbund », et accusait le gouvernement du roi Louis-Philippe de « s'être conduit comme eût pu le faire Charles X ». Puis, faisant allusion aux négociations qui se continuaient avec les puissances

---

la discussion parlementaire avec les convenances de sa diplomatie. Au cours de sa réponse à M. Thiers, il fut amené à dire que la présence des troupes autrichiennes à Modène était « un fait irrégulier ». Mais il se rendit compte aussitôt que cette expression blesserait l'Autriche, qu'il entrait dans son jeu de ménager. M. Klindworth écrivit, le 3 février 1848, à M. de Metternich : « Dans la discussion sur l'Italie, M. Guizot a prononcé un discours dans lequel il a dit que la présence des Autrichiens à Modène constituait un état de choses *irrégulier*. Le ministre fait savoir à Votre Altesse le vif regret qu'il éprouve de n'avoir pas songé, en parlant ainsi, aux traités qui autorisaient la présence des troupes impériales dans cet État. Ce mot *irrégulier* lui est échappé, et il s'appliquera à réparer le mal à la première occasion, en expliquant la vérité sur cette affaire. » (*Mémoires de Metternich*, t. VII, p. 565.) On peut croire que si M. Guizot eût écrit lui-même, il l'eût fait d'un ton un peu différent, et que, s'il a inspiré la démarche de M. Klindworth, il n'a pas été consulté sur la rédaction de sa lettre. Il est heureux, en tout cas, qu'une indiscrétion n'ait pas fait tomber alors ce document aux mains de l'opposition.

continentales, il s'efforçait de soulever l'opinion en lui montrant une perspective d'intervention armée. « A la face de la France et de l'Europe », il défiait solennellement le ministère d'oser demander à la Chambre « un homme et un écu pour envoyer une armée en Suisse ». Il ajoutait que, si on ne voulait pas l'intervention, la politique suivie conduisait à une issue ridicule. « Vous êtes coupable, en Suisse, concluait-il, ou des plus mauvais sentiments, ou d'une imprévoyance impardonnable, et peut-être des deux torts à la fois. » Jamais la parole de M. Thiers n'avait été plus pressante, plus saisissante; jamais il n'avait eu plus de verve et d'éclat; mais jamais aussi il ne s'était montré plus audacieusement révolutionnaire. « On dit, s'écriait-il, que les hommes qui viennent de triompher en Suisse sont radicaux, et on croit avoir tout dit en les accusant de radicalisme. Je ne suis pas radical, messieurs, les radicaux le savent bien, et il suffit de lire leurs journaux pour s'en convaincre. Mais entendez bien mon sentiment. Je suis du parti de la révolution, tant en France qu'en Europe; je souhaite que le gouvernement de la révolution reste dans la main des hommes modérés; je ferai tout ce que je pourrai pour qu'il continue à y être; mais, quand ce gouvernement passera dans la main d'hommes qui sont moins modérés que moi et mes amis, dans la main d'hommes ardents, fussent les radicaux, je n'abandonnerai pas ma cause pour ce motif : je serai toujours du parti de la révolution. » A cette déclaration que l'orateur, le bras étendu, la tête haute, avait faite avec une énergie voulue, la gauche, surprise et ravie, répondit par des bravos frénétiques, auxquels les rédacteurs du *National* s'associèrent ouvertement du haut de la tribune des journalistes. Trois fois M. Thiers voulut reprendre son discours, trois fois les acclamations réitérées l'en empêchèrent. L'impression ne fut pas moins vive de l'autre côté de la Chambre : seulement c'était de la colère, de l'indignation. Les conservateurs voyaient plus clairement encore qu'ils ne l'avaient vu dans le passé, ce qu'ils auraient à craindre d'un retour de M. Thiers au ministère. Ces sentiments se manifestaient même chez quelques-uns de ceux qu'on pouvait croire avoir partie liée avec l'opposition. De ce nombre était M. Molé : alors fort prononcé contre M. Guizot dont il se flattait de recueillir la succession, il avait négocié d'avance avec la gauche la composition de son futur cabinet; depuis le commencement de la discussion de l'adresse, il assistait à toutes les séances de la Chambre des députés, dans l'attente visible de l'événement qui lui ouvrirait l'accès du pouvoir, et ne cachait nullement son intimité avec les opposants les plus animés; néanmoins, après le discours de M. Thiers sur les affaires de Suisse, il ne put contenir son irritation; il allait répétant partout dans les couloirs : « Ce sont d'odieux sophismes ! »

M. Guizot eût désiré répondre immédiatement; mais brisé par la fatigue des débats antérieurs, souffrant en outre d'un violent accès de grippe, il se trouvait physiquement hors d'état de le faire. Le lendemain, bien que très faible encore, il voulut parler quand même. Son discours se ressentit de l'état de sa santé; il parut languissant et terne, surtout après celui de M. Thiers. Le président du conseil n'en parvint pas moins à faire la lumière, et sur le droit des puissances à regarder aux affaires intérieures de la Suisse, et sur la justice de la cause du Sonderbund, et sur l'iniquité des radicaux. Ce qui fit le plus d'effet fut la citation de plusieurs dépêches que M. Thiers lui-même avait écrites en 1836, et dans lesquelles il gourmandait et menaçait les radicaux suisses beaucoup plus rudement que ne l'avait fait depuis le ministère conservateur [1]. La contradiction entre le langage de ces dépêches et celui que le même homme d'État venait de tenir à la tribune était telle, qu'elle provoqua, de la part de la majorité, pendant la lecture des pièces, une succession presque ininterrompue de rires et d'exclamations. Avec son impatience accoutumée, M. Thiers demanda à s'expliquer immédiatement et ne fit que s'enferrer davantage. Explicite sur le passé, M. Guizot fut réservé sur l'avenir·

[1] Sur les circonstances dans lesquelles ces dépêches avaient été écrites, cf. plus haut; t. III, ch. II, § III.

connaissant les préjugés répandus jusque dans une partie des conservateurs, il n'osait pas trop dévoiler son intention de continuer, dans les affaires suisses, l'entente avec les puissances continentales. Au moment du vote, pressé de nouveau sur ce point par M. Thiers, il déclara, à deux reprises, pour éviter de s'expliquer, que le projet d'adresse, tel qu'il était rédigé, impliquait seulement approbation de ce qui avait été fait jusqu'alors. « La Chambre, ajoutait-il, reste parfaitement libre dans son jugement sur ce qui pourra se faire ; il n'y a pas un mot qui enchaîne l'avenir et qui le préjuge, ni pour le gouvernement, ni pour la [Chambre. » Sur cette déclaration, l'amendement de l'opposition fut repoussé par 206 voix contre 126.

Dans la question suisse comme dans la question italienne, M. Guizot avait donc eu pour lui une majorité considérable. Néanmoins, n'était-ce pas une attitude assez inusitée de la part d'un ministère, que cette façon de limiter au passé l'approbation demandée? Cela seul ne montrait-il pas quelles difficultés rencontrait, dans l'état de l'opinion, la politique, pourtant alors très justifiée, qui tendait à se rapprocher des puissances continentales et à profiter du besoin que celles-ci avaient de se mettre derrière la France? On en vient à se demander si M. Guizot eût pu jamais triompher de préventions si fortes, et s'il n'eût pas nécessairement succombé le jour où il lui aurait fallu faire accepter du pays quelque démarche manifestant ce rapprochement. Étrange et inintelligente contradiction de ce public qui attendait de son gouvernement qu'il lui assurât, en Europe, toutes les satisfactions de la prépondérance, si ce n'était même les profits de la conquête, et qui, par une sorte de sentimentalité révolutionnaire, répugnait à la liberté d'alliances qui était la condition première d'une telle politique!

Il y avait déjà treize séances que l'opposition s'acharnait contre M. Guizot. Elle ne pouvait se vanter de l'avoir une seule fois battu ; mais, en voyant la faiblesse relative de son discours sur la Suisse, elle se flattait qu'il était physiquement hors de combat; elle croyait avoir brisé sinon son courage, du moins sa voix. Ses journaux le déclaraient usé, fini : M. Guizot aphone, c'était Samson dépouillé de sa chevelure. « Tout le monde a pu se convaincre, disait une feuille de ce parti, que sa voix compte pour une grosse moitié dans son éloquence. » Ce peu généreux espoir devait être de courte durée. Dès la séance suivante [1], un député de la gauche, M. Lherbette, ayant débité une diatribe contre la nomination du duc d'Aumale au gouvernement de l'Algérie, M. Guizot n'y peut tenir, et, malgré sa souffrance, il prend la parole. Il ne la garde qu'une demi-heure, mais c'est assez pour y déployer, avec un éclat extraordinaire, les qualités même qu'on avait pu croire voilées lors de son précédent discours; on ne saurait imaginer parole plus serrée, plus nerveuse, plus vibrante. De M. Lherbette et de ses sottises, il n'est plus trace ; tout a été broyé. Avec cela, d'admirables accents pour exprimer la fierté de l'homme et la loyauté du royaliste. Le geste, l'allure, semblent avoir quelque chose d'inspiré. Ajoutez la pâleur de ce visage altéré, ce regard où brûle la fièvre, cette voix sombre, d'abord incertaine, mais bientôt subjuguée par une volonté maîtresse. L'assemblée, qui ne s'attendait à rien de pareil, en est toute saisie. Tandis que la majorité, soulevée de ses bancs, éclate en applaudissements, la gauche demeure stupide et anéantie, en voyant se dresser, si grand et si terrible, l'orateur qu'elle croyait terrassé; elle ne songe pas à l'interrompre et semble presque sur le point d'être entraînée dans l'enthousiasme général. Au sortir de la séance, chacun disait que M. Guizot n'avait jamais eu un plus beau triomphe oratoire [2]. Qui donc aurait pu se douter que c'était le dernier?

[1] 4 février 1848.
[2] *Journal inédit du baron de Viel-Castel.*

VIII

En somme, jusqu'à ce jour, le ministère a fait assez bonne figure dans la bataille, et le duc de Broglie pouvait écrire à son fils, le 7 février 1848 : « Les choses marchent ici laborieusement, mais glorieusement. La majorité est solide [1]. » Toutefois, on n'avait pas encore abordé la question la plus brûlante et la plus périlleuse, celle des banquets et de la réforme. Sur ce point, le projet d'adresse faisait docilement écho au discours du trône; il parlait des « agitations que soulevaient des passions *ennemies* ou des entraînements *aveugles* », et se bornait à des généralités sur l'ordre social et les libertés publiques, sans un mot qui donnât pour l'avenir une espérance de réforme. Était-ce répondre au vrai sentiment des conservateurs? Plus que jamais, on pouvait discerner, chez un certain nombre d'entre eux, une sorte d'hésitation inquiète, le sentiment qu'il « fallait faire quelque chose ». Dans la lettre même que je viens de citer, après avoir constaté la « solidité » de la majorité, le duc de Broglie ajoutait : « Elle n'est ébranlable que par un point : le désir d'un petit bout de réforme pour satisfaire aux engagements pris avec les collèges électoraux et apaiser l'opinion publique, qui est fort gâtée par les banquets et par la mauvaise année que nous venons de passer. »

Ce besoin de voir « faire quelque chose » ne se manifestait pas seulement chez les conservateurs « progressistes », plus ou moins détachés du cabinet, mais chez les ministériels les plus dévoués. J'ai déjà eu occasion de parler de l'article que M. de Morny avait publié dans la *Revue des Deux Mondes* du 1ᵉʳ janvier 1848 [2]. Dans cet article, tout en se défendant d'être un « progressiste » ou un « dissident », il déclarait que la réforme parlementaire était « l'objet d'un vœu presque unanime »;

---

[1] *Documents inédits.*
[2] V. plus haut, p. 325.

sans doute, disait-il, cette concession aura « moins bonne mine » après les banquets qu'elle n'aurait eu au commencement de 1847 ; mais « vouloir introduire l'amour-propre dans ces situations, c'est refuser au pays sa participation et son influence ; un gouvernement ne doit pas résister par pique ». M. de Morny ne se contenta pas de faire connaître ainsi son sentiment au public ; il vint trouver M. Guizot, qui faisait cas de son esprit et de son courage. « Prenez-y garde, dit-il au président du conseil, je ne prétends pas que ce mouvement soit bon, mais il est réel ; il faut lui donner quelque satisfaction. Dans quelle mesure ? Je ne sais pas ; mais il y a quelque concession à faire. Plusieurs de nos amis le pensent sans vous le dire. Si vous ne vous y prêtez pas, on hésitera, on se divisera. — Vous me connaissez assez, répondit M. Guizot, pour ne pas supposer qu'à les considérer en elles-mêmes, j'attache aux réformes dont on parle une importance capitale ; quelques électeurs de plus dans les collèges et quelques fonctionnaires de moins dans la Chambre ne bouleverseraient pas l'État. Je ne me fais pas non plus illusion sur la situation du cabinet ; il dure depuis bien longtemps ; les assiégeants sont impatients ; et, parmi nos amis assiégés avec nous, quelques-uns sont las et voudraient bien un peu de repos. S'il ne s'agissait que de cela, ce serait facile à arranger. Mais ne vous y trompez pas : l'affaire n'est plus dans la Chambre ; on l'en a fait sortir ; elle a passé dans ce monde du dehors, illimité, obscur, bouillonnant, que les brouillons et les badauds appellent le peuple...
— Je le sais bien, reprit M. de Morny, et c'est à cause de cela que je suis inquiet ; si ce mouvement continue, si on va où il pousse, nous arriverons je ne sais où, à quelque catastrophe ; il faut l'arrêter à tout prix, et on ne le peut que par quelque concession. — Retirez donc la question, dit M. Guizot, des mains qui la tiennent aujourd'hui ; qu'elle rentre dans la Chambre ; que la majorité fasse un pas dans le sens des concessions indiquées ; si petite qu'elle soit, je vous réponds qu'elle sera comprise et que vous aurez un nouveau cabinet qui fera ce que vous croyez nécessaire. — C'est aisé à dire, répondit M. de

Morny, mais ce sera là bien autre chose que la retraite du cabinet; ce sera la défaite, la désorganisation plus ou moins profonde, plus ou moins longue, du parti conservateur. Qui sait ce qui en résulterait? Et qui voudra se faire l'instrument d'un tel coup? — Je vous comprends, répliqua le président du conseil, mais, à coup sûr, vous comprenez aussi que ce n'est pas moi qui me chargerai de cette œuvre. Qu'une majorité nouvelle en décide. Si la question rentre dans la Chambre, c'est au groupe réformiste qu'il appartient de la vider [1]. » Ce ne fut pas le seul avis donné alors à M. Guizot, des dispositions de la majorité. Vers cette époque (probablement dans les premiers jours de février), un groupe assez nombreux de députés conservateurs déléguait, après délibération, deux des leurs, MM. de Goulard et d'Angeville, auprès du président du conseil, afin d'appeler son attention sur la nécessité de la réforme parlementaire; ces délégués devaient en outre toucher une question plus délicate, celle du remplacement de M. Hébert, jugé trop provocant, et de l'éloignement de M. Génie, compromis par l'« affaire Petit ». M. Guizot reconnut qu'il y avait quelque chose à faire sur les incompatibilités, mais que cela devait être l'œuvre du parti conservateur, accomplie à son heure et non sous l'injonction de l'opposition; il défendit dans M. Hébert son collègue le plus dévoué; tout au plus parut-il résigné à se séparer de M. Génie [2].

De ces diverses démarches, il résultait clairement que la politique de résistance était à bout. Comme l'a écrit le duc de Bro-

---

[1] *Mémoires de M. Guizot*, t. VIII, p. 537 à 539.
[2] Joseph d'Arcay, *Notes inédites sur M. Thiers*, p. 225 à 229. — L'auteur dit tenir ces renseignements de M. de Goulard. Seulement il se trompe évidemment, quand il place cette démarche à la fin de 1847. D'après ce qu'il rapporte lui-même, elle a eu lieu après l'« affaire Petit ». L'opposition paraît en avoir eu, sur le moment, une connaissance plus ou moins précise; le *National* en parle dans les premiers jours de février 1848. — Des démarches de M. de Morny et de M. de Goulard, on peut rapprocher la lettre suivante, écrite au Roi, le 24 janvier 1848, par un autre député conservateur, M. Liadières : « Que le Roi me permette de le dire, il serait dangereux pour le système conservateur de résister plus longtemps à l'entraînement des esprits. Je pense, avec un grand nombre de mes amis, que des réformes sérieuses doivent être préparées, et qu'il serait utile d'annoncer aux Chambres que le cabinet s'en occupe. »

glie : « La majorité de la majorité était plus d'à moitié vaincue ou convaincue. » Encore un peu de patience, et l'opposition obtenait sûrement sa réforme. C'est le moment qu'elle choisit pour sortir de cette enceinte parlementaire, où elle touche à la victoire, et pour faire de nouveau appel à l'agitation extérieure qui ne doit profiter qu'aux révolutionnaires. On ne saurait comprendre comment elle y a été amenée, sans revenir de quelques jours en arrière.

Aussitôt la session ouverte, les chefs du centre gauche et de la gauche modérée avaient déclaré que, ne jugeant pas convenable d'opposer une tribune populaire à celle du Parlement, ils ne consentiraient plus désormais à assister à des banquets. Ils n'étaient d'ailleurs pas fâchés d'avoir une raison d'interrompre une campagne où ils se sentaient débordés. Dans les premiers jours de janvier, l'idée s'étant présentée à quelques personnes qu'une agitation commencée à Paris devait se clore dans la même ville, il avait été question de faire deux banquets, l'un dans le 2ᵉ arrondissement, l'autre dans le 12ᵉ. Invités à y prendre part, MM. Odilon Barrot, Duvergier de Hauranne et leurs amis, fidèles à leur résolution, répondirent par un refus formel et invitèrent les organisateurs à ajourner leur projet. Ceux du 2ᵉ arrondissement y consentirent sans difficulté. Ceux du 12ᵉ (c'était le quartier du Panthéon) persistèrent. Ils formèrent un comité où ils appelèrent plusieurs députés radicaux, MM. Marie, Crémieux, Garnier-Pagès, Boissel, et un républicain du Comité central, M. Pagnerre. Puis, ayant fixé le jour de leur banquet au 19 janvier, ils en donnèrent avis au commissaire de police. Le gouvernement était résolu à ne plus user envers les banquets d'une tolérance que beaucoup de conservateurs lui avaient reprochée. Le préfet de police répondit donc, le 14 janvier, par un refus d'autorisation, et annonça qu'il s'opposerait à la réunion [1]. Le comité, tout en retardant l'exécution de son

---

[1] On a prétendu plus tard que le projet de banquet était abandonné, quand le préfet de police était venu le faire reprendre par son interdiction provocatrice. Cette assertion est démentie par les pièces mêmes publiées sur le moment.

projet, répliqua que « le préfet avait confondu une déclaration pure et simple du lieu et du jour du banquet, avec la demande d'une autorisation qu'on n'avait ni à solliciter, ni à refuser », et il déclara « regarder la sommation de M. le préfet comme un acte de pur arbitraire et de nul effet ». Interrogé, le 18 janvier, à la Chambre des pairs par M. d'Alton-Shée, M. Duchâtel dit que le préfet avait agi par ses ordres; il ajouta que, conformément à de nombreux précédents, il se tenait pour investi par les lois générales de police, et notamment par la loi de 1790, du droit d'interdire les banquets et autres réunions publiques, quand il croyait que l'ordre était menacé.

L'attitude prise par le gouvernement n'était pas faite pour beaucoup surprendre. Depuis quelque temps déjà, les ministres n'avaient pas fait mystère de leur volonté de ne plus tolérer de banquets. Quant au droit d'interdiction, on n'ignorait pas qu'il avait été souvent exercé, et que, notamment, sous le ministère du 1er mars, M. de Rémusat en avait usé contre un des banquets réformistes d'alors[1]. Sans doute, un tel régime n'avait rien de commun avec la liberté de réunion; mais ne savait-on pas que, sur ce point, comme en matière d'association, notre législation et nos mœurs publiques étaient encore fort timides? L'opposition affecta cependant de se trouver en face d'une prétention exorbitante et d'un attentat imprévu contre lesquels il était de l'honneur de tous les amis de la liberté de lutter hautement. Entraînés ou intimidés, M. Odilon Barrot et ses amis parurent croire que cet incident changeait complètement la situation et leur imposait des devoirs nouveaux. Quand donc les délégués radicaux du 12e arrondissement, l'arrêté du préfet de police et le discours de M. Duchâtel à la main, vinrent leur demander s'ils persistaient dans leur refus de prendre part au banquet, ils déclarèrent que non, et promirent leur concours pour la résistance légale projetée; ils demandèrent seulement et obtinrent que le banquet fût remis après la discussion de l'adresse, et qu'on leur laissât le soin d'en

---

[1] Voir plus haut, t. IV, p. 181.

fixer la date. Ces monarchistes ne paraissent pas s'être demandé, un seul instant, jusqu'où pouvait les conduire le conflit qu'ils retiraient du Parlement pour le porter dans les rues de Paris, à un moment déjà si troublé et en compagnie si ouvertement révolutionnaire. Pouvaient-ils mieux justifier le reproche d'« aveuglement » que leur adressait le discours du trône, et dont ils se montraient tant indignés? Loin de manifester quelque hésitation à s'engager dans cette voie, ils ne paraissaient préoccupés que de le faire avec plus d'éclat et d'une façon plus irrévocable. Afin de se couper toute retraite, ils convinrent entre eux que M. Duvergier de Hauranne, inscrit pour parler le premier sur le dernier paragraphe de l'adresse, annoncerait solennellement sa détermination d'assister au banquet du 12ᵉ arrondissement malgré l'interdiction ministérielle, et que l'opposition s'associerait à ce défi par ses acclamations.

Le programme fut exécuté. Le 7 février, aussitôt la discussion ouverte sur la question des banquets et de la réforme, M. Duvergier de Hauranne parut à la tribune. Après avoir déclaré qu'il s'adressait au pays, non à la Chambre, il ajouta : « Je tiens, quant à moi, les réunions politiques pour légales, pour libres, et, je le déclare hautement, je suis tout prêt à m'associer à ceux qui, par un acte éclatant de résistance légale, voudront prouver jusqu'à quel point, cinquante-huit ans après notre première révolution, les droits des citoyens peuvent être confisqués par un arrêté de police. » Comme il était convenu, les membres de la gauche s'écrièrent : « Nous aussi, tous! » M. Duvergier de Hauranne recommença ensuite son réquisitoire habituel contre le gouvernement et fit l'apologie des banquets. Pour justifier les dynastiques d'y avoir donné la main aux radicaux, il crut suffisant d'évoquer le souvenir de la coalition de 1839. Il toucha, en passant, l'exclusion du toast au Roi. « Lorsqu'on a l'imprudence, disait-il, de faire du Roi un chef de parti et de le faire parler comme tel, on n'a pas le droit de s'étonner d'un tel silence. On a dit avec raison que le silence des peuples est la leçon des rois; faites donc votre profit de celui qui a été gardé dans quelques banquets, mais n'en faites pas un grief contre nous. » Puis, se tournant vers les ministres : « Vous nous accusez, s'écria-t-il, d'être mus par des passions haineuses ou aveugles ! nous vous accusons, nous, de fonder sur des passions basses et cupides tout l'espoir de votre domination... Je l'ai dit et je le répète, nous serions indignes de la liberté, si, forts du droit que nous donne la constitution, nous allions reculer lâchement devant un ukase ministériel. »

Commencée sur ce ton, la discussion générale sur le paragraphe se prolongea pendant trois séances [1]. Toujours même thèse chez les orateurs de l'opposition. Ils refusaient à la majorité le droit de blâmer les banquets dans le passé et de les interdire dans l'avenir, renouvelaient le défi de M. Duvergier de Hauranne, le tout accompagné de déclamations contre la corruption et le pouvoir personnel, d'attaques plus ou moins voilées contre le Roi. C'était chez eux comme un mot d'ordre d'évoquer le souvenir de Charles X. « Ne résistez pas, disaient-ils; autrement ce ne serait plus seulement une réforme, ce serait une révolution ! » Cette révolution, ils n'y croyaient pas, et la plupart d'entre eux étaient sincères quand ils protestaient n'en pas vouloir ; mais cela leur paraissait un procédé oratoire propre à intimider la majorité. Ils ne se faisaient aucun scrupule de mettre ainsi publiquement en doute la solidité et la durée du régime, de réhabituer les esprits à voir dans les violences de la rue la revanche des défaites parlementaires; et ils ne se demandaient pas ce qu'un tel langage, tenu à la tribune nationale par des hommes se disant monarchistes, produisait de trouble et d'ébranlement dans la masse de la nation, d'encouragement chez les révolutionnaires.

Du côté du ministère, la lutte fut principalement soutenue par M. Duchâtel et par M. Hébert, chacun avec son tempérament particulier. M. Duchâtel, alors dans la plénitude de son talent, fut très net et très ferme, mais de ton modéré, sans violence, quoique parfois non sans malice, affectant de montrer

[1] 7, 8 et 9 février.

plus de bon sens et de raison que de passion. Il commença par établir juridiquement le droit du gouvernement et par rappeler les précédents, notamment celui de 1840, alors que l'un de ses principaux contradicteurs, M. de Malleville, était sous-secrétaire d'État au ministère de l'intérieur. Quant au conflit dont on le menaçait dans la rue, il tâchait prudemment de le faire tourner en controverse judiciaire. « Je crois, disait-il, que ceux qui, tout à l'heure, comme on l'a déjà fait hier, adressaient au gouvernement un défi, — défi auquel je ne répondrai pas par un défi pareil, car je ne veux pas envenimer la question, — je crois que ceux qui ont adressé ce défi feraient beaucoup mieux de porter la question devant les tribunaux, que de s'exposer contre leur gré à provoquer un désordre que je n'hésite pas à dire certain, par une résistance matérielle aux prescriptions de l'autorité agissant en vertu de ses droits... Mais je n'hésite pas à dire que, si l'on croit que le gouvernement, accomplissant son devoir, cédera devant des manifestations, quelles qu'elles soient, non, il ne cédera pas. » Et comme la gauche éclatait en clameurs, prétendant que Charles X ou Ferdinand de Naples n'auraient pas tenu un autre langage, le ministre, sans se troubler ni s'échauffer, répondait tranquillement qu'il avait seulement voulu faire bien connaître la résolution où le gouvernement était de ne pas changer d'avis. Puis, à la fin, sans hausser la voix et, en quelque sorte, de bonne amitié, il demandait aux banqueteurs ce qu'on aurait pu leur dire de plus doux que de les appeler « aveugles ». « Nous nous abonnerions parfaitement, ajoutait-il, à ne subir jamais d'autres qualifications. »

Courageux, hardi, M. Hébert était un discuteur puissant, mais avec je ne sais quoi d'implacable, de cassant et d'irritant dans l'argumentation ; il allait volontiers jusqu'au bout de toutes ses thèses, ne craignant ni de porter ni de recevoir les coups. Tandis que M. Duchâtel s'était borné à revendiquer pour le gouvernement le droit d'empêcher par mesure de police les réunions dangereuses, M. Hébert nia d'une façon absolue le droit même de réunion. Aux défis de l'opposition, il répondit en exprimant dédaigneusement le doute qu'elle osât les tenir, et il rappela que, lors de la loi de 1834 contre les associations, il y avait eu également des serments de désobéir, et que les auteurs de ces serments étaient devenus, l'un pair de France, l'autre député de la majorité conservatrice. C'était provoquer naturellement la gauche à renouveler ses menaces. Elle n'y manqua pas. Sur tous les bancs, l'excitation était extrême. A un moment, M. Odilon Barrot se lève, et, le bras tendu, d'une voix fatidique, il jette au ministre cette apostrophe : « M. de Polignac et M. de Peyronnet n'ont jamais parlé ainsi ! » Acclamations enthousiastes de la gauche ; exclamations indignées du centre. « Je proteste contre ces accusations, répond M. Hébert ; et loin qu'elles arrêtent mon courage, loin qu'elles me fassent reculer, elles me démontrent de plus en plus que j'ai eu raison, que j'ai montré la vérité, que j'ai touché la plaie. Cette plaie, il n'y a que le maintien juste et persévérant des lois, malgré ceux qui veulent s'en écarter, qui pourra la guérir. » « Nous acceptons la menace ! Nous n'en avons pas peur ! » crie-t-on de toutes parts à gauche. Les députés sont debout, poussant des clameurs, trépignant, se montrant le poing. Le ministre, la tête haute, les bras croisés, pâle, mais résolu, regarde fixement M. Odilon Barrot. Le président agite sa sonnette, sans pouvoir dominer un tumulte qui menace de dégénérer en pugilat, et il se voit réduit à lever la séance.

Le soir même, M. Duchâtel écrivait à M. Guizot : « L'effet de la séance n'est pas très favorable. Hébert a été trop absolu à la fin. C'est le sentiment de tous ceux que j'ai vus. Il faut calmer la Chambre. Nous allons droit à une émeute, pour laquelle j'ai, du reste, toutes mes mesures prises. » Le *National*, de son côté, saluait avec joie, « dans cette agitation, dans ces incidents, dans cette véhémence des apostrophes, dans ces échanges de colère », le « prologue » d'un « autre drame bien plus palpitant et plus réel ». En effet, ces violences ne pouvaient pas ne pas avoir leur contre-coup dans le pays. A vrai dire, elles produisaient moins encore d'excitation que de malaise et d'inquiétude. Mais ce n'était pas de quoi se rassurer; un tel état d'esprit est souvent le préliminaire des paniques et des débandades. Chez plus d'un contemporain, on discernait alors l'impression vague que « tout cela pourrait bien finir d'une façon brutale [1] ». Seul le Roi gardait son entière sécurité. « Tous ces gens-là, disait-il à son entourage, sont des fiers-à-bras qui veulent intimider le gouvernement; ils crient, ils s'enivrent de l'encens que leurs propres journaux leur mettent sous le nez. Mais, quand ils verront qu'ils n'intimident personne, ils se calmeront [2]. »

Le moment était venu, pour la Chambre, de conclure et de voter. Elle se trouvait en présence de divers amendements, tous présentés par des conservateurs dissidents. La discussion se ralluma à propos de chacun d'eux et se prolongea encore, avec un acharnement inouï, pendant trois longues séances [3]. Le premier de ces amendements, celui de M. Darblay, faisait deux parts des banquets, condamnant les uns comme factieux, absolvant les autres comme constitutionnels. Repoussé également par M. Odilon Barrot et par M. Duchâtel, il ne se trouvait convenir à personne. Ce n'en fut pas moins l'occasion d'un débat violent. M. Guizot y intervint en quelques mots, avec le désir visible de corriger ce que la parole de M. Hébert avait eu de maladroitement provocant. Mais les esprits étaient trop montés pour que cette tentative pût avoir un heureux effet. Le président du conseil n'aboutit qu'à faire parler M. Thiers, qui prit hautement et vivement parti pour les banquets. De là de nouvelles scènes de tumulte au milieu desquelles l'amendement, mis aux voix, ne réunit que deux suffrages.

Le jour suivant, ce fut le tour d'un amendement de M. Desmousseaux de Givré, qui se bornait à supprimer du projet d'adresse le double reproche d'*aveuglement* et d'*hostilité*. De nombreux orateurs l'appuyèrent. M. de Lamartine s'écria d'un ton menaçant : « Souvenez-vous du Jeu de paume! Le Jeu de

---

[1] C'est l'expression dont se servait, à la date même du 9 février, dans son journal intime, un « officier de service aux Tuileries ». (MARNAY, *Mémoires secrets.*)
[2] *Ibid.*
[3] Séances des 10, 11 et 12 février.

paume, Messieurs, c'est un lieu de réunion fermé par l'autorité, rouvert par la nation. » MM. de Rémusat et Dufaure, plus habiles, reprochèrent à la politique ministérielle d'être une politique irréconciliable et de rendre impossible toute transaction. MM. de Morny, Vitet, Duchâtel répondirent, avec la préoccupation de ne pas se montrer agressifs. Un premier vote par assis et levé fut déclaré douteux ; on procéda alors à l'appel nominal, au milieu d'une grande émotion ; le scrutin donna 185 voix pour l'amendement, 228 contre. Le ministère l'emportait encore ; mais, de 80 voix, sa majorité était tombée à 43. Immédiatement après, le paragraphe de la commission fut adopté par 223 voix contre 18 ; la gauche s'était abstenue, dans l'espérance de rendre le vote nul.

Tout n'était pas fini. Un dernier défilé restait à franchir, et ce n'était pas le moins difficile. On savait en effet, depuis quelques jours, qu'un député récemment élu, riche manufacturier, conservateur notoire, bien vu à la cour, M. Sallandrouze, proposait un paragraphe additionnel où, sans rien retrancher du blâme infligé aux banquets, il exprimait le vœu que le gouvernement prît l'initiative de « réformes sages et modérées », notamment de la « réforme parlementaire ». Quelle conduite le ministère devait-il tenir en face de cette proposition ? M. Guizot, on le sait, n'avait pas personnellement d'objection absolue contre la réforme demandée. Il n'ignorait pas que cet amendement répondait au sentiment vrai d'une partie de ses amis ; les démarches de M. de Goulard et de M. de Morny ne pouvaient lui laisser sur ce point aucun doute. Il n'ignorait pas non plus que la majorité était ébranlée ; le dernier vote le lui avait prouvé. Mais, d'autre part, il se demandait si, après une si longue résistance, et devant une pareille attaque, il pouvait céder sans se diminuer. Et puis, pour certains conservateurs qui désiraient la réforme parlementaire, il en était d'autres qui auraient regardé toute concession comme une sorte de trahison ; ne pouvait-il pas se croire, envers ces derniers, des devoirs particulièrement étroits ? Était-ce à lui de désorganiser l'armée qu'il avait eu tant de peine à former? Enfin, il lui fallait compter avec le Roi, plus décidé que jamais à tout refuser. On racontait que Louis-Philippe s'était borné à répondre à M. Sallandrouze qui lui démontrait les avantages de son amendement : « Monsieur Sallandrouze, vendez-vous bien vos tapis? » De quelque côté qu'on l'envisageât, la situation était fort embarrassante pour M. Guizot. Céder, malgré le Roi, ne lui paraissait pas être dans son rôle. Résister absolument comme l'aurait voulu le Roi, c'était s'exposer à un échec. Cette dernière perspective, à la vérité, ne déplaisait pas à certains conservateurs, qui, jugeant l'heure venue de passer la main à d'autres ministres, voyaient là un moyen de mettre fin à une tension devenue périlleuse. Tel était notamment le sentiment de M. Duchâtel. Mais d'autres amis du ministère, dont était le duc de Broglie, estimaient que, dans l'état de l'Europe, il ne devait pas aller au-devant d'une chute qui bouleverserait toute notre politique étrangère et mettrait peut-être la paix en péril [1]. Un tel argument était fait pour agir sur M. Guizot. Il décida donc, après délibération, de tenir un langage moins absolu que dans le passé, et il se proposa cette tâche peu aisée de donner quelque satisfaction ou du moins quelque espérance aux conservateurs désireux d'une réforme, sans cependant prendre l'engagement refusé par le Roi.

Le 12 février, au moment où s'ouvrit la discussion sur l'amendement de M. Sallandrouze, la Chambre ignorait à quel parti s'était arrêté le gouvernement. Aussi l'anxiété était-elle grande. Le débat fut d'abord concentré entre conservateurs; la gauche jugeait plus prudent de se tenir à l'écart. MM. Sallandrouze et Clappier soutinrent l'amendement, mais en protestant de leurs bons sentiments à l'égard du cabinet. MM. de Goulard et de Morny le combattirent, mais en se prononçant pour la réforme parlementaire. M. Guizot fit ensuite sa décla-

---

[1] Quelques jours plus tard, le 17 février, le duc de Broglie mandait à son fils que quelques personnes eussent préféré que le ministère se laissât mettre en minorité et se retirât; puis il ajoutait : « Dans l'état présent de l'Europe, je ne saurais partager ce sentiment. » (*Documents inédits*.)

ration. « Après ce qui s'est passé naguère dans le pays, dit-il, en présence de ce qui se passe en Europe, toute innovation du genre de celle qu'on vous indique et qui aboutirait nécessairement à la dissolution serait, à notre avis, au dedans une faiblesse, au dehors une grande imprudence... Le ministère croirait manquer à tous ses devoirs en s'y prêtant. Il croirait également manquer à ses devoirs, s'il prenait aujourd'hui, à cette tribune et pour l'avenir, un engagement. En pareille matière, Messieurs, promettre, c'est plus que faire ; car, en promettant, on détruit ce qui est et on ne le remplace pas. Un gouvernement sensé peut et doit quelquefois faire des réformes, il ne les proclame pas d'avance ; quand il en croit le moment venu, il agit ; jusque-là, il se tait. Je pourrais dire plus ; je pourrais dire, en m'autorisant des plus illustres exemples, que jusque-là il les combat ; plusieurs des grandes réformes qui ont été opérées en Angleterre l'ont été par des hommes qui les avaient combattues jusqu'au moment où ils ont cru devoir les accomplir. En même temps que je dis cela, le ministère ne méconnait pas l'état des esprits, ni dans le pays, ni dans la Chambre ; il ne le méconnaît pas et il en tient compte. Il reconnaît que ces questions doivent être examinées à fond et vidées dans le cours de cette législature. Ce que vous me demandez en ce moment, dans votre pensée, c'est ce que fera le ministère, le jour où viendra définitivement cette question... Voici ma réponse. Le maintien de l'unité du parti conservateur, le maintien de la politique conservatrice et de sa force, voilà ce qui sera l'idée fixe et la règle de conduite du cabinet... Il fera de sincères efforts pour maintenir, pour rétablir, si vous voulez, sur cette question, l'unité du parti conservateur, pour que ce soit le parti conservateur lui-même et tout entier qui en adopte et en donne au pays la solution. Si une telle transaction dans le sein du parti conservateur est possible, si les efforts du cabinet dans ce sens peuvent réussir, la transaction aura lieu. Si cela n'est pas possible, le cabinet laissera à d'autres la triste tâche de présider à la désorganisation du parti conservateur et à la ruine de sa politique. »

En dépit du grand air qu'avait toujours la parole de M. Guizot, elle n'avait pu, cette fois, masquer complètement l'embarras de sa situation. De l'effort fait pour donner satisfaction à la fois à des opinions contradictoires, résultait une sorte d'incertitude et d'équivoque. Le ministre en disait assez pour que sa résistance, si longtemps superbe, parût avoir fait place à une demi-capitulation, pas assez pour désarmer les mécontents. M. Sallandrouze déclara maintenir son amendement. Par combien de conservateurs allait-il être suivi? L'incertitude du résultat faisait naître une grande agitation dans la Chambre; chaque parti envoyait chercher ses amis absents ou même malades. Dans cette passe périlleuse, le ministère fut sauvé par MM. Thiers et de Rémusat, qui ne résistèrent pas au plaisir d'appuyer sur la désorganisation de la majorité, sur l'humiliation du cabinet, et qui témoignèrent de l' « orgueil » qu'en ressentait l'opposition. Les conservateurs, ainsi avertis de la portée de leur vote, repoussèrent l'amendement par 222 voix contre 189. M. Guizot gardait donc la majorité; mais celle-ci avait subi un nouveau déchet; elle n'était plus que de 33 voix. « La séance d'hier, — écrivait, le lendemain, dans son journal intime, un des amis du ministère, — a produit un effet très peu favorable au cabinet, moins encore par la faiblesse relative de la majorité, à laquelle on s'attendait, que parce que beaucoup de gens, ne tenant pas, à mon avis, suffisamment compte des difficultés de la position du gouvernement, ont trouvé l'attitude de M. Guizot peu digne et peu franche. Les partisans de la réforme lui reprochent de n'avoir pas nettement adopté le principe qu'il avouait lui-même ne pouvoir plus repousser d'une manière absolue et péremptoire, et d'avoir cherché à se ménager encore des faux-fuyants; les adversaires systématiques de toute innovation, tels qu'on en compte un bon nombre dans le parti conservateur, s'indignent, au contraire, de le voir baisser pavillon devant des exigences auxquelles il a longtemps opposé de si hautains refus [1]. »

---

[1] *Journal inédit du baron de Viel-Castel.*

Si peu que M. Guizot eût cédé et donné d'espérances aux partisans de la réforme, il avait dû le faire de sa propre autorité et malgré le Roi. Le soir même de la séance et devant ceux qui venaient la lui raconter, Louis-Philippe protestait avec vivacité qu'aucune promesse n'avait pu être apportée à la tribune par son ministre; que lui, en tout cas, n'en avait pas fait. « Il n'y aura pas de réforme, disait-il, je ne le veux pas. Si la Chambre des députés la vote, j'ai la Chambre des pairs pour la rejeter. Et quand bien même la Chambre des pairs l'adopterait, mon *veto* est là [1]. » Il ne faudrait pas, sans doute, prendre trop à la lettre les boutades un peu intempérantes auxquelles s'abandonnait parfois le Roi. Néanmoins, il n'est que trop certain que, sur cette question, il était singulièrement animé et obstiné. Le lendemain, il rabrouait assez rudement M. de Montalivet, qui venait le féliciter de ce que son ministère avait fait un premier pas dans la voie des concessions [2]. C'était évidemment parce que M. Guizot connaissait cet état d'esprit du Roi et pour adoucir son mécontentement, qu'il lui écrivait, le 12 février au soir, en sortant de la Chambre : « Voilà le défilé passé ; un des plus difficiles que nous ayons jamais passés. Je n'ai pris aucun engagement. Si je n'avais pas dit ce que j'ai dit, l'amendement était adopté et le cabinet renversé. Il y aura bien à réfléchir dans la session prochaine ; car, si on ne parvient pas à remettre l'unité dans le parti conservateur, la division que j'ai fait ajourner éclatera, et l'opposition en profitera infailliblement. En tout cas, le Roi reste parfaitement libre [3]. » Rien sans doute que de vrai dans cette lettre ; seulement elle ne s'attachait qu'à l'une des faces de la déclaration ministérielle. Il était une autre face

---

[1] *Documents inédits.*

[2] *Mémoires inédits de M. de Montalivet.* — Plus tard, après sa chute, dans une conversation très réfléchie et destinée à être publiée, le Roi a tenu à rappeler qu'il avait désapprouvé le langage de M. Guizot, et que, quant à lui, il était résolu à « s'en aller » plutôt que de faire la réforme. (*Abdication du roi Louis-Philippe* racontée par lui-même et recueillie par M. Édouard Lemoine, p. 40 à 44.)

[3] *Revue rétrospective.*

que le *Journal des Débats,* soucieux de ménager, non plus les préventions du Roi, mais celles du public, mettait en lumière quand il affirmait que les paroles de M. Guizot « n'avaient qu'un sens possible », qu'elles annonçaient la « solution définitive » de la réforme parlementaire dans le cours de la législature, que cette « grande question était décidée en principe, en attendant qu'elle le fût au scrutin », et que « désormais il n'y avait plus matière à discussion, ni prétexte aux violences qui avaient affligé le pays ». Le *Journal des Débats* n'avait certainement pas tenu ce langage à l'insu de M. Guizot. Ce dernier, du reste, en était déjà à arrêter quelle réforme non seulement parlementaire, mais électorale, il pourrait proposer. Le duc de Broglie, qui avait alors toutes ses confidences, écrivait à son fils : « La semi-réforme a gagné son procès; il a fallu donner des espérances au parti progressiste devenu la majorité de la majorité. Il paraît convenu que, comme contre-pied à l'extension des incompatibilités et à l'admission de la seconde liste du jury, on rétablira les catégories de la propriété pour la Chambre des pairs, ce qui donnera à la loi un caractère général et lui ôtera un peu celui d'une concession [1]. »

Aussitôt après le rejet de l'amendement de M. Sallandrouze, la Chambre procéda au vote sur l'ensemble de l'adresse et l'adopta par 241 voix sur 244; l'opposition s'était abstenue. Ainsi finit, le 12 février, cette bataille, la plus longue et la plus acharnée qui eût été livrée à la tribune parlementaire, pendant la monarchie de Juillet. La discussion n'avait pas occupé moins de vingt séances, avec de singuliers contrastes, tantôt déshonorée par de honteuses violences, tantôt brillant d'un incomparable éclat oratoire. Ce n'était pas seulement en France qu'on l'avait suivie avec une curiosité anxieuse. L'Europe entière tenait les yeux fixés sur le Palais-Bourbon, car elle n'ignorait pas quel contre-coup aurait sur ses destinées la victoire ou la défaite du cabinet. Tandis qu'à Londres, lord Palmerston désirait le renversement de M. Guizot et y travaillait

---

[1] Lettre du 17 février 1848. (*Documents inédits.*)

de son mieux, à Berlin et à Vienne on faisait des vœux ardents pour son succès[1]. Au plus vif des attaques contre le ministère français, la princesse de Metternich, causant avec un diplomate autrichien, ne pouvait s'empêcher de s'écrier : « S'il tombe, nous sommes tous perdus[2] ! » Sans doute le cabinet n'était pas « tombé » ; dans aucun des nombreux votes émis durant ces vingt séances, il n'avait été mis en minorité. Néanmoins pouvait-on dire qu'il sortait de là intact? Force était bien d'avouer que, s'il s'était habilement défendu sur la question financière, s'il avait eu un réel succès dans le débat sur les affaires extérieures, les séances à scandale et surtout les dernières discussions sur la réforme avaient été pour lui d'un fâcheux effet. Tout le monde s'en rendait compte. Ce n'était pas seulement M. Duvergier de Hauranne qui constatait, au sortir de la dernière séance, ce sentiment général que « le ministère était perdu[3] ». Parmi les amis même de ce ministère, plus d'un reconnaissait qu'il était « blessé à mort », qu'il « ne pouvait plus que se traîner », et que son intérêt était de se retirer le plus tôt possible[4].

[1] Correspondance de M. le comte de Flahault et de M. le marquis de Dalmatie avec M. Guizot. (*Documents inédits.*)
[2] M. DE HUBNER, *Une année de ma vie*, p. 12.
[3] *Notes inédites de M. Duvergier de Hauranne.*
[4] *Journal inédit du baron de Viel-Castel*, à la date du 14 février 1848.

CHAPITRE VII

LA RÉVOLUTION.

(Février 1848.)

I. Dans une réunion de l'opposition parlementaire, résolution est prise d'assister au banquet. Agitation qui en résulte. Il est question d'une procession populaire devant accompagner les députés. Dispositions de la garde nationale. Nouvelle réunion où les députés décident de se rendre en corps au banquet. Optimisme du Roi. Les radicaux ne croient pas à une révolution. — II. Les inquiétudes ressenties dans les deux camps conduisent à chercher une transaction. Arrangement conclu entre les représentants du ministère et ceux de l'opposition. Il en résulte une certaine détente. — III. Publication du programme de la manifestation, rédigé par M. Marrast. Le gouvernement estime que cette publication rompt l'accord et prend des mesures en conséquence. Court débat à la Chambre. Embarras de l'opposition qui renonce au banquet et à la manifestation. Réunions dans les bureaux du *Siècle* et dans ceux de la *Réforme*. Le gouvernement, rassuré, contremande pendant la nuit les mesures militaires qu'il avait ordonnées. — IV. La journée du 22 février. Attroupements sur la place de la Concorde et envahissement du Palais-Bourbon. Échauffourées. Les députés préparent la proposition de mise en accusation. Elle est déposée à la séance de la Chambre par M. Barrot. Les désordres s'aggravent. Faiblesse du commandement militaire. On ne se décide pas à appeler le maréchal Bugeaud. Le duc de Nemours. Dans la soirée, ordre d'occuper militairement la ville. — V. Le 23 au matin, l'émeute reparaît. La garde nationale manifeste en faveur de la réforme et prend l'émeute sous sa protection. — VI. Effet produit à la cour et sur Louis-Philippe par la défection de la garde nationale. Conversations du Roi avec M. Duchâtel et M. Guizot. Retraite du cabinet. Émotion de la Chambre. Qui est responsable de cette retraite ? — VII. M. Molé est chargé de former un cabinet. Accueil fait à cette nouvelle. Démarches de M. Molé. En attendant, ne conviendrait-il pas de donner le commandement au maréchal Bugeaud ? La fusillade du boulevard des Capucines. Qui avait tiré le premier coup de feu ? La promenade des cadavres. M. Molé renonce à former un cabinet. Le Roi fait appeler M. Thiers au milieu de la nuit, mais, auparavant, nomme le maréchal Bugeaud au commandement supérieur des troupes et de la garde nationale. — VIII. Bugeaud arrive à l'état-major le 24, vers deux heures du matin. Les mesures qu'il prend. Conversation du Roi avec M. Thiers. Ce dernier est chargé de former un ministère dont fera partie M. Odilon Barrot. Ses démarches pour réunir ses collègues. Les colonnes formées par Bugeaud se mettent en mouvement entre cinq et six heures du matin. Bedeau s'arrête devant la barricade du boulevard Saint-Denis et envoie demander de nouvelles instructions à l'état-major. Bugeaud donne l'ordre de suspendre les hostilités. Comment y a-t-il été amené ? M. Thiers et ses nouveaux collègues sont reçus par le Roi. La Moricière à la tête de la garde nationale. Entrevue des ministres et de Bugeaud. — IX. Retraite lamentable de la colonne du général Bedeau. Bugeaud mal reçu par la garde nationale. M. Barrot et le général de La Moricière vont annoncer dans la ville le nouveau ministère. Leur insuccès. Alerte aux Tuileries. Progrès de l'émeute. Elle n'a toujours ni direction ni chef. Elle s'empare de l'Hôtel de ville. Le Roi essaye de passer en revue les forces réunies sur la place du Carrousel. — X. Les Tuileries sont menacées. Le cabinet du Roi. M. Crémieux demande le changement de M. Thiers et du maréchal Bugeaud. M. Barrot président du conseil. On commence à parler d'abdication. Démarche de M. de Girardin. Le Roi dit : « J'abdique. » Attitude de la Reine. Le Roi écrit son abdication. L'émeute n'en est pas désarmée. Départ du Roi. — XI. Le duc de Nemours prend en main le commandement. La duchesse d'Orléans quitte les Tuileries. Le duc de Nemours veut l'emmener au Mont-Valérien. La duchesse va à la Chambre. — XII. État d'esprit des députés. M. Thiers, absolument découragé, ne fait que traverser le Palais-Bourbon. M. Odilon Barrot n'y vient pas. Délégation du *National*. Lamartine promet son concours à la république. — XIII. La duchesse d'Orléans dans la Chambre. M. Sauzet veut la faire sortir. Elle s'y refuse. MM. Marie et Crémieux proposent la nomination d'un gouvernement provisoire. M. Odilon Barrot, qui vient seulement d'arriver, prend la parole. La duchesse veut parler, mais sa voix est étouffée. Première invasion du peuple. Discours de M. Ledru-Rollin et de M. de Lamartine. Seconde invasion. Fuite des députés et de la famille royale. Nomination à la criée des membres du gouvernement provisoire. — XIV. D'où venaient les envahisseurs ? Les troupes les ont laissés passer malgré les ordres réitérés du duc de Nemours. Toutes les troupes qui occupent encore quelque point dans Paris rentrent dans leurs casernes, souvent en se laissant désarmer. Derniers et vains efforts de M. Odilon Barrot. La duchesse d'Orléans et le duc de Nemours aux Invalides. — XV. La duchesse d'Orléans et le duc de Nemours quittent la France. Après beaucoup de traverses, le Roi et la Reine s'embarquent pour l'Angleterre. Départ d'Algérie du prince de Joinville et du duc d'Aumale. — XVI. Conclusion.

I

Plus l'opposition croyait le ministère « perdu », moins elle avait de raisons de continuer une agitation extraparlementaire devenue inutile et dont elle ne pouvait se dissimuler les périls [1]. Mais, par ses défis de tribune, elle s'est mise dans

[1] Pour le récit qui va suivre, j'ai d'abord consulté, en m'efforçant de le contrôler, tout ce qui a été publié par les contemporains, acteurs ou spectateurs du drame, entre autres les Mémoires de MM. Guizot, Odilon Barrot, Dupin; les brochures de M. Édouard Lemoine et les articles de M. Croker dans la *Quarterly Review*, échos des entretiens de Louis-Philippe dans l'exil; les conversations de M. Thiers recueillies par M. Senior; les lettres apologétiques publiées par le maréchal Bugeaud et le général Bedeau; les histoires de MM. Garnier-

l'impossibilité de reculer. Il lui faut faire quelque chose d'éclatant, sous peine de paraître ridicule. Elle ne se sent plus libre, et, comme l'écrivait alors le duc de Broglie, elle a « fait un pacte avec le diable [1] ».

Le 13 février, le lendemain même du vote de l'adresse, une centaine de députés de gauche et de centre gauche se réunissent au restaurant Durand, place de la Madeleine, sous la présidence de M. Odilon Barrot. Au milieu d'une discussion confuse et tumultueuse, deux avis se font jour : l'un conclut à prendre part au banquet interdit ; l'autre propose une démission en masse qui, dit-on, amènera forcément la dissolution de la Chambre. Cette idée de la démission, mise en avant dans les journaux par MM. Marrast et de Girardin, a pour principal champion dans la réunion un républicain, M. Marie. Les arguments par lesquels il combat le banquet sont curieux à noter. A l'entendre, « ce banquet, réalisé en face d'une bataille toujours menaçante, après les excitations qui l'ont précédé et qui nécessairement doivent l'accompagner et le

---

Pagès, Élias Regnault, Daniel Stern, de Lamartine, Louis Blanc, Pelletan; l'ouvrage de Lucien de la Hodde sur les sociétés secrètes; les *Souvenirs de l'année* 1848, par M. Maxime du Camp; l'écrit de M. Sauzet sur la Chambre des députés; les notes de M. Marie reproduites par son biographe, M. Cherest; les *Mémoires secrets et témoignages authentiques* de M. de Marnay, etc., etc. J'ai complété et redressé, sur plusieurs points, ces témoignages, par de nombreux *Documents inédits* dont on a bien voulu me donner communication. Ce sont d'abord des notes que M. Guizot s'est fait adresser, après la révolution, par ses anciens collègues et par ses principaux agents, et où ceux-ci rapportent ce qu'ils ont fait et vu : Note de M. Duchâtel, ministre de l'intérieur, datée d'avril 1850; de M. Hébert, garde des sceaux, mai 1850; de M. Jayr, ministre des travaux publics, mai 1848; de M. Dumon, ministre des finances, mai 1850; du général Trezel, ministre de la guerre, décembre 1849; du général Tiburce Sébastiani, commandant l'armée de Paris; de M. Delessert, préfet de police, mai 1850; de M. Génie, chef du cabinet de M. Guizot, février 1867. Je n'ai pas besoin de faire ressortir l'importance capitale de ces pièces dont je me suis beaucoup servi. A un point de vue opposé, je n'ai pas pris connaissance avec moins de fruit d'un récit détaillé écrit par M. Duvergier de Hauranne. J'ai eu également communication des *Mémoires* du duc Pasquier et de quelques fragments de ceux du comte de Montalivet. Enfin j'ai pu recueillir utilement certains renseignements verbaux de la bouche de témoins survivants. Je me borne à indiquer ces sources d'une façon générale, ne pouvant spécifier, à chacun des détails de ce récit, toutes celles où j'aurai puisé; je ne ferai cette spécification que pour quelques faits plus importants ou plus contestés que d'autres.

[1] Lettre à son fils, en date du 17 février 1848. (*Documents inédits.*)

suivre, au milieu d'une population si impressionnable, si ardente, si facile à soulever, est un feu de joie allumé au milieu de matières incendiaires ». Déjà le matin, dans une conférence entre radicaux, M. Marie a dit : « Si nous sommes prêts pour une révolution, donnez votre banquet; si nous ne sommes pas prêts, ce sera une émeute, et je n'en veux pas. » Dans une telle bouche, ces paroles devraient faire réfléchir les opposants dynastiques. Ce sont cependant leurs chefs les plus écoutés qui, d'accord avec certains radicaux moins timides que M. Marie, viennent réfuter ce dernier. Ils font valoir qu'il y a un engagement publiquement pris pour le banquet, et que le renier serait se déconsidérer; ils ne nient pas la possibilité d'une collision, mais croient pouvoir la braver, sauf à en rejeter à l'avance la responsabilité sur le gouvernement; ils objectent, du reste, à la démission en masse, que la dissolution ne s'ensuivrait pas nécessairement, et que les réélections des démissionnaires ne seraient peut-être pas toutes assurées. Ce dernier argument n'est pas celui qui frappe le moins vivement les intéressés. En somme, dans cette réunion où les dynastiques sont en immense majorité, le banquet, qui effrayait un républicain, est voté par 70 voix contre 18.

En sortant, M. Thiers, qui est demeuré muet pendant tout le débat, dit à M. Marie : « Le parti que vous avez proposé était le seul raisonnable. — Pourquoi donc, lui répond M. Marie, n'avez-vous pas exprimé cette opinion? Vous auriez influencé plusieurs de vos amis qui ont voté en sens contraire. — Que voulez-vous? réplique M. Thiers, ils tiennent au banquet; mais toute agitation est dangereuse; toute résistance sera vaincue. Le gouvernement est prêt; il a dans Paris ou près de Paris 80,000 hommes; les points stratégiques sont arrêtés. Un mouvement populaire, quel qu'il soit, sera écrasé en moins d'une heure. » Quelle est la vraie pensée de M. Thiers? N'a-t-il pas quelque projet ou tout au moins quelque rêve qui lui fait voir sans déplaisir la situation se tendre et les affaires se gâter? Peu de jours auparavant, un de ses interlocuteurs lui ayant exprimé une certaine inquiétude : « Soyez donc tranquille, a-t-il répondu; tout s'arrangera mieux que vous ne le supposez. Le pis aller serait l'abdication du *vieux*. Serait-ce donc, à vos yeux, un si grand malheur? » Les propos de ce genre ne sont pas rares à gauche, surtout depuis que le Roi a pris l'habitude, dans ses heures d'impatience, de menacer lui-même de son abdication. L'écho de ces propos arrivait à la cour et dans les milieux conservateurs; on avait même fini par s'y persuader que, dans une partie de l'opposition dynastique, s'était formée une sorte de conspiration ou tout au moins d'intrigue tendant à pousser le vieux roi dehors et à le remplacer par une régence de la duchesse d'Orléans. Quelques-uns soupçonnaient, très à tort, la princesse d'être personnellement mêlée à cette intrigue.

Dès le lendemain de la réunion du restaurant Durand, une note, publiée dans tous les journaux de l'opposition, avertit solennellement le public de la décision prise. Il y est dit « que l'adresse, telle qu'elle a été votée, constitue, de la part de la majorité, une violation flagrante, audacieuse, des droits de la minorité; que le ministère, en entraînant son parti dans un acte aussi exorbitant, a tout à la fois méconnu un des principes les plus sacrés de la constitution, et violé, dans la personne de leurs représentants, l'un des droits les plus essentiels des citoyens ». La note annonce ensuite « le concours des députés au banquet qui se prépare, à titre de protestation contre les prétentions de l'arbitraire ». Elle se termine en faisant connaître que, par suite d'une décision de la réunion, « aucun de ses membres ne participera à la présentation de l'adresse au Roi ».

Ainsi, pour cette seule raison que le gouvernement a blâmé les banquets et reproché à l'opposition son « aveuglement », on ne craint pas de le dénoncer comme ayant violé la constitution. Cette accusation redoutable, portée devant une nation qui, depuis dix-huit ans, s'est vue si souvent louée d'avoir fait, pour un semblable motif, la révolution de 1830, devait paraître une invitation à la recommencer. Les dynastiques ont-ils, après coup, quelque sentiment de l'imprudence de leur conduite ? On les voit aussitôt s'appliquer à faire prendre par la commission générale d'organisation des mesures qui révèlent une certaine préoccupation. Ils obtiennent que le comité local du 12ᵉ arrondissement, suspect d'être trop radical, soit dessaisi et ses invitations annulées. D'après le projet primitif, le banquet devait avoir lieu un dimanche, dans le faubourg Saint-Marceau, et le prix en était fixé à 3 francs ; on décide qu'il aura lieu un jour de la semaine, dans les Champs-Élysées, et que la cotisation sera élevée à 6 francs. Il était un peu puéril de croire à l'efficacité de ces petits moyens. Au moment même où l'on se flatte d'empêcher que le banquet ne soit trop démocratique, l'idée se répand d'une démonstration bien autrement dangereuse et pour laquelle toutes les précautions sont de nul effet; il s'agit d'une sorte de grande procession populaire qui doit accompagner les députés à travers la ville lorsqu'ils se rendront au lieu du banquet. Dès lors, plus d'exclusion possible ; personne qui ne soit appelé à participer à cette procession. L'agitation s'en trouve généralisée. Dans les milieux les plus divers, il n'y a guère d'autre sujet de conversation. Chaque soir, sur le boulevard, des groupes se forment, où l'on discute avec animation les événements qui se préparent. La jeunesse des écoles est particulièrement échauffée. Dans les faubourgs, beaucoup d'ateliers s'apprêtent à chômer le jour de la manifestation, et les ouvriers se promettent de s'y rendre, les uns par esprit d'opposition, d'autres par curiosité du spectacle. Les chefs des sociétés secrètes, voyant ce mouvement, ne veulent pas rester à l'écart, et une délégation, composée de MM. Louis Blanc, Guinard et Howyn, vient réclamer dans le cortège une place à part pour deux à trois cents ouvriers en blouse ; il faut montrer par là, disent-ils, que la manifestation n'est pas exclusivement bourgeoise. La délégation est reçue par MM. Garnier-Pagès, Pagnerre et Odilon Barrot ; c'est ce dernier qui insiste pour qu'on lui fasse une réponse favorable.

Des étudiants, des ouvriers, on en veut bien dans le cortège ; mais ce que les meneurs désirent avant tout et ce qu'ils se croient assurés d'avoir en grand nombre, ce sont des gardes nationaux. Là leur paraît être ce qui donnera à la manifestation toute son importance et toute son efficacité. Leur ambition est de pouvoir dire que le ministère Guizot est condamné par la garde nationale comme l'avait été autrefois le ministère Villèle. Se trompaient-ils sur les dispositions de cette milice ou sur son influence? L'événement ne devait malheureusement que leur donner trop raison. On est si complètement revenu aujourd'hui des anciennes illusions sur la garde nationale, qu'on a quelque peine à se figurer les idées régnantes dans la première moitié du siècle [1]. La garde nationale en était venue à se considérer, non comme une partie de la force publique dans la main des autorités, mais comme la « cité politique sous les armes », jugeant le gouvernement avant de le soutenir, et pouvant au besoin lui signifier ses blâmes ou ses exigences. La monarchie de 1830, à son origine, n'avait pas peu contribué à exalter des prétentions qui devaient, à la fin, lui être si funestes [2]. La garde nationale lui avait alors payé ses flatteries, en lui fournissant pour la répression des émeutes une force que, dans la désorganisation d'un lendemain de révolution, on n'aurait peut-être pas trouvée ailleurs; encore raisonnait-elle son concours et n'était-on jamais assuré qu'il ne lui passerait pas par la tête de le refuser. Mais, le danger matériel dissipé et la royauté nouvelle mieux assise, les inconvénients de l'institution subsistèrent seuls [3], et ce fut le jeu habituel de l'opposition de susciter par là des embarras au gouvernement. La revue que le Roi avait l'habitude de passer à chaque anniversaire des journées de Juillet devint bientôt, à cause des manifestations qu'on redoutait d'y

[1] Même après la révolution de 1848, M. de Tocqueville proclamait que « les grandes libertés politiques des nations modernes consistaient surtout en trois choses : la garde nationale, la liberté de la presse et la liberté de la tribune ».

[2] Rappelons qu'un article de la charte de 1830 avait solennellement « confié au patriotisme et au courage des gardes nationales » cette même charte et « tous les droits qu'elle consacrait ».

[3] Ajoutons qu'en 1837, pour rendre moins lourd le service des factions, on porta à 80,000 hommes l'effectif des douze légions de Paris, et que cette augmentation ne put se faire sans en rendre la composition plus démocratique.

voir se produire, un véritable cauchemar pour les ministres. Le premier, M. Thiers osa, en 1836, la contremander. Rétablie en 1837, elle fut de nouveau suspendue les années suivantes et eut lieu pour la dernière fois en 1840 [1]. Visiblement, à mesure que le gouvernement de Juillet s'éloignait et se dégageait de son origine, il se montrait plus froid et plus défiant à l'égard de la garde nationale. La défiance se comprend : mais peut-être avait-on le tort d'y joindre un peu de négligence. Cette négligence apparut notamment dans le choix du commandant en chef. Au début, on avait compris l'importance capitale de ce poste. Aussitôt après s'être débarrassé de La Fayette, on y avait appelé le maréchal de Lobau, l'un des plus glorieux vétérans des guerres impériales; celui-ci, par son prestige personnel, son activité, son mélange de fermeté et de rondeur, était parvenu à tenir bien en main cette troupe de nature indocile et capricieuse; le bourgeois armé se sentait flatté d'être traité avec une sorte de familiarité militaire par un si illustre guerrier. Mort en 1839, le maréchal de Lobau avait eu pour successeur le maréchal Gérard; c'était encore une grande renommée; sa santé l'obligea à donner sa démission en 1842. La sécurité matérielle dont on jouissait alors fit-elle croire que ce commandement n'était plus qu'une sorte de sinécure honorifique? On donna pour successeur aux deux maréchaux le général Jacqueminot, de promotion récente, sans illustration guerrière, et n'ayant pas figuré sur les champs de bataille de l'Empire avec un grade supérieur à celui de colonel. Il venait d'être, sous les précédents commandants, major général de la garde nationale. En dehors de son dévouement au Roi, il avait pour principal titre d'être le beau-père de M. Duchâtel et d'avoir été, comme député, l'un des membres influents de ce groupe des anciens 221, auxquels le ministère du 29 octobre jugeait utile, en 1842, de donner des gages. Pour comble, il n'était plus jeune et avait une santé délabrée; dans les derniers temps, il en était venu

---

[1] A la suite de diverses scènes de désordre, plusieurs gardes nationales de province furent dissoutes.

à ne pouvoir presque plus sortir de sa chambre, ni se lever de sa chaise longue. Malgré d'excellentes intentions, il n'était donc, ni moralement, ni physiquement, en état d'exercer sur les gardes nationaux l'action personnelle qui était, avec eux, la principale et presque l'unique arme du commandement. Naturellement, l'opposition souligna les défiances montrées par le gouvernement, pour éveiller et irriter les susceptibilités de la garde nationale, et elle profita de la négligence du commandement pour s'emparer de l'influence qu'il laissait échapper. Ce ne fut pas sans succès. Les élections des officiers, faites presque toujours sur le terrain politique, témoignaient des progrès que faisait dans la milice parisienne un certain esprit de fronde, s'attaquant, sinon à la monarchie elle-même, du moins à sa politique. Ces sentiments étaient surtout visibles depuis un an. Nulle part les malheureux événements de 1847 et la campagne des banquets n'avaient exercé une plus fâcheuse action. Dans les diverses légions, les « réformistes » se trouvaient en nombre ; s'ils n'étaient pas la majorité, ils étaient du moins l'élément le plus remuant. On comprend dès lors comment, voulant provoquer une grande manifestation extraparlementaire, les agitateurs se sont tout de suite tournés vers la garde nationale et pourquoi leur appel y a trouvé beaucoup d'écho.

Cependant, l'idée de faire précéder le banquet d'une procession populaire ne plaisait pas également à tous les députés. Plusieurs se préoccupaient du caractère que cette procession menaçait de prendre. Le 19 février au matin, l'opposition parlementaire était de nouveau réunie au restaurant Durand, pour prendre les dernières décisions. La principale question posée est celle de savoir si l'on se rendra en corps au banquet. La délibération n'est pas moins confuse et tumultueuse qu'à la première réunion. M. Barrot, qui préside, en fait reproche à l'assemblée. « Il est vraiment incroyable, dit-il, que nous ne puissions pas délibérer avec calme, quand nous prenons peut-être la plus grave résolution que nous ayons prise en notre vie. » Elle est bien grave en effet, plus encore que ne se l'imagine M. Barrot. Beaucoup des assistants sont visiblement tristes, inquiets, tentés de reculer. M. Berryer augmente encore leur désarroi en leur démontrant qu'ils se placent sur un terrain qui va s'effondrer sous leurs pas. C'est M. de Lamartine qui ranime les courages par une harangue enflammée ; il ne nie pas le péril de la manifestation. « La foule, s'écrie-t-il, est toujours un péril ; mais, au point où nous en sommes, il faut, ou avancer dans le péril, ou reculer dans la honte[1]. » Sous l'action de cette parole, il est décidé, à la presque unanimité, que le banquet aura lieu le mardi 22 février, et que les députés résolus à prendre part à ce « grand acte de résistance légale » — ils étaient au nombre de 92 — se réuniront ce jour-là, à dix heures du matin, place de la Madeleine, pour se rendre processionnellement au lieu du banquet.

Durant toute cette séance, M. Thiers, suivant le mot d'un témoin, a trouvé le moyen de n'être ni absent ni présent. Il s'est tenu constamment à la porte du salon, voyant et entendant tout, appuyant quelquefois d'un signe de tête ou d'un geste les paroles les plus véhémentes, mais ne prononçant pas un mot. Comme il sortait avec M. de Falloux, celui-ci lui dit : « N'êtes-vous pas effrayé de tout ce que nous venons de voir et d'entendre ? — Non, pas du tout. — Cependant ceci ressemble bien à la veille d'une révolution. » M. Thiers hausse gaiement les épaules et répond avec l'accent de la plus franche sécurité : « Une révolution ! une révolution ! On voit bien que vous êtes étranger au gouvernement et que vous ne connaissez pas ses forces. Moi, je les connais ; elles sont dix fois supérieures à toute émeute possible. Avec quelques milliers d'hommes sous la main de mon ami le maréchal Bugeaud, je répondrais de tout. Tenez, mon cher monsieur de Falloux, pardonnez-moi de vous le dire avec une franchise qui ne peut vous bles-

---

[1] Le lendemain, M. de Lamartine écrivait à un ami : « Hier, il y a eu une dernière réunion des oppositions. La démoralisation était au camp. Berryer venait de l'achever avec les légitimistes, en parlant bien et en concluant à se retirer. On m'a conjuré de lui répondre. Je l'ai fait, dans une improvisation de vingt minutes, telle que tout s'est raffermi comme au feu. Jamais encore ma faible parole n'avait produit un tel effet. Tout ce que vous avez lu de moi est du sucre et du miel auprès de cette poudre ! »

ser, la Restauration n'est morte que de niaiserie, et je vous garantis que nous ne mourrons pas comme elle. La garde nationale va donner une bonne leçon à Guizot. Le Roi a l'oreille fine, il entendra raison et cédera à temps. »

Cette sécurité de M. Thiers témoigne sans doute d'un aveuglement bien étrange chez un esprit aussi fin. Mais, dans ces jours malheureux, où n'est pas l'aveuglement? M. de Rambuteau, ému des nouvelles inquiétantes que lui ont apportées plusieurs membres de son conseil municipal sur l'état des esprits dans Paris et particulièrement dans la garde nationale, les apporte au Roi. Celui-ci l'écoute non sans impatience et le congédie avec ces mots : « Mon cher préfet, dans huit jours, vous serez honteux des sottes peurs qu'on vous a inspirées et que je ne puis partager en aucune façon. » Ces mêmes conseillers municipaux sont allés aussi avertir le préfet de police, M. Delessert. Celui-ci se refuse à prendre au sérieux leurs avis. « Tout est prévu, leur dit-il; nous sommes parfaitement en mesure. » Et comme l'un de ses interlocuteurs fait un geste d'incrédulité, il reprend d'une voix plus haute : « Oui, monsieur, parfaitement en mesure; vous pouvez le dire à ceux qui vous effrayent. »

Cette révolution, que le Roi aussi bien que M. Thiers se refusent à croire possible, la prévoit-on du moins chez les radicaux? Ceux-ci, dans les pourparlers fréquents qu'ils ont alors avec leurs alliés de la gauche dynastique, protestent n'avoir aucun dessein de ce genre. Le *National* dénonce à l'avance, comme agents provocateurs, tous ceux qui, le jour du banquet, pousseraient au désordre. M. Marrast dit à M. Odilon Barrot et à M. Duvergier de Hauranne : « Vous craignez une collision; eh bien, moi, je la crains cent fois plus que vous. — Plus, c'est beaucoup dire. — Plus, car si elle a lieu, ce n'est pas votre parti, c'est le mien qui en aura toute la responsabilité. » En exprimant ces sentiments, les radicaux sont sincères; ils redoutent d'autant plus un choc armé, que la victoire du gouvernement leur paraît absolument certaine. On peut donc affirmer qu'il n'y a, de leur part, à cette époque, aucune conspiration tendant à une prise d'armes, aucun plan de révolution [1]. Toutefois, beaucoup d'entre eux n'en ont pas moins le sentiment que la voie où l'on s'engage est pleine d'inconnu et peut leur apporter bien des surprises. Pour n'être pas préparée, voulue, la collision leur paraît possible; et alors il n'est guère d'éventualités, si hardies soient-elles, que quelques-uns ne caressent en rêve, qu'ils n'abordent en conversation [2]. Dans des réunions tenues chez M. Goudchaux, les républicains de l'école du *National* vont jusqu'à discuter la composition d'un gouvernement provisoire, et ils font demander à M. Marie s'il consentirait à en faire partie. « Y a-t-il donc des projets? » demande M. Marie, étonné et peu disposé, au premier abord, à prendre cette ouverture au sérieux. « Des projets, lui répond-on, non; mais tout est possible dans le mouvement qui se prépare, et il faut nous mettre en garde contre toutes les éventualités. » M. Marie se rend à ses observations, et, comme il l'a rapporté depuis, ses interlocuteurs et lui se séparent « avec la pensée que le dénouement pourrait bien ne pas être aussi pacifique qu'ils l'ont cru tout d'abord ». Ces républicains poussent plus loin encore leur prévoyance. Se sentant par eux-mêmes sans prestige sur l'armée, ils croient utile de s'allier à un Bonaparte; leur seule hésitation est de savoir s'ils s'adresseront au fils du roi Jérôme ou au prince

---

[1] « Par mes opinions, a écrit depuis M. Marie, par mes relations, par la situation que quelques services rendus m'avaient faite au sein des partis avancés, j'aurais connu les projets conçus... Un mouvement sérieux se préparant dans le but d'une révolution, je l'aurais su... Or j'affirme que personne alors ne voulait de révolution, qu'il n'y avait aucune préparation dans ce sens. Pas de conspiration, en un mot. Des désirs, des vœux, des espérances peut-être, rien de plus. » (*La Vie et les œuvres de A. T. Marie*, par Aimé Chérest, p. 94.)

[2] « Il me semble, dit un jour M. Pagnerre aux députés radicaux, que les dynastiques vont plus loin qu'ils ne pensent et qu'ils ne veulent. Ils espèrent continuer le mouvement sur le terrain de la légalité, mais il ne me paraît pas du tout certain qu'ils y parviennent. Que feront-ils, que ferez-vous, si le mouvement va plus loin? — Nous les aiderons loyalement à maintenir tout dans la légalité, répondent les députés radicaux. Si une force supérieure en ordonne autrement, nos collègues de la gauche ont déclaré maintes fois, à la tribune et ailleurs, que la responsabilité des événements retomberait sur les ministres, sur le Roi lui-même, qui les avaient provoqués, et qu'ils n'abandonneraient plus la cause de la Révolution. »

Louis, l'homme de Strasbourg et de Boulogne; après délibération, ce dernier a la préférence, et il reçoit d'eux, en Angleterre, avis de se tenir prêt à passer en France au premier signal [1].

II

A mesure qu'on approche du jour où l'opposition et le gouvernement doivent se heurter en pleine rue, au milieu d'une population surexcitée, force est aux plus optimistes de s'avouer que le conflit peut avoir de redoutables conséquences. Cette impression se manifeste dans les deux camps. Tandis que plus d'un opposant dynastique regrette au fond de s'être engagé dans une pareille aventure, certains conservateurs ne voient pas sans tristesse ni sans effroi les choses poussées ainsi à l'extrême. De cette double disposition devaient naître quelques essais d'arrangement transactionnel, d'autant que les représentants des deux partis se rencontraient chaque jour dans les couloirs de la Chambre, et qu'entre plusieurs les divergences politiques avaient laissé subsister une certaine familiarité affectueuse. Tantôt c'est M. Achille Fould qui propose à M. Thiers de faire prendre, par une cinquantaine de ministériels, l'engagement d'obtenir, de gré ou de force, l'éloignement du cabinet, si le banquet est abandonné; tantôt c'est M. Duvergier de Hauranne qui offre de renoncer au banquet, si le gouvernement dépose un projet sur le droit de réunion. Ces deux tentatives échouent; mais une troisième se produit qui paraît d'abord avoir plus de chances de réussir. Dès le premier jour, la commission du banquet, en organisant ses diverses sous-commissions, a chargé trois de ses membres, MM. Duvergier de Hauranne, Berger et de Malleville, de « se mettre officieusement en communication avec M. Duchâtel pour régler les formes de la manifestation et pour arriver

---

[1] Ce dernier fait est rapporté par un témoin peu suspect et bien informé, M. SARRANS jeune, dans son *Histoire de la révolution de Février*, t. I, p. 291 à 293.

aux moyens de prévenir tout prétexte de conflit et de désordre ». Il est bientôt visible que ces délégués, au fond assez effrayés, sont disposés à réduire leur banquet à une sorte de cérémonial très sommaire dont tous les points seraient convenus à l'avance, et qu'ils cherchent à rendre aux tribunaux le conflit si témérairement porté sur la place publique. Des ouvertures que M. Duvergier de Hauranne fait à M. Vitet, M. Berger à M. de Morny, M. de Malleville à M. Duchâtel lui-même, il ressort à peu près ceci : « Si le ministère veut, comme on l'annonce, empêcher les convives d'entrer au lieu même du banquet, il les place dans cette alternative, ou de résister, ce qui est le conflit matériel avec tout son inconnu, ou de reculer devant la première injonction du commissaire de police, ce qui leur est difficile après leurs défis si retentissants. Qu'il laisse seulement commencer le banquet; le commissaire de police viendra, au bout de quelques instants, en prononcer la dissolution. Engagement serait pris par les convives de se disperser aussitôt, et, par le fait même de la contravention constatée, la question se trouverait soumise aux tribunaux. » Le gouvernement ne parait pas d'abord disposé à se prêter à cette sorte de comédie; il préfère empêcher, par un grand déploiement de forces, l'accès même de la salle du banquet. De plus en plus inquiets, les délégués de l'opposition reviennent à la charge; ils font observer que le système du gouvernement empêche la contravention de se commettre, et que, par suite, les tribunaux ne pourront être saisis. Cet argument fait quelque effet sur les ministres. Et puis, pour le plaisir d'embarrasser et d'humilier davantage les opposants, doivent-ils les pousser à risquer par amour-propre ce que par politique ils répugnent à faire? Ne convient-il pas de tenir compte de l'état d'esprit d'une bonne partie des conservateurs? N'a-t-on pas vu, dans la discussion de l'adresse, qu'ils ne s'associent qu'à contre-cœur à la résistance du cabinet? Si celui-ci se montre trop entier et trop raide, ne s'expose-t-il pas à être abandonné par une portion de ses troupes, ou tout au moins à se voir imputer la responsabilité de tous les accidents qui pourront suivre? Soutenues avec force par M. Duchâtel, ces raisons triomphent des objections faites par quelques-uns de ses collègues et aussi des répugnances du Roi. Pouvoir est alors donné par le ministre de l'intérieur à MM. de Morny et Vitet de traiter sur les bases proposées avec les délégués de l'opposition. Le sentiment très vif que chacune des parties a des dangers de la situation facilite les pourparlers. A la fin de cette même journée du 19 février, dans la matinée de laquelle a eu lieu la réunion du restaurant Durand, les cinq négociateurs, dûment autorisés par leurs mandants respectifs, arrivent à un accord aussitôt constaté dans un procès-verbal assez étendu, dont le texte n'était du reste destiné à recevoir aucune publicité [1]. Les conditions de l'accord se résument ainsi : au jour et à l'heure indiqués, M. Odilon Barrot et ses amis se rendront au banquet; avertis à la porte de la salle, par le commissaire de police, qu'en se réunissant ils violent un arrêté du préfet, ils passeront outre; aussitôt qu'ils seront assis, le commissaire constatera la contravention et enjoindra à la réunion de se dissoudre; M. Odilon Barrot répondra brièvement en maintenant le droit de réunion, mais en engageant les assistants à se retirer; l'autorité judiciaire, saisie de la contravention, prononcera sur la question débattue; jusqu'à sa décision, les députés ne patronneront aucun autre banquet. Les négociateurs s'engagent également à agir sur les journaux de leurs partis respectifs, pour empêcher qu'aucun article provocateur ou satirique ne vienne, d'un côté ou de l'autre, envenimer les esprits.

A mesure que se répand, dans la soirée du 19 février et dans la matinée du 20, la nouvelle de la transaction conclue, les ardents des deux camps ne cachent pas leur déplaisir. Dans les couloirs de la Chambre, M. Duchâtel se voit reprocher par quelques conservateurs d'avoir pactisé avec le désordre et avili l'autorité; qu'est-ce, dit-on, que cette façon

---

[1] Ce procès-verbal fut publié pour la première fois, en 1851, par M. de Morny, dans le *Constitutionnel*. M. Guizot l'a reproduit dans ses *Mémoires*, t. VIII, p. 556 à 560.

de régler la rencontre du gouvernement et de l'émeute, comme on ferait les conditions d'un duel entre pairs? A gauche, certaines gens font ressortir ce que cette retraite de l'opposition a de piteux après une entrée en scène si tapageuse; au Palais de justice, M. Marie n'ose, devant la vivacité des critiques, avouer l'approbation qu'il a donnée à l'arrangement. Et puis les spectateurs, comme toujours portés à la gouaillerie, ne se privent pas de railler ce qu'ils appellent une « parodie ». « Serez-vous de la farce qui se jouera mardi? » demande-t-on tout haut dans la salle des conférences du Palais-Bourbon [1].

Néanmoins, l'impression dominante est une sorte de soulagement. Si l'on se donne le plaisir facile de se moquer du traité, on est au fond bien aise que la guerre soit évitée. Dans la commission du banquet, personne ne songe à désavouer les négociateurs, et l'on se prépare à exécuter le scénario convenu; on vient précisément de découvrir enfin un local convenable pour le banquet, dans une rue presque déserte des Champs-Élysées, la rue du Chemin de Versailles, et l'on y fait dresser en toute hâte la tente qui doit abriter les convives. De l'autre côté, le conseil des ministres ratifie pleinement ce qui a été fait; M. Duchâtel donne aux autorités de police des instructions loyalement conformes à la convention; sans doute, des précautions militaires sont prises pour parer aux éventua-

---

[1] Une lettre de M. Doudan au prince Albert de Broglie, en date du 17 février, — c'est-à-dire alors que l'accord n'était pas encore conclu, — est un spécimen des sarcasmes qui avaient cours dans certains salons. « Les meneurs modérés, écrivait-il, ne demandent qu'une grâce au gouvernement, c'est de faire juger par les tribunaux si, oui ou non, Dieu et la Loi veulent que M. Ledru-Rollin puisse monter sur les tables après son dîner et dire à peu près ouvertement que le Roi est un drôle, les Chambres, un ramas d'escrocs, et Danton, le plus aimable et le plus humain des législateurs. Or, pour les traduire devant les tribunaux, le gouvernement le veut bien, mais il ne veut pas leur donner l'occasion de commettre le délit nécessaire; eux insistent et promettent de ne faire le délit que le plus petit possible, un petit crime de deux sous, quoi! juste ce qu'il en faut pour aller en police correctionnelle! C'est une chose admirable que ce désir qu'a le parti d'aller en police correctionnelle, et je crois bien que c'est la vocation de la plupart de ceux qui n'en ont pas une plus haute, parmi ces doux panégyristes de 1793 et de 1794. Tout le monde ne peut pas prétendre à la cour d'assises, malgré l'égalité fondamentale et primordiale des hommes entre eux. » (*Mélanges et Lettres*, t. II, p. 153, 154.)

lités ; quelques troupes ont ordre de se rassembler près de la
barrière de l'Étoile ; mais on évite tout ce qui pourrait être
interprété comme une provocation ; ainsi renonce-t-on à mettre
préventivement la main sur les hommes connus pour être les
fauteurs ordinaires d'émeutes. En même temps, le gouvernement, qui ne croit plus avoir devant lui qu'un débat judiciaire,
s'y prépare. M. Hébert, après avoir sondé discrètement des
membres considérables de la cour de cassation, se dit assuré
que la question de droit sera tranchée contre les prétentions de
l'opposition. Le procureur général, M. Dupin, malgré son peu
de bienveillance habituelle pour le ministère, est venu spontanément trouver le garde des sceaux ; il lui a dit combien il était
heureux de l'arrangement conclu, et il lui a promis de prendre
la parole quand l'affaire viendra devant la cour suprême. Le
préfet de police n'est pas le moins satisfait de l'arrangement ;
interrogé à plusieurs reprises par les ministres sur la possibilité
de troubles, il se montre très rassuré et ne redoute pas d'incidents sérieux le jour du banquet. « Les gens à émeute, dit-il à
M. Hébert, ne sont pas prêts ; les chefs ne veulent pas agir ;
toutes les mesures sont bien prises, et les choses tourneront
parfaitement. » Après le conseil des ministres, M. Duchâtel
étant allé voir madame la duchesse d'Orléans, celle-ci le remercie
vivement de ce qu'il a fait pour prévenir le conflit et se montre
agréablement surprise que le Roi n'y ait pas fait obstacle. Dans
les salons où les ministres et les chefs de l'opposition se rencontrent, par exemple à l'ambassade ottomane où il y a fête le 19
au soir, ils s'entretiennent pacifiquement de l'arrangement.
M. Duvergier de Hauranne, se trouvant, le 20, au concert du
Conservatoire, dans la même loge que M. Vitet, a avec lui une
conversation amicale et presque joyeuse sur le futur banquet. En
somme, il y a partout comme la détente que produit, entre
deux armées prêtes à s'entre-choquer, l'annonce subite d'un
armistice.

III

Tout semble ainsi à la paix, quand, le 21 février au matin, le *National*, la *Réforme* et la *Démocratie pacifique* publient, en tête de leurs colonnes, le programme officiel de la manifestation du lendemain. Dans cette pièce, le banquet disparaît presque absolument derrière la grande procession populaire qui doit accompagner les députés de la Madeleine à la rue du Chemin de Versailles; le peuple est appelé à descendre dans la rue, pour donner à cette démonstration des proportions énormes; libellé dans la forme d'un arrêté de police ou plutôt d'un ordre de bataille, le programme dispose de la voie publique, indique les conditions du défilé, attribue à chaque groupe sa place; enfin, fait plus grave encore et qui met bien en lumière la prétention de substituer une sorte de pouvoir révolutionnaire aux autorités légales, invitation est adressée aux gardes nationaux de figurer dans le cortège, en uniforme, sinon en armes, et de se ranger par légion, officiers en tête.

Que s'est-il donc passé? D'où vient ce programme qui, suivant l'expression même de l'un des députés adhérant au banquet, « sentait la république d'une lieue [1] » ? C'est M. Marrast qui l'a rédigé au nom d'une des sous-commissions d'organisation. Sur la demande d'un des membres de cette sous-commission, il l'a montré, avant de l'imprimer, à MM. Odilon Barrot et Duvergier de Hauranne; ceux-ci en ont été peu satisfaits; mais ils se sont bornés à recommander au rédacteur de prendre un ton plus modeste, sans paraître attacher beaucoup d'importance à l'affaire et sans réclamer que les corrections leur soient soumises. M. Marrast, laissé ainsi sans contrôle, en a profité pour maintenir à peu près sa rédaction première. Prévoyait-il qu'il ferait ainsi rompre l'accord conclu entre l'oppo-

---

[1] Lettre de M. Léon Faucher à M. Reeve, en date du 8 mars 1848.

sition et le gouvernement? Quelques-uns de ses amis lui ont attribué, après coup, une sorte d'arrière-pensée machiavélique dont ils lui ont fait un titre à la reconnaissance du parti républicain. Peut-être lui ont-ils supposé ainsi une décision et une prévision révolutionnaires qu'il était loin d'avoir à cette date.

En tout cas, que M. Marrast l'ait voulu ou non, sa publication fait évanouir toute chance d'arrangement pacifique. Les membres du cabinet s'étant réunis vers dix heures du matin au ministère de l'intérieur, M. Duchâtel, si décidé naguère pour l'accord avec l'opposition, déclare que cet accord ne peut subsister après le programme [1]. A son avis, le gouvernement ne saurait accepter d'être ainsi dépossédé de ses pouvoirs de police sur la voie publique et de son droit de commander à la garde nationale; et puis, contre les dangers d'une telle manifestation, ce qui a été arrangé à l'avance pour le banquet n'est plus une garantie. Les ministres adhèrent unanimement à cette façon de voir. Tout en continuant à offrir à l'opposition l'épreuve convenue pour arriver à un débat judiciaire, ils décident d'interdire et, au besoin, de réprimer la manifestation projetée. Leur détermination est immédiatement communiquée au Roi, qui y donne sa pleine approbation. Diverses mesures sont prises en vue d'avertir le public. La principale est une proclamation du préfet de police à la population parisienne; MM. Vitet et de Morny ont été invités à la rédiger pendant que les ministres délibéraient. Elle commence par rappeler comment, dans le dessein de donner une issue judiciaire au conflit, le gouvernement avait renoncé à « s'opposer par la force à la réunion projetée » et avait consenti « à laisser constater la contravention en permettant l'entrée des convives dans la salle du banquet ». Puis elle continue, en ces

---

[1] Telle a été son impression dès la veille au soir, où il a reçu communication, en épreuves d'imprimerie, du document qui allait être publié par les journaux radicaux. Il l'a montré alors à MM. de Morny et Vitet, qui l'ont trouvé si contraire à l'esprit des conventions et aux paroles échangées, qu'ils ont refusé d'abord de croire à son authenticité.

termes : « Le gouvernement persiste dans cette détermination ; mais le manifeste, publié ce matin par les journaux de l'opposition, annonce un autre but, d'autres intentions ; il élève un gouvernement à côté du véritable gouvernement du pays ; …il appelle une manifestation publique, dangereuse pour le repos de la cité ; il convoque, en violation de la loi du 22 mars 1831, les gardes nationaux qu'il dispose à l'avance, en haie régulière, par numéro de légion, les officiers en tête. Ici aucun doute n'est possible de bonne foi ; les lois les plus claires, les mieux établies, sont violées. Le gouvernement saura les faire respecter. » La proclamation se termine par une « invitation à tous les bons citoyens de ne se joindre à aucun rassemblement ». On décide d'afficher en même temps : 1° un ordre du jour du général Jacqueminot, rappelant aux gardes nationaux qu'ils ne peuvent se réunir, à ce titre, sans l'ordre de leur chef ; 2° un arrêté du préfet de police, interdisant formellement le banquet ; 3° l'ordonnance sur les attroupements. Tout en cherchant à retenir la population, le cabinet s'apprête, s'il est nécessaire, à réprimer le désordre. Le meilleur moyen lui paraît être de faire, le lendemain, un grand déploiement militaire ; on exécutera un plan que le maréchal Gérard a arrêté dès 1840, pour le cas de troubles dans Paris ; dans ce plan qui suppose l'action simultanée de l'armée et de la garde nationale, tout est minutieusement prévu, la division des zones, l'emplacement à occuper par chaque corps, la façon dont ils doivent se relier, le mode de combat. On croit disposer de forces suffisantes pour parer à toutes les éventualités ; le ministre de la guerre dit avoir sous la main 31,000 hommes de troupes ; depuis quelque temps déjà, en prévision de troubles possibles, les soldats ont reçu des vivres et des munitions.

Pendant que les ministres prennent ces diverses décisions. la commission générale du banquet était réunie chez M. Odilon Barrot. Vers midi, M. Duvergier de Hauranne, qui assistait à cette réunion, est averti que deux messieurs le demandent à la porte. Il sort et se trouve en face de MM. Vitet et de Morny, dont la physionomie lui fait aussitôt pressentir un malheur.

Tout saisi, il les interroge du regard. « Nous venons de passer chez vous, lui disent-ils, pour vous annoncer, à notre grand regret, que tout est rompu. — Rompu, et pourquoi? — A cause du programme, du malheureux programme qui a paru dans les journaux. » M. Duvergier de Hauranne est fort troublé. Ne peut-on pas trouver quelque expédient pour rétablir l'accord? Il prie les ambassadeurs ministériels d'entrer dans la chambre à coucher de M. Odilon Barrot et appelle ce dernier. Les deux représentants de la gauche insistent sur le péril de la situation. « Le char est lancé, disent-ils, et, quoi que nous fassions, le peuple sera demain dans la rue. » Ils ne justifient pas le programme, en avouent l'inconvenance, mais ne sont pas en mesure d'en garantir le désaveu public. Ils offrent seulement de faire insérer dans leurs journaux une note destinée à l'atténuer en le commentant. Séance tenante, M. Duvergier de Hauranne rédige cette note et va la montrer à M. Marrast, qui consent à la publier le lendemain dans le *National.* MM. Vitet et de Morny n'ont pas pouvoir pour accepter rien de semblable; ils promettent seulement d'en référer aux ministres. M. Barrot et M. Duvergier de Hauranne rejoignent les membres de la commission, auxquels ils n'osent même pas communiquer la nouvelle qu'ils viennent de recevoir; ils veulent encore espérer que la rupture pourra être évitée.

Leur espoir est de courte durée. Peu après, vers deux heures, en arrivant au Palais-Bourbon, ils apprennent que le ministère persiste dans sa résolution, et qu'on commence à afficher dans les rues les proclamations du préfet de police. Dans les couloirs et sur les bancs de la Chambre, les conservateurs sont fort animés. « Enfin, disent-ils, c'en est fait des capitulations; le parti de l'énergie l'emporte. » L'opposition, au contraire, est accablée, consternée. Elle ne sait que faire ni que dire. Cependant, en se prolongeant, son immobilité et son silence menacent de devenir tout à fait ridicules. Vers la fin de la séance, M. Odilon Barrot se décide à interpeller le ministère. Sa parole est embarrassée. Après avoir rappelé les premiers faits : « Il paraît, dit-il, qu'à des conseils de sagesse, de prudence, ont succédé d'autres inspirations, que des actes d'autorité s'interposent, sous prétexte d'un trouble qu'ils veulent apaiser et qu'ils s'exposent à faire naître. (*Rumeurs.*)... Il n'y a pas de ministère, il n'y a pas de système administratif qui vaille une goutte de sang versé. C'est le gouvernement qui est chargé du maintien de l'ordre... C'est sur lui que pèse la responsabilité. » — « La responsabilité ne pèse pas seulement sur le gouvernement, répond M. Duchâtel; elle pèse sur tout le monde. » Le ministre n'a jamais parlé avec plus d'autorité et de mesure. Du banquet pour lequel « il est toujours prêt à laisser arriver les choses au point où, une contravention étant constatée, un débat judiciaire pourrait s'engager », il distingue la manifestation annoncée par le programme, au mépris de la loi sur les attroupements et de la la loi sur la garde nationale. « C'est, dit-il, un gouvernement né d'un comité, prenant la place du gouvernement constitutionnel, parlant aux citoyens, convoquant les gardes nationaux, provoquant des attroupements... Non, nous ne pouvions pas le supporter! » M. Barrot essaye de revenir à la charge; il n'aboutit qu'à trahir plus encore l'embarras et l'équivoque de sa situation. Parle-t-il du programme, il déclare « qu'il ne l'avoue ni le désavoue », et comme ces paroles étranges provoquent des exclamations, qu'on lui crie de toutes parts : « Il faut l'avouer ou le désavouer », il reprend : « Je mettrai tout le monde parfaitement à l'aise. J'avoue très hautement l'intention de cet acte, j'en désavoue les expressions. » — « La détermination du gouvernement, réplique le ministre, se trouve justifiée par les paroles de M. Odilon Barrot. Ce manifeste que l'on n'avoue ni ne désavoue est-il un gage de sécurité pour nous qui sommes chargés de maintenir l'ordre public? »

De l'aveu de tous, dans cette courte escarmouche, l'avantage a été pour le ministre. Seul il a parlé net et a paru savoir ce qu'il voulait. En outre, sur le terrain où il a fort habilement porté la question, l'opposition ne saurait plus se donner une attitude de résistance légale. Ce n'est pas en effet la question plus ou moins discutable du droit de réunion dans un local clos et couvert qui est maintenant posée; il s'agit d'appliquer la loi contre les attroupements que personne n'a jamais pu contester et à laquelle on ne saurait refuser d'obéir sans tomber dans la rébellion ouverte. Que peut donc faire cette opposition? Comment sortir de l'impasse où elle s'est si aveuglément engagée? Elle n'a pas une minute à perdre pour prendre son parti. La journée touche à sa fin, et c'est pour le lendemain matin qu'elle a donné rendez-vous au peuple dans la rue.

En sortant de la séance, vers cinq heures, les députés de la gauche et du centre gauche se réunissent dans un bureau de la Chambre; mais le tumulte est tel qu'ils ne peuvent délibérer. Ils se transportent, au nombre d'une centaine, chez M. Odilon Barrot. Ce dernier préside et commence par poser la question sans conclure. M. Thiers, qui jusqu'à présent s'est borné au rôle de spectateur silencieux et complaisant, qui dans aucune des réunions n'a ouvert la bouche pour retenir ses amis, se décide cette fois à crier : Casse-cou! Il le fait avec une vivacité de gestes et de langage qui montre à quel point il est alarmé. « L'opposition, dit-il, serait insensée et coupable, si elle exposait volontairement la capitale à une collision sanglante, si elle livrait les événements au jugement de la force, incomparablement supérieure dans les mains du gouvernement. Il faut subir la loi des circonstances et céder. » Un député de la gauche avancée, M. Bethmont, parle dans le même sens. La plupart des assistants sont visiblement soulagés de s'entendre donner ces conseils; ils ont peur et ne demandent qu'à capituler. Bientôt même, suivant l'expression d'un témoin, c'est une sorte de « sauve-qui-peut » . A peine consent-on à écouter ceux qui, comme M. de Lamartine, déclament sur la honte de la reculade, ou qui, comme M. Duvergier de Hauranne et M. de Malleville, déclarent qu'ayant pris un engagement public, ils ne sont plus libres de ne pas le tenir. Au vote, 80 voix contre 17 décident que les députés n'iront pas au banquet.

C'est maintenant à la commission générale de statuer si ce banquet aura lieu sans les députés. Elle se réunit dans la soirée, toujours chez M. Odilon Barrot. L'irritation est vive parmi les délégués du Comité central et du 12° arrondissement. Toutefois force leur est de reconnaître qu'on ne peut rien faire sans l'opposition parlementaire. M. Marrast est un des plus vifs pour l'abstention. « Par humanité, s'écrie-t-il, par amour du peuple, renoncez au banquet... Qu'un conflit s'engage, et la population sera écrasée. Voulez-vous la livrer à la haine de Louis-Philippe et de M. Guizot[1]? » La réunion n'hésite donc pas à prononcer l'ajournement du banquet. Seulement, inquiète de la figure qu'elle va faire, elle cherche comment couvrir l'humiliation de cette reculade. MM. Abbatucci et Pagnerre proposent de mettre en accusation le ministère. On se jette sur cette idée, et les députés présents signent en blanc l'acte d'accusation qui n'est même pas rédigé. Pas un d'eux ne songe à se demander où pourrait bien être, dans la conduite du ministère, le crime qui seul justifierait une proposition aussi grave et aussi insolite. Ce n'est pas au ministère qu'ils songent, mais bien à eux-mêmes; ils se flattent d'échapper au ridicule à force de violence, et ne voient pas d'autre moyen de se faire pardonner par les partis extrêmes leur défection dans l'affaire du banquet.

Comment informer maintenant cette population que, depuis quelques jours, on a travaillé à mettre en branle, que la manifestation est ajournée? Des notes sont rédigées pour les journaux qui s'impriment dans la nuit. De plus, les députés et les membres de la commission générale se dispersent pour aller porter la nouvelle dans les différents centres d'agitation. Partout elle est reçue avec colère. Les soldats s'indignent de la prudence de leurs chefs. Une députation des écoles vient relancer M. Odilon Barrot jusque dans sa maison et lui reproche d'avoir « déserté en présence de l'ennemi ». Ce

---

[1] Quelques historiens de gauche ont attribué à M. Marrast un langage tout opposé. Mais M. Duvergier de Hauranne, qui était présent, leur donne, dans ses *Notes inédites,* un démenti formel.

soir-là, il y a réunion assez nombreuse dans les bureaux du *Siècle;* les esprits y sont fort échauffés. Les députés, qui viennent y annoncer la décision prise, sont violemment invectivés; on les accuse de « lâcheté », de « trahison ». « Voilà trop longtemps que cela dure, s'écrie-t-on, il faut en finir et jeter tout par terre! » Sur ce, arrive le rédacteur en chef du *Siècle,* M. Perrée; il sort de l'état-major de sa légion où il a appris qu'ordre est donné de convoquer la garde nationale le lendemain. « Vous avez raison d'être irrités, dit-il aux assistants; mais il ne s'agit pas de déclamer et de crier comme des enfants; il s'agit de prendre un parti. Eh bien, moi, voici ce que je vous propose. Demain, j'en suis instruit, le rappel sera battu à six heures du matin. Allons-y tous en armes, et crions : Vive la réforme! » Une acclamation unanime part de tous les coins de la salle. « C'est cela! en armes, vive la réforme et à bas le système! » Se rend-on compte qu'on vient de trouver l'arme avec laquelle sera faite la révolution? Le *Siècle* est l'organe de l'opposition dynastique : il était dit que, jusqu'au bout, ce parti prendrait l'initiative et assumerait la responsabilité de tout ce qui devait contribuer à renverser la monarchie. En quittant la réunion du *Siècle,* vers minuit, les députés sont tristes et inquiets; ils se sentent absolument débordés par le mouvement qu'ils ont suscité. Comme l'a écrit plus tard l'un d'eux, ils ont le sentiment « que la chaudière fera explosion, malgré toutes leurs soupapes ».

Dans cette même soirée du lundi, il y a aussi réunion aux bureaux de la *Réforme.* C'est le quartier général des révolutionnaires extrêmes, des hommes des sociétés secrètes. On y délibère sur la conduite à tenir le lendemain. Quelques comparses secondaires paraissent plus ou moins tentés de profiter de l'agitation régnante et de l'irritation causée par la défection des députés, pour risquer une émeute. Mais ce parti est nettement combattu par les personnages importants. M. Louis Blanc déclare qu'on ne peut exposer le peuple à être écrasé comme il le serait inévitablement. « Si vous décidez l'insurrection, s'écrie-t-il, je rentrerai chez moi pour me couvrir d'un crêpe et pleurer sur la ruine de la démocratie. » M. Ledru-Rollin, fort écouté dans cette maison, n'est pas moins prononcé pour l'abstention. « A la première révolution, dit-il d'un ton légèrement dédaigneux, quand nos pères faisaient une journée, ils l'avaient préparée longtemps à l'avance; nous autres, sommes-nous en mesure? avons-nous des armes, des munitions, des hommes organisés? Le pouvoir, lui, est tout prêt, et les troupes n'attendent qu'un ordre pour nous écraser. Donner le signal de l'insurrection, ce serait conduire le peuple à la boucherie. Je m'y refuse absolument. » Docile à la voix de ses chefs, l'assemblée décide qu'on dissuadera le peuple de descendre dans la rue, et que, s'il y vient malgré cela, on se bornera à se mêler à lui et à observer les événements. Il est convenu que la *Réforme* du lendemain matin donnera le mot d'ordre de l'abstention, et M. Flocon rédige un article qui conclut en ces termes : « Hommes du peuple, gardez-vous, demain, de tout entraînement téméraire. Ne fournissez pas au pouvoir l'occasion cherchée d'un succès sanglant. Ne donnez pas à cette opposition dynastique qui vous abandonne et qui s'abandonne, un prétexte dont elle s'empresserait de couvrir sa faiblesse... Patience! quand il plaira au parti démocratique de prendre une initiative semblable, on saura s'il recule, lui, quand il s'est avancé ! »

Pendant ce temps, que se passe-t-il du côté du gouvernement? Les autorités militaires ont employé la fin de l'après-midi à assurer l'exécution des résolutions énergiques prises dans le conseil des ministres du matin. Les généraux et colonels de l'armée de Paris, réunis à l'état-major, ont entendu lecture du plan détaillé du maréchal Gérard; on leur a remis leurs ordres de marche, l'indication des points qu'ils doivent occuper. Les mesures ont été également prises pour que la garde nationale soit appelée sous les armes, le lendemain, à la première heure. Les commissaires de police ont reçu leurs instructions sur la conduite à tenir en face des rassemblements. Enfin le préfet de police est convenu avec le ministre de l'intérieur de faire arrêter dans la nuit vingt-deux individus connus pour être des fauteurs d'émeutes : dans le nombre étaient Albert et Caussidière. En somme, on s'attendait à une « journée » pour le lendemain, et l'on s'y préparait.

Mais, dans la soirée, à mesure qu'on apprend le désarroi de l'opposition, sa reculade, les contre-ordres partout donnés aux manifestants, la préoccupation fait place, dans les ministères et aux Tuileries, à une satisfaction triomphante. On jouit, et de la sécurité retrouvée, et de la figure ridicule faite par des adversaires naguère si arrogants. Le Roi surtout exulte. Lord Normanby étant venu le voir, il lui crie, du plus loin qu'il l'aperçoit : « Vous le savez, tout est fini ; j'étais bien sûr qu'ils reculeraient ! » De même à l'un de ses ministres, M. de Salvandy : « Eh bien ! Salvandy, vous nous disiez hier que nous étions sur un volcan ; il est beau, votre volcan ! Ils renoncent au banquet, mon cher ! Je vous avais bien dit que tout cela s'évanouirait en fumée ! » Il répète volontiers : « C'est une vraie journée des dupes. » La Reine, avec plus de mesure, se laisse gagner par cette confiance. « Vous nous trouvez beaucoup plus tranquilles, dit-elle à l'amiral Baudin ; ce matin, j'étais très inquiète, et j'ai écrit à mes fils Joinville et d'Aumale que je regrettais fort leur absence en un pareil moment ; maintenant, j'espère que tout se passera bien. » Sans doute, les rapports, en même temps qu'ils font connaître la capitulation des chefs de l'opposition, signalent la fermentation assez grande qui continue à régner dans la ville, les attroupements qui se forment autour des proclamations du préfet de police, les propos irrités ou méprisants qu'on y tient sur la retraite des députés. Mais on ne voit là que la fin des récentes agitations, non le prélude de quelque trouble plus grave.

Le gouvernement se sent définitivement confirmé dans sa sécurité, quand, vers minuit, le préfet de police est informé par son agent De La Hodde, en même temps membre influent des sociétés secrètes, de tout ce qui s'est passé dans les bureaux de la *Réforme*. Du moment que, dans ce milieu d'où sont sorties toutes les insurrections du commencement du règne, on est découragé et l'on conclut à s'abstenir, n'est-ce pas une assurance que l'ordre ne sera pas troublé? De même que certains hommes d'État avaient le tort, pour apprécier les mouvements d'opinion, de ne pas regarder au delà du pays légal, M. Delessert croyait que, pour juger des chances d'émeute, il suffisait de surveiller les conspirateurs de profession. Ainsi l'habileté même avec laquelle il était parvenu à pénétrer dans les sociétés secrètes, lui devenait une cause d'erreur. Aussitôt en possession du rapport de son agent, il court au ministère de l'intérieur, où il trouve M. Duchâtel conférant avec le général Tiburce Sébastiani, commandant la division de Paris, et avec le général Jacqueminot, commandant la garde nationale. Tous quatre s'accordent à penser que, dans cette situation nouvelle, le grand déploiement militaire, projeté pour le lendemain, devient inutile, qu'il est même dangereux, qu'il aurait un air de provocation, qu'il contribuerait à faire naître les rassemblements; que, du moment où les troupes doivent demeurer immobiles, le mieux est de ne pas les mettre en contact avec la population; faut-il ajouter qu'au fond on a des doutes sur la garde nationale, qu'on craint son inertie ou ses manifestations hostiles, et qu'on est bien aise d'avoir une raison de ne pas la convoquer? En somme, l'opinion unanime est qu'il vaut mieux laisser à la ville sa physionomie accoutumée. Toutefois, le ministre de l'intérieur peut-il, à lui seul, contremander une mesure aussi considérable, qui a été décidée le matin en conseil? Il juge que l'urgence et la difficulté de consulter ses collègues au milieu de la nuit, lui permettent d'assumer cette responsabilité. Il n'en avertit même pas le président du conseil. Il se borne à envoyer le général Jacqueminot prendre l'avis du Roi. Celui-ci répond non seulement qu'il approuve, mais que la même idée lui était venue, et qu'il allait en écrire au ministre. Dès lors, M. Duchâtel n'hésite pas : le reste de la nuit est employé à faire porter à tous les chefs de corps et aux états-majors des diverses légions de la garde nationale, des contre-ordres qui leur arrivent entre quatre et cinq heures du matin. Il est prescrit seulement de consigner les troupes dans leurs casernes, pour qu'elles soient prêtes à tout événement. En outre,

M. Delessert croit se conformer à la nouvelle attitude du pouvoir, en suspendant l'exécution des arrestations préventives dont il était convenu, quelques heures auparavant, avec le ministre.

IV

Le mardi 22 février, au lever du jour, le ciel est bas et plombé ; par intervalles, des rafales de vent chassent une pluie fine et froide. Dans les premières heures de la matinée, tout paraît tranquille. Les organisateurs du banquet, qui, la veille au soir, ont contremandé la manifestation, sont même étonnés d'être si complètement obéis ; ils voient là un signe de l'indifférence de la population, et l'un d'eux, M. Pagnerre, causant avec M. Barrot et M. Duvergier de Hauranne, conclut que « le gouvernement, en forçant l'opposition à se retirer, lui a épargné un bien complet fiasco ». Aux Tuileries, le Roi félicite chaudement ses conseillers. « L'affaire tourne à merveille, leur dit-il. Que je vous sais gré, mes chers ministres, de la manière dont elle a été conduite !... Quand je pense que beaucoup de nos amis voulaient qu'on cédât ! Mais ceci va réconforter la majorité. »

Cependant, vers neuf heures, des bandes, peu nombreuses d'abord, bientôt grossies, commencent à descendre des faubourgs du nord et de l'est sur les boulevards, des faubourgs du sud sur les quais, se dirigeant toutes vers la Madeleine. C'est l'effet de l'impulsion donnée depuis quelques jours et que le contre-ordre de la dernière heure n'a pas suffi à détruire ; quand le populaire a été à ce point chauffé, il ne se refroidit pas si vite. De ceux qui forment ces bandes, les uns n'ont pas su les dernières décisions de la commission générale du banquet, les autres en sont irrités et veulent protester quand même, le plus grand nombre sont des curieux qui désirent voir « s'il y aura quelque chose ». Partout ils trouvent libre passage. Pas un soldat dans les rues. Les sergents de ville eux-mêmes ont pour instruction de ne pas se montrer en uniforme. Cette foule vient s'accumuler devant la Madeleine et sur la place de la Concorde. Les blouses y sont en majorité. Nulle cohésion entre les éléments qui la composent; nulle discipline; aucun chef ne la pousse ni ne la dirige. Elle reste là, ondulant sur cette vaste place, ne sachant pas ce qu'elle attend, sans dessein arrêté, poussant quelques cris de : « Vive la réforme! A bas Guizot! » huant les gardes municipaux qui passent, mais n'ayant aucune idée de livrer bataille. Les révolutionnaires, qui, suivant le mot d'ordre donné la veille à la *Réforme*, se sont mêlés à ce peuple pour l'observer, n'estiment pas qu'il y ait rien à tenter avec lui.

A la préfecture de police, au ministère de l'intérieur, on n'attache pas une grande importance à ces attroupements. On reste sous l'impression optimiste qui a fait décommander, pendant la nuit, le déploiement des troupes. Tous les ministres, cependant, ne sont pas aussi rassurés. L'un d'eux, M. Jayr, qui, en venant aux Tuileries, a pu voir sur les deux quais un courant continu d'hommes en blouse se dirigeant vers la place de la Concorde, ne peut cacher au Roi ses préoccupations : « Nous aurons, lui dit-il, sinon une grande bataille, du moins une forte sédition; il faut s'y tenir prêts. — Sans doute, reprend le Roi, Paris est ému; comment ne le serait-il pas? Mais cette émotion se calmera d'elle-même. Après le *lâche-pied* de la nuit dernière, il est impossible que le désordre prenne des proportions sérieuses. Du reste, vous savez que les mesures sont prises. »

Cependant la situation ne s'améliore pas sur la place de la Concorde. Une bande nombreuse d'étudiants et d'ouvriers, partie du Panthéon, arrive en chantant la *Marseillaise*. Plus organisée et plus compacte que les autres, elle traverse la foule, l'entraîne et se dirige sur le Palais-Bourbon. Vainement quelques gardes municipaux, qu'un commissaire de police est allé chercher en toute hâte au poste voisin, essayent-ils de barrer le pont; ils sont emportés en un instant. Arrivés devant les grilles de la Chambre, les plus hardis des manifestants les escaladent et pénètrent dans l'intérieur du palais, où il n'y a, à cette heure, que les garçons de service et quelques rares députés. Que signifie cet envahissement? Ses auteurs eussent été bien embarrassés de le dire. C'est une gaminerie, mais une gaminerie de sinistre augure. L'alarme est donnée; les dragons accourent de la caserne d'Orsay; ils trouvent, en arrivant, le palais déjà évacué et rejettent la foule au delà du pont, tandis que d'autres troupes viennent occuper les abords de la Chambre.

Les manifestants alors se divisent. Tandis qu'une partie se forme en bandes pour parcourir la ville, le plus grand nombre reste sur la place de la Concorde. Un tas de pierres se trouvant là, l'idée vient à quelques individus de s'en servir pour attaquer un poste voisin. Un détachement de gardes municipaux à pied et à cheval arrive au secours des assiégés. A plusieurs reprises, il essaye de déblayer la place; mais la foule se reforme derrière lui; les gamins se mêlent à ses rangs et se faufilent entre les jambes des chevaux que les cavaliers embarrassés ont peine à tenir debout sur l'asphalte glissant; aussitôt que les soldats ont le dos tourné, des volées de cailloux tombent sur eux. Des curieux réfugiés partout où les charges ne peuvent les atteindre, plusieurs assis dans les vasques des fontaines, rient de ces escarmouches, lancent des lazzi aux troupes, poussent des cris séditieux ou font entendre des chants révolutionnaires. Les municipaux sont admirables de sang-froid et de patience : en dépit des insultes et des pierres dont on les accable, des blessures que reçoivent plusieurs d'entre eux, de l'agacement que doit leur causer l'inefficacité de leurs efforts, ils évitent d'user sérieusement de leurs armes; tout au plus distribuent-ils quelques coups de crosse et de plat de sabre. Des échauffourées du même genre ont lieu autour de la Madeleine. Vers midi, une bande se détache pour aller attaquer le ministère des affaires étrangères, alors au coin de la rue des Capucines; elle jette des pierres dans les vitres, essaye d'enfoncer la porte, mais est bientôt obligée de se retirer devant les troupes qu'on est allé chercher aux casernes voisines. Les étudiants repassent alors sur la rive gauche, qu'ils parcourent pendant quelques heures et où ils tentent vainement de débaucher l'École polytechnique.

Ces désordres ne décident pas encore le gouvernement à une action plus énergique. Est-il dérouté de voir démentir ses prévisions de la veille au soir? Ou bien persiste-t-il à croire que tout est fini par l'abandon du banquet, que ces dernières ébullitions sont sans gravité, et que l'important est de ne pas rallumer par une attitude provocante les passions en voie de s'éteindre? Quoi qu'il en soit, on dirait qu'il s'est appliqué à se montrer le moins possible. En dehors des quelques bataillons et escadrons déployés tardivement autour du Palais-Bourbon, les troupes restent invisibles, renfermées dans leurs casernes. Ce qui a été fait pour protéger tel ou tel point l'a été sur l'initiative isolée de quelque commissaire de police, et on n'y a guère employé que de faibles détachements de gardes municipaux dont le courage ne peut suppléer au petit nombre. Ces luttes inégales ont pour principal résultat d'aviver la vieille hostilité des foules parisiennes contre cette troupe d'élite. Déjà l'on voit poindre la tactique populaire qui tend à diviser les défenseurs de l'ordre, en criant : Vive la ligne! en même temps que : A bas les municipaux! En somme, contre l'émeute grandissante, à peine, çà et là, une défensive partielle, morcelée, incertaine; pas d'offensive générale et puissante.

Que font, pendant ce temps, les députés de l'opposition? Les voit-on chercher à calmer une agitation dont ils sont responsables? Non, ils s'occupent à rédiger l'acte d'accusation qu'ils doivent déposer à la Chambre contre le ministère. Ils ne se font pourtant pas illusion sur le résultat; ils sont découragés et croient leur rôle fini. « Venez, mon cher ami, écrit M. Barrot à M. Duvergier de Hauranne, pour que nous fassions ensemble notre testament politique. » Un projet, préparé à la hâte, est soumis, vers onze heures, aux députés qui se trouvent réunis chez M. Barrot : le ministère y est accusé « d'avoir trahi au dehors l'honneur et les intérêts de la France, d'avoir faussé les principes de la constitution, violé les garanties de la liberté;... d'avoir, par une corruption systématique,... perverti le gouvernement représentatif; d'avoir trafiqué des fonctions publiques;... d'avoir ruiné les finances de l'État;... d'avoir violemment dépouillé les citoyens d'un droit inhérent à toute constitution libre;... d'avoir remis en question toutes les conquêtes de nos deux révolutions ». A la grande surprise des rédacteurs, M. Thiers les critique vivement. Selon lui, « on se méprend sur l'état des esprits; tout est fini, complètement fini, et l'opposition n'a plus qu'à subir sa défaite; si pourtant on se croit obligé de faire quelque chose, une adresse à la couronne suffit pleinement; certes, l'idée d'une mise en accusation ne doit pas être abandonnée, et, bientôt peut-être, il y aura lieu d'y revenir à propos des affaires de Suisse et d'Italie; mais c'est une ressource dernière qu'il faut ménager; aujourd'hui, un tel acte paraîtrait à tous excessif et ridicule ». Les auteurs du projet répondent que la mise en accusation sera à peine suffisante pour calmer l'émotion publique; ils rappellent que, la veille au soir, dans la commission du banquet, les députés se sont formellement engagés à la proposer; qu'à cette condition seule, ils ont obtenu l'ajournement de la manifestation; ils se déclarent résolus à ne pas manquer à leur parole. L'avis de M. Thiers n'est pas appuyé. La discussion porte à peu près uniquement sur le point de savoir si l'acte sera signé par quelques membres ou par tous les députés de l'opposition. Ce dernier parti l'emporte; mais quand il s'agit de s'exécuter, beaucoup se dérobent.

En se rendant, vers deux heures, à la séance de la Chambre, les députés, dont plusieurs ignoraient jusqu'alors ce qui se passait, sont surpris de voir la foule massée sur la place de la Concorde et le Palais-Bourbon entouré de troupes. Les manifestants les accueillent diversement, suivant qu'ils les reconnaissent pour des amis ou des adversaires du cabinet. Les opposants jouissent plus ou moins des ovations ordinairement assez grossières qui leur sont faites. Aucun d'eux, du reste, n'augure de tout cela rien de sérieux; les plus radicaux, loin de voir dans cette agitation le commencement d'une révolution, ne croient même pas à une véritable émeute; ils sont convaincus que la nuit mettra fin à ce tapage. Arrivés à la Chambre, les promoteurs de la mise en accusation circulent de banc en banc pour recueillir des signatures; ils n'ont qu'un succès médiocre. M. Dufaure répond à l'un d'eux, de sa voix la plus rude et de façon à être entendu de tout le monde : « C'est dans le cas où le cabinet aurait laissé faire le banquet qu'il mériterait d'être mis en accusation. » En somme, cinquante-trois députés seulement consentent à signer [1]. Les ministériels, qui paraissent confiants, assistent, ironiques, à ces allées et venues. Enfin M. Odilon Barrot se décide à remettre silencieusement son papier au président. M. Guizot monte au bureau, pour en prendre connaissance, et le parcourt avec un sourire dédaigneux. Pendant ce temps, se poursuivait, devant des auditeurs naturellement peu attentifs, une discussion sur le renouvellement du privilège de la Banque de Bordeaux. Elle durait depuis deux heures environ, quand M. Barrot rappelle au président, sans en indiquer autrement l'objet, la proposition qu'il a déposée au nom « d'un assez grand nombre de députés », et lui demande de fixer le jour de la discussion dans les bureaux. M. Sauzet répond qu'elle aura lieu le surlendemain, jeudi. Sur ce, l'assemblée se sépare.

Durant la séance de la Chambre, l'agitation a grandi dans la ville. La place de la Concorde a fini par être un peu dégagée; mais, dans les Champs-Élysées, les gardes municipaux ne parviennent pas à avoir raison des bandes qui s'embusquent derrière les arbres ou les amas de chaises. Un moment, le petit

---

[1] En voici la liste : Odilon Barrot, Duvergier de Hauranne, général de Thiard, Dupont de l'Eure, Isambert, Léon de Malleville, Garnier-Pagès, Chambolle, Bethmont, Lherbette, Pagès de l'Ariège, Baroche, Havin, Léon Faucher, F. de Lasteyrie, de Courtais, H. de Saint-Albin, Crémieux, Gaultier de Rumilly, Raimbault, Boissel, de Beaumont (Somme), Lesseps, Mauguin, Creton, Abbatucci, Luneau, Baron, G. de Lafayette, Marie, Carnot, Bureaux de Pusy, Dusolier, Mathieu, Drouyn de Lhuys, d'Aragon, Cambacérès, Drault, Marquis, Bigot, Quinette; Maichain, Lefort-Gonsollin, Tessié de la Motte, Demarçay, Berger, Bonnin, de Jouvencel, Larabit, Vavin, Gamon, Maurat-Ballange, Taillandier. Il est curieux de noter que cette liste contenait trois futurs ministres de l'Empire, MM. Baroche, Abbatucci et Drouyn de Lhuys.

poste de la rue de Matignon est assailli par des gens qui tâchent d'y mettre le feu. Des bandes descellent les grilles du ministère de la marine et s'en servent comme de leviers pour déchausser les pavés et ébaucher une première barricade au coin de la rue Saint-Florentin et de la rue de Rivoli. Repoussées par les gardes municipaux, elles se replient sur le centre de la ville, et essayent d'élever d'autres barricades, d'abord rue Duphot, ensuite rue Saint-Honoré. Sur leur chemin, elles enfoncent les devantures des boutiques d'armuriers; elles y trouvent des fusils, mais peu de poudre, car le gouvernement a eu, dans les jours précédents, la précaution de la faire enlever. Pas plus que le matin, il n'y a d'ensemble ni de direction; chaque bande agit au gré de sa fantaisie. Les hommes des sociétés secrètes demeurent spectateurs assez sceptiques. Caussidière, qui assiste avec Albert à la tentative de barricade de la rue Saint-Honoré, dit à De La Hodde : « Tout cela n'est pas clair ; il y a du monde, mais c'est tout ; ça n'ira pas jusqu'aux coups de fusil. » Albert est du même avis; il n'a pas reconnu ses hommes dans les remueurs de pavés, et la manifestation ne lui paraît pas avoir un caractère républicain.

En présence de tels faits, l'effacement des autorités militaires devient de plus en plus difficile à comprendre. Leur quartier général est à l'état-major de la garde nationale, alors installé dans l'aile des Tuileries qui longe la rue de Rivoli. Le général Jacqueminot, commandant supérieur de la garde nationale, et le général Tiburce Sébastiani, chef de l'armée de Paris, y sont en permanence. J'ai déjà eu occasion de noter en quoi le premier était inégal à la position qu'il occupait [1]. Le second était un officier bravo, dévoué à la monarchie de Juillet, mais de portée ordinaire, sans grand prestige, et dont on ne pouvait attendre d'initiative en dehors des habitudes d'un service régulier; s'il avait été appelé, en 1842, à la tête de la première division militaire, c'était uniquement à raison de la faveur dont jouissait auprès du Roi, son frère, le maréchal Sébas-

---

Voir plus haut, p. 401.

tiani. Dès le jour où l'on a pu craindre des désordres, certains ministres se sont demandé s'il ne conviendrait pas de réunir tous les pouvoirs dans une main plus forte et plus ferme ; un nom s'est présenté tout de suite à leur esprit, celui du maréchal Bugeaud. Lui-même se croyait indiqué, et, depuis quelque temps, il tournait autour du Roi et des ministres, s'offrant manifestement et se portant fort du succès. Plusieurs fois on a pu croire que ce changement allait être fait. Mais certains membres du cabinet, M. Duchâtel notamment, hésitaient, par crainte soit d'effaroucher l'opinion, soit de se donner un collaborateur encombrant et dominateur, soit seulement de faire de la peine aux deux titulaires. Cette dernière considération n'était pas sans agir sur le Roi, qui savait gré aux généraux Jacqueminot et Sébastiani de leur dévouement politique. La mesure s'est donc trouvée ajournée. Toutefois, il était implicitement convenu entre le Roi et son gouvernement que, si les choses tournaient mal, le maréchal recevrait le commandement de l'armée et de la garde nationale : on oubliait que les meilleurs remèdes risquent de ne plus produire d'effet, lorsqu'on y recourt trop tard.

A défaut du maréchal, le duc de Nemours tâchait d'exercer, au-dessus des deux commandants, une sorte d'arbitrage ; il le faisait sans avoir reçu d'investiture spéciale, et n'ayant d'autre titre que celui de son rang. Ainsi assurait-il un peu d'unité entre des pouvoirs égaux et naturellement rivaux. Loyal, courageux, admirablement désintéressé, ce prince devait se montrer, dans ces journées tragiques, plus que jamais digne du bel éloge que faisait de lui le duc d'Orléans, quand il disait : « Mon frère Nemours, c'est le devoir personnifié ! » Mais, d'une timidité fière et triste, se sachant peu populaire auprès du public qui le connaissait mal et s'en sentant parfois gêné, ayant plus de réflexion que d'initiative, de rectitude dans le jugement que de promptitude dans la décision, plus habitué par son père à obéir qu'à commander, plus propre à se dévouer qu'à exercer de l'ascendant, il était homme à faire modestement tout son devoir en s'effaçant autant que possible, non à se mettre en avant pour suppléer à l'insuffisance des autres, ni à s'emparer spontanément d'un rôle qui ne serait pas strictement le sien. Combien il eût gagné à être secondé par ses deux frères, le prince de Joinville et le duc d'Aumale, particulièrement aimés du soldat et en faveur auprès de l'opinion! Malheureusement ils étaient au loin. Le second était, depuis six mois, dans son gouvernement d'Afrique, et le premier venait de rejoindre son frère à Alger, pour assurer à la princesse, sa femme, le bienfait d'un hiver en pays chaud. La Reine, agitée de sombres pressentiments, déplorait ces séparations ; elle eût voulu retenir auprès du Roi le prince de Joinville, et, le 30 janvier, en lui disant adieu, elle avait versé beaucoup de larmes [1]. De tous ses frères, le duc de Nemours n'avait alors à Paris que le plus jeune, le duc de Montpensier, le préféré du père comme presque tous les derniers-nés, mais n'ayant encore eu le temps ni d'acquérir beaucoup d'expérience, ni de se faire un renom égal à celui de ses aînés.

Vers cinq heures, les nouvelles qui arrivent à l'état-major sont telles qu'on se décide enfin à prescrire l'occupation militaire de la ville suivant le plan du maréchal Gérard. C'est l'opération que le conseil des ministres avait déjà décidée le lundi matin et que M. Duchâtel avait contremandée dans la nuit. Les ordres sont aussitôt expédiés à tous les chefs de corps, qui savent d'avance où se porter. Comme la garde nationale doit participer à l'occupation, le rappel est battu dans plusieurs quartiers; il produit peu d'effet; un très petit nombre d'hommes prennent les armes, et encore leurs dispositions sont-elles souvent douteuses. Ce n'est pas le seul mécompte. Le préfet de police ayant voulu procéder aux arrestations préventives, suspendues la veille au soir, ne parvient à mettre la main que sur cinq des meneurs révolutionnaires et non des plus considérables; les autres se sont cachés. L'armée, du moins, s'est mise en mouvement aussitôt les ordres reçus. A neuf heures du soir, chaque corps est arrivé à

---

[1] Le matin du 24 février, on entendra la duchesse d'Orléans s'écrier à plusieurs reprises : « Et Joinville, Joinville qui n'est pas ici ! »

l'emplacement qu'il doit occuper. Partout, devant ce mouvement offensif exécuté avec ensemble, l'émeute s'est dispersée sans résistance sérieuse. Tout au plus se produit-il encore quelque reste de désordre là où les soldats ne se trouvent pas en nombre; sur divers points, les réverbères sont détruits et les conduites de gaz coupées; aux Champs-Élysées, des gamins mettent le feu à des baraques et à des amas de chaises; des bandes incendient ou dévastent les barrières de l'Étoile, du Roule et de Courcelles; aux Batignolles, dans la rue du Bourg-l'Abbé, dans la rue Mauconseil, il y a des échauffourées avec échange de quelques coups de feu; mais nulle part ne s'engage de combat sérieux. Peu à peu, d'ailleurs, avec la nuit qui s'avance, le silence se fait dans la ville; le peuple est rentré dans ses maisons. Les soldats bivouaquent autour de grands feux, sous une pluie épaisse. A une heure du matin, ordre leur est donné de retourner à leurs casernes, en ne laissant dehors que quelques détachements.

Que penser de la journée qui finit? D'aucun côté, on n'y voit clair. Les meneurs des sociétés secrètes se sont réunis, dans la soirée, au Palais-Royal; ils ne songent toujours pas à se mêler à un mouvement qu'ils se refusent à prendre au sérieux : attendre et voir, telle est la conclusion à laquelle ils aboutissent, après une conversation confuse. A la *Réforme*, au *National*, on n'est pas moins embarrassé, et l'on regrette même une agitation dont on n'espère aucun résultat et par laquelle on craint d'être compromis. Dans les bureaux du *Siècle*, chez M. Odilon Barrot, on est triste et inerte. Aux Tuileries, toute la soirée s'est passée à attendre et à recevoir les nouvelles qui arrivent successivement. La Reine ne cache pas son anxiété et son trouble. Le Roi, au contraire, demeure confiant. Il rappelle plaisamment que les Parisiens n'ont pas l'habitude de faire des révolutions en hiver. « Ils savent ce qu'ils font, dit-il encore; ils ne troqueront pas le trône pour un banquet. » Cette confiance augmente à mesure qu'on apprend l'absence de résistance opposée aux troupes, dans la soirée, et le calme si facilement rétabli dans la ville.

Les ministres d'ailleurs disent bien haut que ce n'a été qu'une échauffourée sans importance, que le lendemain il n'en sera probablement plus question, qu'en tout cas, si le désordre persiste, on sera alors fondé à agir très vigoureusement. Cette impression de sécurité est encore confirmée, quand M. Delessert vient annoncer que les chefs révolutionnaires persistent à se tenir à l'écart. A la fin de la soirée, lorsque le Roi se retire dans ses appartements, il est tout à fait triomphant. Jugeant l'affaire définitivement terminée, il se félicite et félicite ses ministres d'avoir su vaincre sans effusion de sang. Il attend de cette victoire toutes sortes d'heureux résultats. Persuadé que, comme en 1839, l'impuissance constatée de l'émeute raffermira le pouvoir royal, il ne cache pas à M. Duchâtel que depuis longtemps il ne s'est pas senti aussi fort.

V

Le mercredi 23, Paris se réveille encore sous la pluie. Dès sept heures du matin, les troupes sortent de leurs casernes pour reprendre les positions qu'elles occupaient la veille au soir. La ville paraît calme. Au ministère de l'intérieur, on se flatte que tout est fini ; quelques députés conservateurs, venus aux nouvelles auprès de M. Duchâtel, lui expriment même le regret que le désordre n'ait pas duré assez longtemps pour effrayer les intérêts et donner au pouvoir la force dont il a besoin. Bientôt cependant, vers neuf heures, l'émeute reparaît sur plusieurs points. Cette fois, elle se concentre entre la rue Montmartre, les boulevards, la rue du Temple et les quais, dans ces quartiers populeux, aux rues enchevêtrées, qui, au lendemain de 1830, avaient été le théâtre préféré de toutes les insurrections. Les bandes n'ont toujours pas de direction d'ensemble, ni de chefs connus. Elles harcèlent les troupes, élèvent çà et là des barricades, attaquent les postes isolés ; nulle part elles n'engagent une vraie bataille, n'opposent une résistance durable. De part et d'autre, il y a quelques blessés et même quelques morts, mais en très petit nombre. Dans le peuple, bien que les physionomies soient plus sombres que la veille, rien n'indique une passion bien profonde. Quant à l'armée, elle est triste de la besogne qu'on lui fait faire, un peu troublée parfois quand elle doit marcher contre des gens qui l'accueillent en criant : Vive la ligne! Elle souffre du mauvais temps, de la distribution défectueuse des vivres et surtout de ne pas se sentir conduite par une main ferme et une volonté résolue. Néanmoins, sa supériorité de forces est évidente. Pendant cette matinée, elle ne subit d'échec nulle part; partout les insurgés reculent devant elle. Des renforts lui arrivent des garnisons voisines. Dans ces conditions, la lutte pourra, à raison même de ce qu'elle a de morcelé, se prolonger plus ou moins longtemps, mais la défaite finale de l'émeute ne paraît pas douteuse. Telle est la situation quand entre en scène la garde nationale.

Dès la veille, aussitôt les premiers troubles éclatés, les adversaires du ministère lui avaient crié : « Osez donc réunir la garde nationale! » Trois députés de Paris, MM. Carnot, Vavin et Taillandier, après s'être concertés avec leurs collègues, étaient venus exprimer à M. de Rambuteau « la douloureuse surprise qu'éprouvait la population de ne pas voir convoquer la garde nationale ». Il eût fallu que le gouvernement pût répondre sans ambages : « Non, nous ne la convoquons pas, parce que vous avez travaillé à en faire un instrument de désorganisation, ce que déjà, par sa nature propre, elle n'était que trop disposée à devenir. » Mais un tel langage eût fait alors scandale. En haut lieu, d'ailleurs, on avait des illusions sur l'esprit de cette milice; on s'en fiait aux protestations répétées du général Jacqueminot, qui croyait témoigner son dévouement au Roi en se refusant à admettre qu'il ne fût pas partagé par tous ses subordonnés. Louis-Philippe, dans l'esprit duquel certains rapports finissaient par jeter quelque inquiétude, avait, au cours de cette même journée du mardi, envoyé le ministre de la guerre à l'état-major, pour savoir très nettement ce qu'on devait attendre de la garde nationale. « Vous pouvez dire au Roi, avait répondu le général Jacqueminot, que, sur trois cent quatre-vingt-quatre compagnies, il y en a six ou sept mal disposées, mais que toutes les autres sont sincèrement attachées à la monarchie. » Informé de cette réponse, le Roi s'était borné à dire : « Six ou sept mauvaises! Oh! il y en a bien dix-sept ou dix-huit! » C'est évidemment sur ces assurances données par le commandant supérieur que, quelques moments après, lors des ordres donnés, à cinq heures du soir, pour l'occupation militaire de la ville, on s'était décidé à faire battre le rappel dans plusieurs quartiers. J'ai dit quel en avait été le très médiocre résultat.

Cette première épreuve n'était pas un encouragement à recommencer. Cependant, le mercredi matin, quand l'armée a été remise en mouvement, on n'a pas jugé possible de ne pas convoquer de nouveau la garde nationale. Celle-ci n'avait-elle pas son rôle et sa place marqués dans le plan d'occupation qu'il s'agissait d'exécuter? Son absence aurait fait des vides matériels; elle aurait fait surtout un vide moral dont on craignait que les troupes ne fussent affectées. La convocation a même été plus générale que la veille : ordre a été donné de battre le rappel dans tous les quartiers. Bien que, cette fois, l'affluence soit un peu plus grande, ce n'est encore qu'une faible minorité qui prend les armes. Ceux qui viennent sont-ils du moins les hommes d'ordre, instruits enfin par la prolongation des troubles qu'il est de leur intérêt d'y mettre un terme? Non, par un phénomène étrange, à l'appel du gouvernement, les amis de ce gouvernement, les conservateurs, qui au fond forment la majorité de la plupart des légions, ne répondent qu'en petit nombre ; presque tous restent chez eux, rassurés, indolents ou boudeurs. Les opposants, au contraire, accourent avec empressement. C'est que, de ce côté, il y a un mot d'ordre, celui de se réunir en armes pour crier : Vive la réforme! On l'a vu donner, le 21, dans la réunion du *Siècle*. Depuis, il a été répété et propagé. Dans la soirée du 22, les républicains du Comité central, réunis chez M. Pagnerre, ont décidé de suivre cette tactique. Le 23, au matin, les révolutionnaires de la *Réforme*, M. Flocon en tête, s'y sont ralliés; ils ont pressé leurs partisans, dont beaucoup n'étaient pas de la garde nationale, de se procurer quand même des uniformes et de se mêler aux détachements afin d'y pousser le cri convenu.

En effet, à peine les gardes nationaux sont-ils arrivés à leurs divers points de rassemblement, que, de leurs rangs, s'élèvent des voix demandant qu'on s'interpose entre le gouvernement et le peuple, pour obliger le Roi à changer ses ministres et à accorder la réforme. Soutenue sur un ton très haut, appuyée par les compères, l'idée trouve faveur. Parmi ceux qui y adhèrent, beaucoup, pour rien au monde, ne voudraient contribuer à jeter bas la monarchie; mais ils s'imaginent niaisement faire œuvre de pacification; leur vanité est séduite par l'importance de ce rôle d'arbitre, et il ne leur déplaît pas de donner une leçon à un gouvernement accusé de tant de crimes au dehors et au dedans. Ceux qui seraient d'un avis contraire se croient en minorité, — ils le sont peut-être par la faute de tous les conservateurs restés chez eux, — et ils se taisent, intimidés. Plus que jamais, d'ailleurs, on sent l'insuffisance du commandement supérieur. Autrefois, pas un trouble n'éclatait dans la ville, pas un coup de tambour ne résonnait, sans qu'on vît aussitôt le vieux maréchal de Lobau aller d'une mairie à l'autre, parcourir tous les postes, haranguant, dirigeant, stimulant ses gardes nationaux. Son successeur est hors d'état de quitter la chambre; nul ne le voit; il n'est même pas représenté auprès des divers corps par des officiers sûrs qui dirigent et surveillent l'exécution de l'ordre général.

C'est vers dix ou onze heures du matin que la plupart des légions se mettent en mouvement. Il est tristement instructif de les suivre à l'œuvre. La première (quartiers des Champs-Élysées et de la place Vendôme) est la seule où les réformistes n'aient pu provoquer aucune manifestation : bien au contraire, elle siffle au passage les députés de la gauche. La seconde (Palais-Royal, Chaussée-d'Antin et faubourg Montmartre), appelée à prendre position devant le pavillon de Marsan, y arrive, après une longue promenade, escortée de deux mille individus avec lesquels elle chante la *Marseillaise* et crie : Vive la réforme! La troisième (quartier Montmartre et faubourg Poissonnière), chargée de protéger la Banque, se jette entre les insurgés et les gardes municipaux et force ces derniers à rentrer dans leur caserne; un peu plus tard, elle croise par deux fois la baïonnette contre les cuirassiers qui, d'ordre du général Friant, se disposent à dégager la place des Victoires; enfin elle parcourt les rues environnantes en criant : « Vive la réforme! à bas le système! à bas Guizot! » M. Maxime du Camp, qui passe par là, court au commandant dans lequel il reconnaît un riche agent de change, et lui demande où il va. « Je n'en sais rien, répond celui-ci; je viens de protéger la population contre les cuirassiers qui voulaient la sabrer; ce gouvernement nous rend la risée de l'Europe; je vais promener mes hommes à travers la ville, afin de donner l'exemple à la bourgeoisie; je suis tout prêt, si l'on veut, à aller arrêter Guizot pour le conduire à Vincennes. » La quatrième légion (quartier du Louvre) signe une pétition pour demander la mise en accusation du ministère, et entreprend de la porter en corps au Palais-Bourbon; arrêtée sur le quai par un bataillon fidèle de la dixième légion, elle remet sa pétition à quelques députés de la gauche accourus au-devant d'elle. La cinquième (quartier Bonne-Nouvelle et faubourg Saint-Denis) fait comme la seconde : elle empêche les gardes municipaux de charger l'émeute. La sixième (quartier du Temple) se prononce aussi pour la réforme. La septième (quartiers voisins de l'Hôtel de ville) somme le préfet de la Seine de faire savoir au Roi que, s'il ne cède pas à l'instant, « aucune force humaine ne pourra prévenir une collision entre la garde nationale et la troupe ». La dixième (faubourg Saint-Germain) est divisée : tandis qu'un bataillon, résolument conservateur, protège la Chambre, un autre, massé dans la rue Taranne, acclame la réforme et refuse d'obéir au colonel, qui, désespéré, s'éloigne en arrachant son hausse-col.

En somme, presque toutes les légions se sont prononcées contre le gouvernement. Sans doute, si l'on tient compte des gardes nationaux restés chez eux, les manifestants ne sont qu'une faible minorité; mais qu'importe? ils sont les seuls à se montrer, à crier, à agir. Sans doute aussi, parmi ces manifestants, la grande masse n'a pas conscience de ce qu'elle fait, et, au fond, elle aurait horreur et terreur d'une révolution; mais, encore une fois, qu'importe? son aveuglement ne rend sa conduite ni moins coupable ni moins funeste. L'effet en est immense, et du coup la situation est absolument changée. Cette émeute misérable, infime, décousue, sans chef, désavouée par les révolutionnaires eux-mêmes, devient importante et se sent enhardie, du moment où la garde nationale l'a prise sous sa protection. Par contre, l'armée, qui jusqu'ici a combattu tristement, mais sans hésitation, est désorientée, ébranlée. Dans le quartier Saint-Denis, au moment où la garde nationale commence à se montrer, un passant demande à un officier : « Est-ce que l'émeute est sérieuse? » L'officier lève les épaules, en signe d'ignorance. « Ah! dit-il, ce ne sont point les émeutiers que je redoute. — Eh! que redoutez-vous donc? — La garde nationale, qui, si cela continue, va s'amuser à nous tirer dans le dos. » Vers le même moment, sur la place de l'Odéon, deux détachements, l'un de soldats de ligne, l'autre de gardes nationaux, sont côte à côte. Les commandants se saluent. « Que ferez-vous, si une troupe de peuple se présente? demande l'officier de la garde nationale. — Je ferai comme vous, répond l'officier de ligne. — Mais, moi, je ne disperserai pas la colonne, je la laisserai passer. — Je ferai comme vous, répète l'officier de ligne; mes soldats feront ce que fera la garde nationale. »

Si fâcheux que soient l'encouragement donné aux factieux et le découragement jeté dans l'armée, la conduite de la garde nationale devait avoir une conséquence plus grave encore.

VI

Quand arrivent aux Tuileries les premières nouvelles de la défection de la garde nationale, on ne veut pas d'abord y croire. « C'est impossible, s'écrie le général Jacqueminot, c'est impossible; la garde nationale est fidèle, je la connais. » Mais les rapports se succèdent, de plus en plus positifs et alarmants. D'ailleurs, du palais lui-même, on entend les cris de la seconde légion massée sous les fenêtres du pavillon de Marsan, et l'on voit défiler sur le quai la quatrième légion portant sa pétition à la Chambre. Puis voici des amis connus, M. Horace Vernet, M. Besson, pair de France et colonel de la troisième légion, le général Friant, qui racontent *de visu* les scènes de la place des Victoires et comment les gardes nationaux ont croisé la baïonnette contre les cuirassiers. Cette fois, les plus optimistes sont atterrés. On avait toujours pensé que la garde nationale était le rempart de la monarchie, et l'on s'était habitué à le dire plus encore qu'on ne le pensait : du moment où elle passe à l'émeute, que devenir? M. de Montalivet, qui vient de parcourir Paris à la tête des gardes nationaux à cheval; M. Dupin, qui a tenu à rendre visite au Roi en se rendant à la Chambre, insistent avec émotion sur le péril de la situation. Plusieurs officiers de la garde nationale ont pénétré dans le château, dans un grand état d'effarement et d'exaltation, criant très haut qu'ils sont prêts à se faire tuer pour le Roi, mais que le ministère est en exécration : ils assurent que, si ce ministère est congédié, la garde nationale fera tout rentrer dans l'ordre.

Depuis longtemps, on le sait, le ministère avait, au sein de la cour, d'assez nombreux adversaires. Ces nouvelles leur servent d'arguments. « Pour un homme, disent-ils, faut-il exposer la monarchie à périr? » Ils trouvent un puissant auxiliaire dans la Reine. Il y a déjà plusieurs mois que, sous l'action des propos tenus autour d'elle, elle désire un changement de cabinet. L'agitation des dernières semaines, en augmentant ses inquiétudes, l'avait rendue plus impatiente encore de voir recourir au remède qu'elle croyait seul efficace. Vers le 15 février, elle avait fait appeler M. de Montalivet, lui avait manifesté les plus sombres pressentiments, et lui avait demandé de tenter un suprême effort pour déterminer le Roi à congédier M. Guizot. M. de Montalivet n'avait pas besoin d'être convaincu; mais, ayant déjà plusieurs fois échoué devant le parti pris de Louis-Philippe, il avait supplié la Reine de faire elle-même la démarche. « Eh bien, soit, avait-elle dit, je parlerai. » Toutefois, peu habituée à entretenir son époux des affaires politiques, elle avait différé de jour en jour l'exécution de son dessein. Enfin, le 23, terrifiée des nouvelles qu'on lui apporte sur la garde nationale, oubliant dans son trouble que ce qui eût pu être concédé avec honneur à un mouvement d'opinion, ne pouvait l'être à une émeute, elle accourt, éplorée, auprès du Roi, emploie toutes les ressources de sa tendresse à lui faire partager son émotion et ses inquiétudes, et le conjure de se séparer d'un cabinet dont la solidarité lui paraît mortelle pour la monarchie.

Tout à l'heure encore, Louis-Philippe eût éconduit celle qu'il aimait à appeler sa « bonne reine », en lui donnant affectueusement à entendre qu'elle se mêlait de choses qui n'étaient pas de sa compétence. Mais, depuis qu'il a su la trahison de la garde nationale, il est bien changé; rien ne subsiste plus de l'optimisme obstiné, ironique, avec lequel il recevait tous les alarmistes. Il est comme étourdi et affaissé sous le coup qui le frappe et auquel il ne s'attendait pas. Sans doute, il n'ignore pas que l'armée est toujours maîtresse de ses positions, que nulle part elle n'a été entamée par l'émeute, que sa supériorité de forces demeure évidente. Mais il se rend compte que, s'il veut continuer la lutte, il doit engager à fond les troupes, se débarrasser coûte que coûte de la garde nationale et donner l'ordre de tirer au besoin sur elle. Cette dernière perspective le fait frémir. On l'entend se répéter à lui-même : « J'ai vu assez de sang! » Ne lui affirme-t-on pas d'ailleurs, jusque dans son entourage le plus intime et le plus cher, que s'il consent à donner satisfaction aux vœux des gardes nationaux, l'ordre sera rétabli aussitôt, sans qu'aucune goutte de sang soit versée? C'est toucher une de ses cordes les plus sensibles, et j'ai déjà eu occasion de noter combien l'ancien élève de Mme de Genlis avait gardé vifs la sollicitude et le respect de la vie humaine [1]. Un tel sentiment faisait sans doute honneur à son cœur ; mais, dans le cas particulier, était-il bien raisonné? Les défaillances des souverains, par les conséquences qu'elles entraînent, ne coûtent-elles pas souvent beaucoup plus de sang que n'en feraient répandre les plus énergiques résistances? On peut indiquer encore une autre cause de l'hésitation qui se manifeste chez le Roi. Il semble avoir, sur son droit à se défendre par les armes, un doute qui ne se fût certes pas présenté à l'esprit d'un prince légitime, s'appuyant sur un titre antérieur et supérieur à toute désignation populaire. Au moment de réprimer par la force la sédition de la bourgeoisie parisienne, il s'arrête, anxieux, à la pensée qu'il a reçu la couronne de ses mains. Il n'ose pas faire violence à l'égarement passager de ceux dont il croit tenir son pouvoir. État d'esprit qui se traduira, après sa chute, dans un

---

[1] Par les conversations que le Roi a eues après sa chute, on voit combien cette préoccupation du sang versé a eu d'action sur lui. « On ne sait donc pas, disait-il à un de ses interlocuteurs, que tout le monde m'a dit : Si vous cédez, pas une goutte de sang français ne sera versée... On m'avait montré la guerre civile au moment d'éclater ; je n'ai pas voulu de la couronne au prix de la guerre civile! On m'avait dit : La garde nationale demande la réforme ; si on la lui refuse, le sang coulera ; non pas le sang des émeutiers quand même, des fauteurs de désordre, mais le sang du vrai peuple, le sang de la garde nationale, le sang des travailleurs et des honnêtes gens! A cette garde nationale, à ce peuple de travailleurs, donnez un ministère réformiste, et tout sera fini, tout. Il ne sera pas même tiré un coup de fusil. » (*Une visite au roi Louis-Philippe*, par Édouard LEMOINE.) Il ajoutait un autre jour : « J'ai détesté toute ma vie cette profonde iniquité qu'on nomme la guerre... Ce n'est pas pour rien que mes ennemis m'appelaient, en altérant la vérité comme toujours, le Roi de la paix à tout prix. J'ai surtout une horreur insurmontable pour la guerre civile. » (*Abdication du roi Louis-Philippe*, racontée par lui-même et recueillie par Édouard LEMOINE.) Causant avec le duc de Saxe-Cobourg, qui était venu le voir à Claremont, Louis-Philippe revenait volontiers sur cette idée, qu'il aurait pu triompher facilement de l'émeute ; mais, répétant sa phrase habituelle, il ajoutait : « J'ai vu assez de sang! » (*Aus meinem Leben und aus meiner Zeit*, von ERNST II, herzog von Sachsen-Coburg-Gotha, t. I, p. 184, 185.) Le Roi disait encore à M. Cuvillier-Fleury : « Contre une insurrection morale, il n'y avait ni à attaquer, ni à se défendre. »

entretien avec M. Duchâtel, par cette exclamation bien significative : « Est-ce que je pouvais faire tirer sur mes électeurs [1]? » Après tout, n'est-ce pas l'un des phénomènes de ce siècle, que la foi au droit monarchique semble n'être pas moins ébranlée dans le cœur des rois que dans celui des peuples? N'oublions pas enfin que Louis-Philippe avait alors soixante-quatorze ans : là même, à vrai dire, est la principale explication du trouble où le jette cette crise. Les vicissitudes de sa vie ont fini par user les énergies de son esprit et de sa volonté. Comme j'ai dû déjà le faire observer, dans l'obstination un peu infatuée avec laquelle il refusait naguère d'écouter aucun avertissement, il y avait, à y regarder de près, moins de fermeté que de sénilité; on ne pouvait s'étonner que cette même sénilité, sous l'empire d'autres circonstances, tournât en défaillance.

Louis-Philippe a écouté la Reine, sans prendre de parti; mais il est sorti de cet entretien, ému et ébranlé. Sur ces entrefaites, vers deux heures, M. Duchâtel arrive aux Tuileries; il a jugé convenable de venir voir le Roi, en se rendant à la Chambre. Ce n'est pas qu'il ait aucune inquiétude sur ses dispositions. Tout à l'heure encore, il était informé par le général Dumas, aide de camp de service auprès de Sa Majesté, qu'elle estimait le moment venu d'agir plus énergiquement; il avait répondu que c'était aussi son avis, et, depuis lors, divers mes-

---

[1] Louis-Philippe exprimera la même idée à M. Édouard Lemoine : « Me défendre, avec quoi? avec l'armée? Oh! je sais qu'elle eût bravement fait son devoir... Mais l'armée seule était prête, et ce n'était pas assez pour moi. La garde nationale, cette force sur laquelle j'étais si heureux de m'appuyer, la garde nationale de Paris, de cette ville qui, la première entre toutes, m'avait dit en 1830 : Prenez la couronne et sauvez-nous de la république! la garde nationale de Paris, pour laquelle j'ai toujours eu tant de bénévolence, ou s'abstenait, ou se prononçait contre moi. Et je me serais défendu! Non, je ne le pouvais pas! » (*Abdication du roi Louis-Philippe*, racontée par lui-même et recueillie par Édouard LEMOINE.) A la même époque, causant des journées révolutionnaires traversées en 1848 par le gouvernement républicain, notamment de l'invasion manquée de la Chambre le 15 mai, et de la sanglante bataille de juin, Louis-Philippe était amené à parler de ceux qui lui reprochaient d'avoir reculé, en février, devant la répression. « Le 15 mai, disait-il, leur donne raison; mais les journées de Juin me donnent raison à moi-même; il n'y a que les gouvernements anonymes qui puissent faire ces choses-là! »

sages avaient été échangés entre le château et le ministère de l'intérieur, toujours dans le même ordre d'idées. Aussitôt entré dans le cabinet du Roi, M. Duchâtel est interrogé sur la situation [1]. Il répond que l'affaire est plus sérieuse que la veille et l'horizon plus chargé, mais qu'avec de l'énergie dans la résistance, on s'en tirera. « C'est aussi mon sentiment », dit le Roi; il ajoute « qu'on lui donne, de tous côtés, le conseil de terminer la crise en changeant le cabinet, mais qu'il ne veut pas s'y prêter ». « Le Roi sait bien, réplique alors M. Duchâtel, que, pour ma part, je ne tiens pas à garder le pouvoir, et que je ne ferais pas un grand sacrifice en y renonçant; mais les concessions arrachées par la violence à tous les pouvoirs légaux ne sont pas un moyen de salut; une première défaite en amènerait bientôt une nouvelle; il n'y a pas eu loin, dans la révolution, du 20 juin au 10 août, et, aujourd'hui, les choses marchent plus vite que dans ce temps-là; les événements vont à la vapeur, comme les voyageurs. — Je crois comme vous, dit le Roi, qu'il faut tenir bon; mais causez un moment avec la Reine; elle est très effrayée; je désire que vous lui parliez. » La Reine, aussitôt appelée, entre dans le cabinet, suivie du duc de Montpensier; elle est sous l'empire d'une vive excitation. « Monsieur Duchâtel, dit-elle, je connais le dévouement de M. Guizot pour le Roi et la France; s'il le consulte, il ne restera pas un instant de plus au pouvoir; il perd le Roi! — Madame, répond le ministre surpris et ému d'une telle sortie, M. Guizot, comme tous ses collègues, est prêt à se dévouer pour le Roi, jusqu'à la dernière goutte de son sang; mais il n'a pas la prétention de s'imposer au Roi malgré lui. Le Roi est le maître de donner ou de retirer sa confiance, selon qu'il le juge convenable pour les intérêts de sa couronne. » Les paroles de la Reine, le ton dont elle les a

---

[1] Pour les importantes conversations qui vont suivre et qui ont amené la retraite du cabinet, je me suis attaché au récit qu'en a fait M. Duchâtel dans la note qu'il a écrite à la demande de M. Guizot, et dont j'ai eu communication. M. Guizot a, du reste, reproduit presque entièrement, dans ses *Mémoires*, le récit de son collègue.

prononcées, l'émotion dont tous ses traits portent l'empreinte, ont visiblement fait un grand effet sur le Roi ; mais, en même temps, la solution à laquelle elle pousse, l'effraye. Il se tourne vers elle : « Ne parle pas ainsi, ma chère amie, lui dit-il ; si M. Guizot le savait ! — Je ne demande pas mieux qu'il le sache, s'écrie impétueusement la Reine ; je le lui dirai à lui-même ; je l'estime assez pour cela ; il est homme d'honneur et me comprendra. » Le duc de Montpensier se prononce dans le même sens, plus froidement, bien que d'une manière non moins arrêtée. M. Duchâtel fait observer qu'il ne pourra pas ne pas communiquer à M. Guizot ce qu'il vient d'entendre. Le Roi est devenu de plus en plus soucieux. « Il y aurait peut-être lieu, dit-il, de convoquer sur-le-champ le conseil. » M. Duchâtel répond que la Chambre est assemblée, qu'elle ne peut rester sans ministre, et que le Roi ferait mieux de causer d'abord avec M. Guizot. « Vous avez raison, conclut Louis-Philippe ; allez trouver M. Guizot, sans perdre un instant, et amenez-le-moi. »

M. Duchâtel court à la Chambre, qui est réunie depuis peu de temps, mais dont l'agitation ne permet aucune délibération. Il prévient M. Guizot qui sort précipitamment de la salle, le fait monter dans sa voiture, et, pendant le court trajet du Palais-Bourbon aux Tuileries, le met au courant de ce qui vient de se passer. Les deux ministres tombent aussitôt d'accord qu'ils doivent se montrer prêts à poursuivre leur tâche, mais que, dans l'état de la Chambre et du pays, ils ne peuvent le faire, s'ils ne sont pas assurés de l'appui résolu de la couronne ; quant à « imposer aujourd'hui au Roi chancelant le maintien du cabinet ébranlé », ce serait, à leur avis, œuvre vaine et dangereuse, car ils n'obtiendraient pas ensuite de lui les mesures nécessaires à la résistance ; leur conclusion est donc de « laisser la royauté choisir librement dans son hésitation, sans aggraver les conditions des deux conduites entre lesquelles elle a à se prononcer ».

Il est environ deux heures et demie quand M. Guizot et M. Duchâtel entrent dans le cabinet du Roi, qui a auprès de lui la Reine, le duc de Nemours et le duc de Montpensier. Le Roi expose la situation, s'appesantit sur la gravité des circonstances, parle beaucoup de son désir de garder le ministère, dit qu'il aimerait mieux abdiquer que s'en séparer. « Tu ne peux pas dire cela, mon ami, interrompt la Reine ; tu te dois à la France ; tu ne t'appartiens pas. — C'est vrai, reprend le Roi, je suis plus malheureux que les ministres ; je ne puis pas donner ma démission. » A ce préambule, les ministres croient voir que la résolution du Roi est prise de se séparer d'eux. M. Guizot, qui jusqu'ici l'a écouté en silence, prend alors la parole : « C'est à Votre Majesté, dit-il, à prononcer : le cabinet est prêt ou à défendre jusqu'au bout le Roi et la politique conservatrice qui est la nôtre, ou à accepter sans plainte le parti que le Roi prendrait d'appeler d'autres hommes au pouvoir. Il n'y a point d'illusion à se faire, Sire ; une telle question est résolue par cela seul que, dans un tel moment, elle est posée. Aujourd'hui plus que jamais, le cabinet, pour soutenir la lutte avec chance de succès, a besoin de l'appui décidé du Roi. Dès qu'on saurait dans le public, comme cela serait inévitable, que le Roi hésite, le cabinet perdrait toute force morale et serait hors d'état d'accomplir sa tâche. » Sur ces mots, le Roi laisse de côté toute précaution de langage, et, considérant la question comme tranchée : « C'est avec un bien amer regret, dit-il, que je me sépare de vous ; mais la nécessité et le salut de la monarchie exigent ce sacrifice. Ma volonté cède ; je vais perdre beaucoup de terrain ; il me faudra du temps pour le regagner. » Le Roi indique son intention d'appeler M. Molé, auquel les ministres ne font aucune objection ; puis il leur fait ses adieux, en les embrassant avec larmes. « Vous serez toujours les amis du Roi, dit la Reine ; vous le soutiendrez. — Nous ne ferons que de la résistance au petit pied et sur le second plan, ajoute le duc de Nemours, mais, sur ce terrain, nous comptons retrouver votre appui. » En présence de la rupture accomplie, le trouble et la tristesse de Louis-Philippe augmentent encore. Tendant une dernière fois la main à ceux dont il se sépare, il leur dit avec un accent particulier d'amertume : « Vous êtes plus heureux que moi, vous autres [1] ! »

Cependant la Chambre, intriguée du départ subit de M. Guizot, était de plus en plus agitée. Un député de Paris, M. Vavin, veut interpeller le ministère sur la convocation tardive de la garde nationale. M. Hébert demande qu'on attende le retour du président du conseil. Une demi-heure se passe. Voici enfin M. Guizot : sa figure est pâle et contractée. M. Vavin reprend la parole et indique brièvement l'objet de son interpellation. M. Guizot se lève, gagne lentement la tribune, et avec une gravité triste et fière : « Messieurs, dit-il, je crois qu'il ne serait ni conforme à l'intérêt public, ni à propos pour la Chambre, d'entrer, en ce moment, dans aucun débat sur ces interpellations. » L'opposition, qui croit que le ministre se dérobe, éclate en murmures. M. Guizot, impassible, répète mot pour mot ce qu'il vient de dire, puis ajoute : « Le Roi vient de faire appeler M. le comte Molé, pour le charger... » Des bancs de la gauche partent des applaudissements de triomphe, que M. Odilon Barrot, qui en sent l'inconvenance, tâche d'arrêter. « L'interruption qui vient de s'élever, reprend M. Guizot toujours du même ton, ne me fera rien ajouter ni retrancher à mes paroles. Le Roi vient d'appeler M. le comte Molé, pour le charger de former un nouveau cabinet. Tant que le cabinet actuel sera chargé des affaires, il maintiendra ou rétablira l'ordre, et fera respecter les lois selon sa conscience, comme il l'a fait jusqu'à présent. »

A peine M. Guizot est-il descendu de la tribune que, des bancs de la majorité, les députés se précipitent vers les mi-

---

[1] Comme je l'ai dit plus haut, je n'ai, sur cette conversation, que le récit de M. Duchâtel, confirmé par M. Guizot ; je n'ai pas celui de Louis-Philippe. Toutefois je dois faire connaître ce qu'on a parfois donné à entendre pour décharger le Roi. On a dit que, tout en étant fort ébranlé, il n'avait pas encore exprimé positivement sa volonté, qu'il avait seulement posé la question, quand M. Guizot déclara précipitamment, d'un ton très raide et comme s'il saisissait une occasion cherchée, « qu'une telle question était résolue par cela seul qu'elle était posée » Dans cette version, M. Guizot aurait prononcé, le premier, la parole de rupture ; le Roi n'aurait fait que suivre. Je ne puis qu'indiquer cette façon de présenter les choses. En l'absence de témoignages formels, je dois m'en tenir au compte rendu si précis des deux anciens ministres.

nistres, la colère dans les yeux, l'injure à la bouche; ils croient que c'est le cabinet qui a déserté son poste. « C'est indigne! s'écrient-ils. C'est une lâcheté! On nous trahit! » Un simple mot arrête le torrent : « Et qui vous dit que ce soient les ministres qui abandonnent le Roi? » Les députés comprennent. Les uns, stupéfaits, regagnent leurs bancs, la tête basse. Les autres tournent contre le Roi l'indignation qu'ils exprimaient contre les ministres. « Aux Tuileries! » s'écrient-ils, et plusieurs d'entre eux quittent précipitamment la salle. M. Calmon, l'ancien directeur général de l'enregistrement, dit à son voisin M. Muret de Bord, ami de M. Guizot, en lui frappant sur l'épaule : « Citoyen Muret de Bord, dites à la citoyenne Muret de Bord de préparer ses paquets; la république ne vous aimera pas. » Du côté de l'opposition, si la masse triomphe avec une joie grossière, quelques-uns sont soucieux. « Je désirais vivement la chute du cabinet, dit M. Jules de Lasteyrie à M. Duchâtel; mais j'aurais mieux aimé vous voir rester dix ans de plus que sortir par cette porte. » M. de Rémusat, camarade de collège de M. Dumon, cause avec lui du nouveau ministère dont il s'attend à faire partie; il se montre inquiet. « C'eût été bien facile, dit-il, si nous étions arrivés par un mouvement de la Chambre; mais qui peut mesurer les conséquences d'un mouvement dans la rue? » Quant à M. Thiers, il se fait raconter complètement par M. Duchâtel ce qui s'est passé. « Ah! reprend-il avec une sorte de joie contenue, il a eu peur. »

Bientôt connue aux Tuileries, l'émotion de la Chambre ne laisse pas que d'augmenter le trouble et la tristesse du Roi. A-t-il eu raison de céder aux instances des siens? Il a des regrets, tout au moins des doutes. Aussi bien personne ne veut-il paraître avoir conseillé cette mesure. Le duc de Nemours, qui n'a été pour rien dans la chute du cabinet, rencontrant M. de Montalivet à l'état-major, lui dit : « Eh bien, mon cher comte, vous devez être content; M. Guizot n'est plus ministre! — Bien loin de là, Monseigneur, reprend vivement M. de Montalivet, je m'en afflige profondément. C'est trop tard ou trop tôt. On ne change pas un général au milieu d'une bataille ! »

A quatre heures, M. Guizot et ses collègues se réunissent, pour la dernière fois, chez le Roi, afin de prendre congé de lui. Louis-Philippe commence par se plaindre, avec un peu d'amertume, qu'on fasse retomber sur lui seul toute la responsabilité du changement de cabinet. « Il y a à cela, dit-il, quelque injustice; j'ai pensé, sans doute à mon grand regret, que l'intérêt de la monarchie exigeait ce changement; mais M. Guizot et M. Duchâtel ont partagé mon avis. » M. Guizot répond que M. Duchâtel et lui étaient prêts à soutenir jusqu'au bout la politique de résistance, qu'ils se sont mis à l'entière disposition du Roi, qu'ils ont seulement ajouté que poser dans les circonstances actuelles la question de la retraite du cabinet, c'était la résoudre. MM. de Salvandy, Hébert et Jayr expriment leurs regrets et leur désapprobation de la décision prise. La conversation devient alors un peu pénible, et, quand on se sépare, il y a de part et d'autre quelque contrainte.

Les ministres étaient fondés à rappeler que leur retraite était l'œuvre de Louis-Philippe[1]. Est-ce à dire qu'ils soient absolument dégagés de toute responsabilité? Ne peut-on pas regretter que M. Guizot et M. Duchâtel aient pris si vite le Roi au mot, qu'ils ne l'aient nullement aidé à se relever d'une défaillance qui pouvait être passagère? Quelques-uns de leurs collègues, entre autres M. Hébert et M. de Salvandy, leur ont reproché, non sans raison, de s'être décidés et surtout d'avoir fait connaître leur décision à la Chambre, sans avoir consulté préalablement les autres membres du cabinet. M. Guizot et M. Duchâtel

---

[1] Au lendemain même de la révolution de Février, M. Capefigue publia un livre où il présentait M. Guizot et ses collègues comme ayant abandonné le Roi, le 23 février. M. Hébert voulut protester et en écrivit à M. Guizot. Celui-ci lui répondit, le 12 avril 1849, en l'engageant, en son nom et au nom de M. Duchâtel qu'il avait consulté, à garder le silence. « Ce serait, disait-il, un spectacle déplorable, que de nous voir, tous dans le malheur et naguère dans l'exil, rejeter officiellement les fautes sur le Roi, le plus malheureux de tous et aujourd'hui le seul exilé... Non seulement l'histoire saura et dira sur tout ceci la vérité, mais la plus grande, de beaucoup la plus grande partie du public la sait et l'a dite déjà... » (*Documents inédits*.)

n'eussent pas compromis leur dignité ni ne se seraient fait soupçonner d'un attachement excessif au pouvoir, en appelant l'attention du prince sur les inconvénients d'une capitulation devant l'émeute et en demandant que leur retraite fût ajournée jusqu'après le rétablissement de l'ordre matériel. L'idée ne paraît pas leur en être venue. Peut-être M. Duchâtel, qui depuis longtemps désirait s'en aller, a-t-il mis quelque empressement à saisir l'occasion offerte. Quant à M. Guizot, il a vu sans doute tout de suite les choses sous le jour où M. Duchâtel les lui a montrées, dans leur rapide conversation entre le Palais-Bourbon et les Tuileries. D'ailleurs, comme cela ressort de l'entretien qu'il avait eu avec le Roi à la veille de la session [1], le président du conseil se préoccupait vivement, depuis quelque temps, de la cabale de cour formée contre le cabinet, et il était convaincu que le gouvernement deviendrait impossible pour lui du moment où le Roi se laisserait influencer par cette cabale. Ajoutons que ni le président du conseil, ni le ministre de l'intérieur, n'avaient alors la moindre pensée que la sédition mît sérieusement en péril l'existence de la monarchie. Peu après, à Rome, M. Rossi, causant de cet événement avec le prince Albert de Broglie, lui disait : « Votre père eût quitté trois mois plus tôt. Casimir Périer n'eût pas quitté du tout. »

En tout cas, sur ce changement de cabinet opéré en pleine émeute, il ne saurait y avoir deux manières de voir. Qu'à telle ou telle époque antérieure, le Roi eût mieux fait de se séparer de M. Guizot, c'est une opinion qui peut se soutenir par des raisons très sérieuses : on comprend une politique qui eût cherché à prévenir la crise par quelque concession. Mais résister obstinément et à outrance, frapper solennellement l'opposition du blâme contenu dans le discours du trône et dans l'adresse, refuser jusqu'au bout toute promesse de réforme, interdire le banquet, mettre en mouvement l'armée pour réprimer le désordre, engager le combat, et puis subitement, parce que la garde nationale a trahi, abandonner tout ce qu'on

---

[1] Voir plus haut, chap. vi, § I.

a refusé jusqu'alors, capituler sur les hommes et sur les choses, voilà qui ne saurait s'expliquer que par une lamentable défaillance. Tout ce qui va suivre — audace grandie de l'attaque, désorganisation et impuissance de la défense, impossibilité de trouver un point d'arrêt — ne sera que la suite fatale de cette première défaillance. Le signal est donné d'un immense *lâchez tout,* après lequel il n'y aura plus moyen de rien retenir. A vrai dire, l'histoire de la monarchie de Juillet pourrait se terminer ici : la révolution a cause gagnée.

VII

Du moment où l'on a pris le parti de la capitulation, au moins faudrait-il tâcher d'en recueillir les bénéfices. Pour cela, la première condition serait de procéder franchement et vivement, sans arrière-pensée ni marchandage, et de s'avancer tout de suite jusqu'au point où l'on a chance de frapper l'imagination populaire, de satisfaire ceux qu'on vise à désarmer. Telle ne paraît pas être la disposition du Roi. Regrettant au fond ce qu'il a fait, il n'a qu'une préoccupation : restreindre ses concessions, s'arrêter le plus près possible du terrain qu'il est triste d'avoir quitté. C'est dans ce dessein qu'au lieu d'appeler M. Thiers, il a voulu tenter d'abord une combinaison avec M. Molé.

Ce dernier était à la Chambre des pairs, tandis que le Roi le faisait chercher à son hôtel ; prévenu tardivement, il n'arrive aux Tuileries qu'un peu après quatre heures [1]. Louis-Philippe commence par lui exposer les faits, en atténuant la part qu'il

[1] Pour la conversation qui va suivre, j'ai eu sous les yeux un récit recueilli par M. Duvergier de Hauranne de la bouche de M. Molé. J'ai déjà eu occasion de noter cette obligation où l'on est, pour tous les entretiens avec le Roi, de s'en rapporter uniquement au témoignage de ses interlocuteurs, sans pouvoir contrôler leur version par celle du Roi lui-même. Je ne mets aucunement en doute la bonne foi de ces interlocuteurs ; mais il serait possible que certains propos apparussent avec une physionomie un peu différente, racontés par l'autre partie.

a prise au renvoi du ministère. « Maintenant, ajoute-t-il, c'est sur vous que je compte pour former un cabinet. — Sire, répond M. Molé, je remercie le Roi de sa confiance ; mais, au point où en sont les choses, je ne puis rien. Il faut reconnaître que les banquets l'emportent. C'est à ceux qui ont fait les banquets à maîtriser le mouvement. Le seul conseil que je puisse donner au Roi, c'est d'appeler MM. Barrot et Thiers. — Appeler M. Thiers ! Qu'est-ce que dira l'Europe ? — Eh ! Sire, ce n'est pas à l'Europe qu'il faut penser en ce moment. La maison brûle. Il s'agit d'appeler ceux qui peuvent éteindre le feu. — Oui, mais pourquoi M. Thiers ? M. Thiers n'a pas assisté aux banquets plus que vous. — Il les a défendus, et ses amis les ont organisés. — Laissez là M. Thiers, et dites-moi comment vous composeriez un cabinet. » Pressé par le Roi, M. Molé indique MM. Dufaure, Passy, Billault. Le nom de Bugeaud se trouvant jeté dans la conversation au sujet du ministère de la guerre, le Roi laisse voir quelque répugnance ; il craint que le caractère dominant et peu traitable du maréchal n'enlève à lui et à ses fils toute action sur les nominations militaires. Enfin M. Molé quitte les Tuileries, en promettant de voir ses amis et d'essayer de constituer un cabinet.

Avant même que M. Molé ait vu le Roi, des gardes nationaux à cheval, expédiés par M. de Montalivet, et beaucoup d'autres messagers volontaires, se sont répandus dans les rues pour annoncer le changement de cabinet. Au premier abord, dans les quartiers riches, les gardes nationaux sont flattés de l'avoir emporté ; ils s'imaginent que tout est fini, et qu'ils n'ont qu'à rentrer chez eux. Mais bientôt des objections s'élèvent : le nom de M. Molé est déclaré insuffisant ; on fait remarquer qu'il n'y a eu encore aucun acte précis donnant quelque garantie, et que le Roi pourrait bien avoir voulu se jouer du peuple. La conclusion est qu'il faut exiger davantage. N'y est-on pas encouragé par le premier succès obtenu ? Ces sentiments se manifestent avec plus de force encore dans les quartiers démocratiques. Les républicains, les hommes des sociétés secrètes, qui commencent à entrevoir des chances auxquelles ils n'avaient pas cru jusqu'ici, travaillent activement à aviver les méfiances et à entretenir l'agitation. Malgré tout, sauf sur quelques points où la plèbe s'acharne avec férocité contre des postes isolés de gardes municipaux, il s'est produit une sorte de suspension d'armes. Mais, entre les deux camps demeurés en présence, quel contraste! Les émeutiers ont des allures de vainqueurs; ils pénètrent dans les casernes, sous les yeux des soldats qui n'osent s'y opposer, et délivrent les prisonniers faits dans la journée. Les troupes, au contraire, sont fatiguées, tristes, mal à l'aise, sentant moins que jamais au-dessus d'elles une impulsion forte et une direction nette, ne sachant plus si la consigne est de résister ou de lâcher tout. Cette démoralisation de l'armée est un des grands dangers de l'heure actuelle. Le remède ne peut venir des ministres démissionnaires, demeurés nominalement à leur poste. En réalité, toute initiative leur est interdite. Jusqu'à ce que le nouveau cabinet soit constitué et installé, l'émeute n'a plus aucun gouvernement en face d'elle.

M. Molé est-il suffisamment convaincu de la nécessité d'aller vite? Il semble conduire ses négociations comme il ferait en temps normal. En sortant de chez le Roi, vers cinq heures, il a mandé chez lui MM. Dufaure, Passy, Billault. Leur avis a été qu'on ne pouvait rien faire si l'on n'était pas assuré de l'appui de M. Thiers. Un temps précieux est dépensé pour s'informer des dispositions de cet homme d'État. Les premières démarches n'ayant pas abouti, M. Molé se décide, après dîner, à aller lui-même place Saint-Georges. Il trouve M. Thiers fort entouré et en train d'échanger, à travers les grilles de son hôtel, des poignées de main avec la foule qui l'acclame. Il lui demande si le ministère en voie de formation pourrait compter sur sa bienveillance [1]. M. Thiers ne la refuse pas, mais en indique les conditions. D'abord la réforme élec-

---

[1] Sur la conversation de M. Molé et de M. Thiers, j'ai sous les yeux deux récits recueillis par M. Duvergier de Hauranne de la bouche des deux interlocuteurs. Ils ne concordent pas sur tous les points. J'ai tâché d'en dégager les parties essentielles sur lesquelles le doute ne m'a pas paru possible.

torale et la réforme parlementaire. — M. Molé ne fait pas
d'objection. — La dissolution. — « Ah! pour cela, répond
M. Molé, c'est impossible. Je vois ce que c'est : vous voulez
que je gouverne pour vous. — Et quand je le voudrais,
réplique son interlocuteur, est-ce que ce n'est pas la conséquence des derniers événements? » Il est manifeste que
M. Thiers se croit maître de la situation, et qu'il ne laisse à
M. Molé qu'un rôle assez subalterne : celui-ci s'en aperçoit et
en est mortifié. Toutefois, en terminant, M. Thiers daigne lui
donner à entendre que l'opposition ne refusera peut-être pas
de prendre envers lui quelques engagements pour le lendemain de la dissolution. Encore, en donnant cette espérance,
s'avance-t-il beaucoup : en effet, à ce même moment, il y
a réunion nombreuse chez M. Odilon Barrot; M. Duvergier
de Hauranne, qui essaye d'y dire quelques mots en faveur du
ministère Molé, présenté comme une combinaison transitoire,
ne parvient pas à se faire écouter, et il est décidé, à la presque
unanimité, qu'on ne saurait se contenter d'une semblable
solution.

Cependant, aux Tuileries, on s'étonne de ne pas entendre
parler de M. Molé. Chaque heure qui passe fait sentir plus
vivement le danger de cet interrègne. A défaut du ministère,
dont l'enfantement paraît devoir être pénible, n'y aurait-il
pas moyen de satisfaire au besoin le plus urgent, en constituant
tout de suite un commandement militaire assez fort et assez
considérable pour agir et s'imposer par lui seul? N'a-t-on pas
sous la main l'homme d'un tel rôle, le maréchal Bugeaud?
Mais si l'on n'osait pas le prendre naguère quand on faisait de
la résistance, l'osera-t-on maintenant qu'on est entré dans la
voie des concessions? Quant à lui, il persiste à s'offrir. Dans la
journée, avant la démission de M. Guizot et de ses collègues,
il était venu trouver à la Chambre l'un des ministres, M. Jayr,
pour lui exprimer son étonnement qu'on n'eût pas encore
donné suite au projet de lui confier le commandement, et
pour l'avertir que la situation s'était singulièrement aggravée.
« Le temps presse, ajoutait-il; je suis un excellent médecin,

mais pas au point de sauver les moribonds. » Quand les ministres se sont réunis, peu après, chez le Roi, pour lui remettre leurs portefeuilles, ils lui ont fait part de la démarche du duc d'Isly; Louis-Philippe s'est borné à répondre qu'il y penserait. A cinq heures, le maréchal se rend de sa personne aux Tuileries et a une conversation avec le Roi. Celui-ci est-il enfin convaincu? Il mande MM. Guizot et Duchâtel, leur annonce son désir de donner le commandement général au maréchal Bugeaud et les prie d'y préparer les généraux Sébastiani et Jacqueminot. Les ministres remplissent leur mission; mais, en revenant, ils trouvent le Roi de nouveau hésitant et disposé à attendre l'avis du nouveau cabinet. Quel est le secret de ces tergiversations? Est-ce l'influence du duc de Montpensier, très opposé, en effet, à la nomination du maréchal? N'est-ce pas surtout l'âge du Roi qui, décidément, n'a plus la force physique et morale nécessaire pour dominer une telle crise? Il n'est pas jusqu'au regret de la faute qu'il a commise en changeant son ministère, qui ne contribue à abattre son courage et à lui ôter sa présence d'esprit. Ce regret l'obsède et l'accable. Vers huit heures et demie ou neuf heures du soir, M. Jayr, lui ayant apporté plusieurs ordonnances à signer, en profite pour insister longuement et fortement sur la nécessité de constituer tout de suite le commandement militaire. Louis-Philippe l'écoute sans l'interrompre, puis, après quelques instants de silence, suivant la pensée intérieure, pensée amère et douloureuse, qui évidemment l'a seule occupé pendant que le ministre lui parlait d'un tout autre sujet : « Et quand je songe, dit-il, que cette résolution a été prise et exécutée en un quart d'heure! » M. Jayr n'obtient pas d'autre réponse. Le maréchal Bugeaud, qui a été retenu à dîner au château, finit par se lasser d'attendre; il quitte les Tuileries, en disant avec colère à son aide de camp, le commandant Trochu : « On a peur de moi; je les inquiète; je ne puis plus être employé; allons-nous-en! »

Pendant ce temps, dans la ville qui ne sent aucune autorité au-dessus d'elle, l'effervescence est loin de se calmer. La nuit venue, des bandes circulent, criant, chantant, portant des torches et des lanternes de papier. L'idée leur est venue d'exiger l'illumination des fenêtres, et les habitants, entraînés ou intimidés, obéissent. Le spectacle de cet embrasement général a attiré beaucoup de curieux dans les rues. Vers huit heures et demie, une bande plus nombreuse que les autres s'est formée du côté de la Bastille et s'est engouffrée dans les boulevards : en tête, quelques officiers de la garde nationale, dont l'un porte l'épée nue; puis un pêle-mêle de gardes nationaux, de bourgeois, d'ouvriers, ces derniers en grande majorité; parmi eux, quelques figures menaçantes et sinistres; des drapeaux flottent au-dessus de la masse; sur les flancs, des gamins agitent des torches. Cette foule avance en chantant la *Marseillaise*, et grossit à chaque pas. En plusieurs points, elle rencontre, stationnant sur les boulevards, des régiments de ligne, de cavalerie ou d'artillerie qui la laissent passer. A la rue Lepelletier, elle se détourne un instant pour se faire haranguer aux bureaux du *National*, puis reprend sa marche vers la Madeleine. Mais voici qu'arrivée au boulevard des Capucines, — il était alors environ neuf heures et demie du soir, — elle voit, devant elle, la chaussée complètement occupée par un bataillon du 14e de ligne, derrière lequel on aperçoit les casques d'un détachement de dragons. Cette mesure a été prise pour défendre les abords du ministère des affaires étrangères qui, depuis la veille, a été plusieurs fois menacé par l'émeute. La circulation se fait à droite par la rue Basse-du-Rempart, à gauche par la rue Neuve-Saint-Augustin. Pour éviter tout risque de contact trop direct entre le peuple et la troupe de ligne, on avait pris soin de placer devant celle-ci un bataillon de la garde nationale; mais, par une fatale malechance, ce bataillon a quitté ses positions quelques instants avant l'arrivée des manifestants, pour aller protéger le ministère de la justice. Les hommes qui sont au premier rang de la foule viennent donc se buter à la ligne immobile des soldats; pressés par ceux qui arrivent derrière eux, ils requièrent impérieusement qu'on leur livre passage. Le lieutenant-colonel leur répond avec douceur, en alléguant les ordres qu'il a reçus : « Mes enfants, leur dit-il, je suis soldat, je dois obéir ; j'ai reçu la consigne de ne laisser passer personne, et vous ne passerez pas. Si vous voulez aller plus loin, prenez la rue Basse-du-Rempart. » Et comme la foule criait : Vive la ligne ! « Je suis très touché de votre sympathie, reprend-il, mais je dois faire exécuter les ordres supérieurs ; je ne puis vous laisser passer. » Cependant la poussée venant de la queue devient de plus en plus forte. Des trottoirs, les curieux crient : « Ils passeront, ils ne passeront pas ! » Des clameurs confuses s'élèvent de la bande : « A bas Guizot! Vive la réforme! Vive la ligne! Illuminez! » Le tumulte est au comble. Le lieutenant-colonel, insulté, menacé, voyant sa troupe sur le point d'être forcée, rentre dans les rangs et ordonne de croiser la baïonnette. A ce moment, un coup de feu part ; quelques autres suivent ; puis, sans qu'aucun ordre ait été donné, tous les soldats, qui se croient attaqués, déchargent leurs fusils sur la foule. Celle-ci s'enfuit, en poussant un cri d'horreur et d'effroi. En même temps, par un phénomène étrange, les soldats sont pris aussi de panique ; malgré le lieutenant-colonel qui leur crie : « 14ᵉ de ligne, vous vous déshonorez », ils se précipitent en désordre dans toutes les rues adjacentes ; les dragons détalent à fond de train du côté de la Madeleine. La chaussée reste déserte, jonchée de lanternes, de torches, de drapeaux, de chapeaux, de cannes, de parapluies, d'armes diverses, et, au milieu de mares de sang, gisent une cinquantaine de morts ou de blessés. Ce n'est qu'au bout de quelques instants que les soldats, ayant retrouvé leurs esprits, reviennent honteux à leur poste, et que, du côté de la foule, plusieurs personnes se hasardent à secourir les victimes.

Comment expliquer cette catastrophe? D'où était parti le premier coup de feu, devenu le signal d'une décharge générale? Sur le moment on ne l'a pas su, et ce mystère a donné naissance à beaucoup de suppositions. Les uns ont cru que le coup venait du côté de la foule et en ont donné pour preuve qu'un soldat figurait parmi les morts : on a même précisé et dit que l'auteur volontaire du coup était un certain Lagrange, cerveau brûlé du parti démagogique, qui aurait cherché par là à rendre toute pacification impossible ; le « coup de pistolet de Lagrange » est même devenu l'une des légendes des journées de Février ; je dis légende, car il paraît qu'à cette même heure Lagrange était au Gros-Caillou. D'autres ont raconté que le coup avait été tiré, dans un dessein analogue, par les agents du prince Napoléon, fils du roi Jérôme, si ce n'est par le prince lui-même. Bien qu'on ait été, paraît-il, jusqu'à se vanter de quelque chose de ce genre dans certains milieux bonapartistes, cette version ne me satisfait pas plus que la première. Le prince Napoléon a pu, le 23 et le 24 février, faire montre de zèle révolutionnaire, probablement pour remercier Louis-Philippe de l'accueil bienveillant qui venait d'être fait aux sollicitations de son père et aux siennes ; mais aucune preuve n'a été apportée qu'il ait joué un rôle dans cet événement. D'après une explication plus simple et par cela seul plus plausible, le coup de feu aurait été tiré par un sergent du 14ᵉ. Ce sergent, nommé Giacomoni, Corse d'origine, avait un dévouement passionné pour son lieutenant-colonel. Voyant ce dernier insulté et menacé par une sorte d'énergumène qui faisait le geste de le frapper au visage avec une torche, il avait une première fois ajusté l'insulteur : un capitaine releva vivement son fusil. « Êtes-vous fou ? lui demanda-t-il, qu'est-ce que vous faites ? — Puisqu'on veut faire du mal au lieutenant-colonel, répondit Giacomoni, je dois le défendre, n'est-il pas vrai ? — Restez tranquille », reprit l'officier. A trois ou quatre reprises, la même scène se renouvela. A la fin, devant une agression plus menaçante du porteur de torche, Giacomoni n'y tint pas et lâcha son coup [1].

Il a été d'opinion courante, dans un certain milieu, de considérer la scène du boulevard des Capucines comme la crise décisive des journées de Février ; on a soutenu que tout aurait

---

[1] J'emprunte ce récit aux *Souvenirs de l'année 1848*, par M. Maxime DU CAMP. L'auteur s'est trouvé, après plusieurs années, en rapport avec Giacomoni, et a recueilli ses confidences.

bien fini sans ce malheur, et que la monarchie avait été mortellement atteinte par ce coup de feu. C'est la tendance habituelle du vulgaire de chercher dans des accidents fortuits la cause des grands événements; en simplifiant ainsi l'histoire, il la met mieux à sa portée; de plus, il trouve parfois son compte à décharger les responsabilités humaines pour charger le hasard. Rien n'est moins justifié dans le cas particulier. On sait en effet combien, avant ce lugubre épisode, la situation était déjà compromise; les choses en étaient à un point où, si cet accident avait été évité, il en serait survenu un autre qui eût produit le même effet. J'ai garde de nier cependant que cet effet n'ait été considérable et qu'il n'ait contribué à précipiter la révolution.

Aussitôt le premier moment de terreur passé, la foule est revenue sur le boulevard. Croyant à un guet-apens, sa colère est extrême. Vainement la troupe, stupéfaite et atterrée, témoigne-t-elle ses regrets; vainement le lieutenant-colonel envoie-t-il au peuple un de ses officiers pour lui expliquer que tout a été le résultat d'un « horrible malentendu »; on ne veut rien écouter, et le courageux messager est sur le point d'être écharpé. Les hommes des sociétés secrètes ont d'ailleurs compris tout de suite le parti à tirer de ce que l'un d'eux n'a pas craint d'appeler une « bonne aubaine »; ils s'appliquent à échauffer et à exploiter cette colère et surtout à la propager dans la ville entière. Un fourgon qui passe là, conduisant des émigrants au chemin de fer de Rouen, est arrêté, déchargé; on y entasse seize cadavres, et le lugubre convoi se met en route dans la direction de la Bastille. Des ouvriers, debout sur les rebords de la voiture, agitent leurs torches et en projettent la lueur sur les corps défigurés, souillés et sanglants; parfois ils en soulèvent un et le dressent pour le mieux faire voir. « Vengeance! crient-ils, vengeance! on égorge le peuple! — Aux armes! aux barricades! » répond la foule. Des individus courent aux églises et sonnent le tocsin. Le cortège s'arrête un moment devant le *National,* où M. Garnier-Pagès le harangue; il parle de « crime horrible », d' « ordres sanguinaires » ; il déclare que « le sang du peuple a coulé, et qu'il doit être vengé ». Le chariot reprend ensuite sa marche ; il parcourt les quartiers Saint-Denis, Poissonnière, Montmartre, fait une halte aux bureaux de la *Réforme,* passe par les Halles, le quartier Saint-Martin, et vient enfin déposer les corps à la mairie du 4° arrondissement. Il est deux heures du matin ; il y a trois heures que cette tragique procession circule dans Paris, sans que personne ait osé l'arrêter. Elle a laissé derrière elle comme une longue traînée d'horreur, de colère et de haine. Le peuple, répondant au lugubre appel qui lui est fait, redescend en masse dans la rue ; et, malgré la nuit, malgré la pluie qui tombe par rafales, il s'emploie fiévreusement à hérisser de barricades les quartiers du centre. Les uns ramassent des armes, soit en pillant des boutiques d'armuriers, soit en obligeant les habitants de chaque maison à livrer leurs fusils. D'autres fondent des balles et fabriquent des cartouches. Partout c'est la bataille qui se prépare. Sur quelques points, des bandes n'attendent pas le jour pour attaquer les postes de municipaux ou de soldats de ligne ; mais ce ne sont que des escarmouches isolées. D'ailleurs, bien que le mouvement soit devenu plus puissant, plus général, et que les hommes des sociétés secrètes s'y soient mêlés, on ne distingue toujours pas d'impulsion ni de direction centrales, de chefs connus et considérables.

C'est vers dix heures du soir que le Roi apprend l'événement du boulevard des Capucines. Il envoie aussitôt M. de Montalivet chez M. Molé, pour le presser. M. Molé n'était pas encore revenu de chez M. Thiers ; MM. Dufaure, Passy et Billault l'attendaient. Les deux premiers sont découragés et se sentent débordés. « Ce n'est plus une émeute, c'est une révolution », disent-ils. M. de Montalivet abonde dans leur sens et déclare que le Roi n'a plus qu'une ressource : appeler M. Thiers et M. Odilon Barrot. Seul M. Billault se déclare prêt à assumer toutes les responsabilités. M. Molé, qui revient bientôt après, tout ému des nouvelles qu'il a recueillies sur son chemin, tombe d'accord avec MM. Dufaure et Passy qu'il n'y a plus place pour sa combinaison ; elle n'a du reste jamais été viable. Pendant ce temps, M. de Montalivet est retourné aux Tuileries, où il rapporte, en s'y associant, les sinistres prévisions de MM. Dufaure et Passy. Il trouve, auprès du Roi, MM. Guizot et Dumon qui sont accourus à la nouvelle de la fusillade et qui, au nom de tous les ministres démissionnaires, insistent de nouveau pour la nomination immédiate du maréchal Bugeaud[1]. Louis-Philippe n'en conteste pas la nécessité, mais, dans l'incertitude où il est encore sur le nouveau ministère, il ne se décide toujours pas. MM. Guizot et Dumon se retirent sans avoir obtenu aucun acte. Le vieux roi est calme, mais apathique, visiblement accablé par les émotions successives de cette journée. Le duc de Montpensier est agité ; le duc de Nemours, plus maître de soi, mais gardant sa réserve accoutumée.

Vers minuit, le Roi est enfin officiellement informé que M. Molé renonce à constituer un cabinet; depuis le renvoi du ministère Guizot, neuf heures ont été perdues, et des heures bien précieuses. Il n'est plus possible d'éviter M. Thiers. La répugnance du Roi cède devant la nécessité. Toutefois, il veut, auparavant, prendre une précaution : passant outre aux objections persistantes du duc de Montpensier, il manifeste l'intention de suivre enfin le conseil qui lui a été tant de fois donné dans la journée, et de mettre le maréchal Bugeaud à la

---

[1] La plupart des ministres démissionnaires avaient dîné chez M. Duchâtel et se trouvaient encore au ministère de l'intérieur, quand arriva la nouvelle de la fusillade. M. Duchâtel dit aussitôt à M. Guizot : « Je crois que nous devons demander au Roi la nomination immédiate du maréchal Bugeaud. Ni Jacqueminot, ni Sébastiani n'auront droit de se plaindre; nous avons assez fait pour eux, trop peut-être ! J'espère qu'il ne sera pas trop tard. — Vous savez, répondit M. Guizot, que ç'a été toujours mon avis : allons donc chez le Roi. » Il fut convenu que M. Guizot irait avec M. Dumon, M. Duchâtel restant au ministère pour recevoir les nouvelles, mais prêt à rejoindre ses collègues aux Tuileries, si cela était nécessaire. (*Note de M. Génie.*) — On a cru et dit, sur la foi de témoignages considérables, que M. de Montalivet avait jusqu'au bout combattu auprès du Roi la nomination du maréchal. Dans les fragments qui m'ont été communiqués de ses *Mémoires*, M. de Montalivet affirme, au contraire, que quand il a été question d'appeler M. Thiers, il a insisté pour que la nomination du maréchal fût faite auparavant.

tête de l'armée et de la garde nationale. Il juge utile que le nouveau cabinet se trouve sur ce point en face d'un fait accompli. « M. Thiers, dit-il, ne voudrait peut-être pas nommer lui-même le maréchal; mais il l'acceptera, je n'en doute pas, s'il le trouve nommé et installé. » Seulement par qui faire contresigner l'ordonnance? Nul autre moyen que de recourir aux membres de l'ancien cabinet. On envoie chercher en toute hâte MM. Guizot, Duchâtel et le général Trézel. « Au nom du salut de la monarchie », le Roi réclame de « leur dévouement » ce dernier service. Les ministres démissionnaires ne refusent pas d'assumer cette responsabilité. Deux aides de camp sont envoyés à la recherche du maréchal Bugeaud et de M. Thiers. Il est environ une heure du matin. A ce moment, le fourgon qui portait les seize cadavres n'avait pas encore fini sa sinistre promenade.

VIII

Le maréchal Bugeaud arrive aux Tuileries, vers une heure et demie du matin, le 24 février. Il accepte aussitôt, sans hésitation ni récrimination, la mission difficile qu'on lui confie si tardivement. Le duc de Nemours, M. Guizot et M. Duchâtel l'accompagnent à l'état-major pour l'installer. Dans le trajet, l'un d'eux lui ayant demandé ce qu'il augurait de la journée : « Il est un peu tard, dit le maréchal, mais je n'ai jamais été battu, et je ne commencerai pas aujourd'hui. Qu'on me laisse faire et tirer le canon; il y aura du sang répandu; mais, ce soir, la force sera du côté de la loi, et les factieux auront reçu leur compte. » A l'état-major, il trouve les officiers absolument démoralisés. Il se met alors à les haranguer, leur déclare que le péril ne dépasse pas ce à quoi on doit s'attendre dans toute crise politique; il annonce sa résolution de prendre les devants contre l'émeute, et de la balayer par une offensive vigoureuse. « Il est deux heures, dit-il en posant sa montre sur la table; il faut qu'à quatre heures nous ayons commencé partout l'attaque. Je n'ai jamais été battu, et je compte bien ne pas perdre aujourd'hui ma virginité. » Ces paroles, débitées avec une verve gasconne qui, chez un autre, pourrait paraître de la fanfaronnade, mais qui, chez lui, est l'assurance d'une volonté forte, produisent un effet extraordinaire sur les assistants. C'est, raconte un témoin, un véritable « retournement ». Les physionomies s'éclairent; les têtes se redressent; chacun reprend confiance; c'est à qui demandera un commandement. Le maréchal arrête aussitôt ses dispositions. Pas de petits paquets, mais de fortes colonnes. Il révoque l'ordre donné aux troupes cantonnées à la Bastille, à l'Hôtel de ville et au Panthéon, de se replier sur les Tuileries, et leur annonce, au contraire, qu'on va les rejoindre. Avec les forces qu'il a sous la main, il décide la formation de quatre colonnes. La première, commandée par le général Tiburce Sébastiani, qui a supplié qu'on ne le mît pas complètement de côté, se dirigera vers l'Hôtel de ville, en passant par la Banque et en coupant les rues Montmartre, Saint-Denis et Saint-Martin. La seconde, sous les ordres du général Bedeau, qui, de passage à Paris, a offert ses services, gagnera la Bastille par la Bourse et les boulevards. La troisième manœuvrera derrière les deux premières pour empêcher les barricades de se reformer. La quatrième rejoindra le général Renaud au Panthéon. Les réserves seront sur la place du Carrousel. Dans cette distribution des rôles, aucune part n'est faite à la garde nationale. Le maréchal a interrogé le général Jacqueminot, mais n'a rien pu en tirer : il est résolu à ne pas s'arrêter devant l'inertie ou l'hostilité de cette milice. Tout en prenant ces décisions, il continue, suivant son habitude, à pérorer, fait une sorte de cours sur la guerre des rues, sur la façon de dissiper les rassemblements, d'enlever les barricades. Il recommande de remettre aux soldats un certain nombre de balles libres, pour qu'ils puissent au besoin en glisser deux dans le fusil. « C'est, dit-il, un souvenir du siège de Saragosse. » En somme, il paraît s'attendre à une bataille sérieuse, mais est résolu à user de la plus grande énergie.

Pendant que le maréchal prend ces dispositions à l'état-major, M. Thiers, qu'un aide de camp est allé chercher, et qui a dû traverser beaucoup de barricades gardées par des sentinelles très excitées et souvent ivres, arrive aux Tuileries : il est environ deux heures et demie du matin. M. de Montalivet accourt au-devant de lui : « Ménagez le Roi », lui recommande-t-il. Louis-Philippe, qui a sur le cœur l'hostilité si vive, si directe, manifestée depuis quelque temps contre la politique royale par son ancien ministre, est très mortifié de devoir recourir à lui ; il le laisse voir dans l'accueil qu'il lui fait ; son ton est froid, parfois un peu amer [1]. « Ah ! c'est vous, monsieur Thiers, dit-il. Je vous remercie d'être venu. Vous savez que j'ai été forcé, à mon grand regret, de me séparer de mes ministres. J'avais appelé M. Molé qui me convenait mieux que vous, parce que sa politique s'éloigne moins de la mienne. M. Molé vient de me rendre ses pouvoirs. J'ai donc besoin de vous, et je vous prie de me faire un cabinet. — *M. Thiers.* Sire, dans les circonstances actuelles, c'est une mission bien difficile. Néanmoins, je suis aux ordres du Roi ; mais, avant tout, il convient de s'entendre sur les hommes et sur les choses. — *Le Roi.* Pourquoi cela ? Je vous charge de faire un cabinet, est-ce que cela ne vous suffit pas ? — *M. Thiers.* Je prie le Roi de croire que je ne viens pas lui dicter des conditions. En ce moment, je me considère comme tyrannisé plutôt que comme tyran. — *Le Roi.* Ah ! oui, j'oubliais, vous ne vouliez plus être ministre *sous le règne.* — *M. Thiers.* Sire, cela est vrai, et si les circonstances ne me faisaient pas un devoir d'accepter, je prierais le Roi de songer à un autre. Mais, tout disposé que je suis à faire de mon mieux, je ne puis être utile au Roi que si mes amis me secondent. J'ai donc besoin de savoir si le Roi agréera les noms que je compte lui proposer. — *Le Roi.* Eh

---

[1] Je n'ai, sur la conversation du Roi et de M. Thiers, que des comptes rendus recueillis de la bouche de ce dernier, soit par M. Duvergier de Hauranne, soit par M. Senior. Je me suis attaché de préférence au premier, qui est plus complet et qui m'a semblé devoir être plus exact. Toutefois je dois, ici plus que jamais, renouveler les réserves que j'ai faites déjà sur l'inconvénient de comptes rendus émanés d'un seul des interlocuteurs et non contrôlés par l'autre.

bien, voyons, qui voulez-vous? — *M. Thiers.* D'abord et avant tout, M. Odilon Barrot. — *Le Roi.* M. Barrot, M. Barrot! il vous faut M. Barrot. Un brave homme, je le sais, mais un songe-creux qui voudra me faire passer par je ne sais quelles réformes. — *M. Thiers.* Sire, cela est inévitable. Le nom de M. Barrot est plus populaire que le mien, et je ne puis pas m'en passer. Quant aux réformes, mon ami M. Duvergier... — *Le Roi, vivement.* Ah! M. Duvergier! — *M. Thiers.* Mon ami M. Duvergier, qui serait nécessairement un de mes collègues, a présenté et défendu un projet de réformes qui, certes, n'a rien de bien effrayant. — *Le Roi.* Ah! oui, ce projet qui augmente le nombre des députés. Combien y en aurait-il de plus? — *M. Thiers.* 70 à 80. — *Le Roi.* Et cela ne vous effraye pas? Comment vous tireriez-vous d'affaire avec une Chambre aussi nombreuse? Au reste, cela vous regarde. Pour conduire la Chambre, vous êtes passé maître. Mais ce n'est pas tout, et M. Barrot voudra probablement les incompatibilités? (En prononçant ce dernier mot, le Roi appuyait sur chaque syllabe.) — *M. Thiers.* Le Roi n'a pas, je pense, d'objection à M. de Rémusat. — *Le Roi.* Non, certainement. — *M. Thiers.* Eh bien, sur la question des incompatibilités, nous sommes, M. de Rémusat et moi, beaucoup plus engagés que M. Barrot. — *Le Roi.* Eh bien, va pour les incompatibilités. Mais êtes-vous sûr que M. Barrot ne demandera rien autre chose? — *M. Thiers.* Sire, il demandera, et je demande avec lui la dissolution de la Chambre. — *Le Roi, se levant brusquement.* La dissolution de la Chambre! Pour cela, je n'y consens pas, je n'y consentirai jamais! — *M. Thiers.* Cependant, Sire... — *Le Roi.* Je n'y consens pas, vous dis-je. Je vois bien où l'on veut en venir. On veut renvoyer la Chambre parce qu'elle m'est dévouée. C'est moi, moi seul qu'on attaque en elle. Ne me parlez pas de dissolution! » M. Thiers insiste. « Non, vous dis-je, reprend le Roi, la Chambre est bonne, excellente, je veux la garder, je la garderai... Au surplus, pourquoi nous quereller là-dessus? Vous avez votre avis, j'ai le mien. Demain, il sera temps de nous entendre. Aujourd'hui, j'ai besoin de votre nom;... il me le faut;... et, quoi que vous fassiez, il sera au *Moniteur*. — M. *Thiers*. Le Roi ne fera pas mentir le *Moniteur*. — *Le Roi*. Non, mais le *Moniteur* dira que je vous ai appelé. Vous ai-je appelé, oui ou non? Reste à savoir si vous voudrez qu'on dise que vous avez refusé. — M. *Thiers*. Si la nécessité était moins pressante, je refuserais certainement. Aujourd'hui, je ne m'oppose pas à ce que le *Moniteur* annonce que le Roi m'a appelé et que j'ai accepté, pourvu que le nom de M. Barrot soit joint au mien. — *Le Roi*. Encore M. Barrot. Pourquoi M. Barrot? — M. *Thiers*. Le nom de M. Barrot est indispensable, et si le Roi refuse, je n'ai plus qu'à me retirer. — *Le Roi*. Allons! il faut faire ce que vous voulez. Eh bien, dictez, je suis votre secrétaire. — M. *Thiers*. Sire, je vais écrire moi-même. — *Le Roi, prenant vivement la plume*. Non, non, dictez. Si ce que vous dictez ne me convient pas, je le changerai. » — M. Thiers dicte alors la note que doit publier le *Moniteur*. Elle porte que M. Thiers, chargé de former un cabinet, a proposé au Roi de s'adjoindre M. Barrot, et que le Roi y a consenti. Après une ou deux minutes de réflexion, le Roi trouve cette formule convenable et l'écrit de sa main. « Le Roi, ajoute M. Thiers, me permettra maintenant d'aller me concerter avec mes futurs collègues. Quant à la dissolution et aux autres questions non résolues, il reste bien entendu que si demain il nous était impossible de nous entendre avec le Roi, nous serions libres. — *Le Roi*. Certainement; vous êtes libres, et moi aussi. » Le Roi annonce alors à M. Thiers qu'il a mis le maréchal Bugeaud à la tête de la force publique. « C'est votre ami, lui dit-il; vous vous entendrez à merveille. » M. Thiers paraît un peu embarrassé et se plaint qu'on ait pris un parti si grave sans consulter le nouveau cabinet. « Que voulez-vous? lui dit le Roi, Trézel et Jacqueminot ne sont bons à rien. Il me faut un homme pour me défendre, et Bugeaud est le seul en qui j'ai confiance... Au reste, que peut-on vous dire? Ce n'est pas vous qui l'avez nommé, c'est Duchâtel. Allez trouver le maréchal et concertez-vous avec lui. »

En sortant de chez le Roi, M. Thiers se rend à l'état-major.

Du plus loin qu'il l'aperçoit, le maréchal, interrompant le discours qu'il tient aux officiers : « Eh bien, mon cher Thiers, lui crie-t-il, je suis charmé de vous voir. Je suis commandant en chef, vous êtes premier ministre. A nous deux, nous allons faire de bonne besogne. — Permettez, répond M. Thiers, je ne suis pas ministre et je ne sais pas si je le serai ; je suis seulement chargé de former un cabinet avec M. Barrot. » Au nom de Barrot, le maréchal fait un peu la grimace ; mais il se remet aussitôt. Il parle alors de ses moyens d'action, se plaint que ses prédécesseurs lui aient laissé des troupes fatiguées avec des munitions insuffisantes[1]. Il n'en promet pas moins d'agir vigoureusement, et répète, à plusieurs reprises, avec sa rudesse de vieux soldat : « J'aurai le plaisir de tuer beaucoup de cette canaille, c'est toujours cela. » Il presse M. Thiers de courir chez ses amis et de persuader à la garde nationale de donner son concours. « Il serait sans doute très malheureux, ajoute-t-il, qu'elle ne voulût pas marcher, ou qu'elle voulût marcher contre nous. Mais, s'il en était ainsi, dites-lui bien que ce ne serait pas une raison pour me faire jeter ma langue au chat. »

Rentré chez lui, M. Thiers y trouve M. de Rémusat qu'il a envoyé chercher en partant pour les Tuileries ; il lui rend compte brièvement de sa conversation avec le Roi. Au nom de Bugeaud, M. de Rémusat proteste. « Il y avait, dit-il, pour le Roi, deux partis à prendre : ou livrer bataille purement et simplement, sans transiger ; dans ce cas, il faisait bien de prendre Bugeaud, mais nous n'avions rien à faire aux Tuileries ; ou essayer de la conciliation et faire, dans ce dessein, les concessions nécessaires ; alors il était naturel d'appeler Thiers et Barrot, mais Bugeaud devait être tenu à l'écart. » M. de Rémusat insistant, M. Thiers lui propose de retourner immédiatement

---

[1] Le maréchal Bugeaud ayant renouvelé, après la révolution, dans une lettre publiée, ses plaintes sur l'insuffisance des munitions, le général Trézel, ministre de la guerre dans le cabinet Guizot, lui a répondu en apportant des chiffres détaillés. La controverse intéresse peu aujourd'hui. En effet, ce n'est pas faute de cartouches que la monarchie est tombée, c'est faute d'avoir voulu s'en servir.

avec lui aux Tuileries. Ils trouvent le malheureux roi, épuisé de fatigue, enveloppé de flanelle, sur le point de se mettre au lit. M. de Rémusat expose brièvement ses objections. Le Roi lui répond « d'abord qu'il est impossible de faire descendre de cheval le général en chef au moment du combat, ensuite que M. Thiers et ses amis ne sont pas encore ministres et, par conséquent, ne répondent pas de la nomination; demain, quand le cabinet sera constitué, il fera ce qu'il lui plaira ». Il est près de quatre heures du matin, quand M. Thiers et M. de Rémusat, qui a fini par se laisser persuader, sortent des Tuileries. Ils emploient le reste de la nuit à recruter les membres du nouveau ministère. Ils se rendent successivement chez M. Duvergier de Hauranne et chez M. Odilon Barrot, dont ils ont quelque peine à obtenir le concours; tous deux font contre le maréchal Bugeaud les plus vives objections. Il est entendu que des portefeuilles sont réservés à MM. Cousin et de Malleville. M. Thiers voudrait avoir aussi quelques membres du tiers parti : des offres sont faites à MM. Dufaure, Passy, Billault, qui les déclinent, et au général de La Moricière, qui les accepte. Ces pourparlers se prolongent jusque vers huit heures du matin.

Tandis que M. Thiers est occupé à ces démarches préliminaires, le maréchal Bugeaud commence l'exécution de son plan d'attaque. Les trois colonnes qui doivent se diriger sur l'Hôtel de ville, la Bastille et le Panthéon, sont parties entre cinq et six heures du matin. Le maréchal a présidé lui-même au départ, prescrivant aux chefs d'annoncer partout le nouveau ministère, encourageant les soldats par quelques paroles d'une énergique familiarité. A peu de distance du Carrousel, les troupes rencontrent les barricades qui ont été construites pendant la nuit et qui sont beaucoup plus nombreuses qu'on ne pouvait s'y attendre [1]. Néanmoins la résistance n'est pas suffisamment organisée pour arrêter une offensive vigoureuse. La colonne du général Sébastiani, partie la première à cinq heures

[1] D'après un relevé fait après coup, il y en avait plus de 1,500. En outre, 4,000 arbres avaient été abattus.

un quart, arrive à l'Hôtel de ville un peu avant sept heures, après avoir emporté et détruit plusieurs barricades : elle a eu dix à douze hommes tués et le double de blessés. La colonne dirigée vers le Panthéon atteint aussi le but qui lui a été indiqué.

Quant à la colonne du général Bedeau, forte d'environ deux mille hommes et partie à cinq heures et demie, elle s'est avancée sans grande difficulté jusqu'au boulevard Bonne-Nouvelle. Elle se trouve là en face d'une barricade d'aspect assez imposant, élevée à l'entrée de la rue Saint-Denis. Cette barricade ne constitue pas un obstacle infranchissable : ses défenseurs peu nombreux ne tiendraient pas devant une attaque résolue, et en tout cas elle peut être tournée par les rues adjacentes. Mais, à ce moment, interviennent des gardes nationaux, des habitants du quartier, qui adjurent le général de ne pas donner le signal d'une bataille meurtrière. « Il y a un malentendu, disent-ils ; le peuple ne sait pas encore que MM. Thiers et Barrot sont chargés de faire un ministère ; attendez au moins quelques instants, qu'on ait le temps de répandre cette nouvelle, et la pacification se fera d'elle-même. » En dépit de la vigueur dont il a fait preuve en Afrique, le général Bedeau est, par nature, un peu temporisateur ; la conduite du gouvernement depuis vingt-quatre heures n'est pas d'ailleurs faite pour l'encourager à brusquer les choses. Au lieu de renvoyer ces donneurs de conseils, il les écoute et se met à parlementer avec eux. Il allègue ses ordres. Ses interlocuteurs le pressent d'en référer à l'état-major, qui ne pourra lui savoir mauvais gré d'avoir évité l'effusion du sang. Le général consent à envoyer au maréchal un mot au crayon, l'informant « qu'il est en présence d'une population non armée, inoffensive et trompée, qui ne croit pas au changement de ministère »; il lui demande des proclamations faisant connaître ce changement ; il ajoute qu'il « s'est arrêté pour faciliter la réunion de la garde nationale ». Cependant, plus l'immobilité de la colonne se prolonge, plus la foule augmente autour d'elle, insistant vivement pour qu'on ne cherche pas à forcer le passage. Les troupes sont comme enlisées dans cette foule ; elles ne pourraient s'en dégager que par un effort énergique ; il leur faudrait commencer par bousculer les prétendus médiateurs et peut-être par les charger. Bedeau est de plus en plus hésitant et anxieux. Un négociant du quartier, M. Fauvelle-Delebarre, s'offre à aller faire connaître la situation au maréchal Bugeaud et à rapporter ses ordres ; le général consent à suspendre jusque-là toute attaque. Ne devait-on pas compter sur le maréchal pour mettre fin à ces hésitations ?

Depuis que les colonnes d'attaque sont parties, ont afflué à l'état-major, des bourgeois, des gardes nationaux qui, sous prétexte d'apporter des nouvelles, déclaraient tout émus que l'armée, en engageant les hostilités, allait empêcher l'effet pacificateur que devait produire l'appel de MM. Thiers et Odilon Barrot. Le maréchal les a reçus d'abord assez mal. Au premier message du général Bedeau, il a répondu en ne le blâmant pas de s'être arrêté et en lui envoyant des proclamations ; « toutefois, a-t-il ajouté, il demeure entendu que, si l'émeute se montre, il faut faire les sommations et employer la force avec énergie, comme nous en sommes convenus ce matin ». Mais de nouveaux prôneurs de conciliation accourent, de plus en plus nombreux et pressants ; au lieu de leur fermer la porte, le maréchal consent à discuter avec eux. Voici enfin M. Fauvelle-Delebarre qui se dit chargé d'une mission du général Bedeau. L'état-major présente, à ce moment, un spectacle étrange : l'escalier est encombré par la foule des arrivants ; en haut, le maréchal, entouré d'officiers ; sur les premières marches, M. Fauvelle-Delebarre, couvert de sueur, les traits en désordre, s'exprimant sur un ton très haut et avec une grande exaltation. « Si la troupe tire un coup de fusil, s'écrie-t-il, tout est perdu ; toute médiation devient impossible, et Paris est noyé dans le sang. » — « Qui donc êtes-vous, demande un officier d'état-major, pour parler ainsi à un maréchal de France ? » — « Oui, ajoute le maréchal d'un ton brusque, qui êtes-vous, un maire, un adjoint ? Êtes-vous hostile ou bien intentionné ? » M. Fauvelle se dit connu de plusieurs amis du maréchal qu'il nomme ; il affirme son dévouement à l'ordre et ses intentions pacifiques ; puis il insiste de nouveau avec véhémence sur sa demande, se porte fort qu'une fois le nouveau ministère connu, la garde nationale suffira à maintenir l'ordre. De toutes les marches de l'escalier, des voix confuses l'appuient. Le maréchal résiste quelques instants ; mais il est visiblement étourdi de ce bruit, troublé de ces instances si générales. Enfin il rentre dans la salle la plus proche et dicte un ordre à l'adresse du général Bedeau ; cet ordre lui prescrit de cesser les hostilités, de se replier sur les Tuileries en évitant toute collision et de laisser la garde nationale rétablir seule la tranquillité. Le maréchal revient ensuite sur l'escalier et remet le papier à M. Fauvelle. « Allez, lui dit-il, je suis convaincu que vous êtes un honnête homme ; je vous confie l'ordre que vous sollicitez [1]. »

Aussitôt après, des ordres semblables sont expédiés à tous les chefs de corps. Celui qui est adressé au général Sébastiani est ainsi conçu : « Annoncez partout que le feu a cessé, que l'on est d'accord, et que la garde nationale va prendre le service de la police. Faites entendre des paroles de douceur. » On y a joint l'*Avis* suivant, destiné à être porté à la connaissance de la population : « Le Roi, usant de sa prérogative constitutionnelle, a chargé MM. Thiers et Barrot de former un cabinet. Sa Majesté a confié au maréchal duc d'Isly le commandement en chef des gardes nationales et de toutes les troupes de ligne. La garde nationale prend le service de la police. Je donne ordre de faire cesser le feu partout. *Paris, le 24 février* 1848. Le maréchal duc d'Isly. » Le préfet de police reçoit également par un officier d'état-major « l'ordre de cesser toute opération autre que celle de la défensive » ; il est avisé que « les postes occupés doivent être main-

---

[1] Quelques personnes ont prétendu que M. le duc de Nemours était présent à l'entretien avec M. Fauvelle-Delebarre, et lui ont attribué un rôle plus ou moins actif dans la délibération qui a précédé l'envoi des ordres. Ces assertions sont inexactes. Je tiens de M. le duc de Nemours qu'il n'est pas retourné à l'état-major depuis la nomination du maréchal Bugeaud. Il ne voulait pas que sa présence pût gêner le commandement ; il se faisait seulement tenir au courant de ce qui se passait par un de ses officiers d'ordonnance.

tenus, mais sans agression et sans tirer un coup de fusil ».

Que s'est-il donc passé dans l'esprit du maréchal? Comment lui, tout à l'heure encore si énergique, en est-il venu à cette sorte de capitulation? Quand il avait pris possession du commandement, il était évidemment dans les dispositions qui, les jours précédents, l'avaient poussé à proposer son concours au ministère Guizot; il ne songeait qu'à accomplir l'œuvre de répression armée qui eût été en harmonie avec la politique de ce ministère. Mais il avait dû bientôt se rendre compte que le cabinet Thiers-Barrot auquel il se trouvait associé avait une orientation fort différente. Quand tout dans le gouvernement était au laisser-aller, pouvait-il seul s'obstiner à la résistance? Force lui était bien de s'avouer que la thèse des prôneurs de conciliation et de désarmement eût été approuvée par les nouveaux ministres. Encore s'il eût pris le parti de suivre sa voie à part, sans s'occuper d'un cabinet dont, après tout, il ne tenait pas son mandat et qui n'était pas encore formé! Mais non; il nourrissait au contraire l'arrière-pensée de prendre place dans ce cabinet, et, au milieu de la nuit, il avait écrit à M. Thiers une lettre par laquelle il s'offrait pour le ministère de la guerre [1]. Se rendant compte, comme on le voit par cette lettre même, qu'on lui objecterait son « impopularité », il se préoccupait de la faire disparaître et de montrer à la population parisienne qu'il n'était pas le fusilleur sanguinaire de la légende de la rue Transnonain. Faut-il ajouter que, de divers côtés, lui arrivaient d'assez fâcheuses nouvelles? On annonçait qu'au delà du rayon où agissaient les troupes, notamment autour de la

---

[1] Dans cette lettre, le maréchal s'exprimait ainsi : « Il y avait longtemps que j'avais prévu, mon cher Thiers, que nous serions tous les deux appelés à sauver la monarchie. Mon parti est pris, je brûle mes vaisseaux... Quand j'aurai vaincu l'émeute, et nous la vaincrons, car l'inertie et le défaut de concours de la garde nationale ne m'arrêteront pas, j'entrerai volontiers, comme ministre de la guerre, avec vous, dans la formation d'un nouveau cabinet, à moins que l'impopularité prétendue qu'on me reproche ne soit un obstacle insurmontable. Dans ce cas, je n'hésiterai pas à vous conseiller de prendre Bedeau, officier distingué, et de lui adjoindre, comme sous-secrétaire d'État, M. Magne, député, dont je connais personnellement la rare capacité. »

Bastille et dans le faubourg Saint-Marceau, l'insurrection faisait des progrès et s'emparait de plusieurs casernes; que, derrière les colonnes elles-mêmes, les barricades détruites se reformaient. Peut-être, en présence de ces faits, le maréchal perdait-il un peu, au fond, de son assurance première et commençait-il à se demander si une armée déjà fatiguée et qu'il croyait insuffisamment munie de cartouches [1], serait en état de soutenir une lutte qui menaçait de se prolonger. Dans quelle mesure chacune de ces causes a-t-elle influé sur sa détermination? Il serait difficile de le dire avec précision. Après tout, pourquoi pousser plus loin l'analyse? A Claremont, comme on débattait devant Louis-Philippe à qui devait être imputé l'ordre de suspendre les hostilités : « A quoi bon cet ordre? dit le Roi, il était dans l'air. » Voilà le vrai mot de la situation. Oui, cet ordre était dans l'air qui régnait aux Tuileries depuis la retraite du cabinet conservateur, et ce n'est certes pas la moindre preuve de l'action débilitante de cet air, qu'un Bugeaud lui-même n'ait pu y échapper [2].

[1] L'insuffisance des munitions préoccupait à ce point le maréchal, qu'en ce moment même il envoyait à M. Thiers une note où il disait qu'en dehors de la colonne de Bedeau, les soldats n'avaient que dix cartouches par homme. J'ai déjà mentionné que le général Trézel a contesté l'exactitude de ces assertions.

[2] C'est au milieu de témoignages souvent un peu incertains et mal concordants, que j'ai cherché à dégager la vérité sur les circonstances dans lesquelles a été donné l'ordre de suspendre les hostilités. Ce cas n'est pas le seul où j'aie eu occasion de remarquer que le trouble et l'émotion de ces heures de crise semblent avoir réagi sur les souvenirs de ceux qui y ont été acteurs ou spectateurs. De là, entre eux, des contradictions parfois singulières qu'on aurait probablement tort d'attribuer à un défaut de sincérité. Ces réflexions trouvent leur application à propos du récit fait par le maréchal Bugeaud des événements que je viens de raconter. Ce récit se trouve dans une lettre publique du 19 octobre 1848, lettre écrite à un moment où le maréchal briguait les suffrages des conservateurs pour la présidence de la république. Le maréchal est parfaitement dans le vrai, quand il parle d'une « foule de bourgeois très bien mis, venant des divers points où se trouvait l'insurrection, et accourant vers lui, les larmes dans les yeux, pour le supplier de faire retirer les troupes » ; il est également dans le vrai, quand il se fait honneur d'avoir repoussé d'abord ces conseils. Mais, plus loin, voulant expliquer pourquoi il a fini par céder, il affirme que l'ordre exprès et réitéré de cesser les hostilités lui aurait été apporté de la part du Roi, une première fois par MM. Thiers et Barrot, une seconde par M. le duc de Nemours. Ici le maréchal se trompe évidemment. D'abord il parait certain que l'ordre a été donné avant même que les nouveaux ministres fussent arrivés aux Tuileries : l'un d'eux, M. Duvergier de Hauranne, le déclare de la façon la plus formelle. A quelle heure

Pendant que ces graves événements se produisent à l'état-major, M. Thiers, qui a terminé ses démarches préliminaires, reprend, vers huit heures du matin, le chemin des Tuileries, en compagnie de M. Odilon Barrot et des autres hommes politiques qu'il désire faire entrer dans son cabinet. De la place Saint-Georges au palais, les futurs ministres franchissent de nombreuses barricades et risquent même un moment d'être pris entre deux feux. Partout, sur leur chemin, ils annoncent le nouveau ministère, mais sans grand succès. « On vous trompe, répondent les insurgés; on veut nous égorger. » Et, à l'appui de leurs défiances, ils allèguent la nomination de

---

exactement cet ordre est-il parti de l'état-major ? C'est difficile à fixer. Le général Sébastiani et M. Delessert disent sept heures : je serais porté à croire, étant donné le temps pris par la marche de Bedeau et par les pourparlers qui ont suivi, que cette indication est un peu trop matinale. En tout cas, c'est au plus tard vers huit heures, et les ministres ne semblent être arrivés aux Tuileries que vers huit heures et demie. C'est donc à tort que le maréchal fait intervenir M. Thiers et M. Barrot. Quant au Roi, il a nié absolument, dans ses conversations de l'exil, avoir donné l'ordre que lui attribue Bugeaud. Enfin M. le duc de Nemours m'a affirmé n'avoir rien transmis de semblable. Ce n'est pas à dire que les ministres ou le Roi aient blâmé cet ordre. Bien au contraire, comme on le verra dans la suite du récit, les ministres, dans leur première entrevue avec le Roi, ont parlé de la suspension des hostilités comme d'une mesure qui s'imposait, et Louis-Philippe, dans cette même conversation de l'exil où il a nié avoir donné l'ordre, ajoutait : « Il est bien entendu que je ne regrette pas, que je n'ai jamais regretté que le maréchal n'ait pas engagé la bataille... J'ai une horreur pour la guerre civile. Aussi il est certain, très certain, que, si l'on m'avait consulté, j'aurais été d'avis qu'il fallait, n'importe par quel moyen, éviter l'effusion du sang. » (*Abdication du roi Louis-Philippe,* racontée par lui-même et recueillie par M. Édouard LEMOINE, p. 17 à 19.) Cet ordre était la conséquence logique de la politique où l'on s'était engagé depuis le changement du ministère. C'est seulement en ce sens que le maréchal pouvait en rejeter la responsabilité sur d'autres. Mais, s'il n'a fait que ce qu'on lui aurait demandé de faire, si sa détermination a été, aussitôt après, approuvée et confirmée, il n'en reste pas moins qu'il a donné l'ordre sans avoir reçu sur ce point aucune prescription spéciale du Roi et des ministres. Bugeaud donnait une explication plus exacte de sa conduite, le jour où, rencontrant dans un salon ce M. Fauvelle-Delebarre qui s'était fait le messager du général Bedeau, il lui disait : « Je vous reconnais, monsieur. Vous nous avez fait bien du mal. J'aurais dû, sans vous écouter, vous faire chasser de ma présence, et, sourd aux lamentations de vos bourgeois de Paris et de votre garde nationale, défendre mon roi dans ses Tuileries et vous mitrailler tous sans merci. Louis-Philippe serait encore sur le trône, et vous me porteriez aux nues à l'heure qu'il est. Mais que voulez-vous? J'étais harcelé, étourdi par un tas de poltrons et de courtisans. *Ils m'avaient rendu imbécile comme eux!* » (Ce propos a été rapporté par Daniel STERN dans son *Histoire de la révolution de* 1848.)

Bugeaud. M. Barrot, troublé de ces apostrophes populaires, veut s'en retourner chez lui, et ce n'est pas sans peine que M. Thiers et le général de La Moricière le déterminent à franchir le guichet des Tuileries. Les députés trouvent la place du Carrousel occupée par des troupes assez nombreuses, mais mornes; dans la cour du château, des aides de camp, des gens de service, de simples citoyens, courant çà et là d'un air effaré. Le duc de Nemours et le duc de Montpensier viennent au-devant d'eux avec courtoisie, calmes et dignes, mais fort abattus. Au moment d'entrer dans le palais, M. Thiers quitte un instant ses collègues pour passer par l'état-major, mais il ne tarde pas à les rejoindre dans les appartements du Roi. Celui-ci vient de se lever. Enveloppé dans un large vêtement brun, il paraît fatigué et ne marche qu'avec effort. La conversation s'engage. Sur les personnes, pas de difficulté. « Je les accepte toutes, dit le Roi; venons aux choses. » Quelqu'un ayant parlé de la dissolution, le Roi s'y montre non moins opposé que dans sa conversation de la nuit avec M. Thiers. Le mot de réforme est prononcé. « Nous verrons, répond le Roi, quand la crise sera finie. Ce n'est pas de ces éventualités que j'ai besoin de causer maintenant avec vous. Que faut-il faire aujourd'hui même ? » Comme M. Thiers répliquait que lui et ses amis n'étaient pas encore ministres, et que le cabinet Guizot était toujours en fonction : « Laissez là les bêtises constitutionnelles, dit vivement le Roi; vous savez bien que M. Guizot est hors de question, et que je ne me fie qu'à vous. » M. Thiers propose alors, pour tenir compte des objections présentées contre Bugeaud, sans cependant « faire descendre de cheval un maréchal de France », une transaction que, peu auparavant, il a fait agréer par ses collègues : elle consiste à donner le commandement de la garde nationale à un général plus populaire, à La Moricière, Bugeaud conservant toujours le commandement en chef. Le Roi entre vivement dans cette idée; il demande seulement si le général de La Moricière consent à être sous les ordres du maréchal. « De tout mon cœur, dit La Moricière; j'ai servi sous lui toute ma vie. » M. Thiers signale ensuite à l'attention du Roi l'insuffisance des forces militaires et le manque de munitions. Il en conclut que le mieux serait de rappeler toutes les troupes et de les concentrer autour des Tuileries. Le Roi approuve encore. Il est bien entendu, quoiqu'on ne fasse pas allusion à l'ordre donné tout à l'heure par le maréchal, que les hostilités sont suspendues : c'est un point qu'on ne discute pas, parce que tous le considèrent comme acquis. On ne songe à user, pour le moment, que des moyens de conciliation et de pacification. « S'ils ne réussissent pas, ajoute M. Thiers, eh bien! nous nous battrons. » Le Roi congédie ses ministres, — je les appellerai désormais ainsi, bien que le cabinet ne soit pas officiellement constitué, — en les engageant à aller s'entendre avec le maréchal Bugeaud sur les décisions prises [1].

Le maréchal prend très bien la nomination de La Moricière. « Vous ne pouviez pas, dit-il, me donner un meilleur second. » Il agrée également l'idée de M. Thiers de concentrer les troupes autour des Tuileries. « J'ai déjà pris les devants », lui répond-il, faisant allusion aux ordres qu'il a envoyés, peu auparavant, aux chefs de corps. De nouvelles instructions, dans ce sens, sont aussitôt rédigées et expédiées [2]. Les ministres exposent, avec complaisance, au maréchal et aux officiers qui l'entourent, leur façon d'envisager la situation. « L'opinion, disent-ils, veut la réforme ; nous la lui apportons ; mais elle n'en sait rien encore. Voilà la cause de la crise. Il s'agit donc uniquement de dissiper ce malentendu, non de mettre Paris à feu et à sang. Au lieu de témoigner, comme le précédent cabinet, de la défiance à la garde nationale, nous allons la convoquer; elle annoncera partout la bonne nouvelle. » Dans le même dessein,

---

[1] Deux des membres de l'ancien cabinet, MM. Dumon et Hébert, arrivant aux Tuileries quelques instants après cet entretien, trouvent le Roi fort soucieux. Ils lui demandent si le ministère est formé. « Pas encore, répond le Roi, mais je crois qu'il va se former. » Puis, interrogé sur les mesures qui lui sont réclamées, il ajoute : « Je ne sais pas trop. Au surplus, je ne dispute pas avec eux. J'accorde tout; je suis vaincu. »

[2] Ce sont peut-être ces instructions que le maréchal Bugeaud confondait avec le premier ordre de cesser le feu, quand il racontait n'avoir fait qu'obéir aux prescriptions apportées par les nouveaux ministres.

on décide que M. Odilon Barrot et le général de La Moricière vont se montrer dans les rues pour faire connaître le changement de ministère et de système. Le général étant en costume de ville, on l'affuble, par-dessus son pantalon à carreaux, de diverses pièces d'uniforme empruntées aux uns et aux autres. M. Thiers s'est offert aussi pour aller parler au peuple, mais le maréchal l'a arrêté : « Laissez-les, dit-il, aller seuls et tâcher de raconter leur histoire. J'ai besoin de vous ici. Nous serons bientôt attaqués. » Le vrai motif du maréchal était que M. Horace Vernet venait de lui dire à l'oreille : « Retenez M. Thiers. J'ai traversé l'insurrection ; je l'ai trouvée furieuse contre lui, et je suis convaincu qu'on le couperait en petits morceaux. » Les choses allaient vite, et M. Thiers était déjà dépassé.

IX

Nous avons laissé le général Bedeau, immobile sur le boulevard Bonne-Nouvelle, pressé de toutes parts par le peuple, attendant les ordres qu'il a envoyé demander à l'état-major. Enfin arrivent M. Fauvelle-Delebarre et divers messagers, dont un employé de la ville qui a passé par les égouts pour être plus sûr de ne pas être arrêté ; ils apportent les nouvelles instructions : suspendre les hostilités ; remettre la police à la garde nationale ; se replier sur les Tuileries. Le général Bedeau est tout de suite sans illusion sur les conséquences. « Une retraite honorable, dans ces circonstances, est impossible », dit-il à un de ses aides de camp. En effet, que peut-il advenir d'une troupe qu'on fait reculer devant l'émeute, avec recommandation d'éviter tout conflit, et qui se trouve littéralement noyée au milieu d'une foule dont cette retraite même accroît encore la surexcitation et l'audace? Mais le général est obligé d'obéir à cet ordre, qu'il a contribué, du reste, à provoquer par ses propres hésitations. La mort dans l'âme, il commande demi-tour, et, prenant la tête, il se met en mouvement dans la direction de la Madeleine.

Les barricades ont été relevées sur la route qu'il doit parcourir; à chacune, il faut parlementer, au milieu de cris confus : « Vive la ligne! A bas Guizot! » et même par moments : « A bas Louis-Philippe! » Ces obstacles et ces arrêts disloquent et allongent la colonne. La foule pénètre dans ses rangs, engage des colloques et fraternise avec la troupe. Plus on avance, plus le désordre et l'indiscipline augmentent. Les soldats, inertes, ahuris, laissent prendre leurs cartouches. Les officiers détournent les yeux, impuissants et navrés. A la hauteur de la rue de Choiseul, l'artillerie se trouve arrêtée par une barricade plus forte que les autres. Des individus commencent à vouloir fouiller dans les caissons; un officier, qui s'assied sur l'un d'eux pour empêcher le pillage, est brutalement jeté à terre. L'émeute menace de s'emparer de la batterie entière; on ne voit pas d'autre ressource que de l'abandonner à la garde nationale, qui réussit à conduire les canons à la mairie du 2ᵉ arrondissement, mais laisse tomber les caissons au pouvoir du peuple. Un peu plus loin, nouvelle humiliation : la foule crie : La crosse en l'air! Le soldat obéit; la garde nationale lui a d'ailleurs donné l'exemple. Près de la rue de la Paix, M. de Laubespin, qui fait fonction d'officier d'état-major, passe près d'un détachement de cuirassiers. « Ah! capitaine, lui disent des cavaliers tremblant de honte et d'émotion, vous êtes bien heureux, vous avez conservé votre sabre. La foule a exigé que nous lui remissions nos lattes, et nous n'avons au côté que des fourreaux[1]. » De plus en plus mêlée au peuple, la colonne n'a rien d'une force militaire. Chaque soldat marche, la crosse sur l'épaule, donnant le bras à un ouvrier ou à un bourgeois. Quant au général Bedeau, il est en avant où il croit sa présence nécessaire pour se faire ouvrir passage. Quand on vient lui annoncer que l'artillerie est abandonnée, que les soldats mettent la crosse en l'air, il baisse la tête :

---

[1] Ce fait, ainsi que plusieurs autres incidents de cette lamentable retraite, m'a été raconté par le comte de Laubespin lui-même, actuellement sénateur de la Nièvre. M. de Laubespin, ancien aide de camp du maréchal Valée et en disponibilité depuis la mort de ce dernier, avait repris volontairement du service quand il avait vu la monarchie en péril.

absolument découragé, ne se sentant aucune force en main pour arrêter ce désordre, il est réduit à faire adresser à ses auteurs de bien vaines supplications. « Au nom du ciel, dit-il à l'un des bourgeois qui sont près de lui, si vous avez quelque autorité sur les hommes du peuple, faites-leur comprendre qu'ils déshonorent le soldat. Le peuple ne saurait vouloir humilier l'armée! » Malheureux général! Ceux qui l'approchent peuvent voir les larmes amères qui mouillent ses yeux. Il sent évidemment combien ces quelques heures de guerre civile vont ternir le renom militaire si pur et si brillant qu'il a acquis par des années de combats en Afrique [1].

En débouchant sur la place de la Concorde, confondue dans cette cohue tumultueuse, la colonne a un tel aspect, que les vingt gardes municipaux du poste de l'avenue Gabriel, croyant voir arriver l'émeute, se mettent en défense; bientôt même, attaqués ou se croyant attaqués par des hommes du peuple, ils font feu. On riposte du côté de la foule. Vainement, au risque de se faire tuer, Bedeau se précipite-t-il entre les combattants pour les arrêter; il n'est pas écouté. Au bout de quelques instants, le poste est enlevé, détruit, ses défenseurs tués ou en fuite. Peu après, du côté opposé de la place, le poste du pont Tournant, trompé par une autre alerte, fait également une décharge qui tue trois personnes, dont un député conservateur, M. Jollivet. Ces incidents ne sont pas pour diminuer la confusion, et c'est à grand'peine que le général Bedeau parvient à rallier ses troupes absolument démoralisées et à leur faire prendre position sur la place, à côté de celles qui s'y trouvaient déjà. Il est alors environ dix heures et demie.

A défaut de la lutte dont on vient de se retirer de si piteuse manière, recueille-t-on quelques profits de la conciliation? Aussitôt après sa conférence avec les ministres, le maréchal Bugeaud a voulu se montrer aux gardes nationaux rangés sur

---

[1] Le général Bedeau devait en effet être très attaqué à raison de ces faits : on a même voulu faire peser exclusivement sur lui une responsabilité qui devait être au moins partagée. Il en a beaucoup souffert, et on peut même dire qu'il en est mort.

la place du Carrousel. « Mes amis, mes camarades, dit-il, tout est terminé. L'ordre vient d'être expédié aux troupes de ne pas combattre et d'annoncer que la police de Paris est confiée au patriotisme de la garde nationale. » Il est accueilli froidement. Il sort dans la rue de Rivoli, et ordonne par deux fois à un bataillon de la 2ᵉ légion de rompre par sections et de le suivre. Personne ne bouge. Un officier d'état-major se décide alors à lui dire : « J'ai le regret, monsieur le maréchal, de vous apprendre que la garde nationale ne veut pas de vous. »

Il a été convenu, on le sait, que M. Odilon Barrot et le général de La Moricière iraient annoncer au peuple les changements opérés. M. Barrot se dirige vers les boulevards, accompagné de quelques amis, dont M. Horace Vernet, en uniforme de colonel de la garde nationale et tout chamarré de décorations. Au début, dans les quartiers riches, il n'est pas mal accueilli : quelques cris de : Vive Barrot! mêlés à d'autres cris de : A bas Bugeaud! et même : A bas Thiers! A mesure qu'il s'avance sur les boulevards, l'accueil est plus froid, plus méfiant. « Vous êtes un brave homme, lui dit-on; mais il vous a déjà attrapé en 1830; il vous attrapera de nouveau. » M. Barrot se dépense en phrases sonores, en poignées de main, mais avec un succès qui va toujours diminuant. Bientôt on crie : « A bas les endormeurs! Plus de Thiers! Plus de Barrot! Le peuple est le maitre! A bas Louis-Philippe! » Le chef de la gauche arrive enfin auprès de la barricade de la porte Saint-Denis, devant laquelle s'était arrêté le général Bedeau; un drapeau rouge flotte au sommet. Là, toutes ses avances échouent : les visages sombres, les gestes menaçants lui font comprendre qu'il n'a plus qu'à retourner sur ses pas. Étonné et triste d'avoir rencontré si vite et si près le terme de sa popularité, épuisé de fatigue, la voix brisée, il reprend péniblement, au milieu de la foule tumultueuse qui l'enveloppe, le chemin de la Madeleine. Près de la rue de la Paix, il se rencontre avec le général de La Moricière qui n'a pas mieux réussi dans sa tournée, malgré sa parole prime-sautière, son allure hardie et ce je ne sais quoi d'héroïque si propre à agir sur le populaire.

A ce moment, les bandes qui entourent les deux ministres se mettent à crier : Aux Tuileries! aux Tuileries! M. Barrot et le général se voient sur le point de terminer leur expédition conciliatrice, en conduisant l'émeute à l'assaut de la demeure royale. Ils se dérobent, chacun à sa manière : La Moricière pique des deux, devance les braillards, et rentre seul au palais; M. Barrot expose, d'un ton dolent, qu'il a besoin de se reposer et qu'il doit « rentrer chez lui, rue de la Ferme-des-Mathurins, pour rassurer sa femme ». La foule le suit; à l'entrée de sa rue, quelques individus accrochent un écriteau avec ces mots : Rue du Père du peuple. Dans sa maison, M. Barrot trouve un grand nombre de députés, de journalistes, de membres du Comité central, tous ceux avec lesquels il a fait la campagne des banquets; plusieurs en sont déjà à demander la déchéance du Roi : toutefois le mot de république n'est pas encore prononcé.

Pendant que leurs deux collègues font cette expédition, MM. Thiers, Duvergier de Hauranne, de Rémusat sont demeurés aux Tuileries. Toujours convaincus que le salut est dans les concessions, ils arrachent au Roi, non sans peine, la promesse de cette dissolution qu'il avait jusqu'ici refusée. Une proclamation est aussitôt rédigée dans ce sens; mais on ne trouve pas au palais moyen de l'imprimer.

Peu après, vers dix heures et demie, le Roi était à déjeuner, avec sa famille et une vingtaine d'étrangers dont MM. Thiers, de Rémusat et Duvergier de Hauranne, quand la porte de la salle à manger, brusquement ouverte, laisse apparaître un capitaine d'état-major, en tenue de campagne, tout haletant et le visage défait. C'est M. de Laubespin, que nous avons vu tout à l'heure dans la colonne du général Bedeau, et qui s'en est détaché pour venir faire connaître aux Tuileries, où il a ses entrées, le lamentable état de cette colonne[1]. A la vue de cette assemblée au milieu de laquelle il ne s'attendait pas à tomber,

---

[1] Je tiens de M. de Laubespin les détails qui vont suivre. Je les ai complétés, pour la délibération qui a eu lieu entre le Roi et les ministres, par des renseignements émanés de M. Duvergier de Hauranne et de M. Thiers.

le capitaine s'arrête, surpris, embarrassé; mais apercevant parmi les convives M. de Rémusat, son parent, il s'approche vivement de lui et lui raconte en deux mots ce dont il vient d'être témoin. Le Roi, qui a remarqué la scène, demande à haute voix : « Monsieur de Rémusat, que vous dit M. de Laubespin? — Sire, des choses très graves. » Louis-Philippe se lève aussitôt et fait signe à l'officier de le suivre, laissant la réunion singulièrement troublée et inquiète. Arrivé dans son cabinet, le Roi se fait tout raconter par M. de Laubespin. Celui-ci, qui a rapporté des faits auxquels il a assisté l'impression la plus noire, ne cache pas que, dans l'état où elle est, la division du général Bedeau ne lui paraît pas en mesure de défendre la place de la Concorde, et que la famille royale n'est plus en sûreté dans les Tuileries. « Mais alors », dit le Roi, qui, tout en parlant, revêt un uniforme de général, « vous voulez que je me retire? » M. de Laubespin fait observer qu'il est trop jeune pour donner un conseil. Louis-Philippe, qui répugne à croire la situation aussi désespérée, ordonne qu'on envoie d'autres officiers aux nouvelles. En attendant, entre le Roi, sa famille et les ministres présents, se tient une sorte de conseil sur le parti à prendre. Le vieux roi, qui a gardé son calme, est assis. Dans un coin de la pièce, sont les princesses et leurs enfants, fort agitées et en larmes. La Reine, plus ferme, se place devant son époux et s'écrie, avec énergie, que « le Roi et sa famille doivent attendre leur sort aux Tuileries et mourir ensemble s'il le faut ». Louis-Philippe demande aux ministres leur avis : faut-il rester ou s'en aller? Les ministres, très émus, déclinent respectueusement la responsabilité d'un oui ou d'un non. M. Thiers cependant laisse voir sa préférence pour un départ; à son avis, le mieux serait de se retirer hors Paris, en un point où l'on assemblerait soixante mille hommes, et, avec cette force, le maréchal Bugeaud aurait vite fait de reprendre la capitale [1].

[1] C'est, on le voit, le plan que M. Thiers devait exécuter lors de la Commune. Ce plan était-il, le 24 février au matin, aussi net dans son esprit, et y a-t-il alors autant insisté que le ferait croire le récit fait par lui à M. Senior? Les renseignements donnés par M. Duvergier de Hauranne tendraient à m'en faire douter.

Le Roi paraît goûter cette idée et parle de Vincennes. « Pas Vincennes, qui est une prison, dit M. Thiers ; mieux vaudrait Saint-Cloud, qui est une position stratégique. » Consulté à son tour, M. Duvergier de Hauranne craint qu'on n'ait peu de chances de rentrer aux Tuileries, si une fois on en sort. Mais, à ce moment, surviennent les officiers envoyés place de la Concorde ; ils rapportent des nouvelles moins alarmantes ; ils font connaître qu'un certain ordre a été rétabli dans les troupes, qu'elles ont pris position sur la place, et que la sûreté du palais n'est pas menacée. Chacun respire, et il ne semble plus qu'il y ait lieu de continuer la délibération [1].

Si l'émeute n'est pas encore, comme on a pu le croire un moment, maîtresse de la place de la Concorde, elle fait, dans le reste de la ville, grâce au désarmement volontaire du gouvernement, des progrès rapides. Plusieurs casernes tombent, l'une après l'autre, en son pouvoir, avec les fusils et les munitions qu'elles contiennent. Comment, après l'ordre donné d'éviter toute hostilité, les détachements qui les occupent opposeraient-ils une résistance sérieuse ? Plusieurs se laissent facilement persuader de fraterniser avec le peuple. On rencontre dans les rues des soldats n'ayant plus ni fusil ni sabre, qui laissent les gamins fouiller dans leur giberne. « Oui, mon bourgeois, dit l'un d'eux à M. Maxime du Camp qui le considérait avec stupeur, c'est comme cela ; puisqu'on nous lâche, nous lâchons tout. » On ne s'attaque pas seulement aux casernes ; d'autres bandes vont détruire les barrières de l'octroi et brûler les bureaux de péage des ponts ; elles font si bien les choses qu'elles brûlent par-dessus le marché deux ponts, le pont de Damiette et le pont Louis-Philippe. Où donc est la garde nationale qui devait se substituer à l'armée pour

---

[1] En se retirant, M. de Laubespin, qui demeure inquiet, rencontre le général de Chabannes. « Mon cher général, lui dit-il, je persiste à croire que le Roi et sa famille seront obligés, sous quelques heures, de quitter les Tuileries. Avez-vous des voitures ? — Oui, il y a plusieurs berlines à quatre chevaux. — Il sera impossible de vous en servir ; je vous adjure de faire préparer quelques voitures plus modestes. » On verra plus tard combien le dévouement de M. de Laubespin était bien inspiré, et de quelle utilité devait être cette précaution.

faire la police de la ville? Nulle part on ne la voit dans ce rôle. Elle ne se montre que pour obliger les soldats et les gardes municipaux à céder devant l'émeute. Souvent même elle ouvre ses rangs aux insurgés et forme une seule troupe avec eux.

La sédition, cependant, n'a toujours ni ensemble, ni chef. Chaque bande agit séparément, suivant la fantaisie de ceux qui la composent. Les chefs politiques du parti républicain, les premiers surpris de l'importance que prend ce soulèvement, ne le dirigent pas. Un des futurs membres du gouvernement provisoire, M. Marie, étant passé aux bureaux du *National*, vers dix heures du matin, y trouve une agitation bruyante, mais absolument vaine et stérile. « Aucun plan, dit-il, n'était mis en avant, aucune résolution provoquée. La brusquerie du mouvement avait évidemment pris tout le monde au dépourvu. » Une heure plus tard, il rencontre le rédacteur en chef de la *Réforme*, M. Flocon, au pied du grand escalier de la Chambre des députés, causant tranquillement avec un de ses amis ; « il n'avait, dit encore M. Marie, ni l'air, ni l'attitude d'un homme qui poursuit, dans sa pensée, une œuvre révolutionnaire ». Aussi M. Marie ajoute-t-il : « Ce qu'il y a de certain pour moi, c'est que la révolution a mené le peuple de Paris et n'a pas été menée par lui, au moins jusqu'à onze heures... Je défie qu'on me signale jusque-là une direction raisonnée, un acte réfléchi... Voilà pour moi la vérité ; je la dis hautement, n'en déplaise aux prophètes du lendemain et à ces intelligences orgueilleuses qui veulent toujours avoir commandé, tandis que, dans la réalité, elles n'ont fait qu'obéir[1]. »

Cependant, à défaut d'une direction supérieure, une sorte d'instinct indique à l'émeute que, maîtresse de toute la partie de Paris abandonnée par les troupes, elle doit porter son effort sur les points où celles-ci sont encore en nombre ; il en est trois surtout dont l'importance stratégique et politique est capitale : l'Hôtel de ville, les Tuileries et le Palais-Bourbon. Il est naturel de commencer par l'Hôtel de ville. Depuis que la

---

[1] Extraits des notes de M. Marie, publiés par M. Aimé Chérest dans la *Vie de A.-T. Marie*, p. 100 à 102.

division du général Sébastiani a reçu, vers huit heures du matin, l'ordre de cesser les hostilités, elle est demeurée sur la place de Grève, dans une inaction énervante, en contact avec le populaire, s'habituant à crier : Vive la réforme ! avec tous les détachements de gardes nationaux qui passaient, laissant attaquer sous ses yeux les gardes municipaux sans leur venir au secours. Enfin, vers onze heures, tandis qu'une bande d'ouvriers force une des portes de derrière de l'Hôtel de ville, un simple capitaine de la garde nationale, accompagné d'élèves de l'École polytechnique, traverse hardiment les troupes qui ne bougent pas, entre par la grande porte du palais municipal, monte jusqu'au cabinet où le préfet se trouve avec le général Sébastiani, et leur signifie qu'il « vient s'emparer de l'Hôtel de ville au nom du peuple ». Le préfet et le général se retirent. Les troupes, abandonnées par leur chef, se débandent, livrent à la foule un grand nombre de fusils, tous leurs canons, et s'en retournent à leurs casernes. C'est plus pitoyable encore que la retraite du général Bedeau. La populace, enivrée d'un si facile succès, pousse des cris de joie, hurle des chants révolutionnaires, et décharge en l'air les fusils dont elle vient de s'emparer, tandis qu'une fille, grimpée sur un canon, la harangue en termes immondes.

A peu près à la même heure où l'émeute célébrait ainsi sa victoire sur la place de Grève, la place du Carrousel était le théâtre d'un nouvel échec de la royauté. Il avait paru utile, pour relever les courages de ses défenseurs, que le roi passât en revue les forces rassemblées devant le château. L'idée n'était pas mauvaise ; mais, pour réussir, n'eût-il pas fallu plus d'entrain physique et moral que n'en pouvait avoir un roi de soixante-quatorze ans ? Combien il était changé depuis le temps où, en 1832, il parcourait Paris, un jour d'émeute, et, par sa tranquille hardiesse, se faisait acclamer de la garde nationale et du peuple ! Il est environ onze heures, quand Louis-Philippe monte à cheval, entouré de ses deux fils, du maréchal Bugeaud, du général de La Moricière et de plusieurs autres officiers ; M. Thiers et M. de Rémusat l'accompagnent à pied. Des fenêtres, la Reine et les princesses le suivent des yeux avec anxiété. Les groupes les plus proches du palais l'accueillent par des cris assez nourris de : Vive le Roi ! Ces acclamations donnent espoir à la Reine, qui remercie du geste. Louis-Philippe franchit l'arc de triomphe. Sur la place, sont rangés d'abord quatre mille hommes de troupes, ensuite divers corps de gardes nationaux, dont les uns font partie des 1re et 10e légions, les deux plus conservatrices de Paris ; les autres dépendent de la 4e et sont venus là sans ordre, moins pour défendre la royauté que pour peser sur elle. La revue commence par la garde nationale. Des rangs de la 1re et de la 10e légion, partent des cris mêlés de : Vive le Roi ! Vive la réforme ! « La réforme est accordée », répond le Roi. Il pousse plus avant et arrive à la 4e légion. Là, on ne crie plus : Vive le Roi ! mais seulement : Vive la réforme ! A bas les ministres ! A bas le système ! Les officiers agitent leurs épées, les gardes nationaux leurs fusils ; plusieurs sortent des rangs avec des gestes menaçants et entourent le Roi. Celui-ci, découragé, abattu, ne cherche pas à lutter ; du moment où la garde nationale se prononce contre lui, il n'a plus d'espoir. A la stupéfaction de ceux qui le suivent, il tourne bride, et reprend le chemin du château, sans faire aucune attention aux troupes de ligne qui l'attendent sous les armes et auxquelles cette brusque et morne rentrée n'est pas faite pour rendre confiance. Une fois dans son cabinet, le vieux roi s'affaisse dans un fauteuil et reste là, muet, immobile, la tête dans les mains.

X

Maîtresse de l'Hôtel de ville, l'émeute se porte vers les Tuileries. Sur la place du Carrousel, sur la place de la Concorde, autour du Palais-Bourbon et à l'École militaire, le gouvernement a encore sous la main huit à dix mille hommes de troupes : ce serait assez pour se défendre ; car, du côté du peuple, les combattants résolus sont très peu nombreux. « Nous étions une poignée », a dit plus tard l'un d'eux, M. Charles Lagrange. Mais que peut-on attendre du soldat dans l'état moral où il se trouve, et surtout qui est en mesure et en volonté de lui donner une impulsion vigoureuse? Le maréchal Bugeaud, partant toujours de cette idée qu'on doit agir seulement par la garde nationale, s'évertue à en chercher quelques compagnies un peu sûres, pour les placer aux abords du Carrousel. Quant au général de La Moricière, il se plaint de ne savoir où trouver la milice dont on lui a donné le commandement. Il est réduit à aller presque seul au-devant de l'émeute pour tâcher de la désarmer en lui annonçant les concessions faites; toujours en mouvement, il dépense à cette besogne beaucoup de courage personnel, sans grande efficacité.

Vers onze heures et demie, une bande d'hommes du peuple et de gardes nationaux, au nombre de cinq à six cents, arrive par les petites rues qui existaient alors entre le Palais-Royal et le Carrousel, débouche sur cette dernière place et s'avance hardiment devant les troupes rangées en bataille. Les Tuileries vont-elles donc être enlevées comme l'a été tout à l'heure l'Hôtel de ville? Le maréchal Bugeaud est sur la place, entouré de quelques officiers. Il s'élance au-devant des envahisseurs et leur adresse des paroles énergiques. Sa figure martiale, l'intrépidité de son attitude les font hésiter. Toutefois, étant venu à se nommer : « Ah! vous êtes le maréchal Bugeaud? » crient des voix menaçantes. — « Oui, c'est moi! » Un garde national s'avance et lui dit: « Vous avez fait égorger nos frères dans la rue Transnonain! — Tu en as menti, répond avec force le maréchal; car je n'y étais pas. » L'homme fait un mouvement avec son fusil. Bugeaud le serre de près pour saisir son arme. « Oui, s'écrie-t-il, je suis le maréchal Bugeaud! J'ai gagné vingt batailles. Retirez-vous. » Sa contenance en impose aux émeutiers; quelques-uns même viennent lui serrer la main. La Moricière accourt joindre ses efforts à ceux du commandant en chef, et la bande finit par se retirer. Mais pendant combien de temps peut-on espérer défendre les Tuileries par de tels moyens?

A l'intérieur du palais, le Roi ne s'est pas relevé de l'état d'abattement dans lequel il est rentré de la revue du Carrousel. Il est toujours assis sur un fauteuil, dans une salle du rez-de-chaussée [1]. A côté de lui, ses deux fils et quelques-uns des ministres. Ceux-ci ne savent que faire, n'ont l'idée d'aucune initiative; on entend seulement, de temps à autre, M. Thiers répéter cette phrase : « Le flot monte! Le flot monte! » A l'autre extrémité de la pièce, se pressent des généraux, des aides de camp, des amis, des inconnus. Par une porte entr'ouverte, on aperçoit, dans le salon voisin, la Reine et les princesses. Depuis le commencement de la crise, Marie-Amélie a le pressentiment d'une catastrophe; son esprit est fort agité; mais elle garde le cœur haut, soutenue par la foi religieuse et par la fierté de la race. Auprès d'elle, est la duchesse d'Orléans avec ses deux fils. Plus le péril augmente, plus cette princesse tient à se montrer étroitement unie aux siens. Elle n'ignore pas que, dans l'opposition, des amis compromettants, plus désireux de se servir d'elle que de la servir, ont rêvé de la porter à la régence, en provoquant l'abdication du Roi; elle sait aussi que, parmi les conservateurs et jusque dans la famille royale, on a été parfois tenté de ne pas la croire absolument étrangère à ces visées. Elle veut, par son attitude, donner un démenti à des espérances et à des soupçons dont elle se sent également offensée. Quelqu'un de sa maison lui demandant : « Que fait-on? Que fait Madame? » — « Je ne sais pas ce qu'on fait, répond-elle; je sais seulement que ma place est auprès du Roi; je ne dois pas le quitter; je ne le quitterai pas [2]. »

---

[1] Cette salle était une de celles qui servaient de cabinet de travail au Roi.

[2] La nuit précédente, la duchesse d'Orléans était restée auprès de la Reine; celle-ci, qui essayait de lire des prières et pouvait à peine tenir son livre, s'interrompit un moment et prononça le mot d'abdication. Était-ce un pressentiment qui lui traversait l'esprit, ou bien, rendue soupçonneuse par le chagrin, voulait-elle sonder sa belle-fille? Celle-ci se récria vivement. « Le Roi, reprit la Reine, est trop bon pour la France; la France est mobile et ingrate. » Ce n'était pas seulement en présence de la Reine que la duchesse d'Orléans protestait contre toute idée d'abdication. Dans la journée du 23 février, comme M. Scheffer, qui était de ses familiers, lui faisait entrevoir dans l'abdication un dernier moyen de salut

Entre la cour des Tuileries et le cabinet du Roi, il y a un va-et-vient continuel d'officiers, de curieux, apportant à chaque minute des nouvelles, des avis. Toutes les barrières de l'étiquette sont tombées ; entre et parle qui veut, comme le matin à l'état-major [1]. Ce n'est pas le caractère le moins étrange de ces heures troublées que les décisions les plus graves se trouvent ainsi prises sur le conseil des premiers venus et souvent des plus suspects. Voici l'un de ces donneurs de conseil : c'est M. Crémieux qu'introduit le duc de Montpensier ; il se posait alors en dynastique. Il dit avoir parcouru divers quartiers ; à l'entendre, la partie peut encore être gagnée. « Seulement, ajoute-t-il, le peuple veut un ministère qui soit franchement de gauche ; la présence de M. Thiers à la tête du gouvernement est un dangereux contresens ; il faut le remplacer par M. Odilon Barrot. A ce prix, je crois pouvoir garantir le rétablissement de l'ordre. Si le Roi tarde, tout est perdu. » Louis-Philippe se tourne vers M. Thiers, et avec une bienveillance mélancolique où il n'y a plus rien de l'amertume des premières conversations : « Eh bien ! mon cher ministre, vous voilà, à votre tour, impopulaire ; ce n'est pas moi, vous le voyez, qui répudie vos services. » M. Thiers presse le Roi d'essayer le moyen de salut qu'on lui propose. M. Crémieux signale ensuite l'irritation du peuple contre le maréchal Bugeaud, et demande qu'on lui substitue le maréchal Gérard. A ce moment, le commandant en chef entre dans le cabinet. « Mon cher maréchal, lui dit le Roi, on veut que je me sépare de vous. » Bugeaud ne se montre pas plus désireux de garder son commandement que M. Thiers son ministère. On mande le baron Fain, secrétaire du Roi, pour préparer les ordonnances constatant ces changements, et le général Trézel pour les contresigner [2].

---

auquel il faudrait peut-être avoir recours, elle repoussa avec force cette insinuation, et déclara que, si le Roi avait une telle pensée, elle le supplierait de n'y pas donner suite.

[1] « On entrait comme dans une halle », dit un témoin.
[2] Il ne paraît pas que, dans le trouble des événements qui vont suivre, ces formalités aient été remplies.

Le nouveau président du conseil n'est même pas aux Tuileries. Nous avons laissé M. Barrot, vers dix heures et demie, se reposant chez lui de sa vaine expédition sur les boulevards. A onze heures, il s'est remis en mouvement pour aller prendre possession du ministère de l'intérieur [1]. Son cortège est plus d'un chef d'émeute que d'un ministre du Roi; dans sa voiture et jusque sur le siège, des républicains comme M. Garnier-Pagès et M. Pagnerre; autour, une foule tumultueuse célébrant bruyamment sa victoire et criant : Mort à Guizot! Ce dernier était précisément alors au ministère de l'intérieur, avec M. Duchâtel; tous deux n'ont que le temps de se sauver par le jardin [2]. Installé à la place des fugitifs, M. Odilon Barrot harangue la foule et télégraphie en province que « l'ordre, un moment troublé, va être rétabli grâce au concours de tous les bons citoyens ». Il ne paraît pas s'être demandé s'il n'y avait pas une œuvre plus urgente et si sa place n'aurait pas dû être auprès du Roi et des autres ministres.

Après tout, en quoi la présence de M. Odilon Barrot aux Tuileries eût-elle pu changer les événements? Sur la pente où l'on glisse avec une rapidité croissante, il ne semble plus y avoir d'arrêt possible. A peine a-t-on sacrifié M. Thiers et le maréchal Bugeaud, sur la demande de M. Crémieux, qu'une bien autre exigence se fait entrevoir. Les rumeurs qui pénètrent par les portes si mal fermées du palais, commencent à y apporter, plus ou moins distinctement, le mot qui servira à

---

[1] Le ministère de l'intérieur était alors au 101 de la rue de Grenelle, où se trouve actuellement l'hôtel du ministre du commerce.

[2] On a raconté inexactement la façon dont M. Guizot était sorti de France. Voici la vérité. Au moment de s'échapper du ministère de l'intérieur, madame Duchâtel, qui avait conservé tout son sang-froid, dit à M. Guizot : « Je suis sûre que vous n'avez pas réfléchi où vous pourriez vous cacher. — Non. — Eh bien, je sais que M. Duchâtel a pris ses précautions; je vais m'occuper de vous. » Elle conduisit M. Guizot chez une concierge de la rue de Verneuil qui le fit monter dans sa chambre, au cinquième étage, et qui, arrivée en haut, lui dit : « *C'est-il vous qui défendez les honnêtes gens?* — Je l'espère. — Eh bien, alors, je vais vous défendre. » M. Guizot resta toute la journée dans cette chambre, où il reçut la visite du duc de Broglie. Le soir, il se rendit chez madame de Mirbel, où il demeura caché plusieurs jours. Enfin il fut conduit en Belgique par M. de Fleischmann, ministre de Wurtemberg à Paris et à Bruxelles, qui le fit passer pour son domestique.

précipiter la chute de la royauté. Ce mot vient d'être jeté dans la foule par certains républicains, que la défaillance du pouvoir et le succès grandissant de l'émeute ont enfin décidés à se mêler au mouvement, mais qui n'osent pas encore parler ouvertement de république. Pendant la promenade de M. Barrot sur les boulevards, M. Emmanuel Arago s'est approché de lui : « Avant ce soir, l'abdication du Roi, lui a-t-il dit, sinon une révolution. » C'est aussi d'abdication que parlaient les radicaux que M. Barrot a trouvés réunis dans sa maison et qui lui ont fait cortège jusqu'au ministère de l'intérieur. Cette sorte de mot d'ordre a été vite accepté par les hommes des barricades, et tout à l'heure, quand le général de La Moricière est venu leur annoncer les concessions faites, ils ont répondu que cela ne suffisait plus, et qu'il fallait la retraite de Louis-Philippe.

La sommation ne tarde pas à arriver jusqu'au Roi lui-même[1]. Interrogé par ce dernier sur le résultat de ses démarches, le général de La Moricière est amené à lui dire : « On ne se contente pas de ce que je promets au nom de Votre Majesté : on demande autre chose ! — Autre chose ? s'écrie le Roi ; c'est mon abdication ! et comme je ne la leur donnerai qu'avec ma vie, ils ne l'auront pas... » Mais on ne peut s'attendre à voir Louis-Philippe persister longtemps dans cette disposition énergique. Arrive bientôt un autre messager ; c'est un secrétaire de M. Thiers, M. de Rheims ; il vient du *National* et en rapporte que, de toutes parts, le peuple et la garde nationale réclament l'abdication ; à l'entendre, il n'y a pas d'autre chance de sauver la monarchie, et encore est-il bien tard. Informés de ces nouvelles, les princes sont d'avis de les faire connaître à leur père. Celui-ci demande conseil à M. Thiers, qui se récuse, non sans

---

[1] J'ai eu sous les yeux plusieurs récits manuscrits ou imprimés des scènes qui ont précédé et accompagné l'abdication du Roi. Ils ne concordent pas toujours, soit sur l'ordre des incidents, soit sur l'attitude et les propos attribués aux divers personnages. On retrouve là l'effet du trouble que j'ai déjà eu l'occasion de signaler dans les témoignages se rapportant aux événements de ces journées. Je me suis attaché à ceux de ces témoignages qui m'ont paru présenter le plus de garanties d'exactitude.

laisser voir qu'il est porté à penser comme son secrétaire. Louis-Philippe, fort ébranlé, passe dans le salon voisin pour consulter la Reine [1]. Là, du moins, on le presse « de ne pas faiblir ».

Cependant les nouvelles sont de plus en plus alarmantes : bientôt même elles semblent confirmées par un bruit de fusillade qui vient de la place du Palais-Royal. Le détachement qui occupe, sur cette place, le poste du Château d'eau, donnant un exemple de fierté militaire rare dans cette journée, a refusé de se laisser désarmer, et le combat s'est engagé entre cette poignée de soldats et la masse sans cesse grossissante des émeutiers. Des Tuileries, on entend distinctement le crépitement des coups de feu. Ce n'est pas pour donner plus de sang-froid à tous ceux qui se pressent autour du Roi et qui croient déjà voir les Tuileries emportées de vive force.

A ce moment, — il est environ midi, — paraît M. Émile de Girardin, l'œil en feu, un carré de papier à la main. Se frayant brusquement passage à travers les rangs pressés des assistants, il va droit au Roi. « Qu'y a-t-il ? » demande celui-ci. M. de Girardin répond avec beaucoup de véhémence que pas une minute n'est à perdre; que le peuple ne veut plus de M. Thiers et de M. Odilon Barrot; qu'il faut l'abdication immédiate. Il a formulé ainsi, sur le papier qu'il tient à la main, les concessions nécessaires : « Abdication du Roi, régence de la duchesse d'Orléans, dissolution de la Chambre, amnistie générale. » Le Roi interroge du regard ceux qui l'entourent. Pas un conseil d'énergie qui réponde à cette interrogation. M. de Girardin insiste; M. le duc de Montpensier l'appuie [2]; dans le fond de la salle et dans l'antichambre voisine, des voix impatientes

---

[1] M. Thiers, dans le récit qu'il a fait à M. Senior, a prétendu que M. Guizot était dans ce salon. C'est une erreur; l'ancien président du conseil n'était pas revenu aux Tuileries depuis le matin. (Cf. *Mémoires de M. Guizot*, t. VIII, p. 593.)

[2] On a dit que le duc de Nemours, soit à ce moment, soit à un autre, se serait également prononcé pour l'abdication; cette assertion est inexacte. Ce prince, fidèle à sa réserve habituelle, n'a rien dit qui pût influencer le Roi dans un sens ou dans l'autre.

crient : « Abdication! abdication! » Le vieux roi n'est pas de force à résister longtemps à une telle pression. Il laisse, avec accablement, tomber cette parole : « J'abdique! » Puis, tandis que diverses personnes, entre autres le duc de Montpensier, sortent dans la cour pour annoncer cette nouvelle, il se lève, ouvre la porte du salon où se trouve la Reine, et répète, d'une voix plus haute : « J'abdique! »

La Reine, les princesses se précipitent vers le Roi qui est revenu à son fauteuil. « Non, tu ne feras pas cela! s'écrie Marie-Amélie, d'une voix entrecoupée de sanglots, et tout en couvrant de baisers la tête de son époux. Plutôt mourir ici, que d'en sortir par cette porte!... Monte à cheval, l'armée te suivra! » Puis, se tournant vers les assistants : « Je ne comprends pas qu'on abandonne le Roi dans un semblable moment!... Vous vous en repentirez!... Vous ne méritez pas un si bon roi! » La duchesse d'Orléans, prosternée avec ses enfants aux pieds de son beau-père, lui saisit les mains. « Sire, supplie-t-elle, n'abdiquez pas! » Les assistants sont émus, mais inertes. Une voix s'élève cependant, chaude, vibrante; c'est celle de M. Piscatory. « L'abdication, dit-il, c'est la république dans une heure! » Il ajoute qu'il vient de parcourir Paris, qu'avec un peu d'énergie tout peut encore être sauvé. M. de Montalivet, que la Reine a envoyé chercher, le colonel de Neuilly se prononcent aussi contre l'abdication [1]. Le Roi paraît hésiter. M. Piscatory revient à la charge. Sur ces entrefaites, les personnes qui étaient sorties pour annoncer l'abdication rentrent dans la salle, surprises et émues d'apprendre que tout est remis en question. Plusieurs font observer qu'on ne peut revenir sur une décision annoncée au peuple, que d'ailleurs il ne reste plus aucun moyen de se défendre. A ce moment même, le bruit de la fusillade redouble. « Il n'y a pas une minute à perdre, dit le duc de Montpensier; les balles sifflent jusque dans la cour. » Le Roi est de plus en plus

---

[1] A en croire le maréchal Bugeaud, il aurait insisté auprès du Roi pour l'empêcher d'abdiquer. Je dois dire que ce fait n'est confirmé par aucun des autres témoins

anxieux. « Est-il vrai, demande-t-il, que toute défense soit impossible ? » — « Impossible, impossible ! » répondent des voix nombreuses. Il y a là cependant beaucoup de généraux, d'officiers. Le vieux maréchal Soult, appuyé contre un chambranle, assiste muet à cette scène. M. Thiers va et vient, laissant voir une sorte de stupeur. M. Piscatory veut tenter un nouvel effort; mais Marie-Amélie s'approche de lui. « Merci, lui dit-elle, c'est assez; ne dites pas un mot de plus; il y a des traîtres ici. » M. Piscatory fléchit le genou devant la Reine et lui baise la main. Vainement la duchesse d'Orléans adjure-t-elle une dernière fois le Roi de « ne pas charger son petit-fils d'un fardeau que lui-même ne peut pas porter »; Louis-Philippe est définitivement vaincu. Il se lève, et, au milieu d'un silence profond : « Je suis un roi pacifique, dit-il; puisque toute défense est impossible, je ne veux pas faire verser inutilement le sang français, et j'abdique. »

Le maréchal Gérard entre à ce moment; il avait été mandé à la suite de la démarche de M. Crémieux. On lui demande aussitôt d'annoncer au peuple l'abdication. « Mon bon maréchal, dit la Reine, sauvez ce qui peut encore être sauvé ! » Bien que très cassé par l'âge et la maladie, le maréchal ne se refuse pas à un tel appel. Sans lui laisser le temps de revêtir un uniforme, on le hisse sur un cheval; on lui met, en signe de paix, un rameau vert dans la main; puis, accompagné de quelques personnes de bonne volonté, il se dirige vers la place du Palais-Royal où le combat dure toujours. Au moment de franchir la grille, quelqu'un lui fait remarquer qu'il n'a entre les mains aucun papier constatant l'abdication. « C'est juste », dit-il, et, tout en continuant son chemin, il prie deux personnes de sa suite d'aller demander ce papier.

Invité ainsi à fournir le témoignage écrit de son sacrifice, Louis-Philippe va s'asseoir à son bureau, et, avec une lenteur qui n'est pas sans dignité, dispose son papier et ses plumes. Les assistants, parmi lesquels beaucoup d'inconnus, sont littéralement sur son dos, observant tous ses mouvements, et ne cachant pas l'impatience que leur cause cette lenteur. « Plus

vite, plus vite ! » osent même dire quelques-uns. « Je vais
aussi vite que je puis, messieurs », répond le Roi. Et il se met
à écrire posément, de la grande écriture qui lui est coutu-
mière. Comme le bruit des coups de feu semble se rapprocher, le duc de Montpensier, inquiet pour la sécurité de son
père, le conjure de se hâter. « J'ai toujours écrit lentement,
dit le Roi, et ce n'est pas le moment de changer mon habitude. » Voici cependant qu'il a terminé ; il trace sa signature.
Un inconnu, debout derrière lui, s'écrie avec joie : « Enfin,
nous l'avons ! — Qui êtes-vous, monsieur ? lui dit sévèrement
la Reine, en se levant. — Madame, je suis un magistrat de la
province. — Eh bien, oui, vous l'avez, et vous vous en repentirez ! » La façon dont sont prononcés ces derniers mots et le
regard qui les accompagne sont d'une petite-fille de Marie-
Thérèse. Cependant le Roi relit à haute voix ce qu'il vient
d'écrire : « J'abdique cette couronne que la volonté nationale
m'avait appelé à porter, en faveur de mon petit-fils, le comte
de Paris. Puisse-t-il réussir dans la grande tâche qui lui échoit
aujourd'hui ! » — « Puisse-t-il ressembler à son grand-père ! »
s'écrie la Reine ; et, levant par deux fois les bras au ciel :
« O mon Dieu ! ils le regretteront ! » Plusieurs personnes, dont
M. Crémieux, se plaignent que le Roi n'ait pas déclaré la
duchesse d'Orléans régente. « D'autres le feront, s'ils le croient
nécessaire, dit Louis-Philippe ; mais, moi, je ne le ferai pas.
C'est contraire à la loi. Grâce à Dieu, je n'en ai encore violé
aucune, et je ne commencerai pas dans un tel moment. » Cela
est dit d'un ton qui ne permet pas d'insister ; du reste, la consommation de l'abdication a été comme le signal d'une dispersion générale des assistants [1].

[1] Dans les derniers moments de cette scène, on remarqua un aparté entre la
princesse Clémentine, fille du Roi, et M. Thiers. La princesse paraissait adresser
des reproches très vifs à l'homme d'État, qui répondait : « Mais, madame, je ne
puis rien ; vous voyez que je ne puis rien. » Un autre incident plus douloureux se
produisit, que je ne puis passer sous silence, parce qu'il a été rapporté plus ou
moins exactement par divers historiens. Égarée par l'excès de son chagrin et aussi
par d'anciens soupçons dont j'ai déjà indiqué le mal fondé, la Reine aurait dit à
la duchesse d'Orléans : « Eh bien, Hélène, soyez contente ! » La duchesse, se
baissant presque jusqu'à terre et saisissant les mains de la Reine : « Ah ! ma

Aussitôt l'acte signé, un jeune homme l'a pris pour le porter au maréchal Gérard; il ne parvient pas à le rejoindre, et le papier, passant de mains en mains, finit par tomber dans celles des insurgés. Le maréchal, du reste, a échoué complètement dans sa tentative. L'annonce de l'abdication, loin de désarmer l'émeute, l'enhardit. Sur la place du Palais-Royal, l'attaque continue, plus acharnée, contre le corps de garde du Château d'eau. Le moindre mouvement offensif des troupes massées sur le Carrousel suffirait à dégager le détachement qui soutient cette lutte si inégale. Mais le mot d'ordre est toujours de ne pas combattre : les héroïques et obstinés défenseurs du poste sont hors la consigne. A plusieurs reprises, La Moricière et d'autres officiers se jettent bravement entre les combattants pour arrêter le feu. Ils ne sont écoutés d'aucun côté. A la fin, le cheval de La Moricière tombe, frappé d'une balle; lui-même est blessé d'un coup de baïonnette et fait prisonnier par les insurgés.

Autour de la famille royale, une solitude relative s'est faite, depuis l'abdication. Louis-Philippe espère que son sacrifice lui vaudra au moins la paix dont son extrême fatigue physique et morale lui fait sentir le besoin. Convaincu que, dans l'état des esprits, son éloignement facilitera la tâche de la régence, il est résolu à se retirer tout de suite au château d'Eu. Avec l'aide de la Reine, il quitte son uniforme, revêt un costume de voyage et s'occupe à réunir les objets qu'il veut emporter. Dans sa pensée, du reste, c'est d'un départ, non d'une fuite qu'il s'agit. Ordre vient d'être donné aux écuries royales d'amener les berlines à quatre chevaux et en grande livrée — c'est ce qu'on appelait les « attelages » — dans lesquelles il effectuera son voyage. En se retirant, à qui laisse-t-il le pouvoir? Il ne prend à ce sujet aucune mesure. S'il n'a pas voulu de lui-même briser arbitrairement la loi qui confère la régence au duc de Nemours, il n'est pas cependant sans se rendre compte que, pour ceux qui ont exigé l'abdication, la régence

mère, s'écria-t-elle, que dites-vous là? vous ne pouvez le penser! » Le grand et noble cœur de Marie-Amélie a dû regretter cette parole cruelle.

de la duchesse d'Orléans en est le corollaire indispensable. Peut-être entend-il laisser aux vainqueurs du moment, aux chefs de l'opposition qui l'ont forcé à se démettre, le soin de résoudre la question. Mais où sont-ils, ces vainqueurs? On ne les voit nulle part. Si, comme beaucoup le croyaient alors, ces opposants ont noué de longue date une sorte d'intrigue pour pousser à l'abdication et en faire sortir la régence féminine, ils se montrent bien mal préparés à user de leur victoire. Quant à la duchesse d'Orléans, qui, personnellement, n'a pas trempé dans ces menées, elle est épouvantée de la tâche qui lui incombe. A des amis qui lui parlent de la nécessité de prendre la régence : « C'est impossible! répond-elle. Je ne puis porter un tel fardeau ; il est au-dessus de mes forces! » Puis elle ajoute : « Oter la couronne au Roi, ce n'est pas la donner à mon fils. » Enfin, quand elle voit les préparatifs de départ de la famille royale : « Quoi! s'écrie-t-elle avec larmes, vous allez me laisser seule ici, sans parents, sans amis, sans conseils! Que voulez-vous que je devienne? » La Reine alors, s'approchant d'elle, lui dit avec force et tendresse : « Ma chère Hélène, c'est pour sauver la dynastie, c'est pour conserver la couronne à votre fils, qu'il faut que vous restiez ici ; c'est un sacrifice que vous lui devez. »

Sur ces entrefaites, arrivent de nouveaux messagers de malheur, annonçant, coup sur coup, l'échec du maréchal Gérard, la blessure et la prise du général de La Moricière, les progrès de l'émeute que l'abdication n'a pas désarmée et qui commence à déborder sur la place du Carrousel. Le trouble résultant de ces nouvelles se trouve accru par le fracas d'une décharge qui semble être tout proche ; on ne tarde pas à en avoir l'explication : des insurgés, embusqués aux abords du Carrousel, ont tiré sur les voitures royales au moment où elles sortaient des écuries, alors situées rue Saint-Thomas du Louvre ; ils ont tué le piqueur, deux des chevaux, et se sont emparés des voitures. Ce dernier incident ne laisse plus de doute sur l'imminence du péril. A ce moment, reparaît M. Crémieux, les vêtements en désordre, plus agité que jamais. « Sire, s'écrie-t-il, il n'y a pas un instant à perdre. Le peuple vient. Encore quelques minutes, il est aux Tuileries ! » On ne songe plus qu'à fuir, sans prendre le temps de terminer les préparatifs commencés. Il est environ midi et demi.

Le duc de Nemours a eu la présence d'esprit, au moment où il a vu l'émeute s'emparer des grandes berlines, de faire filer, par le quai, jusqu'à la place de la Concorde, des voitures qui se trouvaient dans la cour des Tuileries ; c'étaient deux coupés et un cabriolet de la maison du Roi, en petite livrée, de ceux qui servaient aux aides de camp [1]. Il s'agit, pour Louis-Philippe et les siens, de rejoindre ces voitures à la grille du pont Tournant. Le triste cortège se met en route à travers le jardin désert. En tête, le vieux roi, tout brisé, soutenu par la Reine, dont la grande âme semble avoir décuplé la force physique ; viennent ensuite le duc de Montpensier, la duchesse de Nemours et ses enfants, le duc et la duchesse de Saxe-Cobourg et leurs enfants, la duchesse de Montpensier, l'inévitable M. Crémieux, quelques amis, entre autres M. Ary Scheffer, le général Dumas, M. Jules de Lasteyrie, des gens de service; comme escorte, des gardes nationaux à cheval, commandés par M. de Montalivet, et quelques troupes que le duc de Nemours a fait venir de la place du Carrousel. Du palais où il est resté, ce prince veille à tout. Arrivés à la grille, les fugitifs ont quelques instants de grande angoisse; les voitures ne sont pas sur la place; enfin les voici; quinze personnes s'y entassent. Les soldats, les gardes nationaux, les curieux contemplent avec stupeur cette scène dont ils n'ont pas tout d'abord l'explication. Quelques cris de : Vive le Roi ! se font entendre. Les voitures, entourées par les gardes nationaux à cheval et par deux escadrons de cuirassiers, partent au galop dans la direction de Saint-Cloud.

[1] J'insiste sur ce détail, pour faire justice de la légende de la fuite en *fiacre*. La présence de ces voitures était probablement due à l'avertissement donné par M. de Laubespin à M. de Chabannes. (Cf. plus haut, p. 481.)

XI

Après le départ précipité de Louis-Philippe, où donc est le gouvernement? M. Thiers, M. de Rémusat et M. Duvergier de Hauranne ont quitté le palais, presque aussitôt après la famille royale. M. Odilon Barrot n'est toujours pas revenu aux Tuileries. Le maréchal Bugeaud, depuis quelque temps déjà virtuellement déchu de son commandement, a accueilli la nouvelle de l'abdication par un juron de soldat; puis, le Roi parti, croyant n'avoir plus rien à faire, il s'en est retourné chez lui, à cheval, en grand uniforme, en imposant, par l'intrépidité de son attitude, aux braillards qui veulent lui faire un mauvais parti. Le maréchal Gérard n'a pas reparu depuis sa malheureuse tentative. La Moricière est blessé et prisonnier. Dans cet abandon général, un homme du moins ne s'abandonne pas : c'est le duc de Nemours. Il ne se demande pas s'il est ou non le régent [1]; il se souvient seulement qu'il est fils de France et que ce titre lui crée un devoir. Il monte à cheval et prend en main le commandement que personne n'exerçait plus. Il ne peut songer, sans doute, à engager une lutte offensive; mais il veut, tout en préparant l'évacuation du palais, tenir l'émeute en respect pendant le temps nécessaire pour assurer la retraite du Roi. Les minutes sont précieuses. Calme et maître de soi au milieu de l'affolement général et des balles qui commencent à siffler, il fait passer les cuirassiers dans le jardin, à travers le vestibule du pavillon de l'Horloge, déploie deux bataillons de ligne dans la cour des Tuileries, en fait monter deux autres au premier étage du château et les poste aux fenêtres, pour avoir, au besoin, une seconde ligne de feux, et enfin met l'artillerie en position.

---

[1] On a prêté au duc de Nemours, pendant la scène de l'abdication, des propos par lesquels il se serait lui-même prononcé pour la régence de la duchesse d'Orléans. Ces propos n'ont pas été tenus. Le prince n'avait ni revendiqué ni abandonné son droit légal à la régence. Il avait alors d'autres préoccupations.

Toutes ces mesures sont rapidement exécutées, et déjà le prince calculait le moment où, le Roi étant hors d'atteinte, il pourrait commencer le mouvement de retraite, quand on vient lui annoncer que la duchesse d'Orléans est encore dans le palais : il la croyait avec la famille royale. A la pensée qu'il aurait pu l'abandonner sans le savoir, son émotion est extrême. Il envoie officier sur officier à la princesse, pour lui dire de partir au plus vite et de se rendre, par le jardin, à la grille du pont Tournant où il la rejoindra.

En effet, après le départ du Roi, la duchesse d'Orléans, se voyant délaissée par tous, n'ayant plus auprès d'elle que sa maison, avait pris par la main ses deux enfants, et, à travers les longues galeries du palais, s'était rendue dans ses appartements du pavillon de Marsan. Se plaçant sous le portrait du duc d'Orléans : « C'est ici, dit-elle, qu'il faut mourir ! » Elle donne l'ordre d'ouvrir les portes, prête à affronter tous les périls d'une invasion de l'émeute, mais au fond ne désespérant pas de ramener le peuple quand elle se trouvera face à face avec lui. Pas un homme politique n'était auprès d'elle. Chaque instant qui s'écoulait lui faisait ressentir plus amèrement cet abandon, quand entrent précipitamment deux députés, MM. Dupin et de Grammont. Ils avaient entendu annoncer dans la rue l'abdication du Roi, et étaient passés par les Tuileries pour savoir à quoi s'en tenir. « Oh! monsieur Dupin! s'écrie la princesse dès qu'elle l'aperçoit, vous êtes le premier qui veniez à moi! » La conversation s'est à peine engagée que surviennent les officiers dépêchés par le duc de Nemours. Pressée par les avis réitérés de son beau-frère, la duchesse se décide à partir ; elle descend dans la cour et reprend, à travers le jardin, le chemin que Louis-Philippe vient de parcourir quelques instants auparavant. Elle donne le bras à M. Dupin ; le comte de Paris est entre elle et M. de Grammont ; le duc de Chartres, souffrant, est porté par le docteur Blache ; quelques officiers de la maison de la princesse, M. Regnier, précepteur du comte de Paris ; M. Ary Scheffer, qui vient de reconduire le Roi, composent à peu près toute la suite.

Pendant ce temps, le duc de Nemours est resté dans la cour des Tuileries [1], contenant l'émeute qui n'attend que son départ pour envahir le palais. Quand il estime que la duchesse d'Orléans a eu le temps de s'éloigner, il donne ses dernières instructions sur la façon de faire retraite, traverse à cheval le pavillon de l'Horloge, fait au galop tout le jardin et rejoint la princesse entre le bassin octogonal et la grille. « Hélène, lui dit-il, la position n'est plus défendable à Paris; elle peut l'être encore ailleurs. J'ai là une demi-batterie d'artillerie. Montez sur un caisson avec vos enfants. Je me charge de vous conduire au Mont-Valérien. » La princesse ne faisant aucune objection, le duc croit son idée admise et se dirige rapidement sur la place de la Concorde pour se concerter avec les divers chefs de corps : il y a là un régiment de cuirassiers qui entourera la batterie; l'infanterie marchera derrière et sur les flancs; les troupes, en train d'évacuer les Tuileries, formeront l'arrière-garde et empêcheront toute poursuite. Ainsi combinée, l'opération est militairement immanquable. Politiquement, n'est-ce pas le meilleur parti à prendre? On verra, en route, s'il vaut mieux se rendre à Saint-Cloud ou au Mont-Valérien. Ce qu'il importe, c'est de gagner quelques heures pour se reconnaître, de mettre un arrêt dans la déroute, de pouvoir réunir des forces considérables, de donner à la France le temps d'intervenir, à Paris celui de réfléchir. Avec vingt-quatre heures, douze heures de répit, n'est-on pas assuré d'éviter une révolution dont personne ne veut? N'est-il pas jusqu'à ce tableau d'une princesse montant avec ses deux enfants sur les caissons d'une batterie, qui ne puisse, en frappant heureusement l'imagination populaire, y déterminer un retour de sympathie?

Le duc de Nemours est encore occupé à donner ses ordres

---

[1] M. Dupin affirme dans ses Mémoires, avec une insistance dont on cherche vainement le motif, qu'à ce moment le duc de Nemours avait déjà quitté le palais. Il est possible qu'il n'ait pas vu le prince, mais celui-ci était toujours là, occupé à protéger le départ de sa belle-sœur. Je suis autorisé à opposer, sur ce point, à M. Dupin, un témoignage irrécusable, celui de M. le duc de Nemours lui-même. — C'est aussi de M. le duc de Nemours que je tiens les renseignements qui vont suivre.

au centre de la place de la Concorde, quand on vient lui dire que la duchesse d'Orléans, au lieu de l'attendre comme il y comptait, s'est dirigée vers la Chambre des députés. Que s'était-il donc passé? Aussitôt après le départ du duc de Nemours, la princesse avait vu venir à elle MM. Havin et Biesta, chargés d'une commission de M. Odilon Barrot. Celui-ci, à la nouvelle de l'abdication, s'était enfin décidé à quitter le ministère de l'intérieur et à se mettre à la recherche de la duchesse d'Orléans. N'ayant pas su la trouver aux Tuileries, il avait prié MM. Havin et Biesta de la rejoindre, de l'inviter à se rendre à l'Hôtel de ville par les boulevards et de lui annoncer qu'il l'y accompagnerait. Après l'échec de sa promenade du matin, ce conseil témoignait, chez M. Barrot, d'une foi singulièrement robuste dans le peuple parisien. Avait-il donc des indices nouveaux lui permettant d'augurer le succès? Savait-il seulement en quelles mains le palais municipal était tombé depuis quelques heures? Non; c'était uniquement, chez lui, le souvenir peu raisonné du sacre populaire que le duc d'Orléans était allé chercher à l'Hôtel de ville, le 31 juillet 1830 [1]. La duchesse d'Orléans, dont l'imagination était vaillante, se sentait tentée par ce que l'entreprise avait de périlleux, et elle proposait déjà qu'on lui amenât un cheval de dragon, se faisant fort de le monter sans selle de femme. Mais M. Dupin, avec son gros bon sens, déclara que c'était « un conseil de fou ». La princesse parla alors d'aller à la Chambre. « Vous avez raison », dit M. Dupin. Et sans plus tarder, il franchit la grille, s'avança vers les gardes nationaux et le peuple, ôta son chapeau et cria : « Vive le comte de Paris, roi des Français! Vive madame la duchesse d'Orléans, régente! » La foule, qui n'était pas alors très nombreuse en cet endroit, fit écho à ce cri. La princesse prit le bras d'un officier de la garde nationale et se dirigea vers le pont. Dans

---

[1] M. Duvergier de Hauranne a écrit dans ses *Notes inédites* : « C'était peu de partir pour l'Hôtel de ville; il fallait y arriver et en revenir. Or, dans l'état de Paris, il est très douteux que la princesse y fût arrivée; il est presque certain qu'elle n'en serait pas revenue. »

cette délibération, qui n'a duré que quelques minutes, elle ne paraît pas avoir parlé de la proposition que le duc de Nemours lui avait faite et qu'il avait cru acceptée. Au milieu de l'agitation générale, ne l'avait-elle pas entendue ou comprise? Ou bien, se fiant à sa popularité personnelle pour sauver ce qui avait été perdu par le gouvernement ancien, trouvait-elle avantage à se séparer de ce gouvernement, à se montrer entourée d'autres hommes, à user de moyens nouveaux?

La détermination de la duchesse d'Orléans est un coup terrible pour le duc de Nemours. Dans la pensée de ce prince, elle détruit la dernière chance de salut, en même temps qu'elle expose la duchesse et ses fils aux plus grands dangers. Il résout donc de courir après elle, de tâcher de l'arrêter si elle n'est pas encore entrée dans la Chambre, de l'en faire sortir si elle y est déjà. Toutefois, il se préoccupe auparavant d'assurer la défense du Palais-Bourbon. La précaution était d'autant plus nécessaire qu'à ce moment même, sur les pas des troupes qui évacuaient les Tuileries, l'émeute s'y précipitait. Deux corps se trouvent sur la place de la Concorde, celui du général Bedeau et celui que le général Ruhlières vient de ramener du Carrousel. Ce dernier général étant le plus ancien en grade, le duc de Nemours lui prescrit de prendre le commandement de toutes les troupes réunies sur la place et lui donne mission spéciale de protéger la Chambre des députés. Il fait porter un ordre semblable à l'officier général qui commande sur la rive gauche. Ces mesures prises, il part, au galop de son cheval, dans la direction qu'a suivie la duchesse. En arrivant à la grille du Palais-Bourbon, il apprend qu'elle y est déjà entrée. Il met alors pied à terre pour la rejoindre dans l'intérieur du palais.

XII

Que peut-on attendre de l'assemblée à laquelle la duchesse d'Orléans va en quelque sorte livrer les dernières chances de la royauté? Dès midi, les députés sont venus assez nombreux au Palais-Bourbon. Leur agitation, leur effarement étaient extrêmes. Les membres de l'ancienne majorité, depuis la chute du ministère Guizot, se sentaient, eux aussi, des vaincus; le vent de déroute qui régnait aux Tuileries ne les avait pas épargnés. L'épreuve révélait ce qui manquait de fond solide et résistant à ce conservatisme établi principalement sur les intérêts. On n'y voyait presque aucune trace de ces convictions et de ces fidélités qui se raidissent contre la mauvaise fortune, prêtes à tous les dévouements et à tous les sacrifices. Chaque minute abattait davantage les courages, en faisant connaître un nouveau désastre : l'abdication d'abord, puis le départ du Roi. Quelques députés essayaient de susciter un mouvement en faveur de la duchesse d'Orléans; l'idée était bien accueillie, mais les adhésions étaient peu énergiques. D'ailleurs, une assemblée ne peut agir qu'à la condition d'être conduite; or, aucun de ceux que la Chambre était habituée à suivre ne se trouvait là. Les membres de l'ancien cabinet avaient dû pourvoir à leur sûreté, et l'on ne savait où étaient les nouveaux ministres, ni même quels ils étaient.

Cependant, un peu avant une heure, M. Thiers apparaît. Est-ce enfin la direction attendue? Les députés l'entourent. Haletant, le visage altéré, encore tout ému des menaces qui viennent de lui être faites quand il a traversé la place de la Concorde, M. Thiers est plus en disposition de propager l'effroi que de ranimer la confiance. Il confirme le départ du Roi, mais ne sait rien de plus et n'a pas vu la duchesse d'Orléans; il craint qu'il ne soit trop tard pour sauver la régence; toute défense lui paraît impossible; il déclare que les troupes n'empêcheront pas le peuple de passer, et qu'avant peu la Chambre sera envahie; puis, comme naguère aux Tuileries, il s'écrie : « Le flot monte, monte, monte [1] ! » et tout

---

[1] En voyant cette phrase : « Le flot monte! » se retrouver constamment sur les lèvres de M. Thiers pendant la journée du 24 février, comment ne pas se rappeler les termes dans lesquels, en 1846, il avait porté un défi au gouvernement? « Je me rappelle, disait-il, le noble langage d'un écrivain allemand qui, faisant allusion aux opinions qui triomphent tard, a dit ces belles paroles que je vous

en disant ces mots, il élève son chapeau, imitant le geste d'un marin en perdition. Vainement le presse-t-on de rester à la Chambre pour agir en faveur de la régence, il n'a qu'une pensée, s'en aller au plus vite. Il emmène avec lui un député, M. Talabot, qui s'est offert à l'accompagner. On ne devait plus le revoir; il passera une partie de l'après-midi à regagner son hôtel de la place Saint-Georges, en faisant un long circuit pour éviter les rencontres populaires [1].

Vers une heure, M. Sauzet, pressé par plusieurs députés, se décide, non sans quelque scrupule, à ouvrir la séance plus tôt qu'il n'était indiqué sur l'ordre du jour. Mais l'absence des ministres ne permet aucune délibération. Bien que le président l'ait fait avertir, M. Odilon Barrot ne paraît pas plus pressé de venir au Palais-Bourbon qu'il ne l'était naguère d'aller aux Tuileries. Après sa tentative infructueuse pour rejoindre la duchesse d'Orléans, il a repris le chemin du ministère de l'intérieur. M. de Corcelle l'a rencontré alors, au milieu d'individus affublés des dépouilles de l'armée, celui-ci portant une cuirasse, celui-là un bonnet à poil, plusieurs grimpés sur le siège de sa voiture. « Je ne sais comment me dégager, dit-il à M. de Corcelle; je n'ose aller en cette compagnie à la Chambre, car je la prendrais! » Il n'échappe à cette tourbe, en rentrant au ministère, que pour retomber sous la main des radicaux qui se sont autorisés de l'alliance contractée lors des banquets, pour se constituer,

demande la permission de citer : *Je placerai mon vaisseau sur le promontoire le plus élevé du rivage, et j'attendrai que la mer soit assez haute pour le faire flotter.* Il est vrai que je place mon vaisseau bien haut, mais je ne crois pas l'avoir placé dans une position inaccessible. »

[1] Ce trouble de M. Thiers a été constaté par tous les témoins. (Voir notamment les Mémoires de M. de Falloux et les Notes de M. Marie.) D'après M. de Falloux, M. Thiers était si ému qu'il demandait par quelle porte il pouvait sortir, quand il en avait une ouverte devant lui. Dans le récit qu'il a fait à M. Senior, M. Thiers ne peut nier son refus de rester à la Chambre et son départ précipité. Seulement, pour y donner une autre couleur, il se montre prononçant une sorte de malédiction contre cette Chambre « servile » et « corrompue », avec laquelle il « ne voulait plus avoir rien de commun ». Il est, du reste, le premier à reconnaître que, s'il avait été présent à la séance, celle-ci aurait pu avoir un autre résultat; il s'excuse en disant qu'il croyait la duchesse d'Orléans partie pour Saint-Cloud avec le Roi.

depuis le matin, ses conseillers et ses surveillants. Ils lui prêchent qu'il n'y a rien à faire avec une Chambre impopulaire et dont il a exigé la dissolution. Ils le poussent à regarder plutôt du côté de l'Hôtel de ville; l'un d'eux, M. Garnier-Pagès, accepte de s'y rendre en compagnie de MM. de Malleville et de Beaumont, pour y disposer les esprits en faveur de la régence; cet étrange ambassadeur, aussitôt arrivé à destination, fraternisera avec les pires révolutionnaires et proclamera la république. En attendant son retour, M. Barrot reste toujours à l'hôtel de la rue de Grenelle, ne sachant même pas ce qui se passe dans le reste de la ville, sans communication soit avec la duchesse d'Orléans, soit avec les commandants militaires, prêtant l'oreille à tous les avis, ne prenant aucun parti, et bornant son activité à télégraphier en province que « tout marche vers la conciliation ».

Tandis que le gouvernement néglige de se montrer au Palais-Bourbon, la république y a déjà ses envoyés. Ils viennent du *National*. Jusqu'à midi, dans les bureaux de ce journal, on n'allait pas au delà de l'abdication. Depuis, enhardi par la faiblesse du pouvoir, on s'est mis à parler de déchéance et de république. Une sorte de conciliabule, tenu dans le bureau de la rédaction, a décidé que la monarchie n'était plus possible, que la république s'imposait, et qu'il fallait constituer un gouvernement provisoire dont on a fixé ainsi la composition : MM. Dupont de l'Eure, François Arago, Marie, Garnier-Pagès, Ledru-Rollin, Odilon Barrot, Marrast. Quelques membres de la réunion, dont MM. Emmanuel Arago et Sarrans, ont reçu mission de se rendre immédiatement à la Chambre, d'y devancer les représentants de la régence et de signifier aux députés ce qu'on appelle le « décret du peuple »; ce peuple, c'est la coterie d'un journal qui n'a pas trois mille abonnés. Les délégués du *National*, escortés d'une bande assez nombreuse, traversent sans difficulté les troupes qui remplissent la place de la Concorde; ils reçoivent même en passant les confidences du général Bedeau qui se plaint de n'avoir pas d'ordre et leur demande naïvement de lui en faire parvenir; ils arrivent au

Palais-Bourbon un peu avant la duchesse d'Orléans, pénètrent dans la salle des Pas perdus déjà envahie par une foule assez agitée, et y proclament hardiment l'objet de leur mission. M. Marie promet d'être leur interprète à la tribune. Ils ne cachent pas, du reste, leur prétention d'entrer eux-mêmes dans la salle des séances et d'y prendre la parole, toujours au nom du « peuple ».

Peu d'instants auparavant, d'autres républicains ont gagné à leur cause un concours plus considérable encore. MM. Bastide, Marrast, Hetzel et Bocage ont entraîné M. de Lamartine, dans un des bureaux de la Chambre ; là, lui montrant d'un côté la république pour laquelle ils ne cachent pas leur préférence, de l'autre la régence à laquelle, en cas de nécessité, ils se disent prêts à se rallier, ils lui remettent le soin de choisir. M. de Lamartine, après avoir mis quelques minutes sa tête dans ses mains, se prononce pour la république. Ce n'était pas une surprise pour tous ses interlocuteurs ; en effet, l'un d'eux, M. Bocage, de son métier acteur à l'Odéon, était venu trouver M. de Lamartine, quelques heures auparavant, au nom de ses amis de la *Réforme*, et lui avait dit : « Aidez-nous à faire la république, et nous vous y donnerons la première place. » Le marché, ainsi proposé, avait été accepté [1]. La détermination de M. de Lamartine n'étonnera pas beaucoup ceux qui ont suivi les évolutions amenées, depuis quelques années, dans ses idées politiques, par les déboires de sa vanité et surtout par l'inquiétude d'une imagination vaguement et immensément ambitieuse [2]. Ce qui commence en ce jour est la suite et comme la mise en action de l'*Histoire des Girondins*. Depuis longtemps, le poète rêvait de cet orage où il devait se jouer au milieu de la foudre ; depuis longtemps, il attendait, il guettait cette grande crise qui ferait de lui l'arbitre des destinées de la France, en même temps qu'elle

---

[1] Ce fait a été expressément confirmé à M. Duvergier de Hauranne par M. Marc Dufraisse, qui le tenait de M. Bocage. (*Notes inédites de M. Duvergier de Hauranne.*)

[2] Voir plus haut, t. V, ch. III, § III, et t. VII, ch. I, § VI.

humilierait tous ceux qui n'avaient pas pris au sérieux ses prétentions politiques. L'occasion se présente, il la saisit. Il se jette et jette avec lui son pays dans cet inconnu formidable, moins en tribun factieux qu'en acteur curieux d'un rôle tragique, sans conviction sérieuse, mais sans hésitation, sans passion profonde, mais sans remords, sans haine, mais sans pitié.

Ainsi, dans cette Chambre où la duchesse d'Orléans se flatte de trouver un point d'appui pour le trône de son fils, rien n'a été préparé par ses amis; ses ennemis, au contraire, ont creusé et chargé la mine par laquelle ils espèrent faire tout sauter. Pauvre princesse! Que n'est-elle plutôt à rouler dans la direction de Saint-Cloud ou du Mont-Valérien, assise avec ses enfants sur un caisson d'artillerie!

XIII

Il est une heure et demie, quand la duchesse d'Orléans entre dans la Chambre, tenant par la main ses deux fils, suivie de plusieurs officiers et gardes nationaux. Elle est vêtue de deuil, et son voile à demi relevé laisse voir sa figure pâle et ses yeux rougis par les larmes. L'assemblée, attendrie par ce spectacle, se lève et pousse des acclamations répétées : « Vive la duchesse d'Orléans! vive le comte de Paris! vive le Roi! vive la Régente! » Presque aucun cri discordant ne se fait entendre. La princesse et ses enfants prennent place sur des sièges que le président fait disposer en hâte dans l'hémicycle, au pied de la tribune. Presque aussitôt après, arrive le duc de Nemours qui s'est frayé, non sans peine, un chemin à travers la foule obstruant déjà toutes les issues. Il presse vainement la duchesse d'Orléans de s'en aller. La voyant résolue à rester, il demeure auprès d'elle pour la protéger et pour partager ses périls. En même temps que la princesse et son escorte, beaucoup de personnes étrangères à la Chambre ont pénétré dans la salle, entre autres les délégués du *National*.

C'est le commencement d'une invasion qui ne pourra que grossir. Si donc l'on veut faire quelque chose, il faut aller très vite, profiter de l'attendrissement du premier moment, ne pas laisser aux envahisseurs le temps de recevoir des renforts et d'agir.

Le président du conseil, M. Odilon Barrot, auquel il appartiendrait de prendre l'initiative, est toujours absent. A son défaut, M. Dupin, pressé par plusieurs députés, monte à la tribune, annonce l'abdication, la régence, et demande que la Chambre « fasse inscrire au procès-verbal les acclamations qui ont accompagné et salué le comte de Paris comme roi, et la duchesse d'Orléans comme régente ». Le président, entrant dans cette idée, constate ces « acclamations unanimes ». La grande majorité des députés approuve; mais des protestations s'élèvent, surtout dans la foule qui remplit les tribunes et les couloirs. Plus que jamais, il importe de se hâter. Les ennemis comprennent, au contraire, de quel intérêt il est pour eux de gagner du temps. M. Marie, complice des délégués du *National*, monte à la tribune. De sa place, M. de Lamartine, non moins empressé à exécuter les conditions de son marché, demande que la séance soit suspendue à raison de « la présence de l'auguste princesse ». Par une étrange aberration, M. Sauzet, qui croit M. de Lamartine bien disposé, donne dans le panneau qu'il lui tend, et déclare que « la Chambre va suspendre sa séance, jusqu'à ce que madame la duchesse d'Orléans et le nouveau roi se soient retirés ». De nombreuses réclamations éclatent sur les bancs des députés. La princesse se refuse à sortir; se tournant vers le président, elle lui dit avec dignité : « Monsieur, ceci est une séance royale ! » Aux amis effrayés pour sa vie qui l'engagent à partir, elle répond avec un sourire triste : « Si je sors d'ici, mon fils n'y rentrera pas. » Elle demeure donc, immobile, calme, au milieu de la foule qui l'enveloppe de plus en plus. Par instants seulement, quand son fils, plus violemment pressé, se serre instinctivement contre elle, une angoisse rapide passe sur son visage; elle se penche vers l'enfant, mais, aussitôt après, se redresse et reprend son expression de douceur résolue. Le duc de Nemours ne quitte pas des yeux sa belle-sœur et ses neveux ; un député est venu l'avertir qu'on en veut à sa vie ; tout entier à son rôle de protecteur, il ne s'inquiète pas de ce qui le menace personnellement. M. Marie est toujours à la tribune, sans pouvoir parler. Le général Oudinot parvient à se faire entendre. « Si la princesse, s'écrie-t-il, désire se retirer, que les issues soient ouvertes, que nos respects l'entourent... Accompagnons-la où elle veut aller. Si elle demande à rester dans cette enceinte, qu'elle reste, et elle aura raison, car elle sera protégée par notre dévouement. » Le président s'obstine et invite de nouveau « toutes les personnes étrangères à la Chambre à se retirer de l'enceinte ». Le tumulte redouble. La situation devient intenable dans l'hémicycle, pour la duchesse d'Orléans et ses enfants, littéralement étouffés et écrasés par la foule. Précédée du duc de Nemours et suivie des jeunes princes, la duchesse gravit les degrés de la salle par le couloir du centre. Est-ce donc qu'elle se décide à s'en aller? Non ; arrivée aux bancs supérieurs du centre gauche, elle s'y assoit, aux acclamations de la Chambre presque entière.

M. Sauzet n'insiste plus pour la sortie de la princesse. Mais un temps précieux a été perdu, pendant lequel le nombre des intrus a augmenté dans les couloirs et l'hémicycle. Ce n'est pas encore une invasion de vive force et en masse ; c'est une sorte d'infiltration continue. Comprendra-t-on enfin la nécessité de conclure ? Le président annonce que la Chambre va « délibérer ». M. Marie, qui est à la tribune depuis longtemps, prend la parole ; il objecte aux partisans de la duchesse d'Orléans la loi qui attribue la régence au duc de Nemours ; scrupule étrange chez un homme qui, à ce même moment, fait une œuvre ouvertement révolutionnaire ; il conclut, sans nommer la république, en demandant l'organisation immédiate d'un gouvernement provisoire. Le président et la majorité, qui, au milieu de ce brouhaha, n'ont visiblement plus possession entière de leurs esprits, ne protestent pas contre une discussion qui suppose le gouvernement vacant. Encouragé par cette tolérance, M. Crémieux appuie la proposition de M. Marie[1].

Cependant M. Odilon Barrot, informé de la présence de la duchesse d'Orléans au Palais-Bourbon, s'est enfin décidé à y venir. A peine paraît-il qu'il est entraîné dans un bureau par les délégués du *National*; ceux-ci lui offrent une place dans le gouvernement provisoire, à condition qu'il abandonne la régence; il refuse avec indignation, s'arrache aux bras qui veulent le retenir, et rentre dans la salle. Des voix nombreuses l'appellent à la tribune. Après quelques généralités sur le mal de la guerre civile : « Notre devoir, dit-il, est tout tracé. Il a heureusement cette simplicité qui saisit une nation. Il s'adresse à ce qu'il y a de plus généreux et de plus intime : à son courage et à son honneur. La couronne de Juillet repose sur la tête d'un enfant et d'une femme. » A ces paroles bien inspirées et bien dites, la grande majorité des députés répond par des acclamations. La duchesse d'Orléans et, sur son indication, le comte de Paris se lèvent et saluent. Puis, presque aussitôt, la princesse fait signe qu'elle veut parler. « Messieurs, dit-elle avec fermeté, je suis venue avec ce que j'ai de plus cher au monde... » Sa voix ne parvient pas à dominer le tumulte. Vainement quelques députés crient-ils : « Laissez parler madame la duchesse! » D'autres, qui ne se rendent pas compte de ce qui se passe ou qui redoutent cette intervention, crient : « Continuez, monsieur Barrot! » Et M. Barrot continue, ajoutant ainsi le son de sa parole à tous les bruits qui étouffent la voix de la princesse. Ne s'est-il donc pas aperçu qu'elle voulait

---

[1] M. Crémieux ne mérite certes pas d'occuper longtemps l'histoire. Toutefois, c'est un singulier rôle que celui de cet homme qui, le matin, se proclamant hautement dynastique, s'improvise à plusieurs reprises conseiller du Roi, véritable mouche du coche dans lequel est emporté la monarchie; qui se propose ensuite comme le conseiller de la régence, au point d'apporter à la duchesse d'Orléans, griffonné sur un chiffon de papier, un projet de discours qu'elle ne lui avait certes pas demandé; qui, aussitôt après, se prononce pour le gouvernement provisoire et la république. Il est vrai que, quand on lui demandera de lire la liste des membres de ce gouvernement provisoire, il répondra : « Je ne puis pas la lire, mon nom n'y est pas. » Il finira par l'y faire mettre, sinon par l'y mettre lui-même. Ce n'est pas la moindre humiliation de ces jours de révolution, de voir l'influence qu'ils permettent à de tels personnages de prendre sur les destinées du pays.

parler, ou a-t-il cru qu'il dirait mieux ce qui convenait? La duchesse d'Orléans, restée un instant debout dans l'attitude résolue de quelqu'un qui veut haranguer une foule, retombe accablée sur son banc. Que serait-il arrivé si elle avait pu se faire entendre? Elle eût certainement trouvé dans son cœur de princesse et de mère des accents inconnus aux avocats parlementaires. Eussent-ils suffi à rétablir une fortune déjà si compromise? En tout cas, l'occasion, une fois perdue, ne pourra plus se retrouver. La princesse le sent : aussi est-ce pour elle l'instant le plus douloureux. Depuis le départ du Roi, gardant, en dépit de tout, une certaine confiance dans sa popularité personnelle, se sentant l'âme et le courage d'une Marie-Thérèse, elle a été soutenue par l'espoir de se rencontrer face à face avec le peuple, de lui en imposer par son attitude, par sa parole, et de redresser ainsi à elle seule le trône à demi abattu de son fils. C'est pour cela que, tout à l'heure, elle était prête à aller à l'Hôtel de ville et que, malgré le duc de Nemours, elle a voulu venir à la Chambre. Cet espoir s'écroule.

La fin du discours de M. Odilon Barrot ne vaut pas le début. La pensée s'amollit en se délayant. Les phrases se suivent, sans agir sur les auditeurs. Et puis, au bout, pas un acte, pas une initiative. Pour toute conclusion, la menace de donner sa démission si l'on n'adopte pas son avis. Il faut certes la naïveté de M. Barrot pour s'imaginer qu'on arrête une révolution en posant la question de cabinet. Le ministre n'ayant fait aucune proposition par laquelle on puisse clore le débat, celui-ci se prolonge. La parole est aux vaincus de 1830 qui voient, avec une joie cruelle, leurs vainqueurs aux prises à leur tour avec la révolution. « Messieurs, s'écrie M. de la Rochejacquelein, il appartient peut-être à ceux qui, dans le passé, ont toujours servi les rois, de parler maintenant du peuple. Aujourd'hui, vous n'êtes rien ici; vous n'êtes plus rien... Il faut convoquer la nation, et alors... » A ce moment, comme pour répondre à cet appel, la porte de gauche, frappée violemment à coups de crosse, cède et livre passage à une foule d'hommes armés, gardes nationaux, ouvriers, étudiants, portant des drapeaux et criant : « A bas la régence ! La déchéance ! » Le flot tumultueux remplit l'hémicycle et déborde sur les premiers gradins. Les députés refoulés se serrent sur les bancs supérieurs. Le président se couvre et déclare « qu'il n'y a point de séance en ce moment », mais il reste à son fauteuil. La duchesse d'Orléans est toujours à sa place, le duc de Nemours à côté d'elle [1]. M. Odilon Barrot est immobile, les bras croisés, au pied de la tribune d'où les envahisseurs proclament que le peuple a repris sa souveraineté. L'un d'eux annonce que « le trône vient d'être brisé aux Tuileries et jeté par les fenêtres ». M. de la Rochejacquelein, s'adressant à l'un des chefs, lui dit : « Nous allons droit à la république. — Quel mal y a-t-il à cela ? — Aucun, reprend M. de la Rochejacquelein ; tant pis pour eux, ils ne l'auront pas volé. » Enfin, M. Ledru-Rollin parvient à prendre la parole. Au nom du peuple dont il salue les représentants dans les envahisseurs, il dénie à la Chambre le droit de constituer une régence. M. Berryer trouve qu'il ne va pas assez vite. « Pressez la question, lui crie-t-il ; concluez ; un gouvernement provisoire ! » M. Ledru-Rollin se décide à finir en réclamant un gouvernement provisoire nommé par le peuple, non par la Chambre.

Voici M. de Lamartine à la tribune. Il est salué par des applaudissements. Cette ovation rend quelque espoir aux partisans de la duchesse d'Orléans qui ignorent l'engagement pris par l'orateur envers les républicains, et qui se rappellent qu'en 1842, il s'était prononcé avec éclat pour la régence féminine. Ils veulent voir en lui l'homme capable de charmer, de toucher, de dompter cette foule. La cause à défendre ne semble-t-elle pas faite pour le séduire ? Du haut de la tribune, il peut voir les deux clients qui s'offrent à son éloquence : à ses pieds, l'émeute grouillante, hurlante, menaçante, qui cherche à étouffer par la force la libre délibération des élus du pays ; en face de lui, immobile et digne, une princesse en larmes, une mère en deuil, qui, son enfant à la main, est venue se

---

[1] Le *Moniteur*, si complet et si exact sur cette séance, se trompe, quand il dit que la princesse est partie au moment de cette invasion.

confier à la représentation nationale ; d'un côté, la violence dans ce qu'elle a de plus cynique et de plus hideux ; de l'autre, le droit sous sa forme la plus touchante. Comment supposer qu'un poète, d'âme tendre et délicate, d'inspiration chevaleresque, puisse un moment hésiter? Son imagination rêvait un beau rôle : où en trouver un plus beau et qui convienne mieux à son talent? En effet, les premières paroles de l'orateur semblent un appel à la pitié en faveur « d'une princesse se défendant avec son fils innocent, et venant se jeter du milieu d'un palais désert au milieu de la représentation du peuple ». L'émeute, surprise, murmure et ébauche des gestes de menace. Quelques amis de la princesse se retournent vers elle, avec une lueur d'espoir dans le regard ; mais elle leur répond par un sourire triste, indiquant d'un léger signe du doigt qu'elle n'a pas leur illusion. M. de Lamartine ne laisse pas longtemps l'auditoire dans l'incertitude ; il ajoute que, « s'il partage l'émotion qu'inspire ce spectacle attendrissant des plus grandes catastrophes humaines, il n'a pas partagé moins vivement le respect pour le peuple glorieux qui combat depuis trois jours afin de redresser un gouvernement perfide ». Un frémissement douloureux parcourt les rangs des amis de la monarchie, tandis que l'émeute, rassurée, applaudit. L'orateur continue en contestant la portée des « acclamations » sur lesquelles on a prétendu fonder la régence, et, « du droit de la paix publique, du droit du sang qui coule », il demande que « l'on constitue à l'instant un gouvernement provisoire ».

Ce « peuple », que l'orateur flatte si misérablement, ne va pas lui laisser finir son discours. Les portes, de nouveau forcées, vomissent une seconde invasion plus hideuse encore que la première. Les émeutiers se précipitent à la fois par les tribunes et par les entrées du bas, ivres de violence et de vin, vêtements déchirés, chemise ouverte, bras nus, brandissant leurs armes, hurlant : « A bas la Chambre ! Pas de députés ! A la porte les corrompus ! Vive la république ! » L'un d'eux, d'une main mal assurée, ajuste son fusil dans la direction du bureau. « Ne tirez pas, ne tirez pas, lui crie-t-on ; c'est Lamartine qui

parle! » Ses voisins parviennent enfin à relever son arme.
« Président des corrompus, va-t'en! » dit un insurgé en arrachant le chapeau de M. Sauzet, qui disparaît, non sans déclarer la séance levée. Les députés épouvantés s'échappent par toutes les issues. Le groupe royal n'a plus autour de lui qu'un petit nombre d'amis. Des insurgés, qui ont fini par le découvrir, braquent leurs fusils de ce côté. La duchesse d'Orléans ne se trouble pas; le duc de Nemours est toujours auprès d'elle. Leurs amis les entraînent par un corridor étroit et obscur que la foule obstrue. Séparée violemment de ses deux fils, la princesse pousse des cris déchirants : « Mes enfants! mes enfants! » Au bout de quelques instants, le comte de Paris, porté ou plutôt lancé de bras en bras, parvient à l'extrémité du corridor; on le fait sortir par une fenêtre, et il rejoint sa mère dans l'hôtel de la Présidence. Peu après, on apprend que le duc de Chartres, un moment renversé sous les pieds de la foule, a été relevé et se trouve en sûreté dans l'appartement d'un huissier. Impossible de rester à la Présidence, qui va être probablement envahie. On décide de se réfugier à l'hôtel des Invalides, qui est à peu de distance. Une voiture se trouve dans la cour; la princesse y monte avec le comte de Paris et quelques fidèles. Pendant ce temps, le duc de Nemours a été entraîné par des amis qui le savent plus menacé que tout autre; ils lui font revêtir un costume de garde national. Insoucieux de son propre péril, il ne songe qu'à celui de sa belle-sœur, et se hâte de la rejoindre aux Invalides.

Désormais, dans la salle du Palais-Bourbon, il n'y a plus de Chambre : ce n'est qu'un club, et quel club! A peine une douzaine de députés républicains sont-ils restés au milieu des envahisseurs en armes qui remplissent l'enceinte. M. de Lamartine est toujours à la tribune, et M. Dupont de l'Eure a été porté au fauteuil. Au milieu du tapage, M. de Lamartine parvient, non sans peine, à faire comprendre qu'on va soumettre au « peuple » la liste des membres du gouvernement provisoire. Plusieurs noms sont jetés à la foule. C'est ce que M. Dupin a pu appeler « une nomination à la criée ».

Pourquoi tels noms plutôt que tels autres? Pour cette seule raison que la coterie du *National* a eu l'idée de les inscrire sur sa liste. Au milieu des acclamations, des huées, des apostrophes diverses qui se croisent, il est difficile de savoir d'une façon précise qui a été admis, et même souvent qui a été proposé. Les noms qui semblent surnager sont ceux de Lamartine, Arago, Dupont de l'Eure, Ledru-Rollin, Marie. Pour mettre un terme à cette scène de confusion tumultueuse, l'acteur Bocage s'écrie : « A l'Hôtel de ville! Lamartine en tête! » L'appel est entendu : une partie de la foule sort avec Lamartine et Dupont de l'Eure. Une autre partie est demeurée dans la salle. M. Ledru-Rollin, jaloux sans doute du rôle joué par M. de Lamartine, a pris possession de la tribune. Sous le prétexte qu'un « gouvernement ne peut se nommer à la légère », il recommence la « criée », ajoutant à la liste première les noms de MM. Crémieux et Garnier-Pagès, qui ne laissent pas que de soulever quelques protestations. Cela fait, il part à son tour pour rejoindre Lamartine à l'Hôtel de ville. Le peuple se décide alors à évacuer la salle, non sans avoir percé de balles le portrait de Louis-Philippe dans le tableau qui est au-dessus du bureau et qui représente la prestation du serment en 1830. Il est alors environ quatre heures du soir.

XIV

D'où venaient les bandes qui, par deux fois, ont envahi la Chambre, et qui se sont trouvées subitement exercer le pouvoir constituant? Comment ont-elles pu arriver au Palais Bourbon et y pénétrer? Pour répondre à cette question, il nous faut revenir un peu en arrière.

A peine le palais des Tuileries avait-il été évacué par le duc de Nemours, que les émeutiers s'en étaient emparés. Les premiers arrivés, surpris d'être entrés si facilement, s'étaient répandus dans les appartements, curieux, gouailleurs, gamins, sans se livrer à de trop grands excès. A peu près au même moment, le combat qui durait depuis deux heures sur la place du Palais-Royal, prenait fin : les assaillants ayant mis le feu à des matières incendiaires accumulées devant le corps de garde du Château d'eau, la petite garnison, dont le quart était tué ou blessé, avait été contrainte de capituler. Les vainqueurs alors se divisèrent : tandis qu'une partie saccageait le Palais-Royal, détruisant, brûlant les meubles, les objets d'art, s'enivrant dans les caves, les autres se précipitèrent vers les Tuileries et, dans la joie de leur triomphe, y commencèrent une saturnale dévastatrice qui devait se prolonger jusqu'à la nuit. Cependant, parmi les insurgés qui, de tous les points de la ville, affluaient vers la demeure royale, quelques-uns se rendaient compte qu'avant de fêter la victoire, il fallait la compléter; informés de la présence de la duchesse d'Orléans à la Chambre des députés, ils résolurent d'y porter aussitôt l'attaque. Sous leur impulsion, des bandes, formées de gardes nationaux et de gens du peuple, quittèrent les Tuileries et se dirigèrent, par les deux quais ou par le jardin, vers le Palais-Bourbon. Des masses assez considérables d'infanterie, de cavalerie, d'artillerie occupaient la place de la Concorde, le pont et les abords de la Chambre; il leur eût été facile de barrer le chemin aux émeutiers qui étaient peu nombreux, mal armés, et plus préparés à crier qu'à se battre. Elles les laissèrent passer, sans faire un mouvement. La bande qui arriva la première devant les grilles du Palais-Bourbon les trouva fermées; le général Gourgaud essaya de l'arrêter par ses objurgations; sa résistance, que n'appuya aucune démonstration armée, ne contint pas longtemps les assaillants. Ce fut le seul effort tenté pour protéger la représentation nationale.

On a dit, pour excuser les commandants militaires, qu'ils n'avaient pas d'ordre. L'excuse ne serait pas suffisante, et, en fait, elle n'est pas fondée. J'ai dit déjà quelles instructions le duc de Nemours, avant de pénétrer dans le Palais-Bourbon, avait données au général Ruhlières, investi du commandement supérieur [1]. Le prince ne s'en tint pas là. De l'intérieur de la salle, il envoya plusieurs officiers de sa suite, dont le capitaine Bro [2], au général Ruhlières, afin de lui renouveler l'ordre « de faire tout au monde pour couvrir la Chambre des députés du côté de la Seine et de la place du Palais-Bourbon, et de protéger à tout prix et par tous les moyens possibles la liberté de la discussion jusqu'à la fin de la séance, en arrêtant les bandes armées qui voudraient se porter sur la Chambre ». M. Bro a raconté lui-même que le général, après avoir écouté cet ordre, le prit par le bras et, l'amenant à hauteur de l'obélisque, lui montra le château : « Regardez! lui dit-il, vous voyez que les Tuileries sont envahies par le peuple... Voilà des bandes qui descendent dans le jardin. Pareille chose va avoir lieu du côté du quai. Retournez auprès du duc de Nemours; vous lui direz que si dans un quart d'heure ou vingt minutes la duchesse d'Orléans et le comte de Paris ne sont pas hors de la Chambre, je ne réponds plus de rien. » Au reçu de cette réponse, le duc de Nemours prescrivit au capitaine Bro de retourner au galop auprès du général Ruhlières et de lui réitérer l'ordre « de défendre la Chambre à tout prix, de faire tout au monde pour la couvrir de tous les côtés »; il ajouta « que le salut du pays en dépendait ». Le duc dit encore : « Prévenez le général Bedeau de cet ordre. » Rencontrant ce dernier au sortir du palais, le capitaine Bro lui fit la commission dont il était chargé; le général objecta que les troupes qui étaient là ne se trouvaient pas sous son commandement. Le capitaine courut ensuite au plus vite auprès du général Ruhlières, qui lui dit avec une sorte de colère : « Cette fois-ci, ce n'est pas au duc de Nemours que vous porterez ma réponse, mais à la duchesse d'Orléans. Vous lui déclarerez que si dans dix minutes, un quart d'heure au plus, elle n'est pas sortie de la Chambre, je ne réponds plus de rien. » Vers le même moment, le général Bedeau envoyait le capitaine Fabar à la recherche de M. Bar-

---

[1] Voir plus haut, p. 501.
[2] Le capitaine Bro est l'auteur du *Journal d'un officier de service aux Tuileries*, publié dans les *Mémoires secrets et témoignages authentiques* de M. DE MARNAY.

rot, pour lui demander si l'ordre d'éviter toute collision tenait toujours. M. Fabar, ne pouvant joindre M. Barrot, pria un député qu'il ne connaissait pas de transmettre au ministre la demande du général. Ce député, qui se trouvait être M. Courtais, prit sur lui de répondre que « les ordres étaient maintenus, et que les troupes devaient s'abstenir de toute intervention ». Le général Bedeau renvoya alors M. Fabar à la Chambre, pour aviser la duchesse d'Orléans de cette situation et l'inviter à se retirer au plus vite avec les troupes [1].

De toutes les défaillances de cette journée, aucune ne montre mieux à quel point les meilleurs esprits étaient troublés, les plus fermes caractères ébranlés. Le général Ruhlières était un très vigoureux vétéran des guerres impériales, le général Bedeau un des premiers entre les « Africains »; et cependant, ayant plusieurs milliers de soldats sous leurs ordres, ils se sont sentis incapables de défendre, contre l'invasion de quelques centaines d'insurgés, l'enceinte législative que le duc de Nemours leur avait prescrit de protéger et où ils savaient que la duchesse d'Orléans jouait la dernière partie de la monarchie. C'est qu'en réalité, depuis qu'on l'avait fait reculer devant l'émeute, en lui donnant pour instruction d'éviter toute collision, l'armée n'existait plus [2].

Quand les envahisseurs, auxquels on avait si bénévolement livré passage, eurent accompli leur œuvre dans la Chambre, que la duchesse d'Orléans fut en fuite et le gouvernement provisoire proclamé, des partisans de la révolution victorieuse vinrent faire observer aux généraux que le maintien des

---

[1] Dans les polémiques rétrospectives auxquelles ont donné lieu ces douloureux événements, on a mis aussi en cause la responsabilité de M. Sauzet. On lui a reproché de n'avoir pas, en sa qualité de président, mis en demeure les généraux de défendre la Chambre, ainsi que plusieurs députés l'avaient pressé de le faire. M. Sauzet a répondu qu'il n'avait pas le droit de requérir les troupes, qu'il ne pouvait que signaler le péril au gouvernement, et qu'il l'avait fait sans rien obtenir.

[2] M. Nisard, traversant, peu auparavant, la place de la Concorde, pour se rendre à la Chambre, avait vu un officier de cavalerie recevoir une pierre envoyée par un émeutier de quinze à seize ans, sans faire un mouvement. « Comment, lui avait-il dit, vous laissez-vous lapider par un gamin? — Que voulez-vous? répondit l'officier, nous n'avons pas d'ordres. »

troupes sur la place de la Concorde et autour du Palais-Bourbon n'avait plus de raison d'être, et ils les pressèrent de les congédier. Les généraux se rendirent à cet avis et donnèrent l'ordre aux divers corps de retourner à leurs quartiers. Cette retraite ne put même pas s'opérer en bon ordre. Plusieurs détachements, enveloppés et pénétrés par la foule, furent rompus et désarmés.

A peu près au même moment, des scènes analogues se produisirent partout où des troupes se trouvaient encore réunies. Ce fut au Panthéon, occupé par la colonne du général Renault, que les choses se passèrent le moins mal. Ce général, dont les communications étaient coupées depuis le matin, avait massé ses soldats derrière les grilles du monument, pour éviter le contact avec la foule, et faisait assez bonne contenance. Aux médiateurs officieux qui le pressaient de se retirer, il répondait ne pouvoir abandonner sans ordre la position qui lui était confiée. Vers deux heures, cependant, informé de la situation générale, il céda. Formées en colonnes serrées, ses troupes purent être ramenées dans les casernes du voisinage. Mais bientôt, malgré les protestations du général et des colonels invoquant l'honneur militaire, le peuple envahit les casernes et se fit livrer les armes.

A la Préfecture de police se trouvaient douze à quinze cents hommes de troupes, dont quatre cents gardes municipaux, sous le commandement du général de Saint-Arnaud, qui, comme les autres chefs de corps, avait ordre d'éviter toute hostilité. Vers midi, pour soustraire ses soldats aux fraternisations populaires dont la colonne du général Sébastiani donnait, de l'autre côté de la Seine, le triste exemple, il avait fait évacuer tous les abords et s'était renfermé dans l'enceinte des bâtiments. Le peuple et les gardes nationaux enveloppèrent alors la Préfecture, menaçant de l'attaquer si elle ne leur était livrée. Les municipaux s'offraient à balayer les assaillants; mais ni le préfet de police, ni le général n'osaient le leur permettre. Après de longs pourparlers, M. Delessert consentit, vers trois heures, à livrer ses bureaux à la garde nationale, et s'en alla à la recherche du gouvernement, dont il n'avait plus aucune nouvelle. Le général de Saint-Arnaud traita alors de la retraite de ses troupes. Le peuple exigeait le désarmement des gardes municipaux : ces braves gens s'y refusaient ; enfin, pressés par le général, ils cédèrent et brisèrent eux-mêmes avec rage leurs fusils et leurs sabres. Les troupes de ligne avaient conservé les leurs ; mais plusieurs détachements, en se retirant, se les laissèrent prendre par la foule. Quant aux municipaux désarmés, ils furent divisés en deux pelotons : l'un d'eux parvint sans trop d'encombre à la mairie du 11e arrondissement, où il fut dissous ; l'autre, sorti avec d'autres troupes sous la conduite du général de Saint-Arnaud, fut lâchement fusillé par une bande d'émeutiers sur le quai de Gèvres ; les hommes s'enfuirent et se dispersèrent, non sans laisser quelques-uns des leurs sur le pavé. Le général, renversé de son cheval, assailli par une foule furieuse, dut chercher un refuge à l'Hôtel de ville.

Sauf les troupes demeurées à l'École militaire qui se trouvait jusqu'à présent hors du cercle d'action de l'émeute, l'armée de Paris était disssoute. Le gouvernement n'avait plus aucune force sous la main. Du gouvernement lui-même que restait-il ? Après l'envahissement de la Chambre, M. Odilon Barrot est retourné au ministère de l'intérieur, suivi de quelques amis ; il voulait tenter, avec la garde nationale, un dernier effort en faveur de la régence. Il écrit dans ce sens à plusieurs maires, notamment à celui du 2e arrondissement, M. Berger, sur lequel il comptait d'une façon toute particulière, et dont l'élection récente à la Chambre des députés avait été regardée comme un triomphe de la gauche dynastique. En même temps, le général de La Moricière, qui vient de retrouver sa liberté, toujours plein d'ardeur malgré sa blessure, court à la 10e et à la 11e légion. Tout échoue ; M. Berger répond « qu'il ne reconnaît plus d'autre gouvernement que celui de l'Hôtel de ville ». En même temps, deux anciens alliés de M. Barrot dans la campagne des banquets, MM. Marie et Carnot, arrivent au ministère de l'intérieur pour en prendre possession et annoncer la révolution aux départements. M. Barrot repousse honnêtement les nouvelles offres qu'ils lui font d'entrer dans le gouvernement provisoire. Triste, abattu, voyant peut-être clair pour la première fois dans les conséquences de sa politique, il quitte ce ministère où il a eu quelques heures de popularité, mais pas une minute de pouvoir, et il se rend à l'hôtel des Invalides.

La duchesse d'Orléans s'y trouve depuis qu'elle a quitté la Chambre des députés. A son arrivée, le gouverneur, le maréchal Molitor, malade, inquiet, ne lui a pas caché l'impossibilité où il était de la protéger. « N'importe, a-t-elle répondu, ce lieu est bon pour y mourir, si nous n'avons pas de lendemain ; pour y rester, si nous pouvons nous y défendre. » Le duc de Nemours l'a bientôt rejointe. Tous deux se consultent avec leurs amis. Y a-t-il moyen de tenter un retour dans Paris? On envoie aux informations. La duchesse d'Orléans est prête aux résolutions les plus hardies. Mais les nouvelles qui arrivent sont absolument décourageantes; les émeutiers commencent à se douter que la princesse est aux Invalides, et il est question de venir l'y attaquer. « Y a-t-il quelqu'un ici, demande-t-elle, qui me conseille de rester? Tant qu'il y aura une personne, une seule qui sera d'avis de rester, je resterai. Je tiens à la vie de mon fils plus qu'à sa couronne ; mais si sa vie est nécessaire à la France, il faut qu'un roi, même un roi de neuf ans, sache mourir. » Vers six heures, arrive M. Barrot, qui confirme les mauvaises nouvelles, conseille de quitter sans retard une retraite qui n'est plus sûre et engage la duchesse d'Orléans à se retirer à peu de distance de Paris, pour attendre les événements. Cédant à cet avis, elle quitte à pied l'hôtel des Invalides, au bras de M. de Mornay; le comte de Paris la suit à quelques pas, donnant la main à M. Jules de Lasteyrie ; le duc de Nemours vient derrière, ne les perdant pas de vue. On s'arrête quelques instants rue de Monsieur, chez le comte de Montesquiou. Puis la duchesse et son fils montent en voiture avec M. de Mornay, pour gagner le château de Bligny, situé près de Limours. La dernière parole de la princesse à ses amis a été : « Sur un mot, demain ou dans dix ans, je reviens ici. » Le duc de Nemours, demeuré seul, sans asile, accepte l'hospitalité de M. Biesta, rue de Madame : il y va occuper la chambre où un républicain, M. Pagnerre, était venu chercher un abri la nuit précédente.

XV

La royauté de Juillet est donc bien définitivement vaincue. Et maintenant faut-il suivre les vainqueurs à l'Hôtel de ville ? Faut-il les montrer se débattant au milieu de l'anarchie tumultueuse dont ils sont nés et qu'ils ne peuvent dominer ? Faut-il raconter l'impudente usurpation par laquelle ils imposent à la France, qui n'y songeait guère et qui n'en voulait certainement pas, la république exigée par quelques braillards de la place de Grève ? Non, ce serait commencer l'histoire d'un autre régime. La tâche que je me suis imposée prend fin avec la chute de la monarchie. Il suffira d'indiquer, à titre d'épilogue, ce que sont devenus, à la suite de cette catastrophe, les membres de la famille royale.

La duchesse d'Orléans resta deux jours au château de Bligny. Ce fut seulement le samedi que son second fils, encore malade, lui fut ramené. M. de Mornay lui apporta, le même jour, un passeport pour l'Allemagne et l'avis de partir immédiatement. Elle ne s'y décida pas sans résistance. En franchissant la frontière, elle fondit en larmes. Comme M. de Mornay pleurait aussi : « Nos larmes sont bien différentes, lui dit-elle : vous pleurez de joie de nous avoir sauvés ; je pleure de douleur de quitter la France, cette France sur qui j'appelle toutes les bénédictions du ciel. En quelque lieu que je meure, qu'elle sache bien que les derniers battements de mon cœur seront pour elle [1]. » Le duc de Nemours, conduit par MM. Biesta et

---

[1] Le 25 février, un légitimiste ardent, mais de caractère chevaleresque, le baron Hyde de Neuville, vint trouver le comte de Laubespin et lui déclara qu'il se met-

d'Aragon, qui le firent passer pour leur secrétaire, quitta Paris le 25 au soir, et s'embarqua à Boulogne dans la nuit du 26 au 27 [1].

De toute la famille royale, Louis-Philippe et Marie-Amélie furent ceux qui parvinrent le plus difficilement à atteindre le sol étranger. Arrivés à Saint-Cloud vers deux heures, le 24 février, ils repartaient une heure après pour Trianon, et de là pour Dreux, où ils couchaient : la Reine avait tenu à passer par cette ville, pour prier sur la tombe de ses enfants. Croyant la régence établie, le Roi comptait se rendre au château d'Eu. Mais, le 25 au matin, il apprend que la régence a été, elle aussi, emportée par la révolution, et que la république est proclamée. Il décide alors de gagner incognito une petite maison, pour le moment inhabitée, sise sur la côte de Grâce, près Honfleur, et appartenant à M. de Perthuis, gendre du général Dumas : de là, il cherchera à s'embarquer pour l'Angleterre. Afin d'attirer moins l'attention, on se divise [2]. Tandis que le duc de Montpensier, la duchesse de Nemours et ses enfants se dirigent sur Granville et Jersey, le Roi et la Reine, sous le nom de M. et Mme Lebrun, accompagnés du général de Rumigny, prennent, dans une berline de louage, la route de Honfleur. Un peu avant Évreux, les fugitifs trouvent asile, durant quelques instants, dans la demeure d'un agent des forêts royales. Là, on juge plus prudent de modifier les conditions du voyage : le Roi monte dans un cabriolet avec un fermier, tandis que la Reine reste dans la berline. Ils roulent toute

---

tait à la disposition de la duchesse d'Orléans pour l'aider à sortir de France : il avait préparé dix mille francs pour subvenir aux frais du voyage. Il pensait que sa notoriété légitimiste et son hostilité connue contre la famille d'Orléans couvriraient bien l'incognito de la princesse. M. de Laubespin fit connaître cette proposition à la comtesse d'Oraison.

[1] En revenant à Paris, MM. Biesta et d'Aragon firent route avec le prince Louis Bonaparte, qui avait quitté l'Angleterre à la nouvelle de la révolution. Étrange retour des choses humaines : après le 4 septembre 1870, le prince impérial, débarquant à Douvres, se croisait et échangeait un salut avec le duc de Chartres qui partait pour la France, impatient de mettre au service de sa patrie envahie l'épée de Robert le Fort.

[2] Déjà, la veille au soir, à Trianon, le duc et la duchesse de Cobourg s'étaient séparés du Roi.

la nuit, sans cesse en crainte d'être reconnus, et arrivent, épuisés de fatigue, le 26 au matin, dans la maison de M. de Perthuis. Plusieurs jours sont employés sans succès à chercher un moyen de passer en Angleterre. On s'est d'abord adressé au capitaine de l'*Express,* paquebot anglais faisant le service du Havre à Southampton ; mais il ne s'est pas cru autorisé à donner son concours. Des négociations ont été ensuite engagées pour la location d'un bateau de pêche à Trouville : le mauvais état de la mer et d'autres contretemps font échouer tous les projets. Le Roi, qui s'est rendu à Trouville, a été sur le point d'y être découvert et a dû s'en échapper de nuit. Chaque jour qui s'écoule rend la situation plus dangereuse ; des personnes auxquelles il a fallu s'ouvrir, aucune n'a trahi ; mais tant de démarches insolites éveillent les soupçons. Grands sont donc le découragement et l'angoisse dans la petite maison de la côte de Grâce, quand, le jeudi 2 mars, un étranger s'y présente : c'est le vice-consul de Grande-Bretagne au Havre qui vient, de la part de son gouvernement, mettre l'*Express* à la disposition du Roi. Le soir venu, celui-ci se rend au Havre avec la Reine, et, sous la conduite du consul anglais, s'embarque immédiatement sur l'*Express.* A ce moment, un agent du port reconnaît le Roi, mais il n'est plus temps, le navire a démarré. Le 3 mars au matin, Louis-Philippe débarque à Newhaven ; le 4, il s'installe au château de Claremont, où viennent le rejoindre tous ceux des siens qui l'ont précédé sur la terre d'Angleterre.

Deux de ses fils manquaient cependant à cette réunion : c'étaient le prince de Joinville et le duc d'Aumale. On sait qu'ils se trouvaient à Alger, au moment de la révolution. Ce ne fut pas, pendant quelques jours, le moindre souci du gouvernement provisoire, de savoir ce que feraient ces deux jeunes princes, vaillants, populaires, et dont l'un avait sous ses ordres, en Afrique, une armée de cent mille hommes. Les premières nouvelles annonçant les troubles de Paris, l'abdication du Roi, l'établissement de la régence, parvinrent à Alger le 27 février. Deux jours après, le 1er mars, on y apprenait l'établissement du gouvernement provisoire et la proclamation de la république. Enfin, le 2 mars, le duc d'Aumale était informé que, proscrit avec toute sa famille, il avait pour successeur au gouvernement de l'Algérie le général Cavaignac; en attendant l'arrivée de ce dernier, il devait remettre le commandement au général Changarnier. Le prince décida aussitôt de partir le lendemain. Dans le port, se trouvait l'aviso *le Solon,* qui avait été mis à sa disposition et à celle de son frère pour leurs promenades de plaisance. Le commandant de ce bâtiment, le capitaine Charles Jaurès, très dévoué aux princes, vint leur déclarer qu'il était prêt à les transporter où ils voudraient : ils demandèrent à être conduits en Angleterre. Avant de résigner ses fonctions, le duc d'Aumale, préoccupé avant tout des intérêts de la France, écrivit au nouveau ministre de la guerre, dont il ne savait même pas le nom, une lettre où il l'informait des concentrations de troupes qu'il avait préparées sur le littoral algérien en vue d'une guerre européenne [1]. « La France, ajoutait-il, peut compter sur son armée d'Afrique. Elle trouvera ici des troupes disciplinées, braves, aguerries... J'avais espéré partager leurs dangers et combattre avec elles pour la patrie... Cet honneur m'est enlevé; mais, du fond de l'exil, tous mes vœux seront pour la gloire et le bonheur de la France. » Le prince adressa aux colons et à l'armée deux proclamations inspirées des mêmes sentiments.

Le 3 mars, au matin, le général Changarnier et, à sa suite, tous les fonctionnaires vinrent au palais du gouvernement saluer les princes. Ceux-ci se mirent en route pour le port. Le duc d'Aumale marchait en tête, après lui le prince de Joinville donnant le bras à la duchesse d'Aumale, enfin le général Changarnier avec la princesse de Joinville. Les troupes faisaient la haie et portaient les armes. Malgré la pluie froide qui tombait, les colons, les Arabes étaient venus en foule témoigner leur sympathie respectueuse et attristée. Le duc d'Aumale était

---

[1] Voir plus haut, p. 322.

obligé de s'arrêter, à chaque pas, pour serrer les mains qui lui étaient tendues. Parmi les officiers, les soldats, les habitants, beaucoup ne pouvaient retenir leurs larmes. Au moment où le cortège arriva sur le quai d'embarquement, l'artillerie de terre et de mer, par ordre exprès du général Changarnier, tira le salut royal. Les princesses laissèrent échapper leurs sanglots, en descendant dans le canot que, par un dernier hommage, on avait rempli de fleurs. Une demi-heure après, le *Solon* s'éloignait dans la direction de Gibraltar. Il s'arrêta quelques jours à Cadix et à Lisbonne, puis débarqua les princes, le 21 mars, en Angleterre. Seuls de leur famille, ils avaient pu gagner la terre d'exil à visage découvert et sous pavillon français.

XVI

Ainsi a disparu cette monarchie qui, tout à l'heure encore, semblait si bien assise. Elle est tombée, sans que sa chute ait été préparée ou provoquée par quelque événement intérieur ou extérieur, tel que les ordonnances de Juillet en 1830 ou la défaite de Sedan en 1870. Elle a été vaincue, sans qu'il y ait eu bataille, car certes on ne peut donner ce nom aux échauffourées partielles qui, en trois jours, n'ont coûté la vie qu'à 72 soldats et 289 émeutiers. Un effet sans cause, a-t-on pu dire. Aucune histoire ne laisse une impression plus triste, et je ne vois pas quel parti y trouverait sujet de s'enorgueillir. Heures humiliantes et vraiment maudites, où les plus vives intelligences sont obscurcies, les plus fermes caractères ébranlés, les plus pures renommées ternies ; où personne, pas plus dans un camp que dans l'autre, ne sait ce qu'il fait ni ne fait ce qu'il veut ; où, chez les individus comme dans les masses, tout est aveuglement ou défaillance. Ces misères, je les ai mises à nu à mesure que je les rencontrais : je n'ai aucun goût à y revenir, pour en dresser le long catalogue et y trouver la preuve que presque tout le monde a failli. J'aimerais mieux pouvoir les couvrir par l'excuse du trouble général.

Est-ce à dire qu'à mes yeux toutes les fautes soient égales ? Non : il en est qui ont été plus néfastes que d'autres. Du côté du pouvoir, la faute capitale a été sans contredit le changement du ministère en pleine émeute. Tout ce qui a suivi — l'ordre de cesser la lutte armée, les défaillances des généraux et la démoralisation du soldat, l'absence de tout gouvernement, les Tuileries ouvertes aux conseillers les moins autorisés et les plus suspects, l'abdication, le désarroi de la Chambre, le libre passage laissé aux envahisseurs du Palais-Bourbon — n'a été que la conséquence logique, fatale, de cette première faute. Du côté adverse, également, il est facile de dire où sont les principaux coupables. Dans l'opposition parlementaire, il serait puéril de s'en prendre aux radicaux qui suivaient leur voie ; les coupables sont les dynastiques qui, contre leurs convictions et leurs intérêts, sans la justification d'une grande cause à défendre, par impatience de renverser le ministère, ont contracté des alliances, employé des moyens d'attaque, provoqué des agitations, par lesquels la monarchie elle-même se trouvait mise en péril. Si, du Parlement, on descend dans la rue, ce n'est pas contre les tapageurs de profession qu'il faut s'indigner, — ils étaient dans leur rôle, et, d'ailleurs, livrés à eux-mêmes, ils n'eussent rien pu ; — c'est contre cette garde nationale qui, par sottise encore plus que par passion, a protégé, enhardi l'émeute, découragé, désorganisé la défense. L'opposition dynastique avait préparé la révolution ; la garde nationale l'a faite ; aucune d'elles ne la prévoyait ni ne la voulait.

D'ordinaire, toute révolution est suivie d'une période plus ou moins longue d'illusions. Après celle de février 1848, rien de pareil. Le sentiment qui domine dans le pays, c'est la consternation [1]. On se soumet, sans doute, au fait accompli,

---

[1] On peut invoquer à ce propos le témoignage peu suspect de deux membres du gouvernement provisoire. M. Louis Blanc a écrit que « les départements avaient appris l'avènement de la république avec une sorte de stupeur ». M. de Lamar-

avec une facilité et une promptitude qui prouvent combien l'habitude des changements de gouvernement a détruit tout point d'honneur de fidélité ; mais on le fait tête basse, cœur serré ; jamais victoire populaire n'a eu un lendemain plus morne, plus lugubre. Et ce n'est pas chez ceux que je signalais tout à l'heure comme les principaux auteurs de cette révolution, — dans l'opposition dynastique ou dans la garde nationale, — que cette tristesse et cette angoisse sont le moins visibles. Ils ont l'air penaud et désolé d'enfants ayant brisé par mégarde le jouet qu'ils maniaient trop rudement. Cette consternation si générale n'est-elle pas la manifestation la plus significative du regret — faut-il dire du remords — qu'éveillait chez tous la chute de la monarchie ?

J'ose dire qu'avec le temps ce regret ne s'est pas affaibli. Non, sans doute, qu'on ait cessé d'apercevoir, à distance, ce qui pouvait manquer à la monarchie de Juillet, — et l'on me rendra cette justice que, pour ma part, je n'ai cherché à voiler aucune de ses faiblesses organiques ou de ses fautes de conduite ; — non surtout que personne puisse aujourd'hui songer à restaurer de toutes pièces un régime qui ne s'adapterait plus à un état social radicalement changé ; mais, mieux que jamais, on se rend compte que ces dix-huit années ont été, pour la France, une époque heureuse et honorable, époque de scrupuleuse légalité, de liberté sage, de prospérité économique, de diplomatie habile et prudente. Il ne se trouve plus personne pour prendre au sérieux les déclamations de l'opposition d'alors sur le pouvoir personnel de Louis-Philippe ou sur les humiliations de sa politique étrangère ; n'a-t-on pas vu depuis ce que sont un vrai pouvoir personnel et une réelle humiliation extérieure ? Quant aux maladies sociales ou morales dont le pays avait, en effet, souffert sous la monarchie de Juillet, on ne voit pas qu'elles aient été guéries sous les régimes suivants ; elles ont été plutôt aggravées. De même, des grands problèmes qu'on

---

tine, parlant des premiers jours qui ont suivi la révolution, leur a reconnu « un caractère de trouble, de doute, d'horreur et d'effroi qui ne se présenta peut-être jamais au même degré dans l'histoire des hommes ».

reproche au gouvernement du roi Louis-Philippe de n'avoir pas su résoudre, on cherche vainement quel est celui dont ses successeurs se sont tirés plus heureusement. On critiquait le « parlementarisme » d'alors ; préfère-t-on celui d'aujourd'hui ? On blâmait le régime censitaire de n'avoir pas fait à la démocratie sa part ; estime-t-on qu'on soit mieux fixé maintenant sur ce que doit être cette part, et a-t-on beaucoup gagné à se précipiter à l'aveugle dans la voie où, avant 1848, on s'engageait trop timidement ?

C'est qu'en effet, pour apprécier équitablement un gouvernement, le mieux est de le rapprocher de ceux qui l'ont précédé ou suivi. A le considérer seul, on risque d'être trop exclusivement frappé par les imperfections qui sont la condition inévitable de toute œuvre humaine et, encore plus, de toute œuvre politique. Je me permets donc de recommander cette méthode de rapprochement à ceux qui, de la lecture de ce livre, auraient surtout emporté l'impression des fautes commises. Je crois leur avoir fourni l'un des éléments de la comparaison à faire, en leur présentant un exposé sincère des événements accomplis de 1830 à 1848 ; ils trouveront ailleurs l'histoire des autres périodes. A eux ensuite de conclure. Je me bornerai seulement à leur indiquer le criterium auquel ils pourraient se rattacher. D'ordinaire, c'est par la fin qu'on juge une entreprise ; or, les gouvernements qui se sont succédé en France, dans ce siècle, monarchies, empires, républiques, ont tous échoué ; pas un qui ne soit tombé à son tour. On ne saurait donc leur demander ce qu'ils sont devenus eux-mêmes ; mais ne peut-on pas leur demander ce qu'est devenue la France en leurs mains, dans quel état ils l'ont laissée à l'heure de leur chute ? Je ne pense pas que la monarchie de Juillet ait à redouter une question ainsi posée. Elle a laissé, en tombant, une nation ayant contracté l'habitude et pris le goût de la liberté réglée dont la Restauration lui avait fait commencer l'apprentissage. Elle a laissé un pays riche, dont quelques embarras budgétaires passagers n'empêchaient pas le rapide développement économique, dont toutes les forces productives, prudemment ménagées, étaient demeurées intactes, et qui avait préparé les progrès de l'avenir sans le grever. Enfin, au point de vue de la grandeur nationale, le principal après tout, elle peut montrer avec plus de confiance encore le résultat de ses dix-huit années : l'Algérie conquise ; les traités de 1815 annulés dans une de leurs clauses les plus directement hostiles à la France, par la dislocation du royaume des Pays-Bas et par l'érection, sous notre patronage, d'un royaume belge, indépendant et neutre ; à la suite et comme le prolongement de la Belgique, toute une ceinture d'États constitutionnels, nos clients naturels, se formant ou se préparant sur nos frontières, en Allemagne, en Italie, en Espagne ; la vieille coalition définitivement dissoute ; les grandes puissances continentales, naguère les plus méfiantes et les plus arrogantes à notre égard, cherchant notre concours, presque notre protection, disposées à marcher derrière nous et à nous laisser le premier rôle en Europe ; pour soutenir ce rôle, une armée nombreuse, aguerrie à l'école d'Afrique, bien munie, bien commandée, n'ayant alors nulle part son égale ; et tous ces résultats obtenus sans avoir une seule fois troublé la paix où le monde se reposait des secousses du commencement du siècle. Voilà, ce me semble, des bienfaits dont, aujourd'hui surtout, nous sentons le prix. Le gouvernement qui peut s'honorer d'avoir laissé la France en pareille position ne doit pas, — quels qu'aient pu être d'ailleurs ses fautes ou ses malheurs, — être inquiet du jugement qui sera porté sur lui.

FIN DU TOME SEPTIÈME

TABLE DES MATIÈRES

LIVRE VII

LA CHUTE DE LA MONARCHIE.
(1847-1848)

                                      Pages.

CHAPITRE PREMIER. — UNE SESSION MALHEUREUSE (mars-août 1847). . . . .

    I. Ébranlement de la majorité. Les conservateurs progressistes. M. Duvergier de Hauranne et sa proposition de réforme électorale. Elle est repoussée à une grande majorité. La réforme parlementaire est écartée à une majorité moins forte.   2

   II. Le gouvernement avait-il raison de se refuser absolument à toute réforme? Il est accusé d'un parti pris d'immobilité. Le Roi est pour beaucoup dans cette immobilité. Lassitude de M. Duchâtel. Il désire que le ministère cède la place à d'autres.   12

  III. Échecs infligés par la Chambre à plusieurs ministres. On reconnaît la nécessité de remplacer trois d'entre eux. Affaiblissement résultant de cette crise partielle.   20

  IV. La mauvaise récolte. Désordres amenés par la crainte de la disette. Embarras monétaires. Trouble jeté dans les affaires de chemins de fer. Contre-coup sur les finances de l'État. Conséquences politiques de ce malaise économique.   25

   V. Projet de M. de Salvandy sur l'enseignement secondaire. Son avortement. M. de Montalembert et M. Guizot à la Chambre des pairs. .   35

  VI. L'apologétique révolutionnaire. Les histoires de MM. Louis Blanc et Michelet. Les *Girondins* de Lamartine. État d'esprit de l'auteur. Caractère du livre. Effet produit par sa publication.   41

 VII. La campagne de corruption. Premières révélations sur l'affaire Cubières. Dénonciations de M. de Girardin et débats qui en résultent. Vote des « satisfaits ».   51

VIII. Mise en accusation de MM. Teste, Cubières, Pellapra et Parmentier. Le procès. M. Teste convaincu de son crime. Condamnation. . .   59

  IX. Effet produit dans le public par le procès Teste. M. Guizot s'explique, à la Chambre des pairs, sur l'accusation de corruption.   68

   X. La session finit tristement. Gémissement des amis du cabinet. Cause et caractère du mal.   73

CHAPITRE II. — LA CAMPAGNE DES BANQUETS (juillet-décembre 1847). . . .   78

    I. L'opposition veut provoquer dans le pays une agitation sur la ques-

tion de la réforme. Alliance des dynastiques et des radicaux. On décide de lancer une pétition et d'organiser un banquet. 78
II. Le banquet du Château-Rouge. Les discours. Omission du toast au Roi. 83
III. Banquet de Mâcon offert à M. de Lamartine, pour célébrer le succès des *Girondins*. Le cri de la réforme paraît être sans écho dans le pays. 87
IV. Assassinat de la duchesse de Praslin. Effet produit sur l'opinion. Suicide du duc de Praslin. Rapport de M. Pasquier. Tristesse et inquiétude générales. Pressentiments de révolution. M. Guizot président du conseil. 90
V. Les banquets deviennent plus nombreux à partir de la fin de septembre. Caractère factice de cette agitation. Les radicaux prennent de plus en plus la tête du mouvement. Manifestations socialistes. Certains opposants se tiennent à l'écart. Attitude de M. Thiers. . . 100
VI. M. Ledru-Rollin au banquet de Lille. M. Barrot obligé de se retirer. Les opposants dynastiques continuent cependant leur campagne. Banquets d'extrême gauche. Les dynastiques, maltraités par les radicaux extrêmes, sont abandonnés par les radicaux parlementaires. Le banquet de Rouen. Impossibilité de continuer la campagne. Elle est interrompue par l'ouverture de la session. Conclusion. 106

CHAPITRE III. — LA FRANCE ET L'ANGLETERRE EN ESPAGNE, EN GRÈCE, EN PORTUGAL ET SUR LA PLATA (1847-1848). 115
I. Hostilité persistante de lord Palmerston. Le duc de Broglie ambassadeur à Londres. Sa façon de traiter avec lord Palmerston. . . . 115
II. Attitude volontairement réservée du gouvernement dans les affaires espagnoles. Intrigues de Bulwer et scandales du palais de Madrid. Précautions prises par M. Guizot contre un divorce de la Reine. Retour de Narvaez au pouvoir. Échec de la diplomatie anglaise. . . 122
III. En Grèce, lord Palmerston cherche à renverser Colettis. Difficultés qu'il lui suscite. Le gouvernement français défend le ministre grec. Habileté de Colettis. Sa mort. Attitude plus réservée de la diplomatie française. 134
IV. La guerre civile en Portugal. Lord Palmerston, après avoir repoussé la coopération de la France, est obligé de l'accepter. A la Plata, le plénipotentiaire anglais dénonce arbitrairement l'action commune avec la France. Lord Palmerston, qui avait d'abord approuvé son agent, est contraint de le désavouer. 143

CHAPITRE IV. — LA FRANCE ET LES AGITATIONS EN EUROPE (1847-1848). . . 149
I. Les agitations en Europe, au commencement de 1847. C'est pour le gouvernement français l'occasion d'un grand rôle. Comment il est amené à se rapprocher de l'Autriche et à lui proposer une entente. Rapports directs entre M. Guizot et M. de Metternich. Cette évolution convenait-elle à la situation faite à la France?. 150
II. Fermentation libérale en Allemagne. État d'esprit complexe et troublé de Frédéric-Guillaume IV. Ses rapports avec M. de Metternich. Il convoque une diète des États du royaume. Impulsion ainsi donnée au mouvement libéral et unitaire en Allemagne. M. Guizot comprend le danger qui en résulte pour la France. Il provoque sur ce point une entente avec l'Autriche. Ombrages de la presse allemande. Le public français moins clairvoyant que son gouvernement. . . . 161

TABLE DES MATIÈRES. 533

III. Les menées des radicaux en Suisse. Lucerne appelle les Jésuites. Attaque des corps francs contre Lucerne. Le gouvernement français se refuse aux démarches comminatoires demandées par le cabinet de Vienne. Constitution du Sonderbund. Le gouvernement français persiste à repousser les mesures pouvant conduire à une intervention armée. Conseils qu'il fait donner à la Suisse. Les radicaux finissent par conquérir la majorité dans la diète fédérale. 172

IV. Violents desseins des radicaux suisses. La France écarte une fois de plus les propositions de l'Autriche. Elle essaye, sans succès, d'amener l'Angleterre à tenir le même langage qu'elle à Berne. La diète décrète l'exécution fédérale contre le Sonderbund. 181

V. L'Europe va-t-elle laisser faire les radicaux? En réponse à une ouverture venue de Londres, M. Guizot propose aux puissances d'offrir leur médiation, et leur soumet un projet de note. Lord Palmerston, après avoir fait attendre sa réponse, rédige un contre-projet. Le gouvernement français consent à le prendre en considération. Il obtient de lord Palmerston certaines modifications de rédaction et fait adopter ce contre-projet amendé par les représentants des puissances continentales. Pendant ce temps, le Sonderbund est complètement vaincu par l'armée fédérale. La diplomatie anglaise a pressé sous main les radicaux d'agir. Lord Palmerston estime qu'il n'y a plus lieu de remettre la note. Triomphe insolent des radicaux. La France n'a pas fait jusqu'alors une brillante campagne. 185

VI. Les puissances continentales, désireuses de prendre leur revanche en Suisse, attendent l'initiative de la France. M. Guizot comprend l'importance du rôle qui lui est ainsi offert. Il est résolu à le remplir, malgré les hésitations qui se manifestent autour de lui. Il renonce à la conférence et la remplace par une note concertée et une entente générale avec les cours continentales. Le comte Colloredo et le général de Radowitz sont envoyés en mission à Paris. Leur accord avec M. Guizot. Isolement de l'Angleterre. La note est remise à la diète suisse, et l'on se réserve de décider ultérieurement les autres mesures à prendre. En février 1848, la direction de l'action européenne en Suisse est aux mains de la France. . . . 203

VII. L'Italie, qui paraissait sommeiller depuis 1832, commence à se réveiller avec les écrits de Gioberti, Balbo et d'Azeglio. Élection de Pie IX. L'amnistie. Effet produit à Rome et dans toute la Péninsule. Dangers résultant de l'inexpérience du Pape et de l'excitation de la population. Premières réformes accomplies à Rome. Leur contre-coup en Italie. Le mouvement en Toscane. Charles-Albert, son passé, ses sentiments, son caractère. Son impression à la nouvelle des premières mesures de Pie IX. 219

VIII. Politique du cabinet français en face du mouvement italien. Il veut empêcher à la fois que ce mouvement ne s'arrête devant la résistance réactionnaire et qu'il ne dégénère sous la pression révolutionnaire. Ses conseils au gouvernement pontifical. Il cherche à constituer en Italie un parti modéré. Il met en garde les Italiens contre le danger d'un bouleversement territorial et d'une attaque contre l'Autriche. La France et l'Autriche dans la question italienne. Dans quelle mesure et sur quel terrain elles pouvaient se rapprocher. M. Guizot expose à la tribune sa politique. 230

IX. Occupation de Ferrare par les Autrichiens. Effet produit à Rome et dans le reste de la Péninsule. Embarras qui en résulte pour la politique du gouvernement français. Ses conseils à Vienne et à Rome. Il est assez bien écouté à Vienne. En Italie, au contraire, les esprits se montent contre lui. Comment M. Guizot répond à cette ingratitude. Contre-coup sur l'opinion en France. M. Guizot et le prince de Joinville. Arrangement de l'affaire de Ferrare. 244

X. Lord Palmerston excite les Italiens contre la France. Au fond, cependant, il ne veut pas faire plus que nous contre l'Autriche. Mission de lord Minto. 265

XI. L'excitation croissante des esprits n'est pas favorable au mouvement sagement réformateur. Pie IX réunit la Consulte d'État. Conseils du gouvernement français. Scènes de désordres à Rome. Situation inquiétante de la Toscane. En Piémont, Charles-Albert accorde des réformes, mais s'effraye de l'agitation qu'elles provoquent. M. de Metternich voit les choses très en noir et se tourne de plus en plus vers la France. Le cabinet de Paris se prépare à intervenir. 272

XII. L'agitation dans le royaume des Deux-Siciles. Ferdinand II accorde une constitution. Le roi de Sardaigne et le grand-duc de Toscane obligés de suivre son exemple. Embarras du Pape. Sages conseils de notre diplomatie. Action contraire de la diplomatie anglaise. La Prusse et la Russie prennent une attitude menaçante envers l'Italie. L'Autriche se plaint de lord Palmerston et se loue de M. Guizot. Position de la France dans les affaires italiennes au moment où la révolution de Février vient tout bouleverser. Conclusion générale sur la politique étrangère de la monarchie de Juillet à la veille de sa chute. 285

CHAPITRE V. — LE DUC D'AUMALE GOUVERNEUR DE L'ALGÉRIE (1847-1848). . . 304

I. Le duc d'Aumale et le maréchal Bugeaud. Attaques contre la nomination du prince au gouvernement de l'Algérie. Ses rapports avec Changarnier, La Moricière et Bedeau. Ce qu'il fait pour l'administration civile de l'Algérie et pour le gouvernement des indigènes. . 304

II. Les hostilités éclatent entre l'empereur du Maroc et Abd el-Kader. L'émir, vaincu, engage les siens à se soumettre à la France. Après avoir essayé de gagner le désert, il prend le parti de se rendre à La Moricière. Conditions de la reddition. Le duc d'Aumale les approuve. Ses entrevues avec l'émir. Hommage rendu par le duc d'Aumale au maréchal Bugeaud. L'engagement pris envers Abd el-Kader est critiqué en France. Attitude du gouvernement en présence de cet engagement. Il se décide à le ratifier, sauf à obtenir certaines garanties nécessaires à la sécurité de la colonie. Grand effet produit en Algérie par la reddition d'Abd el-Kader. Projets du duc d'Aumale. 310

CHAPITRE VI. — LA DERNIÈRE SESSION (décembre 1847, février 1848). . . . 323

I. Malaise des esprits. N'aurait-il pas mieux valu changer le cabinet? Le Roi rebute ceux qui lui donnent ce conseil. Madame Adélaïde. La famille royale. Raisons pour lesquelles M. Guizot ne veut pas quitter le pouvoir. Sa conversation avec le Roi. État d'esprit de M. Duchâtel. Les opposants ne croient pas à la possibilité d'une révolution. 323

II. Le discours du trône. Irritation de l'opposition. La majorité paraît compacte. 342

TABLE DES MATIÈRES.

Pages.

III. L'adresse à la Chambre des pairs. Le débat sur l'Italie. M. Guizot expose sa politique. Le débat sur la Suisse. Discours de M. de Montalembert. 345

IV. A la Chambre des députés, attaque sur l'affaire Petit. Réponse de M. Guizot. 354

V. L'adresse au Palais-Bourbon. La question budgétaire. M. Thiers et M. Duchâtel. Quelle est la véritable situation des finances? Le bilan du règne. 358

VI. L'amendement sur la question de moralité. Discours de M. de Tocqueville. Discussion scandaleuse 364

VII. Le débat sur les affaires étrangères. Dans la question italienne, M. Guizot a un avantage marqué sur M. Thiers. Discours révolutionnaire de M. Thiers sur la Suisse. Fatigue de M. Guizot. L'opposition le croit physiquement abattu. Il parle avec un succès éclatant sur la nomination du duc d'Aumale. 369

VIII. La question de la réforme. Beaucoup de conservateurs voudraient qu'on « fît quelque chose ». Le projet de banquet du XIIe arrondissement. Défis portés, à la tribune, par les opposants. Réponses de M. Duchâtel et de M. Hébert. Les amendements Darblay et Desmousseaux de Givré. L'article additionnel de M. Sallandrouze. Déclaration un peu ambiguë de M. Guizot. Il a agi malgré le Roi. Le ministre l'emporte au vote, mais il sort affaibli de cette discussion. 377

CHAPITRE VII. — LA RÉVOLUTION (février 1848). 394

I. Dans une réunion de l'opposition parlementaire, résolution est prise d'assister au banquet. Agitation qui en résulte. Il est question d'une procession populaire devant accompagner les députés. Dispositions de la garde nationale. Nouvelle réunion où les députés décident de se rendre en corps au banquet. Optimisme du Roi. Les radicaux ne croient pas à une révolution. 395

II. Les inquiétudes ressenties dans les deux camps conduisent à chercher une transaction. Arrangement conclu entre les représentants du ministère et ceux de l'opposition. Il en résulte une certaine détente. 406

III. Publication du programme de la manifestation, rédigé par M. Marrast. Le gouvernement estime que cette publication rompt l'accord, et prend des mesures en conséquence. Court débat à la Chambre. Embarras de l'opposition, qui renonce au banquet et à la manifestation. Réunions dans les bureaux du *Siècle* et dans ceux de la *Réforme*. Le gouvernement, rassuré, contremande pendant la nuit les mesures militaires qu'il avait ordonnées. 411

IV. La journée du 22 février. Attroupements sur la place de la Concorde et envahissement du Palais-Bourbon. Échauffourées. Les députés préparent la proposition de mise en accusation. Elle est déposée à la séance de la Chambre par M. Barrot. Les désordres s'aggravent. Faiblesse du commandement militaire. On ne se décide pas à appeler le maréchal Bugeaud. Le duc de Nemours. Dans la soirée, ordre d'occuper militairement la ville. 422

V. Le 23 au matin, l'émeute reparaît. La garde nationale manifeste en faveur de la réforme et prend l'émeute sous sa protection. 432

VI. Effet produit à la cour et sur Louis-Philippe par la défection de la garde nationale. Conversations du Roi avec M. Duchâtel et M. Guizot. Retraite du cabinet. Émotion de la Chambre. Qui est responsable de cette retraite?. 438

VII. M. Molé est chargé de former un cabinet. Accueil fait à cette nouvelle. Démarches de M. Molé. En attendant, ne conviendrait-il pas de donner le commandement au maréchal Bugeaud? La fusillade du boulevard des Capucines. Qui avait tiré le premier coup de feu? La promenade des cadavres. M. Molé renonce à former un cabinet. Le Roi fait appeler M. Thiers au milieu de la nuit, mais, auparavant, nomme le maréchal Bugeaud au commandement supérieur des troupes et de la garde nationale. 449

VIII. Bugeaud arrive à l'état-major le 24, vers deux heures du matin. Les mesures qu'il prend. Conversation du Roi avec M. Thiers. Ce dernier est chargé de former un ministère dont fera partie M. Odilon Barrot. Ses démarches pour réunir ses collègues. Les colonnes formées par Bugeaud se mettent en mouvement entre cinq et six heures du matin. Bedeau s'arrête devant la barricade du boulevard Saint-Denis et envoie demander de nouvelles instructions à l'état-major. Bugeaud donne l'ordre de suspendre les hostilités. Comment y a-t-il été amené? M. Thiers et ses nouveaux collègues sont reçus par le Roi. La Moricière à la tête de la garde nationale. Entrevue des ministres et de Bugeaud. 460

IX. Retraite lamentable de la colonne du général Bedeau. Bugeaud mal reçu par la garde nationale. M. Barrot et le général de la Moricière vont annoncer dans la ville le nouveau ministère. Leur insuccès. Alerte aux Tuileries. Progrès de l'émeute. Elle n'a toujours ni direction ni chef. Elle s'empare de l'Hôtel de ville. Le Roi essaye de passer en revue les forces réunies sur la place du Carrousel. . . 475

X. Les Tuileries sont menacées. Le cabinet du Roi. M. Crémieux demande le changement de M. Thiers et du maréchal Bugeaud. M. Barrot président du conseil. On commence à parler d'abdication. Démarche de M. de Girardin. Le Roi dit : « J'abdique ». Attitude de la Reine. Le Roi écrit son abdication. L'émeute n'en est pas désarmée. Départ du Roi. 484

XI. Le duc de Nemours prend en main le commandement. La duchesse d'Orléans quitte les Tuileries. Le duc de Nemours veut l'emmener au Mont-Valérien. La duchesse va à la Chambre. 497

XII. État d'esprit des députés. M. Thiers, absolument découragé, ne fait que traverser le Palais-Bourbon. M. Odilon Barrot n'y vient pas. Délégation du *National*. Lamartine promet son concours à la République. 501

XIII. La duchesse d'Orléans dans la Chambre. M. Sauzet veut la faire sortir. Elle s'y refuse. MM. Marie et Crémieux proposent la nomination d'un gouvernement provisoire. M. Odilon Barrot, qui vient seulement d'arriver, prend la parole. La duchesse veut parler, mais sa voix est étouffée. Première invasion du peuple. Discours de M. Ledru-Rollin et de M. de Lamartine. Seconde invasion. Fuite des députés et de la famille royale. Nomination à la criée des membres du gouvernement provisoire. 506

XIV. D'où venaient les envahisseurs? Les troupes les ont laissés passer malgré les ordres réitérés du duc de Nemours. Toutes les troupes qui occupent encore quelque point dans Paris rentrent dans leurs

casernes, souvent en se laissant désarmer. Derniers et vains efforts de M. Odilon Barrot. La duchesse d'Orléans et le duc de Nemours aux Invalides. 514
XV. La duchesse d'Orléans et le duc de Nemours quittent la France. Après beaucoup de traverses, le Roi et la Reine s'embarquent pour l'Angleterre. Départ d'Algérie du prince de Joinville et du duc d'Aumale. 521
XVI. Conclusion. 525

FIN DE LA TABLE DES MATIÈRES.

PARIS

TYPOGRAPHIE DE E. PLON, NOURRIT ET Cie

8, rue Garancière.

EN VENTE A LA MÊME LIBRAIRIE

Mémoires de Madame la duchesse de Gontaut, gouvernante des Enfants de France pendant la Restauration. 1773-1836. 2ᵉ édition. Un vol. in-8º accompagné d'un portrait en héliogravure. Prix. 7 fr. 50

Charles X et Louis XIX en exil. Mémoires inédits du marquis de Villeneuve, publiés par son arrière-petit-fils. Un vol. in-8º. 7 fr. 50

Napoléon et Alexandre Iᵉʳ. L'alliance russe sous le premier Empire. I. *De Tilsit à Erfurt,* par A. VANDAL. 2ᵉ édition. 1 vol. in-8º, avec portraits. Prix . . . . 8 fr.

Changarnier, par le comte Adhémar D'ANTIOCHE. Un vol. in-8º. Prix . . . . 7 fr. 50

Les Dernières Années du roi Charles-Albert, par le marquis COSTA DE BEAUREGARD. Un vol. in-8º elzevir. Prix . . . . . . 7 fr. 50

La Politique française en Tunisie. Le Protectorat et ses origines (1854-1891), par P. H. X. In-8º. Prix . . . . 7 fr. 50

La France sous l'ancien régime, par le vicomte DE BROC.
1ʳᵉ partie : *Le Gouvernement et les Institutions.* 1 vol. in-8º. 7 fr. 50
2ᵉ partie : *Les Usages et les Mœurs.* 1 vol. in-8º. Prix . . . . 7 fr. 50

La France pendant la Révolution, par le vicomte DE BROC. 2 vol. in-8º. Prix . . . . 15 fr.

(Couronné par l'Académie française, second prix Gobert.)

Correspondance de Napoléon Iᵉʳ, publiée par ordre de l'empereur Napoléon III, suivie des Œuvres de Napoléon Iᵉʳ à Sainte-Hélène. 32 forts volumes in-8º. Prix . . . . 192 fr.
Tous les volumes se vendent séparément. Prix . . . . 6 fr.

L'Angleterre et l'émigration française de 1794 à 1801, par André LEBON, ancien élève de l'École libre des sciences politiques, avec une Préface de M. Albert SOREL. Un vol. in-8º . . . . 7 fr. 50

La Société de l'Abbaye de Saint-Germain des Prés au dix-huitième siècle, **Bernard de Montfaucon et les Bernardins** (1715-1750), par le prince DE BROGLIE. Deux vol. in-8º. Prix . . . . 15 fr.

L'Espagne après la paix d'Utrecht (1713-1715). La princesse des Ursins et le marquis de Brancas. Un grand Inquisiteur d'Espagne à la Cour de France. Les débuts d'une nouvelle reine, par le marquis DE COURCY. Un vol. in-8º. Prix . . . . 7 fr. 50

Les origines de la Restauration des Bourbons en Espagne, par M. HOUGHTON. 1 vol. in-8º. Prix . . . . 7 fr. 50

Le Département des affaires étrangères pendant la Révolution (1789-1804), par Frédéric MASSON. 1 vol. in-8º. Prix . . . 10 fr.

Mémoires du duc des Cars, colonel du régiment de Dragons-Artois, brigadier de cavalerie, premier maître d'hôtel du Roi, publiés par son neveu le duc DES CARS, avec une introduction et des notes par le comte Henri DE L'ÉPINOIS. 2 vol. in-8º avec portraits. Prix . . . . . . 15 fr.

PARIS. TYPOGRAPHIE DE E. PLON, NOURRIT ET Cⁱᵉ, RUE GARANCIÈRE, 8.

www.ingramcontent.com/pod-product-compliance
Lightning Source LLC
Chambersburg PA
CBHW070838230426
43667CB00011B/1839